权威 · 前沿 · 原创

皮书系列为
“十二五”国家重点图书出版规划项目

传媒竞争力蓝皮书

**BLUE BOOK** OF
MEDIA COMPETITIVENESS

# 中国传媒国际竞争力研究报告（2015）

REPORT ON THE INTERNATIONAL COMPETITIVENESS OF CHINESE MEDIA (2015)

主　编／李本乾　刘　强

社会科学文献出版社
SOCIAL SCIENCES ACADEMIC PRESS (CHINA)

图书在版编目（CIP）数据

中国传媒国际竞争力研究报告. 2015/李本乾，刘强主编.
—北京：社会科学文献出版社，2015. 11
（传媒竞争力蓝皮书）
ISBN 978 - 7 - 5097 - 8182 - 1

Ⅰ. ①中… Ⅱ. ①李… ②刘… Ⅲ. ①传播媒介 - 国际竞争力 - 研究报告 - 中国 - 2015 Ⅳ. ①G219. 2

中国版本图书馆 CIP 数据核字（2015）第 238849 号

传媒竞争力蓝皮书
中国传媒国际竞争力研究报告（2015）

主　　编 / 李本乾　刘　强

出 版 人 / 谢寿光
项目统筹 / 王　绯
责任编辑 / 李兰生

出　　版 / 社会科学文献出版社 · 社会政法分社（010）59367156
地址：北京市北三环中路甲 29 号院华龙大厦　邮编：100029
网址：www. ssap. com. cn
发　　行 / 市场营销中心（010）59367081　59367090
读者服务中心（010）59367028
印　　装 / 北京季蜂印刷有限公司

规　　格 / 开 本：787mm × 1092mm　1/16
印 张：31. 5　字 数：529 千字
版　　次 / 2015 年 11 月第 1 版　2015 年 11 月第 1 次印刷
书　　号 / ISBN 978 - 7 - 5097 - 8182 - 1
定　　价 / 148. 00 元

皮书序列号 / B - 2013 - 322

本研究报告由以下项目提供资助，特此鸣谢！

国家社会科学基金重大项目“提升我国文化产品国际竞争力的路径与策略研究”（12&ZD027）

教育部哲学社会科学发展研究报告培育项目“中国传媒国际竞争力研究报告”（11JBG045）

上海市社会科学创新研究基地“上海市文化创意产业发展战略研究中心”

# 《中国传媒国际竞争力研究报告》编委会

# 摘　要

在全球知识经济和产业大融合的背景下，传媒产业已经超出其原有的产业边界，日益成为深远影响产业变革和国家核心竞争力的重要因素。通过研究我国传媒的国际竞争力，可以发现我国传媒在国际竞争中的优势与劣势，对提升我国国际政治地位意义重大。以往我国传媒竞争力研究采用的数据来源各不相同，评价指标也不相同，缺乏更为全面、深入和系统的研究。本研究报告结合UNCTAD产业分类标准统一口径，采用进出口数据分析法，应用进出口差额、产品结构比重、TC、RCA、Lafay等多种指标，全方位评价我国传媒的国际竞争力，不仅纵向比较我国（包括港澳台地区）在近10年来传媒产品、传媒服务的竞争力演变，同时也横向与英美、日韩、金砖四国进行竞争力比较研究，揭示了我国传媒国际竞争力的演变与未来发展趋势。同时研究报告还就我国出版、广电、游戏等传媒产品的国际竞争力提升进行了探索，提出了竞争力提升的政策建议。研究报告由“总报告”和“产品篇”“服务篇”“港澳台篇”“国际比较篇”及“探索与建议篇”5篇组成。

“总报告”通过对规模、结构、竞争力指标等多方面的统计分析，发现中国传媒国际竞争力呈现以下特点：出口规模高速增长、传媒类服务贸易逆差改善、传媒整体国际竞争力持续增强但只达到国际平均水平、中国传媒核心产品与服务出口市场份额低、中国传媒类产品的国际竞争力逐年下滑等。

“产品篇”包括四部分内容，分别研究了视听传媒、新媒体传媒、音乐传媒、出版传媒四类传媒产品的国际竞争力，发现：中国视听产品在2003～2012年10年间国际竞争力一直处于劣势地位；中国新媒体产品具有较为明显的国际竞争优势，专业化程度较高，其对中国传媒类产品国际贸易的贡献大，但其竞争力下降趋势明显；中国音乐产品具有较为明显的国际竞争优势，专业化程度较高，但是其竞争优势并不及新媒体产品；中国出版物产品表现出一定的国际竞争优势，但是优势并不明显，同时出版国际市场覆盖范围不断扩大。

“服务篇”包括四部分内容，分别研究了广告、市场调研与民意测验服务，个人文化和休闲服务，版税和许可费服务，与创意产业相关的计算机与信息服务四类传媒服务的国际竞争力。中国广告、市场调研与民意测验服务虽然没有处于竞争劣势地位，但是其优势较为微弱；中国个人文化和休闲服务10年来大部分时间均处于竞争劣势地位，其竞争劣势并不明显，其国际竞争能力还在下降；核心传媒服务——版税和许可费服务，中国10年来一直缺乏竞争优势，其国际竞争力非常弱小；中国计算机与信息服务已逐步取得一定的国际竞争优势，其国际竞争力在10年间提升速度非常快，预计未来仍将以较高的速度不断成长。

“港澳台篇”包括三部分内容，分别研究了中国香港、中国台湾和中国澳门传媒类产品与服务的国际竞争力。发现三地传媒国际竞争力分别呈现以下主要特点：中国香港传媒类产品出口增长乏力，竞争力总体呈中性水平并小幅下滑，传媒类服务在国际竞争中一直处于劣势，核心服务——版税和许可费服务的国际竞争力不足；中国台湾传媒类产品已从缺乏竞争优势转变为具有一定的竞争优势，进步巨大，传媒类服务缺乏国际竞争优势，并且10年间劣势未得到明显改善，核心传媒服务竞争力强，与发达国家的出口比重分布接近；中国澳门传媒处于国际竞争劣势状态，其国际影响力非常弱小。

“国际比较篇”包括三部分内容，分别将中国与发达国家、邻近国家以及发展中国家进行比较。发达国家主要选择美国和英国，邻近的亚洲国家选择日本和韩国，发展中国家主要选择金砖四国中的印度、俄罗斯和巴西。通过数据比较分析，发现以下主要特点：中国传媒类产品的国际竞争力已超越英美、日韩和金砖四国等国家，但竞争优势在缩小；中国传媒类服务的国际竞争力与英美日印等国差距巨大；多国的数据均表明传媒产业的服务化已成为国际趋势；发达国家版税和许可费服务专业化程度非常高，在国际上具有垄断性优势。

“探索与建议篇”包括四部分内容。《提升我国出版产品国际竞争力的策略和途径研究》提出了以内容建设为核心，进行国际消费习惯研究以及实施数字化、旗舰化等建议。《基于AHP的广电媒体竞争力评价模式研究》根据当今媒体环境，通过发放问卷、专家访谈等，建立起衡量广电媒体竞争力的评价模式、指标体系并赋予权重。以上海、湖南、浙江三家广电媒体集团为例，研究其竞争力对比差异。台湾世新大学传播管理学系系主任许碧芳教授的《台湾文化创意产业进入大陆市场的瓶颈与两岸未来合作策略之研究》通过专家访谈法，探讨台湾文创业者进入大陆市场的经验和碰到的困难，探讨如何继续保持台湾文创的特色并且创造出两岸取长补短的合作策略。《中国游戏进入泰国市场的路径和策略研究》通过研究泰国玩家对中国网络游戏的认知与态度，提出中国网络游戏拓展泰国市场的对策。

# 目录

## Ⅰ 总报告



## Ⅱ 产品篇



## Ⅲ 服务篇

## 𝔹Ⅳ　港澳台篇



## 𝔹Ⅴ　国际比较篇

## B Ⅵ 探索与建议篇

# 总 报 告

Thematic Research on Chinese Media

## B.1
## 总报告

李本乾　刘 强*

摘　要：“总报告”通过对中国传媒从规模、结构、竞争力指标等多方面的统计分析，发现中国传媒国际竞争力呈以下特点，出口规模高速增长、传媒整体国际竞争力持续增强但只达到国际平均水平、中国传媒核心产品与服务出口份额低、中国传媒类产品的国际竞争力逐年下滑、传媒类服务贸易逆差改善等。

* 李本乾，上海交通大学媒体与设计学院院长、教授、博士生导师；传播学博士、管理学博士后。国家社科重大项目首席专家，教育部“全国卓越新闻传播人才教育培养指导委员会”委员，中国传播学会常务理事，共青团上海市委网络文化研究专家，上海市社会科学创新研究基地——上海文化创意产业发展战略研究中心主任。入选教育部“新世纪优秀人才计划”，获上海交通大学“校长奖”、教育部科学研究优秀成果奖（人文社科）和国务院学位委员会、教育部“全国百篇优秀博士论文”提名奖等20多项奖励；主持国家社科重大项目“提升我国文化产品国际竞争力的路径与策略研究”，国家社科重点项目“中国特色政治传播的战略理论与策略体系研究”，并主持国家社科一般项目，国家广电总局、上海市人民政府、上海市人大常委会、上海市发展和改革委员会等课题30多项。刘强，广西师范大学经济管理学院副教授，管理学博士，上海交通大学应用经济学博士后，主持国家社科基金1项，教育部人文社科项目1项，以及教育厅等省级课题多项。

关键词： 中国传媒 国际竞争力 贸易逆差 出口份额

## 一 引言

在全球知识经济和产业大融合的背景下，传媒产业已经超出其原有的产业边界，日益成为影响产业变革和国家核心竞争力的重要因素。传媒产业跨国贸易的影响已远远超越了原有的经济范畴，如 A. Marvasti （1994）通过对文化跨国贸易的实证研究证实，发达国家如美国，通过电影、音乐、书籍和期刊等传媒类产品的出口，对世界其他国家的政治产生间接影响，其影响效果甚至超越了直接的政治干预效果。J. P. Singh （2007）认为发展中国家可以通过文化产品与服务贸易出口提高其文化特殊性的地位，并通过“文化的声音”提高发展中国家的国际政治地位，他认为发展中国家应把文化贸易作为提升发展中国家经济发展的重要手段。诸多国家已逐步认识到传媒产业的重要性，传媒文化国际贸易蓬勃发展。根据联合国贸易和发展会议（UNCTAD）的统计，2003～2012 年，世界创意文化产品出口贸易在 10 年间从 2237.95 亿美元增长至 4737.91 亿美元，总量增长 2499.96 亿美元，年平均增长速度 9.09%。

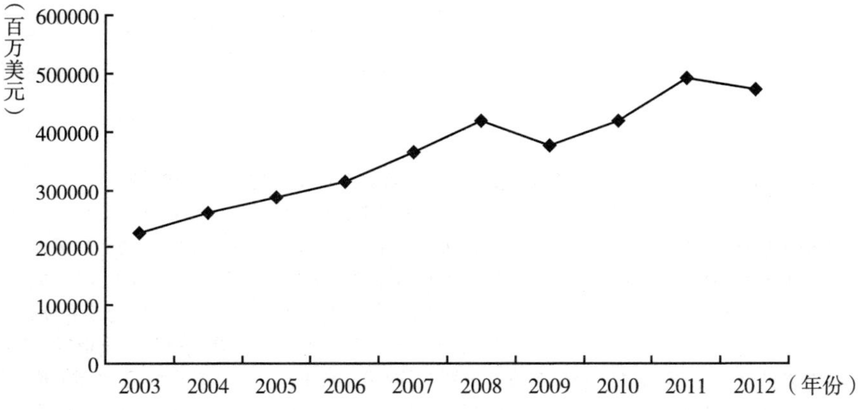


**图 1 世界创意文化产品出口贸易增长趋势**

资料来源：http：//unctadstat. unctad. org。

我国传媒如何把握国际发展的机遇，提升国际竞争力，从而增加我国的国际影响力，这一问题近年来已成为我国政府和学术界关注的热点。近年来大量的学术研究对中国创业产业、文化产业或者具体影视产业的国际竞争力进行了分析与评价。李小牧、李嘉珊（2007）对中英文化创意产业的发展与对外贸易做了对比，认为中国文化创意产业已初具规模，但文化贸易逆差在短时期内难以改变。① 张洁（2009）参考区域工业竞争力衡量体系，构建了创意产业的竞争力衡量体系，从产业的影响力、增长力、产业效率、产业升级能力和产业创新能力五个方面对中国创意产业的国际竞争力进行实证研究。② 胡飞、葛秋颖（2009）运用TC指数和RCA指数对中国与英国、美国等发达国家和地区的创意产品贸易国际竞争力进行了简单的对比。③ 张彬、杜晓燕（2010）通过国际市场份额指标、RCA、NXRCA指数以及产业利润等指标对美国的文化产业国际竞争力进行实证分析。④ 白远（2010）比较了中国与世界文化创意产品进出口贸易，分析了中国文化创意产品的进出口贸易格局与发展趋势。⑤ 尚涛（2010）通过分析1996～2006年的数据认为，中国创意产品在高创意附加、资本和技术密集型产业部门的国际竞争力低下，表现出低收入发展中国家的典型特征。⑥ 周经、刘厚俊（2011）运用显示性比较优势指数和产业内贸易指数进行研究发现，发达国家在世界文化创意产品贸易中仍占据主导地位，但发展中国家潜力巨大。⑦ 丛海彬（2011）从国际市场占有率、TC指数、RCA指数三方面对中日韩三国的创意产品和创意服务贸易国际竞争力进行了实证和比较分析。⑧ 韩栋（2011）采用贸易竞争指

① 李小牧、李嘉珊：《国际文化贸易：关于概念的综述和辨析》[J]，《国际贸易》2007年第2期。

② 张洁：《我国创意产业的国际竞争力》[J]，《经济管理》2009年第12期。

③ 胡飞、葛秋颖：《中国内地创意产品贸易的发展及国际竞争力分析》[J]，《国际贸易问题》2009年第12期。

④ 张彬、杜晓燕：《美国文化产业国际竞争力现状及影响因素分析》[J]，《国际商务——对外经济贸易大学学报》2012年第4期。

⑤ 白远：《中国——文化创意产品的出口大国VS消费小国》[J]，《财贸经济》2010年第10期。

⑥ 尚涛：《我国创意产业国际贸易结构与竞争力演进分析》[J]，《财贸经济》2010年第8期。

⑦ 周经、刘厚俊：《世界文化创意产品的比较优势与产业内贸易研究》[J]，《软科学》2011年第6期。

⑧ 丛海彬：《中日韩三国创意产品和创意服务贸易国际竞争力比较研究》[J]，《浙江万里学院学报》2011年第1期。

数对中国影视文化产业的国际竞争力进行评价。[①] 蓝庆新、郑学党和韩晶（2012）从生产要素、需求要素、产业关联、企业发展、政府行为和贸易行为层面构建文化产业国际竞争力的评价指标体系，依据相关横截面数据，以2011年世界经济排名前20的国家为对象，对中国文化产业国际竞争力水平进行了年度评价。[②] 周升起和兰珍先（2012）通过TC指数和CA指数计量分析中国创意及相关产业服务的国际竞争力，认为其目前仍处于较低水平，但逐渐提升的演进趋势明显。[③] 蓝庆新和郑学党（2012）根据波特竞争优势理论，结合IMD和WEF竞争力理论和评价体系，从生产要素、需求要素、产业关联、企业发展、政府行为和贸易行为层面构建文化产业竞争力的指标体系，并对中国文化产业国际竞争力水平进行了测度评价。[④] 曲国明（2012）运用显示性比较优势指数（RCA）和贸易竞争力（TC）指数，采用UNCTAD数据，从创意产品和创意服务两方面来分析比较中美创意产业的国际竞争力，认为中国创意产品还处于初级形态，依靠的是低成本优势。[⑤] 蓝天（2013）通过对中国创意产品与服务的TC、RCA指数的测量，分析评价了中国创意产业的国际竞争力。[⑥] 王国安和赵新泉（2013）选取贸易竞争力指数、国际市场占有率指数、显示性比较优势指数和纯出口比较优势指数四个指标，比较中美两国影视产业的国际竞争力。[⑦] 王劲松、周茂和姚星（2013）采用指数和贸易互补性指数对金砖五国创意商品的国际竞争力、互补性、产业内贸易

---

① 韩栋：《基于钻石体系的中国影视文化产业国际竞争力研究》［J］，《华中农业大学学报》（社会科学版）2011年第4期。

② 蓝庆新、郑学党、韩晶：《我国文化产业国际竞争力比较及提升策略——基于2011年横截面数据的分析》［J］，《财贸经济》2012年第8期。

③ 周升起、兰珍先：《中国创意服务贸易及国际竞争力演进分析》［J］，《财贸经济》2012年第1期。

④ 蓝庆新、郑学党：《中国文化产业国际竞争力评价及策略研究——基于2010年横截面数据的分析》［J］，《财经问题研究》2012年第3期。

⑤ 曲国明：《中美创意产业国际竞争力比较——基于RCA、TC和“钻石”模型的分析》［J］，《国际贸易问题》2012年第3期。

⑥ 蓝天：《中国创意产品与服务的国际竞争力评价及出口战略》［J］，《财经问题研究》2013年第11期。

⑦ 王国安、赵新泉：《中美两国影视产业国际竞争力的比较研究——基于全球价值链视角》［J］，《国际贸易问题》2013年第1期。

水平等进行比较研究。[①] 聂聆和薛元（2013）运用 RCA 指数、贸易互补性指数和贸易相似度指数等工具分析了中国与东盟主要国家创意商品贸易的互补性与竞争性。[②]

从以往的文献来看，对中国创意产业（文化产业）或者具体影视产业的国际竞争力评价主要采用三种方法：一种是采用纯逻辑理论分析式的评价，另外两种是采用实证研究方法，分别为应用进出口数据评价方法和多因素的综合评价方法。逻辑理论式分析有助于深入理论竞争力的实质和结构，但不足以对竞争力进行定量的评价。实证研究中多因素综合评价方法更多地被认为是对国际竞争力的来源——产业环境的评价，但是良好的产业环境并不一定就能保证产生强大的竞争力，因此更多的文献采用进出口数据评价方法，进出口数据指标更能明确表征国际竞争力。目前各类应用进出口数据评价方法的文献，采用的数据来源各不相同，评价指标也不相同，研究的对象和侧重点也各不相同，缺乏更为全面、深入和系统的研究。本研究报告将对中国传媒的国际竞争力进行全面深入的分析评价。

## 二　相关概念界定

### 1. 中国传媒的界定与分类标准

目前国内外对传媒产业或者文化创意产品竞争力分析结论各不相同，很大程度上是由于对文化、传媒产业范畴和贸易产品类别的不同界定造成的，选取的统计数据渠道各不相同。现有的国内文献主要采用 UNCTAD 数据，以实现相同标准的统计口径，但是 UNCTAD 数据统计范围较为广泛，其对创意产品与服务的界定是，以文化、创意理念为核心，在生产过程中需要明显耗费创造力的产品和服务；不仅具有文化价值，而且具有商业价值；处于技术创新和研发等产业价值链的高端环节，具有高知识性、智能

① 王劲松、周茂、姚星：《金砖五国创意商品贸易结构的比较研究》[J]，《国际服务贸易评论》2013 年第 7 期。

② 聂聆、薛元：《中国与东盟创意商品贸易的互补性与竞争性研究》[J]，《国际商务研究》2013 年第 4 期。

化、高附加值和高融合性的特点，其科技和文化的附加值明显高于普通产品和服务。联合国贸易和发展会议的创意产品涵盖七大类：艺术和工艺品（地毯、手工刺绣等产品，编织产品，节日庆祝产品，纸质手工艺品，蜡烛和人造花等产品）；设计（时尚产品、家具内饰、玩具、建筑设计、珠宝）；视觉产品（摄影、绘画、雕塑、古董等）；音乐（CD 和磁带）；新媒体（软件、视频游戏、数字化创意等）；出版物（报纸、书籍、贺年卡年历等）；视听产品（电影、电视、广播等）。创意服务也涵盖七大类：建筑工程及技术服务，个人文化和休闲服务，广告、市场调研与民意测验服务，开发、研发服务，计算机与信息服务，版税及许可费服务。① 除了 UNCTAD 的界定外，实际对文化创意产业的界定，世界范围内并无统一、权威的定义，不同组织和国家均有不同定义。

**表 1　不同国家/组织的文化（创意）产业分类标准***

| 国家/组织 | 产业分类标准 |
| --- | --- |
| 联合国教科文组织 | 文化遗产、出版印刷和著作文献、音乐、表演艺术、视觉艺术、音频媒体、视听媒体、社会文化活动、体育和游戏、环境和自然 10 类 |
| 国际标准产业分类（第三版） | ①文化内容发源：书籍、音乐、报刊和其他相关资料的出版、软件咨询和供应、广告业、摄影活动、广播电视、戏剧艺术、音乐和其他艺术活动；②文化产品的制造：电子元件制造、电视广播发射器和电话机装置的制造、电视广播接收器、磁带、录像机装备和附件的制造、光学仪器和摄影仪器的制造、乐器的制造；③文化内容的翻印和传播：印刷业、录制媒体的再生出、电影和录像的制造与发行、电影放映；④文化交流：其他娱乐业、图书馆和档案活动、博物馆活动、历史遗迹和建筑物的保护 |
| 加拿大 | ①信息和文化产业（出版业、电影和录音业、电视广播、因特网、电信业、信息服务业）；②艺术、娱乐和消遣（演艺、体育、古迹遗产机构、游乐、赌博和娱乐业） |
| 澳大利亚 | 文化遗产和古迹，如博物馆、自然遗产和保护、图书和档案馆等；艺术活动，如文学作品的创作、出版和印刷，表演艺术、音乐创作和出版，广播、电视和电影等；体育和健身娱乐活动；文化产品的制造和销售；其他文化娱乐类 |
| 美国 | 文化艺术业含表演艺术、艺术博物馆；影视业；图书业；音乐唱片业 |

① 国际统计信息中心课题组：《国外关于文化产业统计的界定》[J]，《中国统计》2004 年第 1 期。

续表

| 国家/组织 | 产业分类标准 |
|---|---|
| 英国 | (创意产业)广告、建筑、艺术和古董市场、手工艺、设计、时尚设计,电影,互动休闲软件,音乐、电视和广播,表演艺术、出版和软件13个部门 |
| 欧盟 | (内容产业)制造、开发、包装和销售信息产品及服务的产业,包括各种媒介上所传播的印刷品内容(报纸、杂志、书籍等),音像电子出版内容(联机数据库,音像制品服务,电子游戏等),音像传播内容(电视、录像、广播和影视),用作消费的各种数字化软件等 |
| 日本 | 内容产业指电影、电视、影像、音响、书籍、音乐、艺术等 |
| 韩国 | 与文化商品的生产、流通、消费有关的产业;影视、广播、音像、游戏、动画、卡通形象、演出、文物、美术、广告、出版印刷、创意性设计、传统工艺品、传统服装、传统食品、多媒体影像软件、网络及其相关的产业 |

* 陈德金:《中国传媒集团国际化发展战略研究》[M],上海交通大学出版社,2012。

我国传媒产业指由传播各类信息、知识的传媒实体部分所构成的产业群,它是生产、传播以文字、图形、艺术、语言、影像、声音、数码、符号等各种形式存在的信息产品以及提供各种增值服务的特殊产业。传统传媒产业包括图书、报纸、杂志、电影、广播和电视。新媒体产业包括网络、手机、数字出版、动漫、游戏、电子报刊、手机报刊、数字电影、电视电影、网络广电、数字电视、手机电视、移动电视、楼宇电视、IPTV、电子商务、视频、社交、即时通信、无线增值、在线阅读、显示屏、数据库。由此可见,由于媒介融合,原本清晰的产业边界日益模糊化,传媒产业已突破了原有的产业结构。美国学者 Kevin Maney(2007)提出"大媒体"(mega-media)的概念,用来描述传媒业部分领域全面竞争的现象,把传统大众传媒业、电信业、信息(网络)业都统合到一种新产业之中,这个新产业就是"大媒体业"。[①]

鉴于国际数据的统计口径以及我国传媒产业的范围,本研究报告结合 UNCTAD 产业分类标准,将研究对象的产业范围界定为表2所示。

① 刘强:《融合媒体的采纳行为研究》[M],上海交通大学出版社,2012。

**表 2　研究的产品与服务类别一览表**

| | 大类 | 小类 |
|---|---|---|
| 传媒类产品 | 视　听 | 电影 |
| | | CD、DVD、TAPES |
| | 新媒体 | 数字录制 |
| | | 视频游戏 |
| | 出版物 | 图书 |
| | | 报纸 |
| | | 其他出版物 |
| | 音　乐 | 乐器 |
| | | 音乐印刷品 |
| 传媒及相关服务 | 广告、市场调研与民意测验服务 | |
| | 个人、文化和休闲服务（含视听及相关服务、其他个人文化和休闲服务） | |
| | 版税和许可费服务 | |
| | 计算机与信息服务 | |

资料来源：根据 UNCTAD 统计标准整理。

### 2. 国际竞争力的测量

国际竞争力的测量与评价由来已久，然而对国际竞争力的定义众说纷纭。金碚（1996）将产业国际竞争力定义为在自由贸易条件下，一国特定产业相对于他国的相同产业具有更高生产力，向国际市场提供符合消费者或购买者需求的更多产品，并持续地获得盈利的能力。① 张文兵（2006）将产业国际竞争力定义为在未完全排除贸易壁垒因素的假设条件下，一国某特定产业的产出品所具有的开拓市场、占据市场并以此获得利润的能力，简而言之，是对国际市场份额的争夺能力。由此张文兵将评价产业国际竞争力的指标分为两类，即决定性指标和显示性指标（见图 2）。② 陈立敏和谭力文（2004）对产业国际竞争力的评价方法进行了总结归类，将评价方法分为四类（见表 3）。③

---

① 金碚：《经济学对竞争力的解释》[J]，《经济管理》2002 年第 22 期。

② 张文兵：《政府行为与产业国际竞争力：一个分析框架》[J]，《商业经济与管理》2006 年第 5 期。

③ 陈立敏、谭力文：《评价中国制造业国际竞争力的实证方法研究——兼与波特指标及产业分类法比较》[J]，《中国工业经济》2004 年第 5 期。

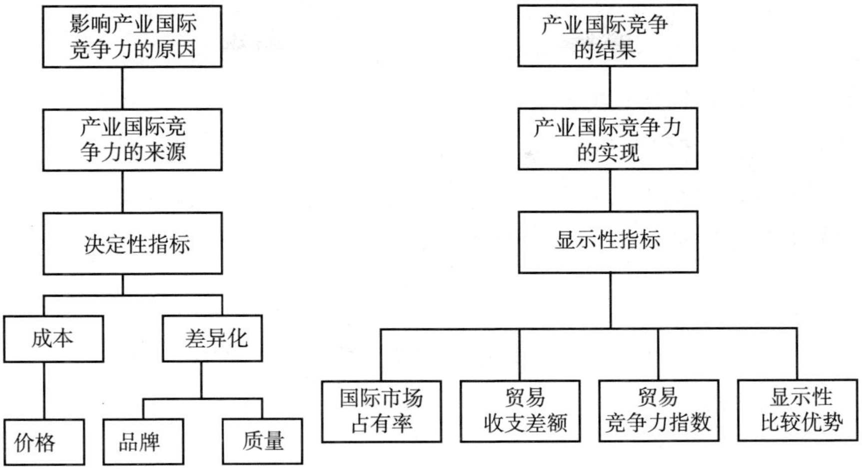


**图 2　分析产业国际竞争力的两类指标**

资料来源：张文兵（2006）的分类。

**表 3　产业国际竞争力评价方法分类**

| 层别 | 内容 | 实质 | 典型评价方法 |
|---|---|---|---|
| 第四层次 | 利润 | 竞争力的结果 | 产业利润法 |
| 第三层次 | 市场份额 | 竞争力的表现 | 进出口数据法 |
| 第二层次 | 生产率 | 竞争力的实质 | ICOP 法 |
| 第一层次 | 环境 | 竞争力的来源 | 多因素法 |

资料来源：陈立敏和谭力文（2004）的分类。

从现有的文献来看，对产业国际竞争力的评价主要采用进出口数据分析法。多因素分析法由于指标众多、权重的主观性较高，以及更多地反映环境的优劣，而环境的潜力并不代表实力的高低，因此其评价的客观性受到质疑。生产率评价法往往基于投入产出数据进行分析，而投入产出数据往往缺乏，目前多篇相关研究仍采用的是 2007 年的数据。鉴于本研究对象的国内统计口径差异大，世界范围内容的标准统计在 2002 年才开始，以及本研究主要考察中国传媒竞争力的表现，因此本研究将主要采用进出口数据分析法，应用多种指标综合评价。

### 3. 数据的来源与处理

由于以往传媒产业缺乏统一的统计口径和标准，所以以往的数据分析要么数据严重滞后，要么缺乏精确性。本研究的原始数据主要源自 UNCTAD 创意经济数据库、中国海关统计年鉴以及联合国产品贸易统计数据库（UN Comtrade）。本研究分析的产业结构范畴和标准主要参考国际通行的 UNCTAD 标准，由于 UNCTAD 只批次公布 10 年数据，并且滞后 1 年，目前只公布了 2012 年的数据，但 UN Comtrade 与 UNCTAD 的统计标准一致，其 UNCTAD 分类标准与 HS（2002）编码对应，因此本研究报告根据 HS 编码从 UN Comtrade 数据库中获取各细分产品最新的年份数据。

## 三　中国传媒在全球市场的整体发展态势

### （一）出口规模

#### 1. 传媒类产品出口规模

**表 4　中国传媒类产品出口规模年度变化情况**

单位：百万美元

| 年份 | 所有传媒类产品出口总额 | 年增速（%） |
|---|---|---|
| 2003 | 4042.025066 | |
| 2004 | 4616.886 | 14.22 |
| 2005 | 5918.477 | 28.19 |
| 2006 | 7613.943 | 28.65 |
| 2007 | 15329.12 | 101.33 |
| 2008 | 19788.43 | 29.09 |
| 2009 | 14865.89 | -24.88 |
| 2010 | 15196.51 | 2.22 |
| 2011 | 15947.86 | 4.94 |
| 2012 | 18998.93 | 19.13 |

注：传媒类产品取自 UNCTAD 创意产业分类中视听产品、新媒体、出版物、音乐四类，不包括艺术和工艺品、设计、视觉产品三大类产品。

资料来源：UNCTAD 创意经济数据库、UN Comtrade。

由表 4 可见，中国传媒类产品国际出口规模在 10 年间增长 3 倍多，由 2003 年的 40.42 亿美元增长到 2012 年的 189.99 亿美元，增长 370%。从图 3 来看，中国传媒类产品国际出口自 2003 年开始一直处于快速增长的状态，其中 2007 年同比增长 101%，除了 2009 年出口有一定的滑落外，10 年来一直呈正向的增长，年平均增长速度为22.55%，其中在2005年、2006年、2007年、2008年均出现超过20%的高速增长。从增长规模来看，中国传媒类产品取得了非凡的成就。

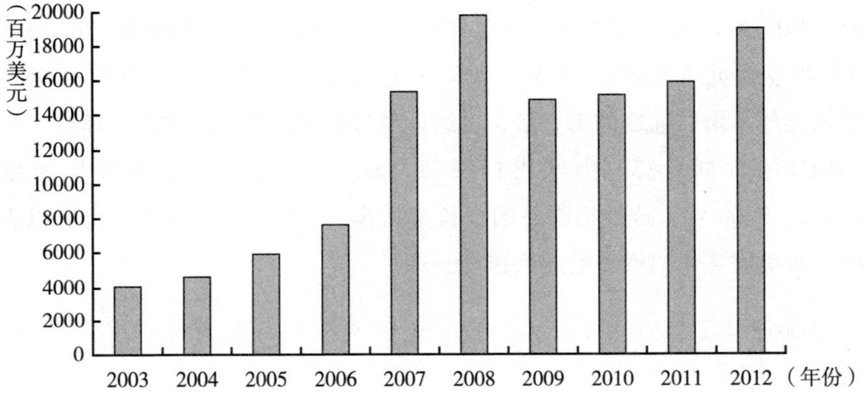


**图3　中国传媒类产品出口规模年度增长情况**

资料来源：UNCTAD创意经济数据库、UN Comtrade。

### 2. 传媒类服务出口规模

**表5　中国传媒类服务出口规模年度变化情况**

单位：百万美元

| 年份 | 所有传媒类服务出口总额 | 年增速(%) |
|---|---|---|
| 2003 | 1728.863 | |
| 2004 | 2763.13 | 59.82 |
| 2005 | 3207.171 | 16.07 |
| 2006 | 4744.677 | 47.94 |
| 2007 | 6915.939 | 45.76 |
| 2008 | 9442.859 | 36.54 |
| 2009 | 9350.976 | -0.97 |
| 2010 | 13094.99 | 40.04 |
| 2011 | 17066.08 | 30.33 |
| 2012 | 20374.09 | 19.38 |

注：传媒类服务取自UNCTAD创意产业分类广告、市场调研与民意测验服务，个人文化和休闲服务以及与创意产业相关的计算机与信息服务、版税及许可费服务四类。

资料来源：UNCTAD创意经济数据库。

从表 5 可以看出，虽然中国传媒类服务出口规模在初期远远小于传媒类产品的出口规模，譬如 2003 年传媒类产品出口规模为 40.42 亿美元，而 2003 年传媒类服务仅为 17.29 亿美元，其出口总值还不到传媒类产品出口总值的一半，但是中国传媒类服务出口增长速度远远超过传媒类产品的增长速度，2003 ~ 2012 年，10 年间中国传媒类服务出口总额增长了 10 倍多，从 2003 年的 17.29 亿美元增长至 2012 年的 203.74 亿美元，平均每年增长 32.77%，近乎传媒类产品增长速度的 1.5 倍，也远远超过我国出口总值的增长速度（根据 UNCTAD 的数据计算，中国出口增值 2003 ~ 2012 年年平均增长速度为 19.7%），2004 年，传媒类服务的增长速度高达 59.82%，从图 4 也可以看出中国传媒类服务出口增长的超高速度。

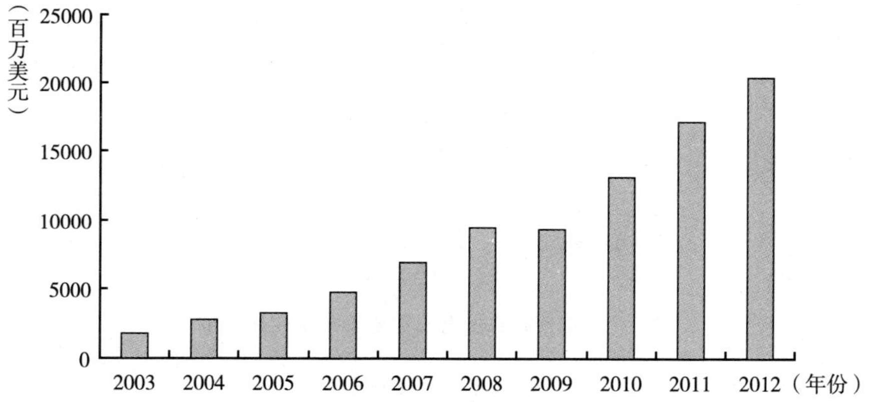


**图 4　中国传媒类服务出口规模年度增长情况**

资料来源：UNCTAD 创意经济数据库。

### 3. 总体出口规模

**表 6　中国传媒出口规模年度变化情况**

单位：百万美元

| 年份 | 所有传媒类产品与服务出口总额 | 年增速(%) |
|---|---|---|
| 2003 | 5770.888 | |
| 2004 | 7380.016 | 27.88 |
| 2005 | 9125.648 | 23.65 |
| 2006 | 12358.62 | 35.43 |

续表

| 年份 | 所有传媒类产品与服务出口总额 | 年增速(%) |
|---|---|---|
| 2007 | 22245.06 | 80.00 |
| 2008 | 29231.29 | 31.41 |
| 2009 | 24216.87 | -17.15 |
| 2010 | 28291.5 | 16.83 |
| 2011 | 33013.94 | 16.69 |
| 2012 | 39373.02 | 19.26 |

注：传媒出口总额为传媒类产品与传媒类服务出口值的汇总。
资料来源：UNCTAD 创意经济数据库、UN Comtrade。

从表6可以看出，中国传媒类产品与服务总体出口值呈高速增长的态势，在2003～2012年十年间，出口总值增长了336.02亿美元，增长5.8倍。年增长速率虽然有一定的起伏，譬如最高年度增长速度为80.00%，而最低年度增长速度为-17.15%，但是10年间年平均增长速度为26%。

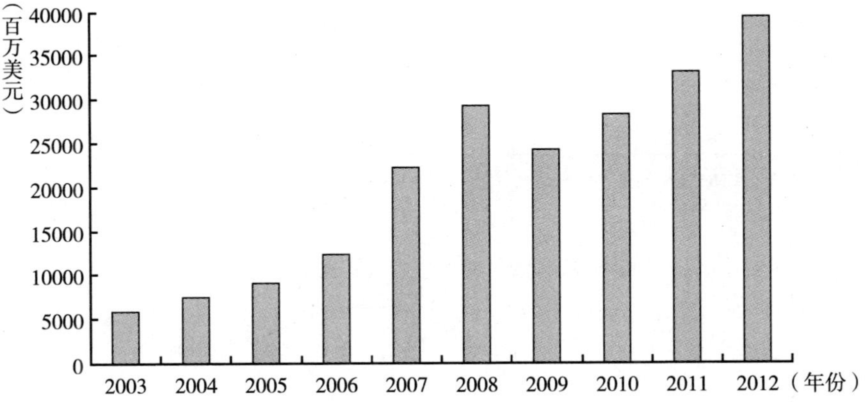


**图5　中国传媒出口规模年度增长情况**

资料来源：UNCTAD 创意经济数据库。

## （二）出口比重

尽管中国传媒类产品与服务的出口值在10年间获得了快速的增长，但是与中国庞大的出口总值相比，中国传媒类产品与服务出口值所占的比重还非常低，大部分年份不到出口总值的2%，说明中国传媒国际贸易竞争力不高，在我国对外贸易中仍处于较低的地位。而且从其比重的波动情况看，中国传媒类产品与服务的国际贸易重要性在2003～2012年间呈倒U形曲线，自2003年开始逐步上升，到2008年比重达到最高值，但之后又逐步下降，直到2012年才开始逐步恢复。2012年中国传媒类产品与服务出口占总出口的比重已开始接近2008年的水平，总体上中国传媒在我国出口结构中的比重变化不大，处于较弱的位置。

**表7　中国传媒出口比重年度变化情况**

单位：百万美元

| 年份 | 传媒类产品与服务出口总额 | 中国出口总额 | 传媒出口值比重(%) |
|---|---|---|---|
| 2003 | 5770.888 | 438228 | 1.32 |
| 2004 | 7380.016 | 593326 | 1.24 |
| 2005 | 9125.648 | 761953 | 1.20 |
| 2006 | 12358.62 | 968978 | 1.28 |
| 2007 | 22245.06 | 1220456 | 1.82 |
| 2008 | 29231.29 | 1430693 | 2.04 |
| 2009 | 24216.87 | 1201612 | 2.02 |
| 2010 | 28291.5 | 1577754 | 1.79 |
| 2011 | 33013.94 | 1898381 | 1.74 |
| 2012 | 39373.02 | 2048714 | 1.92 |

资料来源：UNCTAD创意经济数据库、UN Comtrade。

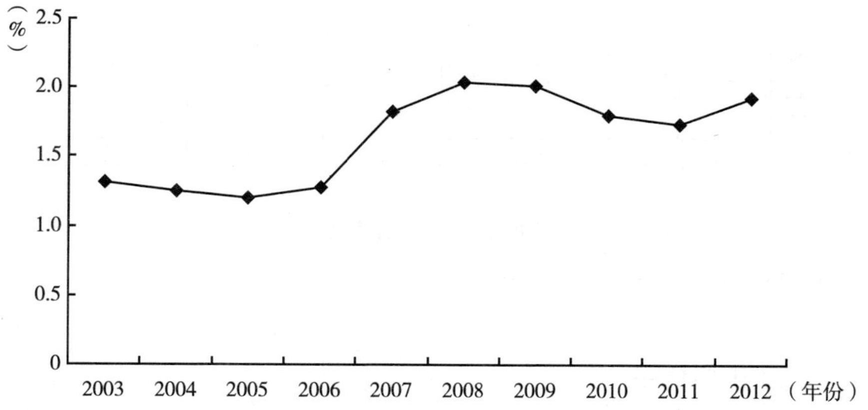


**图6　中国传媒出口值占中国出口总额比重的变化情况**

资料来源：UNCTAD创意经济数据库。

## （三）出口市场份额

### 1. 传媒类产品出口国际市场份额

**表 8 中国传媒类产品出口国际市场份额变化情况**

单位：百万美元

| 年份 | 中国传媒类产品出口总额 | 世界传媒类产品出口总额 | 国际市场份额(%) |
|---|---|---|---|
| 2003 | 4042.025066 | 58004.51 | 6.97 |
| 2004 | 4616.886 | 64797.04 | 7.13 |
| 2005 | 5918.477 | 71012.83 | 8.33 |
| 2006 | 7613.943 | 76413.15 | 9.96 |
| 2007 | 15329.12 | 120215.5 | 12.75 |
| 2008 | 19788.43 | 136973.3 | 14.45 |
| 2009 | 14865.89 | 118621 | 12.53 |
| 2010 | 15196.51 | 120559.6 | 12.60 |
| 2011 | 15947.86 | 124626.7 | 12.80 |
| 2012 | 18998.93 | 116239.4 | 16.34 |

资料来源：UNCTAD 创意经济数据库、UN Comtrade。

从总体上看，中国传媒类产品的国际市场份额一直呈上升趋势，从2003年的6.97%一直上升至2012年的16.34%，市场份额增长了1倍多，虽然2008～2009年存在一定的起伏，但总体上上升势头明显。这说明中国传媒类产品出口竞争力在不断提升，赢得更多的国际市场。

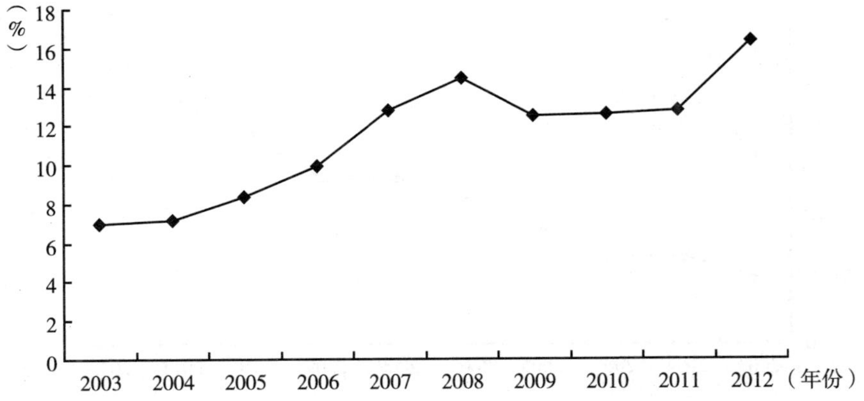


**图 7 中国传媒类产品国际市场份额变化情况**

资料来源：UNCTAD 创意经济数据库。

## 2. 传媒类服务出口国际市场份额

**表 9　中国传媒类服务出口国际市场份额变化情况**

单位：百万美元

| 年份 | 中国传媒类服务出口总额 | 世界传媒类服务出口总额 | 国际市场份额(%) |
|---|---|---|---|
| 2003 | 1728. 863 | 221036. 8 | 0. 78 |
| 2004 | 2763. 13 | 277884. 3 | 0. 99 |
| 2005 | 3207. 171 | 311713. 2 | 1. 03 |
| 2006 | 4744. 677 | 353084. 7 | 1. 34 |
| 2007 | 6915. 939 | 425919. 2 | 1. 62 |
| 2008 | 9442. 859 | 498274. 4 | 1. 90 |
| 2009 | 9350. 976 | 495322. 7 | 1. 89 |
| 2010 | 13094. 99 | 543049. 2 | 2. 41 |
| 2011 | 17066. 08 | 614951. 3 | 2. 78 |
| 2012 | 20374. 09 | 538467. 9 | 3. 78 |

资料来源：UNCTAD 创意经济数据库、UN Comtrade。

与传媒类产品相比，中国传媒类服务的国际市场地位很低，到 2012 年其国际市场份额不到 4%，不及传媒类产品国际市场份额的 1/4。尽管中国传媒类服务国际市场起点很低（2003 年不足 1%），但是传媒类服务市场份额增长速度更快，10 年间市场份额增长了近 4 倍。

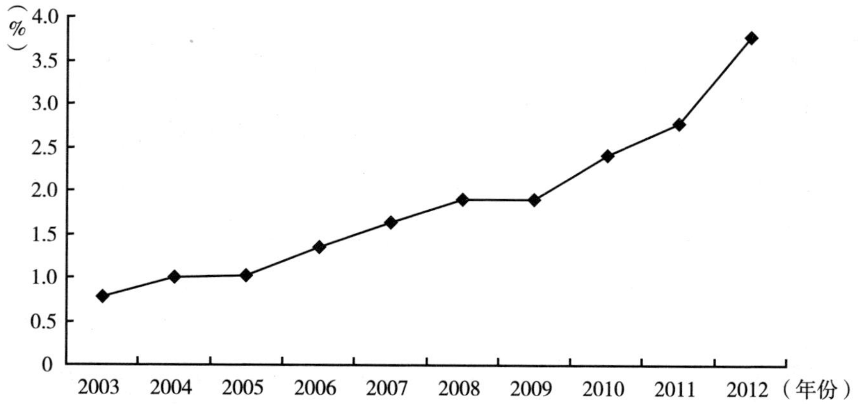


**图 8　中国传媒类服务国际市场份额变化情况**

资料来源：UNCTAD 创意经济数据库。

### 3. 中国传媒整体出口国际市场份额

**表 10　中国传媒整体出口国际市场份额变化情况**

单位：百万美元

| 年份 | 中国传媒出口总额 | 世界传媒出口总额 | 国际市场份额(%) |
|---|---|---|---|
| 2003 | 5770.888 | 279041.3 | 2.07 |
| 2004 | 7380.016 | 342681.4 | 2.15 |
| 2005 | 9125.648 | 382726.1 | 2.38 |
| 2006 | 12358.62 | 429497.9 | 2.88 |
| 2007 | 22245.06 | 546134.7 | 4.07 |
| 2008 | 29231.29 | 635247.7 | 4.60 |
| 2009 | 24216.87 | 613943.7 | 3.94 |
| 2010 | 28291.5 | 663608.8 | 4.26 |
| 2011 | 33013.94 | 739578 | 4.46 |
| 2012 | 39373.02 | 654707.3 | 6.01 |

资料来源：UNCTAD 创意经济数据库、UN Comtrade。

将传媒类产品与传媒类服务合并汇总，中国传媒整体的国际市场份额同样取得了长足的进步，从 2003 年的 2.07% 增长到 2012 年的 6.01%，增长了近 2 倍，但是整体上中国传媒的国际市场地位并不高，由于受到传媒类服务的拖累，整体市场份额仅有 6%。

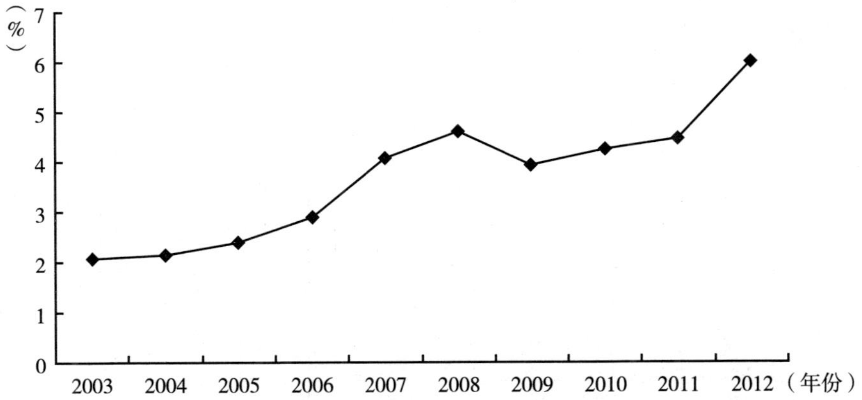


**图 9　中国传媒国际市场份额变化情况**

资料来源：UNCTAD 创意经济数据库。

## （四）贸易差额

### 1. 传媒类产品贸易差额

**表 11　传媒类产品贸易差额年度变化情况**

单位：百万美元

| 年份 | 传媒类产品出口总额 | 传媒类产品进口总额 | 贸易差额 |
|---|---|---|---|
| 2003 | 4042.025066 | 1323.669 | 2718.356 |
| 2004 | 4616.886 | 1490.273 | 3126.613 |
| 2005 | 5918.477 | 1578.134 | 4340.343 |
| 2006 | 7613.943 | 1722.864 | 5891.079 |
| 2007 | 15329.12 | 6738.055 | 8591.065 |
| 2008 | 19788.43 | 6594.707 | 13193.723 |
| 2009 | 14865.89 | 6154.259 | 8711.631 |
| 2010 | 15196.51 | 7389.866 | 7806.644 |
| 2011 | 15947.86 | 8463.263 | 7484.597 |
| 2012 | 18998.93 | 8403.901 | 10595.029 |

资料来源：UNCTAD 创意经济数据库、UN Comtrade。

表 11 数据显示，近十年来中国传媒类产品国际贸易一直保持贸易顺差状态，并且贸易顺差持续增长，从 2003 年的 27.18 亿美元增长至 2012 年的 105.95 亿美元，总增长近 3 倍，贸易差额年平均增长率达 20.23%。但是中国传媒类产品贸易顺差处于波动状态，总体上呈倒 U 曲线，从 2003 年到 2008 年不断增长，到 2008 到达最高点，从 2009 年开始呈下降趋势，直到 2012 年才得到一定程度的恢复。

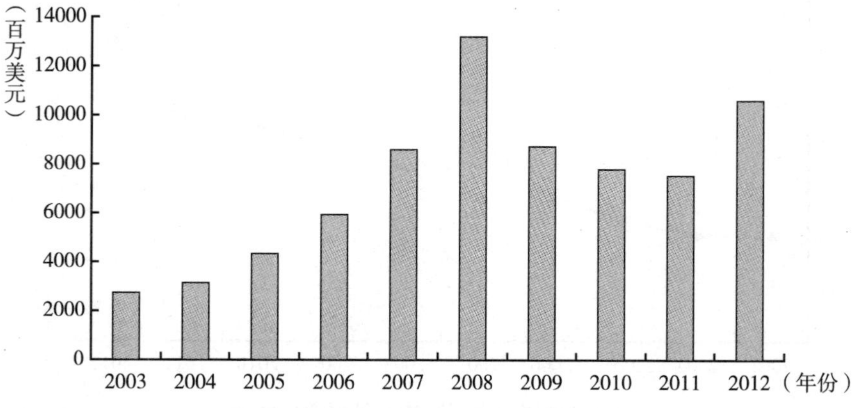


**图 10　中国传媒类产品国际贸易差额变化情况**

资料来源：UNCTAD 创意经济数据库。

## 2. 传媒类服务贸易差额

**表 12　传媒类服务年度贸易差额**

单位：百万美元

| 年份 | 传媒类服务出口总额 | 传媒类服务进口总额 | 贸易差额 |
|---|---|---|---|
| 2003 | 1728.863 | 5111.356 | -3382.49 |
| 2004 | 2763.13 | 6623.516 | -3860.39 |
| 2005 | 3207.171 | 7810.352 | -4603.18 |
| 2006 | 4744.677 | 9449.37 | -4704.69 |
| 2007 | 6915.939 | 11890.78 | -4974.84 |
| 2008 | 9442.859 | 15679.91 | -6237.05 |
| 2009 | 9350.976 | 16529.68 | -7178.7 |
| 2010 | 13094.99 | 18416 | -5321.01 |
| 2011 | 17066.08 | 21723.09 | -4657.01 |
| 2012 | 20374.09 | 24930.06 | -4555.97 |

资料来源：UNCTAD 创意经济数据库。

表 12 数据显示，中国传媒类服务进出口差额一直处于贸易逆差，2003 年传媒类服务国际贸易逆差为 33.82 亿美元，10 年来传媒类服务就一直没有扭转逆差的状态。从贸易逆差的程度来看，10 年间传媒类服务逆差呈 U 形曲线，2003 ~ 2009 年逆差在不断加剧，逆差在 2009 年到达顶点，而在 2010 ~ 2012 年中国传媒逆差得到一定程度的改善。

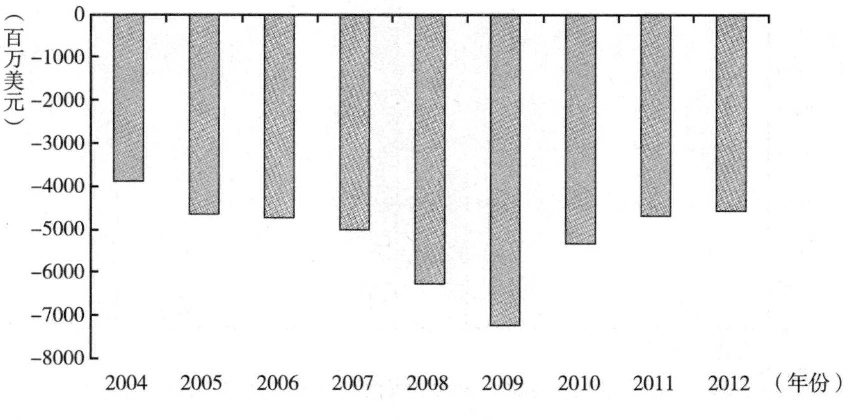


**图 11　中国传媒类服务国际贸易差额变化情况**

资料来源：UNCTAD 创意经济数据库。

### 3. 中国传媒贸易差额

**表 13　中国传媒年度贸易差额变化情况**

单位：百万美元

| 年份 | 传媒类产品与服务出口总额 | 传媒类产品与服务进口总额 | 贸易差额 |
|---|---|---|---|
| 2003 | 5770.888 | 6435.025 | -664.137 |
| 2004 | 7380.016 | 8113.789 | -733.773 |
| 2005 | 9125.648 | 9388.486 | -262.838 |
| 2006 | 12358.62 | 11172.23 | 1186.39 |
| 2007 | 22245.06 | 18628.83 | 3616.231 |
| 2008 | 29231.29 | 22274.62 | 6956.672 |
| 2009 | 24216.87 | 22683.93 | 1532.934 |
| 2010 | 28291.5 | 25805.87 | 2485.631 |
| 2011 | 33013.94 | 30186.35 | 2827.586 |
| 2012 | 39373.02 | 33333.96 | 6039.058 |

资料来源：UNCTAD 创意经济数据库。

从中国传媒整体看，中国传媒整体贸易差额处于不断改善状态，2006 年之前中国传媒国际贸易处于逆差状态，但是自 2006 年开始一直处于顺差状态，并且其顺差额处于不断增长状态，从 2006 年的 11.86 亿美元增长至 2012 年的 60.39 亿美元，增长 48.53 亿美元，增长 6 倍，这说明中国传媒国际贸易整体竞争力有较大提升。但是在 2008 年后贸易顺差额有较大的起伏，直到 2012 年才接近恢复 2008 年的水平。

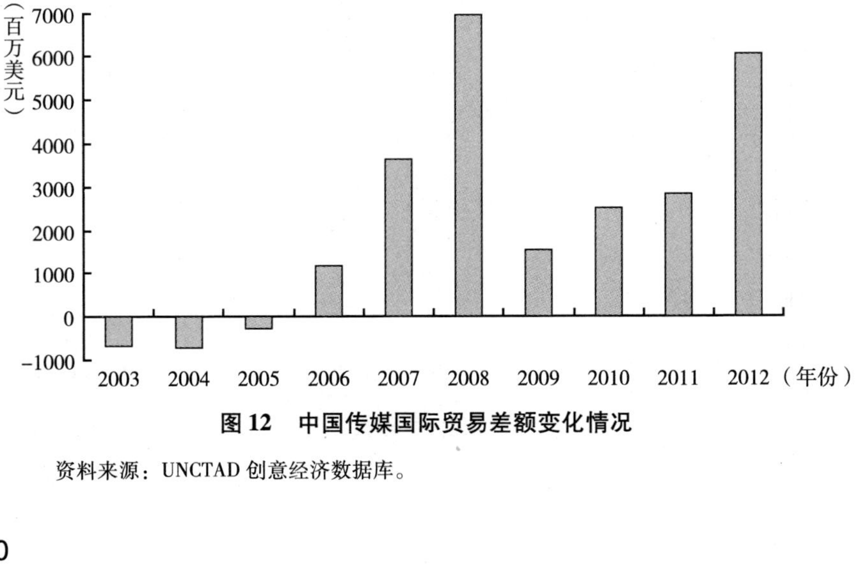


**图 12　中国传媒国际贸易差额变化情况**

资料来源：UNCTAD 创意经济数据库。

# 四　中国传媒的国际贸易结构演变

## （一）中国传媒贸易产品类别结构

### 1. 中国传媒类服务的贸易比重

**表 14　中国传媒类服务出口比重年度变化情况**

单位：百万美元

| 年份 | 传媒类产品与服务出口总额 | 传媒类服务出口额 | 在传媒出口总额中所占比重(%) |
|---|---|---|---|
| 2003 | 5770.888 | 1728.863 | 29.96 |
| 2004 | 7380.016 | 2763.13 | 37.44 |
| 2005 | 9125.648 | 3207.171 | 35.14 |
| 2006 | 12358.62 | 4744.677 | 38.39 |
| 2007 | 22245.06 | 6915.939 | 31.09 |
| 2008 | 29231.29 | 9442.859 | 32.30 |
| 2009 | 24216.87 | 9350.976 | 38.61 |
| 2010 | 28291.5 | 13094.99 | 46.29 |
| 2011 | 33013.94 | 17066.08 | 51.69 |
| 2012 | 39373.02 | 20374.09 | 51.75 |

资料来源：UNCTAD 创意经济数据库、UN Comtrade。

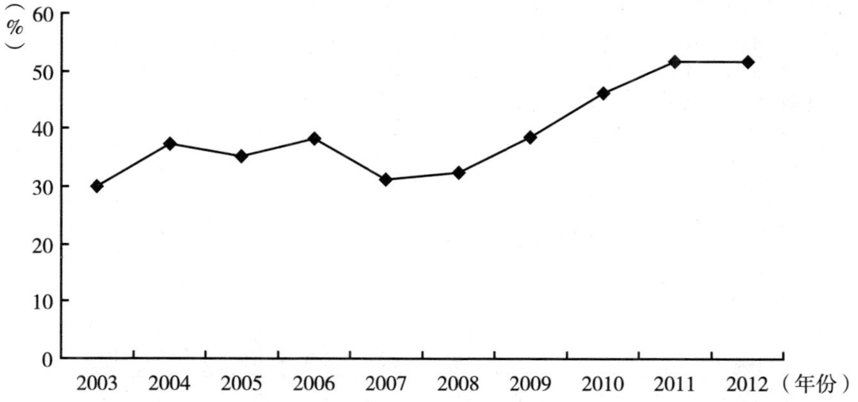


**图 13　传媒类服务出口额占中国传媒出口总额比重的变化情况**

资料来源：UNCTAD 创意经济数据库。

数据表明，中国传媒国际贸易目前主要以产品贸易为主，传媒类服务贸易占传媒贸易的比重一直较低，但是其比重在逐年增长，到2012年传媒类服务贸易已占到传媒贸易的半壁江山，比重达到51.75%，这说明传媒类服务贸易的竞争力在不断增强，其在传媒贸易中的重要性不断提高。

### 2. 中国传媒类产品的贸易结构

**表15　中国传媒类产品出口结构变化情况**

单位：%

| 年份 | 视听产品比重 | 新媒体产品比重 | 音乐产品比重 | 出版物产品比重 |
|---|---|---|---|---|
| 2003 | 4.79 | 65.47 | 13.62 | 16.11 |
| 2004 | 3.53 | 62.86 | 15.14 | 18.47 |
| 2005 | 2.29 | 66.69 | 13.60 | 17.42 |
| 2006 | 1.61 | 67.92 | 11.41 | 19.06 |
| 2007 | 8.21 | 71.40 | 7.06 | 13.33 |
| 2008 | 6.54 | 74.55 | 6.68 | 12.23 |
| 2009 | 8.08 | 70.34 | 7.27 | 14.30 |
| 2010 | 7.98 | 67.79 | 8.50 | 15.74 |
| 2011 | 8.81 | 65.50 | 9.01 | 16.68 |
| 2012 | 7.75 | 68.76 | 8.05 | 15.44 |

资料来源：UNCTAD创意经济数据库。

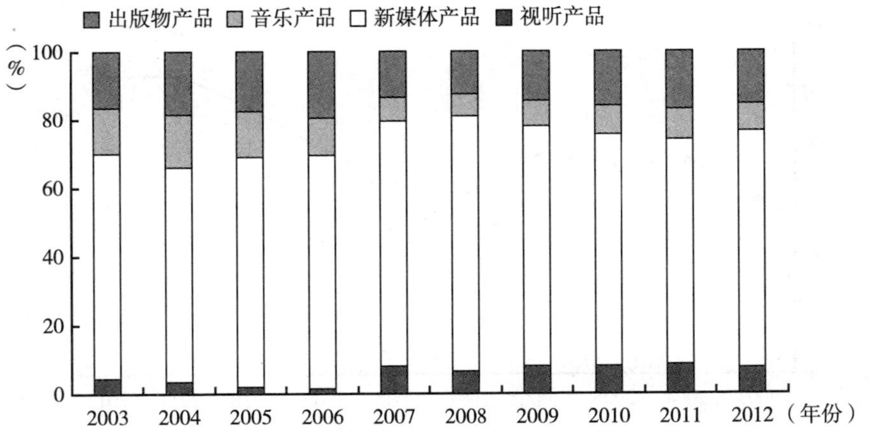


**图14　中国传媒类产品出口结构变化情况**

资料来源：UNCTAD创意经济数据库。

在中国传媒类产品出口结构中，新媒体产品占据绝对优势，比重超过2/3，并且在2003～2012年10年间其比重一直比较稳定，由于统计标准问题，新媒体传媒类别主要指可记录媒介（包括电子贺卡等）、视频游戏（电视游戏机、其他类型电子游戏）。总体上看四类传媒产品的比重相对保持稳定，存在一定起伏，其中音乐产品的比重在下降，从2003年的13.62%下降至2012年的8.05%，而视听产品的比重在上升，从2003年的4.79%增长到2011年的8.81%，2012年有一定的回落。出版物产品比重从2003年至2006年一直呈上升趋势，但是2007～2008年有一定下滑，直到2010～2012年比重开始重新攀升。

### 3. 中国传媒类服务的贸易结构

**表16　中国传媒类服务出口结构变化情况**

单位：%

| 年份 | 广告、市场调研与民意测验服务比重 | 个人文化和休闲服务比重 | 版税和许可费服务比重 | 计算机与信息服务比重 |
|---|---|---|---|---|
| 2003 | 28.13 | 1.93 | 6.19 | 63.75 |
| 2004 | 30.71 | 1.48 | 8.55 | 59.25 |
| 2005 | 33.54 | 4.17 | 4.91 | 57.38 |
| 2006 | 30.46 | 2.90 | 4.31 | 62.34 |
| 2007 | 27.65 | 4.57 | 4.95 | 62.82 |
| 2008 | 23.32 | 4.43 | 6.04 | 66.21 |
| 2009 | 24.73 | 1.04 | 4.59 | 69.64 |
| 2010 | 22.03 | 0.94 | 6.34 | 70.69 |
| 2011 | 23.54 | 0.72 | 4.36 | 71.38 |
| 2012 | 23.32 | 0.62 | 5.12 | 70.94 |

资料来源：UNCTAD创意经济数据库。

目前中国传媒类服务结构中，计算机与信息服务占主要部分，其比重大部分年份均超过2/3。其次为广告、市场调研与民意测验服务，占25%左右，而作为传媒类服务真正核心的版税和许可费服务的比重均比较低，仅为5%左右，版税和许可费服务的比重近年甚至呈下降的趋势。

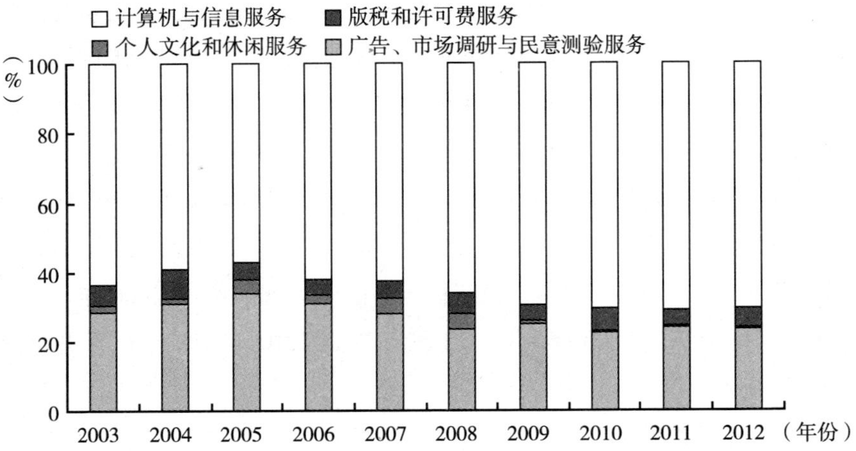


**图 15　中国传媒类服务出口结构变化情况**

资料来源：UNCTAD 创意经济数据库。

## （二）中国传媒类产品贸易市场结构

**表 17　中国大陆传媒类产品出口市场结构变化情况**

单位：%

| 地区＼年份 | 2003 | 2004 | 2005 | 2006 | 2007 | 2008 | 2009 | 2010 | 2011 | 2012 |
|---|---|---|---|---|---|---|---|---|---|---|
| 北　美 | 31.48 | 33.36 | 33.83 | 32.53 | 32.86 | 32.72 | 30.63 | 32.83 | 30.70 | 26.66 |
| 欧　盟 | 29.88 | 15.23 | 26.45 | 29.40 | 17.16 | 18.68 | 21.59 | 18.97 | 20.29 | 17.44 |
| 港澳台 | 24.39 | 37.65 | 28.96 | 27.95 | 34.07 | 30.89 | 27.39 | 26.01 | 24.31 | 23.13 |
| 日　韩 | 8.28 | 7.58 | 3.99 | 3.27 | 4.72 | 6.68 | 6.89 | 6.36 | 6.29 | 15.25 |
| 澳大利亚 | 2.42 | 2.27 | 2.25 | 1.22 | 0.99 | 1.29 | 1.69 | 1.51 | 1.90 | 1.70 |
| 其　他 | 1.33 | 1.05 | 1.10 | 1.02 | 1.54 | 1.55 | 1.91 | 2.39 | 2.85 | 3.18 |
| 东南亚 | 1.05 | 1.23 | 1.35 | 1.34 | 4.56 | 4.12 | 4.75 | 5.79 | 5.91 | 5.75 |
| 南　美 | 0.45 | 0.57 | 0.66 | 0.71 | 1.04 | 1.16 | 1.61 | 2.26 | 3.27 | 2.55 |
| ACP | 0.31 | 0.35 | 0.39 | 0.39 | 0.66 | 0.63 | 0.76 | 0.94 | 1.28 | 1.32 |
| 南　亚 | 0.23 | 0.30 | 0.31 | 1.60 | 1.52 | 1.58 | 1.98 | 2.00 | 2.21 | 2.15 |
| 独联体 | 0.16 | 0.42 | 0.72 | 0.59 | 0.88 | 0.70 | 0.79 | 0.95 | 1.00 | 0.88 |

注：ACP 指非洲、加勒比和太平洋国家集团，北美包括美国、加拿大、墨西哥，欧盟指 EU27 国，南美指南美洲国家联盟，东南亚指东南亚国家联盟各国，南亚指南亚各国包括印度，独联体指独立国家联合体各国。本统计数据指中国大陆出口世界各地区的传媒类产品值，其中包含中国大陆出口中国港澳台地区的出口值，因此将对中国港澳台地区的出口也单独列出。

由图16看，除去中国港澳台外，中国大陆传媒类产品主要出口区域为北美、欧盟、日韩，2003年向这三大区域的出口值接近70%。但是从2003年至2012年10年间，中国大陆传媒类产品的市场结构发生了较大的变化，最显著的特点是主流市场的比重下降，而其他市场不断崛起，如东南亚市场、南美市场均得到长足的进步，2003年这些市场的规模微不足道（均为1%左右），到2012年已占据一席之地。这说明中国传媒国际市场的范围不断扩大，其影响也在扩大。

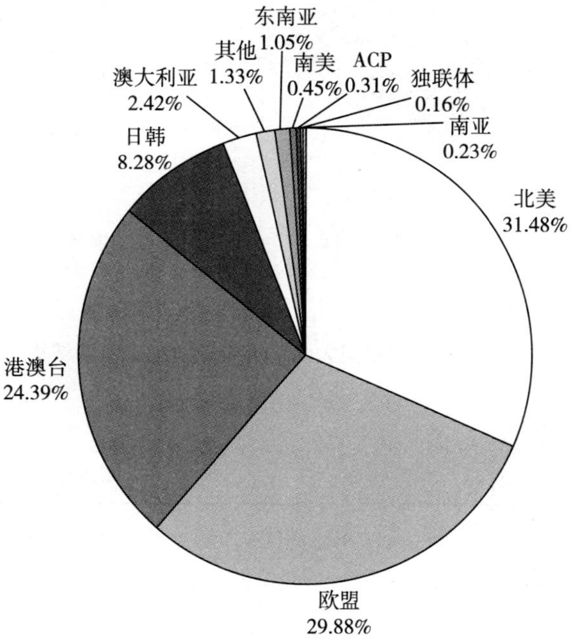


**图16　2003年中国大陆传媒类产品出口市场结构**

资料来源：UNCTAD创意经济数据库。

由表18可以看出，中国传媒类产品出口的主要目的国为经济发达国家，按中国出口目的国的传媒产品出口额排名，排名前10位主要为欧美发达国家，只有少量的发展中国家如印度和墨西哥在某些年份进入前10。中国出口到全球GDP前20位的国家的传媒类产品总值占中国传媒类产品出口总额的2/3，在237个国家（地区）中，不到1/10的国家的出口占据中国传媒类产品出口总额的大部分。

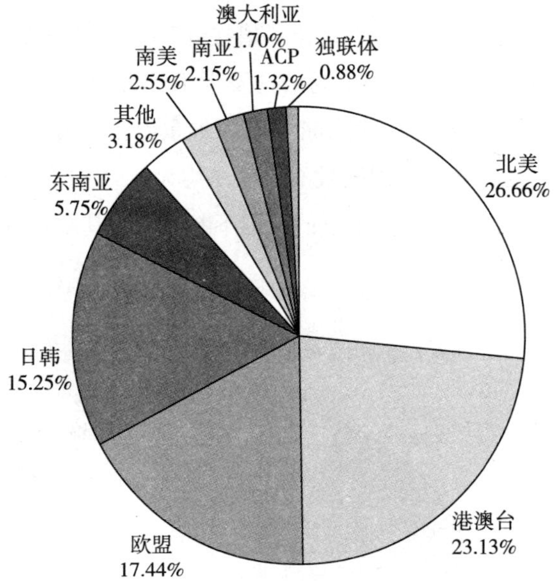


**图 17　2012 年中国大陆传媒类产品出口市场结构**

资料来源：UNCTAD 创意经济数据库。

**表 18　中国传媒类产品出口各国贸易额排名**

| 排名＼年份 | 2003 | 2004 | 2005 | 2006 | 2007 | 2008 | 2009 | 2010 | 2011 | 2012 |
|---|---|---|---|---|---|---|---|---|---|---|
| 1 | 美国 | 美国 | 美国 | 美国 | 美国 | 美国 | 美国 | 美国 | 美国 | 美国 |
| 2 | 荷兰 | 日本 | 德国 | 德国 | 英国 | 德国 | 德国 | 德国 | 德国 | 日本 |
| 3 | 英国 | 德国 | 荷兰 | 荷兰 | 德国 | 日本 | 英国 | 英国 | 英国 | 德国 |
| 4 | 日本 | 荷兰 | 英国 | 英国 | 日本 | 英国 | 日本 | 日本 | 日本 | 韩国 |
| 5 | 澳大利亚 | 英国 | 日本 | 日本 | 荷兰 | 荷兰 | 荷兰 | 荷兰 | 荷兰 | 英国 |
| 6 | 加拿大 | 澳大利亚 | 澳大利亚 | 澳大利亚 | 澳大利亚 | 澳大利亚 | 韩国 | 韩国 | 韩国 | 荷兰 |
| 7 | 德国 | 韩国 | 加拿大 | 加拿大 | 印度 | 加拿大 | 澳大利亚 | 澳大利亚 | 澳大利亚 | 澳大利亚 |
| 8 | 韩国 | 加拿大 | 俄罗斯 | 俄罗斯 | 加拿大 | 韩国 | 印度 | 印度 | 巴西 | 印度 |
| 9 | 法国 | 墨西哥 | 韩国 | 韩国 | 韩国 | 印度 | 加拿大 | 法国 | 印度 | 巴西 |
| 10 | 意大利 | 法国 | 墨西哥 | 墨西哥 | 俄罗斯 | 墨西哥 | 巴西 | 巴西 | 加拿大 | 法国 |

资料来源：根据 UNCTAD 创意经济数据库数据整理计算而来。

**表 19　中国大陆传媒类产品出口 G20 的年度规模与比重**

单位：百万美元

| 年份 | 出口 G20 的总额 | 占中国传媒类产品出口总额比重(%) |
|---|---|---|
| 2003 | 2904.837242 | 71.87 |
| 2004 | 2704.548 | 58.58 |
| 2005 | 3965.785 | 67.01 |
| 2006 | 5162.885 | 67.81 |
| 2007 | 8525.628 | 55.62 |
| 2008 | 11648.93 | 58.87 |
| 2009 | 8899.637 | 59.87 |
| 2010 | 9208.46 | 60.60 |
| 2011 | 9858.094 | 61.81 |
| 2012 | 12048.98 | 63.42 |

注：G20 的样本国选自世界银行数据库 2013 年度 GDP 排名前 20 名的国家（除去中国大陆）。
资料来源：UNCTAD 创意经济数据库。

2012 年，中国对美国、日本、德国、韩国、英国的传媒类产品出口额占传媒类产品出口总额的一半以上，美国、日本、德国、韩国、英国为 2012 年中国传媒类产品的主要出口国。

由于 UNCTAD 创意经济数据库并未统计单个国家之间的服务出口数据，因此无法获得中国与其他国家之间的传媒类服务贸易数据。囿于数据的缺乏，本研究没有分析传媒类服务的市场分布结构。

**表 20　2012 年中国大陆传媒类产品出口 G20 的规模与比重**

单位：百万美元

| 排名 | 目的国 | 中国出口额 | 比重(%) | 累计比重(%) |
|---|---|---|---|---|
| 1 | 美　国 | 4847.925 | 25.52 | 25.52 |
| 2 | 日　本 | 2070.782 | 10.90 | 36.42 |
| 3 | 德　国 | 1136.967 | 5.98 | 42.40 |
| 4 | 韩　国 | 825.7296 | 4.35 | 46.75 |
| 5 | 英　国 | 759.7366 | 4.00 | 50.75 |
| 6 | 荷　兰 | 649.0991 | 3.42 | 54.16 |

续表

| 排名 | 目 的 国 | 中国出口额 | 比重(%) | 累计比重(%) |
|---|---|---|---|---|
| 7 | 澳大利亚 | 323.8478 | 1.70 | 55.87 |
| 8 | 印　　度 | 294.9332 | 1.55 | 57.42 |
| 9 | 巴　　西 | 216.4021 | 1.14 | 58.56 |
| 10 | 法　　国 | 187.0798 | 0.98 | 59.54 |

资料来源：UNCTAD 创意经济数据库。

## 五　中国传媒国际竞争力的多指标综合评价

马库森（Markusen，1992）认为："在一个自由贸易的环境中：（1）如果某一产业在国内出口总额中的比例下降或者其在国内进口总额中的比例上升，并且进口总额在国内市场上占生产和消费总额的比例缩小，则该产业缺乏竞争力；（2）如果一个产业在世界市场上的出口份额下降或在世界市场上该产业产品的进口总额中该国家所占的份额上升，则说明该产业缺乏国际竞争力。"① 张文兵（2006）从结果角度进行了分析，认为产业国际竞争力直接表现为一国特定产业的产品在国际市场上的占有份额；产业国际竞争力的决定性指标反映的是产业国际竞争力强弱的原因。② 采用产业进出口的数据评价指标评价一国产业竞争力强弱已成为产业竞争力评价中普遍采用的方法。国内学者普遍采取贸易竞争力（TC）指数、显性比较优势（RCA）指数或出口额等指标来衡量国际竞争力。然而，这些指标均存在一定的缺陷，TC 指数和出口额或者贸易收支差额只考虑一国自身的贸易状况，缺乏国际层面的比较，而 RCA 指数是学者 Balassa 在 1965 年计算、评价部分国家贸易比较优势时采用的一种方法，之后被世界银行等国际组织广泛采用，指某一个国家某类产品占其出口总值的比重与世界该类产品占世界出口比重的比率，虽然考虑到与国际层面的比较，但由于仅考虑出口状况而不考虑进口和国内市场因素，可能导致

① 张金昌：《国际竞争力评价的理论和方法》［M］，经济科学出版社，2002。

② 张文兵：《政府行为与产业国际竞争力：一个分析框架》［J］，《商业经济与管理》2006 年第 5 期。

内需大国的产业国际竞争力被低估，而以加工贸易为主的国家产业竞争力则被高估。

考虑到各个指标的不同缺陷，为了更全面地评价中国传媒的国际竞争力和比较优势，本研究将使用贸易竞争力指数（Trade Competitiveness Index，TCI）、显示性比较优势（Revealed Comparative Advantage，RCA）指数、净出口显示性比较优势（Net Export Revealed Competitive Advantage，NXRCA）指数、贸易结构拉菲指数（Lafay Index，LFI）等指标来测量中国传媒的国际竞争力。

## （一）中国传媒的贸易竞争力指数

贸易竞争力指数（TCI）是指某经济体出口与进口贸易的差额与其进出口贸易总额的比值，用公式表示为：$TC_{ij} = (E_{ij} - I_{ij}) / (E_{ij} + I_{ij})$。其中，$TC_{ij}$表示j经济体i产业或产品的贸易竞争力指数，$E_{ij}$和$I_{ij}$分别表示j经济体i产业或产品的出口额和进口额。

TCI在$-1 \sim 1$之间变动，TCI值越高，说明国际竞争力越强。一般认为，当$0.8 \leqslant TCI < 1$时，该产品具有非常明显的竞争优势；当$0.5 \leqslant TCI < 0.8$时，该产品具有较明显的竞争优势；当$0 < TCI < 0.5$时，该产品具有竞争优势，但不明显。当$-1 < TCI < -0.8$时，该产品处于非常明显的竞争劣势；当$-0.8 < TCI \leqslant -0.5$时，该产品处于较明显的竞争劣势；当$-0.5 < TCI < 0$时，该产品处于竞争劣势，但不明显。当TCI接近0时，该产品的竞争力呈现中性，即与国际平均水平相当。①

### 1. 中国传媒类产品的贸易竞争力指数

**表21　中国传媒类产品TCI变动情况**

| 年份 | 2003 | 2004 | 2005 | 2006 | 2007 | 2008 | 2009 | 2010 | 2011 | 2012 |
|---|---|---|---|---|---|---|---|---|---|---|
| TCI | 0.51 | 0.51 | 0.58 | 0.63 | 0.39 | 0.50 | 0.41 | 0.35 | 0.31 | 0.39 |

资料来源：根据UNCTAD创意经济数据库的相关数据计算获得。

① 曲国明：《中美创意产业国际竞争力比较——基于RCA、TC和“钻石”模型的分析》[J]，《国际贸易问题》2012年第3期。

从其绝对值来看，中国传媒类产品 TCI 一直保持在 0.31～0.63 区间，总体上来看，中国传媒类产品具有一定的国际竞争优势，但是不明显。从图 18 可以看出，中国传媒类产品 TCI 在 10 年间一直处于波动状态，并且起伏较大，尤其需要注意的是，相对于 10 年前，中国传媒类产品的 TCI 甚至有一定程度的下降。

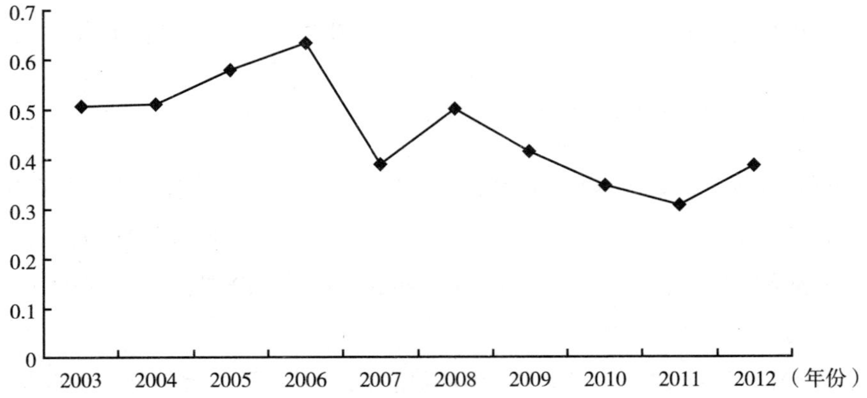


**图 18　中国传媒类产品 TCI 变动情况**

资料来源：根据 UNCTAD 创意经济数据库数据计算获得。

### 2. 中国传媒类服务的贸易竞争力指数

**表 22　中国传媒类服务 TCI 变动情况**

| 年份 | 2003 | 2004 | 2005 | 2006 | 2007 | 2008 | 2009 | 2010 | 2011 | 2012 |
|---|---|---|---|---|---|---|---|---|---|---|
| TCI | -0.49 | -0.41 | -0.42 | -0.33 | -0.26 | -0.25 | -0.28 | -0.17 | -0.12 | -0.10 |

资料来源：根据 UNCTAD 创意经济数据库的相关数据计算获得。

中国传媒类服务的 TCI 变动情况表明，其 TCI 一直处于负值，在 -0.1～-0.5 之间波动，说明中国传媒类服务一直处于竞争劣势。但是与传媒类产品 TCI 的起起伏伏相对，中国传媒类服务表现出了非常明显的上升趋势，其贸易竞争力在不断得到改善，到 2012 年传媒类服务竞争力呈现中性，与国际平均水平相当。

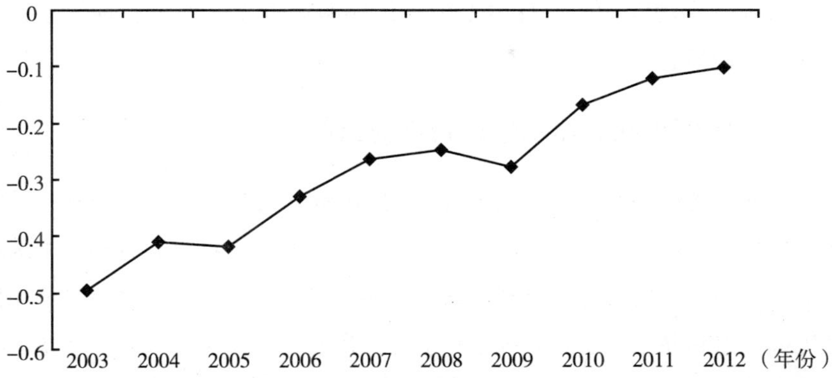


**图19　中国传媒类服务 TCI 变动情况**

资料来源：根据 UNCTAD 创意经济数据库数据计算获得。

### 3. 中国传媒整体贸易竞争力指数

**表23　中国传媒整体 TCI 变动情况**

| 年份 | 2003 | 2004 | 2005 | 2006 | 2007 | 2008 | 2009 | 2010 | 2011 | 2012 |
|---|---|---|---|---|---|---|---|---|---|---|
| TCI | -0. 05 | -0. 05 | -0. 01 | 0. 05 | 0. 09 | 0. 14 | 0. 03 | 0. 05 | 0. 04 | 0. 08 |

资料来源：根据 UNCTAD 创意经济数据库的相关数据计算获得。

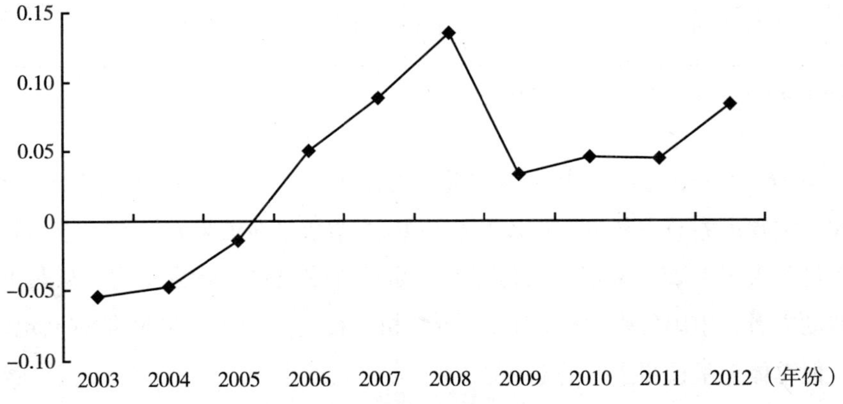


**图20　中国传媒整体 TCI 变动情况**

资料来源：根据 UNCTAD 创意经济数据库数据计算获得。

将传媒类产品和传媒类服务合并，观察中国传媒整体 TCI 的变动情况，发现中国传媒整体上已摆脱国际竞争劣势，竞争力处于上升趋势，虽然在2008～

2009年间有一定的起伏，但总体上中国传媒的竞争力已处于中性状态，与国际平均水平相当。

## （二）中国传媒的显示性比较优势指数

显示性比较优势（RCA）是Balassa于1965年提出的，指一国某产品的出口在全世界该产品出口中的份额与该国所有产品的出口在世界总出口中的份额的比率。这一指标反映了一个国家某一产品的出口与世界平均出口水平相比的相对优势，它剔除了国家总量波动和世界总量波动的影响，较好地反映了生产该产品产业的相对优势。[①] 计算公式：$RCA = (E_j/E_t)/(W_j/W_t)$。

式中，$E_j$、$W_j$ 分别表示一国j商品的出口值和世界j商品的出口值，$E_t$、$W_t$ 分别表示一国商品出口总值和世界商品出口总值。一般而言，若 $RCA>2.5$，表明该国该产业具有极强的国际竞争力；若 $1.25<RCA<2.5$，表明该国该产业具有较强的国际竞争力；若 $RCA<0.8$，则表明该国该产业的国际竞争力较弱。[②]

### 1. 中国传媒类产品的显示性比较优势指数

**表24　中国传媒类产品RCA指数变动情况**

| 年份 | 2003 | 2004 | 2005 | 2006 | 2007 | 2008 | 2009 | 2010 | 2011 | 2012 |
|---|---|---|---|---|---|---|---|---|---|---|
| RCA指数 | 1.21 | 1.11 | 1.15 | 1.25 | 1.46 | 1.63 | 1.31 | 1.22 | 1.24 | 1.47 |

资料来源：根据UNCTAD创意经济数据库的相关数据计算获得。

与TCI不同，RCA指数考虑与世界的比较，因而RCA指数表现出的趋势存在一定程度差异。从中国传媒类产品RCA指数绝对值来看，在10年间大部分年份均大于1.25，表明中国传媒类产品具有较强的国际竞争力。从其10年的波动来看，中国传媒类产品RCA指数相对稳定，2008～2009年有一定的起伏，但总体上呈稳步上升的趋势。

① 陈立敏：《国际竞争力就等于出口竞争力吗？——基于中国制造业的对比实证分析》[J]，《世界经济研究》2010年第12期。

② 曲国明：《中美创意产业国际竞争力比较——基于RCA、TC和“钻石”模型的分析》[J]，《国际贸易问题》2012年第3期。

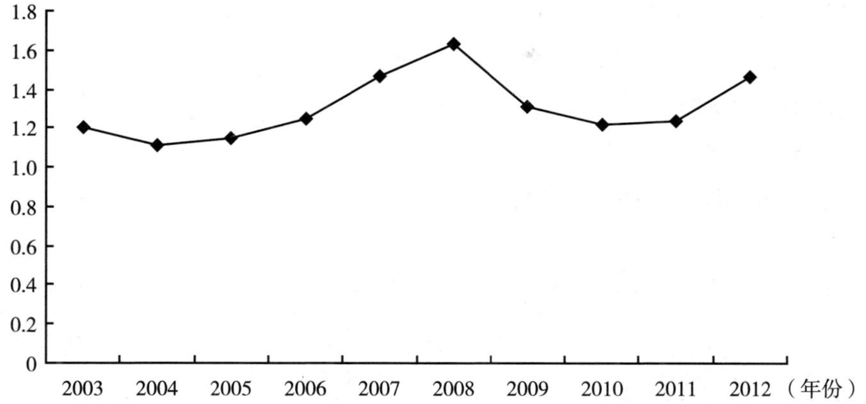


**图 21　中国传媒类产品 RCA 指数变动情况**

资料来源：根据 UNCTAD 创意经济数据库数据计算获得。

## 2. 中国传媒类服务的显示性比较优势指数

**表 25　中国传媒类服务 RCA 指数变动情况**

| 年份 | 2003 | 2004 | 2005 | 2006 | 2007 | 2008 | 2009 | 2010 | 2011 | 2012 |
|---|---|---|---|---|---|---|---|---|---|---|
| RCA 指数 | 0. 14 | 0. 15 | 0. 14 | 0. 17 | 0. 19 | 0. 21 | 0. 20 | 0. 23 | 0. 27 | 0. 34 |

资料来源：根据 UNCTAD 创意经济数据库的相关数据计算获得。

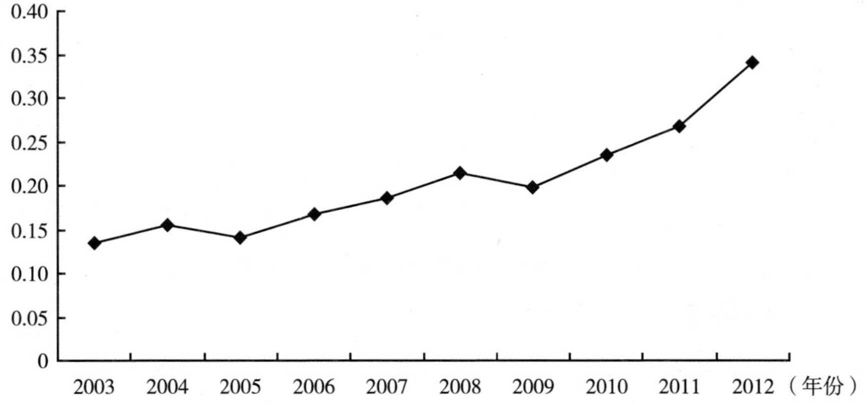


**图 22　中国传媒类服务 RCA 指数变动情况**

资料来源：根据 UNCTAD 创意经济数据库数据计算获得。

与中国传媒类产品不同，中国传媒类服务 RCA 指数在 10 年间一直小于 0.35，远远不及 0.8 的水平，因此认为中国传媒类服务的国际竞争力非常弱，甚至处于竞争劣势。但是与 TCI 的趋势相同，中国传媒类服务的 RCA 指数一直保持上升趋势，并且其上升趋势比较明显。

### 3. 中国传媒整体显示性比较优势指数

**表 26　中国传媒整体 RCA 指数变动情况**

| 年份 | 2003 | 2004 | 2005 | 2006 | 2007 | 2008 | 2009 | 2010 | 2011 | 2012 |
|---|---|---|---|---|---|---|---|---|---|---|
| RCA 指数 | 0. 36 | 0. 33 | 0. 33 | 0. 36 | 0. 47 | 0. 52 | 0. 41 | 0. 41 | 0. 43 | 0. 54 |

资料来源：根据 UNCTAD 创意经济数据库的相关数据计算获得。

从整体上评价中国传媒，发现中国传媒一直处于相对弱势的国际竞争地位，其 RCA 指数在 10 年间基本处于 0.5 以下，主要原因应该是受到传媒类服务的拖累。从年度变动看，其总体呈现逐步上升的势头。

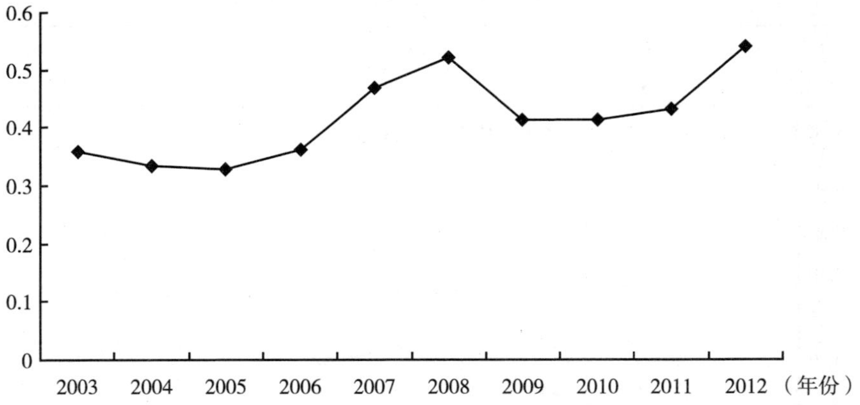


**图 23　中国传媒整体 RCA 指数变动情况**

资料来源：根据 UNCTAD 创意经济数据库数据计算获得。

## （三）中国传媒的净出口显示性比较优势指数

为了反映进口对竞争力的影响，Balassa（1989）对 RCA 指数进行了改进，提出净出口显示性比数优势（NXRCA）指数，计算公式为：NXRCA =

$(E_j/E_t - I_j/I_t) \times 100$。式中，$E_j$、$E_t$ 分别表示一国 j 商品的出口值和一国商品出口总值，$I_j$、$I_t$ 分别表示一国 j 商品的进口值和一国商品进口总值。该指数大于0 表示具有竞争优势，小于0 表示具有竞争劣势，等于0 表示贸易达到自我平衡。①

### 1. 中国传媒类产品的净出口显示性比较优势指数

**表 27 中国传媒类产品净出口显示性比较优势（NXRCA）指数变动情况**

| 年份 | 2003 | 2004 | 2005 | 2006 | 2007 | 2008 | 2009 | 2010 | 2011 | 2012 |
|---|---|---|---|---|---|---|---|---|---|---|
| NXRCA 指数 | 0.60 | 0.51 | 0.54 | 0.57 | 0.55 | 0.80 | 0.63 | 0.43 | 0.35 | 0.47 |

资料来源：根据 UNCTAD 创意经济数据库的相关数据计算获得。

考虑到进口的影响，中国传媒类产品 NXRCA 指数在 10 年间一直保持为正值，说明中国传媒类产品具有一定程度的国际竞争优势。但是 10 年间有较大的起伏，并且 2009～2011 年表现出一定的下降趋势，直至 2012 年才出现一定程度的恢复。

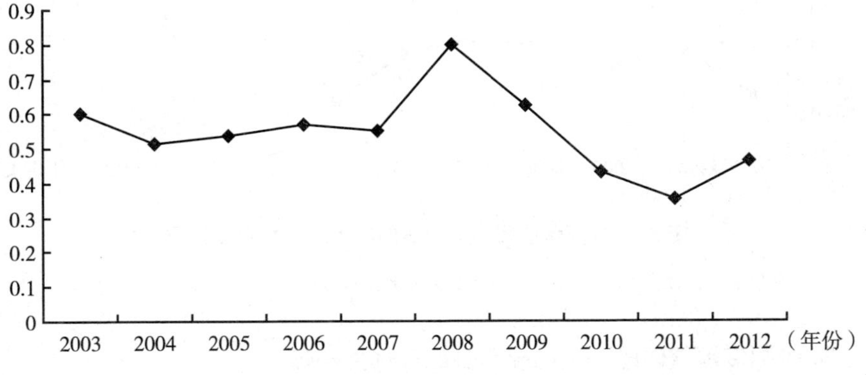


**图 24 中国传媒类产品 NXRCA 指数变动情况**

资料来源：根据 UNCTAD 创意经济数据库数据计算获得。

① 陈立敏：《国际竞争力就等于出口竞争力吗？——基于中国制造业的对比实证分析》［J］，《世界经济研究》2010 年第 12 期。

### 2. 中国传媒类服务的净出口显示性比较优势指数

**表 28　中国传媒类服务（NXRCA）指数变动情况**

| 年份 | 2003 | 2004 | 2005 | 2006 | 2007 | 2008 | 2009 | 2010 | 2011 | 2012 |
|---|---|---|---|---|---|---|---|---|---|---|
| NXRCA 指数 | -0.84 | -0.71 | -0.76 | -0.70 | -0.68 | -0.72 | -0.87 | -0.49 | -0.35 | -0.38 |

资料来源：根据 UNCTAD 创意经济数据库的相关数据计算获得。

与 RCA 指数和 TCI 的表现一样，中国传媒类服务 NXRCA 指数一直处于负值状态，说明中国传媒类服务在国际竞争中一直处于劣势，但是 10 年间其竞争力在不断改善，NXRCA 指数在不断增大，也就是其净出口显示性比较优势呈上升状态。

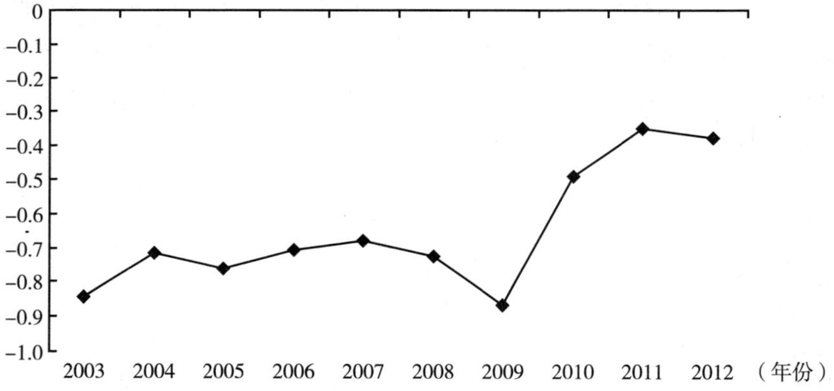


**图 25　中国传媒类服务（NXRCA）指数变动情况**

资料来源：根据 UNCTAD 创意经济数据库数据计算获得。

### 3. 中国传媒整体的净出口显示性比较优势指数

**表 29　中国传媒整体净出口显示性比较优势（NXRCA）指数变动情况**

| 年份 | 2003 | 2004 | 2005 | 2006 | 2007 | 2008 | 2009 | 2010 | 2011 | 2012 |
|---|---|---|---|---|---|---|---|---|---|---|
| NXRCA 指数 | -0.24 | -0.20 | -0.22 | -0.14 | -0.13 | 0.08 | -0.24 | -0.06 | 0.01 | 0.09 |

资料来源：根据 UNCTAD 创意经济数据库的相关数据计算获得。

从整体上看，中国传媒的净出口显示性比较优势一直处于相对劣势地位，只是在 2011 年和 2012 年转负为正，接近中性状态，达到国际平均竞争水平。虽然 NXRCA 在 10 年间存在一定的起伏，但总体上呈上升的趋势。

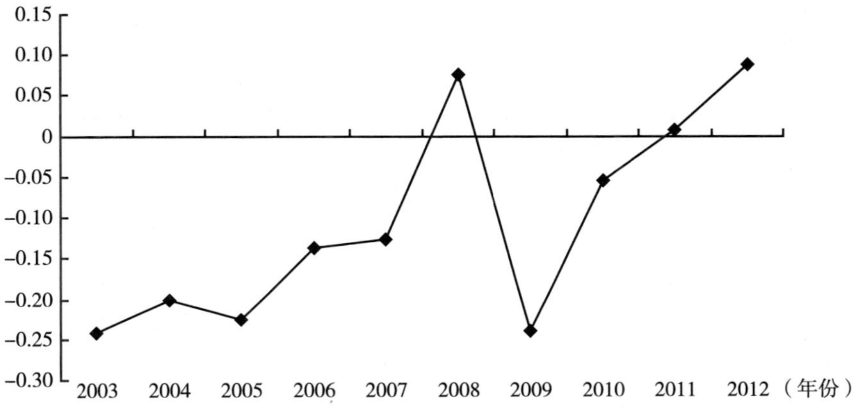


**图 26　中国传媒整体净出口显示性比较优势（NXRCA）指数变动情况**

资料来源：根据 UNCTAD 创意经济数据库数据计算获得。

## （四）中国传媒竞争力的多指标比较分析

由于各个竞争力评价指标测量的角度各不相同，各有优缺点，因此本研究将各项测量指标进行比较，并对各指标变动添加趋势线，观察各个测量指标反映的趋势与评价是否一致。

从各个指标变动趋势比较来看，中国传媒整体竞争力 TC、RCA 和 NXRCA 指数的趋势比较一致，均表现为中国传媒的竞争力呈现逐步上升的趋势，在综合考虑出口、进口以及与国际的比较之下，可以认为中国传媒整体的国际竞争力在逐年增强。

中国传媒类服务竞争力的 TC、RCA 和 NXRCA 指数的趋势表现一致，均表现为中国传媒类服务的竞争力呈逐年上升的势头，可以认为中国传媒类服务的国际竞争力也在逐年增强。

但是中国传媒类产品竞争力的 TC 指数、RCA 指数和 NXRCA 指数表现的趋势并不相同，TC 指数和 NXRCA 指数表明中国传媒产品竞争力在逐年下降，

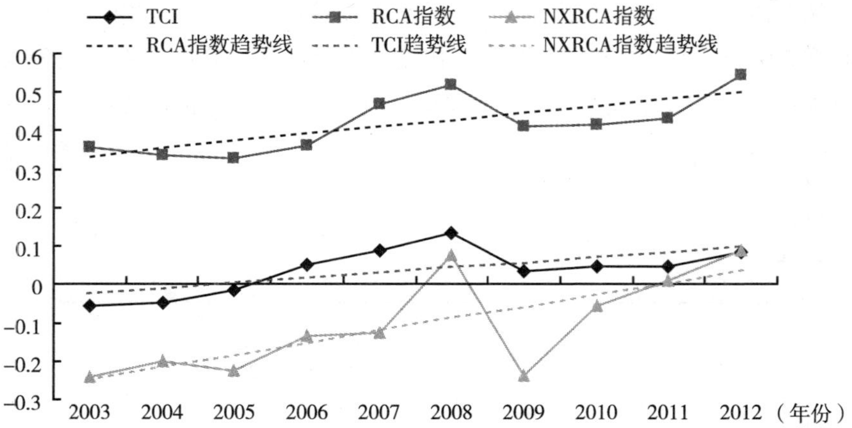


**图 27　中国传媒整体竞争力的多指标变动趋势**

资料来源：根据 UNCTAD 创意经济数据库数据计算获得。

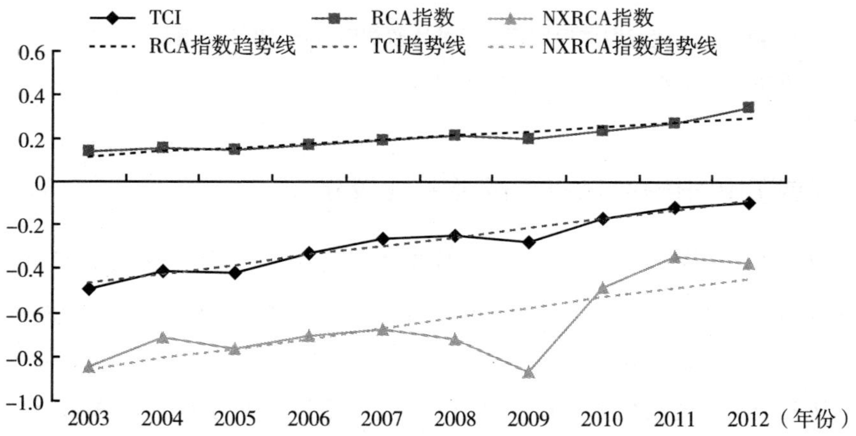


**图 28　中国传媒类服务竞争力的多指标变动趋势**

资料来源：根据 UNCTAD 创意经济数据库数据计算获得。

而 RCA 指数则呈现为上升的趋势。这是由于虽然中国传媒类产品出口份额不断增长，但是同时中国传媒类产品进口量与份额后期增长的速度超过出口增长的速度，从而导致三个测量指标的趋势表现得不一致。综合进口与出口的因素，可以认为尽管中国传媒类产品的出口竞争力在增强，但由于其进口量与份额增长速度超过出口量增长速度，实质上导致其国际竞争力在下降。

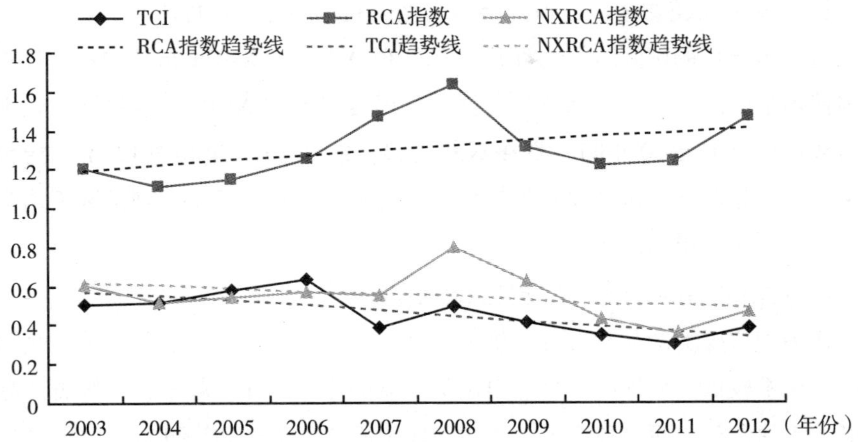


**图 29　中国传媒类产品竞争力的多指标变动趋势**

资料来源：根据 UNCTAD 创意经济数据库数据计算获得。

## 六　中国传媒整体国际竞争力的研究总结

通过对中国传媒从规模、结构、竞争力指标等多方面的测量，可以得到以下结论。

### 1. 中国传媒出口规模高速增长但出口地位较低

10 年间，无论是中国传媒类产品、服务还是中国传媒产业，均获得了快速的发展，其间传媒出口总值增长了 336.02 亿美元，出口总值增长 5.8 倍，年平均增长速度达 26%。但是中国传媒产业在中国出口结构中仍然地位较低，大部分年份不到出口总值的 2%，并且在 10 年间地位变化不大。与此同时，中国传媒产业的国际市场份额虽然增长较快，10 年间整体增长近 2 倍，但国际传媒市场份额仅为 6%。这说明中国传媒国际化的道路依然很长。

### 2. 中国传媒类产品贸易顺差起伏，传媒类服务贸易逆差改善

在中国传媒产业国际贸易结构中，产品与服务表现截然不同，传媒类产品一直保持着贸易顺差，而传媒类服务一直处于贸易逆差状态。但是传媒类产品贸易顺差起伏较大，近年贸易顺差表现出下降趋势，而传媒类服务逆差近年来有一定程度的改善。

### 3. 中国传媒整体国际竞争力持续增强但只达到国际平均水平

通过多指标的国际竞争力评价，TC、RCA 以及 NXRCA 指数均一致反映了中国传媒整体国际竞争力在逐年增强，中国传媒整体 NXRCA 指数一直处于相对劣势地位，但是 10 年间一直在不断改善，最终 2011 年和 2012 年该指数转负为正。但是虽然中国传媒整体竞争力在增强，但是也只是达到国际平均竞争力水平，并未取得相对的优势。

### 4. 中国传媒核心产品与服务出口份额低

在中国传媒类产品和服务具体细分结构中，数据表明，核心性的产品和服务出口比重较低，如视听产品、出版类产品的比重加在一起不到传媒类产品出口额 1/4 的份额，而服务中个人文化和休闲服务、版税和许可费的比重均比较低，其中个人文化和休闲服务的比重近年来还不到 1%，版税和许可费的比重甚至呈下降的趋势。核心产品竞争力较弱直接影响中国传媒的核心竞争力。

### 5. 中国传媒类产品的国际竞争力逐年下滑

尽管中国传媒类产品的 RCA 指数呈现上升的趋势，表现为中国传媒产品的出口竞争力在不断提升，但是 TC 和 NXRCA 指数均表现为下降趋势。说明尽管出口规模在不断增加，而传媒类产品的进口增长速度超过了出口的增长速度，导致中国传媒类产品实质的国际竞争力逐年下滑。

# 产　品　篇

Research on Chinese Media Product

# B.2
# 产品篇

刘　强*

摘　要：“传媒类产品篇”包括四个子报告，分别研究了视听产品、新媒体传媒、出版传媒、音乐传媒四类传媒类产品的国际竞争力，发现中国视听产品在2003～2012年10年间国际竞争力一直处于劣势地位；中国新媒体产品具有较为明显的国际竞争优势，专业化程度较高，其对中国传媒类产品国际贸易的贡献大，但其竞争力下降趋势明显；中国音乐产品具有较为明显的国际竞争优势，专业化程度较高，但是其竞争优势并不及新媒体产品；中国出版物产品表现出一定的国际竞争优势，但是优势并不明显，同时出版国际市场覆盖范围不断扩大。

* 刘强，广西师范大学经济管理学院副教授，管理学博士，上海交通大学应用经济学博士后，主持国家社科基金1项，教育部人文社科项目1项，以及教育厅等省级课题多项。

关键词： 传媒类产品　国际竞争优势　专业化

本篇为中国传媒类产品竞争力的研究，将按照 UNCTAD 产业分类标准，主要研究视听（电影胶片、CD、DVD、Tapes）、新媒体（数字录制、视频游戏）、出版（图书、报纸、其他出版物）、音乐（乐器、音乐印刷品）四类传媒类产品的国际竞争力，原始数据主要源自联合国贸易与发展会议 UNCTAD 创意经济数据库，传媒类产品的贸易数据均根据 UNCTAD 数据汇总计算获得。

## 一　视听产品的国际竞争力评价

视听产品范围取自 UNCTAD 创意产业分类，包括电影胶片、CD、DVD、Tapes 等产品，电影胶片包括已感光和已洗出的大于等于 35mm 的胶片和小于 35mm 的电影胶片（不管是否有声），CD、DVD、Tapes 包括各类用以存储声音、图像的光盘、磁盘和磁带。

### （一）总体态势

#### 1. 出口规模

**表 1　中国视听产品出口规模年度变化情况**

单位：百万美元

| 年份 | 出口总额 | 年增速（%） |
| --- | --- | --- |
| 2003 | 193.8119 | |
| 2004 | 162.7726 | -16.02 |
| 2005 | 135.4176 | -16.81 |
| 2006 | 122.3749 | -9.63 |
| 2007 | 1258.138 | 928.10 |
| 2008 | 1294.415 | 2.88 |
| 2009 | 1201.555 | -7.17 |
| 2010 | 1212.148 | 0.88 |
| 2011 | 1405.183 | 15.92 |
| 2012 | 1472.874 | 4.82 |

资料来源：UNCTAD 创意经济数据库、UN Comtrade。

从表 1 来看，中国视听产品出口额在 10 年间增长 6.6 倍，年平均增长 84%，这主要得益于 2007 年突然的爆发，2007 年视听产品增长 928.1%，使中国一年间直接跨入 10 亿美元级的视听产品出口国家行列。2007 年之前中国视听产品一直徘徊在 1 亿多美元，并且呈逐年下降趋势，2007 年之后出口额比较稳定，没有太大的起伏，并有一定程度的增长。从图 1 可以看出 2007 年前后中国视听产品出口额的巨大反差。总体上 10 年间中国视听产品出口取得长足的进步，一定程度上反映了中国视听产品国际竞争力的提升。

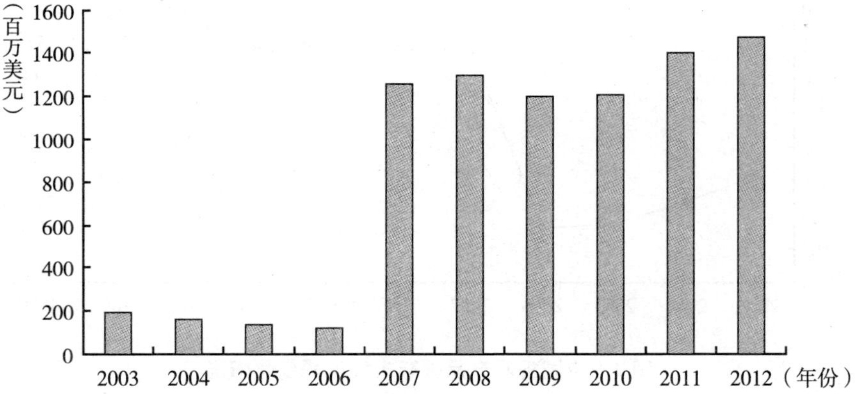


**图 1　中国视听产品国际出口规模增长情况**

资料来源：UNCTAD 创意经济数据库、UN Comtrade。

## 2. 国际市场份额

**表 2　中国视听产品国际市场份额变化情况**

单位：百万美元

| 年份 | 中国出口总额 | 世界出口总额 | 国际市场份额(%) |
|---|---|---|---|
| 2003 | 193.8119 | 12164.99 | 1.59 |
| 2004 | 162.7726 | 13962.66 | 1.17 |
| 2005 | 135.4176 | 15501.54 | 0.87 |
| 2006 | 122.3749 | 15262.75 | 0.80 |
| 2007 | 1258.138 | 36867.21 | 3.41 |
| 2008 | 1294.415 | 38293.81 | 3.38 |
| 2009 | 1201.555 | 34871.78 | 3.45 |
| 2010 | 1212.148 | 35406.76 | 3.42 |
| 2011 | 1405.183 | 36149.27 | 3.89 |
| 2012 | 1472.874 | 32053.97 | 4.59 |

资料来源：UNCTAD 创意经济数据库、UN Comtrade。

从中国视听产品的国际市场份额来看，其市场份额增长迅速，2003 年中国视听传媒国际市场份额仅为 1.59%，但 2012 年国际市场份额已增长至 4.59%，其间市场份额增长近 2 倍。但是其绝对值相对于中国庞大的 GDP 总量而言，还是比较低，说明中国视听产品国际市场占有率较低，尽管增长较快，但其国际竞争力比较弱。

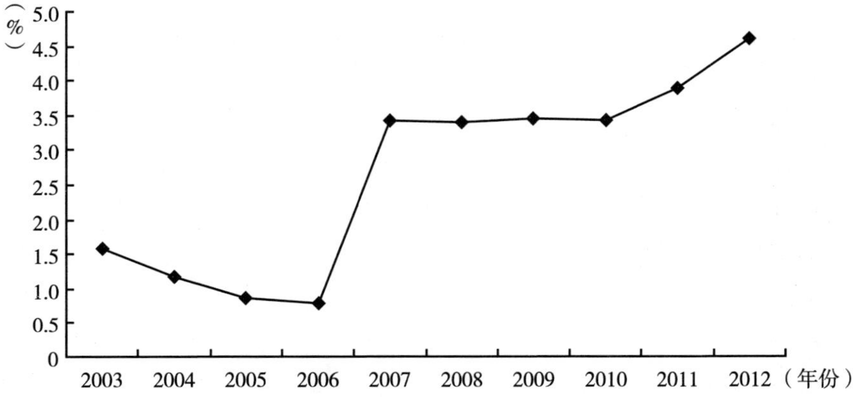


**图 2　中国视听产品国际市场份额变化情况**

资料来源：UNCTAD 创意经济数据库。

### 3. 贸易差额

**表 3　中国视听产品贸易差额变化情况**

单位：百万美元

| 年份 | 出口总额 | 进口总额 | 贸易差额 |
|---|---|---|---|
| 2003 | 193.8119 | 639.1707 | -445.359 |
| 2004 | 162.7726 | 885.8062 | -723.034 |
| 2005 | 135.4176 | 1053.214 | -917.797 |
| 2006 | 122.3749 | 1023.337 | -900.962 |
| 2007 | 1258.138 | 2942.175 | -1684.04 |
| 2008 | 1294.415 | 2928.865 | -1634.45 |
| 2009 | 1201.555 | 2818.645 | -1617.09 |
| 2010 | 1212.148 | 3471.552 | -2259.4 |
| 2011 | 1405.183 | 3920.875 | -2515.69 |
| 2012 | 1472.874 | 3926.719 | -2453.84 |

资料来源：UNCTAD 创意经济数据库。

中国视听产品的国际贸易自2003年以来一直处于贸易逆差状态，并且其贸易逆差额还在不断增加，2003年贸易赤字为4.45亿美元，2012年贸易赤字增长为24.5亿美元，10年间贸易逆差扩大了4.5倍。贸易赤字数据在一定程度上说明中国视听产品在国际市场上缺乏竞争力，而国外视听产品在中国国内更富有竞争优势。

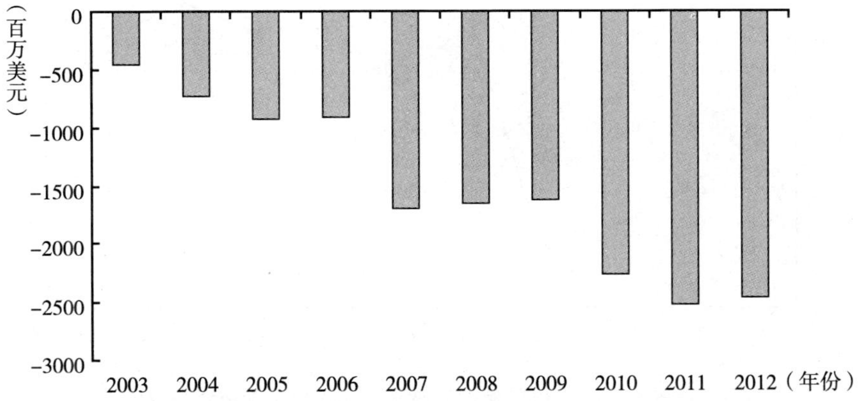


**图3　中国视听产品贸易差额变化情况**

资料来源：UNCTAD创意经济数据库。

### 4. 出口比重

**表4　中国视听产品出口额占传媒类产品出口总额比重变化情况**

单位：百万美元

| 年份 | 视听产品出口额 | 中国传媒类产品出口总额 | 比重(%) |
|---|---|---|---|
| 2003 | 193.8119 | 4042.025066 | 4.79 |
| 2004 | 162.7726 | 4616.886 | 3.53 |
| 2005 | 135.4176 | 5918.477 | 2.29 |
| 2006 | 122.3749 | 7613.943 | 1.61 |
| 2007 | 1258.138 | 15329.12 | 8.21 |
| 2008 | 1294.415 | 19788.43 | 6.54 |
| 2009 | 1201.555 | 14865.89 | 8.08 |
| 2010 | 1212.148 | 15196.51 | 7.98 |
| 2011 | 1405.183 | 15947.86 | 8.81 |
| 2012 | 1472.874 | 18998.93 | 7.75 |

资料来源：UNCTAD创意经济数据库。

在中国传媒类产品出口中，视听产品的重要程度不断提升，其出口值占传媒类产品出口额的比重从 2003 年的 4.79% 提升至 2012 年的 7.75%，最高时的比重达 8.81%。出口比重的不断提升，说明视听产品的出口越来越重要，其成长性值得期待。

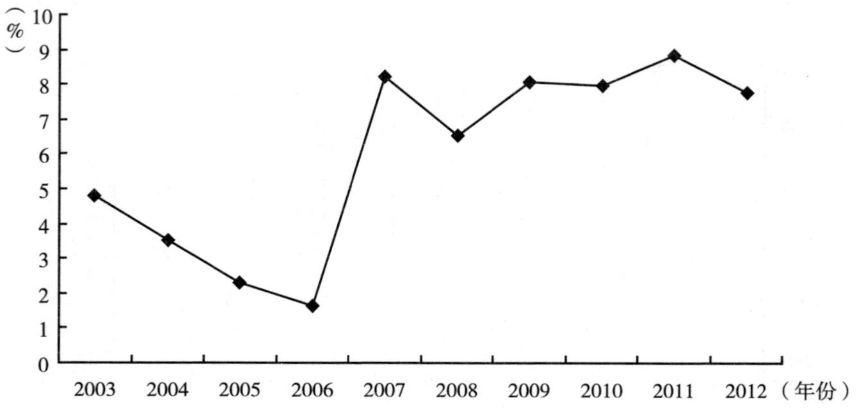


**图 4　中国视听产品出口额占传媒类产品出口总额比重变化情况**

资料来源：UNCTAD 创意经济数据库。

## （二）结构演进

### 1. 产品结构演进

**表 5　中国视听产品结构变化情况**

单位：百万美元

| 年份 | 电影胶片 | | CD、DVD、Tapes 等 | |
| --- | --- | --- | --- | --- |
| | 出口值 | 比重(%) | 出口值 | 比重(%) |
| 2003 | 0.079528 | 0.0410 | 193.7324 | 99.9590 |
| 2004 | 0.061345 | 0.0377 | 162.7112 | 99.9623 |
| 2005 | 0.012102 | 0.0089 | 135.4055 | 99.9911 |
| 2006 | 0.173872 | 0.1421 | 122.201 | 99.8579 |
| 2007 | 0.156776 | 0.0125 | 1257.981 | 99.9875 |
| 2008 | 0.096971 | 0.0075 | 1294.318 | 99.9925 |

续表

| 年份 | 电影胶片 | | CD、DVD、Tapes 等 | |
|---|---|---|---|---|
| | 出口值 | 比重(%) | 出口值 | 比重(%) |
| 2009 | 0.278344 | 0.0232 | 1201.277 | 99.9768 |
| 2010 | 0.183205 | 0.0151 | 1211.965 | 99.9849 |
| 2011 | 0.076436 | 0.0054 | 1405.106 | 99.9946 |
| 2012 | 0.295881 | 0.0201 | 1472.578 | 99.9799 |

资料来源：UNCTAD 创意经济数据库。

从中国视听产品结构看，电影胶片的出口比重微乎其微，不足1%，视听产品出口的产品类别绝大部分为 CD、DVD、Tapes 等，其比重超过 99.9%。由此可见电影胶片相对较弱的竞争力。由于本类别的统计口径包含已录制和未录制的存储介质，这也间接反映中国传统制造业的竞争优势。

### 2. 电影胶片贸易差额演进

**表 6　中国电影胶片贸易差额变化情况**

单位：百万美元

| 年份 | 出口总额 | 进口总额 | 贸易差额 |
|---|---|---|---|
| 2003 | 0.079528 | 0.985647 | -0.90612 |
| 2004 | 0.061345 | 2.128109 | -2.06676 |
| 2005 | 0.012102 | 1.691373 | -1.67927 |
| 2006 | 0.173872 | 15.13328 | -14.9594 |
| 2007 | 0.156776 | 27.07933 | -26.9226 |
| 2008 | 0.096971 | 25.36374 | -25.2668 |
| 2009 | 0.278344 | 33.16878 | -32.8904 |
| 2010 | 0.183205 | 27.39288 | -27.2097 |
| 2011 | 0.076436 | 18.09543 | -18.019 |
| 2012 | 0.295881 | 4.921266 | -4.62539 |

资料来源：UNCTAD 创意经济数据库。

中国电影胶片国际贸易一直处于贸易逆差状态，贸易逆差在 2009 年到达顶峰，达到 3289 万美元，在 10 年间呈 U 形曲线，自 2003 年以来逆差一直未得到改善，并且逆差逐年加大，直到 2010 年后贸易逆差得到改善。由于统计口径，该类别不仅仅为已录制的影片，还包括大量的未录制电影胶片。数据总体显示了中国电影产品的竞争劣势，同时也反映了中国电影胶片高端感光材料制造业的相对弱势。

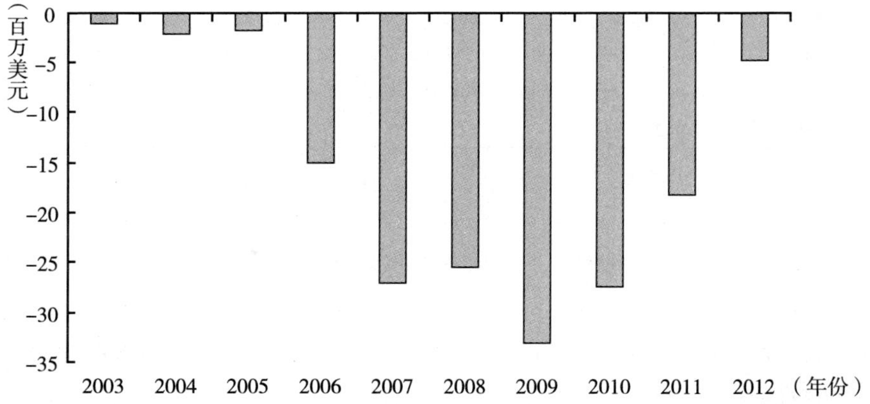


**图 5　中国电影胶片贸易差额变化情况**

资料来源：UNCTAD 创意经济数据库。

### 3. CD、DVD 等产品的贸易差额演进

**表 7　中国 CD、DVD 等产品贸易差额变化情况**

单位：百万美元

| 年份 | 出口总额 | 进口总额 | 贸易差额 |
|---|---|---|---|
| 2003 | 193.7324 | 638.185 | -444.453 |
| 2004 | 162.7112 | 883.6781 | -720.967 |
| 2005 | 135.4055 | 1051.523 | -916.117 |
| 2006 | 122.201 | 1008.203 | -886.002 |
| 2007 | 1257.981 | 2915.096 | -1657.11 |
| 2008 | 1294.318 | 2903.501 | -1609.18 |
| 2009 | 1201.277 | 2785.477 | -1584.2 |
| 2010 | 1211.965 | 3444.159 | -2232.19 |
| 2011 | 1405.106 | 3902.78 | -2497.67 |
| 2012 | 1472.578 | 3921.797 | -2449.22 |

资料来源：UNCTAD 创意经济数据库。

从表 7 可以看出，中国 CD、DVD 等产品的国际贸易一直处于贸易逆差，并且 10 年间没有得到任何改善，呈现直线上升的趋势，10 年间贸易逆差增长

了4.5倍。该产品包含各类光介质和磁介质。图6也反映了中国这一产品类别在国际竞争中处于劣势地位。

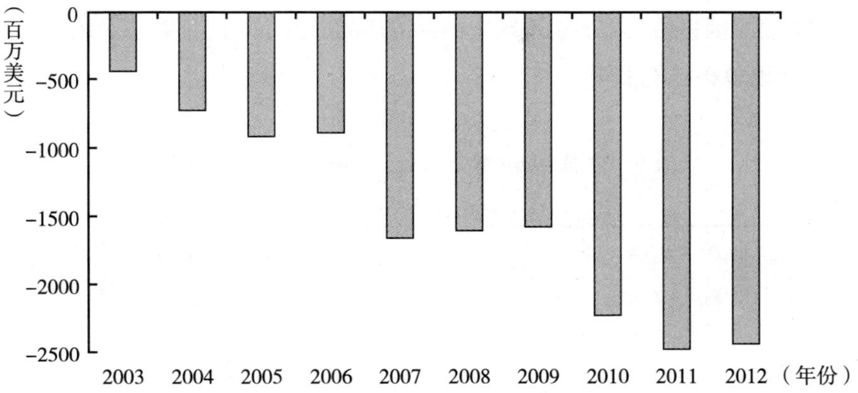


**图6 中国CD、DVD等产品贸易差额变化情况**

资料来源：UNCTAD创意经济数据库。

### 4. 与G20的视听产品贸易结构变化

**表8 中国视听产品出口G20的规模与比重情况**

单位：百万美元

| 年份 | 出口G20的总额 | 占中国视听产品出口总额比重(%) |
|---|---|---|
| 2003 | 136.406 | 70.38 |
| 2004 | 103.4813 | 63.57 |
| 2005 | 85.46988 | 63.12 |
| 2006 | 72.39192 | 59.16 |
| 2007 | 518.9442 | 41.25 |
| 2008 | 479.5725 | 37.05 |
| 2009 | 358.058 | 29.80 |
| 2010 | 340.5196 | 28.09 |
| 2011 | 400.9479 | 28.53 |
| 2012 | 423.7921 | 28.77 |

资料来源：UNCTAD创意经济数据库。

近年来，中国视听产品的出口目的国结构发生了巨大的变化，在2006年以前，中国对G20的视听产品出口值比重大多在60%以上，而2007年出口比重下降为41.25%，到2012年出口比重更是下降为28.77%。从2009年开始，中国对G20的视听产品出口总额比重就再没有超过30%。这一数据一方面反映了中国视听产品在发达国家的竞争优势的丧失，这可能是导致中国视听产品贸易逆差不断加剧的重要原因；另一方面也反映中国视听产品出口市场的日益多元化。

### 5. 市场分布结构演进

**表9　中国大陆视听产品出口市场结构变化情况**

单位：%

| 地区 \ 年份 | 2003 | 2004 | 2005 | 2006 | 2007 | 2008 | 2009 | 2010 | 2011 | 2012 |
|---|---|---|---|---|---|---|---|---|---|---|
| 东南亚 | 2.81 | 2.13 | 5.82 | 9.53 | 31.95 | 32.37 | 34.50 | 40.88 | 40.13 | 32.43 |
| 港澳台 | 26.47 | 33.99 | 30.45 | 29.00 | 10.65 | 17.83 | 14.68 | 12.48 | 13.03 | 19.26 |
| 日韩 | 36.21 | 10.72 | 8.23 | 16.98 | 9.56 | 10.73 | 8.05 | 7.57 | 7.13 | 9.75 |
| 欧盟 | 2.51 | 2.93 | 3.53 | 2.83 | 19.69 | 11.62 | 12.77 | 11.71 | 9.96 | 8.97 |
| 北美 | 31.51 | 49.41 | 49.86 | 38.29 | 12.64 | 10.63 | 9.06 | 8.97 | 9.06 | 7.57 |
| 南美 | 0.07 | 0.03 | 0.03 | 1.01 | 3.93 | 5.37 | 6.37 | 6.02 | 8.14 | 7.27 |
| ACP | 0.12 | 0.06 | 0.26 | 0.23 | 2.31 | 2.66 | 3.41 | 3.33 | 3.79 | 4.38 |
| 其他 | 0.08 | 0.16 | 0.27 | 1.16 | 4.24 | 3.18 | 3.68 | 2.94 | 3.19 | 3.84 |
| 南亚 | 0.04 | 0.14 | 1.15 | 0.13 | 2.30 | 2.61 | 2.67 | 2.15 | 2.75 | 3.46 |
| 独联体 | 0.01 | 0.17 | 0.08 | 0.09 | 2.03 | 2.25 | 4.23 | 3.35 | 2.21 | 2.66 |
| 澳大利亚 | 0.18 | 0.25 | 0.30 | 0.76 | 0.69 | 0.74 | 0.60 | 0.61 | 0.61 | 0.41 |

与G20数据相对应的是，中国大陆视听产品的出口市场结构发生了巨大的变化，2003年主要出口地区为日韩、北美和港澳台，三个地区的市场比重累计达94.19%，占据了绝大部分的市场。然而到2012年，这三个地区的出口比重合计下降为36.58%，日韩市场和北美市场下降最快，分别下降了26.46%和23.94%。而增长速度最快的市场则为东南亚市场，10年间东南亚市场从2.81%增长至32.43%，比重增长了10倍多，成为目前中国大陆视听产品最大的地区市场。其次欧盟市场和南美市场也得到了快速的增长，分别达到了8.97%和7.27%。其他次要市场也得到了发展，如ACP市场、南亚市场、独联体市场等。总之10年间，中国大陆视听产品的出口市场覆盖范围不断扩大，市场结构多元化得到发展，不仅仅局限于向发达国家或地区的出口，与更多欠发达地区的视听贸易也得到了快速的发展。但是同时也一定程度上反映了中国大陆对发达地区的视听产品贸易竞争力在下降，并且部分市场下降速度较快。

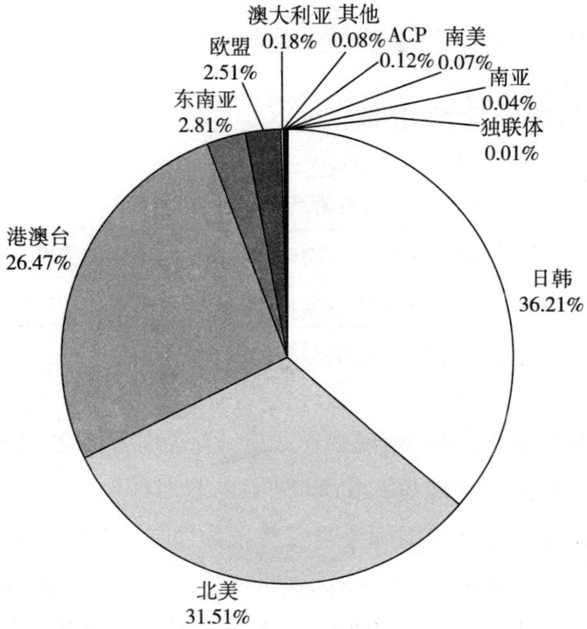


**图7　2003年中国大陆视听产品出口市场结构**

资料来源：UNCTAD 创意经济数据库。

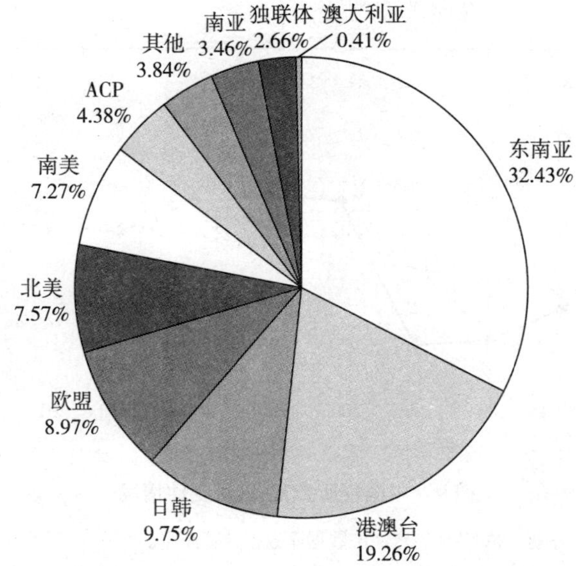


**图8　2012年中国大陆视听产品出口市场结构**

资料来源：UNCTAD 创意经济数据库。

## （三）竞争力评价

### 1. 视听产品的贸易竞争力指数

表 10　中国视听产品 TCI 变动情况

| 年份 | 2003 | 2004 | 2005 | 2006 | 2007 | 2008 | 2009 | 2010 | 2011 | 2012 |
|---|---|---|---|---|---|---|---|---|---|---|
| TCI | -0.53 | -0.69 | -0.77 | -0.79 | -0.40 | -0.39 | -0.40 | -0.48 | -0.47 | -0.45 |

资料来源：根据 UNCTAD 创意经济数据库的相关数据计算获得。

从中国视听产品 TCI 变动情况来看，其一直表现为负值，说明其在国际竞争中缺乏优势，处于劣势地位。在 2007 年以前，TCI 一直小于 -0.5，说明 2007 年以前中国视听传媒的国际竞争劣势较为明显。2007 年以后，TCI 大于 -0.5，小于 0，说明 2007 年以后中国视听产品的国际竞争力得到改善，虽仍然处于竞争劣势，但是劣势并不明显。从 TCI 变动趋势来看，中国视听产品的国际竞争力 10 年间逐年得到提升，呈上升趋势。

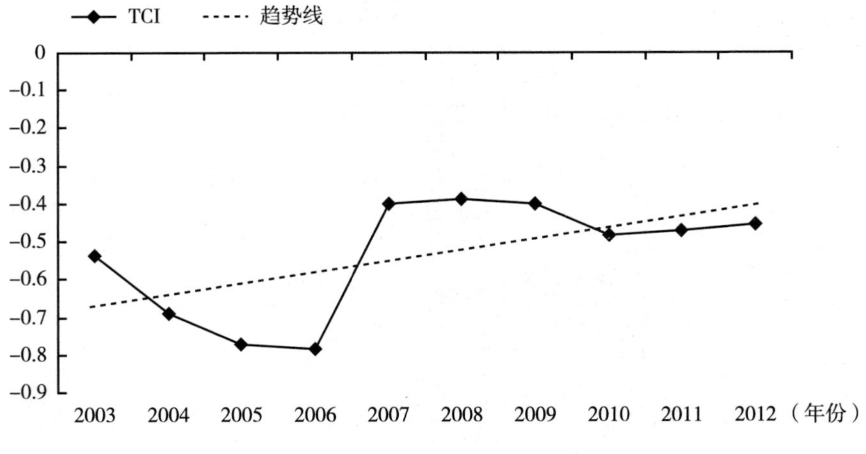


图 9　中国视听产品 TCI 变动情况

资料来源：根据 UNCTAD 创意经济数据库数据计算获得。

## 2. 视听产品的显示性比较优势指数

表 11 中国视听产品 RCA 指数变动情况

| 年份 | 2003 | 2004 | 2005 | 2006 | 2007 | 2008 | 2009 | 2010 | 2011 | 2012 |
|---|---|---|---|---|---|---|---|---|---|---|
| RCA 指数 | 0. 28 | 0. 18 | 0. 12 | 0. 10 | 0. 39 | 0. 38 | 0. 36 | 0. 33 | 0. 38 | 0. 41 |

资料来源：根据 UNCTAD 创意经济数据库的相关数据计算获得。

从显示性比较优势指数变动情况来看，中国视听产品在 2003 ~ 2012 年间，从未超过 0. 4，这说明中国视听产品的国际竞争力一直较弱，处于竞争劣势。从其变动趋势来看，其间有一定的起伏，10 年间总体呈上升趋势，从 2003 年的 0. 28 成长为 2012 年的 0. 41，说明中国视听产品的国际竞争力在稳步提升，尽管提升的幅度不大。

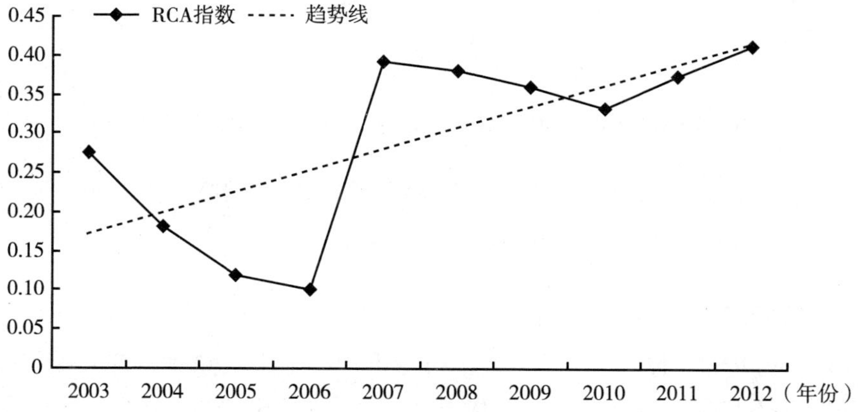


图 10 中国视听产品 RCA 指数变动情况

资料来源：根据 UNCTAD 创意经济数据库数据计算获得。

## 3. 视听产品的净出口显示性比较优势指数

表 12 中国视听产品 NXRCA 指数变动情况

| 年份 | 2003 | 2004 | 2005 | 2006 | 2007 | 2008 | 2009 | 2010 | 2011 | 2012 |
|---|---|---|---|---|---|---|---|---|---|---|
| NXRCA 指数 | -0. 11 | -0. 13 | -0. 14 | -0. 12 | -0. 20 | -0. 17 | -0. 18 | -0. 17 | -0. 15 | -0. 14 |

资料来源：根据 UNCTAD 创意经济数据库的相关数据计算获得。

加入进口数据后，显示中国视听产品的净出口显示性比较优势指数10年间一直处于负数状态，说明中国视听产品没有竞争优势。并且与TCI和RCA指数呈现的趋势不同，NXRCA指数在10年间呈现下降趋势，图11说明考虑到进口数据，中国视听产品的实际国际竞争力并未得到提升，其竞争地位在不断下降。

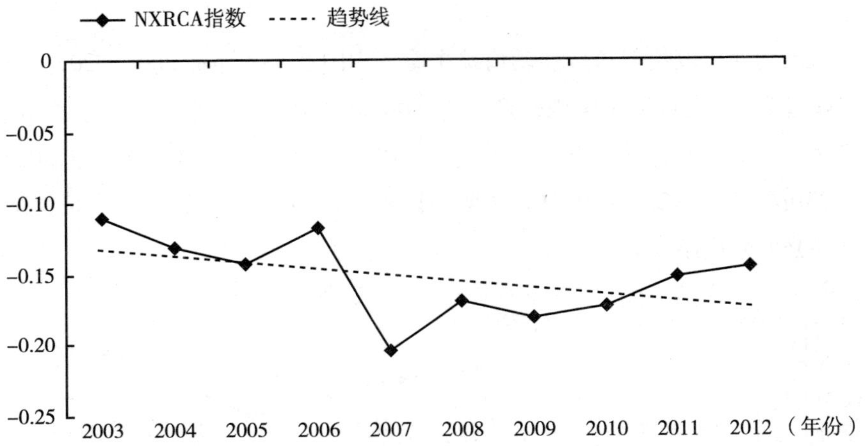


**图11　中国视听产品NXRCA指数变动情况**

资料来源：根据UNCTAD创意经济数据库数据计算获得。

## 4. 视听产品的Lafay指数

Lafay（1992）提出了拉菲指数（Lafay Index，LFI），该指数同时考虑出口和进口的贸易流向，从这点上讲就优于RCA指数；不同于TC指数，Lafay指数在由分类贸易额和贸易总额构成的可比净出口指数的基础上再以贸易份额作为权重，较好地克服了经济周期波动因素导致的测算结果扭曲问题（Zaghni，2005）。

$$LFI_j^i = 100 \times \left\{ \frac{X_j^i - M_j^i}{X_j^i + M_j^i} - \frac{\sum_{j=1}^{n}(X_j^i - M_j^i)}{\sum_{j=1}^{n}(X_j^i + M_j^i)} \right\} \times \frac{X_j^i + M_j^i}{\sum_{j=1}^{n}(X_j^i + M_j^i)}$$

式中的$X_j^i$、$M_j^i$分别表示i国家j类商品或服务的出口额和进口额，n是贸易部门数。因此，Lafay指数不仅可以衡量一国某一部门的比较优势水平，还可以揭示该部门的产业内贸易专业化程度的强弱。若LFI>0，说明i国家部门j具有专业化的比较优势，指数值越大，则该部门的专业化程度越高；反之，若 LFI < 0，则说明该部门缺乏比较优势，专业化程度较低，更依赖于进口。一般来说，Lafay 指数越接近于零值，说明该部门的产业内贸易程度越高，因此，无关指数值的正负，只要偏离零值越远，就说明该部门的产业内贸易程度越低。①

**表 13　中国视听产品 LFI 变动情况**

| 年份 | 2003 | 2004 | 2005 | 2006 | 2007 | 2008 | 2009 | 2010 | 2011 | 2012 |
|---|---|---|---|---|---|---|---|---|---|---|
| LFI | -16.16 | -20.63 | -21.42 | -17.39 | -15.04 | -14.20 | -15.62 | -17.17 | -17.00 | -16.57 |

资料来源：根据 UNCTAD 创意经济数据库的相关数据计算获得。

从中国视听产品的 LFI 的变动情况来看，LFI 一直小于 0，并且远远偏离 0，说明中国视听产品缺乏竞争优势，更多依赖于进口。LFI 在 10 年间有一定的起伏，趋势表明视听产品竞争力得到小幅提升。同时 LFI 大多数年份低于 -15，说明视听传媒产业内贸易程度较低，更多地表现为产业间贸易，即中国视听产品的规模化程度和国际分工参与程度较低。

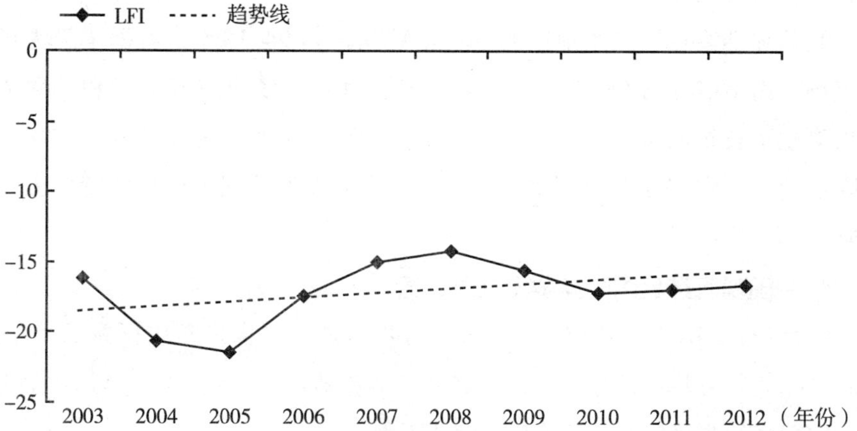


**图 12　中国视听产品 LFI 变动情况**

资料来源：根据 UNCTAD 创意经济数据库数据计算获得。

① 吴贤彬、陈进、华迎：《基于 SRCA 和 Lafay 指数的"金砖五国"服务贸易结构竞争力分析》[J]，《宏观经济研究》2012 年第 2 期。

### （四）中国视听产品国际竞争力小结

根据以上数据分析，可以发现中国视听产品国际竞争力呈现以下特点。

#### 1. 中国视听产品出口总量与国际份额高速增长

在10年间，中国视听产品出口总量增长迅速，自2007年开始成为10亿美元级的视听产品出口国，10年间总体规模增长6.6倍。同时国际市场份额也得到了快速的增长，从2003年的1.59%，增长为2012年的4.59%，国际市场份额增长近2倍。

#### 2. 中国视听产品贸易逆差形势严峻

中国视听产品结构中，无论是电影胶片还是CD、DVD产品，10年间均一直处于贸易逆差状态，并且其贸易逆差一直没有得到改善，呈现不断加剧的趋势，一定程度上说明中国视听产品的国际竞争力处于相对劣势。

#### 3. 中国大陆视听产品出口市场结构变化巨大

中国大陆视听产品出口市场结构10年间变化巨大，一方面，中国大陆视听产品市场越来越多元化，覆盖范围在不断扩大，原主要出口地区为日韩、北美和港澳台，三个地区的市场比重累计达94.19%，占据了绝大部分的市场，而10年间欧盟市场、南美市场、ACP市场、南亚市场和独联体市场均得到了长足的发展。另一方面，中国大陆视听产品占发达国际市场比重下降迅速，一定程度上说明中国大陆视听产品在发达国家市场的竞争力不断下降。

#### 4. 中国视听产品国际竞争力处于劣势

综合TCI、RCA、NXRCA和Lafay各项指数，可以发现中国视听产品10年间国际竞争力并不具有优势，一直处于劣势地位，虽然10年间其竞争力得到一定程度的改善，但是改善的幅度并不大。

## 二　新媒体产品的国际竞争力评价

新媒体产品范围取自UNCTAD创意产业分类，包括数字录制和视频游戏。

## （一）总体态势

### 1. 出口规模

**表 14　新媒体产品出口规模年度变化情况**

单位：百万美元

| 年份 | 出口总额 | 年增速(%) | 年份 | 出口总额 | 年增速(%) |
|---|---|---|---|---|---|
| 2003 | 2646.489 | | 2008 | 14752.02 | 34.79 |
| 2004 | 2902.342 | 9.67 | 2009 | 10456.84 | -29.12 |
| 2005 | 3947.018 | 35.99 | 2010 | 10302.22 | -1.48 |
| 2006 | 5171.537 | 31.02 | 2011 | 10445.77 | 1.39 |
| 2007 | 10944.46 | 111.63 | 2012 | 13062.94 | 25.05 |

资料来源：UNCTAD 创意经济数据库、UN Comtrade。

从表 14 来看，中国新媒体产品出口额在 10 年间增长 3.9 倍，平均年增长 24%，2007 年突然爆发，年增长速度达 111.63%，使中国一年间跨入百亿美元级的新媒体产品出口国家行列。2008 年之后出口额有一定的下降，但是在 2011 年、2012 年重新恢复了增长。总体上 10 年间新媒体产品出口取得长足的进步，一定程度上反映了中国新媒体产品国际竞争力的提升。

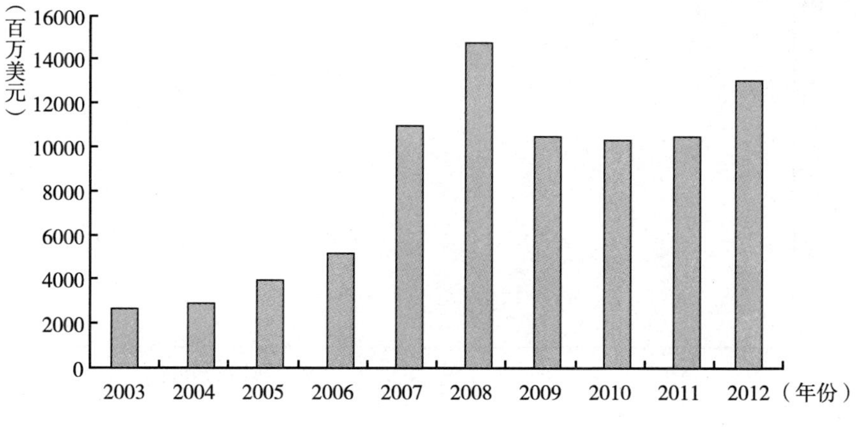


**图 13　中国新媒体产品出口规模变化情况**

资料来源：UNCTAD 创意经济数据库、UN Comtrade。

## 2. 国际市场份额

**表 15 中国新媒体产品国际市场份额变化情况**

单位：百万美元

| 年份 | 中国出口总额 | 世界出口总额 | 国际市场份额(%) | 年份 | 中国出口总额 | 世界出口总额 | 国际市场份额(%) |
|---|---|---|---|---|---|---|---|
| 2003 | 2646.489 | 9385.63 | 28.20 | 2008 | 14752.02 | 46631.25 | 31.64 |
| 2004 | 2902.342 | 10188.57 | 28.49 | 2009 | 10456.84 | 40191.02 | 26.02 |
| 2005 | 3947.018 | 12581.96 | 31.37 | 2010 | 10302.22 | 40356.72 | 25.53 |
| 2006 | 5171.537 | 16055.86 | 32.21 | 2011 | 10445.77 | 40392.39 | 25.86 |
| 2007 | 10944.46 | 35826.87 | 30.55 | 2012 | 13062.94 | 40873.43 | 31.96 |

资料来源：UNCTAD 创意经济数据库、UN Comtrade。

从国际市场份额来看，中国新媒体产品 10 年间表现一直比较稳定，起伏较小，并且中国新媒体产品的国际市场份额较高，占据近 1/3 的国际市场，相对于中国视听产品不到 5% 的市场份额，这在一定程度上反映了中国新媒体产品较强的国际竞争力。由于统计口径，新媒体类别中包含较多游戏硬件，国际市场份额数据一定程度上反映了中国传统制造业的竞争优势。

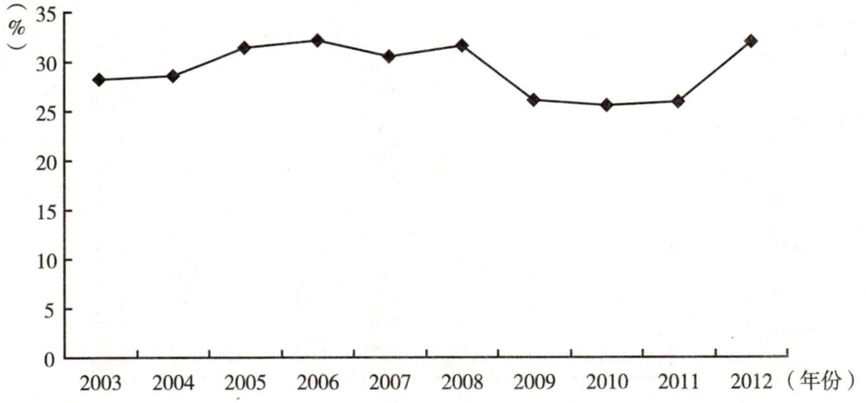


**图 14 中国新媒体产品国际市场份额变化情况**

资料来源：UNCTAD 创意经济数据库。

### 3. 贸易差额

表 16 中国新媒体产品贸易差额变化情况

单位：百万美元

| 年份 | 出口总额 | 进口总额 | 贸易差额 |
|---|---|---|---|
| 2003 | 2646.489 | 272.42 | 2374.07 |
| 2004 | 2902.342 | 225.95 | 2676.39 |
| 2005 | 3947.018 | 61.62 | 3885.40 |
| 2006 | 5171.537 | 224.04 | 4947.49 |
| 2007 | 10944.46 | 3239.92 | 7704.54 |
| 2008 | 14752.02 | 3048.66 | 11703.36 |
| 2009 | 10456.84 | 2465.10 | 7991.74 |
| 2010 | 10302.22 | 2841.21 | 7461.01 |
| 2011 | 10445.77 | 3394.24 | 7051.53 |
| 2012 | 13062.94 | 3239.83 | 9823.11 |

资料来源：UNCTAD 创意经济数据库。

从贸易差额来看，中国新媒体产品一直处于相对优势的地位，10 年间贸易差额虽然有一定的起伏，但是一直处于贸易顺差状态，并且贸易顺差额趋势呈增长趋势，从 2003 年的 23.7 亿美元增长至 2012 年的 98.2 亿美元，10 年增长了 3 倍。

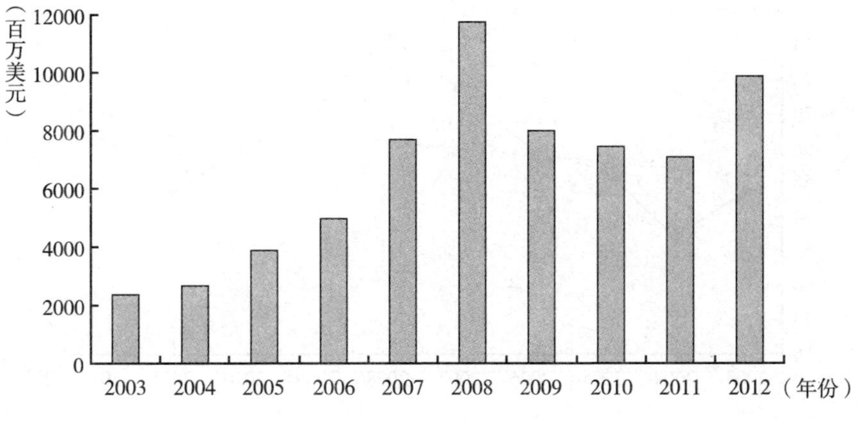


图 15 中国新媒体产品贸易差额变化情况

资料来源：UNCTAD 创意经济数据库。

### 4. 出口比重

**表 17　中国新媒体产品出口额占传媒类产品出口总额比重变化情况**

单位：百万美元

| 年份 | 新媒体产品出口额 | 传媒类产品出口总额 | 比重(%) |
|---|---|---|---|
| 2003 | 2646.489 | 4042.025 | 65.47 |
| 2004 | 2902.342 | 4616.886 | 62.86 |
| 2005 | 3947.018 | 5918.477 | 66.69 |
| 2006 | 5171.537 | 7613.943 | 67.92 |
| 2007 | 10944.46 | 15329.12 | 71.40 |
| 2008 | 14752.02 | 19788.43 | 74.55 |
| 2009 | 10456.84 | 14865.89 | 70.34 |
| 2010 | 10302.22 | 15196.51 | 67.79 |
| 2011 | 10445.77 | 15947.86 | 65.50 |
| 2012 | 13062.94 | 18998.93 | 68.76 |

资料来源：UNCTAD 创意经济数据库。

从新媒体产品出口额占中国传媒类产品出口总额的比重变化来看，中国新媒体产品的比重较大，其出口值比重超过传媒类产品出口值的2/3，可以说新媒体产品是中国传媒类产品中最重要的产品类别。同时其比重在 10 年间有一定程度的起伏，但是起伏并不大，且呈上升趋势，说明新媒体产品在中国传媒类产品出口中的地位越来越高。

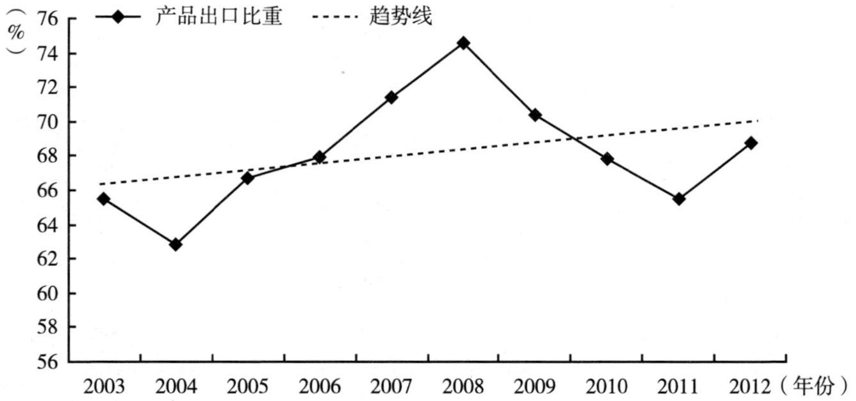


**图 16　中国新媒体产品出口额占传媒类产品出口总额比重变化情况**

资料来源：UNCTAD 创意经济数据库。

## （二）结构演进

### 1. 产品结构演进

**表 18　中国新媒体产品出口结构变化**

单位：百万美元

| 年份 | 数字录制 | | 视频游戏 | |
|---|---|---|---|---|
| | 出口值 | 比重(%) | 出口值 | 比重(%) |
| 2003 | 108.16 | 4.09 | 2538.33 | 95.91 |
| 2004 | 53.99 | 1.86 | 2848.35 | 98.14 |
| 2005 | 31.01 | 0.79 | 3916.01 | 99.21 |
| 2006 | 48.08 | 0.93 | 5123.46 | 99.07 |
| 2007 | 5288.93 | 48.33 | 5655.53 | 51.67 |
| 2008 | 6374.98 | 43.21 | 8377.04 | 56.79 |
| 2009 | 5201.36 | 49.74 | 5255.48 | 50.26 |
| 2010 | 5324.29 | 51.68 | 4977.93 | 48.32 |
| 2011 | 5080.11 | 48.63 | 5365.66 | 51.37 |
| 2012 | 5299.45 | 40.57 | 7763.49 | 59.43 |

资料来源：UNCTAD 创意经济数据库。

从产品结构数据来看，中国新媒体产品出口类别中视频游戏占大部分，10 年间其比重大多超过 50%，而数字录制的比重相对较小。从 10 年间的变动来看，数字录制发展更为迅速，10 年间的比重从微不足道的 4.09% 增长至 2012 年的 40.57%，相对应的视频游戏的比重从 2003 年的 95.91% 下降至 2012 年的 59.43%，新媒体产品从视频游戏的一枝独秀变为两种产品并驾齐驱。

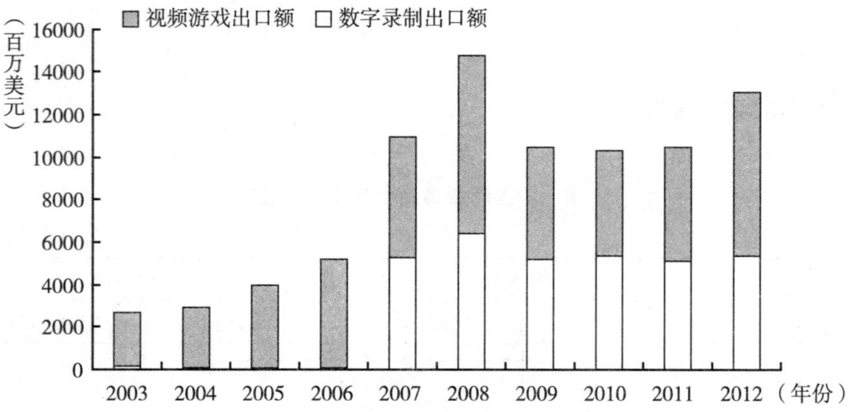


**图 17　中国新媒体产品出口产品结构变化情况**

资料来源：UNCTAD 创意经济数据库。

### 2. 数字录制的进出口差额演进

**表 19　中国数字录制产品贸易差额变化情况**

单位：百万美元

| 年份 | 出口总额 | 进口总额 | 贸易差额 |
|---|---|---|---|
| 2003 | 108.16 | 240.84 | -132.68 |
| 2004 | 53.99 | 159.27 | -105.28 |
| 2005 | 31.01 | 12.81 | 18.20 |
| 2006 | 48.08 | 33.52 | 14.56 |
| 2007 | 5288.93 | 2684.09 | 2604.84 |
| 2008 | 6374.98 | 2720.74 | 3654.24 |
| 2009 | 5201.36 | 2302.04 | 2899.32 |
| 2010 | 5324.29 | 2691.58 | 2632.71 |
| 2011 | 5080.11 | 3220.36 | 1859.75 |
| 2012 | 5299.45 | 2799.74 | 2499.71 |

资料来源：UNCTAD 创意经济数据库。

从表 19 来看，中国数字录制产品出口额增长迅猛，10 年间从 2003 年的 1.08 亿美元增长为 2012 年的 53 亿美元，其进出口贸易差额也变化巨大，2003 年和 2004 年还处于贸易逆差的状态，从 2005 年起就开始进入贸易顺差状态，并且其贸易顺差增长迅速，8 年间增长 130 多倍。说明中国数字录制产品的国际竞争力得到较大的提升。

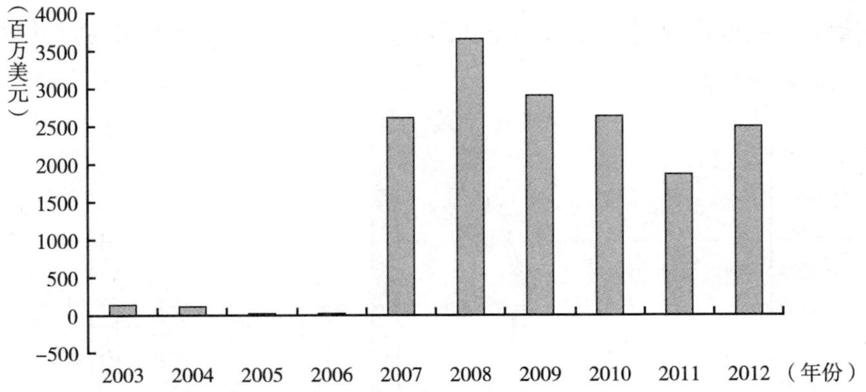


**图 18　中国数字录制产品贸易差额变化情况**

资料来源：UNCTAD 创意经济数据库。

### 3. 视频游戏产品的进出口差额演进

**表 20　中国视频游戏产品进出口差额变化情况**

单位：百万美元

| 年份 | 出口总额 | 进口总额 | 贸易差额 |
|---|---|---|---|
| 2003 | 2538. 33 | 31. 58 | 2506. 75 |
| 2004 | 2848. 35 | 66. 68 | 2781. 67 |
| 2005 | 3916. 01 | 48. 81 | 3867. 20 |
| 2006 | 5123. 46 | 190. 52 | 4932. 94 |
| 2007 | 5655. 53 | 555. 83 | 5099. 70 |
| 2008 | 8377. 04 | 327. 92 | 8049. 12 |
| 2009 | 5255. 48 | 163. 06 | 5092. 42 |
| 2010 | 4977. 93 | 149. 63 | 4828. 30 |
| 2011 | 5365. 66 | 173. 88 | 5191. 78 |
| 2012 | 7763. 49 | 440. 09 | 7323. 40 |

资料来源：UNCTAD 创意经济数据库。

总体上看，中国视频游戏产品国际贸易差额 10 年间一直处于贸易顺差状态，并且进出口差额在 10 年间呈增长趋势，贸易顺差额从 2003 年的 25 亿美元增长至 2012 年的 73 亿美元，10 年间增长近 2 倍，其间虽然有一些起伏，但总体看中国视频游戏产品具有一定的国际竞争优势，一定程度上反映了中国传统制造业的优势。

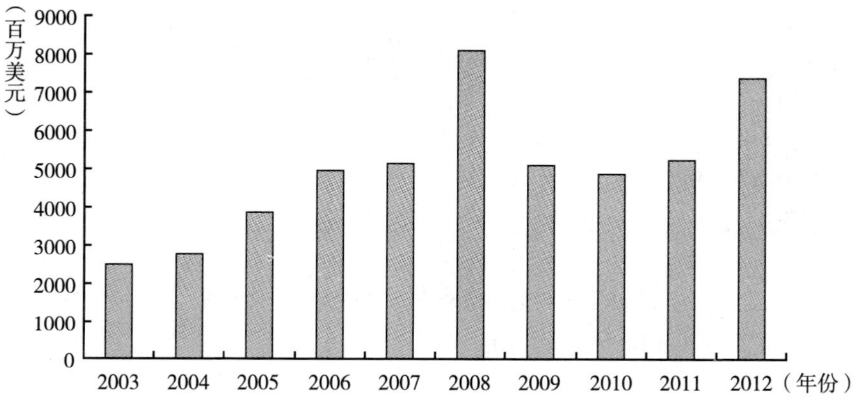


**图 19　中国视频游戏产品贸易差额变化情况**

资料来源：UNCTAD 创意经济数据库。

## 4. 与 G20的新媒体产品贸易结构变化

**表 21　中国新媒体产品出口 G20 的规模与比重**

单位：百万美元

| 年份 | 出口 G20 的总额 | 占中国新媒体产品出口总额比重(%) |
|---|---|---|
| 2003 | 2045. 478 | 77. 29 |
| 2004 | 1629. 17 | 56. 13 |
| 2005 | 2719. 589 | 68. 90 |
| 2006 | 3648. 11 | 70. 54 |
| 2007 | 6025. 202 | 55. 05 |
| 2008 | 8722. 349 | 59. 13 |
| 2009 | 6431. 3 | 61. 50 |
| 2010 | 6381. 794 | 61. 95 |
| 2011 | 6663. 091 | 63. 79 |
| 2012 | 8685. 402 | 66. 49 |

资料来源：UNCTAD 创意经济数据库。

中国新媒体产品出口目的国主要为 G20 发达国家，对 G20 国家的出口总额占到中国新媒体产品出口总额的近 2/3，10 年间其比重相对比较稳定，起伏较小，均在 60% 上下浮动，其出口比重总体上呈现小幅上升的趋势，一定程度上说明中国新媒体产品在发达国家的国际竞争力。

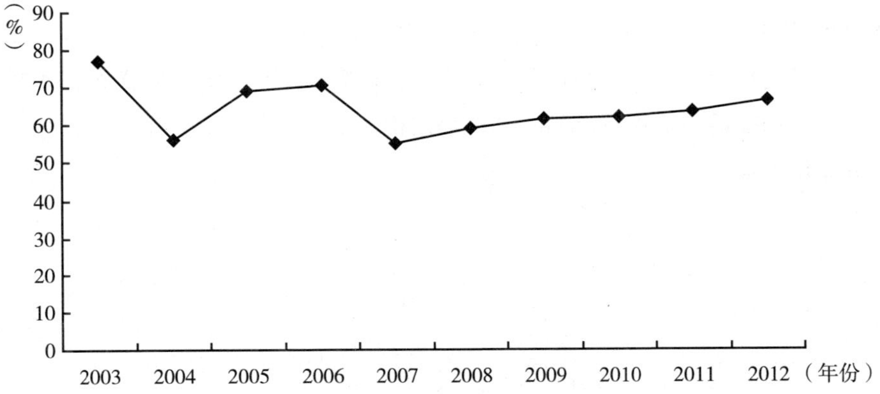


**图 20　中国新媒体产品出口 G20 的比重变化情况**

资料来源：UNCTAD 创意经济数据库。

## 5. 市场分布结构演进

**表 22　中国大陆新媒体产品出口市场结构变化情况**

单位：%

| 地区＼年份 | 2003 | 2004 | 2005 | 2006 | 2007 | 2008 | 2009 | 2010 | 2011 | 2012 |
|---|---|---|---|---|---|---|---|---|---|---|
| 北　　美 | 28. 92 | 29. 81 | 31. 92 | 32. 39 | 35. 57 | 34. 55 | 32. 63 | 35. 53 | 33. 15 | 27. 54 |
| 港 澳 台 | 21. 21 | 42. 67 | 29. 66 | 28. 81 | 39. 96 | 34. 43 | 30. 76 | 29. 66 | 27. 99 | 25. 20 |
| 日　　韩 | 7. 41 | 7. 96 | 2. 62 | 1. 50 | 3. 73 | 6. 67 | 7. 07 | 6. 54 | 6. 33 | 18. 99 |
| 欧　　盟 | 37. 68 | 15. 03 | 30. 85 | 34. 81 | 15. 91 | 18. 56 | 21. 95 | 18. 21 | 20. 00 | 16. 33 |
| 东 南 亚 | 0. 21 | 0. 45 | 0. 71 | 0. 24 | 1. 61 | 1. 77 | 1. 81 | 2. 50 | 2. 29 | 3. 09 |
| 其　　他 | 1. 15 | 0. 60 | 0. 64 | 0. 35 | 0. 78 | 1. 07 | 1. 33 | 2. 03 | 2. 63 | 2. 85 |
| 南　　亚 | 0. 11 | 0. 12 | 0. 10 | 0. 31 | 0. 51 | 0. 85 | 1. 51 | 2. 11 | 2. 44 | 2. 26 |
| 澳大利亚 | 3. 00 | 2. 69 | 2. 45 | 0. 93 | 0. 61 | 1. 09 | 1. 61 | 1. 28 | 1. 80 | 1. 48 |
| 南　　美 | 0. 15 | 0. 14 | 0. 10 | 0. 07 | 0. 40 | 0. 39 | 0. 74 | 1. 24 | 2. 10 | 1. 29 |
| ACP | 0. 05 | 0. 06 | 0. 05 | 0. 02 | 0. 18 | 0. 21 | 0. 30 | 0. 50 | 0. 79 | 0. 57 |
| 独 联 体 | 0. 09 | 0. 47 | 0. 90 | 0. 57 | 0. 76 | 0. 41 | 0. 30 | 0. 41 | 0. 46 | 0. 39 |

中国大陆新媒体产品的出口市场结构在10年间发生了一定程度的变化。2003年中国大陆新媒体产品主要出口市场为欧盟、北美和港澳台市场，市场比重分别为37.68%、28.92%、21.21%，三大市场占新媒体产品出口总额的绝大部分，累计市场比重占到近88%。而2012年中国大陆新媒体产品主要出口市场变为北美、港澳台、日韩和欧盟，市场比重分别为27.54%、25.20%、18.99%和16.33%，累计市场比重占到88%。在此期间，欧盟、日韩、东南亚的市场变化较大，但是与视听产品多元化的变化不同，新媒体产品的市场结构多元化程度远不及视听产品，其市场结构的变化主要体现在个别贸易伙伴的地位变化。

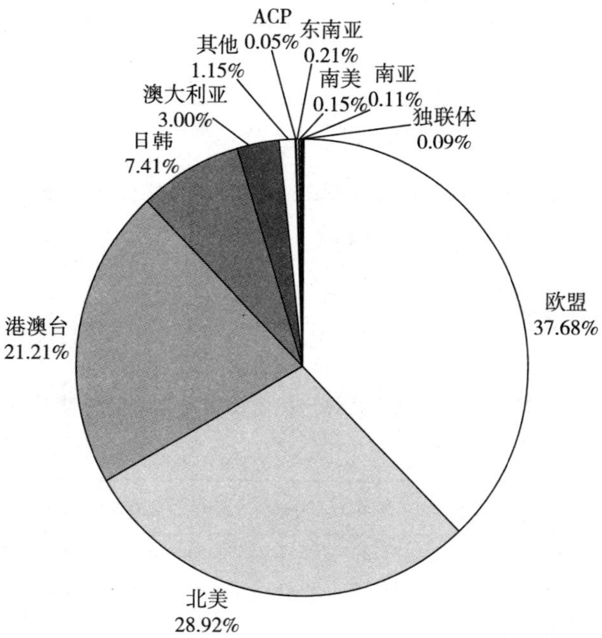


**图21　2003年中国大陆新媒体产品出口市场结构**

资料来源：UNCTAD创意经济数据库。

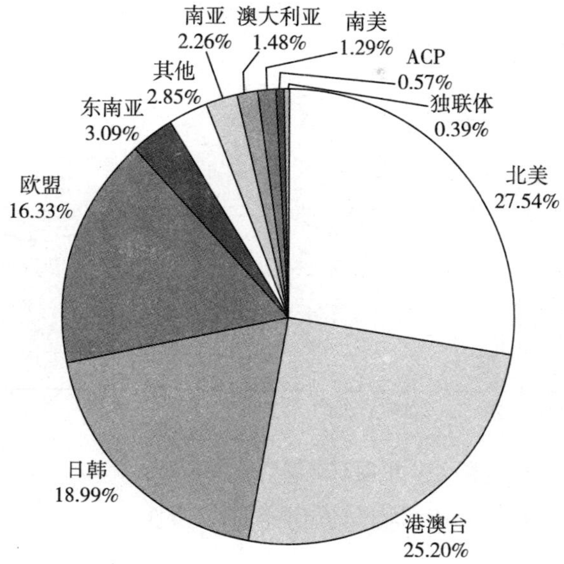


**图 22　2012 年中国大陆新媒体产品出口市场结构**

资料来源：UNCTAD 创意经济数据库。

## （三）竞争力评价

### 1. 新媒体产品的贸易竞争力指数

**表 23　中国新媒体产品 TCI 变动情况**

| 年份 | 2003 | 2004 | 2005 | 2006 | 2007 | 2008 | 2009 | 2010 | 2011 | 2012 |
|---|---|---|---|---|---|---|---|---|---|---|
| TCI | 0.81 | 0.86 | 0.97 | 0.92 | 0.54 | 0.66 | 0.62 | 0.57 | 0.51 | 0.60 |

资料来源：根据 UNCTAD 创意经济数据库的相关数据计算获得。

从新媒体产品 TCI 的变化情况来看，中国新媒体产品的 TCI 在 10 年间一直为正数，并在 0.5～1.0 的区间变化，说明中国新媒体产品具有竞争优势。2007 年以前中国新媒体产品 TCI 大于 0.8，说明 2007 年前中国新媒体产品具有非常明显的国际竞争优势。但是从 2007 年开始，TCI 大多在 0.5～0.7 间徘徊，说明自 2007 年后中国新媒体产品只有较明显的竞争优势。从图 23 也可以看出，中国新媒体产品国际竞争力总体上呈现下降趋势。

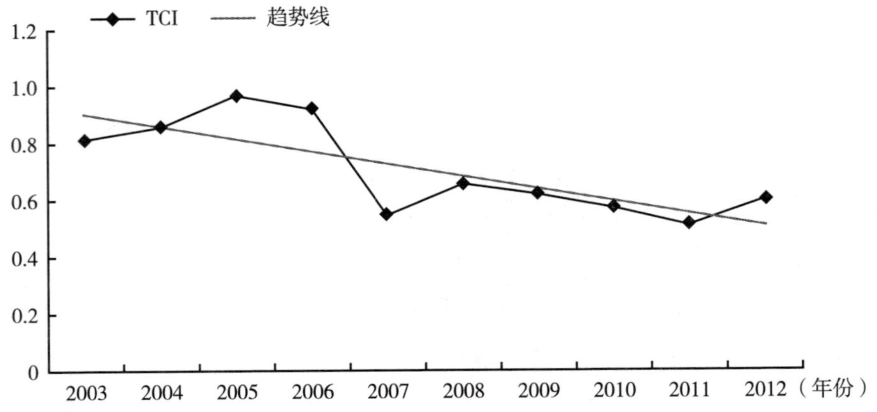


**图 23　中国新媒体产品 TCI 变动情况**

资料来源：根据 UNCTAD 创意经济数据库数据计算获得。

### 2. 新媒体产品的显示性比较优势指数

**表 24　中国新媒体产品 RCA 指数变动情况**

| 年份 | 2003 | 2004 | 2005 | 2006 | 2007 | 2008 | 2009 | 2010 | 2011 | 2012 |
|---|---|---|---|---|---|---|---|---|---|---|
| RCA 指数 | 4. 88 | 4. 43 | 4. 32 | 4. 03 | 3. 51 | 3. 57 | 2. 72 | 2. 48 | 2. 50 | 2. 87 |

资料来源：根据 UNCTAD 创意经济数据库的相关数据计算获得。

从 RCA 指数评价看，中国新媒体产品显示性比较优势指数在 10 年间的绝大多数年份均大于 2. 5，这一数据说明中国新媒体产品具有极强的国际竞争力。从 RCA 指数的变化趋势看，中国新媒体产品的显示性比较优势呈现逐年下降的趋势，并且下降的速度较快，2009 年以前新媒体产品的 RCA 指数均大于 3. 0，而从 2009 年开始 RCA 指数就再也没有高于 3. 0。

### 3. 新媒体产品的净出口显示性比较优势指数

**表 25　中国新媒体产品 NXRCA 指数变动情况**

| 年份 | 2003 | 2004 | 2005 | 2006 | 2007 | 2008 | 2009 | 2010 | 2011 | 2012 |
|---|---|---|---|---|---|---|---|---|---|---|
| NXRCA 指数 | 0. 54 | 0. 45 | 0. 51 | 0. 51 | 0. 56 | 0. 76 | 0. 63 | 0. 45 | 0. 36 | 0. 46 |

资料来源：根据 UNCTAD 创意经济数据库的相关数据计算获得。

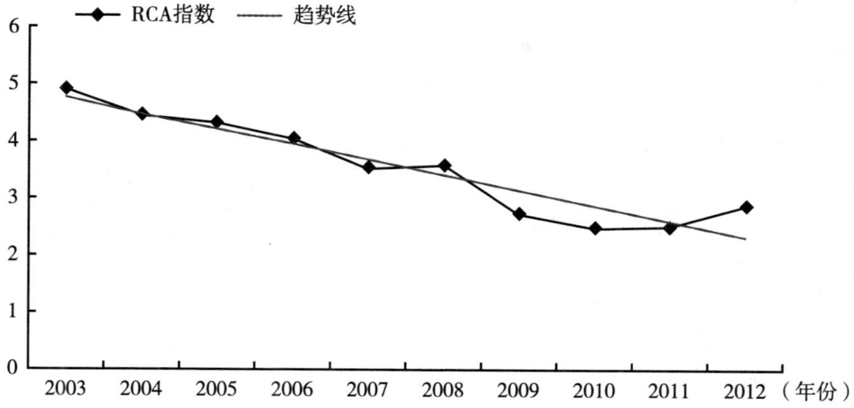


**图 24　中国新媒体产品 RCA 指数变动情况**

中国新媒体产品的净出口显示性比较优势指数 10 年间一直保持为正数，相对稳定，2003 年为 0.54，2012 年为 0.46，说明中国新媒体产品一直具有较为明显的竞争优势。从其变化趋势来看，其下降的趋势并不像 TCI 和 RCA 指数下降那么明显，但是可以看到 NXRCA 指数在 10 年间呈现出缓慢下降的趋势，说明中国新媒体产品的国际竞争力在下降。

### 4. 新媒体产品的 Lafay 指数

**表 26　中国新媒体产品 LFI 变动情况**

| 年份 | 2003 | 2004 | 2005 | 2006 | 2007 | 2008 | 2009 | 2010 | 2011 | 2012 |
|---|---|---|---|---|---|---|---|---|---|---|
| LFI | 16.69 | 17.60 | 20.87 | 16.53 | 9.89 | 10.62 | 12.54 | 12.92 | 11.50 | 12.84 |

资料来源：根据 UNCTAD 创意经济数据库的相关数据计算获得。

中国新媒体产品 LFI 自 2003 年以来一直保持为正数，并且数值较大，10 年间有 9 年大于 10，说明中国新媒体产品具有专业化的比较优势，专业化程度较高，其对传媒类产品贸易贡献较大。但是其产业内贸易程度较低，主要以产业间贸易为主。从其变化趋势来看，中国新媒体产品 Lafay 指数呈下降趋势，这一趋势印证 TCI、RCA 和 NXRCA 指数的趋势表现，说明尽管中国新媒体产品具有较高的专业化竞争优势，但是其优势在下降。

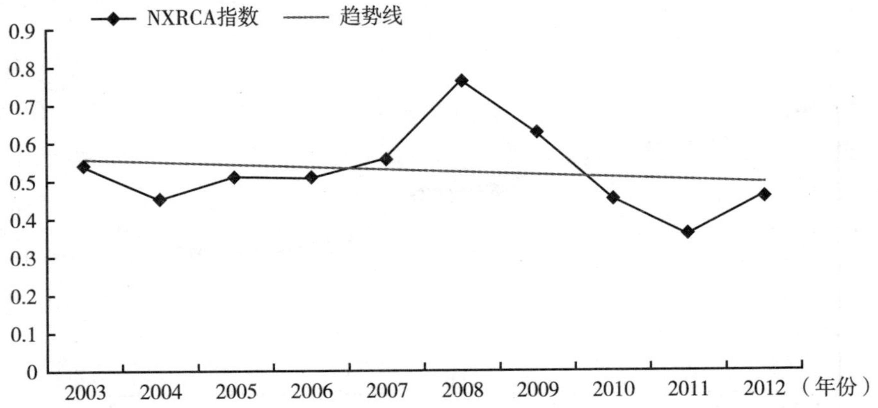


**图 25　中国新媒体产品 NXRCA 指数变动情况**

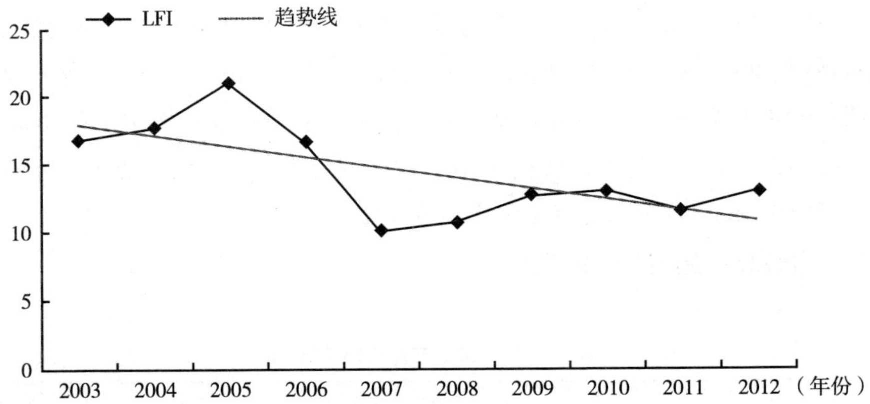


**图 26　中国新媒体产品 LFI 变动情况**

## （四）中国新媒体产品国际竞争力小结

根据以上数据分析，可以发现中国新媒体产品国际竞争力呈现以下特点。

### 1. 中国新媒体产品出口贡献最大

近年来中国新媒体产品出口高速增长，在 10 年间增长 3. 95 倍，平均年增长 24%。在各类传媒类产品中，新媒体产品的重要性无可替代，其出口值占传媒产品出口值的比重超过 2/3，而中国新媒体产品的国际市场份额较高，占据近 1/3 的国际市场，远远超过视听产品不到 5% 的国际市场份额。

### 2. 中国新媒体产品国际竞争优势明显

中国新媒体产品在10年间国际贸易一直处于贸易顺差状态，其贸易顺差额呈增长趋势，从2003年的23.7亿美元增长至2012年的98.2亿美元，10年增长了3倍。综合TCI、RCA、NXRCA和LFI各项指数，中国新媒体产品具有较为明显的国际竞争优势，专业化程度较高，其对中国传媒类产品国际贸易的贡献很大。

### 3. 中国大陆新媒体产品出口市场结构相对稳定

中国大陆新媒体产品出口市场结构10年间相对稳定，并没有发生像中国视听产品那样的巨变，主要出口市场依然为较为发达的国家和地区，只有个别国家或地区的市场地位有所变化。

### 4. 中国新媒体产品国际竞争力呈下降趋势

从中国新媒体产品的国际竞争力变化趋势来看，其竞争优势呈下降趋势，各项评价指标如TCI、RCA、NXRCA和LFI，均显示了下降趋势。尽管中国新媒体产品仍具有较为明显的专业化优势，但是值得注意的是，其竞争力下降趋势明显。

## 三　音乐产品的国际竞争力评价

音乐产品的范围取自UNCTAD创意产业分类，包括乐器、音乐印刷品等。

### （一）总体态势

### 1. 出口规模

表27　音乐产品出口规模年度变化情况

单位：百万美元

| 年份 | 出口总额 | 年增速(%) | 年份 | 出口总额 | 年增速(%) |
|---|---|---|---|---|---|
| 2003 | 550.72 | | 2008 | 1321.35 | 22.03 |
| 2004 | 699.03 | 26.93 | 2009 | 1081.09 | -18.18 |
| 2005 | 804.92 | 15.15 | 2010 | 1290.95 | 19.41 |
| 2006 | 868.87 | 7.94 | 2011 | 1436.38 | 11.27 |
| 2007 | 1082.81 | 24.62 | 2012 | 1529.70 | 6.50 |

资料来源：UNCTAD创意经济数据库、UN Comtrade。

数据显示，中国音乐产品出口额在10年间增长1.8倍，平均年增长12.8%（2009年间下降了18.18%），虽然不及中国视听产品和新媒体产品的高速增长，但是其发展速度相对稳定，没有较大的起伏。2010年之后其增长速度逐渐下降。总体上10年间音乐产品出口取得长足的进步，一定程度上反映了中国音乐产品国际竞争力的提升。

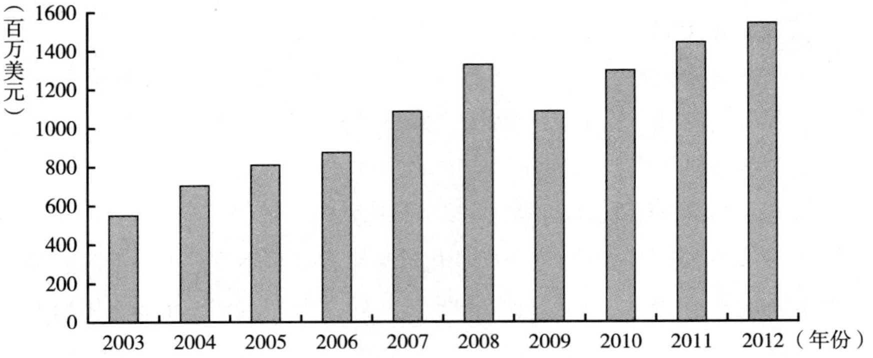


**图27　中国音乐产品出口规模变化情况**

资料来源：UNCTAD创意经济数据库、UN Comtrade。

## 2. 国际市场份额

**表28　音乐产品国际市场份额变化**

单位：百万美元

| 年份 | 中国音乐产品出口总额 | 世界音乐产品出口总额 | 国际市场份额(%) |
|---|---|---|---|
| 2003 | 550.72 | 2840.95 | 19.39 |
| 2004 | 699.03 | 3416.64 | 20.46 |
| 2005 | 804.92 | 3581.99 | 22.47 |
| 2006 | 868.87 | 3725.57 | 23.32 |
| 2007 | 1082.81 | 4029.01 | 26.88 |
| 2008 | 1321.35 | 4549.42 | 29.04 |
| 2009 | 1081.09 | 3917.42 | 27.60 |
| 2010 | 1290.95 | 4620.98 | 27.94 |
| 2011 | 1436.38 | 5188.54 | 27.68 |
| 2012 | 1529.70 | 5051.71 | 30.28 |

资料来源：UNCTAD创意经济数据库、UN Comtrade。

从中国音乐产品的国际市场份额来看，中国音乐产品占据较为明显的优势，其市场份额不断增长，从2003年的19.39%增长至2012年的30.28%，其市场份额接近中国新媒体产品的国际市场份额。由于统计口径，音乐产品中包含音乐传媒硬件，数据更多反映了中国传统制造业的优势。

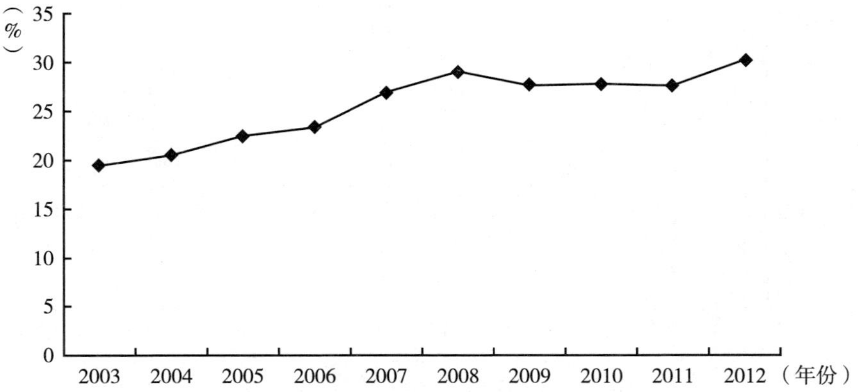


**图28　中国音乐产品国际市场份额变化情况**

资料来源：UNCTAD创意经济数据库。

### 3. 贸易差额

**表29　中国音乐产品贸易差额变化情况**

单位：百万美元

| 年份 | 出口总额 | 进口总额 | 贸易差额 |
|---|---|---|---|
| 2003 | 550.72 | 29.08 | 521.64 |
| 2004 | 699.03 | 38.33 | 660.70 |
| 2005 | 804.92 | 46.60 | 758.32 |
| 2006 | 868.87 | 43.47 | 825.40 |
| 2007 | 1082.81 | 62.08 | 1020.73 |
| 2008 | 1321.35 | 80.80 | 1240.55 |
| 2009 | 1081.09 | 88.10 | 992.99 |
| 2010 | 1290.95 | 109.28 | 1181.67 |
| 2011 | 1436.38 | 141.95 | 1294.43 |
| 2012 | 1529.70 | 162.74 | 1366.96 |

资料来源：UNCTAD创意经济数据库。

中国音乐产品在10年间一直处于贸易顺差状态，顺差额从2003年的5.2亿美元增长至2012年的13.7亿美元，这一定程度上说明中国音乐产品在国际市场上的竞争优势，并且其国际竞争力在不断增长。

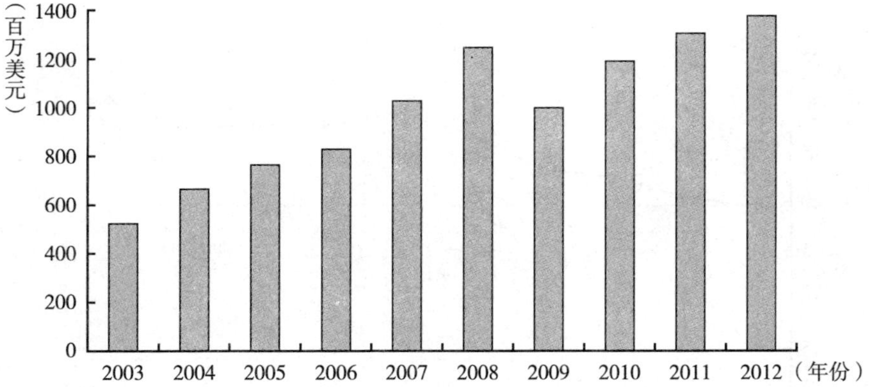


**图29　中国音乐产品贸易差额变化情况**

资料来源：UNCTAD 创意经济数据库。

## 4. 出口比重

**表30　中国音乐产品出口额占传媒类产品出口总额比重变化情况**

单位：百万美元

| 年份 | 音乐产品出口额 | 中国传媒类产品出口总额 | 比重(%) |
|---|---|---|---|
| 2003 | 550.72 | 4042.03 | 13.62 |
| 2004 | 699.03 | 4616.89 | 15.14 |
| 2005 | 804.92 | 5918.48 | 13.60 |
| 2006 | 868.87 | 7613.94 | 11.41 |
| 2007 | 1082.81 | 15329.12 | 7.06 |
| 2008 | 1321.35 | 19788.43 | 6.68 |
| 2009 | 1081.09 | 14865.89 | 7.27 |
| 2010 | 1290.95 | 15196.51 | 8.50 |
| 2011 | 1436.38 | 15947.86 | 9.01 |
| 2012 | 1529.70 | 18998.93 | 8.05 |

资料来源：UNCTAD 创意经济数据库。

数据表明，中国音乐产品在传媒类产品出口中的地位不断下降，其占传媒类产品出口值的比重从2003年的13.62%下降为2012年的8.05%，下降趋势明显。其在传媒类产品中的地位远远不及新媒体产品，到2012年其重要程度与视听产品相当，比重均在8%左右。

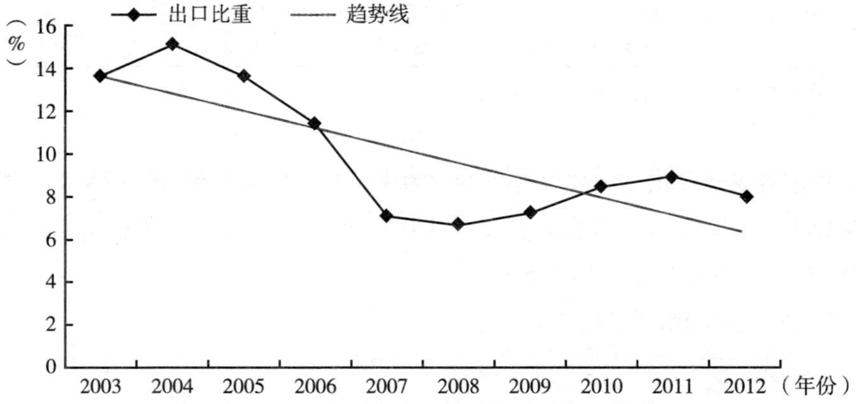


**图30　中国音乐产品出口额占传媒类产品出口总额比重变化情况**

资料来源：UNCTAD创意经济数据库。

## （二）结构演进

### 1. 产品结构演进

**表31　中国音乐产品出口结构变化情况**

单位：百万美元

| 年份 | 音乐器材 | | 音乐印刷品 | |
|---|---|---|---|---|
| | 出口值 | 比重(%) | 出口值 | 比重(%) |
| 2003 | 550.70 | 99.995 | 0.03 | 0.005 |
| 2004 | 698.99 | 99.994 | 0.04 | 0.006 |
| 2005 | 804.88 | 99.994 | 0.05 | 0.006 |
| 2006 | 868.54 | 99.963 | 0.32 | 0.037 |
| 2007 | 1082.01 | 99.927 | 0.80 | 0.073 |
| 2008 | 1320.77 | 99.957 | 0.57 | 0.043 |

续表

| 年份 | 音乐器材 | | 音乐印刷品 | |
|---|---|---|---|---|
| | 出口值 | 比重(%) | 出口值 | 比重(%) |
| 2009 | 1080.86 | 99.978 | 0.23 | 0.022 |
| 2010 | 1290.09 | 99.933 | 0.87 | 0.067 |
| 2011 | 1435.75 | 99.956 | 0.63 | 0.044 |
| 2012 | 1529.41 | 99.980 | 0.30 | 0.020 |

资料来源：UNCTAD 创意经济数据库。

中国音乐产品出口主要以音乐器材为主，其出口值占到音乐产品出口值的99%以上，而音乐印刷品不足1%，说明中国音乐产品出口以硬件为主，其产品结构在10年间没有太大的变化。

### 2. 与G20的贸易结构变化

**表32　中国音乐产品出口G20的规模与比重**

单位：百万美元

| 年份 | 出口G20的总额 | 占中国音乐产品出口总额比重(%) |
|---|---|---|
| 2003 | 426.43 | 77.43 |
| 2004 | 552.27 | 79.00 |
| 2005 | 632.50 | 78.58 |
| 2006 | 654.91 | 75.38 |
| 2007 | 813.05 | 75.09 |
| 2008 | 987.41 | 74.73 |
| 2009 | 777.37 | 71.91 |
| 2010 | 965.68 | 74.80 |
| 2011 | 1082.25 | 75.35 |
| 2012 | 1110.08 | 72.57 |

资料来源：UNCTAD 创意经济数据库。

中国大陆音乐产品的出口市场以发达国家为主，其对G20的出口总额占总出口的近3/4。在10年间对G20出口值比重变化不大，只有小幅的下降，并不明显。

表 33　中国大陆音乐产品出口市场结构变化情况

单位：%

| 地区＼年份 | 2003 | 2004 | 2005 | 2006 | 2007 | 2008 | 2009 | 2010 | 2011 | 2012 |
|---|---|---|---|---|---|---|---|---|---|---|
| 北　美 | 47. 72 | 48. 50 | 45. 06 | 38. 81 | 36. 22 | 38. 19 | 32. 28 | 32. 36 | 31. 55 | 31. 17 |
| 欧　盟 | 23. 44 | 22. 50 | 24. 11 | 25. 67 | 26. 76 | 27. 01 | 28. 57 | 28. 34 | 26. 89 | 24. 32 |
| 南　美 | 2. 46 | 3. 02 | 4. 21 | 4. 84 | 5. 21 | 6. 42 | 6. 56 | 9. 09 | 10. 09 | 9. 60 |
| 日　韩 | 7. 62 | 8. 03 | 8. 56 | 10. 74 | 11. 18 | 8. 22 | 9. 27 | 7. 79 | 8. 87 | 9. 05 |
| 东 南 亚 | 3. 66 | 3. 68 | 3. 45 | 3. 84 | 3. 75 | 3. 86 | 4. 63 | 4. 61 | 5. 28 | 6. 74 |
| 其　他 | 3. 54 | 3. 46 | 3. 71 | 3. 83 | 4. 35 | 4. 26 | 4. 92 | 5. 26 | 5. 11 | 5. 76 |
| 港 澳 台 | 7. 46 | 6. 16 | 5. 93 | 6. 89 | 6. 88 | 6. 11 | 7. 70 | 6. 46 | 4. 67 | 4. 98 |
| ACP | 1. 20 | 1. 27 | 1. 28 | 1. 36 | 1. 46 | 1. 61 | 1. 59 | 1. 81 | 2. 04 | 3. 03 |
| 澳大利亚 | 2. 11 | 2. 29 | 2. 55 | 2. 60 | 2. 59 | 2. 06 | 2. 08 | 1. 76 | 1. 99 | 2. 07 |
| 南　亚 | 0. 54 | 0. 74 | 0. 67 | 0. 68 | 0. 75 | 0. 88 | 1. 28 | 1. 37 | 1. 90 | 1. 82 |
| 独 联 体 | 0. 26 | 0. 34 | 0. 47 | 0. 74 | 0. 86 | 1. 38 | 1. 10 | 1. 14 | 1. 62 | 1. 46 |

10 年间中国大陆音乐产品出口市场结构总体比较稳定，北美、欧盟为主要的贸易伙伴，两大市场的比重超过一半以上，2003 年北美和欧盟市场出口比重达 71%，而 2012 年两大市场比重为 55%。最大的变化是南美市场的崛起，从 2003 年的 2. 46% 增长为 2012 年的 9. 60%，10 年间南美市场比重提升了近 3 倍。总体上中国大陆音乐产品的市场结构相对稳定，与新媒体产品类似，更多地表现为个别国家的市场地位的变化。

## （三）竞争力评价

### 1. 音乐产品的贸易竞争力指数

表 34　中国音乐产品 TCI 变动情况

| 年份 | 2003 | 2004 | 2005 | 2006 | 2007 | 2008 | 2009 | 2010 | 2011 | 2012 |
|---|---|---|---|---|---|---|---|---|---|---|
| TCI | 0. 90 | 0. 90 | 0. 89 | 0. 90 | 0. 89 | 0. 88 | 0. 85 | 0. 84 | 0. 82 | 0. 81 |

资料来源：根据 UNCTAD 创意经济数据库的相关数据计算获得。

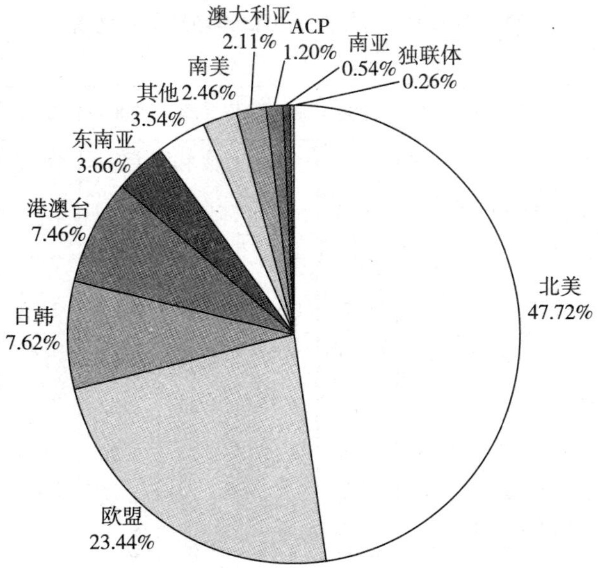


**图 31　2003 年中国大陆音乐产品出口市场结构**

资料来源：UNCTAD 创意经济数据库。

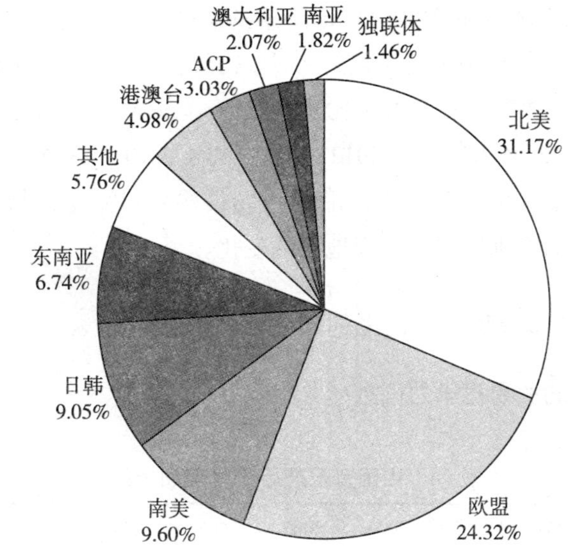


**图 32　2012 年中国大陆音乐产品出口市场结构**

资料来源：UNCTAD 创意经济数据库。

表 34 显示，中国音乐产品的 TCI 在 10 年间一直为正数，并一直在 0.8 ~ 1.0 的区间变化，说明中国音乐产品具有非常明显的竞争优势。2007 年以前中国音乐产品 TCI 基本在 0.9 左右，但是 2009 年以后，TCI 逐步下降至 0.8 左右，说明中国音乐产品的竞争优势在弱化。从图 33 也可以看出，中国音乐产品的国际竞争力总体上呈现逐年下降的趋势。

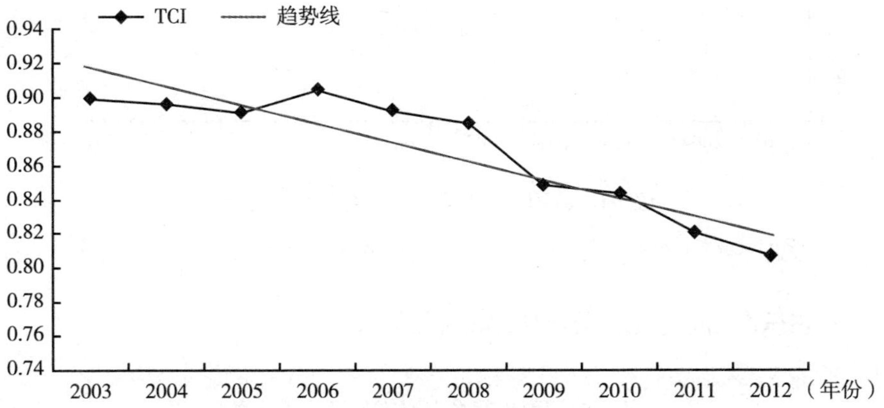


**图 33　中国音乐产品 TCI 变动情况**

资料来源：根据 UNCTAD 创意经济数据库数据计算获得。

### 2. 音乐产品的显示性比较优势指数

**表 35　中国音乐产品 RCA 指数变动情况**

| 年份 | 2003 | 2004 | 2005 | 2006 | 2007 | 2008 | 2009 | 2010 | 2011 | 2012 |
|---|---|---|---|---|---|---|---|---|---|---|
| RCA 指数 | 3.36 | 3.18 | 3.10 | 2.92 | 3.09 | 3.28 | 2.88 | 2.71 | 2.67 | 2.72 |

资料来源：根据 UNCTAD 创意经济数据库的相关数据计算获得。

从 RCA 指数评价看，中国音乐产品显示性比较优势指数在 10 年间的绝大多数年份均大于 2.5，这一数据说明中国音乐产品具有极强的国际竞争力。从 RCA 指数的变化趋势看，在 2009 年前，中国音乐产品的 RCA 大多在 3.0 以上，但是从 2009 年开始，RCA 指数就再也没有高于 3.0，这说明中国音乐产品的显示性比较优势在下降。

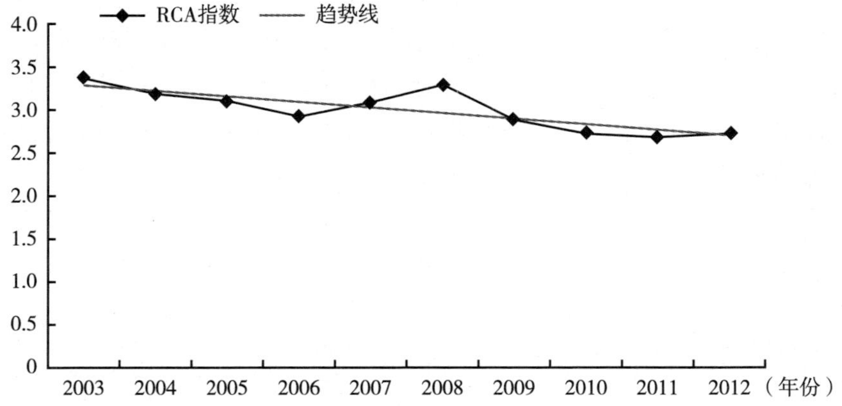


**图 34　中国音乐产品 RCA 指数变动情况**

资料来源：根据 UNCTAD 创意经济数据库数据计算获得。

### 3. 音乐产品的净出口显示性比较优势指数

**表 36　中国音乐产品 NXRCA 指数变动情况**

| 年份 | 2003 | 2004 | 2005 | 2006 | 2007 | 2008 | 2009 | 2010 | 2011 | 2012 |
|---|---|---|---|---|---|---|---|---|---|---|
| NXRCA 指数 | 0. 12 | 0. 11 | 0. 10 | 0. 08 | 0. 08 | 0. 09 | 0. 08 | 0. 07 | 0. 07 | 0. 07 |

资料来源：根据 UNCTAD 创意经济数据库的相关数据计算获得。

中国音乐产品的净出口显示性比较优势指数 10 年间一直保持为正数，说明其一直具有较为明显的竞争优势。从其变化趋势来看，下降趋势明显，2006 年以前 NXRCA 指数均在 0. 1 以上，而从 2006 年开始，均低于 0. 1，到 2012 年下降至 0. 07。NXRCA 的趋势线也说明中国音乐产品的国际竞争力在下降。

### 4. 音乐产品的 Lafay 指数

**表 37　中国音乐产品 LFI 变动情况**

| 年份 | 2003 | 2004 | 2005 | 2006 | 2007 | 2008 | 2009 | 2010 | 2011 | 2012 |
|---|---|---|---|---|---|---|---|---|---|---|
| LFI | 4. 25 | 4. 64 | 3. 54 | 2. 67 | 2. 61 | 2. 04 | 2. 42 | 3. 09 | 3. 32 | 2. 60 |

资料来源：根据 UNCTAD 创意经济数据库的相关数据计算获得。

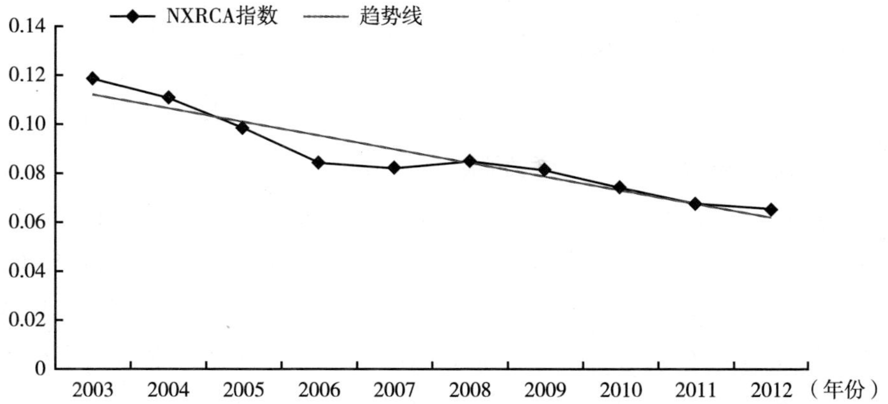


**图 35　中国音乐产品 NXRCA 指数变动情况**

资料来源：根据 UNCTAD 创意经济数据库数据计算获得。

中国音乐产品的 Lafay 指数 10 年间一直保持为正数，与新媒体产品的 Lafay 指数相比数值小很多，说明中国音乐产品具有专业化的比较优势，专业化程度不及新媒体产品的专业化程度。但是其产业内贸易程度较新媒体产品较高，但从绝对值来看，音乐产品仍然主要以产业间贸易为主。从其变化趋势来看，中国音乐产品 Lafay 指数呈下降趋势，这一趋势与 TCI、RCA 和 NXRCA 的趋势一致，说明尽管中国音乐产品具有一定的专业化竞争优势，但是其优势在下降。

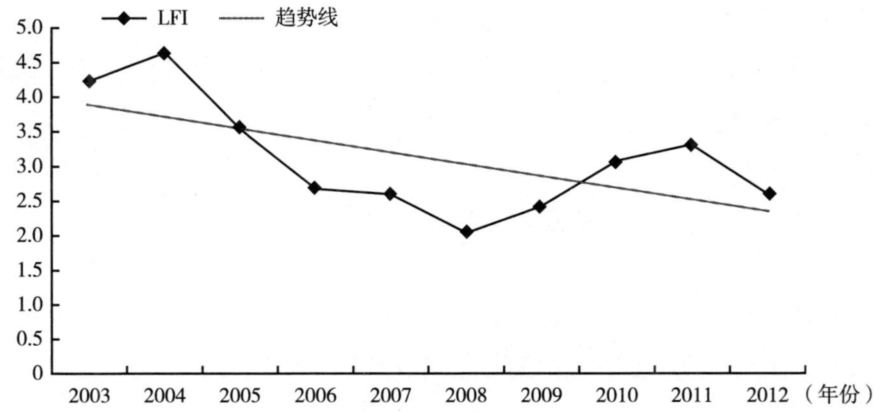


**图 36　中国音乐产品 LFI 变动情况**

资料来源：根据 UNCTAD 创意经济数据库数据计算获得。

### （四）中国音乐产品国际竞争力小结

根据以上数据分析，可以发现中国音乐产品国际竞争力呈以下特点。

#### 1. 中国音乐产品国际竞争优势明显

中国音乐产品 10 年间发展相对稳定，其增长速度不及视听产品和新媒体产品，国际贸易一直处于贸易顺差状态，其贸易顺差额呈增长趋势，贸易顺差额从 2003 年的 5.2 亿美元增长至 2012 年的 13.7 亿美元。参考 TCI、RCA、NXRCA 和 LFI 各项指数的表现，中国音乐产品具有较为明显的国际竞争优势，专业化程度较高，但是其竞争优势不及新媒体产品。

#### 2. 中国音乐产品出口地位下降

音乐产品在中国传媒类产品出口中的重要程度逐年下降，其出口比重从 2003 年的 13.62% 下降为 2012 年的 8.05%，地位与视听产品相当。

#### 3. 中国大陆音乐产品出口市场结构相对稳定

与新媒体产品市场结构变化类似，中国大陆音乐产品出口市场结构 10 年间相对稳定，主要出口市场依然为较为发达的国家和地区，只有个别国家或地区的市场地位变化，尤其体现在南美市场的崛起，其成为中国大陆音乐产品的第三大出口市场。

#### 4. 中国音乐产品国际竞争力呈下降趋势

尽管中国音乐产品仍具有较为明显的专业化优势，但各项评价指标如 TCI、RCA 指数、NXRCA 指数和 LFI 的变化趋势，均显示了中国音乐产品国际竞争力的下降趋势。

## 四　出版物产品的国际竞争力评价

出版物产品范围取自 UNCTAD 创意产业分类，包括图书、报纸期刊与其他出版物等；其他出版物主要指地图、日历、个人贺卡、商业促销印刷品等。

## （一）总体态势

### 1. 出口规模

**表 38　出版物产品出口规模年度变化情况**

单位：百万美元

| 年份 | 出版物产品出口总额 | 年增速（%） |
|---|---|---|
| 2003 | 651.0025 | |
| 2004 | 852.7363 | 30.99 |
| 2005 | 1031.116 | 20.92 |
| 2006 | 1451.165 | 40.74 |
| 2007 | 2043.718 | 40.83 |
| 2008 | 2420.653 | 18.44 |
| 2009 | 2126.406 | -12.16 |
| 2010 | 2391.182 | 12.45 |
| 2011 | 2660.53 | 11.26 |
| 2012 | 2933.407 | 10.26 |

资料来源：UNCTAD 创意经济数据库、UN Comtrade。

数据显示，中国出版物产品出口额在 10 年间增长 3.5 倍，从 2003 年的 6.5 亿美元增长至 2012 年的 29.3 亿美元，平均年增长 19.3%。在 2009 年之前，出版物产品出口额增长速度较快，年平均增长速度达到 30%。在 2009 年之后速度逐步放缓，但每年依然有两位数的增长。总体上 10 年间出版物产品出口取得长足的进步，一定程度上反映了中国出版物产品国际竞争力的提升。

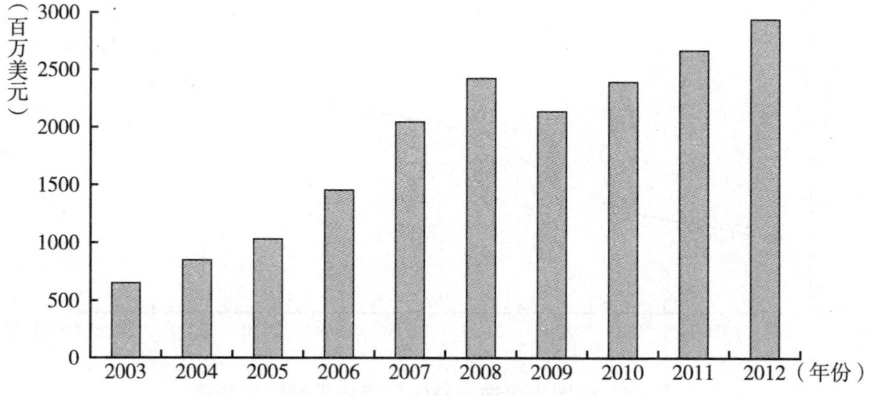


**图 37　中国出版物产品国际出口规模增长情况**

资料来源：UNCTAD 创意经济数据库、UN Comtrade。

## 2. 国际市场份额

**表 39　出版物产品国际市场份额变化情况**

单位：百万美元

| 年份 | 中国出版物产品出口总额 | 世界出版物产品出口总额 | 国际市场份额(%) |
| --- | --- | --- | --- |
| 2003 | 651.0025 | 33612.94 | 1.94 |
| 2004 | 852.7363 | 37229.16 | 2.29 |
| 2005 | 1031.116 | 39347.34 | 2.62 |
| 2006 | 1451.165 | 41368.97 | 3.51 |
| 2007 | 2043.718 | 43492.43 | 4.70 |
| 2008 | 2420.653 | 47498.84 | 5.10 |
| 2009 | 2126.406 | 39640.80 | 5.36 |
| 2010 | 2391.182 | 40175.20 | 5.95 |
| 2011 | 2660.53 | 42896.50 | 6.20 |
| 2012 | 2933.407 | 38260.25 | 7.67 |

资料来源：UNCTAD 创意经济数据库、UN Comtrade。

数据显示，中国出版物产品的国际优势并不明显，其占国际市场份额相对较低，但增长速度快，2003 年其国际市场份额不足 2%，而 2012 年增长为 7.67%，10 年间国际市场份额增长了近 3 倍。10 年间其增长趋势为持续上升，并没有太大的起伏，数据说明中国出版物产品的国际竞争能力在逐年提升。

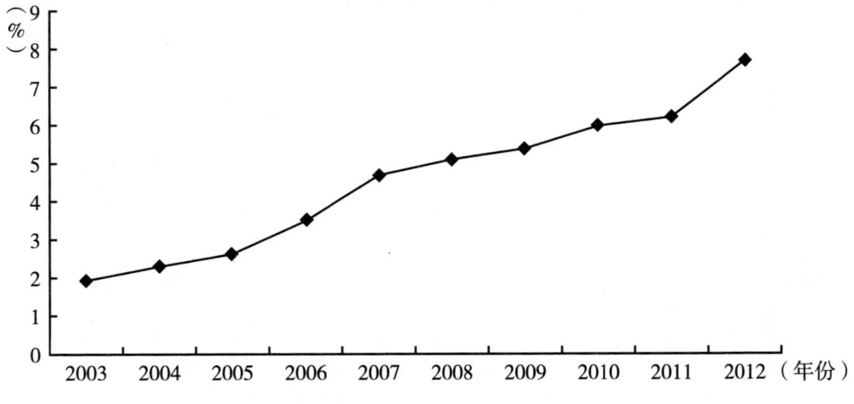


**图 38　中国出版物产品国际市场份额变化情况**

资料来源：UNCTAD 创意经济数据库。

### 3. 贸易差额

**表 40　中国出版物产品贸易差额变化情况**

单位：百万美元

| 年份 | 中国出版物出口总额 | 中国出版物进口总额 | 贸易差额 |
|---|---|---|---|
| 2003 | 651.0025 | 383.00 | 268.01 |
| 2004 | 852.7363 | 340.18 | 512.56 |
| 2005 | 1031.116 | 416.71 | 614.41 |
| 2006 | 1451.165 | 432.01 | 1019.16 |
| 2007 | 2043.718 | 493.88 | 1549.84 |
| 2008 | 2420.653 | 536.39 | 1884.27 |
| 2009 | 2126.406 | 782.41 | 1343.99 |
| 2010 | 2391.182 | 967.82 | 1423.36 |
| 2011 | 2660.53 | 1006.20 | 1654.33 |
| 2012 | 2933.407 | 1074.61 | 1858.80 |

资料来源：UNCTAD 创意经济数据库。

中国出版物产品在 10 年间一直处于贸易顺差状态，贸易顺差额从 2003 年的 2.7 亿美元增长至 2012 年的 18.6 亿美元，增长速度较快，在 10 年间贸易顺差额增长了近 6 倍，这一定程度上说明中国出版物产品在国际市场上具有一定的竞争优势，并且其国际竞争力在不断增长。

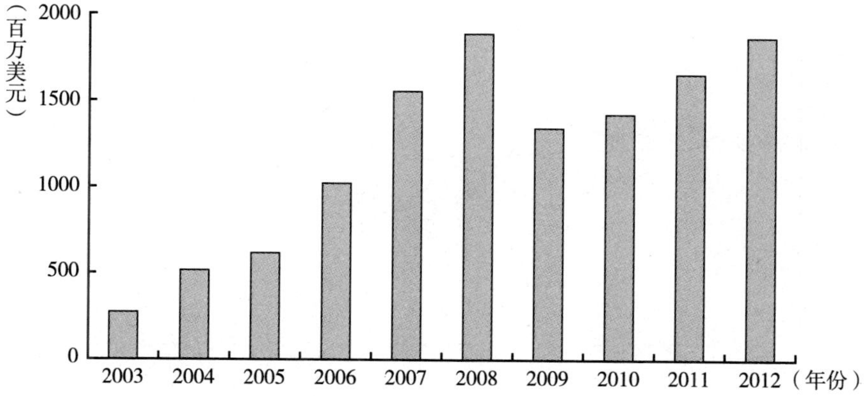


**图 39　中国出版物产品贸易差额变化情况**

资料来源：UNCTAD 创意经济数据库。

### 4. 出口比重

**表 41　中国出版物产品出口额占传媒类产品出口总额比重变化情况**

单位：百万美元

| 年份 | 出版物产品出口额 | 中国传媒类产品出口总额 | 比重(%) |
|---|---|---|---|
| 2003 | 651.0025 | 4042.03 | 16.11 |
| 2004 | 852.7363 | 4616.89 | 18.47 |
| 2005 | 1031.116 | 5918.48 | 17.42 |
| 2006 | 1451.165 | 7613.94 | 19.06 |
| 2007 | 2043.718 | 15329.12 | 13.33 |
| 2008 | 2420.653 | 19788.43 | 12.23 |
| 2009 | 2126.406 | 14865.89 | 14.30 |
| 2010 | 2391.182 | 15196.51 | 15.74 |
| 2011 | 2660.53 | 15947.86 | 16.68 |
| 2012 | 2933.407 | 18998.93 | 15.44 |

资料来源：UNCTAD 创意经济数据库。

中国出版物产品在传媒类产品出口中的地位相对比较稳定，其出口额占传媒类产品出口额的比重在2003 年为16.11%，而到2012 年比重为15.44%，10年间中国出版物产品的出口比重均在15%上下浮动，与音乐产品的巨大变动不同，其变化相对稳定。趋势线表明出版物产品的重要程度仅有小幅的下降。

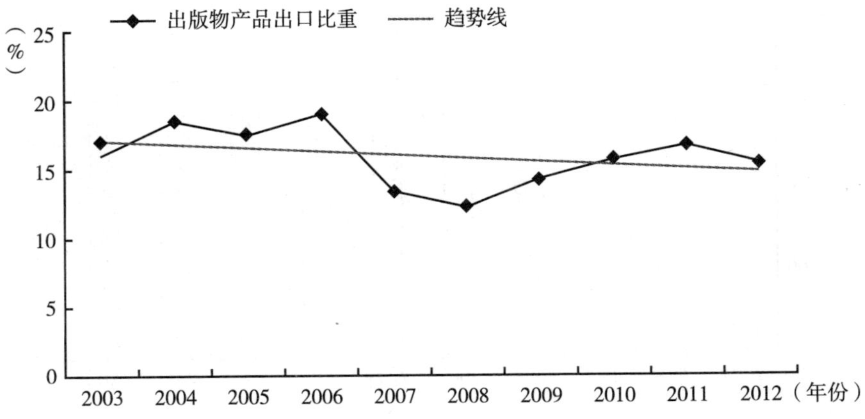


**图 40　中国出版物产品出口额占传媒类产品出口总额比重变化情况**

资料来源：UNCTAD 创意经济数据库。

## （二）结构演进

### 1. 产品结构演进

**表 42　中国出版物产品出口结构变化情况**

单位：百万美元

| 年份 | 图书 | | 报纸期刊 | | 其他出版物 | |
|---|---|---|---|---|---|---|
| | 出口值 | 比重(%) | 出口值 | 比重(%) | 出口值 | 比重(%) |
| 2003 | 471.68 | 72.45 | 11.09 | 1.70 | 168.24 | 25.84 |
| 2004 | 593.91 | 69.65 | 16.04 | 1.88 | 242.78 | 28.47 |
| 2005 | 702.82 | 68.16 | 18.25 | 1.77 | 310.05 | 30.07 |
| 2006 | 856.00 | 58.99 | 183.78 | 12.66 | 411.39 | 28.35 |
| 2007 | 1109.67 | 54.30 | 326.51 | 15.98 | 607.53 | 29.73 |
| 2008 | 1325.46 | 54.76 | 277.44 | 11.46 | 817.75 | 33.78 |
| 2009 | 1263.78 | 59.43 | 141.04 | 6.63 | 721.59 | 33.93 |
| 2010 | 1491.96 | 62.39 | 89.39 | 3.74 | 809.83 | 33.87 |
| 2011 | 1663.29 | 62.52 | 32.73 | 1.23 | 964.52 | 36.25 |
| 2012 | 1783.39 | 60.80 | 27.18 | 0.93 | 1122.84 | 38.28 |

资料来源：UNCTAD 创意经济数据库。

中国出版物产品出口结构以图书出口为主，其出口比重占到 60% 以上，而报纸期刊类在大多数年份不足 10%，其他出版物比重占 1/3 左右。总体上图书出口的比重呈下降趋势，报纸期刊自 2009 年以来下降速度较快，到 2012 年不足 1%，而其他类出版物的比重在上升，这一趋势可能与世界范围内的产业技术变化有关，电子媒体的兴起，导致纸媒的衰落。

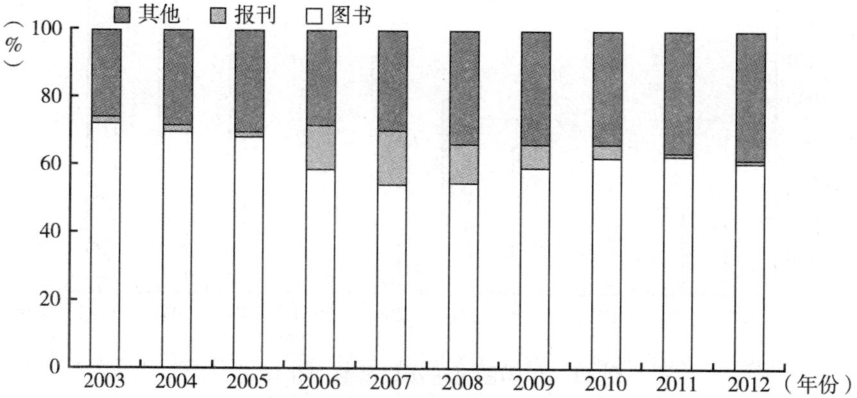


**图 41　中国出版物产品出口产品结构变化情况**

资料来源：UNCTAD 创意经济数据库。

### 2. 图书的贸易差额演进

**表 43　中国图书贸易差额变化情况**

单位：百万美元

| 年份 | 中国图书出口总额 | 中国图书进口总额 | 进出口差额 |
|---|---|---|---|
| 2003 | 471.68 | 97.80 | 373.88 |
| 2004 | 593.91 | 91.40 | 502.51 |
| 2005 | 702.82 | 103.75 | 599.07 |
| 2006 | 856.00 | 113.23 | 742.77 |
| 2007 | 1109.67 | 126.48 | 983.19 |
| 2008 | 1325.46 | 122.67 | 1202.79 |
| 2009 | 1263.78 | 133.75 | 1130.03 |
| 2010 | 1491.96 | 158.11 | 1333.85 |
| 2011 | 1663.29 | 181.14 | 1482.15 |
| 2012 | 1783.39 | 204.62 | 1578.77 |

资料来源：UNCTAD 创意经济数据库。

中国图书产品的国际贸易一直处于顺差状态，10 年间贸易顺差额从 2003 年的 3.7 亿美元增长至 2012 年的 15.8 亿美元，增长 3.3 倍，在 10 年间贸易顺差额起伏并不大，基本呈现为持续增长的状态，一定程度上说明图书产品的国际竞争力在提升。

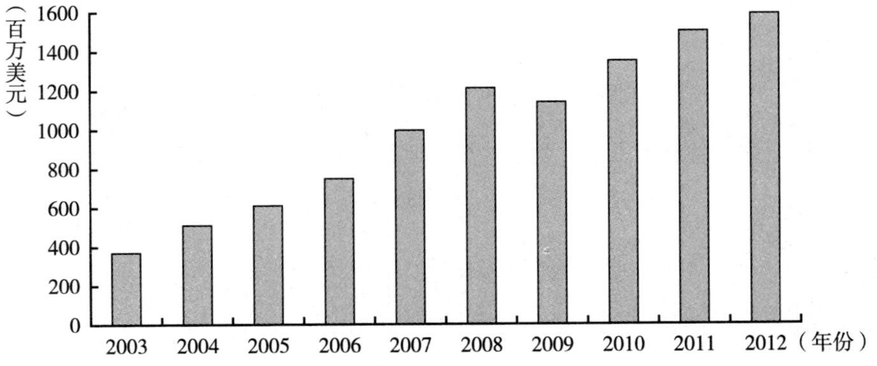


**图 42　中国图书进出口差额变化情况**

资料来源：UNCTAD 创意经济数据库。

### 3. 报纸期刊的进出口差额演进

**表 44　中国报纸期刊进出口差额变化情况**

单位：百万美元

| 年份 | 中国报纸期刊出口总额 | 中国报纸期刊进口总额 | 进出口差额 |
|---|---|---|---|
| 2003 | 11.09 | 201.84 | -190.75 |
| 2004 | 16.04 | 126.58 | -110.53 |
| 2005 | 18.25 | 191.94 | -173.69 |
| 2006 | 183.78 | 143.85 | 39.93 |
| 2007 | 326.51 | 139.90 | 186.61 |
| 2008 | 277.44 | 150.28 | 127.16 |
| 2009 | 141.04 | 157.61 | -16.57 |
| 2010 | 89.39 | 233.86 | -144.47 |
| 2011 | 32.73 | 228.81 | -196.08 |
| 2012 | 27.18 | 321.44 | -294.26 |

资料来源：UNCTAD 创意经济数据库。

中国报纸期刊产品的国际贸易差额起伏较大，2006 年以前处于贸易逆差状态，2006～2008 年处于顺差状态，但从 2009 年开始又进入贸易逆差状态。这一变化可能与技术变化趋势有关，面对网络技术与信息通信技术的迅猛发展，报纸期刊首当其冲。

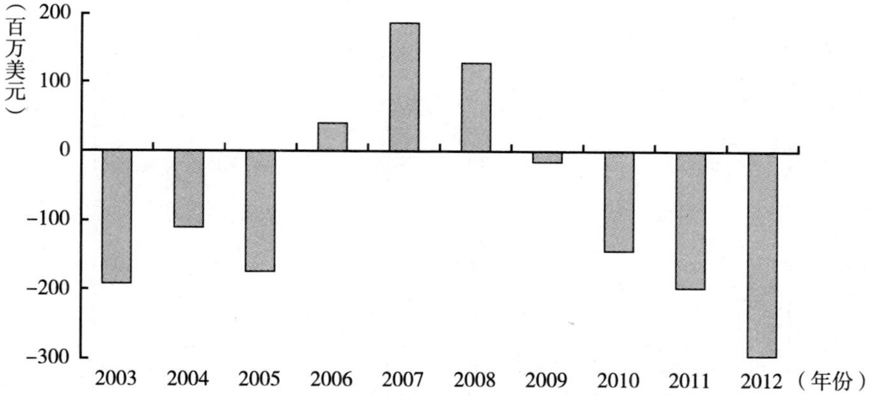


**图 43　中国报纸期刊贸易差额变化情况**

资料来源：UNCTAD 创意经济数据库。

### 4. 其他出版物产品的贸易差额演进

**表 45　中国其他出版物产品贸易差额变化情况**

单位：百万美元

| 年份 | 中国其他出版物产品出口总额 | 中国其他出版物产品进口总额 | 贸易差额 |
|---|---|---|---|
| 2003 | 168.24 | 83.36 | 84.88 |
| 2004 | 242.78 | 122.21 | 120.57 |
| 2005 | 310.05 | 121.01 | 189.04 |
| 2006 | 411.39 | 174.93 | 236.46 |
| 2007 | 607.53 | 227.50 | 380.03 |
| 2008 | 817.75 | 263.44 | 554.31 |
| 2009 | 721.59 | 491.05 | 230.54 |
| 2010 | 809.83 | 575.85 | 233.98 |
| 2011 | 964.52 | 596.25 | 368.27 |
| 2012 | 1122.84 | 548.55 | 574.29 |

资料来源：UNCTAD 创意经济数据库。

中国其他出版物产品的国际贸易在 10 年间也一直处于顺差状态，贸易顺差额也在不断增长，从 2003 年的 0.84 亿美元增长为 2012 年的 5.7 亿美元，增长 5.7 倍，说明在其他类出版物产品出口方面中国具有竞争力优势。

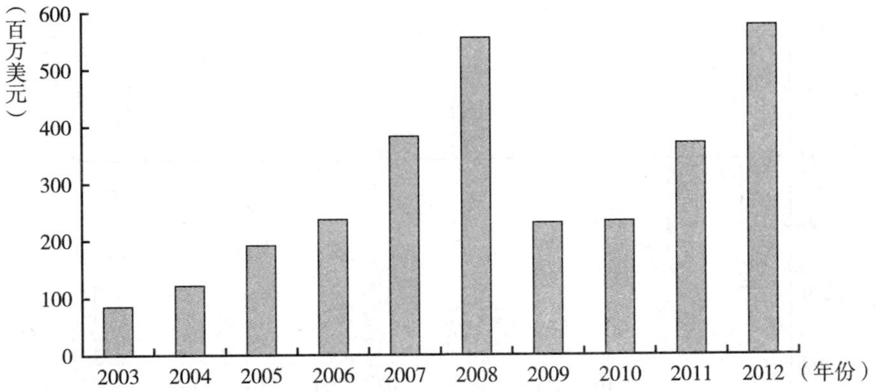


**图 44　中国其他出版物产品贸易差额变化情况**

资料来源：UNCTAD 创意经济数据库。

### 5. 与 G20的出版物产品贸易结构变化

**表 46 中国出版物产品出口 G20 的规模与比重情况**

单位：百万美元

| 年份 | 出口 G20 的总额 | 占中国出版物产品出口总额比重(%) |
|---|---|---|
| 2003 | 296.53 | 45.55 |
| 2004 | 419.63 | 49.21 |
| 2005 | 528.22 | 51.23 |
| 2006 | 787.47 | 54.26 |
| 2007 | 1168.43 | 57.17 |
| 2008 | 1459.60 | 60.30 |
| 2009 | 1332.91 | 62.68 |
| 2010 | 1520.47 | 63.59 |
| 2011 | 1711.80 | 64.34 |
| 2012 | 1829.71 | 62.37 |

资料来源：UNCTAD 创意经济数据库。

目前中国出版物产品的出口市场以发达国家为主，其对 G20 的出口总额占总出口额的近 2/3。在 10 年间对 G20 出口值比重发生了较大的变化，在 2003 年其比重只有 45.55%，这一定程度上说明中国出版物产品在发达国家的竞争力在提升。

**表 47 中国大陆出版物产品出口市场结构变化情况**

单位：%

| 地区＼年份 | 2003 | 2004 | 2005 | 2006 | 2007 | 2008 | 2009 | 2010 | 2011 | 2012 |
|---|---|---|---|---|---|---|---|---|---|---|
| 北美 | 28.11 | 29.93 | 30.27 | 28.77 | 29.02 | 30.39 | 32.12 | 33.55 | 32.03 | 29.93 |
| 港澳台 | 51.00 | 47.06 | 44.02 | 37.39 | 31.37 | 29.80 | 28.03 | 27.68 | 26.42 | 25.35 |
| 欧盟 | 11.78 | 12.33 | 14.43 | 14.55 | 17.21 | 18.65 | 21.24 | 20.90 | 23.35 | 23.01 |
| 日韩 | 4.05 | 5.30 | 5.12 | 3.95 | 3.63 | 3.73 | 4.19 | 4.20 | 4.28 | 4.58 |
| 东南亚 | 1.76 | 1.67 | 1.56 | 3.09 | 3.92 | 3.51 | 2.49 | 2.80 | 2.35 | 3.67 |
| 澳大利亚 | 0.98 | 1.22 | 1.52 | 1.45 | 2.39 | 2.41 | 2.51 | 2.79 | 2.96 | 3.16 |
| 其他 | 0.56 | 0.77 | 0.97 | 1.73 | 2.49 | 2.10 | 2.23 | 2.08 | 2.30 | 2.97 |

续表

| 地区\年份 | 2003 | 2004 | 2005 | 2006 | 2007 | 2008 | 2009 | 2010 | 2011 | 2012 |
|---|---|---|---|---|---|---|---|---|---|---|
| ACP | 0.71 | 0.66 | 0.99 | 1.12 | 1.84 | 1.52 | 1.10 | 1.19 | 1.45 | 2.27 |
| 南　　美 | 0.10 | 0.12 | 0.13 | 0.47 | 0.49 | 0.74 | 0.70 | 1.06 | 1.58 | 2.10 |
| 独 联 体 | 0.42 | 0.37 | 0.30 | 0.59 | 0.80 | 1.30 | 1.10 | 1.97 | 2.12 | 1.82 |
| 南　　亚 | 0.53 | 0.57 | 0.68 | 6.89 | 6.84 | 5.86 | 4.28 | 1.78 | 1.16 | 1.14 |

10 年间中国大陆出版物产品出口市场结构发生了较大的变化，2003 年港澳台市场比重达到 50%，而北美和欧盟市场比重合计为 40%，说明 2003 年中国大陆出版物产品主要销售港澳台的华文市场。而 2012 年，北美已成为最大的出口市场，比重达到 30%，欧盟市场比重也增长至 23%，同时其多元化程度也有所提升，市场区域分布更为分散，2003 年市场比重达到 2% 以上的仅有港澳台、北美、欧盟、日韩，而 2012 年市场比重达到 2% 以上的有北美、港澳台、欧盟、日韩、东南亚、澳大利亚、ACP、南美和其他地区，一定程度上说明中国大陆出版物产品在世界范围的影响力在扩大，中国大陆出版物产品的国际竞争力在不断提升。

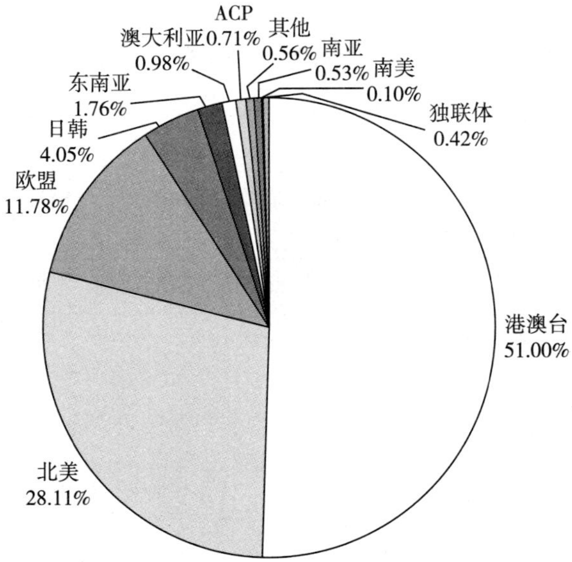


**图 45　2003 年中国大陆出版物产品出口市场结构**

资料来源：UNCTAD 创意经济数据库。

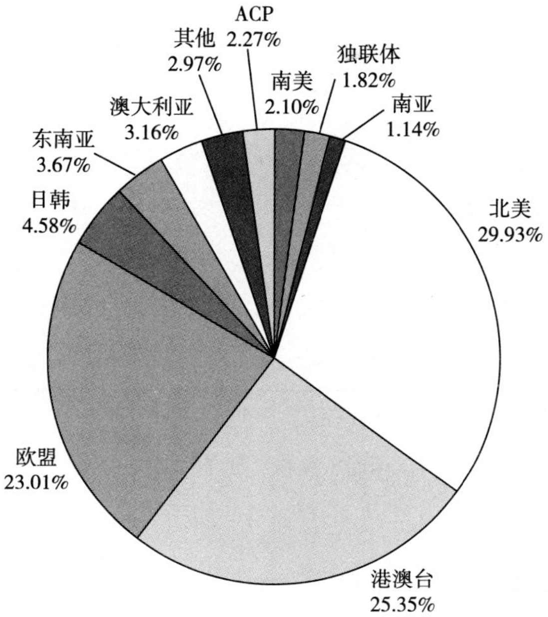


**图 46　2012 年中国大陆出版物产品出口市场结构**

资料来源：UNCTAD 创意经济数据库。

## （三）竞争力评价

### 1. 出版物产品的贸易竞争力指数

**表 48　中国出版物产品 TCI 变动情况**

| 年份 | 2003 | 2004 | 2005 | 2006 | 2007 | 2008 | 2009 | 2010 | 2011 | 2012 |
|---|---|---|---|---|---|---|---|---|---|---|
| TCI | 0.26 | 0.43 | 0.42 | 0.54 | 0.61 | 0.64 | 0.46 | 0.42 | 0.45 | 0.46 |

资料来源：根据 UNCTAD 创意经济数据库的相关数据计算获得。

表 48 显示，中国出版物产品的 TCI 在 10 年间一直为正数，并一直在 0.2 ~ 0.6 的区间变化，说明中国出版物产品具有并不明显的竞争优势。在 10 年间 TCI 呈现缓慢上升的趋势，从 2003 年的 0.26，到 2012 年的 0.46，其间虽然有一定的起伏，但总体上说明中国出版物产品的竞争优势在缓慢提升。

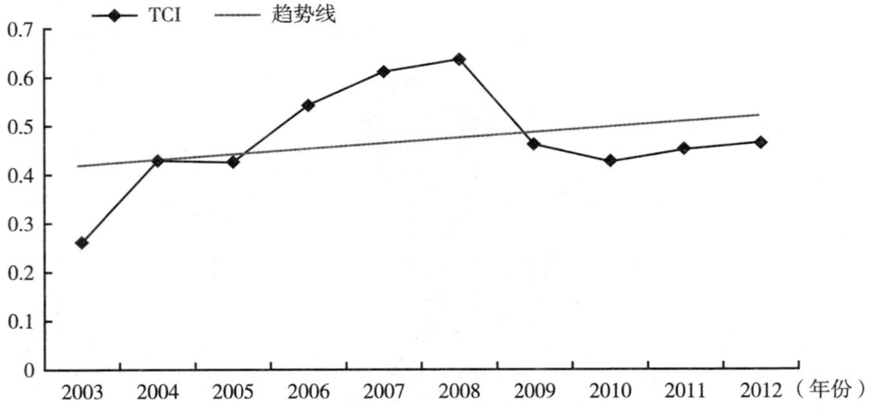


**图 47　中国出版物产品 TCI 变动情况**

资料来源：根据 UNCTAD 创意经济数据库数据计算获得。

## 2. 出版物产品的显示性比较优势指数

**表 49　中国出版物产品 RCA 指数变动情况**

| 年份 | 2003 | 2004 | 2005 | 2006 | 2007 | 2008 | 2009 | 2010 | 2011 | 2012 |
|---|---|---|---|---|---|---|---|---|---|---|
| RCA 指数 | 0. 34 | 0. 36 | 0. 36 | 0. 44 | 0. 54 | 0. 58 | 0. 56 | 0. 58 | 0. 60 | 0. 69 |

资料来源：根据 UNCTAD 创意经济数据库的相关数据计算获得。

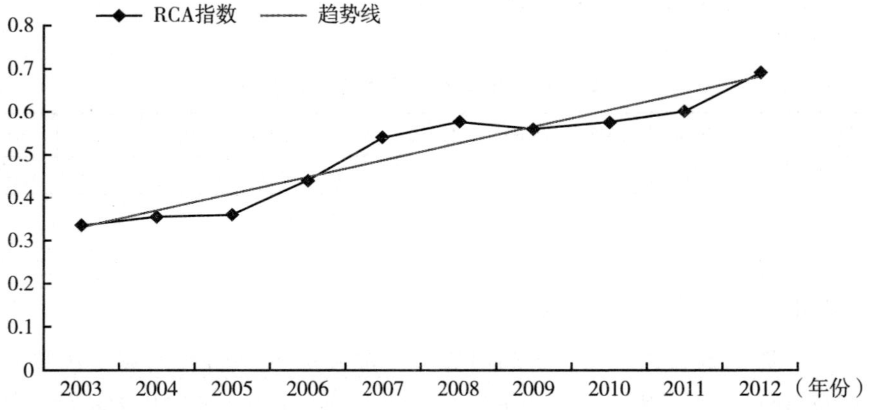


**图 48　中国出版物产品 RCA 指数变动情况**

资料来源：根据 UNCTAD 创意经济数据库数据计算获得。

从 RCA 指数评价看，中国出版物产品显示性比较优势指数在 10 年间均小于0.8，这一数据说明中国出版物产品仅具有较弱的国际竞争力。从 RCA 指数的变化趋势看，增长趋势明显，从 2003 年的 0.34 增长至 2012 年的 0.69，其间起伏较小，其增长幅度比 TCI 的幅度大，这说明中国出版物产品的显示性比较优势在上升。

### 3. 出版物产品的净出口显示性比较优势指数

**表 50　中国出版物产品 NXRCA 指数变动情况**

| 年份 | 2003 | 2004 | 2005 | 2006 | 2007 | 2008 | 2009 | 2010 | 2011 | 2012 |
|---|---|---|---|---|---|---|---|---|---|---|
| NXRCA 指数 | 0.06 | 0.08 | 0.07 | 0.10 | 0.12 | 0.12 | 0.10 | 0.08 | 0.08 | 0.08 |

资料来源：根据 UNCTAD 创意经济数据库的相关数据计算获得。

中国出版物产品的净出口显示性比较优势指数 10 年间一直保持为正数，说明中国出版物产品一直具有较为明显的竞争优势。从其变化趋势来看，上升幅度较为缓慢，2003 年 NXRCA 指数为 0.06，2012 年为 0.08，其提升的幅度低于 TCI 和 RCA 指数的增长幅度。NXRCA 指数的趋势线说明中国出版物产品的国际竞争力在缓慢上升。

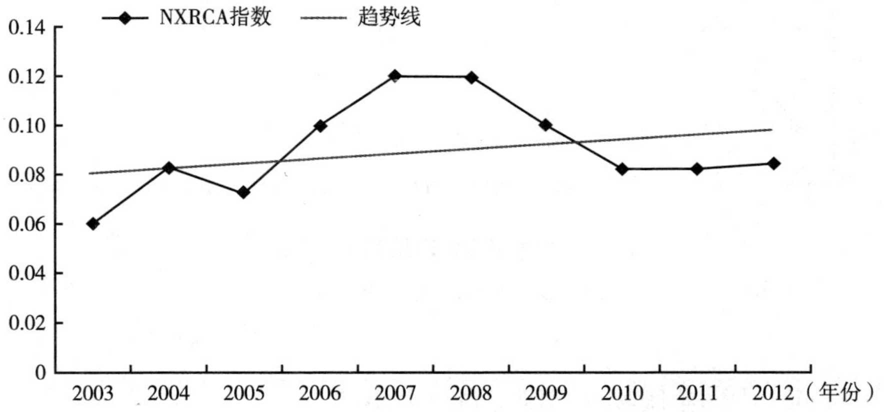


**图 49　中国出版物产品 NXRCA 指数变动情况**

资料来源：根据 UNCTAD 创意经济数据库数据计算获得。

### 4. 出版物产品的 Lafay 指数

**表 51　中国出版物 LFI 变动情况**

| 年份 | 2003 | 2004 | 2005 | 2006 | 2007 | 2008 | 2009 | 2010 | 2011 | 2012 |
|---|---|---|---|---|---|---|---|---|---|---|
| LFI | -4.77 | -1.61 | -2.99 | -1.81 | 2.55 | 1.54 | 0.66 | 1.16 | 2.17 | 1.13 |

资料来源：根据 UNCTAD 创意经济数据库的相关数据计算获得。

中国出版物产品的 Lafay 指数在 2007 年以前一直为负数，2007 年以后一直保持为正数，说明中国出版物产品的专业化比较优势在提升，其 Lafay 指数相对接近于 0，其产业内贸易程度较新媒体产品较高，出版物产品主要以产业内贸易为主。从其变化趋势来看，中国出版物产品 Lafay 指数呈上升趋势，这一趋势与 TCI、RCA 指数和 NXRCA 指数的趋势一致，但幅度相对较大，说明中国出版物产品的竞争优势在提升。

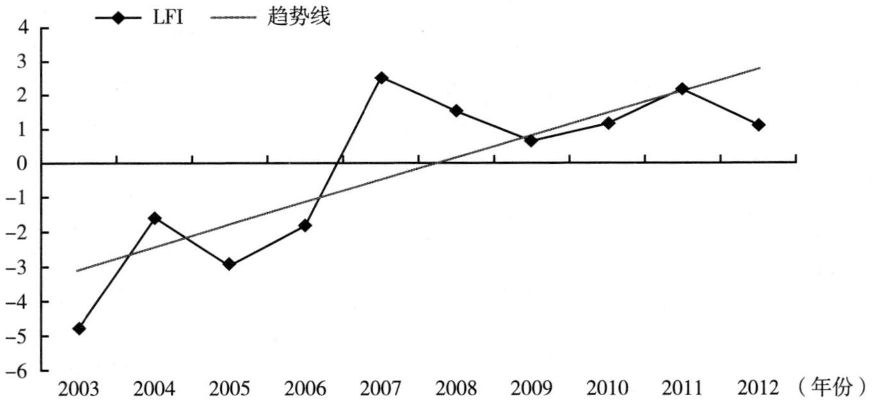


**图 50　中国出版物产品 LFI 变动情况**

资料来源：根据 UNCTAD 创意经济数据库数据计算获得。

## （四）中国出版物产品国际竞争力小结

根据以上数据分析，可以发现中国出版物产品国际竞争力呈现以下特点。

### 1. 中国出版物产品具有一定的国际竞争优势

中国出版物产品在 10 年间稳步发展，一直处于贸易顺差状态，贸易顺差额从2003年的2.7亿美元增长至2012年的18.6亿美元，在10年间贸易顺差额增长了近6倍。参考TCI、RCA指数、NXRCA指数和Lafay指数的表现，总体上中国出版物产品表现出一定的国际竞争优势，但是优势并不明显。

### 2. 中国出版物产品国际竞争力稳步上升

虽然中国出版物产品国际竞争力优势并不明显，但是在10年间，其国际竞争力一直处于上升的趋势。10年前中国出版物产品国际市场份额不足2%，而2012年增长为7.67%，10年间国际市场份额增长近3倍。其他各项评价指标如TCI、RCA指数、NXRCA指数和LFI的变化趋势，均显示了中国出版物产品国际竞争力稳步上升的趋势。

### 3. 中国出版物产品出口结构受技术变革影响巨大

10年间中国出版物产品出口结构发生了较大的变化。总体上图书出口的比重呈下降趋势；报纸期刊的比重曾经达到10%以上，而到2012年不足1%，贸易逆差不断加剧；其他类出版物产品的比重却逐步上升到近40%，这一趋势可能与世界范围内传媒技术的变革有关，电子媒体的兴起，导致国际市场纸媒的衰落。

### 4. 中国大陆出版物产品出口市场覆盖范围显著扩大

2003年中国大陆出版物产品的海外市场主要为港澳台，而2012年，北美已成为最大的出口市场，比重达到30%，欧盟市场比重也增长至23%，同时其多元化程度也提升，市场区域分布更为分散，一定程度上说明中国出版物产品国际市场覆盖范围在不断扩大。

# 服 务 篇

Research on Chinese Media Service

## B.3
## 服务篇

刘 强 罗梦雨*

摘 要: “传媒类服务篇”包括四个子报告，分别研究了广告、市场调研与民意测验服务、个人文化和休闲服务以及与创意产业相关的计算机与信息服务、版税和许可费服务等四类传媒类服务的国际竞争力。中国广告、市场调研与民意测验服务虽然并没有处于竞争劣势地位，但是其优势较为微弱；中国个人文化和休闲服务10年来大部分时间均处于竞争劣势地位，其竞争劣势并不明显，其国际竞争能力还在下降；核心传媒类服务——版税和许可费服务，中国10年来一直缺乏竞争优势，其国际竞争力非常弱小；中国计算机与信息服务已逐步取得一定的国际竞争优势，其国际竞争力在10年间提升速度非常快，并且可以预计未来仍将以较高的速度不断成长。

* 罗梦雨，上海交通大学媒体与设计学院博士后。博士毕业于英国拉夫堡大学社会科学院，研究方向为文化产业，音乐社会学等。

关键词： 传媒类服务 版税和许可费服务 竞争弱势

本篇中国传媒类服务竞争力的研究结合 UNCTAD 产业分类标准，研究广告、市场调研与民意测验服务，个人文化和休闲服务，与创意产业相关的计算机与信息服务，版税和许可费服务四类传媒类服务的国际竞争力，原始数据主要源自联合国贸易与发展会议 UNCTAD 创意经济数据库，传媒类服务的贸易数据均根据 UNCTAD 数据汇总计算获得。

## 一 广告、市场调研与民意测验服务的国际竞争力评价

### （一）总体态势

#### 1. 出口规模

**表 1 中国广告、市场调研与民意测验服务出口规模年度变化情况**

单位：百万美元

| 年份 | 出口总额 | 年增速(%) |
|---|---|---|
| 2003 | 486.26 | |
| 2004 | 848.63 | 74.52 |
| 2005 | 1075.73 | 26.76 |
| 2006 | 1445.03 | 34.33 |
| 2007 | 1912.27 | 32.33 |
| 2008 | 2202.32 | 15.17 |
| 2009 | 2312.55 | 5.01 |
| 2010 | 2885.25 | 24.76 |
| 2011 | 4017.94 | 39.26 |
| 2012 | 4750.90 | 18.24 |

资料来源：UNCTAD 创意经济数据库。

从表 1 来看，中国广告、市场调研与民意测验服务出口额在 10 年间从 2003 年的 4.9 亿美元增长为 2012 年的 47.5 亿美元，增长了 8.7 倍，平均年

增长速度30%，虽然10年间增长速度有一定的起伏，但是总体上呈现出直线上升的趋势。总体上10年间中国广告、市场调研与民意测验服务出口取得长足的进步，一定程度上反映了中国广告、市场调研与民意测验服务国际竞争力的提升。

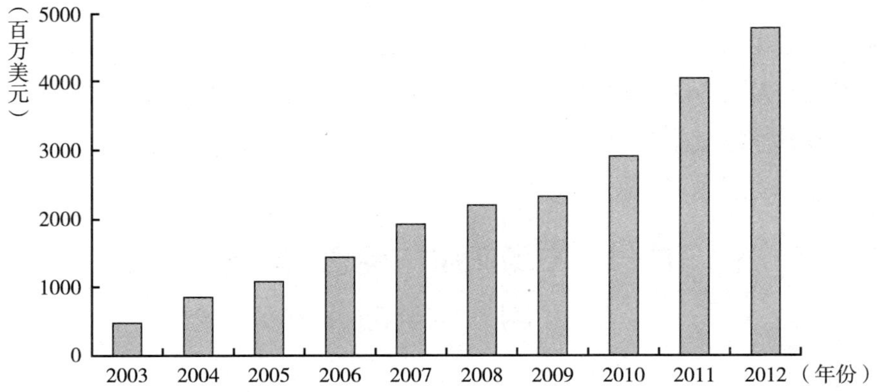


**图1　中国广告、市场调研与民意测验服务出口规模增长情况**

资料来源：UNCTAD创意经济数据库、UN Comtrade。

### 2. 国际市场份额

**表2　中国广告、市场调研与民意测验服务国际市场份额变化情况**

单位：百万美元

| 年份 | 中国出口总额 | 世界出口总额 | 国际市场份额(%) |
|---|---|---|---|
| 2003 | 486.26 | 15735.86 | 3.09 |
| 2004 | 848.63 | 20202.22 | 4.20 |
| 2005 | 1075.73 | 24612.9 | 4.37 |
| 2006 | 1445.03 | 29905.79 | 4.83 |
| 2007 | 1912.27 | 38466.68 | 4.97 |
| 2008 | 2202.32 | 44179.57 | 4.98 |
| 2009 | 2312.55 | 42721.65 | 5.41 |
| 2010 | 2885.25 | 46615.47 | 6.19 |
| 2011 | 4017.94 | 50972.45 | 7.88 |
| 2012 | 4750.90 | NA | NA |

资料来源：UNCTAD创意经济数据库、UN Comtrade。

从中国广告、市场调研与民意测验服务的国际市场份额来看，其市场份额逐年增长，10 年间市场份额从未下降，虽然增速有一定起伏，但是增长的趋势没有改变。2003 年中国广告、市场调研与民意测验服务的国际份额为 3.09%，但 2011 年国际份额已增长至 7.88%，其间市场份额增长近 1.5 倍。这一定程度上说明中国此项传媒类服务的国际竞争力在不断提升。

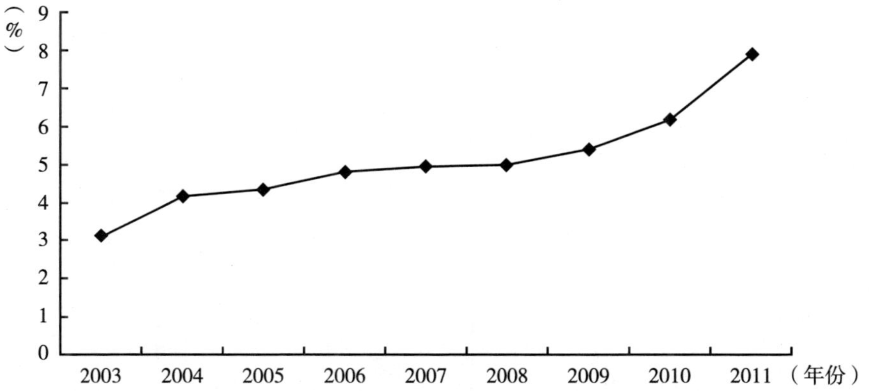


**图 2　中国广告、市场调研与民意测验服务国际市场份额变化情况**

资料来源：UNCTAD 创意经济数据库。

### 3. 贸易差额

**表 3　中国广告、市场调研与民意测验服务贸易差额变化情况**

单位：百万美元

| 年份 | 出口总额 | 进口总额 | 贸易差额 |
|---|---|---|---|
| 2003 | 486.26 | 457.88 | 28.38 |
| 2004 | 848.63 | 698.34 | 150.29 |
| 2005 | 1075.73 | 715.21 | 360.52 |
| 2006 | 1445.03 | 954.96 | 490.07 |
| 2007 | 1912.27 | 1336.92 | 575.35 |
| 2008 | 2202.32 | 1940.66 | 261.66 |
| 2009 | 2312.55 | 1953.36 | 359.19 |
| 2010 | 2885.25 | 2040.30 | 844.95 |
| 2011 | 4017.94 | 2773.28 | 1244.66 |
| 2012 | 4750.90 | 2773.41 | 1977.49 |

资料来源：UNCTAD 创意经济数据库。

中国广告、市场调研与民意测验服务的国际贸易自2003年以来一直处于贸易顺差状态，并且其贸易顺差额还在不断增加，2003年贸易顺差额仅为2838万美元，2009年增长为3.59亿美元，2010年有一个跳跃性的增长，达到8.4亿美元，而2012年贸易顺差额增长为19.8亿美元，10年间贸易顺差额增长了69倍。贸易顺差额高速增长的数据在一定程度上说明中国广告、市场调研与民意测验服务在国际市场的竞争力不断得到提升。

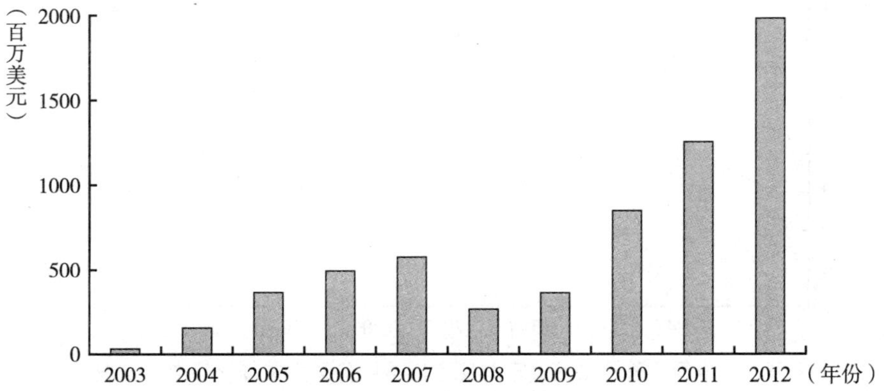


**图3　中国广告、市场调研与民意测验服务贸易差额变化情况**

资料来源：UNCTAD创意经济数据库。

### 4. 出口比重

**表4　AMPS出口额占中国传媒类服务出口总额比重变化情况**

单位：百万美元

| 年份 | 中国AMPS出口额 | 中国传媒类服务出口总额 | 比重（%） | 年份 | 中国AMPS出口额 | 中国传媒类服务出口总额 | 比重（%） |
|---|---|---|---|---|---|---|---|
| 2003 | 486.26 | 1728.86 | 28.13 | 2008 | 2202.32 | 9442.86 | 23.32 |
| 2004 | 848.63 | 2763.13 | 30.71 | 2009 | 2312.55 | 9350.98 | 24.73 |
| 2005 | 1075.73 | 3207.17 | 33.54 | 2010 | 2885.25 | 13094.99 | 22.03 |
| 2006 | 1445.03 | 4744.68 | 30.46 | 2011 | 4017.94 | 17066.08 | 23.54 |
| 2007 | 1912.27 | 6915.94 | 27.65 | 2012 | 4750.90 | 20374.09 | 23.32 |

注：AMPS为中国广告、市场调研与民意测验服务的英文简称。

资料来源：UNCTAD创意经济数据库。

数据显示，在中国传媒类服务中，中国广告、市场调研与民意测验服务的重要程度在10年间总体上呈现出缓慢下降的趋势。在10年间，其占中国传媒类服务的比重起起伏伏，2003年其比重为28.13%，在此后的2年内不断提升，2005年增长为33.54%，但是之后的5年间，一直呈下降趋势，从2005年的33.54%逐年下降为2010年的22.03%，2011年和2012年，比重仅仅有小幅的提升。这说明在传媒类服务的结构中，广告、市场调研与民意测验服务的重要程度在下降，而其他的服务类型的地位在提升。

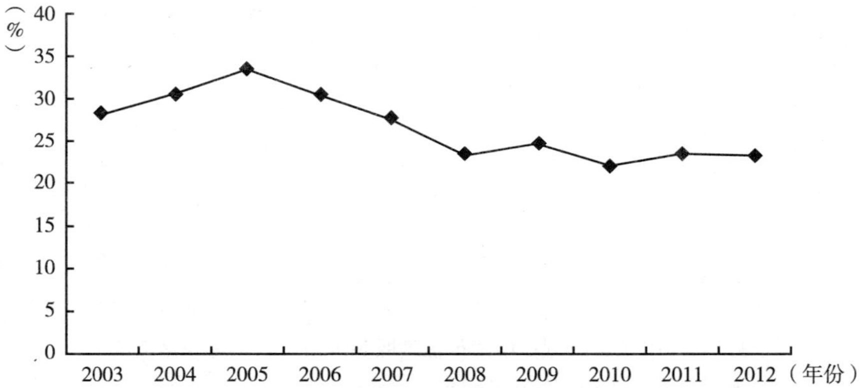


**图4　AMPS出口额占中国传媒类服务出口总额比重变化情况**

资料来源：UNCTAD创意经济数据库。

## 5. 进口比重

**表5　AMPS进口额占中国传媒类服务进口总额比重变化情况**

单位：百万美元

| 年份 | 中国AMPS进口额 | 中国传媒类服务进口总额 | 比重(%) |
|---|---|---|---|
| 2003 | 457.88 | 5111.36 | 8.96 |
| 2004 | 698.34 | 6623.52 | 10.54 |
| 2005 | 715.21 | 7810.35 | 9.16 |
| 2006 | 954.96 | 9449.37 | 10.11 |
| 2007 | 1336.92 | 11890.78 | 11.24 |
| 2008 | 1940.66 | 15679.91 | 12.38 |
| 2009 | 1953.36 | 16529.68 | 11.82 |
| 2010 | 2040.30 | 18416.00 | 11.08 |
| 2011 | 2773.28 | 21723.09 | 12.77 |
| 2012 | 2773.41 | 24930.06 | 11.12 |

资料来源：UNCTAD创意经济数据库。

与出口额占中国传媒类服务出口额比重变化不同的是，中国广告、市场调研与民意测验服务进口额占中国传媒类服务进口额的比重 10 年间总体变化不大，仅仅有小幅的上升，上升幅度并不明显。2003 年所占比重为 8.96%，此后 9 年间所占比重一直在 10% ~12% 区间徘徊，到 2012 年所占比重为 11.12%。

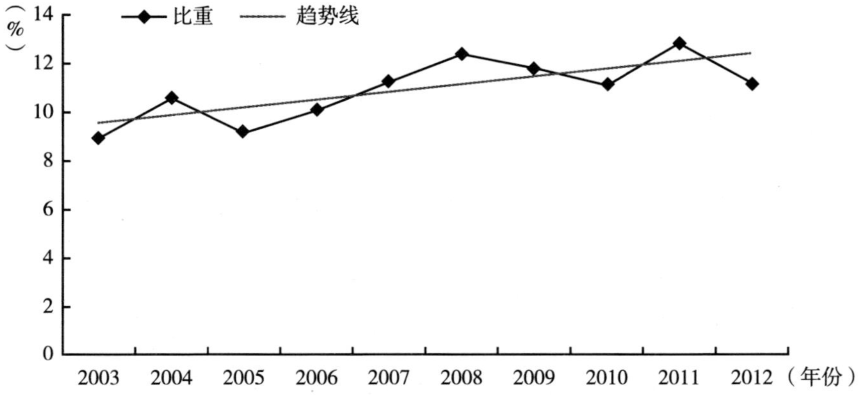


**图 5　AMPS 进口额占中国传媒类服务进口总额比重变化情况**

资料来源：UNCTAD 创意经济数据库。

## （二）竞争力评价

### 1. 中国广告、市场调研与民意测验服务的贸易竞争力指数

**表 6　中国广告、市场调研与民意测验服务 TCI 变动情况**

| 年份 | 2003 | 2004 | 2005 | 2006 | 2007 | 2008 | 2009 | 2010 | 2011 | 2012 |
|---|---|---|---|---|---|---|---|---|---|---|
| TCI | 0.03 | 0.10 | 0.20 | 0.20 | 0.18 | 0.06 | 0.08 | 0.17 | 0.18 | 0.26 |

资料来源：根据 UNCTAD 创意经济数据库的相关数据计算获得。

从中国广告、市场调研与民意测验服务 TCI 指数变动情况来看，TCI 一直表现为正值，说明其具备一定的国际竞争优势，但是 TCI 在 10 年间一直小于 0.3，说明其虽然具备了一定的国际竞争优势，但是优势并不明显。从 2003 年到 2012 年，中国广告、市场调研与民意测验服务 TCI 指数起伏较大，从 2003

年到2006年一直上升，从0.03增长为0.2，但是从2007年到2009年又连续下降3年，从0.2下降为0.08，从2010年起又逐步恢复，2012年为0.26。从TCI变动趋势来看，中国广告、市场调研与民意测验服务的国际竞争力10年间得到提升，呈上升趋势。

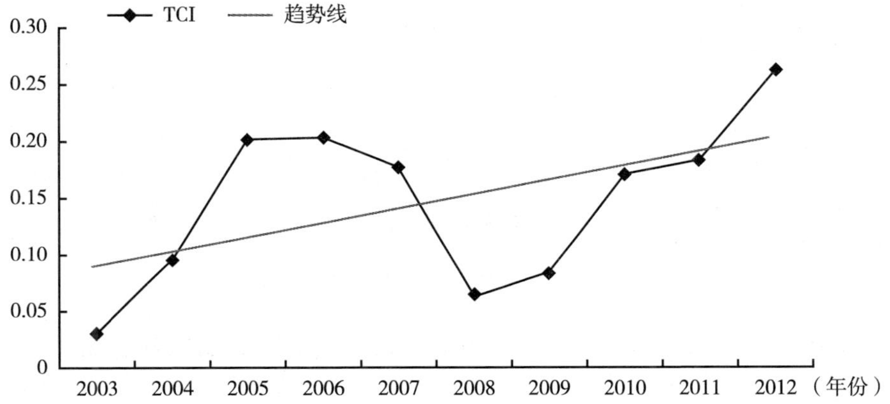


**图6　中国广告、市场调研与民意测验服务TCI变动情况**

资料来源：根据UNCTAD创意经济数据库数据计算获得。

## 2. 中国广告、市场调研与民意测验服务的显示性比较优势指数

**表7　中国广告、市场调研与民意测验服务RCA指数变动情况**

| 年份 | 2003 | 2004 | 2005 | 2006 | 2007 | 2008 | 2009 | 2010 | 2011 | 2012 |
|---|---|---|---|---|---|---|---|---|---|---|
| RCA指数 | 0.54 | 0.65 | 0.60 | 0.60 | 0.57 | 0.56 | 0.57 | 0.60 | 0.76 | NA |

资料来源：根据UNCTAD创意经济数据库的相关数据计算获得。

从中国广告、市场调研与民意测验服务RCA指数变动情况来看，RCA指数在10年间一直小于0.8，说明其仅具备了较弱的国际竞争优势。从2003年到2012年，中国广告、市场调研与民意测验服务RCA指数相对稳定，2003~2010年RCA指数一直在0.54~0.6区间波动，总体起伏不大，直到2011年才有较大的提升，增长为0.76。总体上从变动趋势来看，中国广告、市场调研与民意测验服务的国际竞争力显示性比较优势呈缓慢上升趋势。

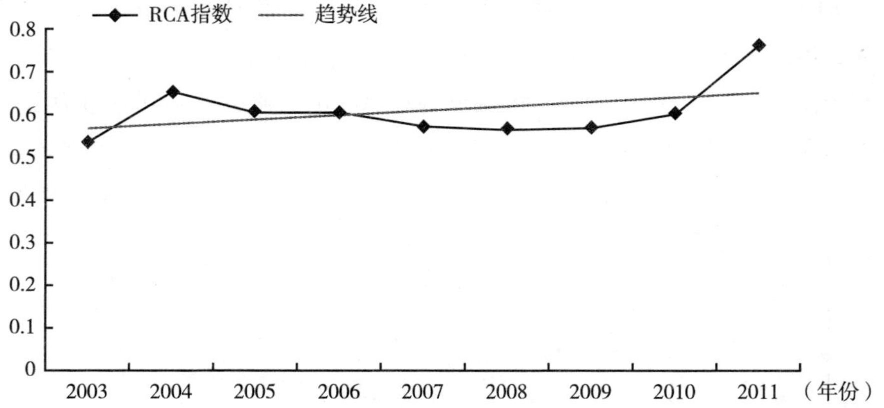


**图 7 中国广告、市场调研与民意测验服务 RCA 指数变动情况**

资料来源：根据 UNCTAD 创意经济数据库数据计算获得。

### 3. 中国广告、市场调研与民意测验服务的净出口显示性比较优势指数

**表 8 中国广告、市场调研与民意测验服务 NXRCA 指数变动**

| 年份 | 2003 | 2004 | 2005 | 2006 | 2007 | 2008 | 2009 | 2010 | 2011 | 2012 |
|---|---|---|---|---|---|---|---|---|---|---|
| NXRCA 指数 | 0.00 | 0.02 | 0.03 | 0.03 | 0.02 | -0.02 | 0.00 | 0.04 | 0.05 | 0.08 |

资料来源：根据 UNCTAD 创意经济数据库的相关数据计算获得。

从中国广告、市场调研与民意测验服务 NXRCA 指数变动情况来看，在 10

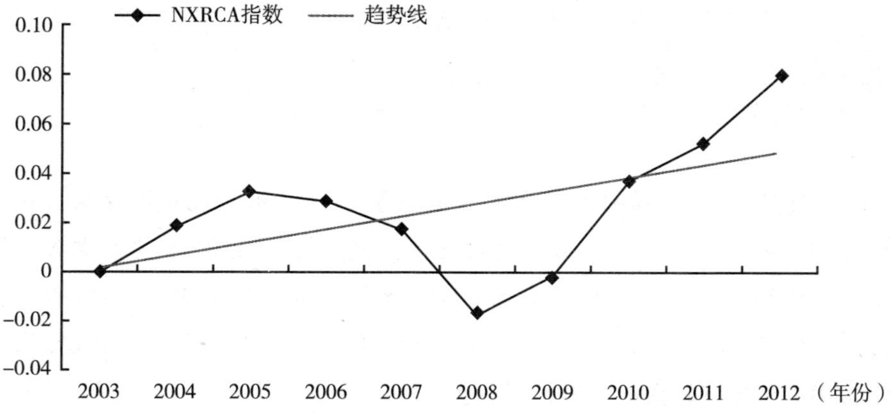


**图 8 中国广告、市场调研与民意测验服务 NXRCA 指数变动情况**

资料来源：根据 UNCTAD 创意经济数据库数据计算获得。

年间除了2008年为负值外，其他年份均等于或大于0，但均小于0.1，说明其仅具备较弱的国际竞争优势。从2003年到2012年，中国广告、市场调研与民意测验服务NXRCA指数相对稳定，除2008年外NXRCA指数一直在0.00~0.08区间波动，总体起伏不大。总体上从变动趋势来看，中国广告、市场调研与民意测验服务的国际竞争力显示性比较优势呈缓慢上升趋势。

### 4. 中国广告、市场调研与民意测验服务的Lafay指数

**表9　中国广告、市场调研与民意测验服务LFI变动**

| 年份 | 2003 | 2004 | 2005 | 2006 | 2007 | 2008 | 2009 | 2010 | 2011 | 2012 |
|---|---|---|---|---|---|---|---|---|---|---|
| LFI | 7.24 | 8.38 | 10.06 | 9.06 | 7.63 | 5.14 | 5.96 | 5.32 | 5.31 | 6.04 |

资料来源：根据UNCTAD创意经济数据库的相关数据计算获得。

从中国广告、市场调研与民意测验服务Lafay指数变动情况来看，在10年间一直大于0，说明其具备国际竞争优势。从2003年到2012年，中国广告、市场调研与民意测验服务LFI有一定的起伏，从2003到2005年，LFI从7.24上升至10.06，但是从2006年开始LFI逐年下降，到2011年下降到5.31，直到2012年才恢复至6.04。总体上从变动趋势来看，中国广告、市场调研与民意测验服务的国际竞争力专业化优势呈下降趋势，并且LFI相对远离0，主要以产业间贸易为主。

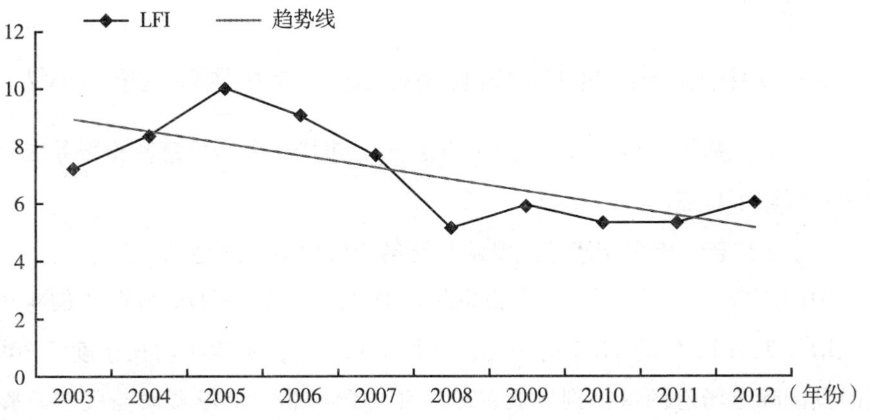


**图9　中国广告、市场调研与民意测验服务LFI变动情况**

资料来源：根据UNCTAD创意经济数据库数据计算获得。

5. 中国广告、市场调研与民意测验服务的多指标比较

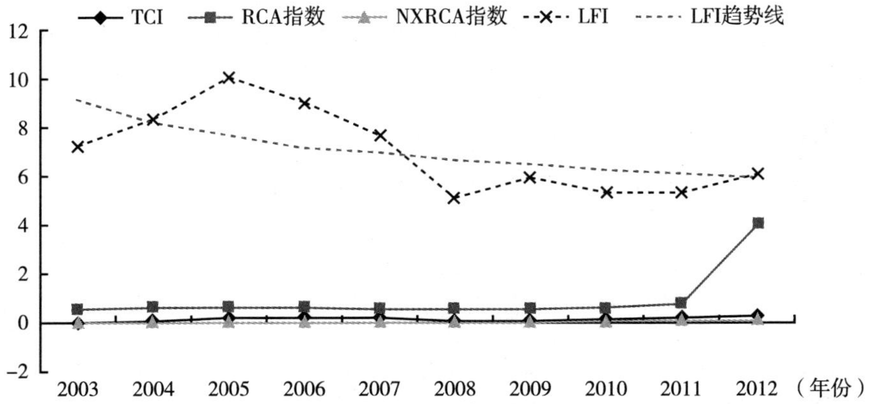


**图 10　中国广告、市场调研与民意测验服务多指标比较**

资料来源：根据 UNCTAD 创意经济数据库数据计算获得。

从各个多指标变动趋势比较来看，中国广告、市场调研与民意测验服务 TCI、RCA 指数和 NXRCA 指数的趋势比较一致，均表现为其国际竞争力发展相对稳定，只有非常微小的上升，而 LFI 趋势线表明该传媒类服务的专业化优势在下降。在综合考虑出口、进口以及与国际的比较之后，可以认为中国广告、市场调研与民意测验服务的总体国际竞争力在 10 年间变化不大，甚至其专业化能力有一定程度的下降。

## （三）中国广告、市场调研与民意测验服务的国际竞争力小结

根据以上数据分析，可以发现中国广告、市场调研与民意测验服务国际竞争力呈现以下特点。

1. 中国广告、市场调研与民意测验服务出口总量高速增长

中国广告、市场调研与民意测验服务出口额在 10 年间从 2003 年的 4.9 亿美元增长为 2012 年的 47.5 亿美元，增长了 8.7 倍，平均年增长速度达 30%，同时其国际市场份额也得到发展，2003 年中国广告、市场调研与民意测验服务的国际份额为 3.09%，但 2011 年国际份额已增长至 7.88%，其间市场份额增长近 1.5 倍。10 年间其进出口贸易顺差额更是获得了超高速的发展，2003

年贸易顺差额仅为 2838 万美元，2012 年贸易顺差额增长为 19.8 亿美元，10 年间贸易顺差额增长了 69 倍。

2. 中国广告、市场调研与民意测验服务国际竞争优势较弱

综合 TCI、RCA 指数、NXRCA 指数和 LFI 各项指数，可以发现中国广告、市场调研与民意测验服务虽然并没有处于竞争劣势地位，但是其优势较为微弱，TCI 在 10 年间一直小于 0.3，RCA 指数在 10 年间一直小于 0.8，NXRCA 指数在 10 年间均小于 0.1。

3. 中国广告、市场调研与民意测验服务国际竞争力变化不大

综合 TCI、RCA 指数、NXRCA 指数和 LFI 各项指数的变化趋势，可以发现中国广告、市场调研与民意测验服务微弱的国际竞争优势在 10 年间总体变化不大，甚至 LFI 显示其专业竞争能力有一定程度的下降，10 年间中国广告、市场调研与民意测验服务主要以产业间贸易为主。

## 二 个人文化和休闲服务的国际竞争力评价

个人文化和休闲服务含视听及相关服务、其他个人文化和休闲服务，但由于其他个人文化和休闲服务统计数据缺失，本部分的个人文化和休闲服务数据实际上就是视听及相关服务。

### （一）总体态势

1. 出口规模

**表 10 中国个人文化和休闲服务出口规模年度变化情况**

单位：百万美元

| 年份 | 中国 PCRS 出口总额 | 年增速(%) |
|---|---|---|
| 2003 | 33.44 | |
| 2004 | 40.99 | 22.58 |
| 2005 | 133.86 | 226.54 |
| 2006 | 137.43 | 2.67 |
| 2007 | 316.29 | 130.14 |
| 2008 | 417.94 | 32.14 |

续表

| 年份 | 中国 PCRS 出口总额 | 年增速(%) |
| --- | --- | --- |
| 2009 | 97.26 | -76.73 |
| 2010 | 122.92 | 26.37 |
| 2011 | 122.78 | -0.11 |
| 2012 | 125.58 | 2.28 |

注：个人文化和休闲服务（Personal, Cultural and Recreational Services）以下均用 PCRS 代表。
资料来源：UNCTAD 创意经济数据库、UN Comtrade。

从表 10 来看，中国个人文化和休闲服务出口额在 10 年间从 2003 年的 3344 万美元增长为 2012 年的 1.25 亿美元，增长 2.7 倍，平均年增长速度达 40%。但在 10 年间其增长速度起伏较大，在 2005 年，年增长速度达 226.54%，一年间中国跨入个人文化和休闲服务出口亿美元的国家行列，然而 2006 年增长速度仅为 2.67%。而 2007 年增长速度又达到 130.14%，第二年又如同“过山车”般下降至 32.14%，2009 年出口总额下降为 9726 万美元，下降了 76.73%。总体上中国个人文化和休闲服务获得了一定程度的增长，出口额起伏较大，反映国际市场的变化与中国服务竞争力的波动。

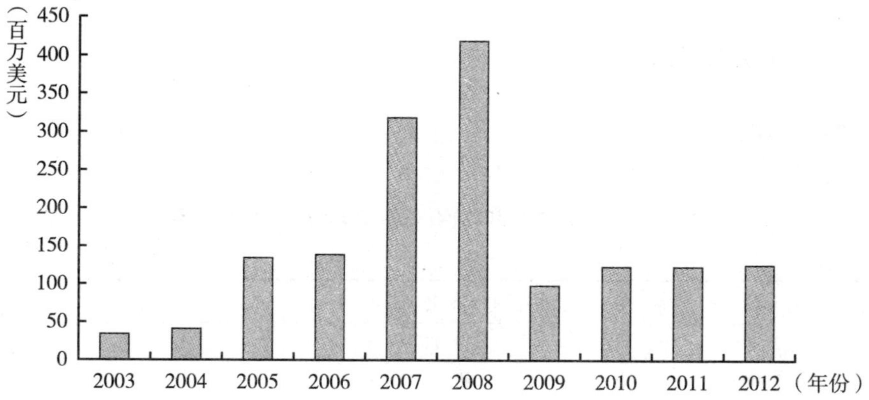


**图 11　中国个人文化和休闲服务国际出口规模增长情况**

资料来源：UNCTAD 创意经济数据库、UN Comtrade。

## 2. 国际市场份额

表 11　中国个人文化和休闲服务国际市场份额变化情况

单位：百万美元

| 年份 | 中国 PCRS 出口总额 | 世界 PCRS 出口总额 | 国际市场份额(%) |
|---|---|---|---|
| 2003 | 33.44 | 17776.35 | 0.19 |
| 2004 | 40.99 | 22600.32 | 0.18 |
| 2005 | 133.86 | 23038.18 | 0.58 |
| 2006 | 137.43 | 23332.89 | 0.59 |
| 2007 | 316.29 | 26335.14 | 1.20 |
| 2008 | 417.94 | 28943.61 | 1.44 |
| 2009 | 97.26 | 27507.22 | 0.35 |
| 2010 | 122.92 | 31136.08 | 0.39 |
| 2011 | 122.78 | 35335.52 | 0.35 |
| 2012 | 125.58 | 31349.04 | 0.40 |

资料来源：UNCTAD 创意经济数据库、UN Comtrade。

从中国个人文化和休闲服务的国际市场份额来看，其市场份额微乎其微，10 年间仅仅在 2007 年和 2008 年超过 1%，其他年份其国际市场份额均未达到 1%，甚至大部分年度低于 0.4%。从其 10 年的变化趋势来看，国际市场份额变化不大，只表现出非常微小的提升趋势。这在一定程度上说明中国个人文化和休闲服务的国际竞争力较弱，并且 10 年间变化不大。

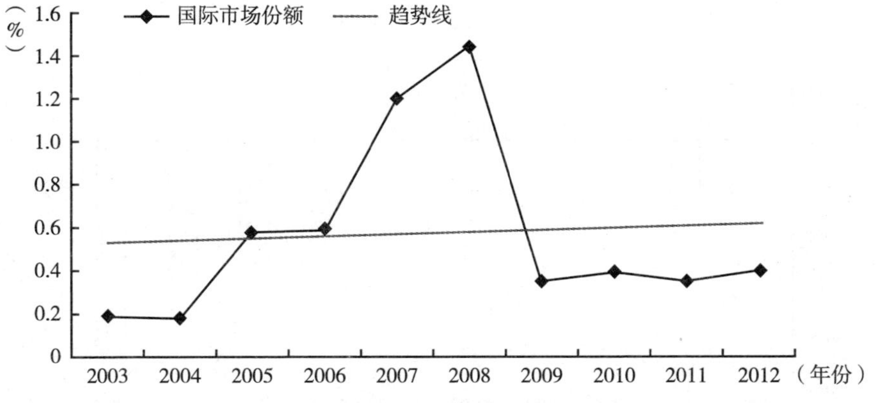


图 12　中国个人文化和休闲服务国际市场份额变化情况

资料来源：UNCTAD 创意经济数据库。

## 3. 贸易差额

表 12　中国个人文化和休闲服务贸易差额变化情况

单位：百万美元

| 年份 | 中国 PCRS 出口总额 | 中国 PCRS 进口总额 | 贸易差额 |
|---|---|---|---|
| 2003 | 33.44 | 69.54 | -36.09 |
| 2004 | 40.99 | 175.83 | -134.84 |
| 2005 | 133.86 | 153.95 | -20.10 |
| 2006 | 137.43 | 121.48 | 15.95 |
| 2007 | 316.29 | 153.72 | 162.57 |
| 2008 | 417.94 | 254.62 | 163.32 |
| 2009 | 97.26 | 278.45 | -181.18 |
| 2010 | 122.92 | 370.82 | -247.91 |
| 2011 | 122.78 | 399.56 | -276.79 |
| 2012 | 125.58 | 564.49 | -438.91 |

资料来源：UNCTAD 创意经济数据库。

中国个人文化和休闲服务的国际贸易在 10 年间的大部分年份均处于贸易逆差状态，只在 2006～2008 年三年间为正值，并且贸易逆差还在不断地增加，2003 年贸易逆差额为 3609 万美元，而到了 2012 年贸易逆差额增长为 4.3 亿美元。贸易逆差额的变化类似于中国个人文化和休闲服务的大起大落，起伏变化较大。贸易逆差高速增长的数据一定程度上说明中国个人文化和休闲服务在国际市场竞争中处于相对劣势的地位。

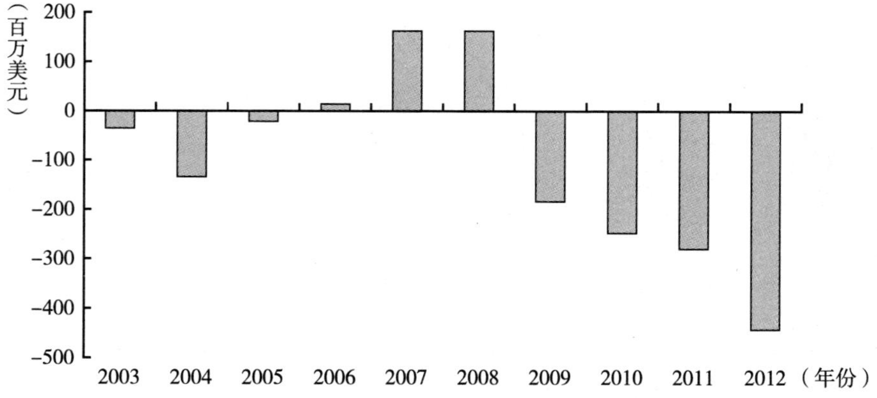


图 13　中国个人文化和休闲服务进出口差额变化情况

资料来源：UNCTAD 创意经济数据库。

### 4. 出口比重

**表 13　中国个人文化和休闲服务出口额占传媒类服务出口总额比重变化情况**

单位：百万美元

| 年份 | 中国 PCRS 出口额 | 中国传媒类服务出口总额 | 比重(%) |
|---|---|---|---|
| 2003 | 33.44 | 1728.86 | 1.93 |
| 2004 | 40.99 | 2763.13 | 1.48 |
| 2005 | 133.86 | 3207.17 | 4.17 |
| 2006 | 137.43 | 4744.68 | 2.90 |
| 2007 | 316.29 | 6915.94 | 4.57 |
| 2008 | 417.94 | 9442.86 | 4.43 |
| 2009 | 97.26 | 9350.98 | 1.04 |
| 2010 | 122.92 | 13094.99 | 0.94 |
| 2011 | 122.78 | 17066.08 | 0.72 |
| 2012 | 125.58 | 20374.09 | 0.62 |

资料来源：UNCTAD 创意经济数据库。

数据显示，在中国传媒类服务中，中国个人文化和休闲服务的重要程度在 10 年间总体上呈现出缓慢下降的趋势。在 10 年间，其出口额占中国传媒类服务出口额的比重起起伏伏，2003 年和 2004 年分别仅为 1.93% 和 1.48%，而到 2005 年增长为 4.17%，2006 年下降为 2.9%，但是 2007 年和 2008 年分别又增长为 4.57% 和 4.43%。但是在之后的 4 年内，比重逐年下降，2012 年的比重仅为 0.62%。这说明在传媒类服务的结构中，与中国广告、市场调研与民意测验服务类似，中国个人文化和休闲服务的重要程度同样在下降，而其他的服务类型的地位在提升。

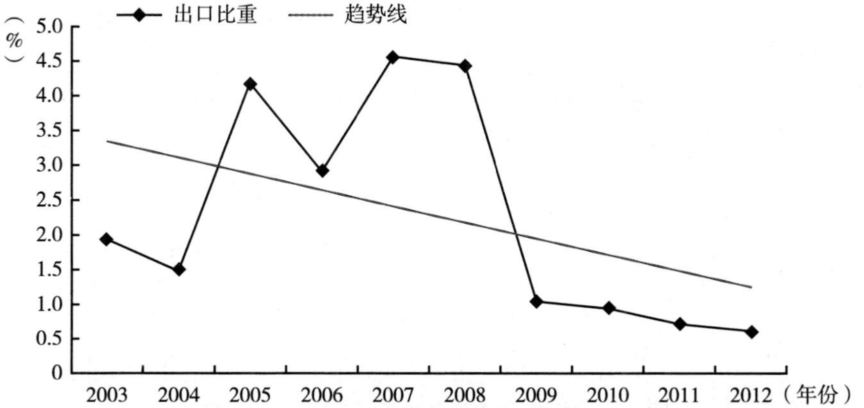


**图 14　中国个人文化和休闲服务出口额占传媒类服务出口总额比重变化情况**

资料来源：UNCTAD 创意经济数据库。

## （二）竞争力评价

### 1. 中国个人文化和休闲服务的贸易竞争力指数

**表 14 中国个人文化和休闲服务 TCI 变动情况**

| 年份 | 2003 | 2004 | 2005 | 2006 | 2007 | 2008 | 2009 | 2010 | 2011 | 2012 |
|---|---|---|---|---|---|---|---|---|---|---|
| TCI | -0.35 | -0.62 | -0.07 | 0.06 | 0.35 | 0.24 | -0.48 | -0.50 | -0.53 | -0.64 |

资料来源：根据 UNCTAD 创意经济数据库的相关数据计算获得。

与中国广告、市场调研与民意测验服务 TCI 变动情况相反，中国个人文化和休闲服务 TCI 起伏较大，2003 年、2004 年和 2005 年 TCI 均小于 0，2006 ~ 2008 年 TCI 大于 0，而从 2009 年开始 TCI 就一直小于 0。在 10 年间共有 7 年 TCI 小于 0，说明中国个人文化和休闲服务在大部分的年份处于竞争弱势，仅在 2007 ~ 2009 年具有竞争优势。2003 年 TCI 为 -0.35，表现为并不明显的竞争劣势，2004 年 TCI 下降为 -0.62，竞争劣势表现较为明显，而到 2005 年竞争力接近中性。而 2007 ~ 2012 年，可以看出中国个人文化和休闲服务逐渐丧失竞争优势，竞争劣势加剧，从 2009 年并不明显的竞争劣势变为了 2012 年较为明显的竞争劣势。总体上从 TCI 变动趋势来看，中国个人文化和休闲服务的国际竞争力 10 年间处于竞争劣势，呈不断恶化的趋势。

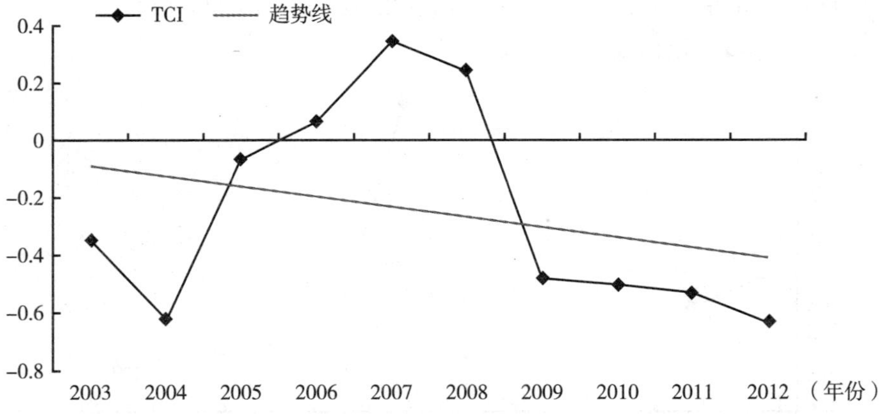


**图 15 中国个人文化和休闲服务 TCI 变动情况**

资料来源：根据 UNCTAD 创意经济数据库数据计算获得。

### 2. 中国个人文化和休闲服务的显示性比较优势指数

表 15　中国个人文化和休闲服务 RCA 指数变动情况

| 年份 | 2003 | 2004 | 2005 | 2006 | 2007 | 2008 | 2009 | 2010 | 2011 | 2012 |
|---|---|---|---|---|---|---|---|---|---|---|
| RCA 指数 | 0. 03 | 0. 03 | 0. 08 | 0. 07 | 0. 14 | 0. 16 | 0. 04 | 0. 04 | 0. 03 | 0. 04 |

资料来源：根据 UNCTAD 创意经济数据库的相关数据计算获得。

从中国个人文化和休闲服务 RCA 指数变动情况来看，其 RCA 指数在 10 年间一直小于 0. 8，说明其仅具备了较弱的国际竞争优势。从 2003 年到 2012 年，中国个人文化和休闲服务 RCA 指数同样具有较大的起伏，2003 ~ 2008 年 RCA 指数不断上升，2008 年达 0. 16，但是 2009 年直接下降为 0. 04。总体上从变动趋势来看，中国个人文化和休闲服务的国际竞争力显示性比较优势非常微弱，并呈现出不断下降的趋势。

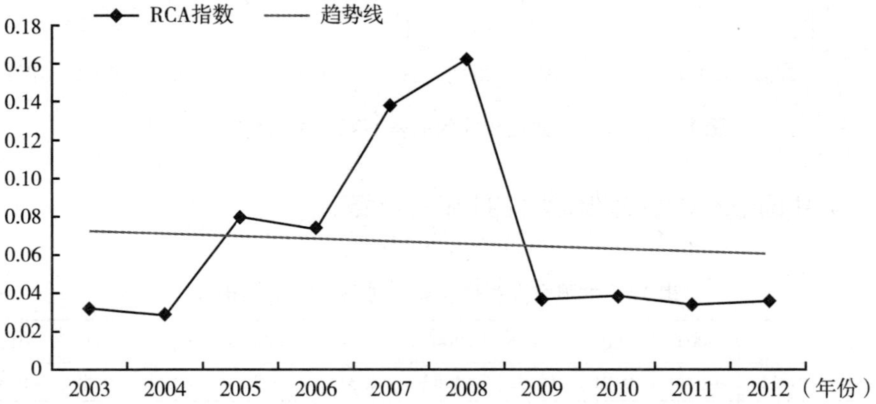


图 16　中国个人文化和休闲服务 RCA 指数变动情况

### 3. 中国个人文化和休闲服务的净出口显示性比较优势指数

表 16　中国个人文化和休闲服务 NXRCA 指数变动情况

| 年份 | 2003 | 2004 | 2005 | 2006 | 2007 | 2008 | 2009 | 2010 | 2011 | 2012 |
|---|---|---|---|---|---|---|---|---|---|---|
| NXRCA 指数 | -0. 01 | -0. 02 | -0. 01 | 0. 00 | 0. 01 | 0. 01 | -0. 02 | -0. 02 | -0. 02 | -0. 02 |

资料来源：根据 UNCTAD 创意经济数据库的相关数据计算获得。

从中国个人文化和休闲服务 NXRCA 指数变动情况来看，2006～2008 年贸易相对平衡，然而10 年间除了这3 年为正值外，其他年份均小于0，说明其具有较弱的国际竞争劣势。从 2003 年到 2012 年，中国个人文化和休闲服务 NXRCA 指数相对稳定，2003～2010 年 NXRCA 指数一直在 -0.01～0.01 区间波动，总体起伏相对较小。总体上从变动趋势来看，中国个人文化和休闲服务的国际竞争力处于竞争劣势状态，并总体呈下降趋势。

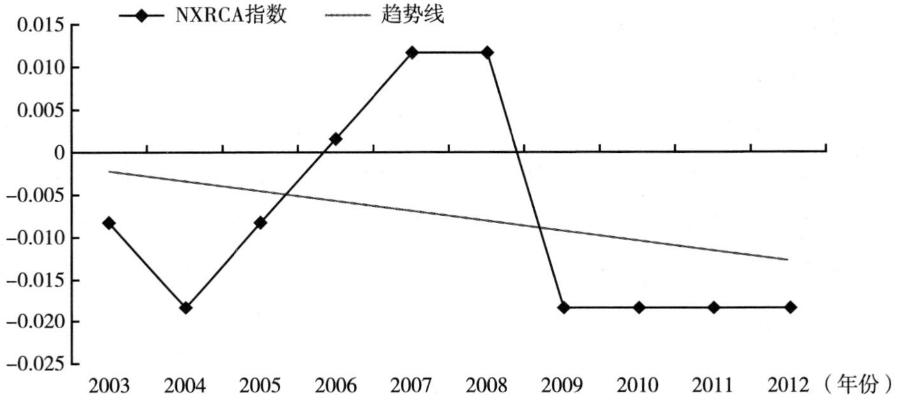


**图 17　中国个人文化和休闲服务 NXRCA 指数变动情况**

### 4. 中国个人文化和休闲服务的 Lafay 指数

**表 17　中国个人文化和休闲服务 LFI 变动情况**

| 年份 | 2003 | 2004 | 2005 | 2006 | 2007 | 2008 | 2009 | 2010 | 2011 | 2012 |
|---|---|---|---|---|---|---|---|---|---|---|
| LFI | 0.22 | -0.49 | 0.91 | 0.72 | 1.53 | 1.31 | -0.30 | -0.52 | -0.55 | -0.82 |

资料来源：根据 UNCTAD 创意经济数据库的相关数据计算获得。

从中国个人文化和休闲服务 Lafay 指数变动情况来看，在 2008 年以前 LFI 绝大部分时间大于 0，而 2009～2012 年 LFI 均小于 0，说明在 10 年间中国个人文化和休闲服务的专业化优势在逐步丧失，越来越依赖进口，同时其数值较小，说明总体上中国个人文化和休闲服务的专业化程度较低。在 10 年间 LFI 相对比较接近于 0，说明中国个人文化和休闲服务的产业内贸易程度较高，其主要以产业内贸易为主，而产业间贸易相对较少。总体上从变动趋势来看，中国个人文化和休闲服务的国际竞争力专业化优势呈下降趋势。

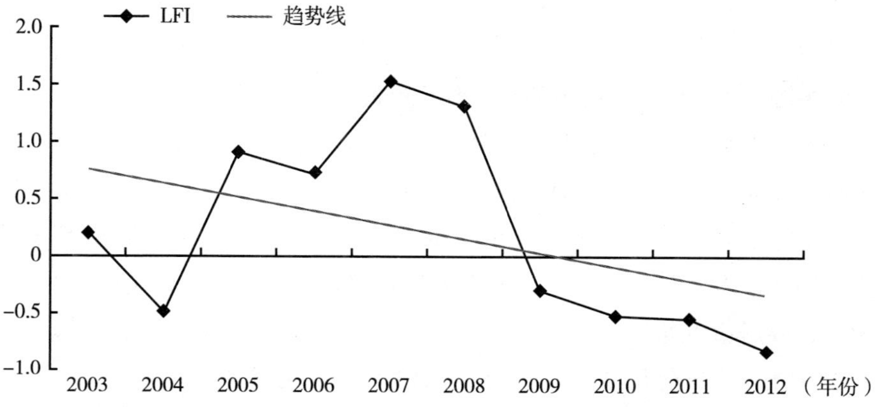


**图 18　中国个人文化和休闲服务 LFI 变动情况**

## 5. 中国个人文化和休闲服务的多指标比较

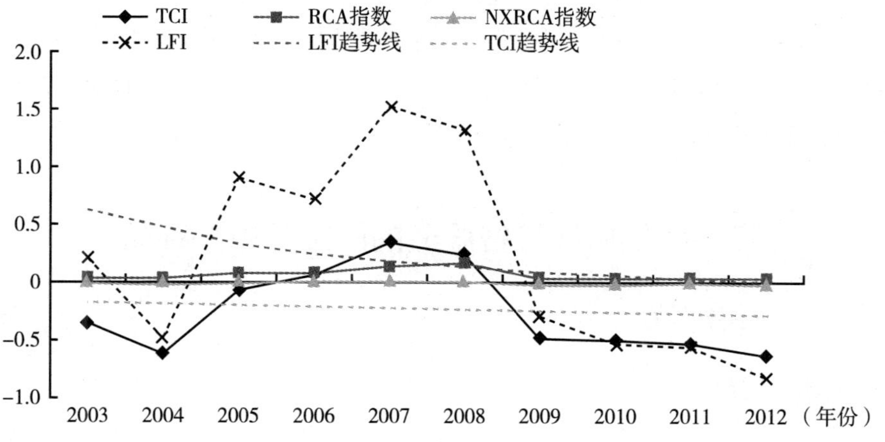


**图 19　中国个人文化和休闲服务多指标比较**

从各个多指标变动趋势比较来看，中国个人文化和休闲服务 TCI、RCA 指数和 NXRCA 指数的趋势比较一致，均表现为其国际竞争力具有较弱的竞争劣势，并且其竞争劣势还在加剧，越来越多地依赖进口，同时专业化竞争能力在不断下降，中国个人文化和休闲服务国际贸易主要以产业内贸易为主。

### （三）中国个人文化和休闲服务小结

根据以上数据分析，可以发现中国个人文化和休闲服务国际竞争力呈现出以下特点。

#### 1. 中国个人文化和休闲服务出口波动较大

中国个人文化和休闲服务出口额在10年间其增长速度起伏较大，最高年度增速达226.54%，而下降速度最高达76.73%。其进出口差额也类似，2003年贸易逆差额为3609万美元，而到了2012年贸易逆差额增长为4.3亿美元。由于中国其他类型的个人文化和休闲服务数据缺失，本部分的数据主要指视听类服务，数据总体说明中国视听类服务出口极不稳定，国际竞争力变化较大。

#### 2. 中国个人文化和休闲服务国际竞争力处于劣势并持续下降

综合TCI、RCA指数、NXRCA指数和LFI各项指数，可以发现中国个人文化和休闲服务10年来大部分时间均处于竞争劣势地位，其竞争劣势并不明显。并且从变化的趋势来看，中国个人文化和休闲服务的国际竞争力还在下降。

#### 3. 中国个人文化和休闲服务国际贸易以产业内贸易为主

与中国广告、市场调研与民意测验服务不同的是，根据LFI数据，在10年间中国个人文化和休闲服务LFI相对比较接近于0，说明中国个人文化和休闲服务的产业内贸易程度较高，其主要以产业内贸易为主，而产业间贸易相对较少。

## 三　版税和许可费服务的国际竞争力评价

### （一）总体态势

#### 1. 出口规模

**表18　中国版税和许可费服务出口规模年度变化情况**

单位：百万美元

| 年份 | 中国RLFS出口总额 | 年增速(%) |
|---|---|---|
| 2003 | 106.98 | |
| 2004 | 236.36 | 120.94 |
| 2005 | 157.40 | -33.41 |
| 2006 | 204.50 | 29.92 |

续表

| 年份 | 中国 RLFS 出口总额 | 年增速(%) |
|---|---|---|
| 2007 | 342.63 | 67.54 |
| 2008 | 570.54 | 66.51 |
| 2009 | 429.45 | -24.73 |
| 2010 | 830.48 | 93.38 |
| 2011 | 743.30 | -10.50 |
| 2012 | 1044.10 | 40.47 |

注：版税和许可费服务（Royalties and Licence Fees Service）以下均用 RLFS 代表。
资料来源：UNCTAD 创意经济数据库。

从表 18 来看，中国版税和许可费服务出口额在 10 年间高速发展，从 2003 年的 1 亿美元增长为 2012 年的 10.4 亿美元，增长 9.4 倍，平均年增长速度达 38%。10 年间增长速度起起伏伏，2004 年增长速度高达 120.94%，2005 年增速则变为 -33.41%，2008 年增速为 66.51%，2009 年则增速为 -24.73%，2010 年增速高达 93.38%，2011 年增速却又下降为 -10.5%。虽然出口额如同“过山车”般上下波动，但是总体上呈现出上升的趋势。一定程度上反映了中国版税和许可费服务国际竞争力的提升。

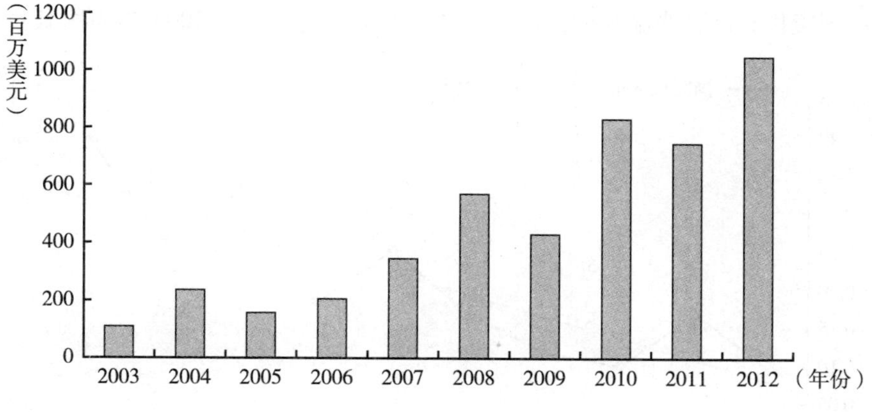


**图 20　中国版税和许可费服务出口规模增长情况**

资料来源：UNCTAD 创意经济数据库、UN Comtrade。

## 2. 国际市场份额

**表 19　中国版税和许可费服务国际市场份额变化情况**

单位：百万美元

| 年份 | 中国 RLFS 出口总额 | 世界 RLFS 出口总额 | 国际市场份额(%) |
|---|---|---|---|
| 2003 | 106.98 | 114409.7 | 0.094 |
| 2004 | 236.36 | 141223.8 | 0.167 |
| 2005 | 157.40 | 159241 | 0.099 |
| 2006 | 204.50 | 173370.2 | 0.118 |
| 2007 | 342.63 | 204367 | 0.168 |
| 2008 | 570.54 | 230060.5 | 0.248 |
| 2009 | 429.45 | 235930.9 | 0.182 |
| 2010 | 830.48 | 254131.5 | 0.327 |
| 2011 | 743.30 | 288888.1 | 0.257 |
| 2012 | 1044.10 | 268002.9 | 0.390 |

资料来源：UNCTAD 创意经济数据库、UN Comtrade。

尽管中国版税和许可费服务在 10 年间高速发展，但是从 2003 年到 2012 年中国版税和许可费服务的国际市场份额依然微不足道。2003 年中国版税和

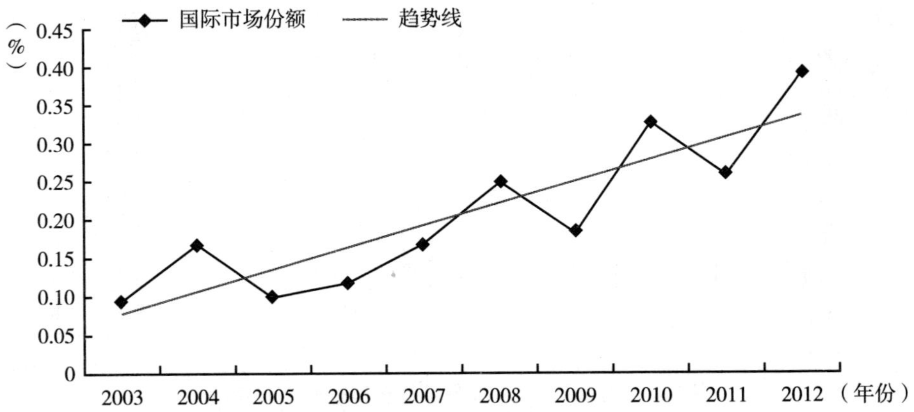


**图 21　中国版税和许可费服务国际市场份额变化情况**

资料来源：UNCTAD 创意经济数据库。

许可费服务的国际份额仅为0.094%，不足0.1%，经过10年的发展，其国际市场份额依然仅有0.39%，在此过程中，看似国际份额增长了3倍，然而其份额与我国经济地位相比，与其他传媒类服务相比，显得太过落后。尤其版税和许可费服务是传媒产业的核心服务类型，其对整个传媒产业发展具有引领作用，甚至可以说版税和许可费服务的竞争力决定了传媒产业整体的竞争力。从图20来看，中国版税和许可费服务的国际市场份额虽然在不断增长，但是其份额依然很小，一定程度上说明中国版税和许可费服务的国际竞争力较弱。

### 3. 贸易差额

**表20　中国版税和许可费服务贸易差额变化情况**

单位：百万美元

| 年份 | 中国RLFS出口总额 | 中国RLFS进口总额 | 贸易差额 | 年份 | 中国RLFS出口总额 | 中国RLFS进口总额 | 贸易差额 |
|---|---|---|---|---|---|---|---|
| 2003 | 106.98 | 3548.13 | -3441.15 | 2008 | 570.54 | 10319.5 | -9748.96 |
| 2004 | 236.36 | 4496.6 | -4260.24 | 2009 | 429.45 | 11065.3 | -10635.85 |
| 2005 | 157.40 | 5321.25 | -5163.85 | 2010 | 830.48 | 13039.5 | -12209.02 |
| 2006 | 204.50 | 6634.08 | -6429.58 | 2011 | 743.30 | 14706.11 | -13962.81 |
| 2007 | 342.63 | 8192.07 | -7849.44 | 2012 | 1044.10 | 17748.98 | -16704.88 |

资料来源：UNCTAD创意经济数据库。

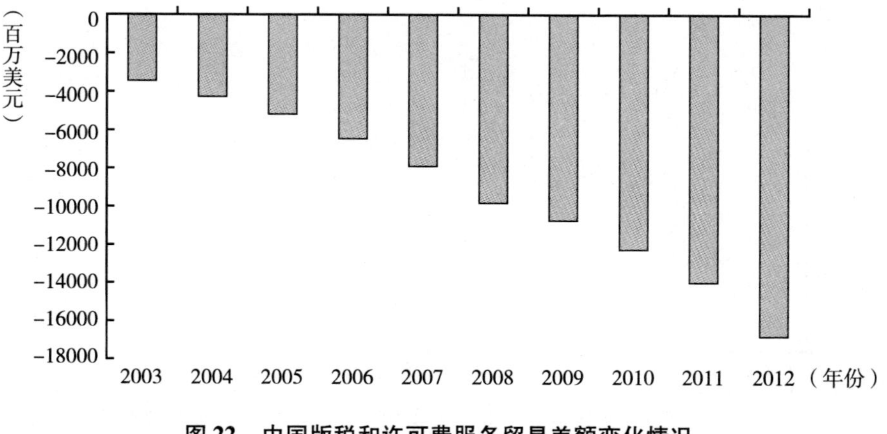


**图22　中国版税和许可费服务贸易差额变化情况**

资料来源：UNCTAD创意经济数据库。

中国版税和许可费服务的国际贸易自2003年以来一直处于贸易逆差状态，并且其贸易逆差额还在不断加大。2003年贸易逆差额为34.41亿美元，到2006年就变为64.29亿美元，4年间贸易逆差就扩大了近1倍，而到2012年贸易逆差额直线上升为167亿美元，10年间贸易逆差扩大了近4倍，年增长速度非常快，每年逆差增速均在2位数以上。贸易逆差高速增长的数据一定程度上说明中国版税和许可费服务国际竞争力的弱化，而国外版税和许可费服务在中国大陆的竞争力不断提高。

### 4. 出口比重

**表21　RLFS出口额占中国传媒类服务出口总额比重变化情况**

单位：百万美元

| 年份 | 中国RLFS出口额 | 中国传媒类服务出口总额 | 比重（%） | 年份 | 中国RLFS出口额 | 中国传媒类服务出口总额 | 比重（%） |
|---|---|---|---|---|---|---|---|
| 2003 | 106.98 | 1728.86 | 6.19 | 2008 | 570.54 | 9442.86 | 6.04 |
| 2004 | 236.36 | 2763.13 | 8.55 | 2009 | 429.45 | 9350.98 | 4.59 |
| 2005 | 157.40 | 3207.17 | 4.91 | 2010 | 830.48 | 13094.99 | 6.34 |
| 2006 | 204.50 | 4744.68 | 4.31 | 2011 | 743.30 | 17066.08 | 4.36 |
| 2007 | 342.63 | 6915.94 | 4.95 | 2012 | 1044.10 | 20374.09 | 5.12 |

资料来源：UNCTAD创意经济数据库。

数据显示，在中国传媒类服务中，中国版税和许可费服务的重要程度在10年间总体上呈现出缓慢下降的趋势。在10年间，其出口额占中国传媒类服务

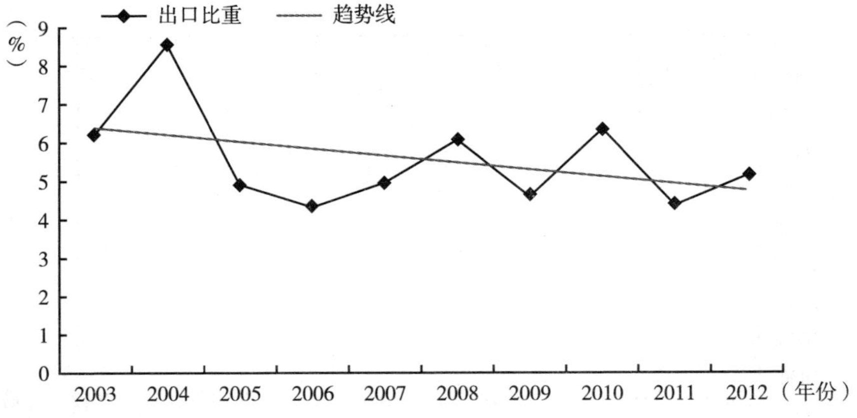


**图23　RLFS出口额占中国传媒类服务出口总额比重变化情况**

资料来源：UNCTAD创意经济数据库。

务出口额的比重有一定的起伏波动，2003 年其比重为 6.19%，2004 年迅速提高至 8.55%，但在 2005～2007 年比重一直在 4% 左右。到 2008 年比重又增加至 6.04%，但是 2009 年又下降为 4.59%，此后 2 年重复同样的起伏，到 2012 年小幅提升为 5.12%。总之，在传媒类服务的出口结构中，中国版税和许可费服务的重要程度并不高，并且其重要程度还在缓慢下降。

### 5. 进口比重

**表 22　RLFS 进口额占中国传媒类服务进口总额比重变化情况**

单位：百万美元

| 年份 | 中国 RLFS 进口额 | 中国传媒类服务进口总额 | 比重（%） | 年份 | 中国 RLFS 进口额 | 中国传媒类服务进口总额 | 比重（%） |
|---|---|---|---|---|---|---|---|
| 2003 | 3548.13 | 5111.36 | 69.42 | 2008 | 10319.5 | 15679.91 | 65.81 |
| 2004 | 4496.6 | 6623.52 | 67.89 | 2009 | 11065.3 | 16529.68 | 66.94 |
| 2005 | 5321.25 | 7810.35 | 68.13 | 2010 | 13039.5 | 18416.00 | 70.81 |
| 2006 | 6634.08 | 9449.37 | 70.21 | 2011 | 14706.11 | 21723.09 | 67.70 |
| 2007 | 8192.07 | 11890.78 | 68.89 | 2012 | 17748.98 | 24930.06 | 71.20 |

资料来源：UNCTAD 创意经济数据库。

与中国版税和许可费服务出口额占中国传媒类服务出口额比重恰恰相反的是，其在传媒类服务进口中的重要程度在 10 年间总体上呈现出缓慢上升的趋势。同时中国版税和许可费服务占传媒类服务进口的比重非常高，10 年间其比重均超过 2/3，2012 年的比重甚至达到了 71.2%，说明中国传媒类服务进口

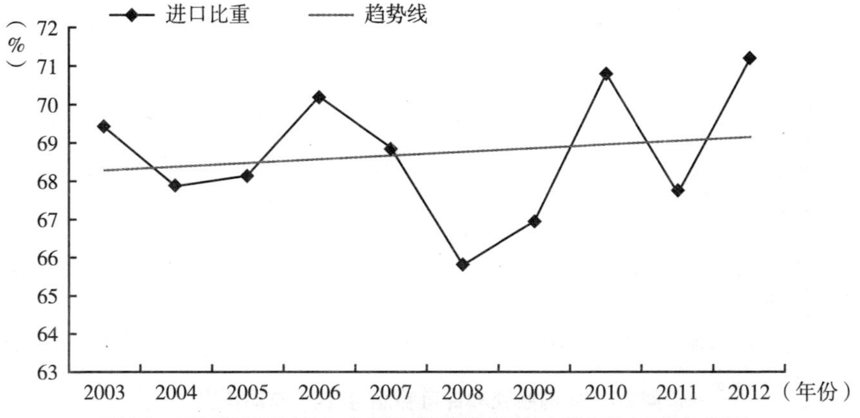


**图 24　RLFS 进口额占中国传媒类服务进口总额比重变化情况**

资料来源：UNCTAD 创意经济数据库。

中的最重要服务类型就是版税和许可费服务。在10年间，其占中国传媒类服务的比重有一定的起伏波动，波动幅度并不大，其比重主要在65%～72%区间徘徊。总之在传媒类服务的进口结构中，中国版税和许可费服务的重要程度最高，并且其重要性还在缓慢地上升。

## （二）竞争力评价

### 1. 中国版税和许可费服务的贸易竞争力指数

**表23　中国版税和许可费服务TCI变动情况**

| 年份 | 2003 | 2004 | 2005 | 2006 | 2007 | 2008 | 2009 | 2010 | 2011 | 2012 |
|---|---|---|---|---|---|---|---|---|---|---|
| TCI | -0.94 | -0.90 | -0.94 | -0.94 | -0.92 | -0.90 | -0.93 | -0.88 | -0.90 | -0.89 |

资料来源：根据UNCTAD创意经济数据库的相关数据计算获得。

从中国版税和许可费服务TCI变动情况来看，其一直表现为负值，说明其基本不具备国际竞争优势，处于竞争劣势地位。但是TCI在10年间一直小于-0.8，说明中国版税和许可费服务具有非常明显的国际竞争劣势。从2003年到2012年，中国版税和许可费服务TCI有一定的起伏波动，但是波动幅度并不大，从2003年到2012年一直不断地起伏上升，从-0.94增长为-

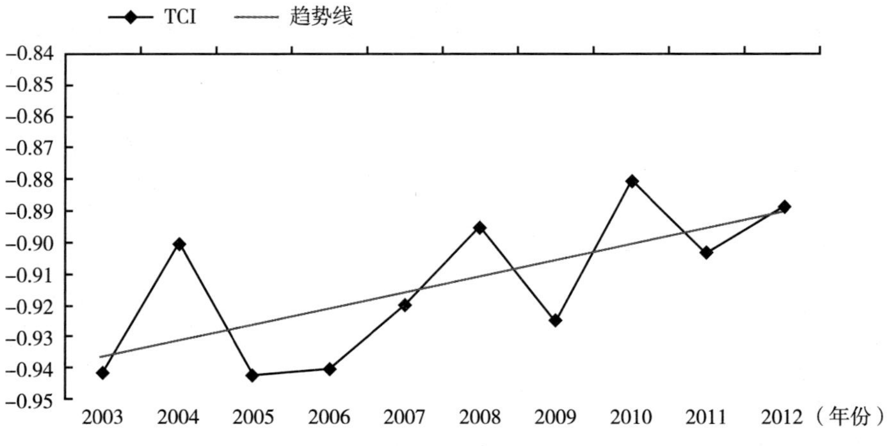


**图25　中国版税和许可费服务TCI变动情况**

资料来源：根据UNCTAD创意经济数据库数据计算获得。

0.89，10 年间 TCI 主要在 -0.94 ~ -0.88 区间波动。总体上从 TCI 变动趋势来看，中国版税和许可费服务的国际竞争力非常弱，其国际竞争劣势非常明显，但 10 年间呈缓慢上升趋势。

## 2. 中国版税和许可费服务的显示性比较优势指数

**表 24　中国版税和许可费服务 RCA 指数变动情况**

| 年份 | 2003 | 2004 | 2005 | 2006 | 2007 | 2008 | 2009 | 2010 | 2011 | 2012 |
|---|---|---|---|---|---|---|---|---|---|---|
| RCA 指数 | 0.02 | 0.03 | 0.01 | 0.01 | 0.02 | 0.03 | 0.02 | 0.03 | 0.02 | 0.03 |

资料来源：根据 UNCTAD 创意经济数据库的相关数据计算获得。

从中国版税和许可费服务 RCA 指数变动情况来看，其 RCA 指数在 10 年间一直小于 0.1，非常接近于 0，说明其仅具备非常弱的显示性比较优势。从 2003 年到 2012 年，中国版税和许可费服务 RCA 指数相对稳定，2003 ~ 2010 年 RCA 指数一直在 0.01 ~ 0.03 区间波动，总体起伏不大，可以认为中国版税和许可费服务在 2003 ~ 2012 年基本没有显示性比较优势，处于完全的国际竞争劣势地位，从变化趋势来看，中国版税和许可费服务的国际显示性比较优势呈非常缓慢的上升趋势。

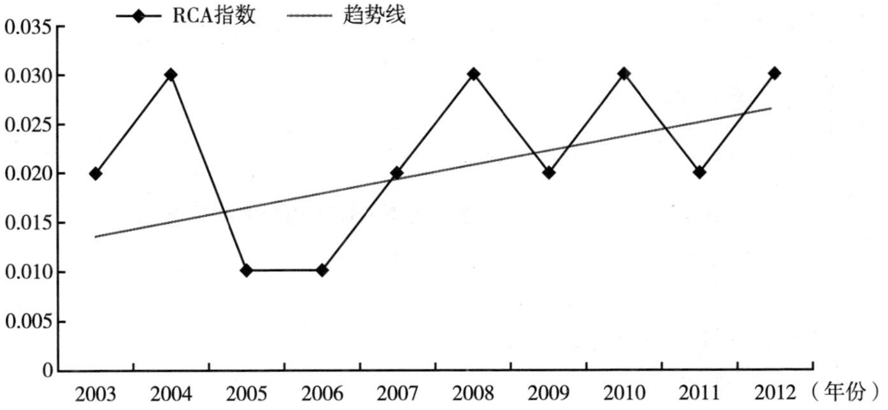


**图 26　中国版税和许可费服务 RCA 指数变动情况**

资料来源：根据 UNCTAD 创意经济数据库数据计算获得。

### 3. 中国版税和许可费服务的净出口显示性比较优势指数

表 25 中国版税和许可费服务 NXRCA 指数变动情况

| 年份 | 2003 | 2004 | 2005 | 2006 | 2007 | 2008 | 2009 | 2010 | 2011 | 2012 |
|---|---|---|---|---|---|---|---|---|---|---|
| NXRCA 指数 | -0.84 | -0.76 | -0.79 | -0.82 | -0.83 | -0.87 | -1.06 | -0.88 | -0.80 | -0.93 |

资料来源：根据 UNCTAD 创意经济数据库的相关数据计算获得。

从中国版税和许可费服务 NXRCA 指数变动情况来看，在 10 年间均为负值，小于 0，说明其基本没有净出口显示性比较优势。从 2003 年到 2012 年，中国版税和许可费服务 NXRCA 指数相对稳定，2003～2010 年 NXRCA 指数一直在 -0.76～-1.06 区间波动，总体起伏不大。总体上从变动趋势来看，中国版税和许可费服务的国际竞争力净出口显示性比较优势呈缓慢下降趋势。

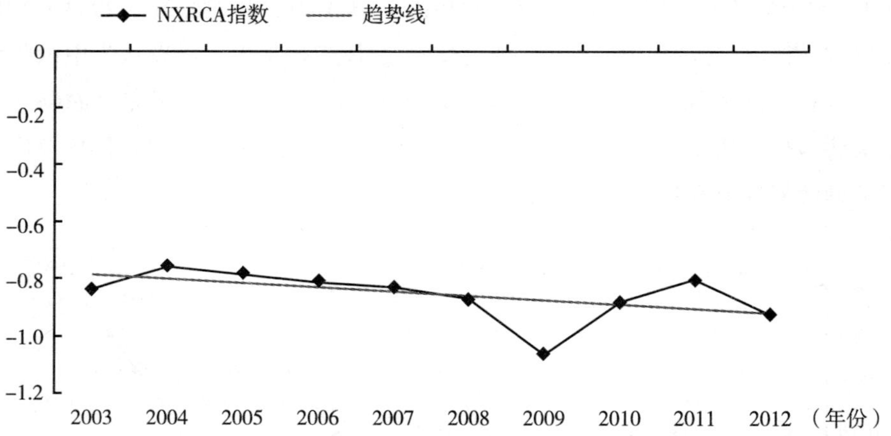


图 27 中国版税和许可费服务 NXRCA 指数变动情况

资料来源：根据 UNCTAD 创意经济数据库数据计算获得。

### 4. 中国版税和许可费服务的 Lafay 指数

表 26 中国版税和许可费服务 LFI 变动情况

| 年份 | 2003 | 2004 | 2005 | 2006 | 2007 | 2008 | 2009 | 2010 | 2011 | 2012 |
|---|---|---|---|---|---|---|---|---|---|---|
| LFI | -23.88 | -24.65 | -26.09 | -29.33 | -29.73 | -28.04 | -28.78 | -31.31 | -31.21 | -32.70 |

资料来源：根据 UNCTAD 创意经济数据库的相关数据计算获得。

从中国版税和许可费服务 Lafay 指数变动情况来看，在 10 年间一直小于 0，说明其并不具备国际竞争优势。从 2003 年到 2012 年，中国版税和许可费服务 LFI 最低为 -32.7，最高也仅为 -23.88，其远离 0，说明中国版税和许可费服务的专业化程度非常低，对进口的依赖非常严重，同时其贸易以产业间贸易为主。中国版税和许可费服务 LFI 有一定的起伏，从 2003 到 2007 年，LFI 逐年下降，从 -23.88 下降至 -29.73，2008 年和 2009 年有一定的提高，但是从 2010 年开始又在不断下降，直至 2012 年下降为 -32.7，从其变动趋势来看，中国版税和许可费服务的专业化程度在不断下降，国际竞争力在不断下降。总之，从数据看中国版税和许可费服务的国际竞争力非常弱，并且国际竞争力仍然在不断下滑。

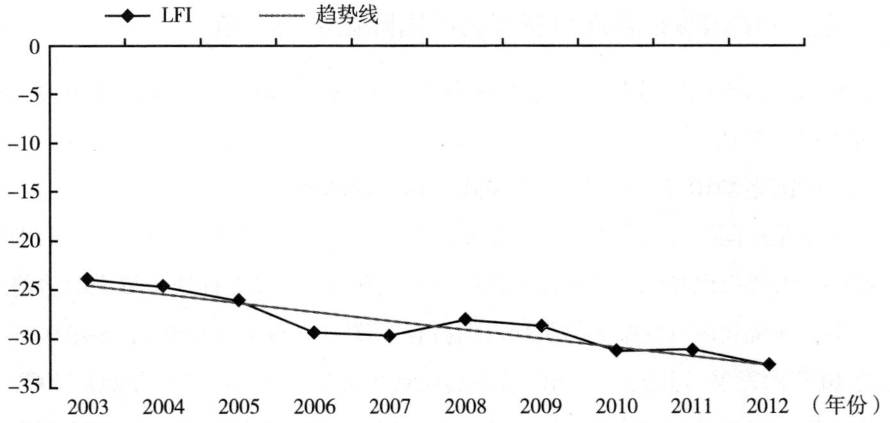


**图 28　中国版税和许可费服务 LFI 变动情况**

资料来源：根据 UNCTAD 创意经济数据库数据计算获得。

## 5. 中国版税和许可费服务的多指标比较

从各个多指标变动趋势比较来看，中国版税和许可费服务 TCI 和 RCA 指数的趋势一致，表现为国际竞争力缓慢上升。而 LFI 和 NXRCA 指数的趋势比较一致，均表现为其国际竞争力下降的趋势。在综合考虑出口、进口以及与国际的比较之后，可以认为中国版税和许可费服务的总体国际竞争力非常弱，并在 10 年间呈现出不断下降的趋势。

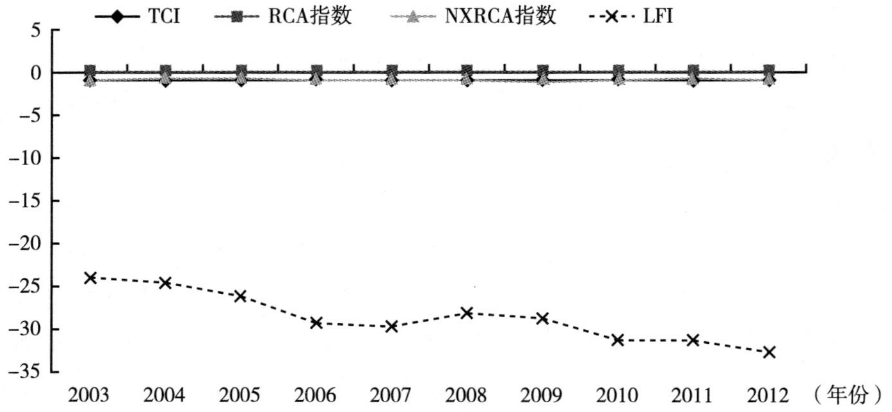


**图 29　中国版税和许可费多指标比较**

## （三）中国版税和许可费服务的国际竞争力小结

从以上数据图表分析，可以发现中国版税和许可费服务的国际竞争力主要呈现出以下特点。

### 1. 中国版税和许可费服务的国际竞争劣势非常明显

无论是从国际市场占有率，还是从贸易逆差，或者从竞争力评价指标来看，均反映了中国版税和许可费服务的国际竞争力近 10 年来一直处于较大的劣势地位。中国版税和许可费服务的国际市场占有率2003 年仅为0.094%，不足0.1%，经过 10 年的发展，其国际市场份额依然仅有 0.39%。其国际贸易差额自 2003 年以来一直处于贸易逆差状态，2003 年贸易差额为 -34.41 亿美元，到 2012 年贸易逆差直线上升为 167 亿美元，10 年间贸易逆差增长了近 4 倍，年增长速度均在 2 位数以上。而综合 TCI、RCA 指数、NXRCA 指数和 LFI 各项指数，TCI 一直小于 -0.8，RCA 指数一直在 0.01 ~0.03 间波动，NXRCA 指数一直在 -0.76 ~ -1.06区间波动，LFI 最低为 -32.7，最高也仅为 -23.88，可以发现中国版税和许可费服务 10 年来一直缺乏竞争优势，其国际竞争力非常弱小。作为传媒类产品与服务的核心，中国版税和许可费服务的国际竞争力如此之低，应当引起重视。

### 2. 中国版税和许可费服务的出口波动大

与其他传媒类产品与服务类似的是，中国版税和许可费服务出口额高速增长。在 10 年间，其出口总额平均年增长速度达 38%。然而其出口额的波动幅度较大，2004 年增长速度高达 120.94%，2005 年增速则变为 -33.41%，2008 年增速为 66.51%，2009 年则降为 -24.73%，2010 年增速高达 93.38%，2011 年却又下降为 -10.5%，反映了中国版税和许可费服务出口缺乏持续增长的能力。

3. 中国版税和许可费服务的国际竞争力呈下降趋势

尽管中国版税和许可费服务的国际竞争力非常弱小，但是在 10 年间依然呈现出不断下降的趋势，无论是贸易逆差扩大还是其他各类国际竞争力指标，均反映中国版税和许可费服务的国际竞争力在不断下滑。虽然其竞争力下滑的幅度较小，但其表现出来的趋势应特别关注。

## 四　计算机与信息服务的国际竞争力评价

计算机与信息服务含计算机服务、信息服务和其他信息文化三类，但由于 UNCTAD 数据并未披露中国各细分类别的数据，因此本部分并未对计算机与信息服务进行三类服务的服务类别分析。

### （一）总体态势

1. 出口规模

表 27　中国计算机与信息服务出口规模年度变化情况

单位：百万美元

| 年份 | 中国计算机与信息服务出口总额 | 年增速(%) |
|---|---|---|
| 2003 | 1102.18 | |
| 2004 | 1637.15 | 48.54 |
| 2005 | 1840.18 | 12.40 |
| 2006 | 2957.71 | 60.73 |
| 2007 | 4344.75 | 46.90 |
| 2008 | 6252.06 | 43.90 |
| 2009 | 6511.71 | 4.15 |
| 2010 | 9256.34 | 42.15 |
| 2011 | 12182.06 | 31.61 |
| 2012 | 14453.51 | 18.65 |

资料来源：UNCTAD 创意经济数据库。

从表 27 来看，中国计算机与信息服务出口总额在 10 年间高速发展，从 2003 年的 1 亿美元增长为 2012 年的 14.5 亿美元，增长 13.5 倍，平均年增长速度达34%。10年间增长速度有一定的起伏，但总体上发展趋势明显，10年中仅2009年的发展速度较慢，仅为4.15%，其他年份发展速度均超过2位数，而2004年、2006年、2007年、2008年和2010年这5年的增速均超过40%，其中在2006年的增速甚至达到60.73%。因此其出口额增长变化与中国版税和许可费服务的出口额变化不同，直线上升的趋势非常明显，一定程度上反映了中国计算机与信息服务国际竞争力的不断提升。

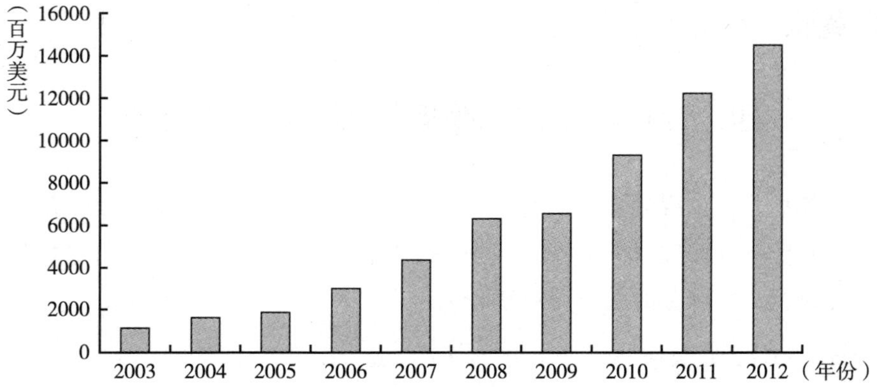


**图30　中国计算机与信息服务出口规模增长情况**

资料来源：UNCTAD创意经济数据库、UN Comtrade。

## 2. 国际市场份额

**表28　中国计算机与信息服务国际市场份额变化情况**

单位：百万美元

| 年份 | 中国CIS出口总额 | 世界CIS出口总额 | 国际市场份额(%) |
|---|---|---|---|
| 2003 | 1102.18 | 73114.92 | 1.51 |
| 2004 | 1637.15 | 93857.96 | 1.74 |
| 2005 | 1840.18 | 104821.13 | 1.76 |
| 2006 | 2957.71 | 126475.83 | 2.34 |
| 2007 | 4344.75 | 156750.40 | 2.77 |
| 2008 | 6252.06 | 195090.74 | 3.20 |

续表

| 年份 | 中国 CIS 出口总额 | 世界 CIS 出口总额 | 国际市场份额(%) |
|---|---|---|---|
| 2009 | 6511.71 | 189163.00 | 3.44 |
| 2010 | 9256.34 | 211166.12 | 4.38 |
| 2011 | 12182.06 | 239755.18 | 5.08 |
| 2012 | 14453.51 | 228457.90 | 6.33 |

注：计算机与信息服务（Computer and Information Service）以下用 CIS 代表。
资料来源：UNCTAD 创意经济数据库、UN Comtrade。

与中国计算机与信息服务出口额的增长趋势相同，其国际市场占有率也在直线上升，其在国际市场的地位不断提升。2003 年中国计算机与信息服务的国际份额仅为 1.51%，3 年后的 2006 年增长到 2.34%，到 2008 年再上一个新台阶，增长到 3.2%，2012 年完成大跨越，市场份额提升至 6.33%。中国计算机与信息服务的国际份额远远超过中国版税和许可费服务的 0.39%（2012 年度），其在国际市场已开始占据一席之地。由此可见，中国计算机与信息服务经过 10 年的发展，国际市场份额逐年直线上升，其中起伏较小，一定程度上反映了其国际市场竞争力的不断提升。

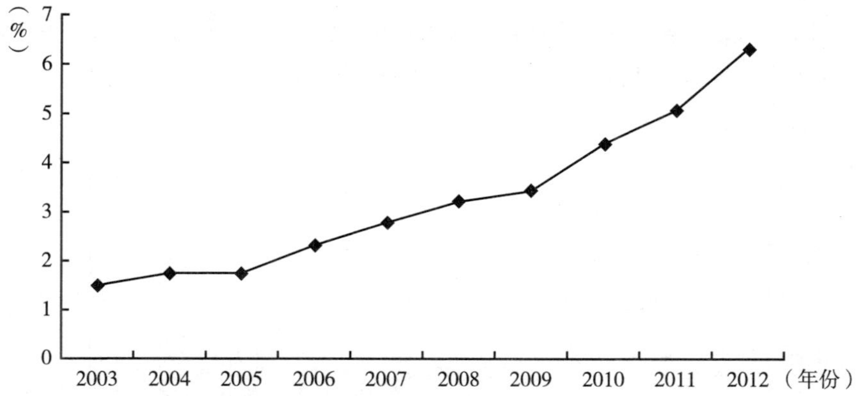


**图 31　中国计算机与信息服务国际市场份额变化情况**

资料来源：UNCTAD 创意经济数据库。

### 3. 贸易差额

表 29 中国计算机与信息服务贸易差额变化情况

单位：百万美元

| 年份 | 中国 CIS 出口总额 | 中国 CIS 进口总额 | 贸易差额 |
|---|---|---|---|
| 2003 | 1102. 18 | 1035. 81 | 66. 37 |
| 2004 | 1637. 15 | 1252. 75 | 384. 40 |
| 2005 | 1840. 18 | 1619. 94 | 220. 24 |
| 2006 | 2957. 71 | 1738. 85 | 1218. 86 |
| 2007 | 4344. 75 | 2208. 07 | 2136. 68 |
| 2008 | 6252. 06 | 3165. 13 | 3086. 93 |
| 2009 | 6511. 71 | 3232. 57 | 3279. 14 |
| 2010 | 9256. 34 | 2965. 38 | 6290. 96 |
| 2011 | 12182. 06 | 3844. 14 | 8337. 92 |
| 2012 | 14453. 51 | 3843. 18 | 10610. 33 |

资料来源：UNCTAD 创意经济数据库。

表 29 显示，中国计算机与信息服务的国际贸易自 2003 年以来一直处于贸易顺差状态，并且其贸易顺差额还在不断直线上升。2003 年贸易顺差额为 6637 万美元，到 2006 年就增长为 12. 2 亿美元，4 年间贸易顺差额就增长了 17. 5 倍，2007 年贸易顺差额又增长近 1 倍，而到 2012 年贸易顺差额更是直线上升为 106. 1 亿美元，10 年间贸易顺差额增长了近 160 倍，年增长速度非常快，每年平均增速达 129. 73%，其增长速度之快让人叹为观止。贸易顺差超高速增长在一定程度上说明中国计算机与信息服务的国际竞争力在 10 年间得到迅速的提升。

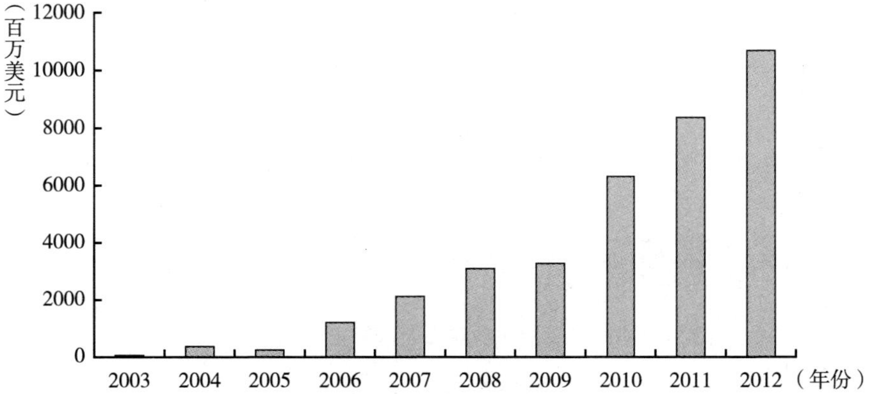


图 32 中国计算机与信息服务贸易差额变化情况

资料来源：UNCTAD 创意经济数据库。

## 4. 出口比重

**表 30　中国 CIS 出口额占中国传媒类服务出口总额比重变化情况**

单位：百万美元

| 年份 | 中国 CIS 出口额 | 中国传媒类服务出口总额 | 比重(%) |
|---|---|---|---|
| 2003 | 1102.18 | 1728.86 | 63.75 |
| 2004 | 1637.15 | 2763.13 | 59.25 |
| 2005 | 1840.18 | 3207.17 | 57.38 |
| 2006 | 2957.71 | 4744.68 | 62.34 |
| 2007 | 4344.75 | 6915.94 | 62.82 |
| 2008 | 6252.06 | 9442.86 | 66.21 |
| 2009 | 6511.71 | 9350.98 | 69.64 |
| 2010 | 9256.34 | 13094.99 | 70.69 |
| 2011 | 12182.06 | 17066.08 | 71.38 |
| 2012 | 14453.51 | 20374.09 | 70.94 |

资料来源：UNCTAD 创意经济数据库。

数据显示，在中国传媒类服务出口中，计算机与信息服务举足轻重，其是中国传媒类服务中最为重要的部分。10 年间其出口额占传媒类服务出口额的

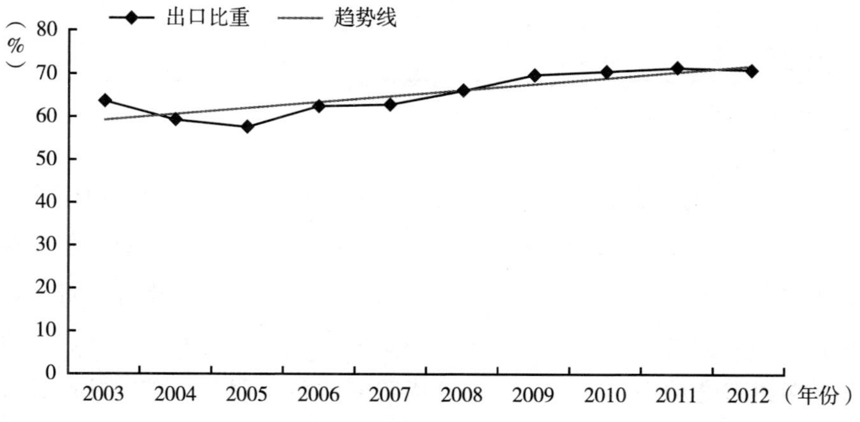


**图 33　CIS 出口额占中国传媒类服务出口总额比重变化情况**

资料来源：UNCTAD 创意经济数据库。

比重均超过57%，并且从其发展趋势来看，其重要程度仍在不断提升。在10年间，其出口占中国传媒类服务出口的比重有一定的起伏波动，2003～2005年，其比重有一定的下滑，从2003年的63.75%下降为2005年的57.38%，但是自2006年起，中国计算机与信息服务出口额占中国传媒类服务出口总额的比重就再没有下降过，一直呈现出持续上升的趋势，2006年比重为62.34%，到2012年比重增长为70.94%，超过传媒类服务出口的2/3，可以预计在未来的很长时间中，中国计算机与信息服务的出口地位无可替代。

### 5. 进口比重

**表31　中国CIS进口额占中国传媒类服务进口总额比重变化情况**

单位：百万美元

| 年份 | 中国CIS进口额 | 中国传媒类服务进口总额 | 比重(%) |
|---|---|---|---|
| 2003 | 1035.81 | 5111.36 | 20.26 |
| 2004 | 1252.75 | 6623.52 | 18.91 |
| 2005 | 1619.94 | 7810.35 | 20.74 |
| 2006 | 1738.85 | 9449.37 | 18.40 |
| 2007 | 2208.07 | 11890.78 | 18.57 |
| 2008 | 3165.13 | 15679.91 | 20.19 |
| 2009 | 3232.57 | 16529.68 | 19.56 |
| 2010 | 2965.38 | 18416.00 | 16.10 |
| 2011 | 3844.14 | 21723.09 | 17.70 |
| 2012 | 3843.18 | 24930.06 | 15.42 |

资料来源：UNCTAD创意经济数据库。

与中国计算机与信息服务所占出口额比重恰恰相反的是，中国计算机与信息服务进口额在传媒类服务进口中的重要程度在10年间总体上呈现出不断下降的趋势。同时中国计算机与信息服务所占进口比重远远低于出口比重，10年间其进口比重从未超过21%，远不及出口比重。当然在中国传媒类服务进口结构中，最为重要的是版税和许可费服务，其次就是计算机与信息服务，两类服务的进口比重合计超过了90%。在10年间，其占中国传媒类服务进口的比重有一定的起伏波动，波动幅度并不大，但总体呈现出下降趋势，从2003年的20.26%下降至2012年的15.42%。总之，在传媒类服务的进口结构中，中国计算机与信息服务的重要性在缓慢下降。中国计算机与信息服务出口比重的上升与进口比重的下降，一定程度上说明其国际竞争力在不断提升。

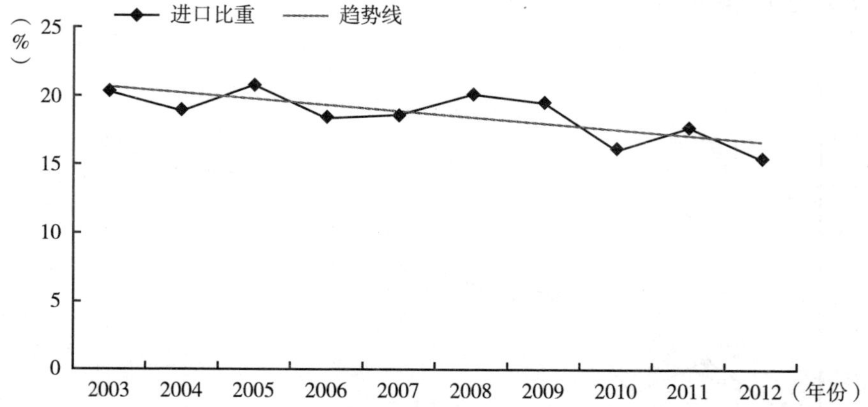


**图 34　CIS 进口额占中国传媒类服务进口总额比重变化情况**

资料来源：UNCTAD 创意经济数据库。

## （二）竞争力评价

### 1. 中国计算机与信息服务的贸易竞争力指数

**表 32　中国计算机与信息服务 TCI 变动情况**

| 年份 | 2003 | 2004 | 2005 | 2006 | 2007 | 2008 | 2009 | 2010 | 2011 | 2012 |
|---|---|---|---|---|---|---|---|---|---|---|
| TCI | 0. 03 | 0. 13 | 0. 06 | 0. 26 | 0. 33 | 0. 33 | 0. 34 | 0. 51 | 0. 52 | 0. 58 |

资料来源：根据 UNCTAD 创意经济数据库的相关数据计算获得。

从中国计算机与信息服务 TCI 变动情况来看，其一直表现为正值，说明其具备国际竞争优势，处于竞争优势地位。在 2003 年 TCI 仅为 0. 03，说明其竞争优势非常微弱。但是经过 10 年的发展，TCI 从 2010 年开始超过 0. 5，说明从 2010 年开始中国计算机与信息服务逐步取得较明显的竞争优势。从 2003 年到 2012 年，中国计算机与信息服务 TCI 有一定的起伏波动，但是上升的趋势非常明显，基本呈现为直线上升的趋势，2003 ~ 2005 年，从 0. 03 提高为

0.13，又下降为0.06。自2006年开始，TCI就再没有下降过，2006年仅为0.26，2007年提高为0.33，2010年就提升至0.51，到2012年达到0.58。因此，中国计算机与信息服务目前已取得较为明显的国际竞争优势，并且其贸易竞争力仍在不断上升。

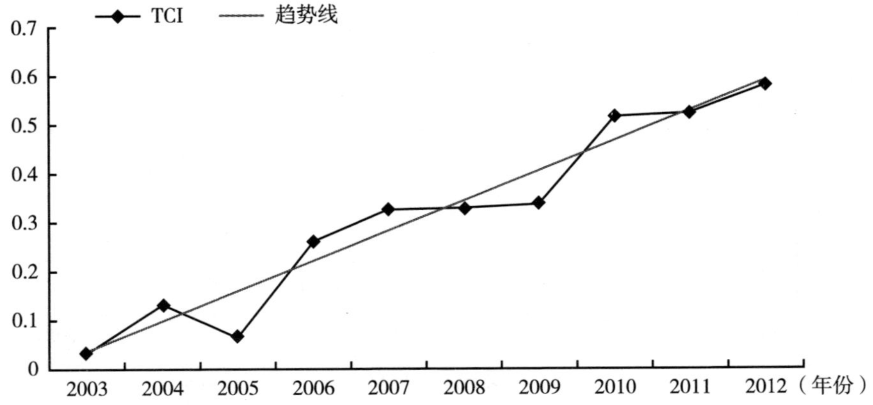


**图35　中国计算机与信息服务TCI变动情况**

资料来源：根据UNCTAD创意经济数据库数据计算获得。

### 2. 中国计算机与信息服务的显示性比较优势指数

**表33　中国计算机与信息服务RCA指数变动情况**

| 年份 | 2003 | 2004 | 2005 | 2006 | 2007 | 2008 | 2009 | 2010 | 2011 | 2012 |
|---|---|---|---|---|---|---|---|---|---|---|
| RCA指数 | 0.26 | 0.27 | 0.24 | 0.29 | 0.32 | 0.36 | 0.36 | 0.43 | 0.49 | 0.57 |

资料来源：根据UNCTAD创意经济数据库的相关数据计算获得。

从中国计算机与信息服务RCA指数变动情况来看，10年间一直小于0.8，大于0.2，说明其相对缺乏显示性比较优势。但是，从2003年到2012年，中国计算机与信息服务RCA指数成长趋势非常好，RCA指数从2003年的0.26提高至2012年的0.57，其间基本上没有起伏，呈现出直线上升的趋势，在10年里只在2005年有小幅的下滑。总体上，可以认为中国计算机与信息服务虽然尚未取得显示性比较优势，但是其国际竞争力提升的势头非常明显。

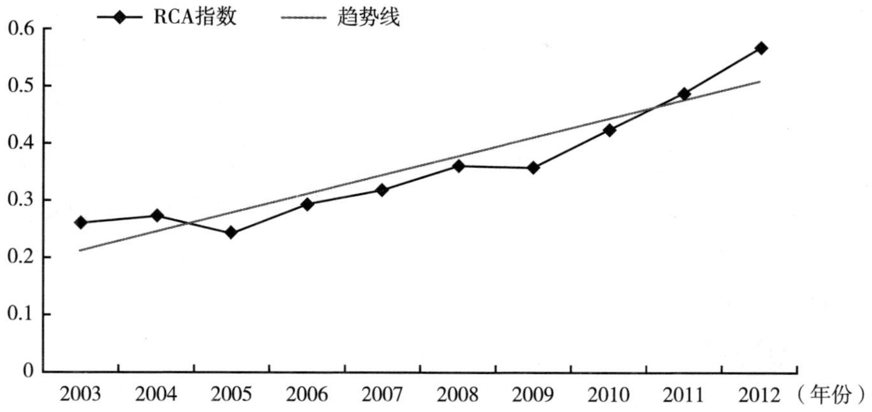


**图 36　中国计算机与信息服务 RCA 指数变动情况**

资料来源：根据 UNCTAD 创意经济数据库数据计算获得。

### 3. 中国计算机与信息服务的净出口显示性比较优势指数

**表 34　中国计算机与信息服务 NXRCA 指数变动情况**

| 年份 | 2003 | 2004 | 2005 | 2006 | 2007 | 2008 | 2009 | 2010 | 2011 | 2012 |
|---|---|---|---|---|---|---|---|---|---|---|
| NXRCA 指数 | 0. 001 | 0. 053 | -0. 004 | 0. 086 | 0. 125 | 0. 158 | 0. 221 | 0. 374 | 0. 421 | 0. 494 |

资料来源：根据 UNCTAD 创意经济数据库的相关数据计算获得。

从中国计算机与信息服务 NXRCA 指数变动情况来看，10 年间均为正值，

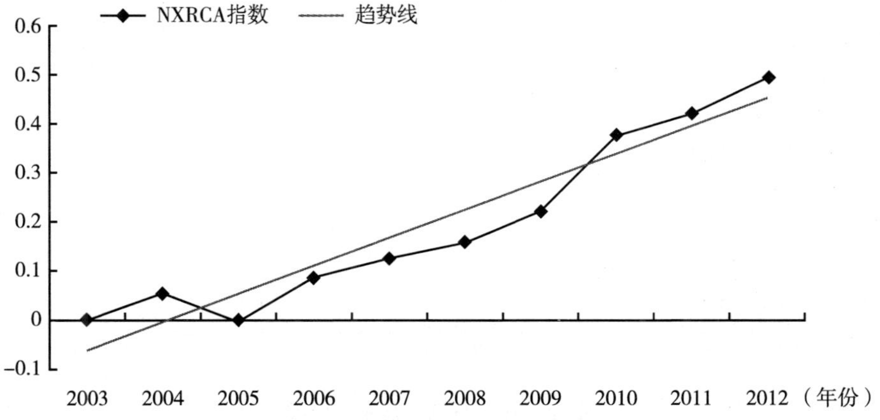


**图 37　中国计算机与信息服务 NXRCA 指数变动情况**

资料来源：根据 UNCTAD 创意经济数据库数据计算获得。

大于0，说明其具有净出口显示性比较优势。从2003年到2012年，中国计算机与信息服务NXRCA指数逐年提升，10年中仅在2005年有一定的下滑，从2004年的0.053下降为-0.004，其他年份均在提高，从2006年起，NXRCA指数就没有再下降过。2003年NXRCA指数仅为0.001，到2007年就提高为0.125，2012年直线上升为0.494，数据的变化说明中国计算机与信息服务的净出口显示性比较优势在不断提升，这也说明中国计算机与信息服务已取得国际竞争优势，并且其国际竞争力还在不断提高。

### 4. 中国计算机与信息服务的Lafay指数

**表35　中国计算机与信息服务LFI变动情况**

| 年份 | 2003 | 2004 | 2005 | 2006 | 2007 | 2008 | 2009 | 2010 | 2011 | 2012 |
|---|---|---|---|---|---|---|---|---|---|---|
| LFI | 16.43 | 16.76 | 15.12 | 19.55 | 20.58 | 21.59 | 23.11 | 26.51 | 26.46 | 27.48 |

资料来源：根据UNCTAD创意经济数据库的相关数据计算获得。

从中国计算机与信息服务Lafay指数变动情况看，10年间一直大于0，说明其具备专业化的竞争优势。从2003年到2012年，中国计算机与信息服务LFI最低为15.12，最高达27.48，其远离0，说明中国计算机与信息服务的专业化程度非常高，其竞争优势非常高，但是其贸易主要以产业间贸易为主，产

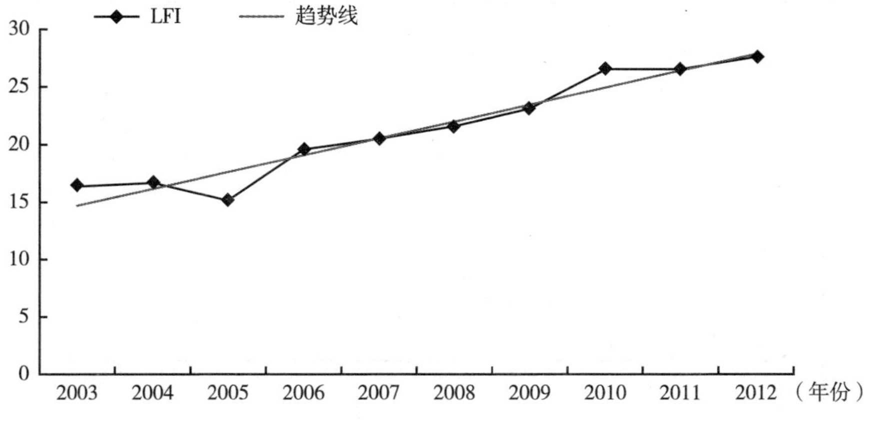


**图38　中国计算机与信息服务LFI变动情况**

资料来源：根据UNCTAD创意经济数据库数据计算获得。

业内贸易程度较低。中国计算机与信息服务 LFI 起伏较小，其上升的趋势非常明显，仅在 2005 年有小幅的下滑，其他年份基本呈直线上升的趋势，2003 年 LFI 为 16.43，2012 年上升为 27.48，从其变动趋势来看，中国计算机与信息服务的专业化程度在不断上升，国际竞争力在不断上升。总之，从数据看中国计算机与信息服务已取得专业化优势，并且国际竞争力在不断提高。

### （三）中国计算机与信息服务的国际竞争力小结

从以上数据图表分析，可以发现中国计算机与信息服务的国际竞争力主要呈现出以下特点。

#### 1. 中国计算机与信息服务出口总量超高速增长

从中国计算机与信息服务出口的总量来看，10 年间增长 13.5 倍，平均年增长速度达 34%，2004 年、2006 年、2007 年、2008 年和 2010 年这 5 年的增速均超过 40%，其中在 2006 年的增速甚至达到 60.73%。如果结合国际贸易差额来看，10 年间贸易顺差额增长了近 160 倍，每年平均增速达 129.73%。总体上，其出口额、贸易顺差额直线上升的趋势非常明显。

#### 2. 中国计算机与信息服务取得国际竞争优势

从国际市场占有率来看，中国计算机与信息服务从占有微不足道的份额，逐步占据了一席之地，2003 年中国计算机与信息服务的国际市场份额仅为 1.51%，2012 年市场份额提升至 6.33%，而 2003 年贸易顺差额仅为 6637 万美元，2012 年贸易顺差额稳步上升为 106.1 亿美元。这 2 大指标均说明中国计算机与信息服务的竞争力在不断提升。而综合 TCI、RCA 指数、NXRCA 指数和 LFI 各项指数，TCI 从 2010 年开始超过 0.5，NXRCA 指数从 2003 年仅为 0.001，2012 年直线上升为 0.494，LFI 在 10 年间最低为 15.12，最高达 27.48，从中均可以发现中国计算机与信息服务已逐步取得一定的国际竞争优势，其国际竞争力在 10 年间得到长足的发展，尽管其国际竞争优势并非特别高。

#### 3. 中国计算机与信息服务的国际竞争力呈快速上升趋势

从中国计算机与信息服务的贸易顺差额每年平均增速达 129.73%，以及 TCI、RCA 指数、NXRCA 指数和 LFI 在 10 年间的直线上升趋势来看，中国计算机与信息服务的国际竞争力提升速度非常快，并且可以预计未来仍将以较高的速度不断成长。

# 港澳台篇

Research on the Media in Hongkong, Macao and Taiwan

摘　要：“港澳台篇”包括三个子报告，分别研究了中国香港、中国台湾和中国澳门传媒类产品与服务的国际竞争力。发现港澳台传媒国际竞争力分别呈现出以下主要特点：中国香港传媒类产品出口增长乏力，竞争力总体呈中性水平并小幅下滑，传媒类服务在国际竞争中一直处于劣势，核心服务——版税和许可费的国际竞争力方面的不足；中国台湾传媒类产品已从缺乏竞争优势转变为具有一定的竞争优势，进步巨大，传媒类服务缺乏国际竞争优势，并且10年间劣势未得到明显改善，核心传媒类服务竞争力强，与发达国家的出口比重分布接近；中国澳门传媒处于国际竞争劣势状态，其国际影响力非常弱小。

关键词：港澳台　传媒　国际竞争力

本篇港澳台篇主要分析比较分析中国香港、中国台湾、中国澳门传媒类产品与服务的国际竞争力，其原始数据源自联合国贸易与发展会议 UNCTAD 创意经济数据库。

B.4

# 中国香港传媒国际竞争力评价

刘 强 汤茜草*

## 一 中国香港传媒的整体发展态势

### （一）出口规模

#### 1. 传媒类产品出口规模

表1 中国香港传媒类产品出口规模年度变化情况

单位：百万美元，%

| 年份 | 所有传媒类产品出口总额 | 年增速 | 年份 | 所有传媒类产品出口总额 | 年增速 |
|---|---|---|---|---|---|
| 2003 | 2204.69 | | 2008 | 8570.48 | 9.90 |
| 2004 | 2450.87 | 11.17 | 2009 | 7923.81 | -7.55 |
| 2005 | 2747.26 | 12.09 | 2010 | 7510.49 | -5.22 |
| 2006 | 3512.52 | 27.86 | 2011 | 7534.99 | 0.33 |
| 2007 | 7798.77 | 122.03 | 2012 | 7136.77 | -5.28 |

资料来源：UNCTAD 创意经济数据库、UN Comtrade。

由表1可见，香港传媒类产品在2008年以前呈快速增长的态势，从2003年的22亿美元增长为2008年的85.7亿美元，6年间增长近3倍，尤其在2007年增长速度高达122.03%。然而从2009年开始基本呈下滑趋势，从2008年的高峰值下降至2012年的71.4亿美元，2012年的出口值甚至不及2007年的出口值。从出口规模来看，香港的传媒类产品规模虽然远远小于内地的规模，大约为内地出口规模的1/3，但相对于香港的经济总量，其传媒类产品的出口竞争力不容小觑。但与内地的持续增长趋势不同，香港的传媒

* 汤茜草，广西师范大学社会学专业副教授，社会学博士。

类产品出口出现了增长乏力的趋势，在10年间虽然总体上呈上升趋势，但只是在前5年增长，而后5年下滑，从出口规模的长期趋势来看，香港的传媒类产品国际竞争力在下滑。

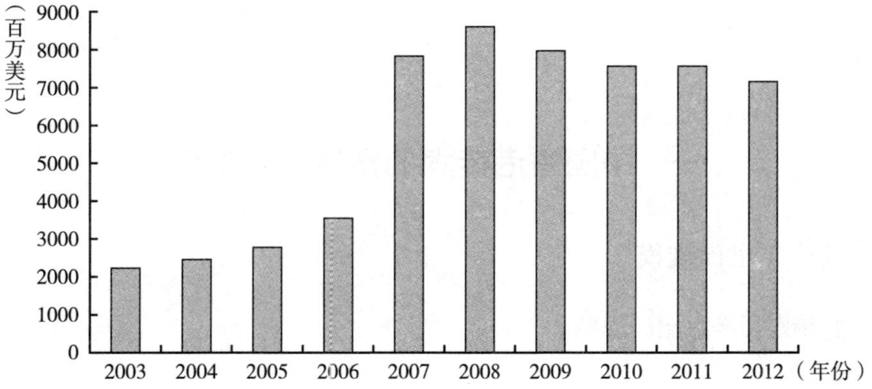


**图1　中国香港传媒类产品国际出口规模增长情况**

资料来源：UNCTAD 创意经济数据库、UN Comtrade。

### 2. 传媒类服务出口规模

**表2　中国香港传媒类服务出口规模年度变化情况**

单位：百万美元，%

| 年份 | 所有传媒类服务出口总额 | 年增速 | 年份 | 所有传媒类服务出口总额 | 年增速 |
|---|---|---|---|---|---|
| 2003 | 1243.00 | | 2008 | 1936.00 | 27.54 |
| 2004 | 1276.00 | 2.65 | 2009 | 2091.53 | 8.03 |
| 2005 | 1309.00 | 2.59 | 2010 | 2363.19 | 12.99 |
| 2006 | 1450.00 | 10.77 | 2011 | 2609.97 | 10.44 |
| 2007 | 1518.00 | 4.69 | 2012 | NA | NA |

资料来源：UNCTAD 创意经济数据库。

从表2可以看出，香港传媒类服务出口规模远远小于传媒类产品的出口规模，譬如2003年传媒类产品出口规模为22.04亿美元，而2003年传媒类服务出口仅为12.43亿美元，传媒类服务出口值仅为传媒类产品出口值的约1/2；2011年传媒类产品出口规模为75.35亿美元，而2011年传媒类服务仅为26.1亿美元，传媒类服务出口值仅为传媒类产品出口值的1/3。同时也可以看出香港传媒类服务与传媒类产品的出口规模差距被拉大，从原来近1/2的比值变为1/3，说明香港传媒类服务的总体成长速度不及传媒类产品的成长速度。

但是与传媒类产品出口后期增长乏力相比，香港传媒类服务出口规模的成长相对稳定，9年间基本保持正向增长，年平均增长速度达8.86%，9年间从2003年的12.43亿美元增长为2011年的26.1亿美元，增长1倍多。其增长速度当然远不及内地传媒类服务出口的增长速度，内地年平均增长速度为32.77%。但其增长速度比香港出口总值的增长速度稍低，香港出口年平均增长速度为9.26%。尽管香港传媒类服务出口的增长速度相对较低，但是与传媒类产品出口“先升后降”的状态相比，其成长的趋势非常明显。

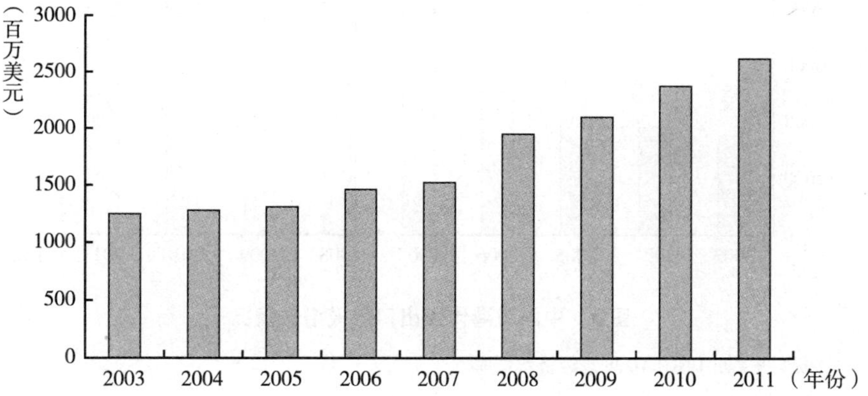


**图2　中国香港传媒类服务出口规模增长情况**

资料来源：UNCTAD创意经济数据库。

### 3. 总体出口规模

将传媒类产品与传媒类服务汇总，香港传媒类产品与服务总体出口值呈较高速增长的态势，2003～2011年，出口总值增长了近2倍，虽然远不及内地的增长速度，但相对于香港的经济总量，其成长值得关注。其年平均增长速率为17%，但在9年间有一定的起伏，譬如2008年以前一直保持正向增长状态，最高2007年增长速度为87.74%，而2009年后，开始有小幅的下滑，2009年为－4.67%，2010年为－1.41%，直到2011年才有小幅反弹恢复。

**表 3　中国香港传媒出口规模年度变化情况**

单位：百万美元，%

| 年份 | 所有传媒类产品与服务出口总额 | 年增速 | 年份 | 所有传媒类产品与服务出口总额 | 年增速 |
|---|---|---|---|---|---|
| 2003 | 3447. 69 | | 2008 | 10506. 48 | 12. 77 |
| 2004 | 3726. 87 | 8. 10 | 2009 | 10015. 34 | -4. 67 |
| 2005 | 4056. 26 | 8. 84 | 2010 | 9873. 68 | -1. 41 |
| 2006 | 4962. 52 | 22. 34 | 2011 | 10144. 96 | 2. 75 |
| 2007 | 9316. 77 | 87. 74 | 2012 | NA | NA |

资料来源：UNCTAD 创意经济数据库、UN Comtrade。

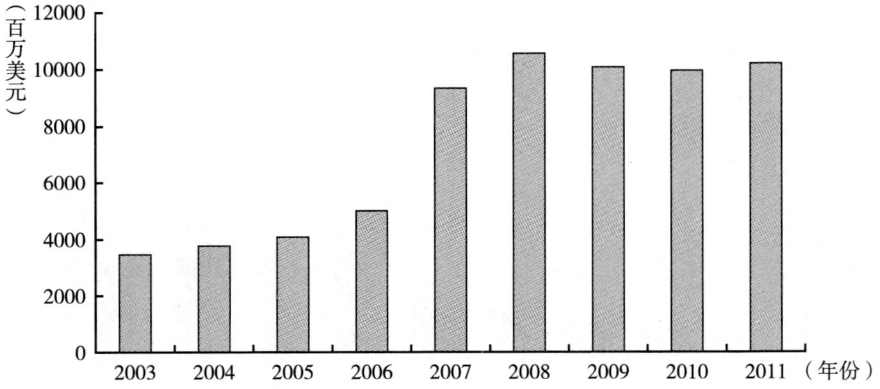


**图 3　中国香港传媒出口规模增长情况**

资料来源：UNCTAD 创意经济数据库。

## （二）出口比重

**表 4　传媒出口额占香港出口总额比重年度变化情况**

单位：百万美元，%

| 年份 | 传媒出口额 | 香港出口总额 | 传媒出口所占比重 |
|---|---|---|---|
| 2003 | 3447. 69 | 228708. 25 | 1. 51 |
| 2004 | 3726. 87 | 265542. 81 | 1. 40 |
| 2005 | 4056. 26 | 292119. 00 | 1. 39 |
| 2006 | 4962. 52 | 322668. 79 | 1. 54 |
| 2007 | 9316. 77 | 349385. 58 | 2. 67 |
| 2008 | 10506. 48 | 370241. 82 | 2. 84 |

续表

| 年份 | 传媒出口额 | 香港出口总额 | 传媒出口所占比重 |
|---|---|---|---|
| 2009 | 10015.34 | 329421.94 | 3.04 |
| 2010 | 9873.68 | 400692.02 | 2.46 |
| 2011 | 10144.96 | 455573.38 | 2.23 |
| 2012 | NA | 492907.47 | NA |

资料来源：UNCTAD 创意经济数据库、UN Comtrade。

尽管香港传媒类产品与服务的出口值在 10 年间长足发展，但是与香港的出口总值相比，其比重还非常低，大部分年份不到出口总值的 3%，比内地传媒类产品与服务占内地总出口额的比重稍高，总体说明香港传媒国际贸易竞争力并不是很高，在香港对外贸易中仍处于较低的地位。而且从其比重的波动情况来看，香港传媒类产品与服务的国际贸易重要程度在 2003 ~ 2011 年呈逐步上升的趋势，2003 ~ 2006 年，比重仅为 1.5% 左右，从 2007 年开始提升至 2% 以上，在 2009 年比重达到最高值 3.04%，但 2010 年和 2011 年又下降至 2.23%。总体上，传媒出口在香港出口结构中所占比重变化不大，处于较弱的位置。

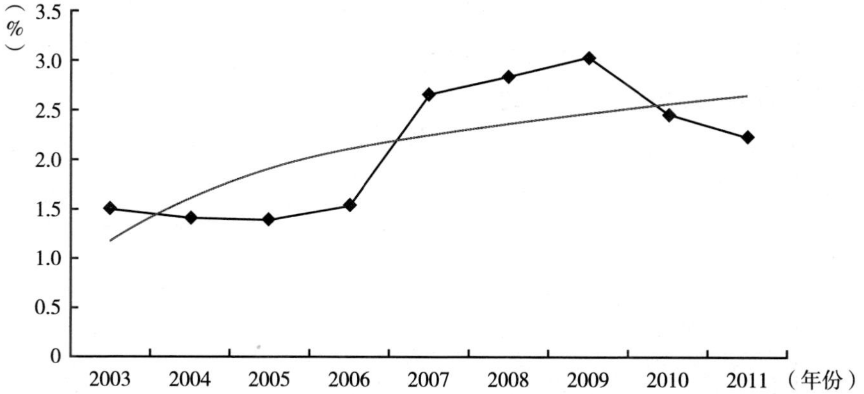


**图 4　传媒出口值占香港总出口值比重的变化情况**

资料来源：UNCTAD 创意经济数据库。

## （三）出口市场份额

### 1. 中国香港传媒类产品出口国际市场份额

**表 5　中国香港传媒类产品出口国际市场份额变化情况**

单位：百万美元，%

| 年份 | 香港传媒类产品出口总额 | 世界传媒类产品出口总额 | 国际市场份额 |
|---|---|---|---|
| 2003 | 2204.69 | 58004.51 | 3.80 |
| 2004 | 2450.87 | 64797.04 | 3.78 |
| 2005 | 2747.26 | 71012.83 | 3.87 |
| 2006 | 3512.52 | 76413.15 | 4.60 |
| 2007 | 7798.77 | 120215.53 | 6.49 |
| 2008 | 8570.48 | 136973.32 | 6.26 |
| 2009 | 7923.81 | 118621.01 | 6.68 |
| 2010 | 7510.49 | 120559.65 | 6.23 |
| 2011 | 7534.99 | 124626.70 | 6.05 |
| 2012 | 7136.77 | 116239.36 | 6.14 |

资料来源：UNCTAD 创意经济数据库、UN Comtrade。

从总体上看，香港传媒类产品的国际市场份额一直呈上升趋势，从 2003 年的 3.8% 一直上升至 2012 年的 6.14%，市场份额增长了 0.6 倍，虽然在 10 年间存在一定的起伏，2007 年突然从 2006 年的 4.6% 增长至 6.49%，在 2011 年又下降为 6.05%，但总体上起伏幅度并不大，上升势头明显。这说明香港传媒类产品出口竞争力在不断提升，赢得了更多的国际市场。

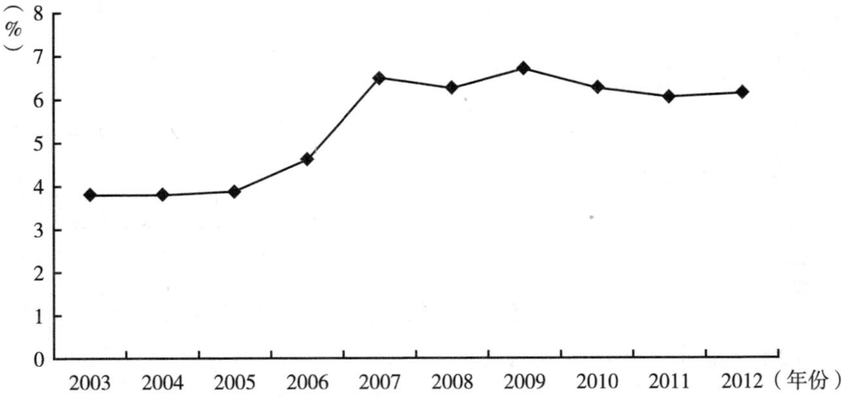


**图 5　中国香港传媒类产品国际市场份额变化情况**

资料来源：UNCTAD 创意经济数据库。

## 2. 中国香港传媒类服务出口国际市场份额

**表 6　中国香港传媒类服务出口国际市场份额变化情况**

单位：百万美元，%

| 年份 | 香港传媒类服务出口总额 | 世界传媒类服务出口总额 | 国际市场份额 |
|---|---|---|---|
| 2003 | 1243. 00 | 221036. 81 | 0. 56 |
| 2004 | 1276. 00 | 277884. 34 | 0. 46 |
| 2005 | 1309. 00 | 311713. 24 | 0. 42 |
| 2006 | 1450. 00 | 353084. 72 | 0. 41 |
| 2007 | 1518. 00 | 425919. 19 | 0. 36 |
| 2008 | 1936. 00 | 498274. 40 | 0. 39 |
| 2009 | 2091. 53 | 495322. 73 | 0. 42 |
| 2010 | 2363. 19 | 543049. 18 | 0. 44 |
| 2011 | 2609. 97 | 614951. 28 | 0. 42 |
| 2012 | NA | 538467. 90 | NA |

资料来源：UNCTAD 创意经济数据库、UN Comtrade。

与传媒类产品相比，香港传媒类服务的国际市场地位仍然很低，在 9 年间其国际市场占有率大多没有超过 0. 5%，远远不及传媒类产品的市场份额。10 年间传媒类服务的国际市场占有率甚至有下降的趋势，2003 年其国际市场份额为 0. 56%，其后 4 年一直不断下降，到 2007 年下滑到最低点 0. 36%，从 2008 年开始才有一定的恢复，2011 年其国际市场份额也仅为 0. 42%，总体上香港传媒类服务的国际竞争力呈小幅下降趋势。

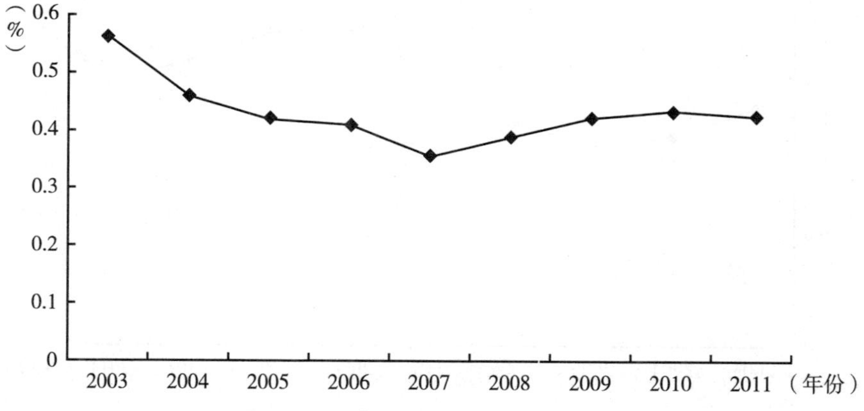


**图 6　中国香港传媒类服务国际市场份额变化情况**

资料来源：UNCTAD 创意经济数据库。

### 3. 中国香港传媒整体出口国际市场份额

表 7　中国香港传媒整体出口国际市场份额变化情况

单位：百万美元，%

| 年份 | 中国香港传媒出口总额 | 世界传媒出口总额 | 国际市场份额 |
|---|---|---|---|
| 2003 | 3447.69 | 279041.32 | 1.24 |
| 2004 | 3726.87 | 342681.38 | 1.09 |
| 2005 | 4056.26 | 382726.07 | 1.06 |
| 2006 | 4962.52 | 429497.87 | 1.16 |
| 2007 | 9316.77 | 546134.71 | 1.71 |
| 2008 | 10506.48 | 635247.72 | 1.65 |
| 2009 | 10015.34 | 613943.74 | 1.63 |
| 2010 | 9873.68 | 663608.83 | 1.49 |
| 2011 | 10144.96 | 739577.98 | 1.37 |
| 2012 | NA | 654707.26 | NA |

资料来源：UNCTAD 创意经济数据库、UN Comtrade。

将传媒类产品与传媒类服务汇总，香港传媒整体的国际市场份额较小，在9年间从未超过2%，总体呈现出“先升后降”的发展态势，整体起伏较小，国际市场份额在1.1% ~1.6%间上下波动。由图7可见，香港传媒整体上的国际市场地位并不高。

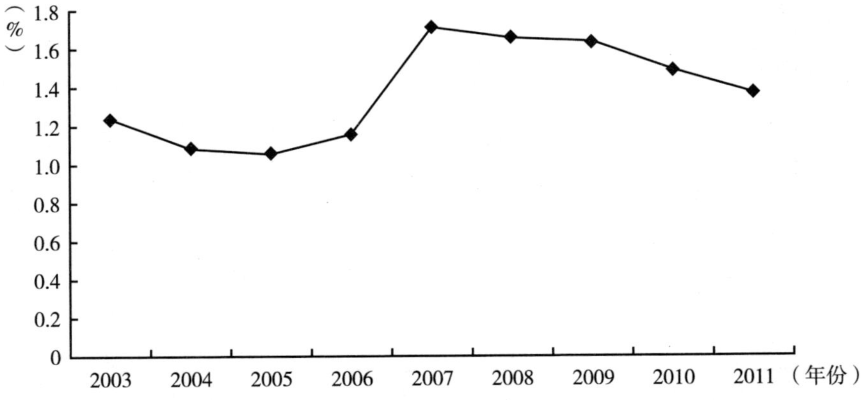


图 7　中国香港传媒国际市场份额变化情况

资料来源：UNCTAD 创意经济数据库。

## （四）贸易差额

### 1. 中国香港传媒类产品贸易差额

**表 8　中国香港传媒类产品贸易差额年度变化情况**

单位：百万美元

| 年份 | 传媒类产品出口总额 | 传媒类产品进口总额 | 贸易差额 |
|---|---|---|---|
| 2003 | 2204.69 | 1748.66 | 456.04 |
| 2004 | 2450.87 | 2072.78 | 378.09 |
| 2005 | 2747.26 | 2347.89 | 399.37 |
| 2006 | 3512.52 | 3522.85 | -10.33 |
| 2007 | 7798.77 | 7706.13 | 92.64 |
| 2008 | 8570.48 | 9251.17 | -680.69 |
| 2009 | 7923.81 | 8571.65 | -647.83 |
| 2010 | 7510.49 | 8149.19 | -638.70 |
| 2011 | 7534.99 | 8325.52 | -790.52 |
| 2012 | 7136.77 | 8132.22 | -995.45 |

资料来源：UNCTAD 创意经济数据库、UN Comtrade。

表 8 显示，十年来香港传媒类产品国际贸易差额变化较大，在 2007 年以前香港传媒类产品处于贸易顺差状态，仅在 2006 年有 1033 万美元的逆差额。但从 2008 年开始香港传媒类产品就一直处于贸易逆差状态，并且其逆差额在不断增长。2008 年香港传媒类产品贸易逆差为 6.8 亿美元，在之后几年逐年扩大，2012 年贸易逆差为 9.95 亿美元。这与内地传媒类产品长期保持高顺差的状态差别较大。

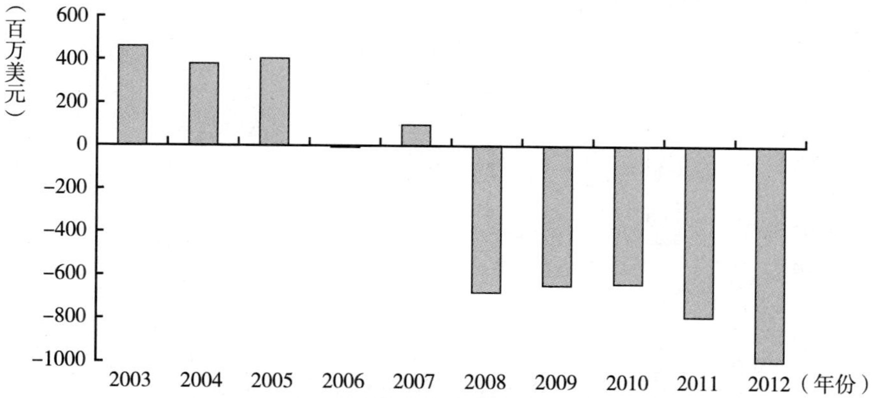


**图 8　中国香港传媒类产品国际贸易差额变化情况**

资料来源：UNCTAD 创意经济数据库。

### 2. 中国香港传媒类服务贸易差额

表9显示，香港传媒类服务贸易差额一直处于贸易逆差状态，2003年传媒类服务国际贸易逆差为2.99亿美元，9年来传媒类服务贸易一直没有扭转逆差的状态。从贸易逆差的程度来看，9年间传媒类服务逆差上下起伏较大，基本呈现为“一升一降”的起伏，总体趋势显现为U型曲线，逆差额在2007年达到顶点，2008～2011年香港传媒类服务逆差得到一定程度的改善。

**表9　中国香港传媒类服务年度贸易差额变化情况**

单位：百万美元

| 年份 | 传媒类服务出口总额 | 传媒类服务进口总额 | 贸易差额 |
|---|---|---|---|
| 2003 | 1243.00 | 1542 | -299.00 |
| 2004 | 1276.00 | 1912 | -636.00 |
| 2005 | 1309.00 | 2097 | -788.00 |
| 2006 | 1450.00 | 2110 | -660.00 |
| 2007 | 1518.00 | 2395 | -877.00 |
| 2008 | 1936.00 | 2683 | -747.00 |
| 2009 | 2091.53 | 2737.704 | -646.18 |
| 2010 | 2363.19 | 3105.222 | -742.04 |
| 2011 | 2609.97 | 3155.575 | -545.61 |
| 2012 | NA | NA | NA |

资料来源：UNCTAD创意经济数据库。

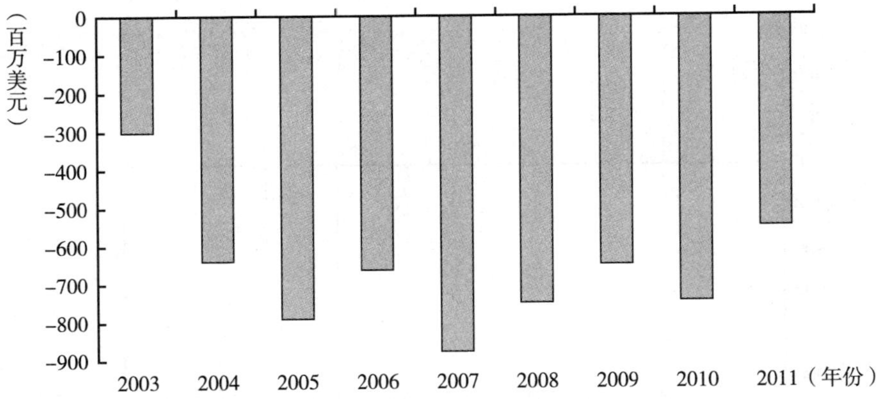


**图9　中国香港传媒类服务国际贸易差额变化情况**

资料来源：UNCTAD创意经济数据库。

### 3. 中国香港传媒贸易差额

表 10　中国香港传媒年度贸易差额变化情况

单位：百万美元

| 年份 | 传媒类产品与服务出口总额 | 传媒类产品与服务进口总额 | 贸易差额 |
|---|---|---|---|
| 2003 | 3447. 69 | 3290. 656 | 157. 04 |
| 2004 | 3726. 87 | 3984. 783 | -257. 91 |
| 2005 | 4056. 26 | 4444. 89 | -388. 63 |
| 2006 | 4962. 52 | 5632. 853 | -670. 33 |
| 2007 | 9316. 77 | 10101. 13 | -784. 36 |
| 2008 | 10506. 48 | 11934. 17 | -1427. 69 |
| 2009 | 10015. 34 | 11309. 35 | -1294. 01 |
| 2010 | 9873. 68 | 11254. 42 | -1380. 74 |
| 2011 | 10144. 96 | 11481. 09 | -1336. 13 |
| 2012 | NA | NA | NA |

资料来源：UNCTAD 创意经济数据库。

从整体来看，香港传媒整体贸易逆差处于不断扩大的状态，2003 年香港传媒国际贸易处于贸易顺差状态，顺差额为 1. 57 亿美元，但从 2004 年开始就一直处于贸易逆差状态，并且其逆差处于不断扩大状态，扩大速度较快，直到 2009 年之后贸易逆差增速才逐步下降。2004 年的贸易逆差额为 2. 58 亿美元，2007 年就

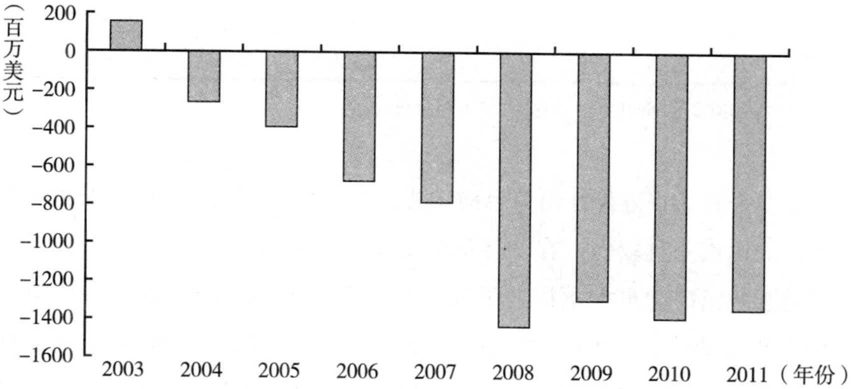


图 10　中国香港传媒国际贸易差额变化情况

资料来源：UNCTAD 创意经济数据库。

扩大至7.84亿美元，而2008年更是扩大为14.28亿美元，2011年小幅下降为13.36亿美元。这在一定程度上说明香港传媒国际竞争力的下降。

## 二　中国香港传媒出口结构演变

### （一）中国香港传媒出口结构

#### 1. 中国香港传媒类服务的出口比重

**表11　中国香港传媒类服务出口比重年度变化情况**

单位：百万美元，%

| 年份 | 传媒类产品与服务出口总额 | 传媒类服务出口总额 | 服务出口值所占比重 |
|---|---|---|---|
| 2003 | 3447.69 | 1243.00 | 36.05 |
| 2004 | 3726.87 | 1276.00 | 34.24 |
| 2005 | 4056.26 | 1309.00 | 32.27 |
| 2006 | 4962.52 | 1450.00 | 29.22 |
| 2007 | 9316.77 | 1518.00 | 16.29 |
| 2008 | 10506.48 | 1936.00 | 18.43 |
| 2009 | 10015.34 | 2091.53 | 20.88 |
| 2010 | 9873.68 | 2363.19 | 23.93 |
| 2011 | 10144.96 | 2609.97 | 25.73 |
| 2012 | NA | NA | NA |

资料来源：UNCTAD创意经济数据库、UN Comtrade。

从数据来看，香港传媒出口目前主要以产品出口为主，传媒类服务出口占传媒出口的比重一直较低，在9年间服务出口比重从未超过37%。同时与内地传媒类服务出口比重大幅提升不同的是，香港传媒类服务的出口比重在下降。2003年香港传媒类服务出口总额占传媒整体出口的比重为36.05%，此后4年持续下降，2007年下降到最低点16.29%，随后逐步恢复至2011年的25.73%，总体呈现下降的趋势。这说明香港传媒类服务贸易的竞争力在不断下降，其在传媒贸易中的重要程度不断下降。

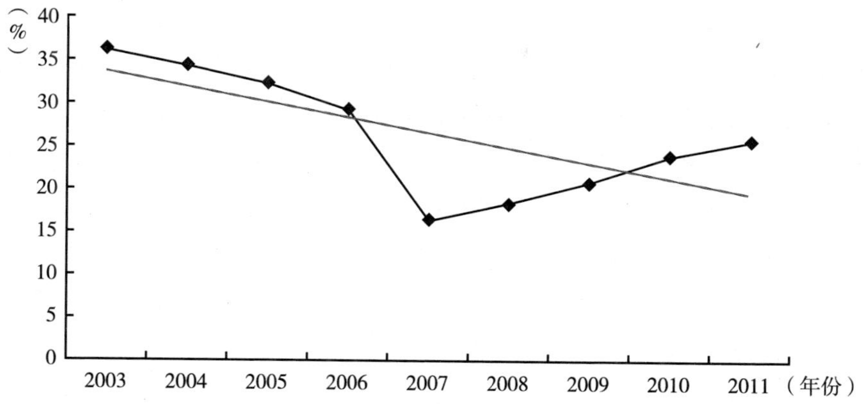


**图 11　传媒类服务出口值占中国香港传媒总出口比重的变化情况**

资料来源：UNCTAD 创意经济数据库。

## 2. 中国香港传媒类产品的出口结构

**表 12　中国香港传媒类产品出口结构变化情况**

单位：%

| 年份 | 视听产品 | 新媒体产品 | 音乐产品 | 出版物产品 |
|---|---|---|---|---|
| | 比重 | 比重 | 比重 | 比重 |
| 2003 | 8.75 | 37.54 | 3.27 | 50.44 |
| 2004 | 8.43 | 34.92 | 3.08 | 53.56 |
| 2005 | 6.59 | 37.30 | 2.75 | 53.36 |
| 2006 | 6.51 | 43.77 | 2.47 | 47.24 |
| 2007 | 9.03 | 65.75 | 1.09 | 24.12 |
| 2008 | 8.63 | 67.21 | 0.95 | 23.21 |
| 2009 | 11.69 | 66.95 | 0.70 | 20.66 |
| 2010 | 10.86 | 64.74 | 0.72 | 23.69 |
| 2011 | 11.87 | 63.32 | 0.56 | 24.26 |
| 2012 | 14.78 | 60.73 | 0.55 | 23.94 |

资料来源：UNCTAD 创意经济数据库。

从 2003 年到 2012 年，香港传媒类产品出口结构发生了巨大的变化。2006 年以前香港传媒类产品出口以出版物产品为主，其比重一直超过 1/2，最高时2004年达53.56%，但是从2006年开始，出版物产品出口比重快速下降，2006年出版物产品出口比重还有47.24%，2007年比重下降了近一半，其比重只有24.12%，与此同时新媒体产品的比重大幅提高，2006年新媒体产品出口比重仅有43.77%，而2007年比重就提高至65.75%。2007年以后香港传媒类产品出口以新媒体产品为主。而音乐产品和视听产品比重相对较小，但是视听产品的比重提升速度较快，从2003年的8.75%上升为2012年的14.78%，音乐产品的比重下降较快，从2003年的3.27%下降为2012年的0.55%。

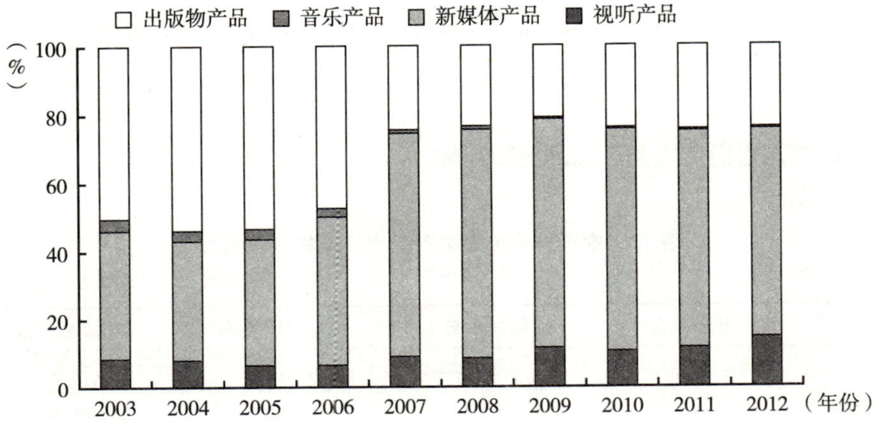


**图12　中国香港传媒类产品出口结构变化情况**

资料来源：UNCTAD创意经济数据库。

### 3. 中国香港传媒类服务的出口结构

**表13　中国香港传媒类服务出口结构变化情况**

单位：%

| 年份 | 广告、市场调研与民意测验服务 | 个人文化和休闲服务 | 版税和许可费服务 | 计算机与信息服务 |
|---|---|---|---|---|
| | 比重 | 比重 | 比重 | 比重 |
| 2003 | 41.91 | 11.02 | 27.35 | 19.71 |
| 2004 | 40.99 | 22.73 | 17.08 | 19.20 |
| 2005 | 40.41 | 20.63 | 18.72 | 20.24 |
| 2006 | 38.14 | 19.31 | 17.86 | 24.69 |

续表

| 年份 | 广告、市场调研与民意测验服务 | 个人文化和休闲服务 | 版税和许可费服务 | 计算机与信息服务 |
|---|---|---|---|---|
| | 比重 | 比重 | 比重 | 比重 |
| 2007 | 40.25 | 17.92 | 23.58 | 18.25 |
| 2008 | 31.51 | 13.69 | 19.63 | 35.18 |
| 2009 | 30.23 | 18.77 | 18.33 | 32.67 |
| 2010 | 27.58 | 18.03 | 16.94 | 37.46 |
| 2011 | 28.06 | 18.10 | 17.60 | 36.24 |
| 2012 | NA | NA | NA | NA |

资料来源：UNCTAD 创意经济数据库。

目前香港传媒类服务出口结构中，在2008年以前以广告、市场调研与民意测验服务为主，其所占比重大多超过40%，而从2008年开始，香港传媒类服务中广告、市场调研与民意测验服务和计算机与信息服务并驾齐驱，计算机与信息服务出口甚至超过了广告、市场调研与民意测验服务出口。总体上与内地计算机与信息服务“一枝独秀”不同，香港传媒类服务出口结构相对均衡，

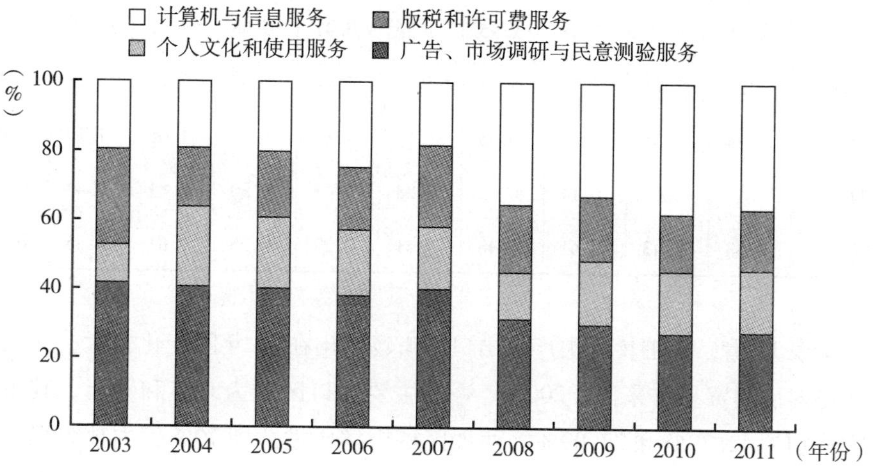


**图13　中国香港传媒类服务出口结构变化情况**

资料来源：UNCTAD 创意经济数据库。

四类服务所占比重并不悬殊，2011 年个人文化和休闲服务出口占到 18.1%，而版税和许可费服务出口也占到 17.6%，从图 13 也可以看出其服务出口均衡多样的状态。但是同时也暴露了香港在核心服务——版税和许可费服务方面国际竞争力不足。

## （二）中国香港传媒类产品出口市场结构

**表 14　中国香港传媒类产品出口市场结构变化情况**

单位：%

| 地区＼年份 | 2003 | 2004 | 2005 | 2006 | 2007 | 2008 | 2009 | 2010 | 2011 | 2012 |
|---|---|---|---|---|---|---|---|---|---|---|
| 内地 | 6.20 | 5.87 | 9.21 | 15.03 | 29.77 | 21.87 | 22.55 | 29.83 | 38.96 | 40.95 |
| 北美 | 42.79 | 52.01 | 45.27 | 37.84 | 23.92 | 23.40 | 21.43 | 20.85 | 17.51 | 18.09 |
| 欧盟 | 27.09 | 20.97 | 24.98 | 29.69 | 26.98 | 38.13 | 33.44 | 26.79 | 22.71 | 17.39 |
| 日韩 | 7.05 | 5.50 | 4.38 | 3.91 | 3.89 | 2.77 | 5.35 | 4.95 | 4.73 | 6.97 |
| 其他 | 3.98 | 4.02 | 4.09 | 2.95 | 5.02 | 3.66 | 4.71 | 5.99 | 6.79 | 5.72 |
| 南亚 | 0.40 | 0.45 | 0.56 | 1.37 | 0.77 | 0.71 | 3.71 | 2.53 | 1.76 | 3.30 |
| 澳大利亚 | 4.56 | 3.29 | 3.54 | 2.95 | 2.31 | 3.47 | 3.98 | 3.31 | 2.63 | 2.68 |
| 东南亚 | 7.27 | 7.11 | 7.06 | 5.15 | 5.56 | 3.44 | 2.82 | 2.70 | 2.28 | 2.48 |
| 南美 | 0.34 | 0.35 | 0.38 | 0.55 | 1.11 | 1.85 | 1.46 | 1.65 | 1.30 | 1.44 |
| 独联体 | NA | NA | 0.14 | 0.15 | 0.28 | 0.43 | 0.30 | 0.81 | 0.48 | 0.51 |
| ACP | 0.33 | 0.43 | 0.41 | 0.40 | 0.41 | 0.27 | 0.25 | 0.61 | 0.85 | 0.46 |

从表 14 看，香港传媒类产品出口的市场结构在 10 年间变化较大，尤其体现在与内地的贸易往来上。2003 年香港主要出口区域为北美和欧盟，其市场比重分别为 42.79% 和 27.09%，两大区域市场比重达到 70%，内地市场仅占 6.2%。而 2012 年香港最重要出口区域市场变为内地，内地市场比重占到 40.95%，超过北美市场和欧盟市场的总和。说明香港与内地市场联结越来越紧密，内地市场对香港传媒类产品出口的重要程度越来越高。

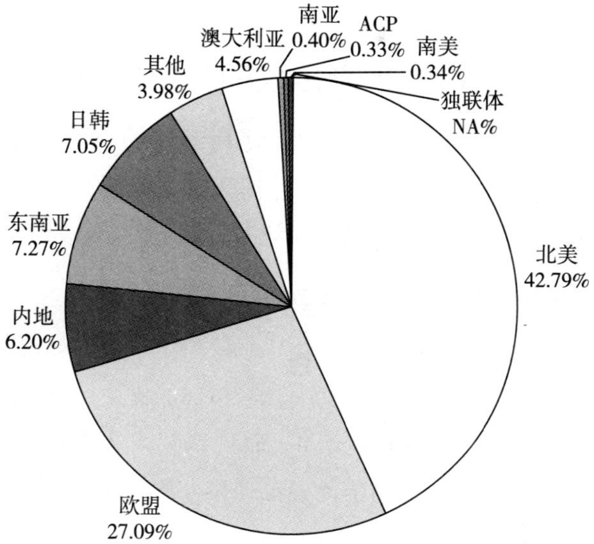


**图 14　2003 年中国香港传媒类产品出口市场结构**

资料来源：UNCTAD 创意经济数据库。

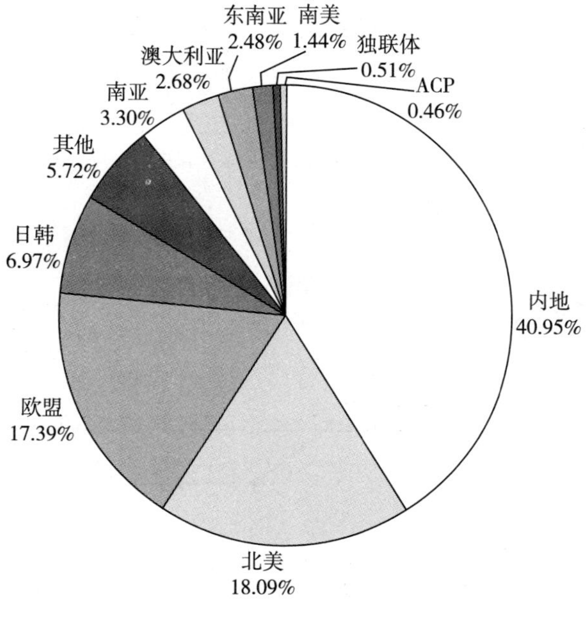


**图 15　2012 年中国香港传媒类产品出口市场结构**

资料来源：UNCTAD 创意经济数据库。

# 三　中国香港传媒国际竞争力的多指标评价

## （一）中国香港传媒的贸易竞争力指数

### 1. 中国香港传媒类产品的贸易竞争力指数

从其绝对值来看，香港传媒类产品 TCI 在 2007 年之前一直保持为正值，在 0.12～0 区间波动，说明其贸易竞争力有比较微弱的优势，但是在 2003～2007 年其 TCI 一直在不断下滑，逐渐接近于 0。而自 2008 年开始，TCI 变为负值，并且仍然在缓慢下滑，其微弱的竞争优势也丧失。从总体上看，香港传媒类产品 TCI 在 10 年间一直接近于 0，说明其国际竞争力与国际平均水平相当，呈现中性状态，但是 10 年间其缓慢下降的趋势非常明显，应引起重视，尽管下降的幅度并不大。

**表 15　中国香港传媒类产品 TCI 变动情况**

| 年份 | 2003 | 2004 | 2005 | 2006 | 2007 | 2008 | 2009 | 2010 | 2011 | 2012 |
|---|---|---|---|---|---|---|---|---|---|---|
| TCI | 0.12 | 0.08 | 0.08 | 0.00 | 0.01 | -0.04 | -0.04 | -0.04 | -0.05 | -0.07 |

资料来源：根据 UNCTAD 创意经济数据库的相关数据计算获得。

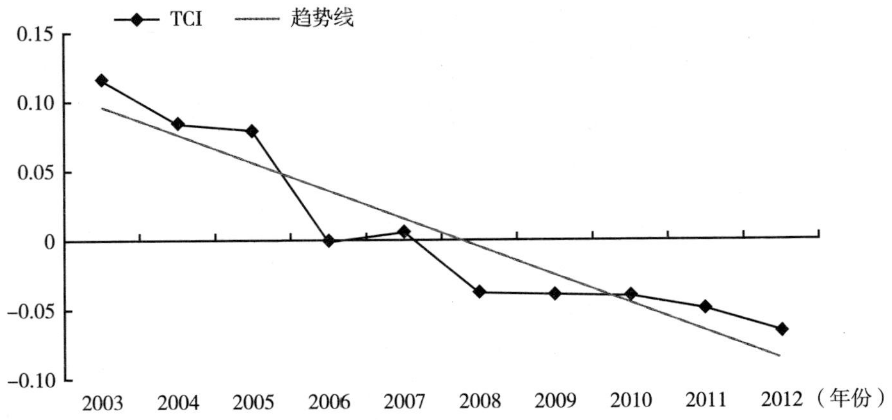


**图 16　中国香港传媒类产品 TCI 变动情况**

资料来源：根据 UNCTAD 创意经济数据库数据计算获得。

## 2. 中国香港传媒类服务的贸易竞争力指数

表 16　中国香港传媒类服务 TCI 变动情况

| 年份 | 2003 | 2004 | 2005 | 2006 | 2007 | 2008 | 2009 | 2010 | 2011 | 2012 |
|---|---|---|---|---|---|---|---|---|---|---|
| TCI | -0.11 | -0.20 | -0.23 | -0.19 | -0.22 | -0.16 | -0.13 | -0.14 | -0.09 | NA |

资料来源：根据 UNCTAD 创意经济数据库的相关数据计算获得。

香港传媒类服务的 TCI 变动情况表明，其 TCI 一直处于负值，在 -0.09 ~ -0.23 区间波动，说明其传媒类服务一直处于并不明显的竞争劣势。但是与传媒类产品 TCI 明显的下降趋势不同的是，香港传媒类服务 TCI 呈 U 型曲线，一度呈下降趋势，但近几年开始逐步回升。其竞争劣势在不断改善，到 2011 年传媒类服务竞争力接近于中性，与国际平均水平相当。

## 3. 中国香港传媒整体贸易竞争力指数

将传媒类产品和传媒类服务合并观察香港传媒整体 TCI 的变动，香港传媒整体 TCI 在缓慢下滑，2003 年 TCI 为 0.02，2004 年即下降为 -0.03，随后 6 年一直在 -0.05 ~ -0.07 区间波动，变化非常小，到 2011 年 TCI 依然为 -0.06。总体上可以判断香港传媒整体国际竞争力接近中性状态，与国际平均水平相当，其竞争力水平保持得相对稳定，仅仅表现出非常微小的下滑。

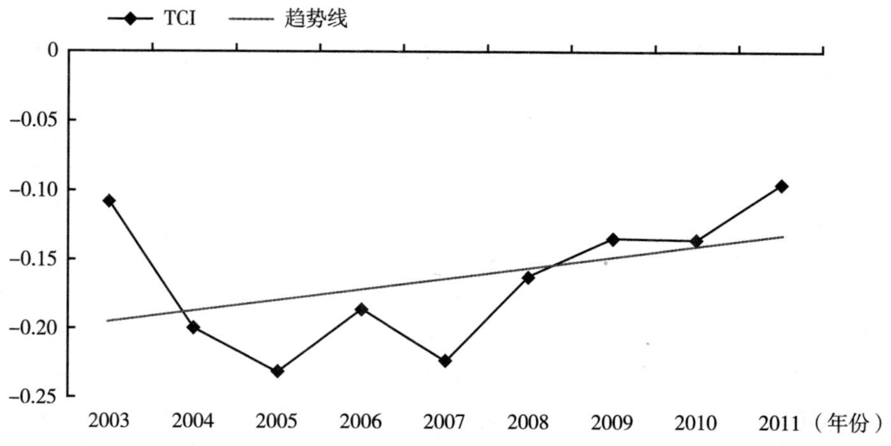


图 17　中国香港传媒类服务 TCI 变动情况

资料来源：根据 UNCTAD 创意经济数据库数据计算获得。

**表 17　中国香港传媒整体 TCI 变动情况**

| 年份 | 2003 | 2004 | 2005 | 2006 | 2007 | 2008 | 2009 | 2010 | 2011 | 2012 |
|---|---|---|---|---|---|---|---|---|---|---|
| TCI | 0.02 | -0.03 | -0.05 | -0.06 | -0.04 | -0.06 | -0.06 | -0.07 | -0.06 | NA |

资料来源：根据 UNCTAD 创意经济数据库的相关数据计算获得。

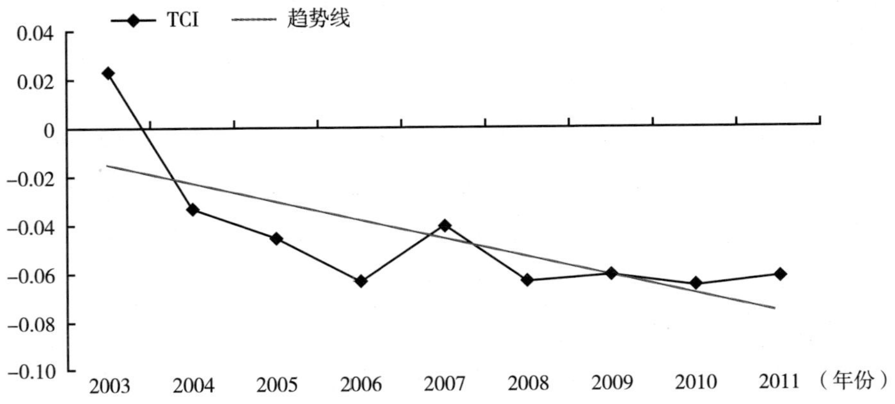


**图 18　中国香港传媒整体 TCI 变动情况**

资料来源：根据 UNCTAD 创意经济数据库数据计算获得。

## （二）中国香港传媒的显示性比较优势指数

### 1. 中国香港传媒类产品的显示性比较优势指数

**表 18　中国香港传媒类产品 RCA 指数变动情况**

| 年份 | 2003 | 2004 | 2005 | 2006 | 2007 | 2008 | 2009 | 2010 | 2011 | 2012 |
|---|---|---|---|---|---|---|---|---|---|---|
| RCA 指数 | 1.26 | 1.31 | 1.39 | 1.73 | 2.60 | 2.73 | 2.55 | 2.38 | 2.43 | 2.29 |

资料来源：根据 UNCTAD 创意经济数据库的相关数据计算获得。

与 TCI 指标不同，RCA 指数考虑与世界的比较，因而 RCA 指数表现的趋势与 TCI 存在一定程度差异。从香港传媒类产品 RCA 指数绝对值来看，在 10 年间大部分年份均大于 1.25，表明香港传媒类产品具有较强的国际竞争力。从其 10 年的波动来看，香港传媒类产品 RCA 指数总体呈上升的趋势，2003～2006年，RCA指数在1.26～1.73区间波动，在此期间，香港传媒类产品具有较强的国际竞争力；而2007～2009年，RCA指数大于2.5，说明在此期间，香港传媒类产品具有极强的国际竞争力；2010～2012年，RCA指数大于2.2，说明其具有较强的国际竞争力。总之，RCA指数数据说明香港传媒类产品具有较强的国际竞争力，总体上呈稳步上升的趋势。

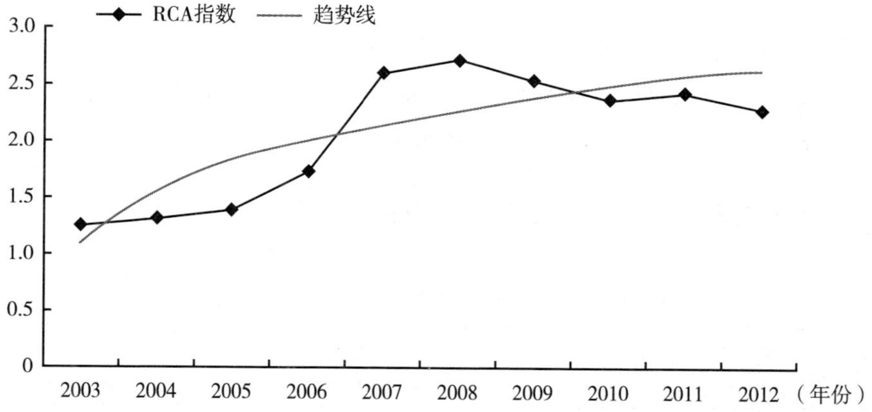


**图19　中国香港传媒类产品RCA指数变动情况**

资料来源：根据UNCTAD创意经济数据库数据计算获得。

## 2. 中国香港传媒类服务的显示性比较优势指数

**表19　中国香港传媒类服务RCA指数变动情况**

| 年份 | 2003 | 2004 | 2005 | 2006 | 2007 | 2008 | 2009 | 2010 | 2011 | 2012 |
|---|---|---|---|---|---|---|---|---|---|---|
| RCA指数 | 0.19 | 0.16 | 0.15 | 0.15 | 0.14 | 0.17 | 0.16 | 0.17 | 0.17 | NA |

资料来源：根据UNCTAD创意经济数据库的相关数据计算获得。

与传媒类产品不同，香港传媒类服务RCA指数在9年间一直保持稳定，没有太大的变化，主要在0.14～0.19区间变化，远远不及0.8的水平，因此香港传媒类服务的国际竞争力非常弱，处于竞争劣势。此外，香港传媒类服务的国际竞争力在9年间并未得到明显提升或者下降。

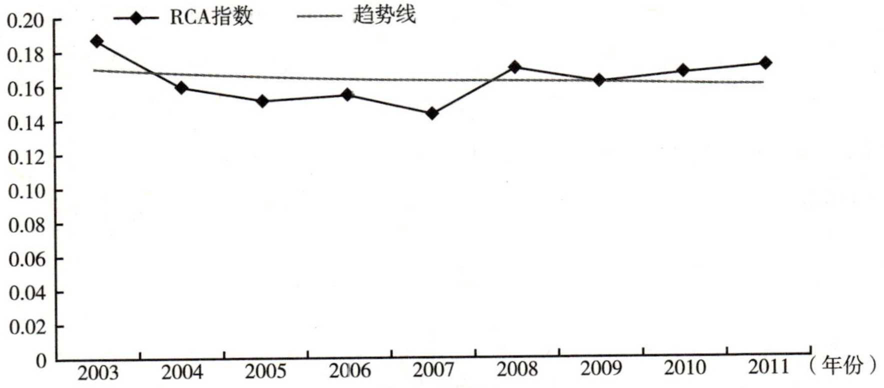


**图 20　中国香港传媒类服务 RCA 指数变动情况**

资料来源：根据 UNCTAD 创意经济数据库数据计算获得。

### 3. 中国香港传媒整体显示性比较优势指数

**表 20　中国香港传媒整体 RCA 指数变动情况**

| 年份 | 2003 | 2004 | 2005 | 2006 | 2007 | 2008 | 2009 | 2010 | 2011 | 2012 |
|---|---|---|---|---|---|---|---|---|---|---|
| RCA 指数 | 0.41 | 0.38 | 0.38 | 0.43 | 0.68 | 0.72 | 0.62 | 0.57 | 0.55 | NA |

资料来源：根据 UNCTAD 创意经济数据库的相关数据计算获得。

将传媒类产品和传媒类服务汇总，从整体上评价香港传媒国际竞争力，发现香港传媒 RCA 指数在 9 年间一直小于 0.8，最高值出现在 2008 年，为 0.72，9 年中有 6 年低于 0.6，说明香港传媒整体上处于相对弱势的竞争地位，没有显示性比较优势，主要原因应该是受到传媒类服务竞争力的拖累。但从长期变化趋势来看，香港的竞争力上升的势头非常明显。

## （三）中国香港传媒的净出口显示性比较优势指数

### 1. 中国香港传媒类产品的净出口显示性比较优势指数

**表 21　中国香港传媒类产品 NXRCA 指数变动情况**

| 年份 | 2003 | 2004 | 2005 | 2006 | 2007 | 2008 | 2009 | 2010 | 2011 | 2012 |
|---|---|---|---|---|---|---|---|---|---|---|
| NXRCA 指数 | 0.21 | 0.16 | 0.16 | 0.04 | 0.15 | -0.04 | -0.03 | 0.03 | 0.02 | -0.02 |

资料来源：根据 UNCTAD 创意经济数据库的相关数据计算获得。

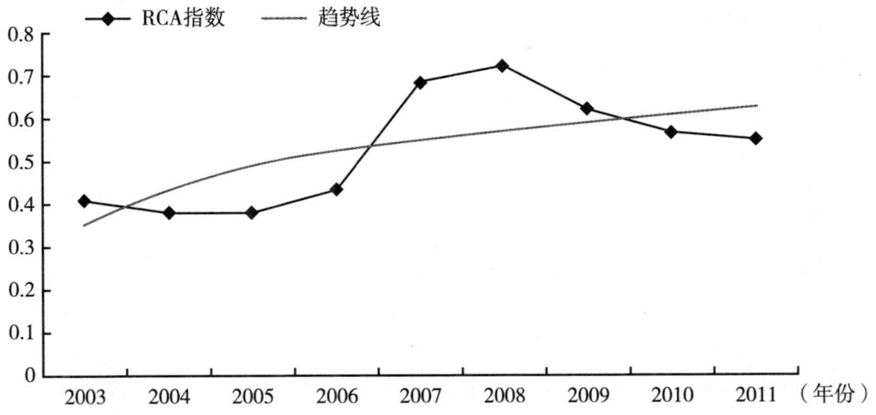


**图 21　中国香港传媒整体 RCA 指数变动情况**

资料来源：根据 UNCTAD 创意经济数据库数据计算获得。

考虑到进口的影响，NXRCA 指数与 RCA 指数显示的趋势也存在一定的差异。从数据来看，香港传媒类产品 NXRCA 指数在 10 年间有一定的起伏。在 2008 年以前，NXRCA 指数一直在 0.04～0.21 区间波动，说明这一阶段，香港传媒类产品具有一定程度的国际竞争优势。但是从 2008 年开始，有一定程度的下滑，2008 年、2009 年、2012 年三年均小于 0，而 2010 年和 2011 年 NXRCA 指数也仅为 0.03 和 0.02，说明香港传媒类产品的净出口显示性比较优势在下降，从原有的竞争优势转变为中性竞争水平，甚至表现出轻微劣势。

## 2. 中国香港传媒类服务的净出口显示性比较优势指数

**表 22　中国香港传媒类服务 NXRCA 指数变动情况**

| 年份 | 2003 | 2004 | 2005 | 2006 | 2007 | 2008 | 2009 | 2010 | 2011 | 2012 |
|---|---|---|---|---|---|---|---|---|---|---|
| NXRCA 指数 | -0.12 | -0.22 | -0.25 | -0.18 | -0.21 | -0.16 | -0.14 | -0.11 | -0.04 | NA |

资料来源：根据 UNCTAD 创意经济数据库的相关数据计算获得。

与 RCA 指数和 TCI 的表现趋势一样，香港传媒类服务 NXRCA 指数一直处于负值状态，在 -0.04～-0.25 区间浮动，说明香港传媒类服务在国际竞争中一直处于劣势，但是9 年间劣势有一定程度的改善，NXRCA 指数在不断降低，也就是其净出口显示性比较优势处在上升状态。

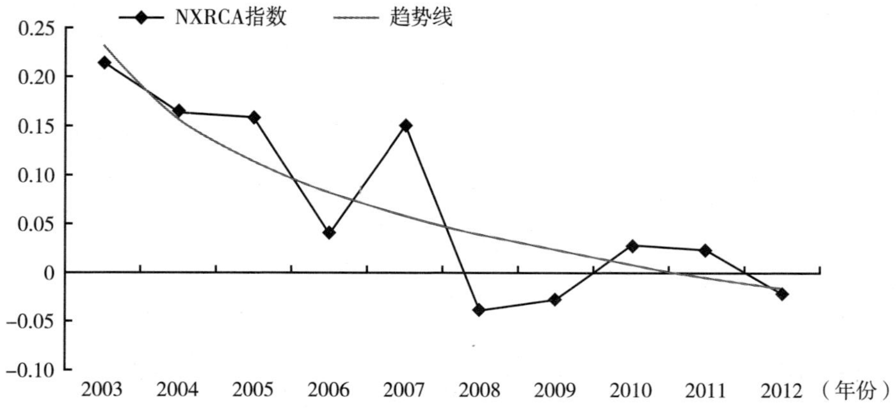


**图 22　中国香港传媒类产品 NXRCA 指数变动情况**

资料来源：根据 UNCTAD 创意经济数据库数据计算获得。

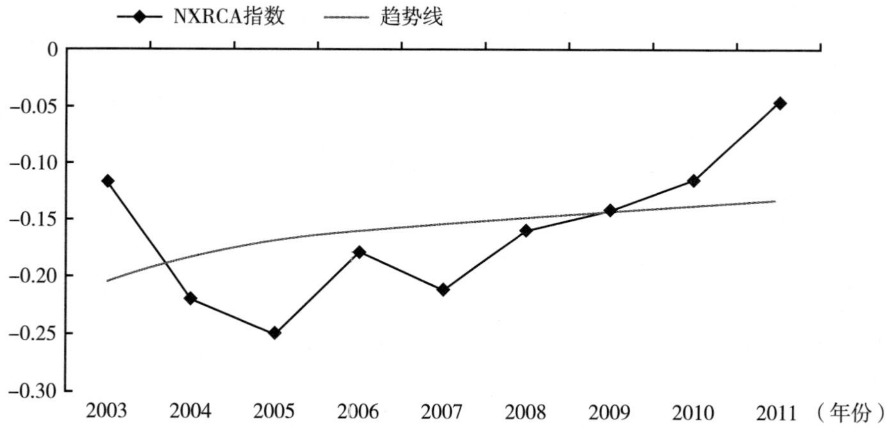


**图 23　中国香港传媒类服务 NXRCA 指数变动情况**

资料来源：根据 UNCTAD 创意经济数据库数据计算获得。

### 3. 中国香港传媒整体的净出口显示性比较优势指数

**表 23　中国香港传媒整体 NXRCA 指数变动情况**

| 年份 | 2003 | 2004 | 2005 | 2006 | 2007 | 2008 | 2009 | 2010 | 2011 | 2012 |
|---|---|---|---|---|---|---|---|---|---|---|
| NXRCA 指数 | 0. 10 | -0. 06 | -0. 09 | -0. 14 | -0. 06 | -0. 20 | -0. 17 | -0. 09 | -0. 02 | NA |

资料来源：根据 UNCTAD 创意经济数据库的相关数据计算获得。

从整体上看，香港传媒的净出口显示性比较优势一直处于相对劣势地位，9年间有8年为负值，仅仅在2003年NXRCA指数为0.1，2004～2006年，NXRCA指数一直呈下降趋势，直到2008年之后，NXRCA指数逐年提升，原有的竞争劣势在近年得到一定程度的改善。从NXRCA指数9年间的表现来看，香港传媒净出口显示性比较优势总体上呈下滑的趋势，但下滑幅度并不大。

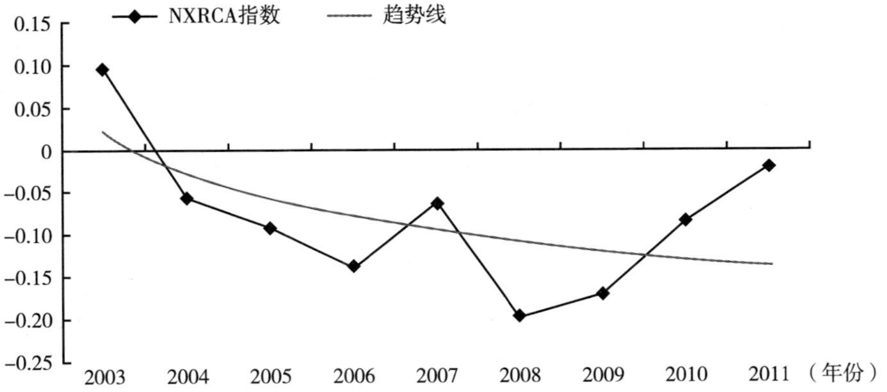


**图24　中国香港传媒整体NXRCA指数变动情况**

资料来源：根据UNCTAD创意经济数据库数据计算获得。

## （四）中国香港传媒竞争力的多指标比较分析

从多指标变动趋势来看，香港传媒整体竞争力TCI、RCA指数和NXRCA指数的趋势表现存在差异。由于香港作为自由贸易区，存在大量的加工贸易和货物中转贸易，其具备非常庞大的出口额，但是除去大量的来料进口额和中转进口额，其产业增值额并不大，因此RCA指数的表现与TCI和NXRCA指数差异较大，因此本部分将主要采信TCI和NXRCA指数的数据。

从香港传媒的多指标比较来看，TCI和NXRCA指数均反映其国际竞争呈下降趋势，但下降的幅度并不大。RCA指数主要反映了香港的出口竞争力，忽视了香港庞大的进口额，因此夸大了香港传媒的国际竞争力。

同样，香港传媒类产品的TCI、RCA指数和NXRCA指数表现的趋势并不相同，TCI和NXRCA指数表明其竞争力在逐年下降，而RCA指数则呈现为

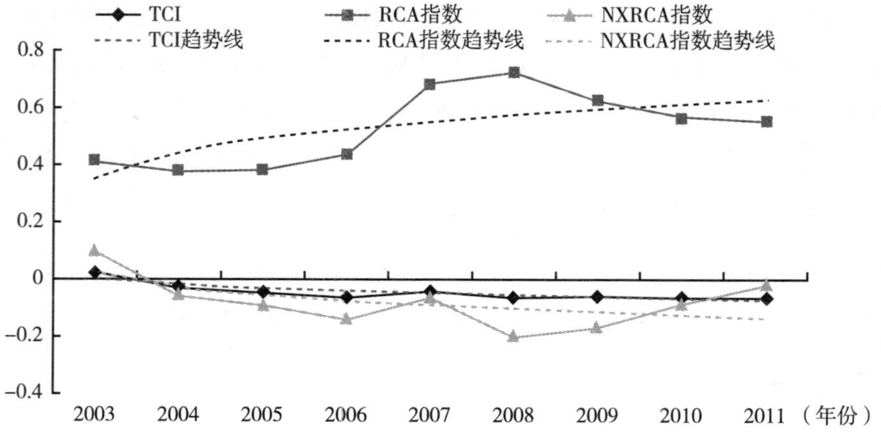


**图 25　中国香港传媒整体竞争力的多指标变动趋势**

资料来源：根据 UNCTAD 创意经济数据库数据计算获得。

上升的趋势。这同样是因为香港庞大的产品中转贸易，仅仅看出口数据，RCA 指数夸大了香港传媒类产品的国际竞争力。综合进口与出口的因素，可以认为尽管香港传媒类产品的出口竞争力在增强，但是实质上其国际竞争力在下降，不过下降幅度并不大。

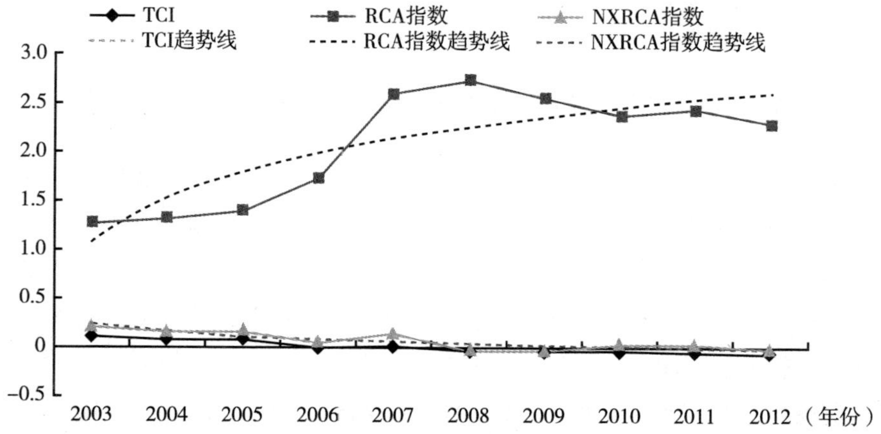


**图 26　中国香港传媒类产品竞争力的多指标变动趋势**

资料来源：根据 UNCTAD 创意经济数据库数据计算获得。

同样，香港传媒类服务的 TCI、RCA 指数和 NXRCA 指数表现的趋势也不相同，TCI 和 NXRCA 指数表明其竞争力有小幅的上升，而 RCA 指数则呈现为平稳发展、不降不升的趋势。这是因为香港传媒类服务出口增长的幅度超过了进口增长的幅度，由香港传媒类服务进出口差额变化可以看出。综合进口与出口的因素，可以认为尽管香港传媒类服务虽然出口竞争力并没有变化，但是实质上其国际竞争力在小幅上升。

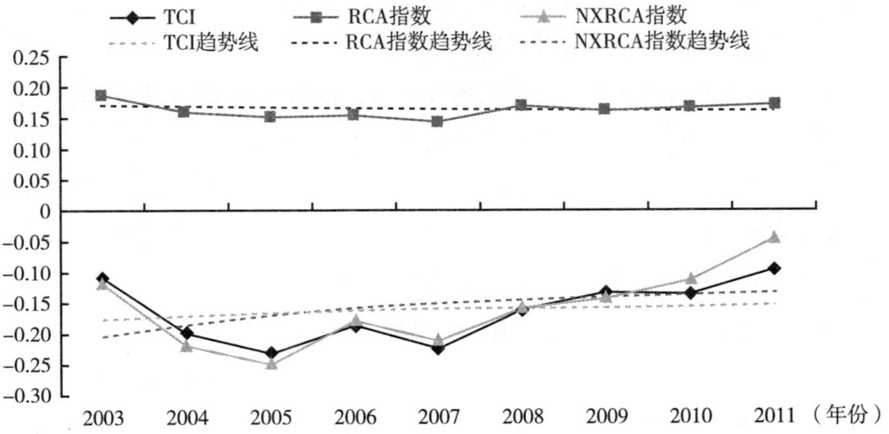


**图 27　中国香港传媒类服务竞争力的多指标变动趋势**

资料来源：根据 UNCTAD 创意经济数据库数据计算获得。

## 四　中国香港传媒国际竞争力的研究总结

根据以上对中国香港传媒从规模、结构、竞争力指标等多方面的测量，可以得到以下结论。

### 1. 中国香港传媒类产品竞争力总体达到国际平均水平并小幅下滑

多指标的国际竞争力评价，香港传媒类产品 TCI 和 NXRCA 指数在 10 年间一直在 0 值附近浮动，说明香港传媒类产品只达到国际平均水平。从其在 10 年间的变化来看，其国际竞争力呈小幅下降的趋势。从传媒类产品的国际贸易差额也可以看出，在 2007 年以前（除 2006 年）香港传媒类产品处于贸易顺差状态，但从 2008 年开始就一直处于贸易逆差状态，并且其逆差额在不断增长。

2. 中国香港传媒类服务竞争劣势得到改善

从进出口差额变化来看，香港传媒类服务进出口差额一直处于贸易逆差，总体趋势显现为U型曲线，逆差在2007年达到顶点，2008～2011年逆差得到一定程度的改善。从TCI和NXRCA指数来看，香港传媒类服务的TCI一直处于负值，在－0.09～－0.23区间波动，香港传媒类服务NXRCA指数一直处于负值状态，在－0.04～－0.25区间浮动，说明香港传媒类服务在国际竞争中一直处于劣势，但是10年间劣势有一定程度的改善。

3. 中国香港传媒类产品出口增长乏力

从中国香港传媒类产品出口增长速度来看，在2008年以前呈快速增长的状态，6年间增长近3倍，尤其在2007年增长速度高达122.03%。然而从2009年开始基本呈下滑趋势，2012年的出口值甚至还不及2007年的出口值。与内地的持续增长趋势不同，香港的传媒类产品出口出现了增长乏力的趋势，在10年间虽然总体上呈上升趋势，但只是在前5年增长，而后5年下滑。

4. 中国香港传媒类产品结构重心从出版物转向新媒体

2006年以前香港传媒类产品出口以出版物产品为主，其比重一直超过1/2，最高时2004年达53.56%，而从2007年开始香港传媒类产品出口以新媒体产品为主。说明香港原来传统的出版优势在丧失，而转向制造型产品的国际贸易，此类贸易主要以中转型贸易为主，对香港产业增值效应不大。

5. 中国香港传媒类服务核心竞争力不足

目前香港传媒类服务结构中，在2008年以前主要以广告、市场调研与民意测验服务为主，其所占比重大多超过40%，而从2008年开始香港传媒类服务中广告、市场调研与民意测验服务和计算机与信息服务并驾齐驱，两者合计出口比重超过60%。而版税和许可费服务出口只占到17%左右，虽然远远超过内地的比重水平，但远不及发达国家的比重水平，从这说明香港在核心服务——版税和许可费服务方面的国际竞争力不足。

6. 中国香港传媒类产品出口市场结构变化大

数据显示，2003年香港传媒类产品主要出口区域为北美和欧盟，而2012年香港最重要出口区域市场变为内地，内地市场比重占到40.95%，超过北美市场和欧盟市场的总和5.47%。说明香港与内地市场联结越来越紧密，内地市场对香港传媒类产品出口的重要程度越来越高。

B.5

# 中国台湾传媒国际竞争力评价

刘强　汤茜草

## 一　中国台湾传媒的总体发展态势

### （一）出口规模

#### 1. 传媒类产品出口规模

**表 1　中国台湾传媒类产品出口规模年度变化情况**

单位：百万美元，%

| 年份 | 所有传媒类产品出口总额 | 年增速 | 年份 | 所有传媒类产品出口总额 | 年增速 |
|---|---|---|---|---|---|
| 2003 | NA | NA | 2008 | NA | NA |
| 2004 | 611.4956 | NA | 2009 | 4328.999 | NA |
| 2005 | 555.8501 | -9.10 | 2010 | 5885.879 | 35.96 |
| 2006 | 598.3136 | 7.64 | 2011 | 6512.352 | 10.64 |
| 2007 | NA | NA | 2012 | 6152.578 | -5.52 |

资料来源：UNCTAD 创意经济数据库、UN Comtrade。

由表 1 可知，9 年间台湾传媒类产品呈快速增长的态势，从 2004 年的 6.1 亿美元增长为 2012 年的 61.5 亿美元，9 年间增长近 10 倍。虽然有部分年份的数据缺乏，但是可以发现 2006～2010 年台湾传媒类产品有一个超高速的发展，然后在 2011 年后增速放缓。台湾传媒类产品的出口值最高峰出现在 2011 年，达到 65.1 亿美元，其出口规模与香港相近。总体来看，台湾传媒类产品出口得到了较快的发展。

## 2. 传媒类服务出口规模

**表 2　中国台湾传媒类服务出口规模年度变化情况**

单位：百万美元，%

| 年份 | 所有传媒类服务出口总额 | 年增速 | 年份 | 所有传媒类服务出口总额 | 年增速 |
|---|---|---|---|---|---|
| 2003 | 365 | | 2008 | 431 | 1. 17 |
| 2004 | 449 | 23. 01 | 2009 | 458 | 6. 26 |
| 2005 | 400 | -10. 91 | 2010 | 776 | 69. 43 |
| 2006 | 506 | 26. 50 | 2011 | 1362 | 75. 52 |
| 2007 | 426 | -15. 81 | 2012 | 1591 | 16. 81 |

资料来源：UNCTAD 创意经济数据库。

从表 2 可以看出，与传媒类产品相比，台湾传媒类服务的增长速度远远低于传媒类产品，从 2003 年的 3. 65 亿美元增长到 2012 年的 15. 9 亿美元，增长 3 倍多，年平均增长速度达 22%。台湾传媒类服务在 2010 年呈爆发式增长，年增长速度达 69. 43%，从 2009 年的 4. 58 亿美元直接增长至 7. 76 亿美元，接着在 2011 年持续高速增长，增速达 75. 52%，直接跨入服务出口 10 亿美元级，2011 年达 13. 62 亿美元。总之，台湾传媒类服务出口规模呈加速度增长，增长趋势显著，一定程度上说明台湾传媒类服务国际竞争力的大幅度提升。

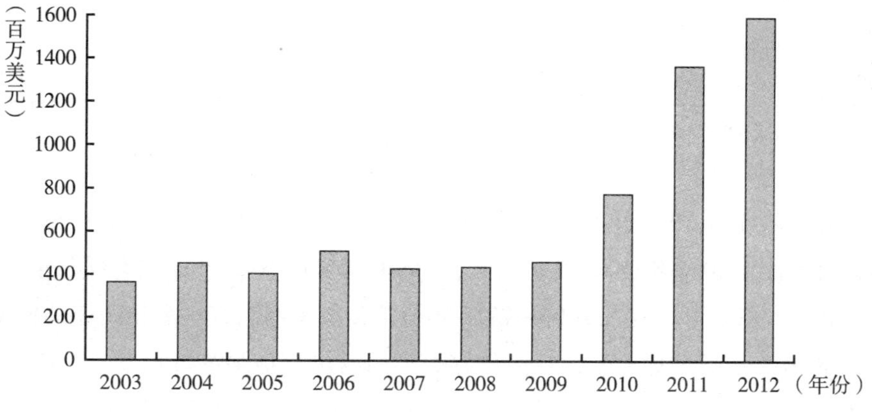


**图 1　中国台湾传媒类服务出口规模增长情况**

资料来源：UNCTAD 创意经济数据库。

### 3. 总体出口规模

**表 3　中国台湾传媒出口规模年度变化情况**

单位：百万美元，%

| 年份 | 所有传媒类产品与服务出口总额 | 年增速 | 年份 | 所有传媒类产品与服务出口总额 | 年增速 |
|---|---|---|---|---|---|
| 2003 | NA | NA | 2008 | NA | NA |
| 2004 | 1060.50 | NA | 2009 | 4787.00 | NA |
| 2005 | 955.85 | -9.87 | 2010 | 6661.88 | 39.17 |
| 2006 | 1104.31 | 15.53 | 2011 | 7874.35 | 18.20 |
| 2007 | NA | NA | 2012 | 7743.58 | -1.66 |

资料来源：UNCTAD 创意经济数据库、UN Comtrade。

将传媒类产品与传媒类服务汇总，台湾传媒类产品与服务总体出口值呈较高速增长的态势，在 2004～2012 年的 9 年间，出口总值增长了 6 倍多，其成长速度较快。尤其在 2006～2009 年，仅仅 4 年时间增长 3 倍多，总体上其增长速度呈加速度成长，直到 2011 年和 2012 年增长速度才逐步放缓，2011 年增长速度为 18.2%，2012 年为 -1.66%。

## （二）出口比重

**表 4　传媒出口额占中国台湾出口总额比重年度变化情况**

单位：百万美元，%

| 年份 | 传媒类产品与服务出口额 | 台湾出口总额 | 传媒出口所占比重 |
|---|---|---|---|
| 2003 | NA | 150298.06 | NA |
| 2004 | 1060.50 | 182431.82 | 0.58 |
| 2005 | 955.85 | 198431.70 | 0.48 |
| 2006 | 1104.31 | 224017.30 | 0.49 |
| 2007 | NA | 246676.90 | NA |
| 2008 | NA | 255628.70 | NA |
| 2009 | 4787.00 | 203674.60 | 2.35 |

续表

| 年份 | 传媒类产品与服务出口额 | 台湾出口总额 | 传媒出口所占比重 |
|---|---|---|---|
| 2010 | 6661.88 | 274600.60 | 2.43 |
| 2011 | 7874.35 | 308257.30 | 2.55 |
| 2012 | 7743.58 | 301180.90 | 2.57 |

资料来源：UNCTAD 创意经济数据库、UN Comtrade。

尽管台湾传媒类产品与服务的出口值在10年间长足发展，但是与台湾的出口总值相比，其比重还非常低，大部分年份不到出口总值的3%，比大陆传媒类产品与服务出口占大陆出口总值比重稍高，总体说明台湾传媒国际贸易竞争力并不是很高，在台湾对外贸易中仍处于较低的地位。而且从其比重的波动情况来看，台湾传媒类产品与服务的国际贸易重要程度在2003～2012年呈逐步上升的趋势，2004～2006年，比重仅为0.5%左右，但从2009年开始迅速提升至2%以上，在2012年比重达到最高值2.57%。总体上，传媒出口在台湾出口结构中的比重变化不大，处于较弱的位置，但成长速度较快。

## （三）出口市场份额

### 1. 中国台湾传媒类产品出口国际市场份额

**表5　中国台湾传媒类产品出口国际市场份额变化情况**

单位：百万美元，%

| 年份 | 台湾传媒类产品出口总额 | 世界传媒类产品出口总额 | 国际市场份额 |
|---|---|---|---|
| 2003 | NA | 58004.51 | NA |
| 2004 | 611.4956 | 64797.04 | 0.94 |
| 2005 | 555.8501 | 71012.83 | 0.78 |
| 2006 | 598.3136 | 76413.15 | 0.78 |
| 2007 | NA | 120215.53 | NA |
| 2008 | NA | 136973.32 | NA |
| 2009 | 4328.999 | 118621.01 | 3.65 |

续表

| 年份 | 台湾传媒类产品出口总额 | 世界传媒类产品出口总额 | 国际市场份额 |
|---|---|---|---|
| 2010 | 5885.879 | 120559.65 | 4.88 |
| 2011 | 6512.352 | 124626.70 | 5.23 |
| 2012 | 6152.578 | 116239.36 | 5.29 |

资料来源：UNCTAD 创意经济数据库、UN Comtrade。

从总体上看，台湾传媒类产品的国际市场份额一直呈高速上升趋势，从2004年的0.94%一直上升至2012年的5.29%，市场份额增长了4.6倍，总体上呈加速上升趋势，2004～2006年国际市场占有率均不到1%，然而2009～2012年快速增长，从2009年的3.65%增长至2012年的5.29%，增长速度非常快。这说明台湾传媒类产品出口竞争力在不断提升，赢得了更多的国际市场，并且其增长的速度较快。

### 2. 中国台湾传媒类服务出口国际市场份额

**表6　中国台湾传媒类服务出口国际市场份额变化情况**

单位：百万美元，%

| 年份 | 台湾传媒类服务出口总额 | 世界传媒类服务出口总额 | 国际市场份额 |
|---|---|---|---|
| 2003 | 365 | 221036.81 | 0.17 |
| 2004 | 449 | 277884.34 | 0.16 |
| 2005 | 400 | 311713.24 | 0.13 |
| 2006 | 506 | 353084.72 | 0.14 |
| 2007 | 426 | 425919.19 | 0.10 |
| 2008 | 431 | 498274.40 | 0.09 |
| 2009 | 458 | 495322.73 | 0.09 |
| 2010 | 776 | 543049.18 | 0.14 |
| 2011 | 1362 | 614951.28 | 0.22 |
| 2012 | 1591 | 538467.90 | 0.30 |

资料来源：UNCTAD 创意经济数据库、UN Comtrade。

与传媒类产品相比，台湾传媒类服务的国际市场地位更低，在10年间其国际市场占有率大多没有超过0.3%，远远不及传媒类产品的市场份额。10年间传媒类服务的国际市场占有率有一定程度的沉浮，2003年其国际市场份额为0.17%，但在其后6年不断下降，到2008年下滑到最低点0.09%，从2010年开始才有一定的恢复，2012年其国际市场份额增长为0.3%，总体上台湾传媒类服务的国际竞争力相对较弱，呈小幅上升趋势。

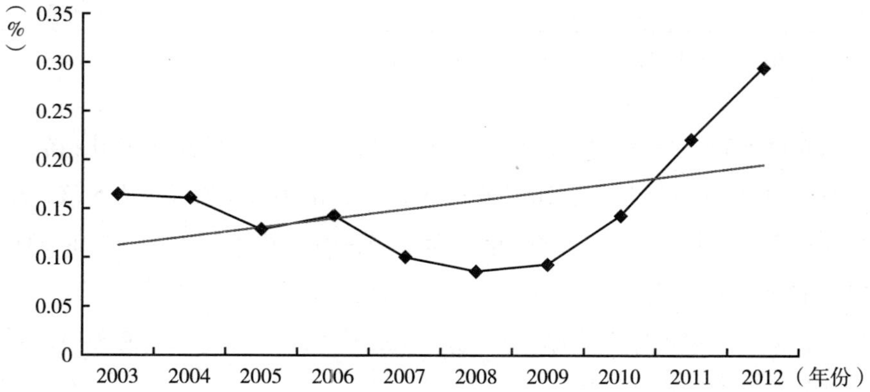


**图2　中国台湾传媒类服务国际市场份额变化情况**

资料来源：UNCTAD创意经济数据库。

### 3. 中国台湾传媒整体出口国际市场份额

**表7　中国台湾传媒整体出口国际市场份额变化情况**

单位：百万美元，%

| 年份 | 中国台湾传媒出口总额 | 世界传媒出口总额 | 国际市场份额 |
|---|---|---|---|
| 2003 | NA | 279041.32 | NA |
| 2004 | 1060.50 | 342681.38 | 0.31 |
| 2005 | 955.85 | 382726.07 | 0.25 |
| 2006 | 1104.31 | 429497.87 | 0.26 |
| 2007 | NA | 546134.71 | NA |
| 2008 | NA | 635247.72 | NA |
| 2009 | 4787.00 | 613943.74 | 0.78 |
| 2010 | 6661.88 | 663608.83 | 1.00 |
| 2011 | 7874.35 | 739577.98 | 1.06 |
| 2012 | 7743.58 | 654707.26 | 1.18 |

资料来源：UNCTAD创意经济数据库、UN Comtrade。

将传媒类产品与传媒类服务合并汇总，台湾传媒整体的国际市场份额较小，在10年间从未超过1.2%，总体呈现出缓慢上升的发展态势，整体起伏较小，在2009年以前，其整体市场份额远远低于1%，直到2010年其市场份额才增长为1%，2011年和2012年国际市场份额仅有小幅上升。由表7可见，台湾传媒整体上的国际市场地位并不高。

## （四）贸易差额

### 1. 中国台湾传媒类产品贸易差额

表8显示，10年来台湾传媒类产品国际贸易差额变化较大，在2007年以前台湾传媒类产品处于贸易逆差状态。但2009年之后台湾传媒类产品就一直处于贸易顺差状态，并且其顺差额增长速度较快。2009年台湾传媒类产品贸易顺差为25.8亿美元，在之后几年逐年增长，2012年贸易顺差为38.9亿美元，相对于2004年的-1.36亿美元，可以说台湾传媒类产品贸易差额发生了天翻地覆的变化，与香港的情况相比差别非常大。总体上说，台湾传媒类产品经过10年的发展，其国际竞争力得到了大幅度的提升。

**表8　中国台湾传媒类产品进出口差额年度变化情况**

单位：百万美元

| 年份 | 传媒类产品出口总额 | 传媒类产品进口总额 | 贸易差额 |
|---|---|---|---|
| 2003 | NA | NA | NA |
| 2004 | 611.4956 | 747.37 | -135.87 |
| 2005 | 555.8501 | 729.93 | -174.08 |
| 2006 | 598.3136 | 674.99 | -76.67 |
| 2007 | NA | NA | NA |
| 2008 | NA | NA | NA |
| 2009 | 4328.999 | 1748.78 | 2580.22 |
| 2010 | 5885.879 | 2600.54 | 3285.34 |
| 2011 | 6512.352 | 2879.17 | 3633.18 |
| 2012 | 6152.578 | 2263.35 | 3889.23 |

资料来源：UNCTAD创意经济数据库、UN Comtrade。

### 2. 中国台湾传媒服务贸易差额

**表 9　中国台湾传媒类服务年度贸易差额**

单位：百万美元

| 年份 | 传媒类服务出口总额 | 传媒类服务进口总额 | 贸易差额 |
|---|---|---|---|
| 2003 | 365 | 2143 | -1778 |
| 2004 | 449 | 2153 | -1704 |
| 2005 | 400 | 2412 | -2012 |
| 2006 | 506 | 2833 | -2327 |
| 2007 | 426 | 3037 | -2611 |
| 2008 | 431 | 3483 | -3052 |
| 2009 | 458 | 3950 | -3492 |
| 2010 | 776 | 5593 | -4817 |
| 2011 | 1362 | 6504 | -5142 |
| 2012 | 1591 | 5396 | -3805 |

资料来源：UNCTAD 创意经济数据库。

表 9 显示，台湾传媒类服务贸易差额一直处于贸易逆差状态，2003 年传媒类服务国际贸易逆差为 17.78 亿美元，10 年来传媒类服务贸易一直没有扭转逆差的状态。从贸易逆差的程度来看，台湾传媒类服务的贸易逆差一直在不断扩大，逆差在 2011 年达到顶点，为 51.4 亿美元，9 年间逆差扩大近 3 倍，

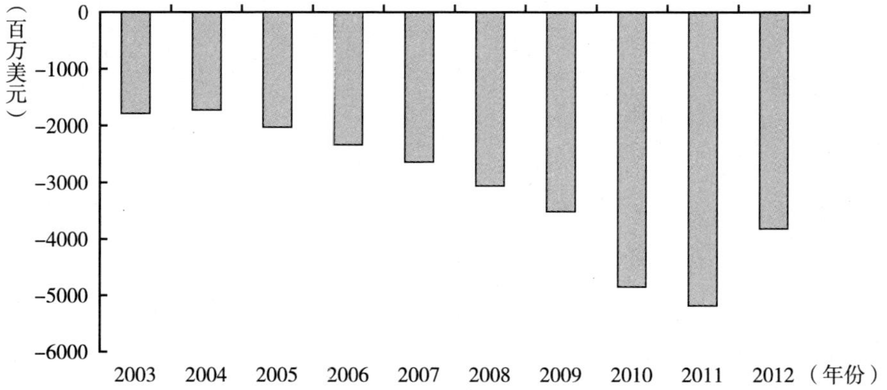


**图 3　中国台湾传媒类服务国际贸易差额变化情况**

资料来源：UNCTAD 创意经济数据库。

2012 年贸易逆差得到了缓解，逆差额降为 38.1 亿美元。总体上，台湾传媒类服务贸易差额在不断扩大。

3. 中国台湾传媒贸易差额

**表 10　中国台湾传媒年度贸易差额变化情况**

单位：百万美元

| 年份 | 传媒类产品与服务出口总额 | 传媒类产品与服务进口总额 | 贸易差额 |
|---|---|---|---|
| 2003 | NA | NA | NA |
| 2004 | 1060.50 | 2900.37 | -1839.87 |
| 2005 | 955.85 | 3141.93 | -2186.08 |
| 2006 | 1104.31 | 3507.99 | -2403.67 |
| 2007 | NA | NA | NA |
| 2008 | NA | NA | NA |
| 2009 | 4787.00 | 5698.78 | -911.78 |
| 2010 | 6661.88 | 8193.54 | -1531.66 |
| 2011 | 7874.35 | 9383.17 | -1508.82 |
| 2012 | 7743.58 | 7659.35 | 84.23 |

资料来源：UNCTAD 创意经济数据库。

从传媒整体来看，台湾传媒整体贸易一直处于逆差状态。2004 年台湾传媒国际贸易处于贸易逆差状态，逆差额为 1.84 亿美元，此后有一定的起伏，2005 年和 2006 年逆差不断扩大，2006 年为 24.04 亿美元，但 2009 年又下降为 9.12 亿美元，2010 年和 2011 年逆差再次扩大，2010 年为 15.3 亿美元，2011 年为 15.1 亿美元。2012 年又得到缓解，由逆差转为顺差。从总体上来看，台湾传媒的贸易逆差逐步得到缓解，呈下降趋势。

## 二　中国台湾传媒出口结构演变

### （一）中国台湾传媒结构

#### 1. 中国台湾传媒类服务的出口比重

从数据来看，台湾传媒出口 10 年间主要以产品出口为主，在 2007 年以前传媒类服务出口一直占传媒出口的40%多，然而从2009年开始传媒类服务出口比重骤降，2009年比重仅为9.57%，自2010年开始服务比重有一定程度的增长，从2010年的11.65%，逐步提升至2012年的20.55%。服务出口比重总体呈现下降的趋势。这说明台湾传媒类服务出口的竞争力在不断地下降或者传媒类产品国际竞争力的提升，其在传媒贸易中重要程度不断下降。

**表11　中国台湾传媒类服务出口比重年度变化情况**

单位：百万美元，%

| 年份 | 传媒类产品与服务出口总额 | 传媒类服务出口总额 | 服务出口所占比重 |
|---|---|---|---|
| 2003 | NA | 365 | NA |
| 2004 | 1060.50 | 449 | 42.34 |
| 2005 | 955.85 | 400 | 41.85 |
| 2006 | 1104.31 | 506 | 45.82 |
| 2007 | NA | 426 | NA |
| 2008 | NA | 431 | NA |
| 2009 | 4787.00 | 458 | 9.57 |
| 2010 | 6661.88 | 776 | 11.65 |
| 2011 | 7874.35 | 1362 | 17.30 |
| 2012 | 7743.58 | 1591 | 20.55 |

资料来源：UNCTAD创意经济数据库、UN Comtrade。

## 2. 中国台湾传媒类产品的出口结构

**表12　中国台湾传媒类产品出口结构变化情况**

单位：%

| 年份 | 视听产品 | 新媒体产品 | 音乐产品 | 出版物产品 |
|---|---|---|---|---|
| | 比重 | 比重 | 比重 | 比重 |
| 2003 | NA | NA | NA | NA |
| 2004 | 49.85 | 14.30 | 23.93 | 11.92 |
| 2005 | 42.82 | 15.96 | 27.17 | 14.05 |
| 2006 | 38.75 | 24.63 | 22.00 | 14.63 |
| 2007 | NA | NA | NA | NA |
| 2008 | NA | NA | NA | NA |

续表

| 年份 | 视听产品 | 新媒体产品 | 音乐产品 | 出版物产品 |
|---|---|---|---|---|
| | 比重 | 比重 | 比重 | 比重 |
| 2009 | 36.73 | 58.94 | 2.08 | 2.25 |
| 2010 | 27.68 | 68.82 | 1.51 | 1.99 |
| 2011 | 23.25 | 73.26 | 1.53 | 1.95 |
| 2012 | 24.97 | 71.05 | 1.60 | 2.38 |

资料来源：UNCTAD 创意经济数据库。

从2004年到2012年，台湾传媒类产品出口结构发生了巨大的变化。2007年以前台湾传媒类产品出口以视听产品为主，其比重在2004年达49.85%，其后虽然在不断下降，但2006年仍然达38.75%。但是2008年以后，新媒体产品出口比重快速上升，2009年新媒体产品出口比重达58.94%，之后3年呈快速提升的趋势，2010年增长为68.82%，2011年达73.26%，2012年依然保持在71%，其比重接近3/4，在各类传媒类产品中占据绝对优势。与此同时视听产品的比重大幅下降，逐渐从2009年的36.73%下降为2012年的24.97%。并且在此期间，音乐产品和出版物产品比重急剧下降，从2009年开始，这2类产品的比重就再也没有超过3%，其重要程度变得微乎其微，而音乐产品在2006年比重还达到22%，出版物产品2006年比重达14.63%。

### 3. 中国台湾传媒类服务的出口结构

**表13　中国台湾传媒类服务出口结构变化情况**

单位：%

| 年份 | 广告、市场调研与民意测验服务 | 个人文化和休闲服务 | 版税和许可费服务 | 计算机与信息服务 |
|---|---|---|---|---|
| | 比重 | 比重 | 比重 | 比重 |
| 2003 | NA | 10.96 | 58.90 | 30.14 |
| 2004 | NA | 10.91 | 64.59 | 24.50 |
| 2005 | NA | 15.25 | 58.50 | 26.25 |
| 2006 | NA | 15.02 | 48.22 | 36.76 |
| 2007 | NA | 16.67 | 51.64 | 31.69 |
| 2008 | NA | 22.97 | 44.32 | 32.71 |

续表

| 年份 | 广告、市场调研与民意测验服务 | 个人文化和休闲服务 | 版税和许可费服务 | 计算机与信息服务 |
|---|---|---|---|---|
| | 比重 | 比重 | 比重 | 比重 |
| 2009 | NA | 19.00 | 52.84 | 28.17 |
| 2010 | NA | 12.63 | 59.28 | 28.09 |
| 2011 | NA | 9.99 | 61.53 | 28.49 |
| 2012 | NA | 9.68 | 58.58 | 31.74 |

资料来源：UNCTAD 创意经济数据库。

与香港相比，目前台湾传媒类服务结构中，核心服务——版税和许可费服务比重较高，在 10 年间其比重一直保持在 44% ~65%，并总体上呈上升趋势，2003 年其比重就达 58.9%，2004 年达到顶峰，为 64.59%。随后几年有一定程度的下降，2008 年到达最低点，为 44.32%，但近几年又逐步恢复为 60% 左右。而计算机与信息服务比重一直相对稳定，在 24% ~36% 间浮动。个人文化和休闲服务占到 10% 左右。由于广告、市场调研与民意测验服务数据缺失，所以台湾传媒类服务数据不够全面。但是从图 4、表 13 来看，台湾传媒类服务核心业务竞争力强，与发达国家的比重分布接近，其传媒类服务在将来的发展中将具有一定的优势。

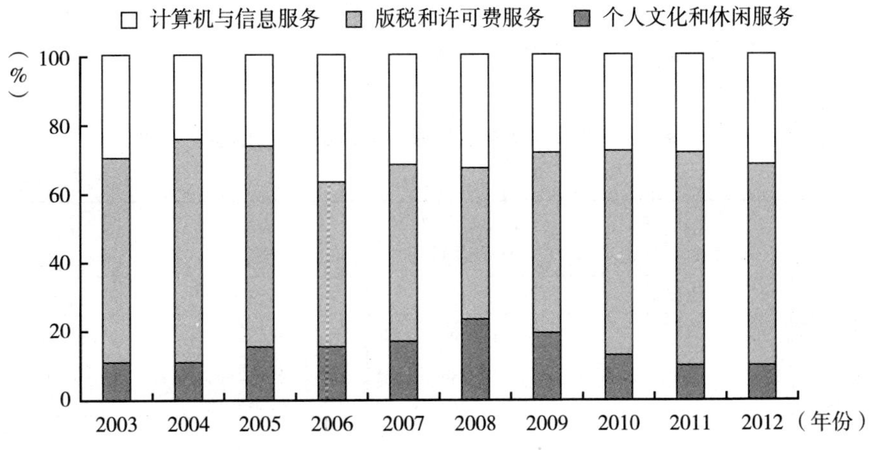


**图 4　中国台湾传媒类服务出口结构变化情况**

资料来源：UNCTAD 创意经济数据库。

## （二）中国台湾传媒类产品出口市场结构

**表 14　中国台湾传媒类产品出口市场结构变化情况**

单位：%

| 地区＼年份 | 2003 | 2004 | 2005 | 2006 | 2007 | 2008 | 2009 | 2010 | 2011 | 2012 |
|---|---|---|---|---|---|---|---|---|---|---|
| 香港 | NA | 13.43 | 12.41 | 14.71 | NA | NA | 24.22 | 26.16 | 29.68 | 28.33 |
| 日韩 | NA | 16.86 | 18.05 | 18.27 | NA | NA | 18.18 | 19.12 | 15.86 | 15.04 |
| 北美 | NA | 32.64 | 35.05 | 29.72 | NA | NA | 14.65 | 12.84 | 13.06 | 15.03 |
| 欧盟 | NA | 18.35 | 14.75 | 15.10 | NA | NA | 12.92 | 11.37 | 10.71 | 11.55 |
| 东南亚 | NA | 6.32 | 6.34 | 7.88 | NA | NA | 8.99 | 9.18 | 8.29 | 7.71 |
| 大陆 | NA | 4.23 | 4.58 | 6.18 | NA | NA | 5.97 | 6.53 | 7.22 | 7.46 |
| 其他 | NA | 2.22 | 1.93 | 2.02 | NA | NA | 5.47 | 5.05 | 4.31 | 4.74 |
| 南美 | NA | 1.25 | 1.46 | 1.69 | NA | NA | 3.67 | 2.85 | 3.63 | 3.44 |
| 独联体 | NA | 1.37 | 1.09 | 0.76 | NA | NA | 2.35 | 3.01 | 2.75 | 2.41 |
| 南亚 | NA | 0.83 | 0.66 | 0.43 | NA | NA | 1.27 | 1.82 | 2.41 | 1.99 |
| 澳大利亚 | NA | 2.11 | 3.13 | 2.75 | NA | NA | 1.39 | 1.33 | 1.36 | 1.41 |
| ACP | NA | 0.38 | 0.53 | 0.49 | NA | NA | 0.93 | 0.75 | 0.73 | 0.89 |

台湾传媒类产品出口的市场结构在10年间变化较大。2009年以前台湾主要出口区域为北美市场和欧盟市场，而2008年以后其主要出口区域为香港和日韩市场。2004年台湾主要出口区域为北美和欧盟，其市场比重分别为32.64%和18.35%，两大区域市场达到51%，日韩市场和香港市场合计占到30%，大陆市场仅占4.23%。而2012年台湾最重要出口市场变为香港，香港市场比重占到28.33%，超过北美市场和欧盟市场的总和，日韩市场比重达15%。说明台湾与香港联结越来越紧密，其中台湾通过香港贸易中转港与大陆市场加大贸易合作。

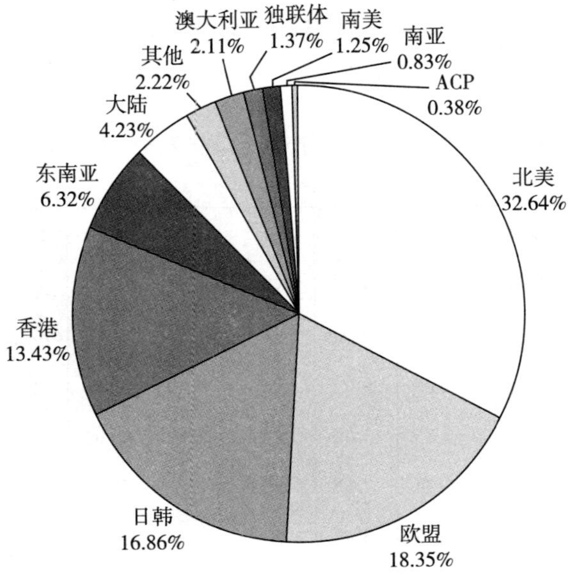


**图 5　2004 年中国台湾传媒类产品出口市场结构**

资料来源：UNCTAD 创意经济数据库。

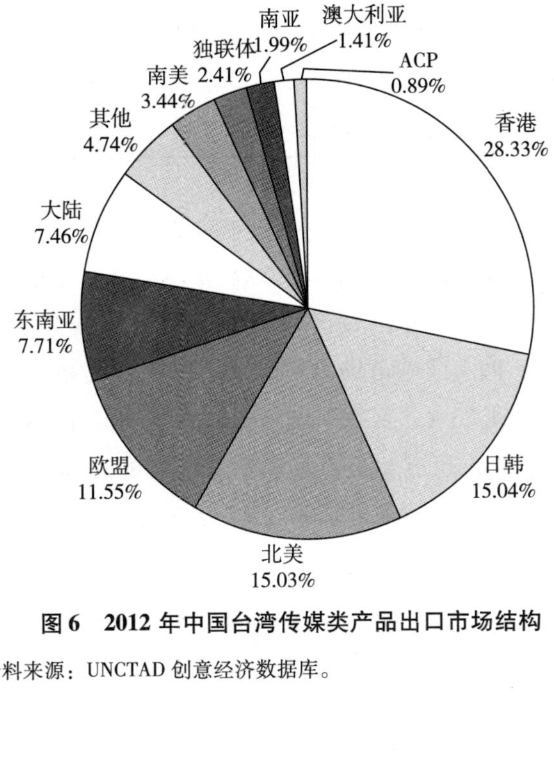


**图 6　2012 年中国台湾传媒类产品出口市场结构**

资料来源：UNCTAD 创意经济数据库。

# 三　中国台湾传媒国际竞争力的多指标评价

## （一）中国台湾传媒的贸易竞争力指数

### 1. 中国台湾传媒类产品的贸易竞争力指数

从其绝对值来看，台湾传媒类产品 TCI 在 9 年间变化较大。在 2007 年之前一直保持在负值，在 0.06 ~ －0.14 区间波动，说明在此期间其贸易国际竞争力接近中性状态，与国际平均水平接近。2008 年以后的数据显示，其 TCI 有较大的提升，在此后 4 年中一直保持正值，2009 年即达到 0.42，2010 年和 2011 年略有下降，均为 0.39，2012 年 TCI 达 0.46，说明在 2008 年以后台湾传媒类产品取得了不太明显的国际竞争优势。从时间上看，2009 年成为中国台湾传媒类产品竞争力变化的拐点，其国际竞争力相对以前取到了较大的提升，其在国际市场上取得一定的竞争优势，但优势并不突出。

**表 15　中国台湾传媒类产品 TCI 变动情况**

| 年份 | 2003 | 2004 | 2005 | 2006 | 2007 | 2008 | 2009 | 2010 | 2011 | 2012 |
|---|---|---|---|---|---|---|---|---|---|---|
| TCI | NA | －0. 10 | －0. 14 | －0. 06 | NA | NA | 0. 42 | 0. 39 | 0. 39 | 0. 46 |

资料来源：根据 UNCTAD 创意经济数据库的相关数据计算获得。

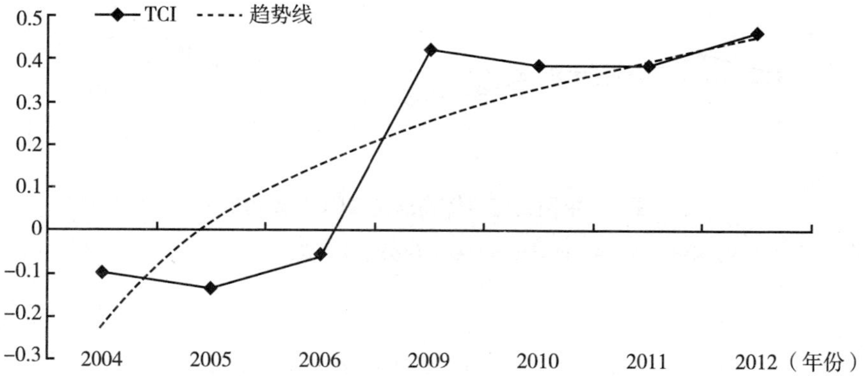


**图 7　中国台湾传媒类产品 TCI 变动情况**

资料来源：根据 UNCTAD 创意经济数据库数据计算获得。

### 2. 中国台湾传媒类服务的贸易竞争力指数

**表 16　中国台湾传媒类服务 TCI 变动情况**

| 年份 | 2003 | 2004 | 2005 | 2006 | 2007 | 2008 | 2009 | 2010 | 2011 | 2012 |
|---|---|---|---|---|---|---|---|---|---|---|
| TCI | -0.71 | -0.65 | -0.72 | -0.70 | -0.75 | -0.78 | -0.79 | -0.76 | -0.65 | -0.54 |

资料来源：根据 UNCTAD 创意经济数据库的相关数据计算获得。

中国台湾传媒类服务的 TCI 变动情况表明，其 TCI 一直处于负值，在 -0.79 ~ -0.54 区间波动，说明其传媒类服务一直处于较为明显的竞争劣势。从 10 年的变动情况来看，2003 ~ 2009 年，其竞争劣势并未得到改善，其 TCI 仍在下降，直到 2010 年 TCI 有所上升，2009 年 TCI 为 -0.79，2010 年有较小的提升至 -0.76，直到 2012 年提升为 -0.54。数据表明台湾传媒类服务国际竞争力较弱，竞争劣势较为明显，其竞争劣势近几年得到一定的改善，但总体提升幅度并不大。

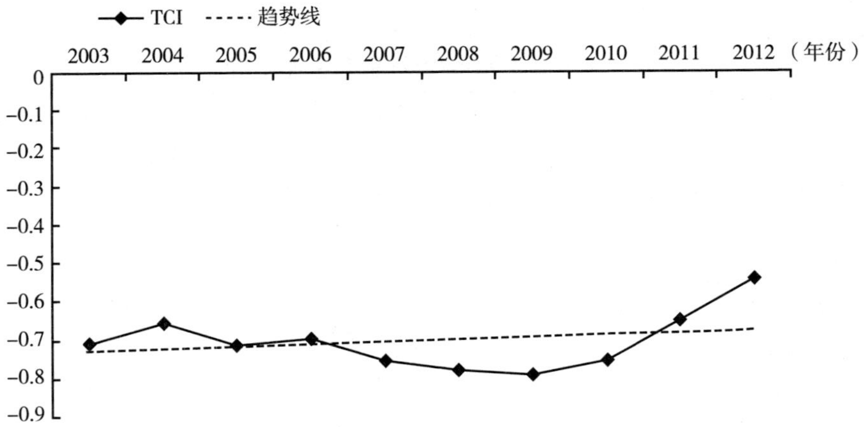


**图 8　中国台湾传媒类服务 TCI 变动情况**

资料来源：根据 UNCTAD 创意经济数据库数据计算获得。

### 3. 中国台湾传媒整体贸易竞争力指数

**表 17　中国台湾传媒整体 TCI 变动情况**

| 年份 | 2003 | 2004 | 2005 | 2006 | 2007 | 2008 | 2009 | 2010 | 2011 | 2012 |
|---|---|---|---|---|---|---|---|---|---|---|
| TCI | NA | -0.46 | -0.53 | -0.52 | NA | NA | -0.09 | -0.10 | -0.09 | 0.01 |

资料来源：根据 UNCTAD 创意经济数据库的相关数据计算获得。

将传媒类产品和传媒类服务合并，观察台湾传媒整体 TCI 的变动，台湾传媒整体 TCI 在 9 年内大部分时间为负值，处于竞争劣势状态，仅仅在 2012 年为 0.01。从其 9 年变化来看，台湾传媒国际竞争力在逐年提升，2007 年以前 TCI 为 -0.5 左右，处于较不明显的竞争劣势状态，2008 年以后 TCI 逐步提升，2009 年为 -0.09，2010 年为 -0.1，2011 年为 -0.09，说明其竞争劣势得到改善，国际竞争力逐步接近中性状态，即与世界各地平均水平相当，总体上其上升的势头非常明显。

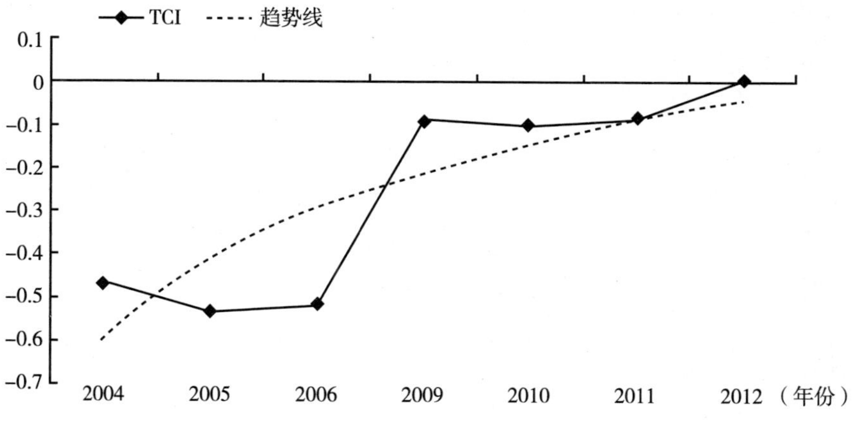


**图 9　中国台湾传媒整体 TCI 变动情况**

资料来源：根据 UNCTAD 创意经济数据库数据计算获得。

## （二）中国台湾传媒的显示性比较优势指数

### 1. 中国台湾传媒类产品的显示性比较优势指数

**表 18　中国台湾传媒类产品 RCA 指数变动情况**

| 年份 | 2003 | 2004 | 2005 | 2006 | 2007 | 2008 | 2009 | 2010 | 2011 | 2012 |
|---|---|---|---|---|---|---|---|---|---|---|
| RCA 指数 | NA | 0. 48 | 0. 41 | 0. 42 | NA | NA | 2. 25 | 2. 72 | 3. 11 | 3. 23 |

资料来源：根据 UNCTAD 创意经济数据库的相关数据计算获得。

从台湾传媒类产品 RCA 指数绝对值来看，2007 年以前均小于 0. 5，说明其在此期间国际竞争力较弱，而 2008 年以后，其 RCA 指数数值较大，2009 年即为 2. 25，2010 年上升为 2. 72，2011 年和 2012 年 RCA 指数均大于 3，说明台湾传媒类产品从 2009 年开始即具备极强的国际竞争力。从其 9 年的波动来看，台湾传媒类产品 RCA 指数总体呈上升的趋势，从 2007 年前后来看，RCA 指数变化较大，从较弱的国际竞争力转变为极强的国际竞争力状态，反差较大。总体上，RCA 指数数据反映台湾传媒类产品获得了较大的竞争优势，并且呈不断上升的趋势。

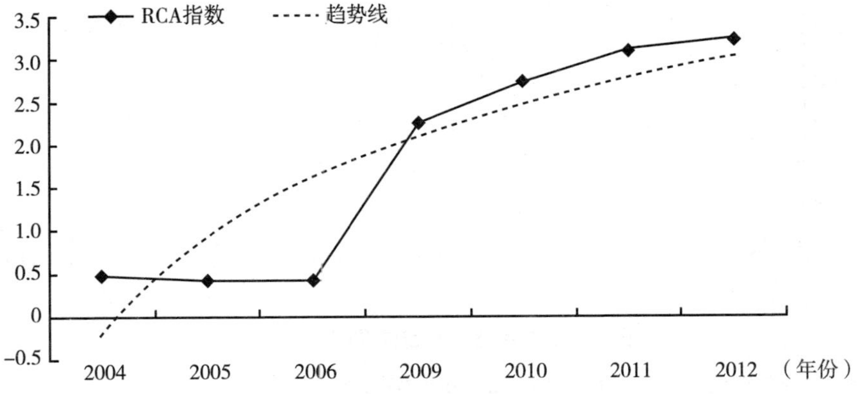


**图 10　中国台湾传媒类产品 RCA 指数变动情况**

资料来源：根据 UNCTAD 创意经济数据库数据计算获得。

### 2. 中国台湾传媒类服务的显示性比较优势指数

**表 19　中国台湾传媒类服务 RCA 指数变动情况**

| 年份 | 2003 | 2004 | 2005 | 2006 | 2007 | 2008 | 2009 | 2010 | 2011 | 2012 |
|---|---|---|---|---|---|---|---|---|---|---|
| RCA 指数 | 0.08 | 0.08 | 0.07 | 0.08 | 0.06 | 0.05 | 0.06 | 0.08 | 0.13 | 0.18 |

资料来源：根据 UNCTAD 创意经济数据库的相关数据计算获得。

与传媒类产品不同，台湾传媒类服务 RCA 指数在 10 年间相对保持稳定，没有太大的变化，在 0.05 ~ 0.18 区间变化，远远不及 0.8 的水平，因此台湾传媒类服务的国际竞争力非常弱，处于竞争劣势。此外，从 RCA 指数变化趋势来看，其从 2003 年到 2012 年间，有小幅的提升，尤其体现在 2011 年和 2012 年，从 2010 年的 0.08 提升至 2011 年的 0.13、2012 年的 0.18，总体上反映台湾传媒类服务的国际竞争力呈小幅上升的趋势。

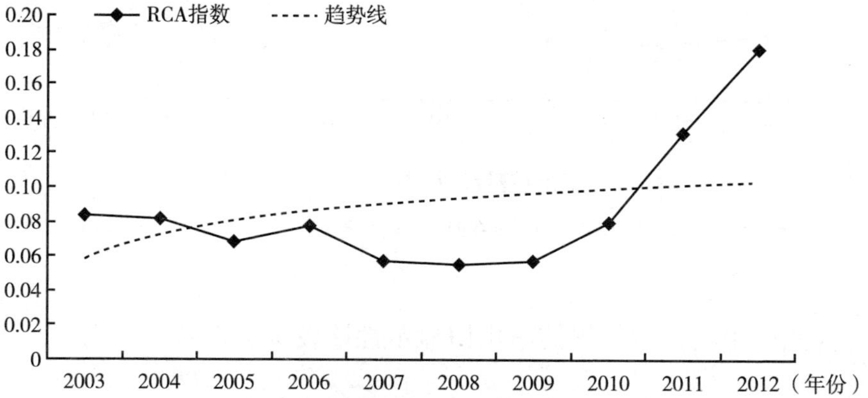


**图 11　中国台湾传媒类服务 RCA 指数变动情况**

资料来源：根据 UNCTAD 创意经济数据库数据计算获得。

### 3. 中国台湾传媒整体显示性比较优势指数

**表 20　中国台湾传媒整体 RCA 指数变动情况**

| 年份 | 2003 | 2004 | 2005 | 2006 | 2007 | 2008 | 2009 | 2010 | 2011 | 2012 |
|---|---|---|---|---|---|---|---|---|---|---|
| RCA 指数 | NA | 0.16 | 0.13 | 0.14 | NA | NA | 0.48 | 0.56 | 0.63 | 0.72 |

资料来源：根据 UNCTAD 创意经济数据库的相关数据计算获得。

将传媒类产品和传媒类服务汇总，从整体上评价台湾传媒，发现台湾传媒RCA指数在9年间一直小于0.8，最高值出现在2012年，为0.72，说明台湾传媒整体上处于相对弱势的竞争地位，缺乏显示性比较优势，主要原因应该是受到传媒类服务竞争力的拖累。但从长期变化趋势来看，其RCA指数从2004年到2012年间有较大的变化，2004年RCA指数仅为0.16，2005年和2006年有小幅下降，直到2009年RCA指数大幅提升为0.48，此后3年持续提升至2012年的0.72，从数据变化来看，台湾传媒的国际竞争力上升的势头非常明显。

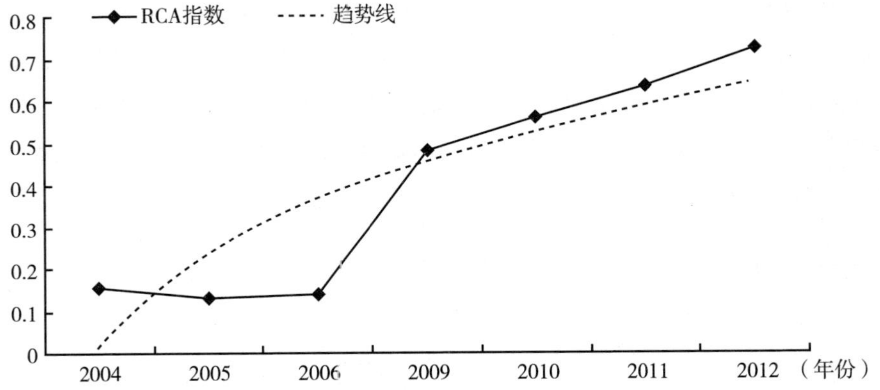


**图12　中国台湾传媒整体RCA指数变动情况**

资料来源：根据UNCTAD创意经济数据库数据计算获得。

## （三）中国台湾传媒的净出口显示性比较优势指数

### 1. 中国台湾传媒类产品的净出口显示性比较优势指数

**表21　中国台湾传媒类产品NXRCA指数变动情况**

| 年份 | 2003 | 2004 | 2005 | 2006 | 2007 | 2008 | 2009 | 2010 | 2011 | 2012 |
|---|---|---|---|---|---|---|---|---|---|---|
| NXRCA指数 | NA | -0.11 | -0.12 | -0.07 | NA | NA | 1.12 | 1.11 | 1.09 | 1.21 |

资料来源：根据UNCTAD创意经济数据库的相关数据计算获得。

从数据来看，台湾传媒类产品NXRCA指数在9年间一直保持不断上升的态势，2004年NXRCA指数仅为-0.11，2004~2006年NXRCA指数一直为负值，说明2007年以前台湾传媒类产品缺乏竞争优势。2009年NXRCA指数提高为1.12，此后几年缓慢提升，2012年NXRCA指数增长为1.21，说明自2009年开始台湾传媒类产品取得一定的竞争优势。从其变化的趋势来看，NXRCA指数在不断提升，说明台湾传媒类产品的的净出口显示性比较优势不断提高，从缺乏竞争优势转变为具有一定的竞争优势。

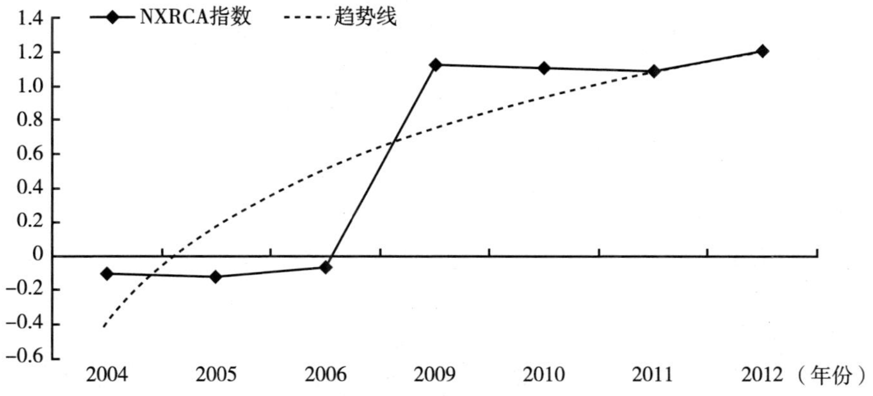


**图13　中国台湾传媒类产品NXRCA指数变动情况**

资料来源：根据UNCTAD创意经济数据库数据计算获得。

## 2. 中国台湾传媒服务的净出口显示性比较优势指数

**表22　中国台湾传媒类服务NXRCA指数变动情况**

| 年份 | 2003 | 2004 | 2005 | 2006 | 2007 | 2008 | 2009 | 2010 | 2011 | 2012 |
|---|---|---|---|---|---|---|---|---|---|---|
| NXRCA指数 | -1.43 | -1.03 | -1.12 | -1.17 | -1.21 | -1.28 | -2.04 | -1.94 | -1.87 | -1.47 |

资料来源：根据UNCTAD创意经济数据库的相关数据计算获得。

与RCA指数和TCI的表现趋势不同，台湾传媒类服务NXRCA指数一直处于负值状态，并总体上呈下降的趋势。其NXRCA指数在-1.03～-2.04区间浮动，说明台湾传媒类服务在国际竞争中一直处于劣势，2004～2009年，NXRCA指数持续下降，从2004年的-1.03下降为2009年的-2.04，只是从2010年开始有小幅的提升。从总体上看，台湾传媒类服务缺乏净出口显示性比较优势，并且10年间劣势总体上并未得到改善，总体呈下降趋势。

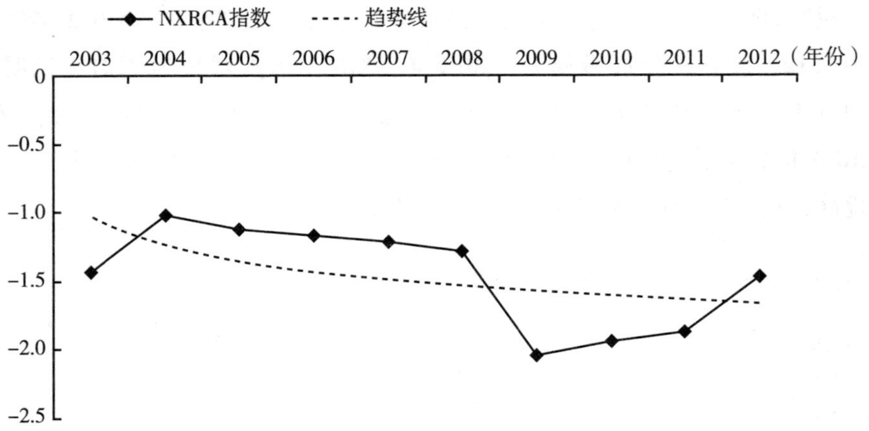


**图 14　中国台湾传媒类服务 NXRCA 指数变动情况**

资料来源：根据 UNCTAD 创意经济数据库数据计算获得。

### 3. 中国台湾传媒整体的净出口显示性比较优势指数

从表 23 看，台湾传媒的净出口显示性比较优势在 2007 年以前一直处于相对劣势地位，一直为负值，但有小幅的提升，从 2004 年的 -0. 11 提升为 2006 年的 -0. 07，2008 年之后其 NXRCA 指数均为正值，2009 年即达到 1. 12，2012 年提升至 1. 21，说明台湾传媒在 2008 年后取得了一定的净出口显示性比较优势。从 NXRCA 指数 9 年间的表现来看，台湾传媒净出口显示性比较优势总体上呈上升的趋势，并已取得一定程度的竞争优势。

**表 23　中国台湾传媒整体 NXRCA 指数变动情况**

| 年份 | 2003 | 2004 | 2005 | 2006 | 2007 | 2008 | 2009 | 2010 | 2011 | 2012 |
|---|---|---|---|---|---|---|---|---|---|---|
| NXRCA 指数 | NA | -0. 11 | -0. 12 | -0. 07 | NA | NA | 1. 12 | 1. 11 | 1. 09 | 1. 21 |

资料来源：根据 UNCTAD 创意经济数据库的相关数据计算获得。

## （四）中国台湾传媒竞争力的多指标比较分析

从多指标变动趋势来看，台湾传媒整体竞争力 TCI、RCA 指数和 NXRCA 指数的趋势比较一致，均表现为台湾传媒的竞争力呈现逐步上升的趋势，在综

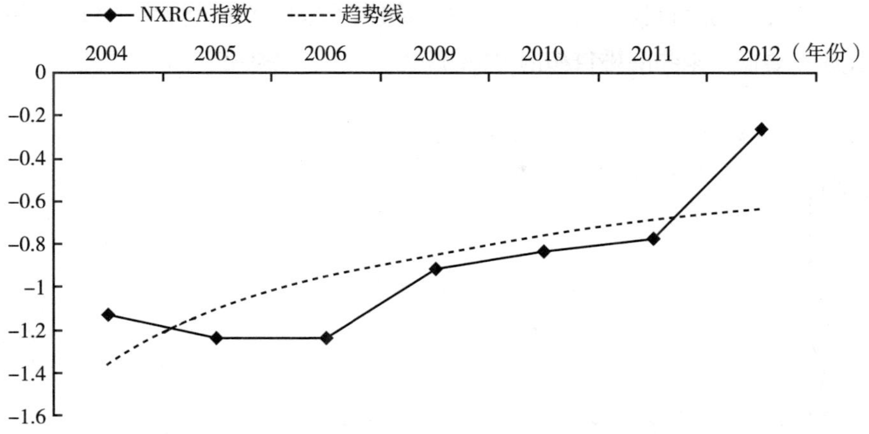


**图 15　中国台湾传媒整体 NXRCA 指数变动情况**

资料来源：根据 UNCTAD 创意经济数据库数据计算获得。

合考虑出口、进口以及与国际比较之后，可以认为台湾传媒整体的国际竞争力在逐年增强。

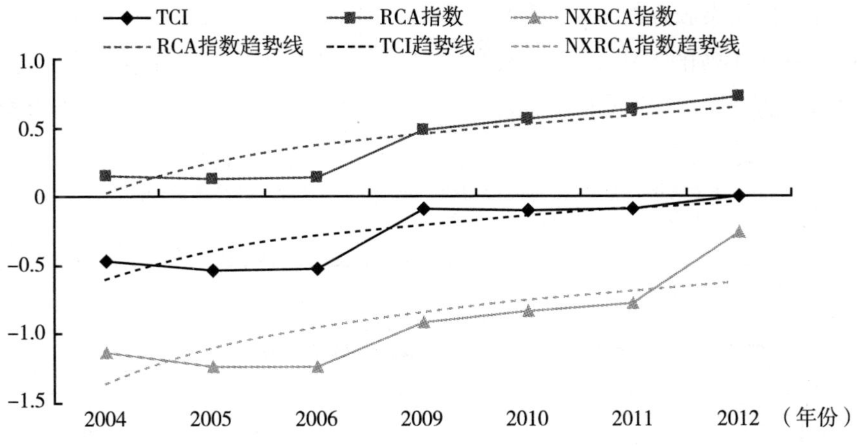


**图 16　中国台湾传媒整体竞争力的多指标变动趋势**

资料来源：根据 UNCTAD 创意经济数据库数据计算获得。

台湾传媒类产品竞争力的 TCI、RCA 指数和 NXRCA 指数的趋势表现一致，均表现为台湾传媒类产品的竞争力呈逐年上升的势头，可以认为台湾传媒类产品的国际竞争力也在逐年增强。其中 RCA 指数上升的幅度超过 TCI 和 NXRCA

指数，这与台湾进口快速增长有关，因而扣除了进口额的 TCI 和 NXRCA 指数增长速度要低于未扣除进口额的 RCA 指数。

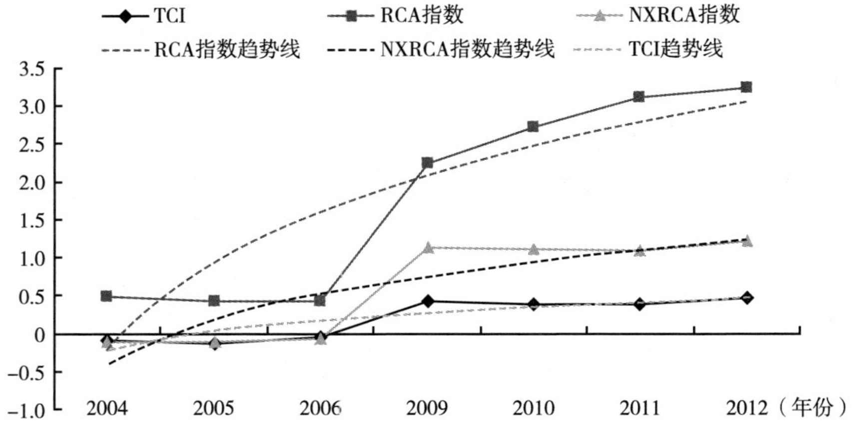


**图 17　中国台湾传媒类产品竞争力的多指标变动趋势**

资料来源：根据 UNCTAD 创意经济数据库数据计算获得。

台湾传媒类服务的 TCI、RCA 指数和 NXRCA 指数表现的趋势也不尽相同，TCI 和 RCA 指数的趋势相对一致，表明台湾传媒类服务国际竞争力相对稳定，并有小幅的上升。但 NXRCA 指数则呈现为不断下降的趋势。这是因为台湾传

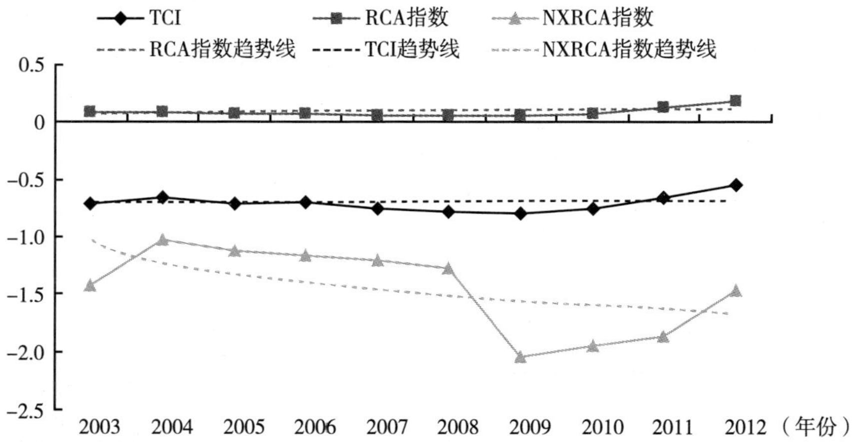


**图 18　中国台湾传媒类服务竞争力的多指标变动趋势**

资料来源：根据 UNCTAD 创意经济数据库数据计算获得。

媒类服务进口增长的幅度超过了台湾一般商品进口增长的幅度，导致中国台湾净出口显示性比较优势在下降。

## 四　中国台湾传媒国际竞争力的研究总结

根据以上对中国台湾传媒从规模、结构、竞争力指标等多方面的测量，可以得到以下结论。

### 1. 中国台湾传媒类产品国际竞争力进步较大

无论从国际市场份额的变化，或是贸易差额的变化，还是各项竞争力评价指标变化来看，均可以发现台湾传媒类产品的国际竞争力发生了较大的变化。2004～2006年与2009～2012年这2个阶段，各项指标差异较大，国际市场占有率从2004年的0.94%一直上升至2012年的5.29%；2008年之后台湾传媒类产品就一直处于贸易顺差状态，并且其顺差额增长速度较快；TCI、RCA指数、NXRCA指数在2004～2006年均表现为劣势，而在2009～2012年间表现为竞争优势，并且增长较快。可以认为台湾传媒类产品已从缺乏竞争优势转变为具有一定的竞争优势，进步巨大。

### 2. 中国台湾传媒类服务处于竞争劣势，未得到明显改善

台湾传媒类服务国际市场占有率10年间大多没有超过0.3%，进出口差额一直处于贸易逆差，并且贸易逆差仍在不断扩大。其TCI一直处于负值，在-0.79～-0.54区间波动，RCA指数在10年间主要在0.05～0.18区间变化，远远不及0.8的水平，NXRCA指数一直处于负值状态，并总体上呈下降的趋势。从总体上看，台湾传媒类服务缺乏国际竞争优势，并且10年间劣势总体上并未得到明显改善。

### 3. 中国台湾传媒类产品出口结构以新媒体为核心

从2004年到2012年，台湾传媒类产品出口结构发生了巨大的变化。2007年以前台湾传媒类产品出口以视听产品为主，2008年以后，新媒体产品出口比重快速上升，2012年出口比重达71%，其比重接近3/4，在各类传媒类产品中占据绝对优势，一定程度上说明台湾传媒类产品制造业的优势。

### 4. 中国台湾传媒类服务核心竞争力有一定优势

与香港相比，目前台湾传媒类服务结构中，核心服务——版税和许可费服务比重较高，在10年间其比重一直保持在44% ~65%。这一定程度上说明台湾传媒类服务的核心业务竞争力强，与发达国家的比重分布接近，反映了台湾传媒类服务未来发展的后劲。

### 5. 中国台湾传媒出口市场结构变化大

数据显示，台湾传媒类产品出口的市场结构在10年间变化较大。2009年以前台湾主要出口区域为北美市场和欧盟市场，而2008年以后其主要出口区域为香港和日韩市场，一定程度上说明台湾与亚洲市场联结越来越紧密。

B.6

# 中国澳门传媒国际竞争力评价

刘强 汤茜草

由于UNCTAD数据澳门传媒类服务的数据缺失，本部分对澳门传媒类服务不做分析，主要分析中国澳门传媒类产品的数据，产品的统计标准与台湾、香港的一致。

## 一 中国澳门传媒的国际竞争力

### （一）出口规模

**表1 中国澳门传媒类产品出口规模年度变化情况**

单位：百万美元，%

| 年份 | 出口总额 | 年增速 | 年份 | 出口总额 | 年增速 |
|---|---|---|---|---|---|
| 2003 | 2.97 | | 2008 | 62.56 | -1.35 |
| 2004 | 4.91 | 65.44 | 2009 | 57.78 | -7.64 |
| 2005 | 5.21 | 6.13 | 2010 | NA | NA |
| 2006 | 9.27 | 78.08 | 2011 | NA | NA |
| 2007 | 63.42 | 584.00 | 2012 | NA | NA |

资料来源：UNCTAD创意经济数据库、UN Comtrade。

由表1可见，澳门传媒类产品的出口规模远远小于香港和台湾的出口规模，2004年香港传媒类产品出口规模为24.51亿美元，同期台湾为6.1亿美元，而澳门仅为491万美元，同期澳门传媒类产品出口规模仅为香港的0.2%、台湾的0.8%。而2009年香港传媒类产品出口规模为79.24亿美元，同期台湾为43.29亿美元，而澳门仅为5778万美元，同期澳门传媒类产品出口规模仅为香港的0.7%、台湾的1.3%。在10年间澳门传媒类产品出口呈快速增长的状态，2007年增长速度高达584%。虽然有部分年份的数据缺乏，但是可以发现2003～2007年澳门传媒类产品出口超高速度的发展，此后增速逐步放缓。但总而言之，澳门传媒类产品出口总量非常小，国际竞争力有限。

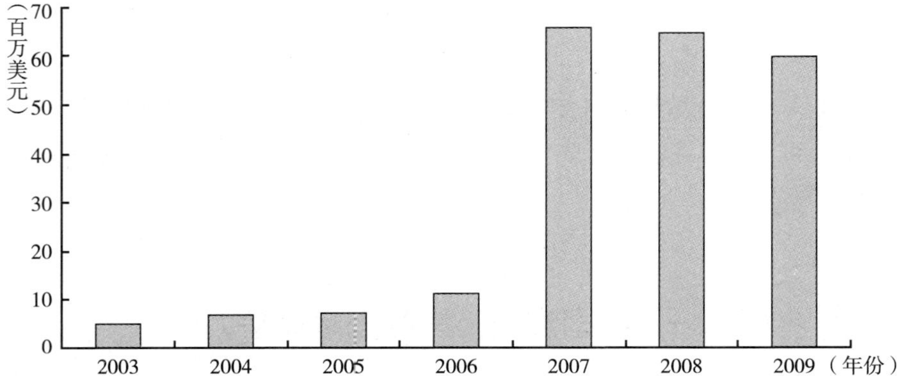


**图1　中国澳门传媒类产品出口规模年度变化情况**

资料来源：UNCTAD创意经济数据库、UN Comtrade。

## （二）出口比重

**表2　传媒出口额占中国澳门出口总额比重年度变化情况**

单位：百万美元，%

| 年份 | 传媒出口额 | 澳门出口总额 | 传媒出口所占比重 |
|---|---|---|---|
| 2003 | 2.97 | 2581.00 | 0.11 |
| 2004 | 4.91 | 2812.00 | 0.17 |
| 2005 | 5.21 | 2476.00 | 0.21 |
| 2006 | 9.27 | 2557.28 | 0.36 |
| 2007 | 63.42 | 2542.67 | 2.49 |
| 2008 | 62.56 | 1997.41 | 3.13 |
| 2009 | 57.78 | 961.00 | 6.01 |
| 2010 | NA | NA | NA |
| 2011 | NA | NA | NA |
| 2012 | NA | NA | NA |

资料来源：UNCTAD创意经济数据库、UN Comtrade。

从前部分分析可以发现澳门尽管传媒出口规模高速增长，但是其规模总量较小。仅仅从澳门传媒出口占澳门商品出口总额的比重来看，其比重增长同样较快，2003 年仅为 0. 11%，微不足道。随后几年快速增长，2007 年即提高至 2. 49%，2009 年高达 6. 01%，一定程度上反映澳门传媒出口在澳门出口结构中的地位提升。然而其份额增长与澳门出口总额的变化关联较大，并不单纯由于澳门传媒出口的提高。2003 ~2009 年澳门商品出口总额不升反降，甚至下降幅度还比较大，2003 年澳门商品出口规模达 25. 8 亿美元，而 2008 年下降至 19. 97 亿美元，2009 年更是下降为 9. 61 亿美元，其间下降了近 2/3，这可能是传媒出口比重快速提高的主要原因。

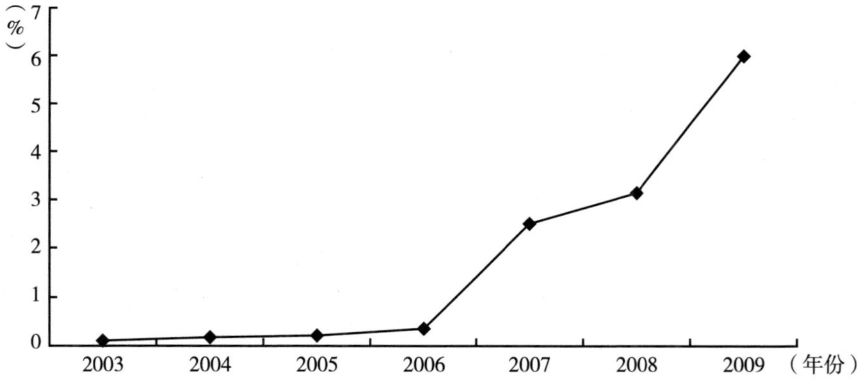


**图 2　传媒出口值占澳门总出口值比重的变化情况**

资料来源：UNCTAD 创意经济数据库。

## （三）出口市场份额

**表 3　中国澳门传媒类产品出口国际市场份额变化**

单位：百万美元，%

| 年份 | 澳门传媒产品出口总额 | 世界传媒产品出口总额 | 国际市场份额 |
|---|---|---|---|
| 2003 | 2. 97 | 58004. 51 | 0. 005 |
| 2004 | 4. 91 | 64797. 04 | 0. 008 |
| 2005 | 5. 21 | 71012. 83 | 0. 007 |
| 2006 | 9. 27 | 76413. 15 | 0. 012 |

续表

| 年份 | 澳门传媒产品出口总额 | 世界传媒产品出口总额 | 国际市场份额 |
|---|---|---|---|
| 2007 | 63.42 | 120215.5 | 0.053 |
| 2008 | 62.56 | 136973.3 | 0.046 |
| 2009 | 57.78 | 118621 | 0.049 |
| 2010 | NA | 120559.6 | NA |
| 2011 | NA | 124626.7 | NA |
| 2012 | NA | 116239.4 | NA |

资料来源：UNCTAD 创意经济数据库、UN Comtrade。

从总体上看，澳门传媒类产品的国际市场份额一直呈上升趋势，从2004年的0.005%一直上升至2009年的0.049%，市场份额增长近9倍，然而其份额非常低，2003～2009年其国际市场占有率从未超过0.1%，可以说澳门传媒国际市场地位非常低，远远不及香港和台湾的市场份额，尽管其发展速度较快。

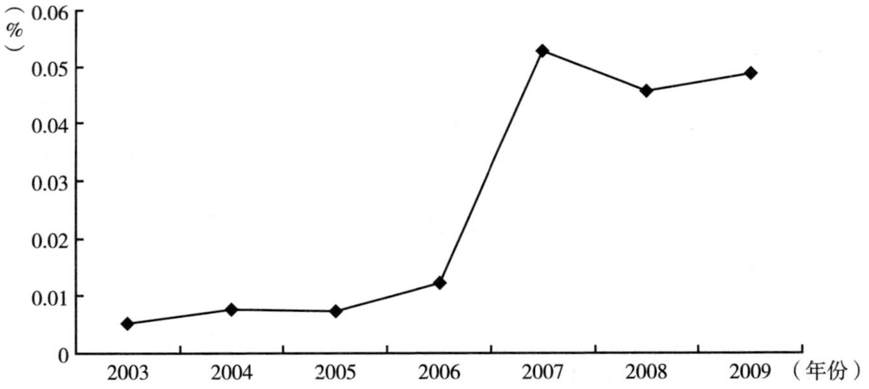


**图3　中国澳门传媒类产品国际市场份额变化情况**

资料来源：UNCTAD 创意经济数据库。

## （四）贸易差额

表4数据显示，近年来澳门传媒出口规模增长较快，同时澳门传媒进口规模同样不断增长，只是在2008年以后进口规模逐步减少。因此从2003年开

始，澳门传媒一直处于贸易逆差状态，贸易逆差到2006年到达高峰，逆差额为6992万美元。2007～2009年三年间逆差额有所下降。总体上可以说，澳门传媒国际竞争力较弱，更多依赖进口。

**表4　中国澳门传媒贸易差额年度变化情况**

单位：百万美元

| 年份 | 传媒出口总额 | 传媒进口总额 | 贸易差额 |
|---|---|---|---|
| 2003 | 2.97 | 17.48 | -14.52 |
| 2004 | 4.91 | 48.50 | -43.60 |
| 2005 | 5.21 | 54.17 | -48.97 |
| 2006 | 9.27 | 79.19 | -69.92 |
| 2007 | 63.42 | 133.02 | -69.60 |
| 2008 | 62.56 | 103.18 | -40.62 |
| 2009 | 57.78 | 91.48 | -33.69 |
| 2010 | NA | 65.10 | NA |
| 2011 | NA | NA | NA |
| 2012 | NA | 120.75 | NA |

资料来源：UNCTAD创意经济数据库、UN Comtrade。

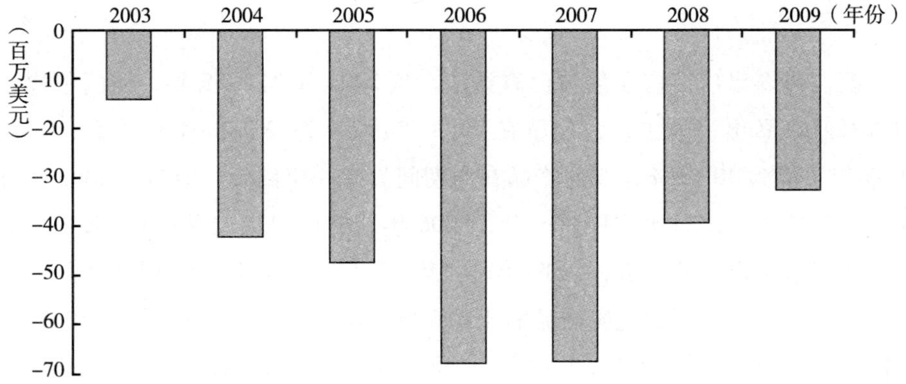


**图4　中国澳门传媒类产品国际贸易差额变化情况**

资料来源：UNCTAD创意经济数据库。

## 二　中国澳门传媒出口结构演变

**表 5　中国澳门传媒类产品出口结构变化情况**

单位：%

| 年份 | 视听产品 | 新媒体产品 | 音乐产品 | 出版物产品 |
|---|---|---|---|---|
| | 比重 | 比重 | 比重 | 比重 |
| 2003 | 53. 79 | 9. 78 | 26. 78 | 9. 65 |
| 2004 | 53. 93 | 18. 48 | 19. 32 | 8. 27 |
| 2005 | 40. 29 | 33. 88 | 17. 04 | 8. 79 |
| 2006 | 18. 00 | 63. 46 | 12. 75 | 5. 79 |
| 2007 | 45. 58 | 51. 49 | 1. 93 | 1. 00 |
| 2008 | 30. 11 | 65. 92 | 1. 38 | 2. 59 |
| 2009 | 17. 54 | 79. 18 | 1. 13 | 2. 14 |
| 2010 | NA | NA | NA | NA |
| 2011 | NA | NA | NA | NA |
| 2012 | NA | NA | NA | NA |

资料来源：UNCTAD 创意经济数据库。

澳门传媒出口结构变化与台湾类似，从 2003 年到 2005 年，澳门传媒出口以视听产品出口为主，其比重在 2003 年达 53. 79%，2004 年达 53. 93%，2005 年下降为 40. 29%，视听产品在此期间具有一定优势。但是从 2006 年开始，新媒体产品出口比重快速上升，2006 年新媒体出口比重达 63. 46%，之后 3 年呈快速提升的趋势，2009 年增长为 79. 18%，在各类传媒类产品中占据绝对优势。与此同时视听产品的比重大幅下降，逐渐从 2005 年的 40. 29% 下降为 2009 年的 17. 54%。并且在此期间，音乐产品和出版物产品比重急剧下降，从 2007 年开始，这 2 类产品的比重就再也没有超过 3%，其重要程度变得微乎其微。

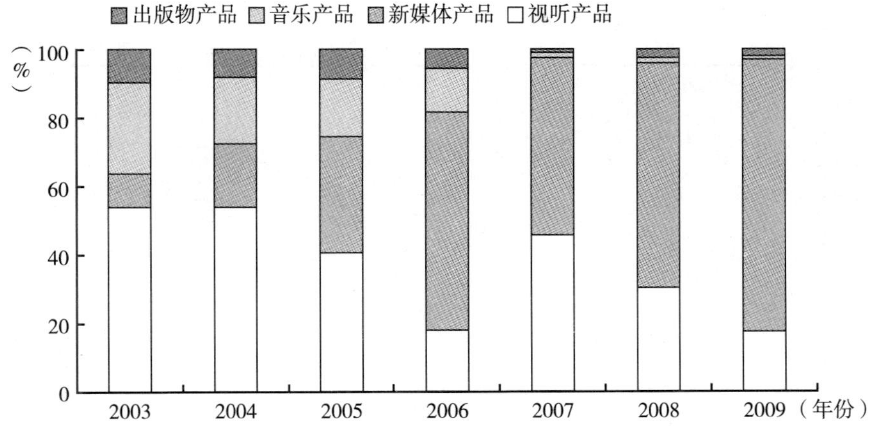


**图5　中国澳门传媒类产品出口结构变化情况**

资料来源：UNCTAD 创意经济数据库。

# 三　中国澳门传媒国际竞争力的多指标评价

## （一）中国澳门传媒的贸易竞争力指数

**表6　中国澳门传媒类产品 TCI 变动情况**

| 年份 | 2003 | 2004 | 2005 | 2006 | 2007 | 2008 | 2009 | 2010 | 2011 | 2012 |
|---|---|---|---|---|---|---|---|---|---|---|
| TCI | -0.71 | -0.82 | -0.82 | -0.79 | -0.35 | -0.25 | -0.23 | NA | NA | NA |

资料来源：根据 UNCTAD 创意经济数据库的相关数据计算获得。

从其绝对值来看，2003～2009 年澳门传媒类产品 TCI 一直为负值，在 -0.82～-0.23 区间波动，说明在此期间其贸易国际竞争力较弱。从其数值的变化看，2003～2005 年 TCI 逐步下降至 -0.82，体现非常明显的竞争劣势。此后 2006～2009 年 TCI 逐步上升至 2009 年的 -0.23，竞争劣势得到一定程度的改善。总体上，澳门传媒的贸易竞争力处于竞争劣势，其劣势在发展中得到改善。

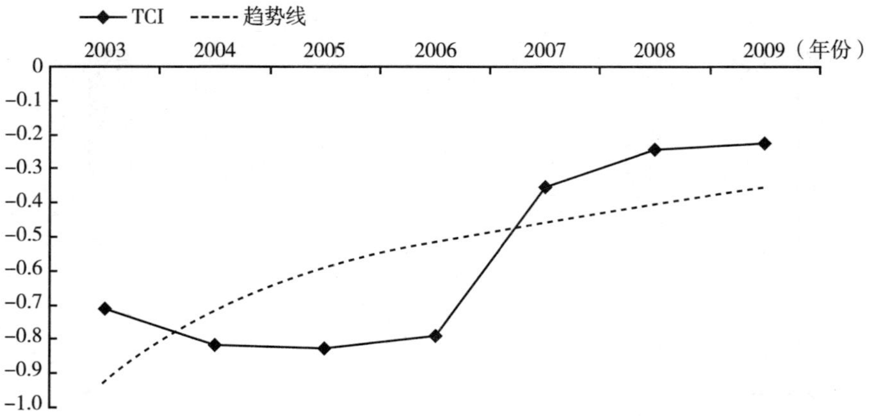


**图 6 中国澳门传媒类产品 TCI 变动情况**

资料来源：根据 UNCTAD 创意经济数据库数据计算获得。

## （二）中国澳门传媒的显示性比较优势指数

**表 7 中国澳门传媒类产品 RCA 指数变动情况**

| 年份 | 2003 | 2004 | 2005 | 2006 | 2007 | 2008 | 2009 | 2010 | 2011 | 2012 |
|---|---|---|---|---|---|---|---|---|---|---|
| RCA 指数 | 0. 15 | 0. 25 | 0. 31 | 0. 58 | 2. 91 | 3. 69 | 6. 36 | NA | NA | NA |

资料来源：根据 UNCTAD 创意经济数据库的相关数据计算获得。

从澳门传媒类产品 RCA 指数绝对值来看，2007 年以前均小于 0. 6，说明其在此期间国际竞争力非常弱，而 2006 年以后，其 RCA 指数提高较快，2007 年即为 2. 91，2009 年上升为 6. 36，说明澳门传媒类产品从 2007 年开始即具备极强的显示性比较优势。究其原因，主要是澳门商品出口总规模下降，澳门传媒出口比重提升，从而凸显其竞争力上升，因而仅用此指标不足以说明澳门传媒国际竞争力的提升。

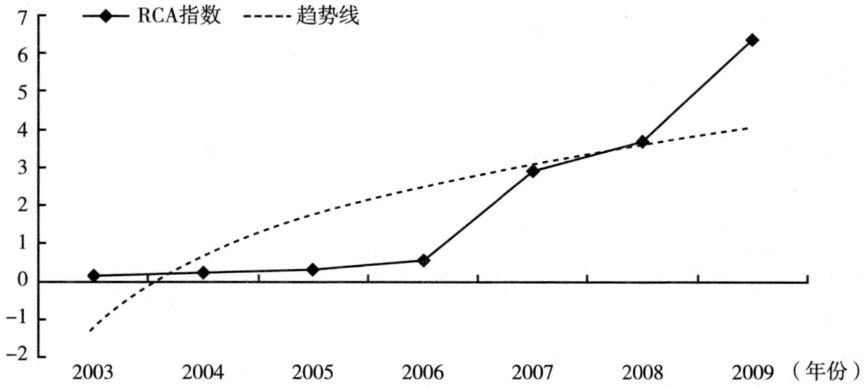


**图 7　中国澳门传媒类产品 RCA 指数变动情况**

资料来源：根据 UNCTAD 创意经济数据库数据计算获得。

## （三）中国澳门传媒的净出口显示性比较优势指数

**表 8　中国澳门传媒类产品 NXRCA 指数变动情况**

| 年份 | 2003 | 2004 | 2005 | 2006 | 2007 | 2008 | 2009 | 2010 | 2011 | 2012 |
|---|---|---|---|---|---|---|---|---|---|---|
| NXRCA 指数 | -0.43 | -1.01 | -0.99 | -1.15 | 0.29 | 1.38 | 4.09 | NA | NA | NA |

资料来源：根据 UNCTAD 创意经济数据库的相关数据计算获得。

从数据来看，澳门传媒类产品 NXRCA 指数在 2003～2006 年有一定的起伏，一直为负值，澳门传媒处于竞争劣势。从 2007 年开始 NXRCA 指数转为正值，2007 年为 0.29，2008 年提升为 1.38，2009 年即提升为 4.09。仅仅从 NXRCA 指数看，澳门传媒国际竞争力提升较快，但是与 RCA 指数变化类似，澳门商品出口总额变化影响较大，因此需要综合三大指标判断其国际竞争力的变化。

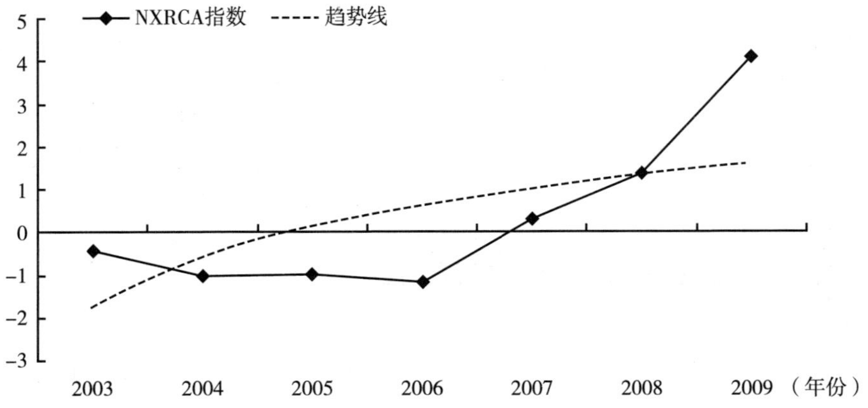


**图 8　中国澳门传媒类产品 NXRCA 指数变动情况**

资料来源：根据 UNCTAD 创意经济数据库数据计算获得。

## （四）中国澳门传媒竞争力的多指标比较分析

从多指标变动趋势来看，澳门传媒整体竞争力 TCI、RCA 指数和 NXRCA 指数的趋势比较一致，均表现为澳门传媒的竞争力呈现逐步上升的趋势。但是 TCI、RCA 指数和 NXRCA 指数表现的增长幅度差异较大，RCA 指数显示的提升幅度最大，TCI 只表现出小幅的上升，通过分析澳门传媒出口占澳门商品出

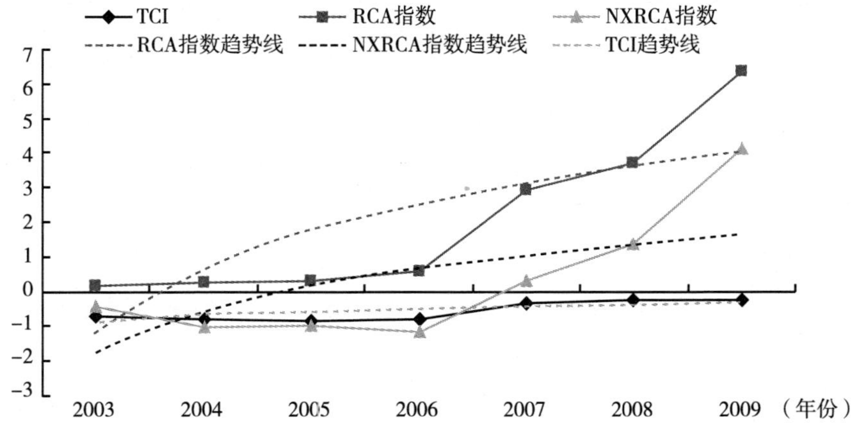


**图 9　中国澳门传媒整体竞争力的多指标变动趋势**

资料来源：根据 UNCTAD 创意经济数据库数据计算获得。

口的比重变化，发现2007～2009年澳门商品出口规模下降速度较快，从而导致其比重提高较快，进一步导致RCA指数和NXRCA指数的提高速度较快，因此RCA指数和NXRCA指数的快速提高不足以说明澳门传媒国际竞争力的快速提升。综合各项指标，可以认为澳门传媒国际竞争力在近10年间有一定程度的提升，但其国际竞争力较弱，处于竞争劣势地位。

## 四　中国澳门传媒国际竞争力的研究总结

根据以上对中国澳门传媒从规模、结构、竞争力指标等多方面的测量，可以得到以下结论。

### 1. 中国澳门传媒国际竞争力较弱

无论从国际份额的变化，或是贸易差额的变化，还是各项竞争力评价指标变化来看，均可以发现澳门传媒类产品的国际竞争力较弱。2009年澳门传媒类产品出口规模仅为香港的0.7%、台湾的1.3%。澳门传媒国际市场份额非常低，2003～2009年其国际市场占有率从未超过0.1%。从2003年开始，澳门传媒一直处于贸易逆差状态，贸易逆差到2006年到达高峰，逆差额为6992万美元。TCI也一直保持在负值，主要在－0.82～－0.23区间波动。因此可以认为澳门传媒处于国际竞争劣势状态，其国际影响力非常弱小。

### 2. 中国澳门传媒竞争劣势改善程度有限

尽管几年间澳门传媒类产品呈快速增长的态势，2007年增长速度高达584%，市场份额从2004年的0.005%一直上升至2009年的0.049%，市场份额增长近9倍，但是总体上其国际竞争力提升幅度有限。部分指标显示提升速度较快，主要是由于澳门商品总体出口规模下降。其国际贸易逆差只是在2007～2009年三年间有所下降。TCI只是在2006～2009年逐步上升至2009年的－0.23。只能说明澳门的竞争劣势得到一定程度的改善，但是其劣势并未得到扭转。

### 3. 中国澳门传媒类产品出口结构以新媒体为核心

澳门传媒出口结构变化与台湾类似，从2003年到2005年，澳门传媒出口以视听产品出口为主，从2006年开始，新媒体产品出口比重快速上升，2009年增长为79.18%，在各类传媒类产品中占据绝对优势。

# 国际比较篇

BLUE BOOK

Comparative Research on International Media

摘　要：“国际比较篇”包括三个子报告，分别将中国与发达国家、邻近国家以及发展中国家多国比较，发达国家选择美国和英国，邻近的亚洲国家选择日本和韩国，发展中国家选择金砖四国的印度、俄罗斯和巴西。通过数据比较分析，发现以下主要特点：中国传媒类产品的国际竞争力已超越英美、日韩和金砖四国等国家，但竞争优势在缩小；中国传媒类服务的国际竞争力与英美日印等国差距巨大；多国的数据均表明传媒产业的服务化已成为国际趋势；发达国家版税和许可费服务专业化程度非常高，在国际上具有垄断性优势。

关键词：国际比较　传媒　国际竞争力指数

本篇通过国际比较，发现中国传媒的优势与劣势所在。主要与发达国家、邻近国家以及发展中国家多国比较，发达国家选择美国和英国，邻近的亚洲国家选择日本和韩国，发展中国家选择金砖四国中的印度、俄罗斯和巴西。各国的原始数据和统计标准同样主要源自联合国贸易与发展会议 UNCTAD 创意经济数据库，传媒类产品的贸易数据均根据 UNCTAD 数据汇总计算获得。世界传媒类服务 2012 年数据不完整，美国等主要国家数据未更新，仅供参考。

欧盟与北美是中国最为重要的传媒国际贸易伙伴，比较分析中国与发达国家传媒出口的规模、结构和综合竞争力差异，有助于发现中国与发达国家的差距。

B.7

# 中美英传媒的国际竞争力比较

李本乾　刘强　罗梦雨

## 一　中美英的国际竞争力总体态势比较

### （一）出口规模比较

#### 1. 传媒类产品出口规模

**表1　中美英传媒类产品出口规模年度比较**

单位：百万美元，%

| 年份 | 中国 | | 美国 | | 英国 | |
|---|---|---|---|---|---|---|
| | 出口总额 | 年增速 | 出口总额 | 年增速 | 出口总额 | 年增速 |
| 2003 | 4042.03 | | 7149.09 | | 5338.07 | |
| 2004 | 4616.89 | 14.22 | 7438.90 | 4.05 | 6073.73 | 13.78 |
| 2005 | 5918.48 | 28.19 | 8235.06 | 10.70 | 6235.45 | 2.66 |
| 2006 | 7613.94 | 28.65 | 8937.20 | 8.53 | 6032.51 | -3.25 |
| 2007 | 15329.12 | 101.33 | 15008.20 | 67.93 | 8135.84 | 34.87 |
| 2008 | 19788.43 | 29.09 | 15585.02 | 3.84 | 7785.77 | -4.30 |
| 2009 | 14865.89 | -24.88 | 13318.56 | -14.54 | 6741.29 | -13.42 |
| 2010 | 15196.51 | 2.22 | 13631.58 | 2.35 | 6874.38 | 1.97 |
| 2011 | 15947.86 | 4.94 | 13433.95 | -1.45 | 6801.62 | -1.06 |
| 2012 | 18998.93 | 19.13 | 13051.72 | -2.85 | 6389.10 | -6.07 |

资料来源：UNCTAD创意经济数据库、UN Comtrade。

从表1可以看出，中国传媒类产品出口规模增长速度远远超过英美同期增长速度，中国传媒类产品出口在10年间基本保持增长，而后5年中，英国和美国传媒类产品出口表现为增速放缓甚至小幅下降。2008年中国增速为29.09%，而同期美国增速为3.84%，英国为-4.3%。2012年中国增速为

19.13%，同期美国增速为-2.85%，英国为-6.07%。中国传媒类产品出口规模在2007年以前低于美国，2006年以前低于英国，正因为中国传媒类产品出口高速增长，中国传媒类产品出口规模在2006年达到76.1亿美元，同期英国为60.3亿美元，从2006年开始中国超越英国，2007年中国传媒类产品出口规模达到153.3亿美元，同期美国为150.1亿美元，从2007年开始中国超越美国。2007~2012年中国传媒类产品出口总量就一直保持着对英美的领先，并且总量的优势还在不断扩大，2007年中国传媒类产品出口超过美国3.21亿美元，2012年差额达到59.5亿美元。因此从出口规模上看，中国传媒类产品超越英美发达国家。

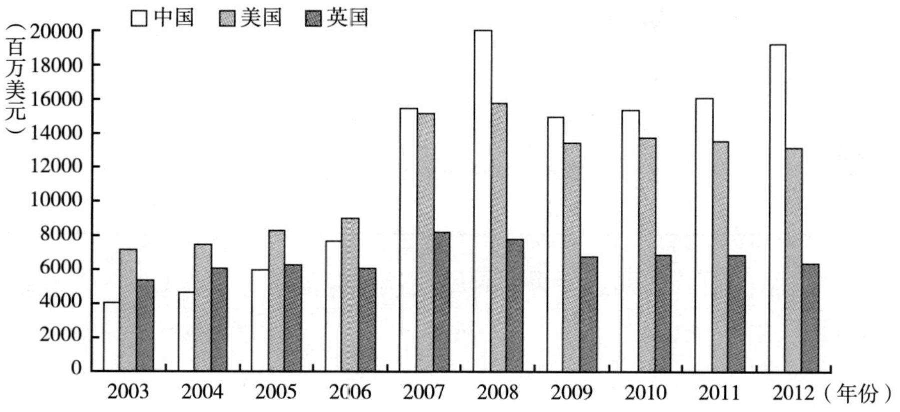


**图1　中美英传媒类产品出口规模比较**

资料来源：UNCTAD创意经济数据库、UN Comtrade。

### 2. 传媒类服务出口规模

与传媒类产品的“风光无限”相比，中国传媒类服务的出口地位显得十分“低微”。与英美相比，中国传媒类服务出口规模显得微不足道。2003年中国传媒类服务出口规模为17.3亿美元，而同期美国为657.4亿美元，英国为248.3亿美元，中国出口规模仅为美国规模的2.6%、英国的7%。此后中国传媒类服务出口规模高速增长，其增长速度远远超越英美传媒类服务出口的同期速度，中国2003~2012年年平均增长速度达33%，而美国平均增速仅为10%，英国更低，平均增速仅为6%。

**表 2　中美英传媒类服务出口规模比较**

单位：百万美元，%

| 年份 | 中国 | | 美国 | | 英国 | |
|---|---|---|---|---|---|---|
| | 出口总额 | 年增速 | 出口总额 | 年增速 | 出口总额 | 年增速 |
| 2003 | 1728. 863 | | 65741. 00 | | 24828. 89 | |
| 2004 | 2763. 13 | 59. 82 | 76586. 00 | 16. 50 | 30552. 20 | 23. 05 |
| 2005 | 3207. 171 | 16. 07 | 85026. 00 | 11. 02 | 32576. 48 | 6. 63 |
| 2006 | 4744. 677 | 47. 94 | 97832. 00 | 15. 06 | 35051. 44 | 7. 60 |
| 2007 | 6915. 939 | 45. 76 | 114512. 00 | 17. 05 | 38835. 71 | 10. 80 |
| 2008 | 9442. 859 | 36. 54 | 120248. 00 | 5. 01 | 37187. 99 | -4. 24 |
| 2009 | 9350. 976 | -0. 97 | 117079. 30 | -2. 64 | 34209. 92 | -8. 01 |
| 2010 | 13094. 99 | 40. 04 | 126557. 79 | 8. 10 | 36124. 47 | 5. 60 |
| 2011 | 17066. 08 | 30. 33 | 141421. 76 | 11. 74 | 38778. 10 | 7. 35 |
| 2012 | 20374. 09 | 19. 38 | NA | NA | NA | NA |

资料来源：UNCTAD 创意经济数据库。

尽管中国传媒类服务出口高速增长，但是 2011 年，中国传媒类服务出口为 170. 7 亿美元，而同期美国为 1414. 2 亿美元，英国为 387. 8 亿美元，中国出口规模仅为美国规模的 12%，英国规模的 44%。总之，与英美的传媒类服务出口规模相比，中国传媒类服务的出口规模依然偏小。

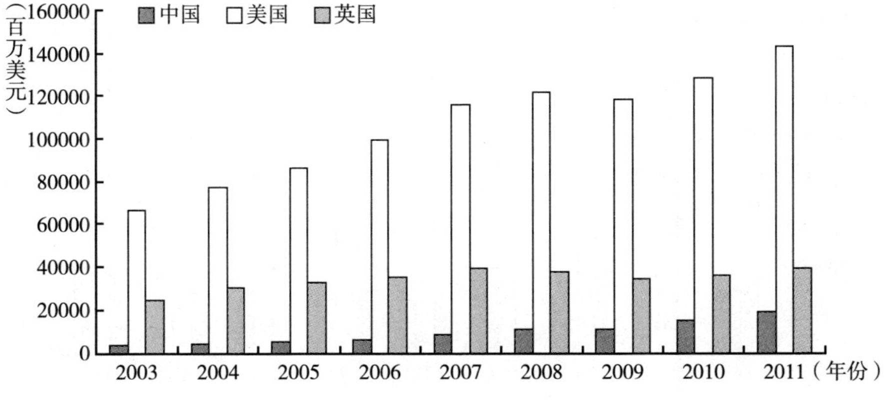


**图 2　中美英传媒类服务出口规模比较**

资料来源：UNCTAD 创意经济数据库。

### 3. 总体出口规模

**表 3 中美英传媒出口规模比较**

单位：百万美元，%

| 年份 | 中国 | | 美国 | | 英国 | |
|---|---|---|---|---|---|---|
| | 出口总额 | 年增速 | 出口总额 | 年增速 | 出口总额 | 年增速 |
| 2003 | 5770.89 | | 72890.09 | | 30166.96 | |
| 2004 | 7380.02 | 27.88 | 84024.90 | 15.28 | 36625.93 | 21.41 |
| 2005 | 9125.65 | 23.65 | 93261.06 | 10.99 | 38811.93 | 5.97 |
| 2006 | 12358.62 | 35.43 | 106769.20 | 14.48 | 41083.95 | 5.85 |
| 2007 | 22245.06 | 80.00 | 129520.20 | 21.31 | 46971.55 | 14.33 |
| 2008 | 29231.29 | 31.41 | 135833.02 | 4.87 | 44973.76 | -4.25 |
| 2009 | 24216.87 | -17.15 | 130397.86 | -4.00 | 40951.21 | -8.94 |
| 2010 | 28291.50 | 16.83 | 140189.37 | 7.51 | 42998.85 | 5.00 |
| 2011 | 33013.94 | 16.69 | 154855.71 | 10.46 | 45579.71 | 6.00 |
| 2012 | 39373.02 | 19.26 | NA | NA | NA | NA |

资料来源：UNCTAD 创意经济数据库、UN Comtrade。

将传媒类产品与传媒类服务出口额汇总，比较中英美传媒整体出口规模，发现美国传媒出口优势明显，中国出口规模最小。2003 年中国传媒出口规模为 57.7 亿美元，而美国为 728.9 亿美元，英国为 301.7 亿美元，美国传媒的

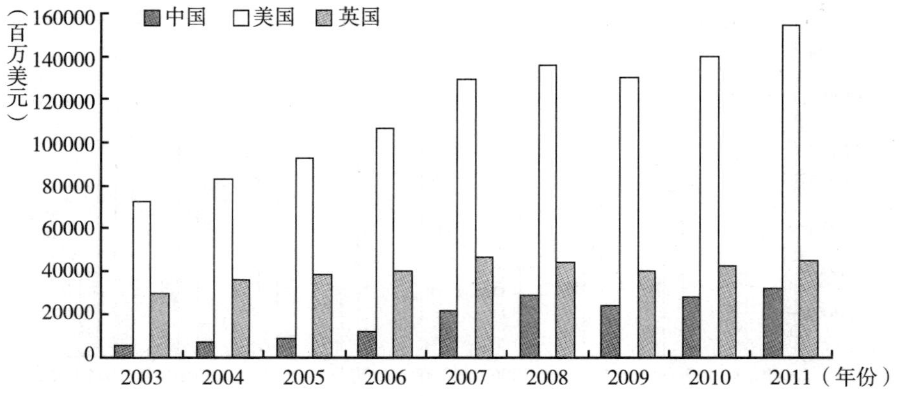


**图 3 中美英传媒出口规模比较**

资料来源：UNCTAD 创意经济数据库。

出口规模是中国规模的近 13 倍，是英国规模的 2.5 倍，英国传媒出口规模也是中国规模的 5 倍多。虽然中国传媒的出口增速远远超过英美，但 10 年间增速也在逐步放缓，并且其出口规模依然远远落后美国。2011 年中国传媒出口规模达到 330.1 亿美元，同期美国达 1548.6 亿美元，英国为 455.8 亿美元，中国规模仅为美国的 21%，中国规模逐步接近英国的出口规模，为英国的 72%。从总体上看，中国传媒出口规模远远落后于美国，但逐步接近英国。

## （二）出口比重

**表 4　中美英传媒出口比重年度比较**

单位：百万美元，%

| 年份 | 中国 | | 美国 | | 英国 | |
|---|---|---|---|---|---|---|
| | 国家出口总额 | 比重 | 国家出口总额 | 比重 | 国家出口总额 | 比重 |
| 2003 | 438228.00 | 1.32 | 724771.00 | 10.06 | 305627.1 | 9.87 |
| 2004 | 593326.00 | 1.24 | 814875.00 | 10.31 | 347493.5 | 10.54 |
| 2005 | 761953.00 | 1.20 | 901082.00 | 10.35 | 384477.1 | 10.09 |
| 2006 | 968978.00 | 1.28 | 1025967.00 | 10.41 | 448653.1 | 9.16 |
| 2007 | 1220456.00 | 1.82 | 1148199.00 | 11.28 | 439091.3 | 10.70 |
| 2008 | 1430693.00 | 2.04 | 1287442.00 | 10.55 | 459769.4 | 9.78 |
| 2009 | 1201612.00 | 2.02 | 1056043.00 | 12.35 | 354893 | 11.54 |
| 2010 | 1577754.00 | 1.79 | 1278495.00 | 10.97 | 415959 | 10.34 |
| 2011 | 1898381.00 | 1.74 | 1482508.00 | 10.45 | 506569.8 | 9.00 |
| 2012 | 2048714.00 | 1.92 | 1545703.00 | NA | 472792.8 | NA |

资料来源：UNCTAD 创意经济数据库、UN Comtrade。

与英美的传媒出口占国家出口总额的比重相比，发现中国传媒出口占国家总出口的比重远远低于英美的比重。2003～2012 年中国传媒出口所占比重大多低于 2%，而美国和英国的比重水平比较接近，两国的比重总体比较稳定，美国传媒出口所占比重稍稍高于英国，美国 2003～2011 年传媒出口所占比重大多在 10%～12% 区间波动，英国同期传媒出口所占比重大多在 9%～11% 区间波动。数据说明，传媒产业对于英美国际贸易的重要性要远远大于对于中国国际贸易的重要性，从另一方面也说明英美传媒具有更高的国际竞争力。

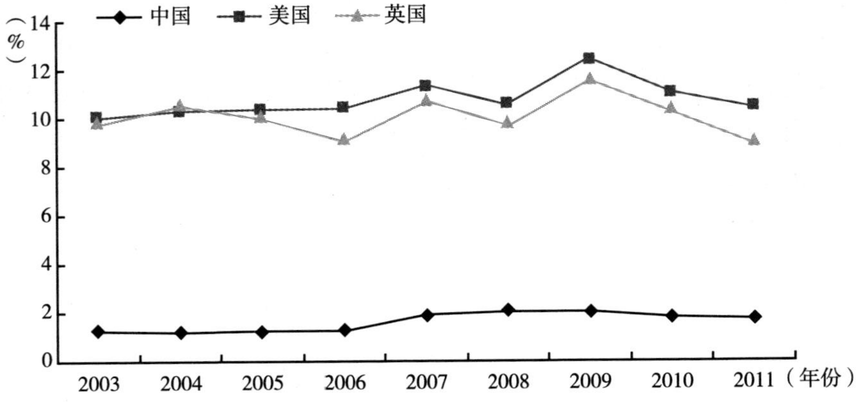


**图 4　中美英传媒出口比重比较**

资料来源：UNCTAD 创意经济数据库。

## （三）出口市场份额

### 1. 中美英传媒类产品出口国际市场份额比较

**表 5　中英美传媒类产品出口国际市场份额比较**

单位：%

| 年份 | 中国国际市场份额 | 美国国际市场份额 | 英国国际市场份额 |
|---|---|---|---|
| 2003 | 6.97 | 12.33 | 9.20 |
| 2004 | 7.13 | 11.48 | 9.37 |
| 2005 | 8.33 | 11.60 | 8.78 |
| 2006 | 9.96 | 11.70 | 7.89 |
| 2007 | 12.75 | 12.48 | 6.77 |
| 2008 | 14.45 | 11.38 | 5.68 |
| 2009 | 12.53 | 11.23 | 5.68 |
| 2010 | 12.60 | 11.31 | 5.70 |
| 2011 | 12.80 | 10.78 | 5.46 |
| 2012 | 16.34 | 11.23 | 5.50 |

资料来源：UNCTAD 创意经济数据库、UN Comtrade。

传媒类产品出口国际市场份额的变化与出口规模变化相同，2005 年以前中国传媒类产品的国际市场占有率落后于美国和英国，但是在 2006 年中国传媒类产品国际市场份额达 9.96%，超过了英国同期的国际市场份额 7.89%；2007 年中国传媒类产品国际市场份额达 12.75%，超越了美国同期的国际市场份额 12.48%。从 2007 年开始，中国传媒类产品的国际市场占有率一直超越英美，领先优势一直保持到 2012 年。从变化趋势来看，中国传媒类产品的国际市场占有率保持上升的趋势，而英美国际市场份额呈现下降的趋势，其中英国国际市场占有率下降幅度相对较大，美国传媒类产品市场占有率只表现出小幅的下降。

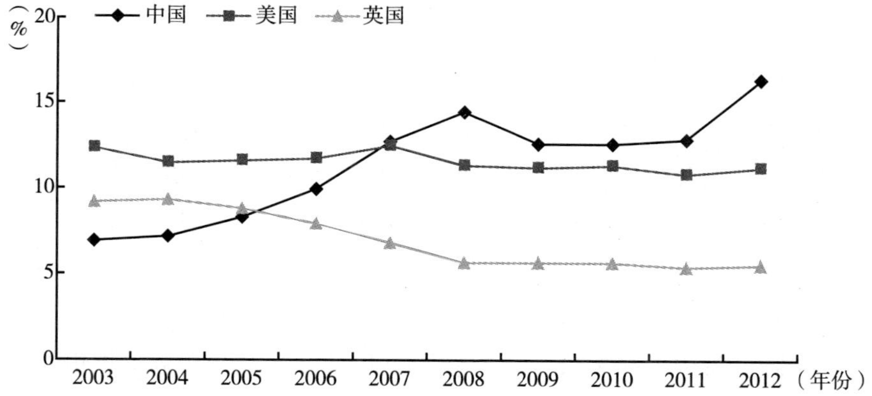


**图 5　中美英传媒类产品国际市场份额比较**

资料来源：UNCTAD 创意经济数据库。

## 2. 中美英传媒类服务出口国际市场份额比较

**表 6　中英美传媒类服务出口国际市场份额比较**

单位：%

| 年份 | 中国国际市场份额 | 美国国际市场份额 | 英国国际市场份额 |
|---|---|---|---|
| 2003 | 0.78 | 29.74 | 11.23 |
| 2004 | 0.99 | 27.56 | 10.99 |
| 2005 | 1.03 | 27.28 | 10.45 |
| 2006 | 1.34 | 27.71 | 9.93 |
| 2007 | 1.62 | 26.89 | 9.12 |

续表

| 年份 | 中国国际市场份额 | 美国国际市场份额 | 英国国际市场份额 |
|---|---|---|---|
| 2008 | 1.90 | 24.13 | 7.46 |
| 2009 | 1.89 | 23.64 | 6.91 |
| 2010 | 2.41 | 23.31 | 6.65 |
| 2011 | 2.78 | 23.00 | 6.31 |
| 2012 | 3.78 | NA | NA |

资料来源：UNCTAD 创意经济数据库、UN Comtrade。

与传媒类产品相比，中国传媒类服务的国际市场地位远远落后于英美等发达国家。2003～2011 年，中国传媒类服务出口自始至终远远落后于美国和英国，2003 年中国传媒类服务的国际市场占有率为 0.78%，而同期美国国际市场份额为 29.74%，英国为 11.23%，中国的市场份额仅为美国的 2.6%，英国的 6.9%。经过了 9 年的发展，2011 年中国传媒类服务的国际市场份额成长为 2.78%，而同期美国国际市场份额为 23%，英国国际市场份额为 6.31%，虽然中国市场份额有一定的提高，但依然远远落后于英美，仅为美国的 12%，不到英国的 44%。从中英美传媒类服务的国际市场份额变化趋势来看，美国国际市场份额依然"一家独大"，仅有小幅下降，英国传媒类服务的国际市场份额下降相对较快，9 年间国际

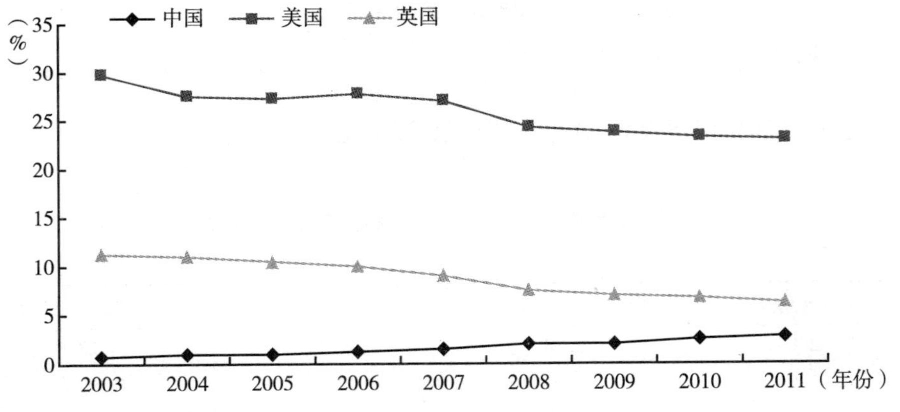


**图 6　中美英传媒类服务国际市场份额比较**

资料来源：UNCTAD 创意经济数据库。

市场份额萎缩接近一半，但依然远远超过中国，而中国传媒类服务国际市场份额整体呈上升趋势，上升幅度不大，说明中国传媒类服务“超英赶美”的路还很长。

### 3. 中美英传媒整体出口国际市场份额比较

**表 7　中美英传媒整体出口国际市场份额比较**

单位：%

| 年份 | 中国国际市场份额 | 美国国际市场份额 | 英国国际市场份额 |
| --- | --- | --- | --- |
| 2003 | 2. 07 | 26. 12 | 10. 81 |
| 2004 | 2. 15 | 24. 52 | 10. 69 |
| 2005 | 2. 38 | 24. 37 | 10. 14 |
| 2006 | 2. 88 | 24. 86 | 9. 57 |
| 2007 | 4. 07 | 23. 72 | 8. 60 |
| 2008 | 4. 60 | 21. 38 | 7. 08 |
| 2009 | 3. 94 | 21. 24 | 6. 67 |
| 2010 | 4. 26 | 21. 13 | 6. 48 |
| 2011 | 4. 46 | 20. 94 | 6. 16 |
| 2012 | 6. 01 | NA | NA |

资料来源：UNCTAD 创意经济数据库、UN Comtrade。

将传媒类产品和传媒类服务出口额汇总，比较中英美传媒整体的国际市场份额发现，美国传媒的市场地位远远超越中国和英国，而中国传媒经过 10 年的发展逐步接近英国传媒的市场地位。2003 年，中国传媒的国际市场份额仅为 2. 07%，而美国国际市场份额高达 26. 12%，英国也达 10. 81%，中国市场份额远远落后。经过 8 年的发展，美国国际市场份额有一定程度的下滑，但总体幅度并不大，2011 年美国依然有 20. 94% 的国际市场份额，英国传媒的国际市场份额下滑程度相对较大，2011 年下降为 6. 16%，市场份额萎缩接近 1/3，而中国传媒整体市场份额增长较快，已取得“一席之地”，2011 年市场份额为 4. 46%。从长远来看，美国在短期内的优势无法超越，但中国传媒超越英国的市场地位只是时间问题。

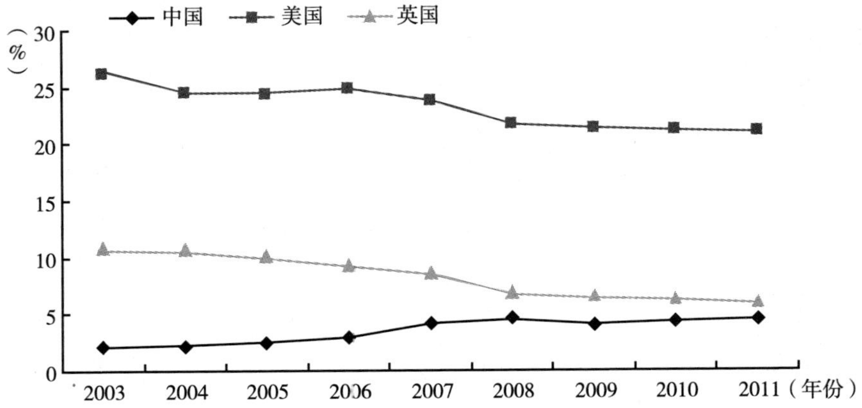


**图 7　中美英传媒国际市场份额比较**

资料来源：UNCTAD 创意经济数据库。

## （四）贸易差额

### 1. 中美英传媒类产品贸易差额比较

**表 8　中美英传媒类产品贸易差额比较**

单位：百万美元

| 年份 | 中国贸易差额 | 美国贸易差额 | 英国贸易差额 |
|---|---|---|---|
| 2003 | 2718.36 | -5137.05 | -303.09 |
| 2004 | 3126.61 | -5249.47 | -21.07 |
| 2005 | 4340.34 | -5345.62 | -78.60 |
| 2006 | 5891.08 | -5745.47 | -499.65 |
| 2007 | 8591.07 | -7746.71 | -2831.40 |
| 2008 | 13193.73 | -7178.60 | -2422.24 |
| 2009 | 8711.63 | -4192.27 | -1565.65 |
| 2010 | 7806.64 | -4081.30 | -671.95 |
| 2011 | 7484.60 | -2559.34 | -953.28 |
| 2012 | 10595.03 | -3079.04 | -452.80 |

资料来源：UNCTAD 创意经济数据库、UN Comtrade。

从中英美传媒类产品的贸易差额来看，英美传媒类产品2003～2012年一直处于贸易逆差状态，而中国传媒类产品则一直保持为贸易顺差状态。中国传媒类产品贸易顺差额的变化与英美贸易逆差额的变化恰恰相反，2003～2008年中国传媒类产品贸易顺差额不断增长，2003年贸易顺差额为27.2亿美元，增长到最高值2008年的132亿美元；与此同时，英美在2003～2007年贸易逆差不断扩大，2007年到达最高值，美国2003年贸易逆差为51.4亿美元，而2007年扩大为77.5亿美元，英国2003年逆差额为3亿美元，2007年扩大为28.3亿美元。2009～2012年中国传媒类产品贸易顺差呈下降趋势，与此同时，英美贸易逆差也在不断缩小，美国贸易逆差2012年缩小为30.8亿美元，英国2012年逆差额为4.5亿美元。由数据变化可以看出，中国传媒类产品的国际竞争优势超过英美，由于传媒类产品统计类别大部分与制造业相关，因此其更多地反映了中国传统的制造业优势。同时需要注意的是，随着技术的变化和英美制造业回流的趋势，中国传媒类产品优势在下降，英美传媒类产品的贸易逆差在缩小。

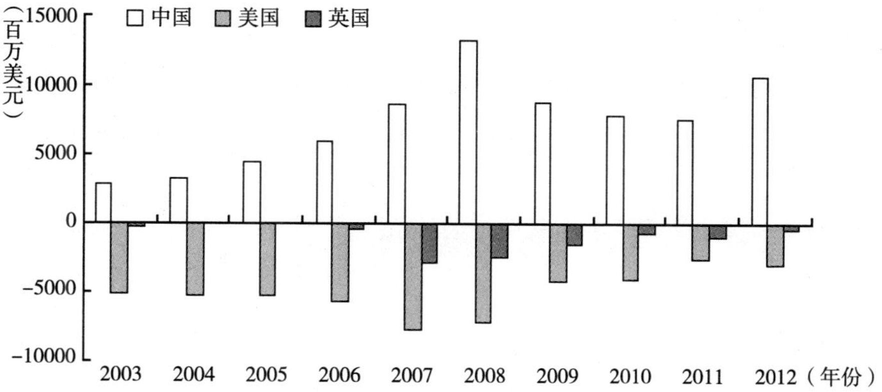


**图8　中美英传媒类产品国际贸易差额比较**

资料来源：UNCTAD创意经济数据库。

### 2. 中美英传媒类服务贸易差额比较

与传媒类产品巨大的贸易顺差优势相比，中国传媒类服务一直表现为巨大的贸易逆差，而美国和英国传媒类服务从2003年到2011年一直保持贸易顺差，从中可以看出中国传媒类服务的相对劣势。从三国的传媒类服务贸易差

**表 9　中美英传媒类服务贸易差额比较**

单位：百万美元

| 年份 | 中国贸易差额 | 美国贸易差额 | 英国贸易差额 |
|---|---|---|---|
| 2003 | -3382.49 | 37882.00 | 11109.08 |
| 2004 | -3860.39 | 43204.00 | 14824.79 |
| 2005 | -4603.18 | 47814.00 | 15594.60 |
| 2006 | -4704.69 | 57282.00 | 16668.29 |
| 2007 | -4974.84 | 70490.00 | 19000.67 |
| 2008 | -6237.05 | 71357.00 | 14568.93 |
| 2009 | -7178.70 | 65165.65 | 15553.36 |
| 2010 | -5321.01 | 69273.95 | 16601.28 |
| 2011 | -4657.02 | 76795.41 | 17263.73 |
| 2012 | -4555.97 | NA | NA |

资料来源：UNCTAD 创意经济数据库。

额变化来看，均经历了一定程度的波动。美国传媒类服务的进出口差额总体呈上升趋势，9 年间仅在 2009 年和 2010 年有小幅的下滑，其他时间均在逐年上升，2011 年贸易顺差达到最高值 768 亿美元。英国传媒类服务的进出口差额同样呈上升趋势，其间有一定的起伏，从 2003 年到 2007 年逐年

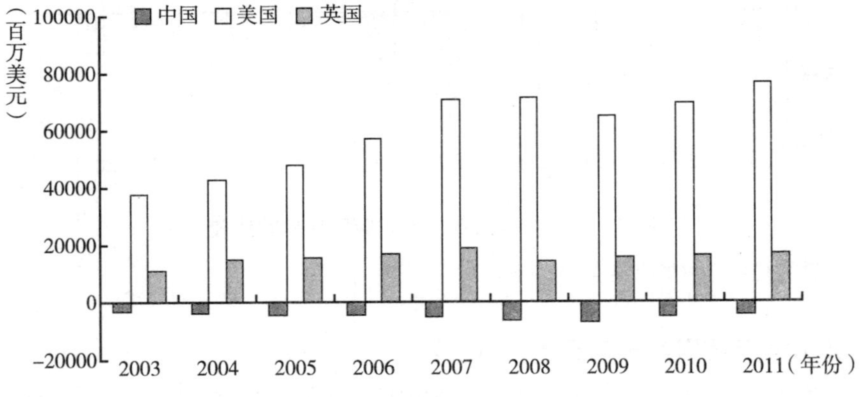


**图 9　中美英传媒类服务国际贸易差额比较**

资料来源：UNCTAD 创意经济数据库。

上升，2007年达到最高值190亿美元，在2008年下降为146亿美元，此后逐步恢复为2011年的173亿美元。中国传媒类服务的进出口差额同样经历上下起伏，但总体增长的幅度不大。从表9可以看出，美国传媒类服务的优势在不断扩大，英国传媒类服务竞争力也在提升，但提升的幅度并不明显。中国传媒类服务竞争力远远落后于英美，其竞争劣势有一定程度的改善，但幅度不大。

### 3. 中美英传媒贸易差额比较

**表10　中美英传媒贸易差额比较**

单位：百万美元

| 年份 | 中国贸易差额 | 美国贸易差额 | 英国贸易差额 |
|---|---|---|---|
| 2003 | -664.14 | 32744.95 | 10805.99 |
| 2004 | -733.77 | 37954.53 | 14803.72 |
| 2005 | -262.84 | 42468.38 | 15516.00 |
| 2006 | 1186.39 | 51536.53 | 16168.64 |
| 2007 | 3616.23 | 62743.29 | 16169.27 |
| 2008 | 6956.67 | 64178.40 | 12146.69 |
| 2009 | 1532.93 | 60973.38 | 13987.72 |
| 2010 | 2485.63 | 65192.65 | 15929.33 |
| 2011 | 2827.59 | 74236.07 | 16310.45 |
| 2012 | 6039.06 | NA | NA |

资料来源：UNCTAD创意经济数据库。

整体看中英美传媒的国际贸易差额，尽管中国传媒扭转了整体贸易逆差的状态，并且贸易顺差不断扩大，但是依然远远落后于英美。2003年中国贸易差额为-6.6亿美元，同期美国贸易顺差为327亿美元，英国贸易顺差为108亿美元，中国与英美差距巨大。2011年中国传媒贸易顺差额增长为28亿美元，而同期美国贸易顺差额高达742亿美元，为中国的26.5倍，同期英国为163亿美元，为中国的近6倍。从三国贸易差额的变化来看，美国传媒的贸易顺差一直保持强劲的上升势头，英国传媒总体上也呈相对缓慢上升的趋势，中国传媒贸易差额起伏较大，增长的持续性不够。

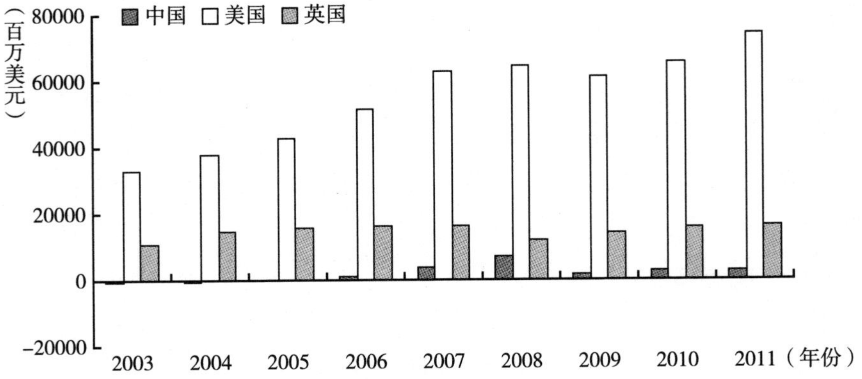


**图 10　中美英传媒国际贸易差额比较**

资料来源：UNCTAD 创意经济数据库。

# 二　中美英传媒贸易结构比较

## 中美英传媒贸易产品类别结构比较

### 1. 中美英传媒类服务的贸易比重比较

**表 11　中英美传媒类服务出口比重比较**

单位：%

| 年份 | 中国传媒类服务比重 | 美国传媒类服务比重 | 英国传媒类服务比重 |
|---|---|---|---|
| 2003 | 29.96 | 90.19 | 82.30 |
| 2004 | 37.44 | 91.15 | 83.42 |
| 2005 | 35.14 | 91.17 | 83.93 |
| 2006 | 38.39 | 91.63 | 85.32 |
| 2007 | 31.09 | 88.41 | 82.68 |
| 2008 | 32.30 | 88.53 | 82.69 |
| 2009 | 38.61 | 89.79 | 83.54 |
| 2010 | 46.29 | 90.28 | 84.01 |
| 2011 | 51.69 | 91.32 | 85.08 |
| 2012 | 51.75 | NA | NA |

资料来源：UNCTAD 创意经济数据库、UN Comtrade。

传媒产业越来越呈现服务化的趋势，服务所占比重越来越成为衡量经济发展阶段的标志之一，因此比较中英美传媒类服务出口占传媒整体出口的比重有助于明确中英美传媒发展的差距。总体上看，中国传媒类服务出口比重虽然提高较快，10 年间从 29.96% 提升至 51.75%，但依然远远落后于英美发达国家。美国传媒出口主要依赖于传媒类服务，2011 年其服务所占比重高达 91.32%，英国传媒出口同样主要依赖于传媒类服务，2011 年其服务所占比重也达 85.08%，说明英美传媒已逐步服务化，传媒类服务决定了其强大的国际竞争力。从其所占比重的变化来看，中国传媒类服务出口所占比重呈快速上升的趋势，英美传媒类服务已非常成熟，其服务所占比重非常稳定，美国传媒类服务所占比重在 88% ~91% 间波动，英国传媒类服务所占比重也在 82% ~85% 间波动。

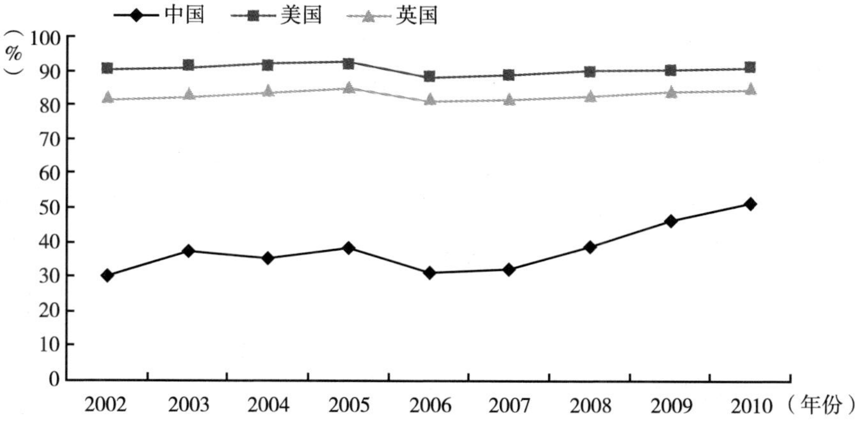


**图 11　中美英传媒类服务出口值占传媒总出口值比重比较**

资料来源：UNCTAD 创意经济数据库。

### 2. 中美英传媒类产品的出口结构比较

中国传媒类产品出口以新媒体产品出口为主，新媒体产品占据绝对优势，比重超过 2/3，并且在 2003 ~2012 年 10 年间其比重一直比较稳定。而美国传媒类产品在 2003 年主要集中于出版物产品，从 2007 年开始结构日益均衡，2012 年视听产品、新媒体产品和出版物产品的出口比重相当，只有音乐产品比例较低，说明美国在应对媒介技术变化过程中转型较快，出版物产品的比重

**表 12　美国传媒类产品出口结构年度变化情况**

单位：%

| 年份 | 视听产品 | 新媒体产品 | 音乐产品 | 出版物产品 |
|---|---|---|---|---|
| | 比重 | 比重 | 比重 | 比重 |
| 2003 | 18.91 | 21.09 | 4.55 | 55.45 |
| 2004 | 20.35 | 19.87 | 5.27 | 54.51 |
| 2005 | 18.02 | 22.83 | 5.45 | 53.71 |
| 2006 | 16.48 | 26.44 | 5.09 | 51.99 |
| 2007 | 30.08 | 33.54 | 3.33 | 33.05 |
| 2008 | 29.07 | 33.45 | 3.51 | 33.96 |
| 2009 | 29.61 | 31.83 | 3.80 | 34.76 |
| 2010 | 28.42 | 31.23 | 3.80 | 36.55 |
| 2011 | 27.90 | 30.25 | 4.47 | 37.38 |
| 2012 | 28.02 | 30.36 | 4.87 | 36.75 |

资料来源：UNCTAD 创意经济数据库。

快速转移到视听产品和新媒体产品上。英国传媒类产品结构相对比较稳定，其产品出口以出版物产品为主，其比重一直比较稳定，2003 年其出版物产品比重为 65.5%，9 年后比重依然保持在 61.55%，而视听产品、新媒体产品和音乐产品的比重均比较稳定，说明英国传统产品优势明显，其在技术转型方面相对保守。

**表 13　英国传媒类产品出口结构年度变化情况**

单位：%

| 年份 | 视听产品 | 新媒体产品 | 音乐产品 | 出版物产品 |
|---|---|---|---|---|
| | 比重 | 比重 | 比重 | 比重 |
| 2003 | 21.66 | 10.94 | 1.90 | 65.50 |
| 2004 | 22.05 | 9.04 | 1.74 | 67.16 |
| 2005 | 25.72 | 10.22 | 1.50 | 62.56 |
| 2006 | 23.31 | 11.69 | 1.51 | 63.49 |
| 2007 | 26.02 | 18.17 | 1.36 | 54.45 |
| 2008 | 25.02 | 18.57 | 1.32 | 55.09 |

续表

| 年份 | 视听产品 | 新媒体产品 | 音乐产品 | 出版物产品 |
|---|---|---|---|---|
| | 比重 | 比重 | 比重 | 比重 |
| 2009 | 25. 35 | 17. 55 | 1. 22 | 55. 88 |
| 2010 | 24. 43 | 20. 04 | 1. 19 | 54. 34 |
| 2011 | 22. 06 | 19. 40 | 1. 26 | 57. 27 |
| 2012 | 18. 63 | 18. 54 | 1. 29 | 61. 55 |

资料来源：UNCTAD 创意经济数据库。

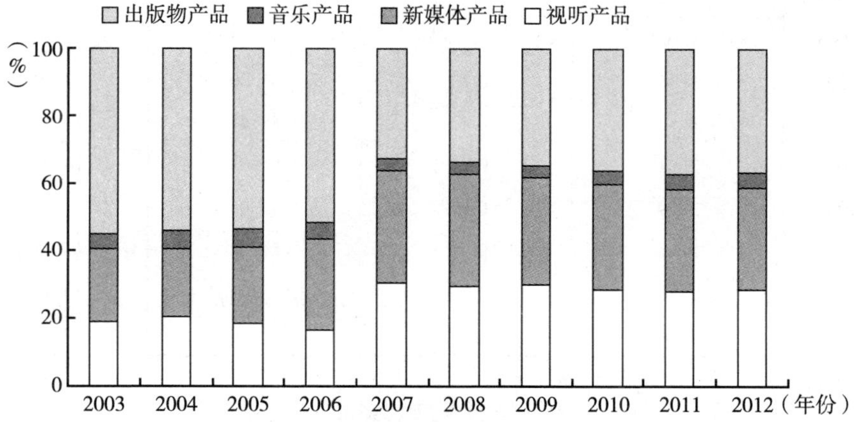


**图 12　美国传媒类产品出口结构变化情况**

资料来源：UNCTAD 创意经济数据库。

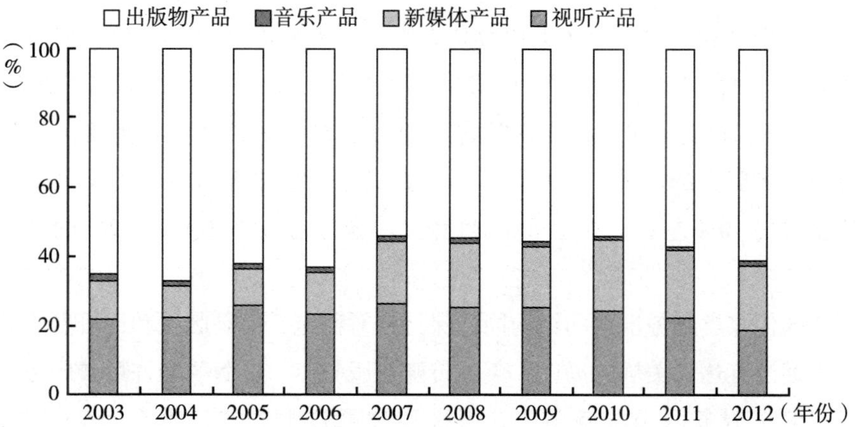


**图 13　英国传媒类产品出口结构变化情况**

资料来源：UNCTAD 创意经济数据库。

### 3. 中美英传媒类服务的出口结构比较

**表 14　美国传媒类服务出口结构年度变化情况**

单位：%

| 年份 | 广告、市场调研与民意测验服务 | 个人文化和休闲服务 | 版税和许可费服务 | 计算机与信息服务 |
|---|---|---|---|---|
| | 比重 | 比重 | 比重 | 比重 |
| 2003 | 0.79 | 0.30 | 86.42 | 12.49 |
| 2004 | 0.76 | 0.28 | 87.61 | 11.35 |
| 2005 | 1.05 | 0.29 | 87.56 | 11.10 |
| 2006 | 3.86 | 0.44 | 85.40 | 10.30 |
| 2007 | 3.57 | 0.55 | 85.41 | 10.47 |
| 2008 | 3.54 | 0.62 | 84.93 | 10.91 |
| 2009 | 3.60 | 0.63 | 84.05 | 11.71 |
| 2010 | 3.48 | 0.79 | 84.68 | 11.05 |
| 2011 | 2.96 | 0.63 | 85.44 | 10.96 |
| 2012 | NA | NA | NA | NA |

资料来源：UNCTAD 创意经济数据库。

从中英美的传媒类服务出口结构来看，三国出口结构差异较大，尤其体现在核心传媒服务上。美国传媒类服务出口结构相对稳定，2003～2011 年 9 年间，以版税和许可费服务出口贸易为主，版税和许可费服务出口所占比重高达 85% 左右，9 年间变化较小，2003 年所占比重就高达 86.42%，2011 年为 85.44%。再对照美国庞大的传媒类服务出口总量，可以看到美国版税和许可费服务巨大的国际竞争优势。而计算机与信息服务出口仅占美国传媒类服务出口的 10% 左右，其比重相对稳定，9 年间主要在 10%～12% 的区间波动。

英国传媒类服务出口的结构同样保持相对稳定，但是版税和许可费服务所占比重远没有达到美国的高度。英国传媒类服务出口以版税和许可费服务、计算机与信息服务两类服务为主，版税和许可费服务的比重在 2003 年占到 40.6%，在近年有所下滑，2011 年比重为 36.56%；计算机与信息服务的比重有小幅上升，2003 年其比重为 32.79%，2011 年上升为 37.88%。

从服务出口结构看，美国和英国的版税和许可费服务的比重远远超过中国，中国仅为5%左右，核心服务竞争力的缺失，一定程度上将会影响中国传媒类服务的长远发展。

**表15 英国传媒类服务出口结构年度变化情况**

单位：%

| 年份 | 广告、市场调研与民意测验服务 | 个人文化和休闲服务 | 版税和许可费服务 | 计算机与信息服务 |
|---|---|---|---|---|
| | 比重 | 比重 | 比重 | 比重 |
| 2003 | 14.17 | 12.44 | 40.60 | 32.79 |
| 2004 | 11.78 | 12.85 | 38.56 | 36.81 |
| 2005 | 13.41 | 12.52 | 40.83 | 33.24 |
| 2006 | 12.05 | 11.21 | 41.46 | 35.28 |
| 2007 | 12.23 | 9.68 | 41.90 | 36.20 |
| 2008 | 13.01 | 11.27 | 39.47 | 36.25 |
| 2009 | 12.08 | 10.34 | 40.20 | 37.38 |
| 2010 | 12.48 | 10.92 | 39.21 | 37.38 |
| 2011 | 13.68 | 11.89 | 36.56 | 37.88 |
| 2012 | NA | NA | NA | NA |

资料来源：UNCTAD创意经济数据库。

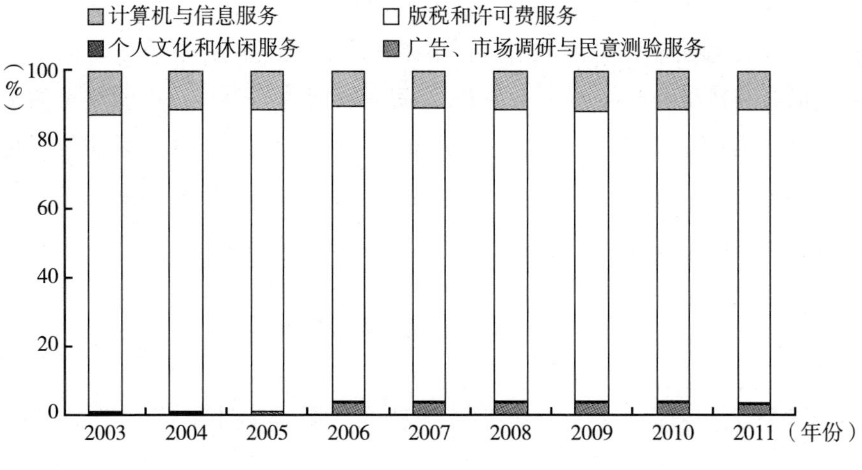


**图14 美国传媒类服务出口结构变化情况**

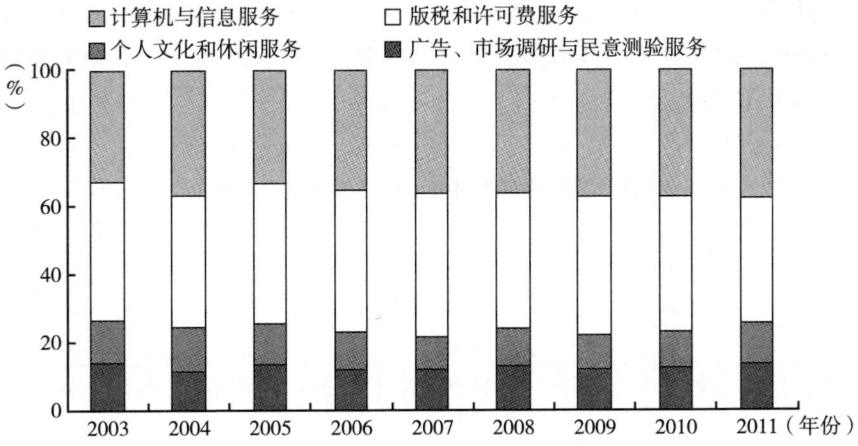


**图 15　英国传媒类服务出口结构变化情况**

资料来源：UNCTAD 创意经济数据库。

# 三　中美英传媒国际竞争力的多指标总体比较

## （一）中美英传媒的贸易竞争力指数比较

### 1. 中美英传媒类产品的贸易竞争力指数

对中美英 TCI 绝对值进行比较，中国传媒类产品 TCI 一直保持为正值，在 0.31～0.63 区间波动，总体上来看，中国传媒类产品具有不明显的国际竞争优势。而英美传媒类产品的 TCI 在 10 年间一直保持为负值，说明英美的传媒类产品处于相对竞争劣势。其中英国传媒类产品 TCI 接近于 0，说明英国传媒类产品国际竞争力接近中性，相当于世界平均水平，英国传媒类产品的贸易竞争优势超过美国。这反映了中国在制造业上的国际竞争优势。

**表 16　中美英传媒类产品 TCI 比较**

| 国家＼年份 | 2003 | 2004 | 2005 | 2006 | 2007 | 2008 | 2009 | 2010 | 2011 | 2012 |
|---|---|---|---|---|---|---|---|---|---|---|
| 中 | 0.51 | 0.51 | 0.58 | 0.63 | 0.39 | 0.50 | 0.41 | 0.35 | 0.31 | 0.39 |
| 美 | -0.26 | -0.26 | -0.25 | -0.24 | -0.21 | -0.19 | -0.14 | -0.13 | -0.09 | -0.11 |
| 英 | -0.03 | 0.00 | -0.01 | -0.04 | -0.15 | -0.13 | -0.10 | -0.05 | -0.07 | -0.03 |

资料来源：根据 UNCTAD 创意经济数据库的相关数据计算获得。

从三国 TCI 变动来看，中国传媒类产品 TCI 呈下降的趋势，英国传媒类产品 TCI 相对比较稳定，美国传媒类产品 TCI 呈上升的趋势，可以认为中国传媒类产品的竞争优势在缩小。

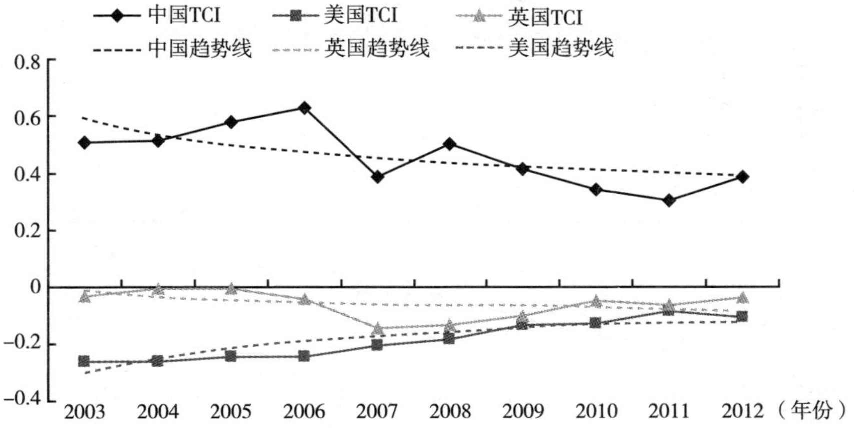


**图 16　中美英传媒类产品 TCI 比较**

资料来源：根据 UNCTAD 创意经济数据库数据计算获得。

## 2. 中美英传媒类服务的贸易竞争力指数比较

**表 17　中美英传媒类服务 TCI 比较**

| 国家＼年份 | 2003 | 2004 | 2005 | 2006 | 2007 | 2008 | 2009 | 2010 | 2011 | 2012 |
|---|---|---|---|---|---|---|---|---|---|---|
| 中 | -0. 49 | -0. 41 | -0. 42 | -0. 33 | -0. 26 | -0. 25 | -0. 28 | -0. 17 | -0. 12 | -0. 10 |
| 美 | 0. 40 | 0. 39 | 0. 39 | 0. 41 | 0. 44 | 0. 42 | 0. 39 | 0. 38 | 0. 37 | NA |
| 英 | 0. 29 | 0. 32 | 0. 31 | 0. 31 | 0. 32 | 0. 24 | 0. 29 | 0. 30 | 0. 29 | NA |

资料来源：根据 UNCTAD 创意经济数据库的相关数据计算获得。

通过中美英传媒类服务的 TCI 比较，发现中国传媒类服务 TCI 一直处于负值，在 -0. 1 ~ -0. 5 区间波动，说明中国传媒类服务一直处于竞争劣势。而美国和英国在 9 年间一直为正值，美国传媒类服务 TCI 主要在 0. 37 ~ 0. 44 区间波动，相对保持稳定，英国传媒类服务 TCI 主要在 0. 24 ~ 0. 32 区间波动，同样比较稳定，这说明美国和英国传媒类服务具有一定的国际竞争优势，美国的国际竞争力超过英国。

从三国传媒类服务 TCI 的变动趋势看，英美传媒类服务 TCI 保持相对稳定，中国传媒类服务 TCI 呈明显上升趋势，说明中国传媒类服务与发达国家间的差距在缩小。但中国传媒类服务依然处于竞争劣势，其发展之路还很长。

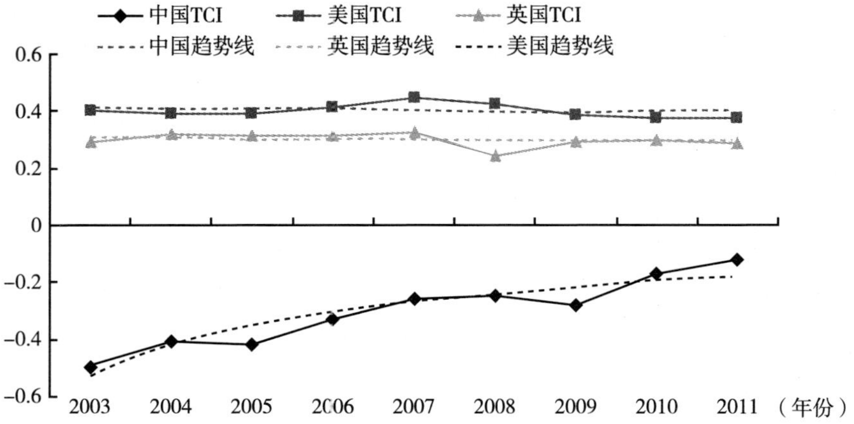


**图 17　中美英传媒类服务 TCI 比较**

资料来源：根据 UNCTAD 创意经济数据库数据计算获得。

### 3. 中美英传媒整体贸易竞争力指数

**表 18　中美英传媒整体 TCI 比较**

| 国家＼年份 | 2003 | 2004 | 2005 | 2006 | 2007 | 2008 | 2009 | 2010 | 2011 | 2012 |
|---|---|---|---|---|---|---|---|---|---|---|
| 中 | -0.05 | -0.05 | -0.01 | 0.05 | 0.09 | 0.14 | 0.03 | 0.05 | 0.04 | 0.08 |
| 美 | 0.29 | 0.29 | 0.29 | 0.32 | 0.32 | 0.31 | 0.31 | 0.30 | 0.32 | NA |
| 英 | 0.29 | 0.32 | 0.31 | 0.31 | 0.32 | 0.24 | 0.29 | 0.30 | 0.29 | NA |

资料来源：根据 UNCTAD 创意经济数据库的相关数据计算获得。

将传媒类产品与传媒类服务汇总，整体比较中美英传媒的贸易竞争力，发现中国传媒整体上已摆脱国际竞争劣势，竞争力处于上升趋势，总体上中国传媒的竞争力已处于中性状态，与国际平均水平相当。而英美传媒的 TCI 从 2003 年到 2011 年一直保持正数，说明英美传媒一直具有一定的国际竞争优势，两国国际竞争力均比较稳定，美国传媒 TCI 主要在 0.29 ~ 0.32 区间波动，英国传媒 TCI 主要在 0.24 ~ 0.32 区间波动，总体上美国传媒 TCI 高于英国传媒 TCI。说明中国传媒的国际竞争力依然落后于英国和美国。

从三国传媒 TCI 的变动趋势看，中国传媒 TCI 呈上升趋势，而英美传媒的 TCI 相对稳定，说明中国传媒的国际竞争力与英美的差距在缩小。

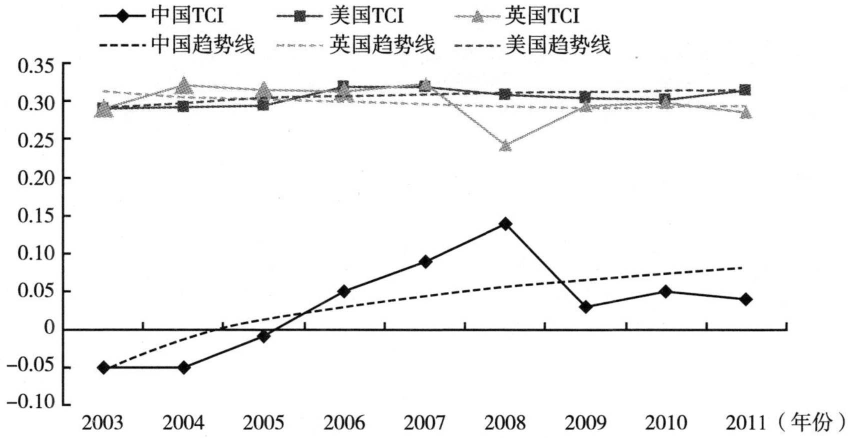


**图 18　中美英传媒整体 TCI 比较**

资料来源：根据 UNCTAD 创意经济数据库数据计算获得。

## （二）中美英传媒的显示性比较优势指数比较

### 1. 中美英传媒类产品的显示性比较优势指数比较

**表 19　中美英传媒类产品 RCA 指数比较**

| 国家＼年份 | 2003 | 2004 | 2005 | 2006 | 2007 | 2008 | 2009 | 2010 | 2011 | 2012 |
|---|---|---|---|---|---|---|---|---|---|---|
| 中 | 1. 21 | 1. 11 | 1. 15 | 1. 25 | 1. 46 | 1. 63 | 1. 31 | 1. 22 | 1. 24 | 1. 47 |
| 美 | 1. 29 | 1. 30 | 1. 35 | 1. 38 | 1. 52 | 1. 43 | 1. 33 | 1. 35 | 1. 33 | 1. 34 |
| 英 | 2. 29 | 2. 49 | 2. 40 | 2. 13 | 2. 16 | 2. 00 | 2. 01 | 2. 10 | 1. 97 | 2. 14 |

资料来源：根据 UNCTAD 创意经济数据库的相关数据计算获得。

对中美英 RCA 指数进行比较，英国 RCA 指数相对高于美国和中国的传媒类产品 RCA 指数，英国 RCA 指数在 2003～2012 年 10 年间，主要在 1. 97～2. 49 区间上下浮动，说明英国具有较强的国际竞争优势。总体上看，美国

RCA 指数在 10 年间稍高于中国传媒类产品的 RCA 指数值，美国 RCA 指数 10 年间主要在 1. 29 ~ 1. 52 区间上下波动，从绝对值来看，美国传媒类产品具有并不明显的显示性优势，其优势超过中国。这一数据与 TCI 的表现并不一致，这可能与传媒产业在中国出口贸易地位较低有关。

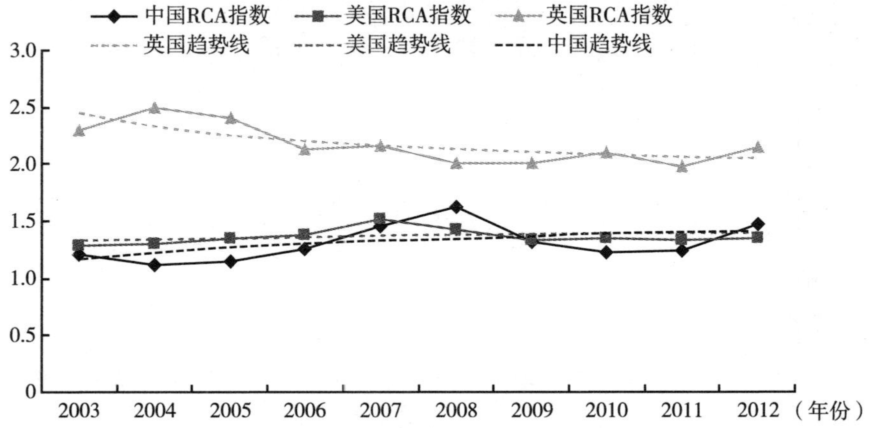


**图 19　中美英传媒类产品 RCA 指数比较**

资料来源：根据 UNCTAD 创意经济数据库数据计算获得。

## 2. 中美英传媒类服务的显示性比较优势指数比较

**表 20　中美英传媒类服务 RCA 指数比较**

| 国家＼年份 | 2003 | 2004 | 2005 | 2006 | 2007 | 2008 | 2009 | 2010 | 2011 | 2012 |
|---|---|---|---|---|---|---|---|---|---|---|
| 中 | 0. 14 | 0. 15 | 0. 14 | 0. 17 | 0. 19 | 0. 21 | 0. 20 | 0. 23 | 0. 27 | 0. 34 |
| 美 | 3. 11 | 3. 12 | 3. 18 | 3. 28 | 3. 28 | 3. 03 | 2. 81 | 2. 79 | 2. 84 | NA |
| 英 | 2. 79 | 2. 92 | 2. 85 | 2. 68 | 2. 91 | 2. 62 | 2. 44 | 2. 45 | 2. 28 | NA |

资料来源：根据 UNCTAD 创意经济数据库的相关数据计算获得。

通过中美英传媒类服务的 RCA 指数比较，发现中国传媒类服务 RCA 指数一直在 0. 14 ~0. 27 区间波动，说明中国传媒类服务一直处于竞争劣势。而美国和英国 RCA 指数在 9 年间一直较大，美国传媒类服务 RCA 主要在 2. 8 ~3. 2 区间波动，相对保持稳定，英国传媒类服务 RCA 指数主要在 2. 4 ~2. 9 区间波动，同样比较稳定，这说明美国和英国传媒类服务具有较高的国际竞争优势，同期相比美国传媒类服务的国际竞争力超过英国。

从三国传媒类服务 RCA 指数的变动趋势看，英美传媒类服务 RCA 指数保持相对稳定，但有小幅的下降，其中英国传媒类服务 RCA 指数下降的幅度更大。中国传媒类服务 RCA 指数呈小幅的上升趋势，说明中国传媒类服务与发达国家间的差距在缩小，但差距依然较大。

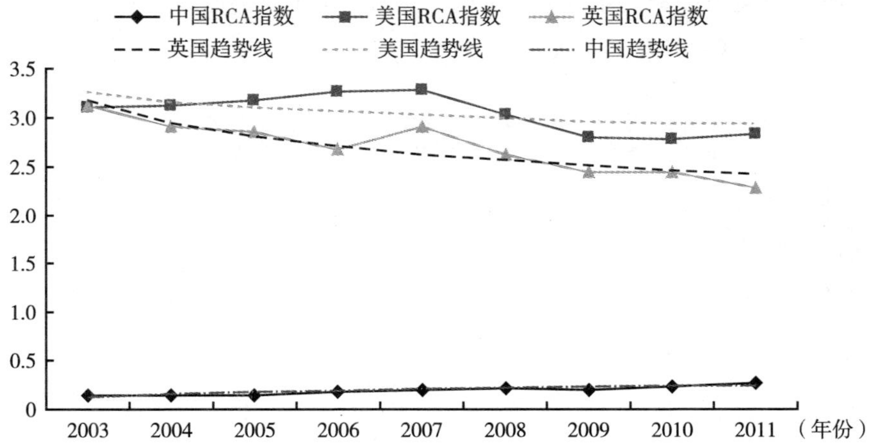


**图 20　中美英传媒类服务 RCA 指数比较**

资料来源：根据 UNCTAD 创意经济数据库数据计算获得。

### 3. 中美英传媒整体显示性比较优势指数比较

**表 21　中美英传媒整体 RCA 指数比较**

| 国家＼年份 | 2003 | 2004 | 2005 | 2006 | 2007 | 2008 | 2009 | 2010 | 2011 | 2012 |
|---|---|---|---|---|---|---|---|---|---|---|
| 中 | 0.36 | 0.33 | 0.33 | 0.36 | 0.47 | 0.52 | 0.41 | 0.41 | 0.43 | 0.54 |
| 美 | 2.74 | 2.78 | 2.84 | 2.94 | 2.90 | 2.68 | 2.53 | 2.53 | 2.59 | NA |
| 英 | 2.68 | 2.84 | 2.77 | 2.59 | 2.75 | 2.49 | 2.36 | 2.38 | 2.23 | NA |

资料来源：根据 UNCTAD 创意经济数据库的相关数据计算获得。

将传媒类产品与传媒类服务汇总，整体比较中英美传媒的显示性比较优势，发现中国传媒整体的国际竞争力依然很弱，其 RCA 指数在 10 年间基本处于0.5 以下。而英美传媒的 RCA 指数从2003 年到2011 年一直较大，大多时间大于2.5，说明英美传媒一直具有较强的国际竞争优势，美国传媒 RCA 指数主要在2.53~2.94区间波动，英国传媒RCA指数主要在2.23~2.84区间波动，总体上美国传媒RCA指数高于英国传媒。说明中国传媒的显示性比较优势远远落后于英国和美国。

从三国传媒RCA指数的变动趋势看，中美英均表现得比较稳定，中国传媒RCA指数呈小幅上升趋势，而英美传媒则表现为小幅下降的趋势，其中英国传媒RCA指数下降的幅度大于美国，说明中国传媒的国际竞争力与英美的差距在缩小，但差距依然很大。

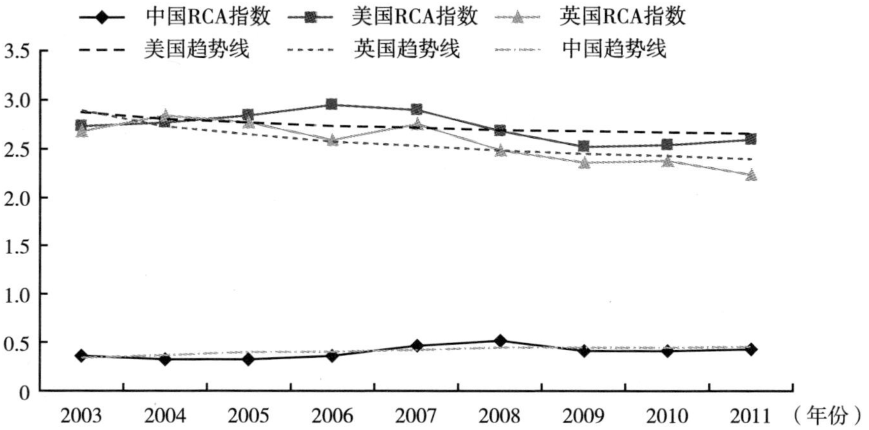


**图21　中美英传媒整体RCA指数比较**

资料来源：根据UNCTAD创意经济数据库数据计算获得。

## （三）中美英传媒的净出口显示性比较优势指数比较

### 1. 中美英传媒类产品的净出口显示性比较优势指数比较

**表22　中美英传媒类产品NXRCA指数比较**

| 国家＼年份 | 2003 | 2004 | 2005 | 2006 | 2007 | 2008 | 2009 | 2010 | 2011 | 2012 |
|---|---|---|---|---|---|---|---|---|---|---|
| 中 | 0.60 | 0.51 | 0.54 | 0.57 | 0.55 | 0.80 | 0.63 | 0.43 | 0.35 | 0.47 |
| 美 | 0.04 | 0.08 | 0.13 | 0.11 | 0.18 | 0.16 | 0.17 | 0.17 | 0.20 | 0.15 |
| 英 | 0.33 | 0.45 | 0.39 | 0.26 | 0.09 | 0.08 | 0.30 | 0.38 | 0.20 | 0.36 |

资料来源：根据UNCTAD创意经济数据库的相关数据计算获得。

对中英美 NXRCA 指数进行比较，中国 NXRCA 指数相对高于美国和英国传媒产品 NXRCA 指数。美国 NXRCA 指数在 2003 ~2012 年 10 年间，主要在 0.04 ~0.20 区间上下浮动，说明美国传媒类产品净出口显示性比较优势较弱。英国 NXRCA 指数在 10 年间主要在 0.08 ~0.45 区间浮动，从总体上看，英国 NXRCA 指数高于美国。在净出口显示性比较优势方面中国传媒类产品高于美国和英国，英国优势超过美国。

从三国 NXRCA 指数变动来看，中国传媒类产品 NXRCA 指数呈下降的趋势，英国传媒类产品 NXRCA 指数也呈小幅下降的趋势，只有美国传媒类产品 NXRCA 指数呈上升的趋势，可以认为中国传媒类产品的竞争优势在缩小，美国的竞争劣势在不断改善。

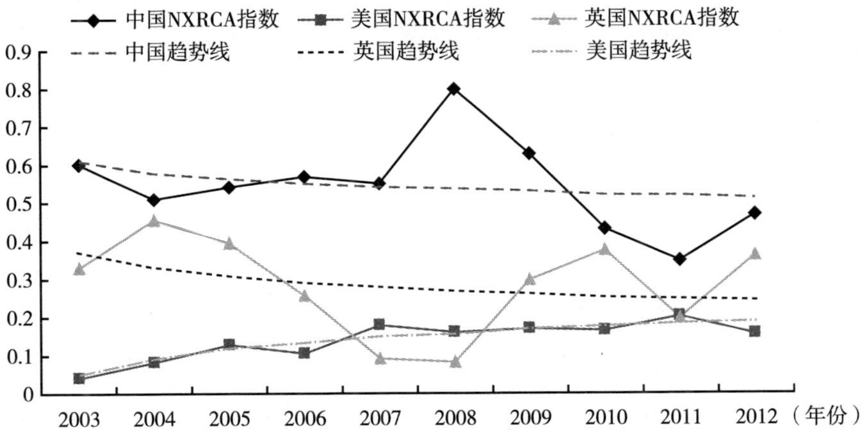


**图 22 中美英传媒类产品 NXRCA 指数比较**

资料来源：根据 UNCTAD 创意经济数据库数据计算获得。

## 2. 中美英传媒类服务的净出口显示性比较优势指数比较

**表 23 中美英传媒类服务 NXRCA 指数比较**

| 国家＼年份 | 2003 | 2004 | 2005 | 2006 | 2007 | 2008 | 2009 | 2010 | 2011 | 2012 |
|---|---|---|---|---|---|---|---|---|---|---|
| 中 | -0.84 | -0.71 | -0.76 | -0.70 | -0.68 | -0.72 | -0.87 | -0.49 | -0.35 | -0.38 |
| 美 | 6.93 | 7.21 | 7.29 | 7.42 | 7.79 | 7.09 | 7.85 | 6.99 | 6.69 | NA |
| 英 | 4.69 | 5.45 | 5.17 | 4.76 | 5.66 | 4.52 | 6.05 | 5.38 | 4.48 | NA |

资料来源：根据 UNCTAD 创意经济数据库的相关数据计算获得。

通过中美英传媒类服务的 NXRCA 指数比较，发现中国传媒类服务 NXRCA 指数一直在 -0.87 ~ -0.35 区间波动，说明中国传媒类服务一直缺乏净出口显示性比较优势。而美国和英国 NXRCA 指数在9年间一直较大，美国传媒类服务 NXRCA 指数主要在6.7 ~7.9 区间波动，相对保持稳定，英国传媒类服务 NXRCA 指数主要在4.5 ~6.0 区间波动，这说明美国和英国传媒类服务具有较高的净出口显示性比较优势，远远超过中国传媒类服务，同期相比美国传媒类服务的国际竞争力超过英国。

从三国传媒类服务 NXRCA 指数的变动趋势看，美英传媒类服务 NXRCA 指数保持相对稳定。中国传媒类服务 NXRCA 指数呈小幅的上升趋势，说明中国传媒类服务与发达国家间的差距在缩小，但差距依然巨大。

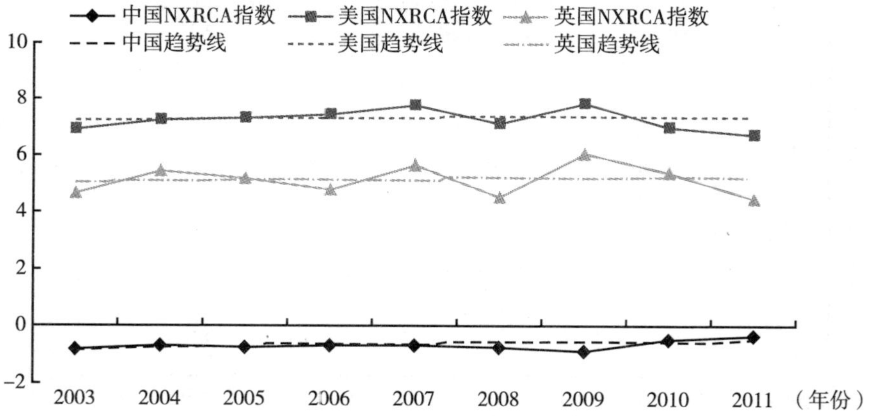


**图 23　中美英传媒类服务 NXRCA 指数比较**

资料来源：根据 UNCTAD 创意经济数据库数据计算获得。

### 3. 中美英传媒整体的净出口显示性比较优势指数比较

**表 24　中美英传媒整体 NXRCA 指数比较**

| 国家 \ 年份 | 2003 | 2004 | 2005 | 2006 | 2007 | 2008 | 2009 | 2010 | 2011 | 2012 |
|---|---|---|---|---|---|---|---|---|---|---|
| 中 | -0.24 | -0.20 | -0.22 | -0.14 | -0.13 | 0.08 | -0.24 | -0.06 | 0.01 | 0.09 |
| 美 | 6.98 | 7.29 | 7.42 | 7.53 | 7.98 | 7.25 | 8.02 | 7.16 | 6.89 | NA |
| 英 | 5.02 | 5.90 | 5.56 | 5.01 | 5.75 | 4.60 | 6.34 | 5.76 | 4.68 | NA |

资料来源：根据 UNCTAD 创意经济数据库的相关数据计算获得。

通过中美英传媒整体的NXRCA指数比较，发现美国净出口显示性比较优势最强，其NXRCA指数主要在6.9~8.0之间波动，数值较高，在9年间波动幅度不大，说明美国国际竞争力非常稳定。英国净出口显示性比较优势也比较高，其NXRCA指数主要在4.6~6.3区间波动，较美国低，9年间有小幅下滑，总体相对比较稳定。而中国传媒的净出口显示性比较优势一直处于相对劣势地位，只是在2011年和2012年转负为正，接近中性状态，达到国际平均竞争水平。这说明美国和英国传媒具有较高的净出口显示性比较优势，远远超过中国传媒，总体上美国传媒的国际竞争力超过英国。中国传媒NXRCA指数呈小幅上升趋势，说明中国传媒国际生产力与发达国家间的差距在缩小，但差距依然巨大。

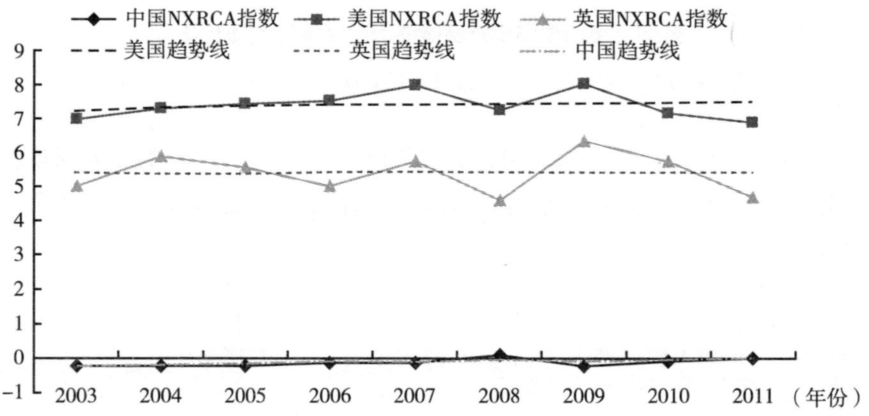


**图24　中美英传媒整体NXRCA指数比较**

资料来源：根据UNCTAD创意经济数据库数据计算获得。

## （四）中美英传媒竞争力的变化趋势分析

从多指标变动趋势比较来看，中国传媒整体竞争力TCI、RCA指数和NXRCA指数的趋势比较一致，中国传媒整体的国际竞争力在逐年增强，同时中国传媒类服务的国际竞争力也在逐年增强，而尽管中国传媒类产品的出口竞争力在增强，但是实质上其国际竞争力在下降。

### 1. 美国传媒竞争力的变化趋势

从多指标变动趋势比较来看，美国传媒产品竞争力TCI、RCA指数和

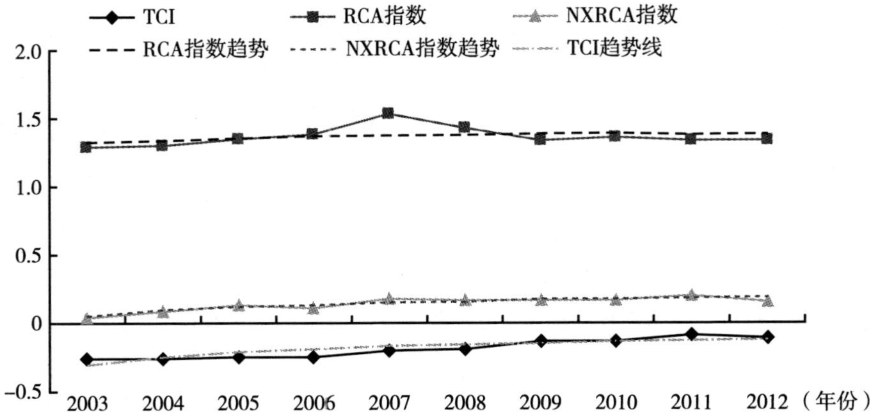


**图 25　美国传媒类产品竞争力的多指标变动趋势**

资料来源：根据 UNCTAD 创意经济数据库数据计算获得。

NXRCA 指数的趋势比较一致，均表现为美国传媒类产品的竞争力呈现缓慢上升的趋势。可以认为随着制造业的回流，美国传媒类产品较弱的国际竞争力也逐步恢复增强。

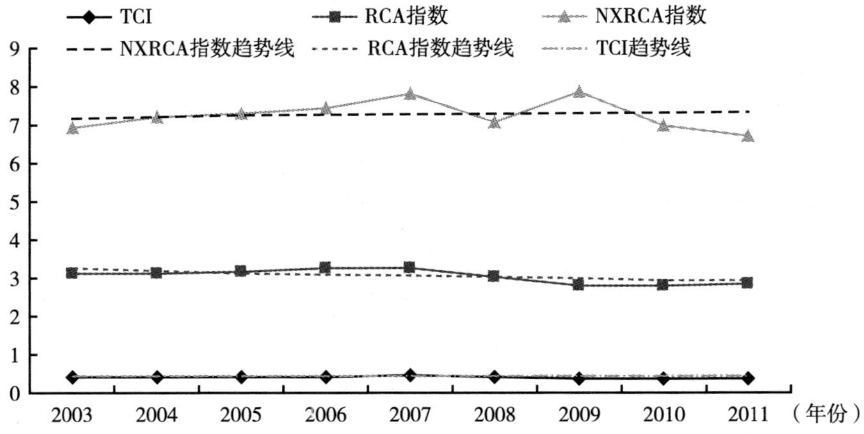


**图 26　美国传媒类服务竞争力的多指标变动趋势**

美国传媒类服务竞争力的 TCI、RCA 指数和 NXRCA 指数表现的趋势存在微小差异，NXRCA 指数表明其传媒服务竞争力相对比较稳定，下降的趋势并不明显，而 TCI 和 RCA 指数则呈现为轻微下降的趋势。综合考虑进出口数据，可以认为美国传媒类服务国际竞争力极强，并且在 9 年间表现稳定。

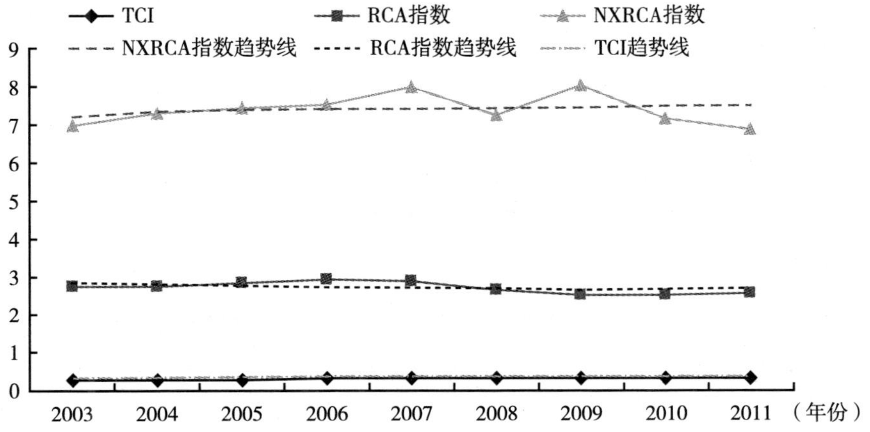


**图 27　美国传媒整体竞争力的多指标变动趋势**

同样美国传媒整体竞争的 TCI、RCA 指数和 NXRCA 指数表现的趋势存在类似差异，NXRCA 指数表明其传媒竞争力相对比较稳定，有并不明显的上升趋势，而 TCI 和 RCA 指数则呈现为轻微下降的趋势。综合考虑进出口数据，可以认为美国传媒整体国际竞争力极强，并且在 9 年间表现相对稳定。

### 2. 英国传媒竞争力的变化趋势

从多指标变动趋势比较来看，英国传媒类产品竞争力 TCI、RCA 指数和 NXRCA 指数的趋势比较一致，均表现为其传媒类产品的竞争力呈现缓慢轻微下降的趋势，其中 RCA 指数下降的幅度更大，主要因为英国传媒类产品出口的下降幅度大于进口的下降幅度。可以认为英国传媒类产品较弱的国际竞争力仍在缓慢下滑。

英国传媒类服务竞争力的 TCI、RCA 指数和 NXRCA 指数表现的趋势存在微小差异，NXRCA 指数和 TCI 表明其传媒类服务竞争力相对比较稳定，下降的趋势并不明显，而 RCA 指数则呈现轻微下降的趋势，其原因同样是英国进出口变化幅度差异。综合考虑进出口数据，可以认为英国传媒类服务国际竞争

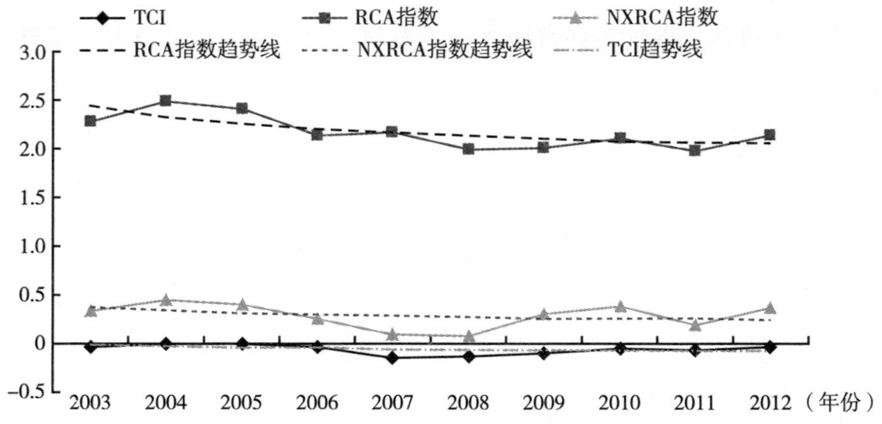


**图 28　英国传媒类产品竞争力的多指标变动趋势**

资料来源：根据 UNCTAD 创意经济数据库数据计算获得。

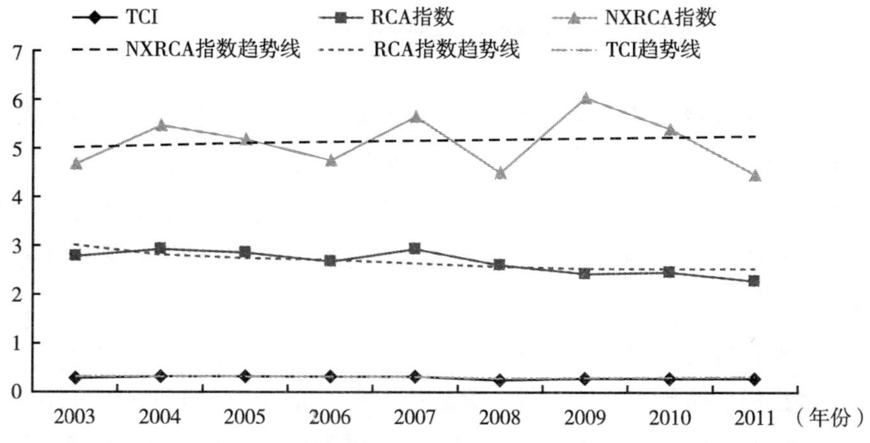


**图 29　英国传媒类服务竞争力的多指标变动趋势**

力极强，并且在 9 年间表现稳定。

同样英国传媒整体竞争的 TCI、RCA 指数和 NXRCA 指数表现的趋势存在类似差异，NXRCA 指数和 TCI 表明其传媒竞争力相对比较稳定，而 RCA 指数则呈现轻微下降的趋势。综合考虑进出口数据，可以认为英国传媒整体国际竞争力极强，并且在 9 年间表现相对稳定。

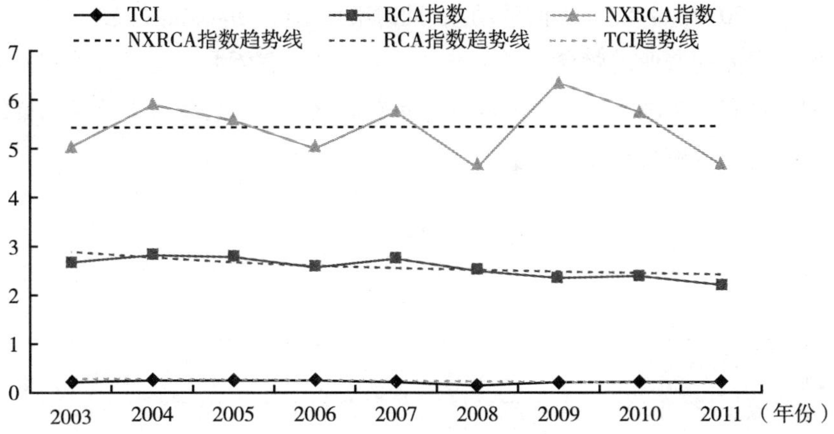


**图 30　英国传媒整体竞争力的多指标变动趋势**

## 四　中美英传媒国际竞争力的多指标类别比较

### （一）中美英不同传媒类产品的国际竞争力比较

#### 1. 视听产品竞争力的中美英比较

**表 25　中美英视听产品的 Lafay 指数比较**

| 国家＼年份 | 2003 | 2004 | 2005 | 2006 | 2007 | 2008 | 2009 | 2010 | 2011 | 2012 |
|---|---|---|---|---|---|---|---|---|---|---|
| 中 | -16.16 | -20.63 | -21.42 | -17.39 | -15.04 | -14.20 | -15.62 | -17.17 | -17.00 | -16.57 |
| 美 | 3.45 | 3.85 | 2.96 | 3.27 | 5.87 | 7.26 | 7.56 | 7.21 | 6.72 | 7.93 |
| 英 | -2.49 | -2.02 | -0.55 | -0.22 | -2.13 | -2.32 | -0.77 | -1.99 | -2.86 | -3.99 |

资料来源：根据 UNCTAD 创意经济数据库的相关数据计算获得。

从三国 Lafay 的绝对值比较来看，美国的 Lafay 指数最高，远远超过英国和中国，其 Lafay 指数 10 年间主要在 3.0 ~ 8.0 区间波动，并总体上呈上升趋势，说明美国视听产品专业化程度较高，但以产业间贸易为主，产业内贸易程度较低。而英国 Lafay 指数主要在 -0.5 ~ -4.0 区间上下波动，说明英国视听产品专业化程度较低，但其专业化程度远远高于中国（中国视听产品 Lafay 指

数主要在 -20.0～ -15.0 之间浮动），同时英国 Lafay 指数相对接近于0，说明英国视听产品的产业内贸易程度比美国和中国高。总体上，美国视听产品的专业化程度最高，英国次之，中国视听产品专业化程度远远落后于英美，英国视听产品的产业内贸易程度最高。

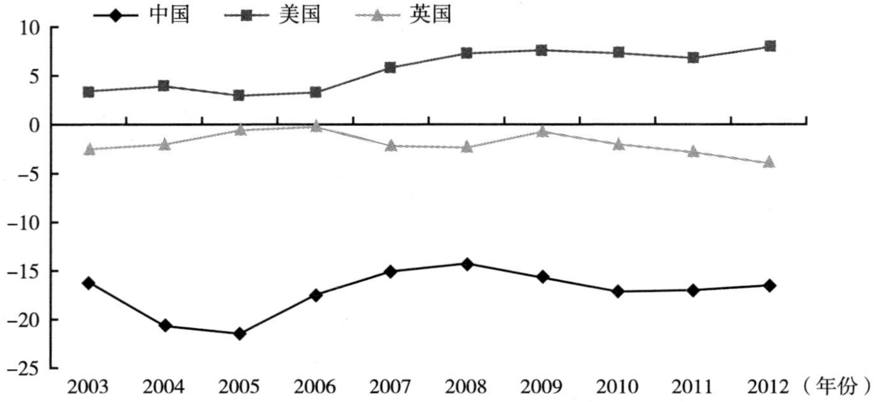


**图 31　中美英视听产品的 Lafay 指数比较**

资料来源：根据 UNCTAD 创意经济数据库数据计算获得。

### 2. 新媒体产品竞争力的中美英比较

**表 26　中美英新媒体产品的 Lafay 指数比较**

| 国家＼年份 | 2003 | 2004 | 2005 | 2006 | 2007 | 2008 | 2009 | 2010 | 2011 | 2012 |
|---|---|---|---|---|---|---|---|---|---|---|
| 中 | 16.69 | 17.60 | 20.87 | 16.53 | 9.89 | 10.62 | 12.54 | 12.92 | 11.50 | 12.84 |
| 美 | -1.32 | -1.32 | -0.60 | -2.41 | -6.06 | -8.26 | -10.28 | -10.33 | -8.88 | -10.56 |
| 英 | -2.76 | -2.44 | -2.27 | -3.59 | -5.16 | -6.54 | -9.09 | -6.63 | -5.92 | -5.25 |

资料来源：根据 UNCTAD 创意经济数据库的相关数据计算获得。

从三国新媒体产品 Lafay 的绝对值比较来看，中国新媒体产品的 Lafay 指数最高，远远超过英国和美国，自 2003 年以来一直保持为正数，并且数值较大，10 年间有 9 年大于 10，说明中国新媒体产品具有专业化的比较优势，专业化程度较高，其对传媒类产品贸易贡献较大，同时其产业内贸易程度较低，主要以产业间贸易为主。而英国与美国新媒体产品的 Lafay 指数均为负数，并且绝对值较大，说明英美新媒体产品的专业化程度较低，其中近几年美国新媒体产品的专业化程度低于英国，同时英美新媒体产品的产业内贸易程度较低，以产业间贸易为主。并且英美新媒体产品的 Lafay 指数总体呈下降趋势。其中原因与新媒体产品类别中主要包含较多游戏硬件的出口值有关，因此新媒体产品更多反映的是制造业的传统优势。

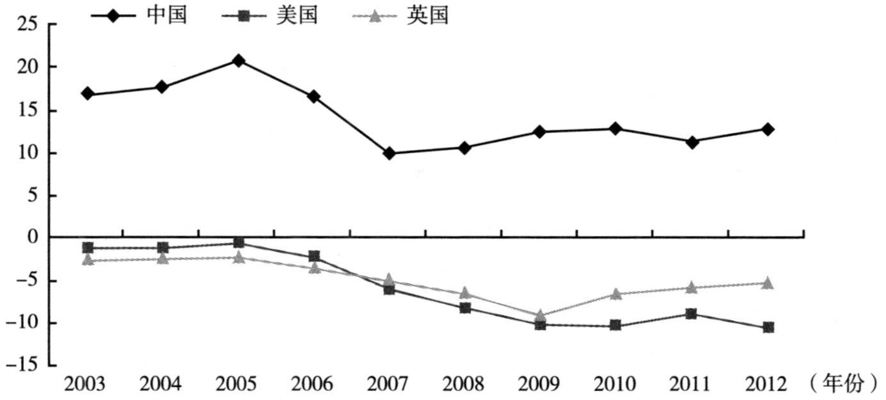


**图 32　中美英新媒体产品的 Lafay 指数比较**

## 3. 音乐产品竞争力的中美英比较

**表 27　中美英音乐产品的 LAFAY 比较**

| 国家＼年份 | 2003 | 2004 | 2005 | 2006 | 2007 | 2008 | 2009 | 2010 | 2011 | 2012 |
|---|---|---|---|---|---|---|---|---|---|---|
| 中 | 4.25 | 4.64 | 3.54 | 2.67 | 2.61 | 2.04 | 2.42 | 3.09 | 3.32 | 2.60 |
| 美 | -2.57 | -2.56 | -2.25 | -1.72 | -1.11 | -1.12 | -0.92 | -1.27 | -1.33 | -1.15 |
| 英 | -1.42 | -1.63 | -1.58 | -1.50 | -0.76 | -0.81 | -0.99 | -1.07 | -1.04 | -1.27 |

资料来源：根据 UNCTAD 创意经济数据库的相关数据计算获得。

由于音乐产品类别中主要包含较多音乐器材，因此其一定程度上反映的是制造业的传统优势。从三国音乐产品 Lafay 的绝对值比较来看，中国音乐产品的 Lafay 指数最高，远远超过英国和美国，自 2003 年以来一直保持为正数，在 2.0 ~ 4.6 区间波动，说明相对于英美，中国音乐产品具有专业化的比较优势，专业化程度较高，同时其产业内贸易程度较新媒体产品高。而英国与美国音乐产品的 Lafay 指数均为负数，主要在 -2.0 ~ 0 区间波动，说明英美音乐产品的专业化程度较低，其中近几年美国与英国 Lafay 指数接近，同时英美音乐产品的产业内贸易程度相对较高，并且英美音乐产品的 Lafay 指数总体呈上升趋势，越来越接近于 0，说明其音乐产品越来越以产业内贸易为主，通过国际贸易相互分享市场，满足国内多元化的需求。

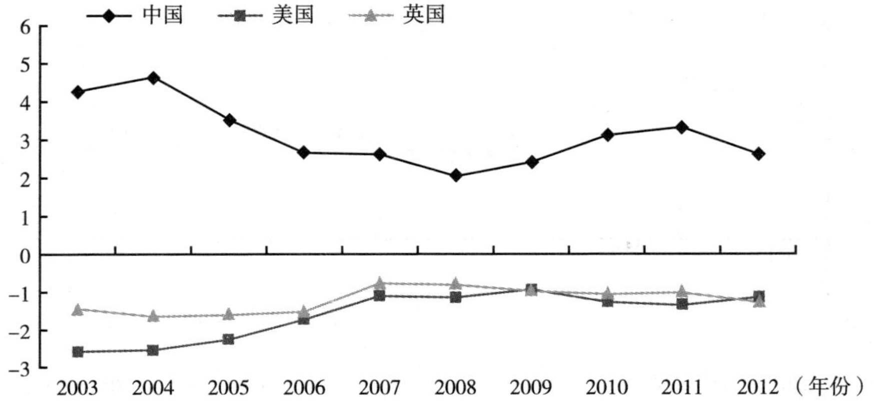


**图 33　中美英音乐产品的 Lafay 指数比较**

### 4. 出版物产品竞争力的中美英比较

**表 28　中美英出版物产品的 Lafay 指数比较**

| 国家＼年份 | 2003 | 2004 | 2005 | 2006 | 2007 | 2008 | 2009 | 2010 | 2011 | 2012 |
|---|---|---|---|---|---|---|---|---|---|---|
| 中 | -4.77 | -1.61 | -2.99 | -1.81 | 2.55 | 1.54 | 0.66 | 1.16 | 2.17 | 1.13 |
| 美 | 0.43 | 0.03 | -0.11 | 0.86 | 1.30 | 2.12 | 3.63 | 4.39 | 3.50 | 3.78 |
| 英 | 6.67 | 6.09 | 4.40 | 5.31 | 8.04 | 9.68 | 10.85 | 9.68 | 9.81 | 10.51 |

资料来源：根据 UNCTAD 创意经济数据库的相关数据计算获得。

从三国出版物产品 Lafay 的绝对值比较来看，英国出版物产品的 Lafay 指数最高，具有绝对优势，远远超过美国和中国，自 2003 年以来一直保持为正数，数值较高，在 4.0 ~ 11.0 区间波动，说明相对于美国和中国，英国出版物产品具有较高的专业化比较优势，专业化程度较高。而美国出版物产品的 Lafay 指数在 2007 年以前接近于 0，说明其产业内贸易程度较高，通过国际贸易分享市场达到市场规模化，但自2007年开始其专业化程度不断提升，说明其出版物产品的国际竞争力在不断提升。中国出版物产品Lafay指数远远低于英国，同样落后于美国，说明其专业化程度落后于英美，同时其Lafay指数相对更接近于0，说明其产业内贸易程度相对较高，证明其正处于通过国际贸易分享市场达到市场规模化、参与国际分工的发展阶段。

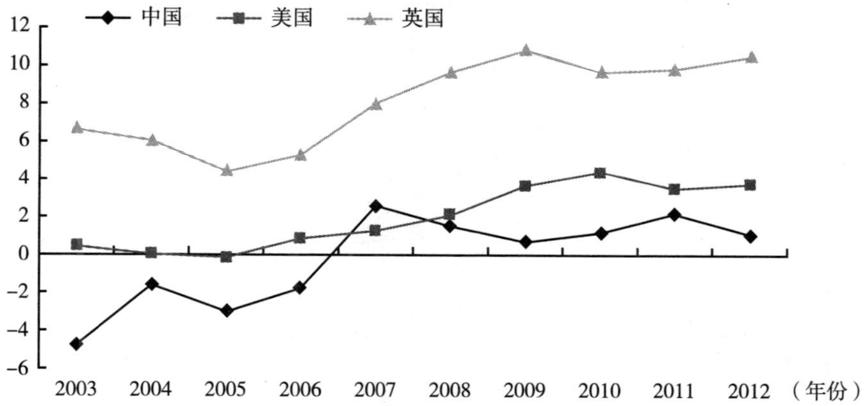


**图34 中美英出版物产品的Lafay指数比较**

## （二）中美英不同传媒类服务的国际竞争力比较

### 1. 广告、市场调研与民意测验服务竞争力的中美英比较

**表29 中美英广告、市场调研与民意测验服务的Lafay指数比较**

| 国家＼年份 | 2003 | 2004 | 2005 | 2006 | 2007 | 2008 | 2009 | 2010 | 2011 | 2012 |
|---|---|---|---|---|---|---|---|---|---|---|
| 中 | 7.24 | 8.38 | 10.06 | 9.06 | 7.63 | 5.14 | 5.96 | 5.32 | 5.31 | 6.04 |
| 美 | -0.97 | -0.86 | -0.55 | -0.34 | -0.54 | -0.29 | -0.14 | -0.15 | -0.66 | NA |
| 英 | 1.34 | 0.89 | 0.74 | -0.88 | -2.66 | -1.41 | -2.18 | -2.21 | -1.04 | NA |

资料来源：根据UNCTAD创意经济数据库的相关数据计算获得。

从三国广告、市场调研与民意测验服务Lafay的绝对值比较来看，中国的Lafay指数最高，远远超过英国和美国，其Lafay指数10年间主要在5.0~10.0

区间波动，并总体上呈下降趋势，说明中国广告、市场调研与民意测验服务专业化程度较高，但以产业间贸易为主，产业内贸易程度较低。而英国 Lafay 指数主要在 -2.7 ~ 1.4 区间上下波动，美国 Lafay 指数主要在 -1.0 ~ 0.1 区间波动，两者 Lafay 指数比较接近，近几年美国稍高于英国，总体说明英美广告、市场调研与民意测验服务专业化程度较低，但英美广告、市场调研与民意测验服务的产业内贸易程度高于中国，说明英美在此方面的服务更多倾向于提供多样、差异化的同类服务，满足不同市场的需求。

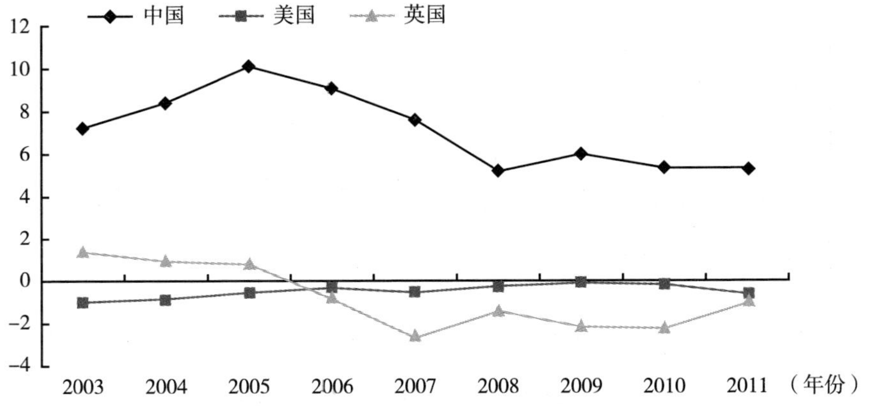


**图 35　中美英广告、市场调研与民意测验服务的 Lafay 指数比较**

### 2. 个人文化和休闲服务竞争力的中美英比较

**表 30　中美英个人文化和休闲服务的 Lafay 指数比较**

| 国家＼年份 | 2003 | 2004 | 2005 | 2006 | 2007 | 2008 | 2009 | 2010 | 2011 | 2012 |
|---|---|---|---|---|---|---|---|---|---|---|
| 中 | 0.22 | -0.49 | 0.91 | 0.72 | 1.53 | 1.31 | -0.30 | -0.52 | -0.55 | -0.82 |
| 美 | -0.05 | -0.03 | -0.06 | -0.01 | -0.02 | 0.01 | -0.03 | -0.08 | -0.10 | NA |
| 英 | 1.04 | 1.15 | 1.63 | 1.19 | 0.03 | 1.12 | 2.50 | 2.55 | 3.27 | NA |

资料来源：根据 UNCTAD 创意经济数据库的相关数据计算获得。

从三国个人文化和休闲服务 Lafay 的绝对值比较来看，英国的 Lafay 指数最高，高于美国和中国，其 Lafay 指数 9 年间主要在 1.0 ~ 3.0 区间波动，并总体上呈上升趋势，说明英国此项服务专业化程度较高。而美国个人文化和休闲服务 Lafay 指数主要在 -0.1 ~0 区间上下波动，非常接近于 0，即美国此项服务专业化程度为中性，达到国际平均水平，但其产业内贸易程度最高，说明美在此方面的服务贸易实现了全球市场的分享，其服务倾向于提供多样、差异化的同类服务满足不同国别市场的需求。总体上，在个人文化和休闲服务方面，英国专业程度最高，而美国的产业内贸易程度最高。

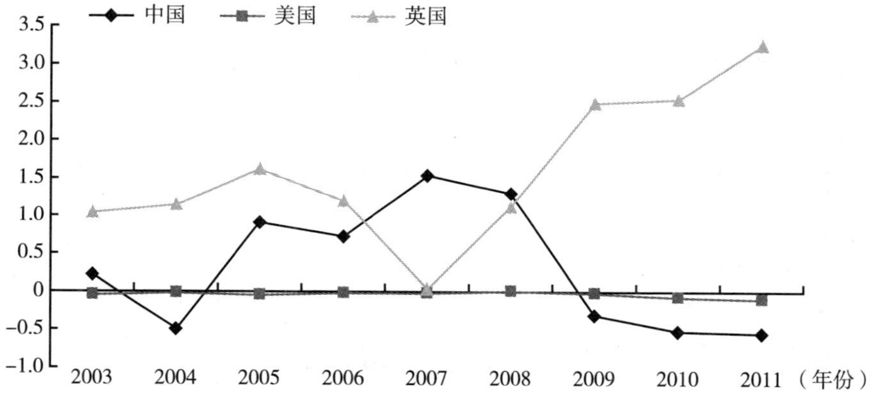


**图 36 中美英个人文化和休闲服务 Lafay 指数比较**

### 3. 版税和许可费服务竞争力的中美英比较

**表 31 中美英版税和许可费服务的 Lafay 指数比较**

| 国家＼年份 | 2003 | 2004 | 2005 | 2006 | 2007 | 2008 | 2009 | 2010 | 2011 | 2012 |
|---|---|---|---|---|---|---|---|---|---|---|
| 中 | -23.88 | -24.65 | -26.09 | -29.33 | -29.73 | -28.04 | -28.78 | -31.31 | -31.21 | -32.70 |
| 美 | 7.23 | 7.03 | 7.97 | 9.80 | 10.13 | 10.00 | 10.12 | 11.29 | 12.39 | NA |
| 英 | -7.63 | -8.85 | -6.70 | -4.70 | -1.13 | -3.41 | -2.13 | -1.95 | -5.97 | NA |

资料来源：根据 UNCTAD 创意经济数据库的相关数据计算获得。

就传媒类服务中最核心的服务类别版税和许可费服务而言，三国 Lafay 的绝对值差距较大，美国的 Lafay 指数最高，远远超过英国和中国，其 Lafay 指数 9 年间主要在 7.0 ~ 12.0 区间波动，并总体上呈上升趋势，说明美国版税和许可费服务专业化程度非常高，在国际上具有垄断性优势，导致他国服务在美国缺乏竞争力，因而其产业内贸易程度低。而英国 Lafay 指数主要在 -8.0 ~

-1.0 区间上下波动，说明英国版税和许可费服务专业化程度较低，其专业化程度远远低于美国，同时英国 Lafay 指数相对接近于 0，说明英国产业内贸易程度比美国和中国高。中国版税和许可费服务 Lafay 指数最低为 -32.7，最高也仅为 -23.88，远离 0，远远落后于美国和英国，专业化程度非常低，贸易也以产业间贸易为主。总体上，美国在版税和许可费服务贸易上具有绝对竞争优势。

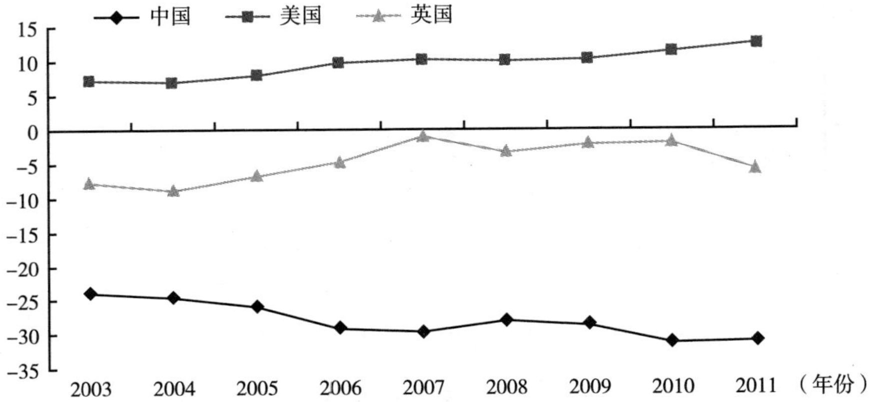


**图 37　中美英版税和许可费服务 Lafay 指数比较**

### 4. 计算机与信息服务竞争力的中美英比较

**表 32　中美英计算机与信息服务的 Lafay 指数比较**

| 国家＼年份 | 2003 | 2004 | 2005 | 2006 | 2007 | 2008 | 2009 | 2010 | 2011 | 2012 |
|---|---|---|---|---|---|---|---|---|---|---|
| 中 | 16.43 | 16.76 | 15.12 | 19.55 | 20.58 | 21.59 | 23.11 | 26.51 | 26.46 | 27.48 |
| 美 | -6.21 | -6.14 | -7.36 | -9.46 | -9.57 | -9.72 | -9.94 | -11.06 | -11.63 | NA |
| 英 | 5.25 | 6.82 | 4.33 | 4.38 | 3.76 | 3.71 | 1.81 | 1.60 | 3.74 | NA |

资料来源：根据 UNCTAD 创意经济数据库的相关数据计算获得。

从三国计算机与信息服务 Lafay 的绝对值比较来看，中国的 Lafay 指数最高，远远超过英国和美国，LFI 最低为 15.12，最高达 27.48，其远离 0，说明中国计算机与信息服务的专业化程度非常高，其竞争优势非常高，但是其贸易主要以产业间贸易为主。而美国 Lafay 指数最低，主要在 -11.0 ~ -6.0 区间波动，英国 Lafay 指数主要在 1.5 ~7.0 区间上下波动，说明美国计算机与信息服务专业化程度最低，英国具有一定的专业化优势，但其专业化程度低于中国，其中原因是此类别包含一定的计算机制造业数据，更多反映制造业优势。总体上，中国计算机与信息服务专业化程度最高，英国次之，美国最低。

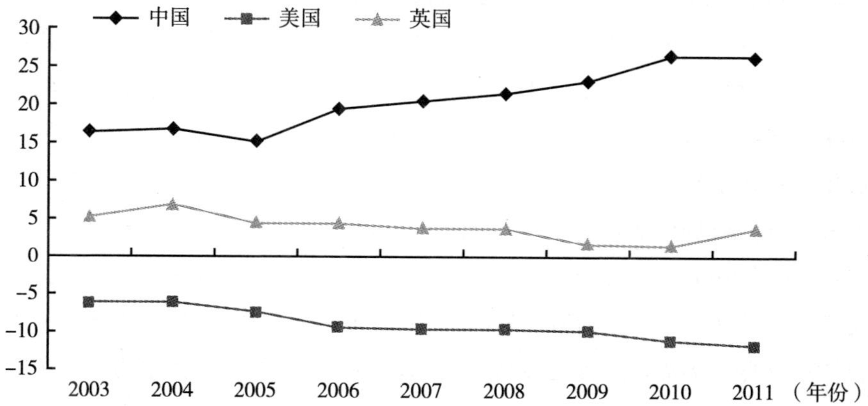


**图 38　中美英计算机与信息服务的 Lafay 指数比较**

## 五　中美英传媒国际竞争力比较的研究总结

根据以上对中美英三国传媒从规模、结构、竞争力指标等多方面的比较测量，可以得到以下结论。

### 1. 中国传媒类产品的综合竞争力超越英美但优势缩小趋势明显

无论从传媒类产品出口规模、国际市场占有率、贸易差额，还是从 TCI、RCA 指数等竞争力评价指标来看，均可以发现中国传媒类产品的国际竞争力已超越英美。从 2006 年开始中国传媒类产品出口规模超越英国，2007 年开始超越美国；2006 年中国传媒类产品国际市场份额超过了英国同期的国际市场份额，2007 年超越了美国；英美传媒类产品从 2003 年到 2012 年一直处于贸易逆差状态，而中国传媒类产品则一直保持巨大贸易顺差；从 TCI、RCA 指数、NXRCA 指数等看，中国传媒类产品竞争力指标也均超过英美。因此可以认为中国传媒类产品的国际竞争力已超越英美。

但是值得注意的是，随着技术的变化和英美制造业回流的趋势，2009～2012年中国传媒类产品贸易顺差呈下降趋势，英美贸易逆差也在不断缩小；中国传媒类产品TCI等指标呈下降的趋势，而英美传媒类产品TCI等指标呈缓慢上升的趋势，可以认为中国传媒类产品的竞争优势在缩小。

### 2. 中国传媒类服务竞争力与英美差距依然巨大

尽管中国传媒类服务高速增长，但是无论从传媒类服务出口规模、国际市场占有率、贸易差额，还是从TCI、RCA指数等竞争力评价指标来看，均可以发现中国传媒类服务的国际竞争力依然远远落后于英美。2011年中国传媒类服务出口规模依然仅为美国规模的12%，英国规模的44%；2011年中国传媒类服务的国际市场份额仅为美国的12%，不到英国的44%；英美传媒类服务从2003年到2011年一直处于贸易顺差状态，而中国传媒类服务则一直为巨大贸易逆差；从TCI、RCA指数、NXRCA指数等看，中国传媒类服务竞争力指标也均远远低于英美。因此可以认为中国传媒类服务的国际竞争力与英美差距巨大。

虽然中国传媒类服务TCI等指标呈小幅上升的趋势，但美国传媒类服务TCI等指标保持相对稳定，中国与美国的竞争力差距变化不大；而英国传媒类服务竞争力指标下降稍快，可以认为中英传媒类服务的竞争差距在缩小。

### 3. 英美传媒服务化趋势明显

从传媒类服务占传媒经济的比重看，英美传媒类服务的比重非常高，远远超过中国的比重。2011年美国传媒类服务出口比重高达91.32%，英国传媒出口同样主要依赖于传媒服务，2011年其服务比重也达85.08%，说明英美传媒贸易已逐步服务化，传媒服务决定了其强大的国际竞争力。这反映了服务是传媒国际竞争的焦点，而有形传媒类产品贸易比重将逐步走低，中国应调整策略适应这一趋势。

### 4. 美国核心传媒类服务占据绝对竞争优势

从中美英的传媒类服务出口结构来看，美国传媒类服务出口结构以版税和许可费服务出口贸易为主，版税和许可费服务出口比重高达85%左右，9年间变化较小，2003年其比重就高达86.42%，2011年依然为85.44%。版税和许可费服务三国Lafay指数比较，美国的Lafay指数最高，远远超过英国和中国，其Lafay指数9年间主要在7.0～12.0区间波动，并总体呈上升趋势，说明美国版税和许可费服务专业化程度非常高，在国际上具有垄断性优势，导致他国服务在美国缺乏竞争力，因而其产业内贸易程度低。而中国版税和许可费服务 Lafay 指数最低为 -32.70，最高也仅为 -23.88，远离 0，远远落后于美国和英国，专业化程度非常低，贸易也以产业间贸易为主。总体上，美国在版税和许可费服务贸易上具有绝对竞争优势。

### 5. 中美英在传媒类产品类别中优势各异

英国出版物产品的 Lafay 指数最高，具有绝对优势，远远超过美国和中国，自 2003 年以来一直保持为正数，数值较高，在 4.0 ~ 11.0 区间波动，这反映英国传统的出版优势，具有较高的专业化比较优势，专业化程度较高。美国视听产品的 Lafay 指数最高，远远超过英国和中国，其 Lafay 指数 10 年间主要在 3.0 ~ 8.0 区间波动，并总体上呈上升趋势。

中国主要在新媒体产品、音乐产品、计算机与信息服务等涉及较多制造业的产品类别中具有较大的优势，而在其他内容类传媒产品方面劣势明显。中国新媒体产品的 Lafay 指数最高，一直保持为正数，并且数值较大，10 年间有 9 年大于 10。中国音乐产品的 Lafay 指数最高，数值在 2.0 ~ 4.6 区间波动。中国计算机与信息服务的 Lafay 指数最高，LFI 最低为 15.12，最高达 27.48，其远离 0。由于这些产品类别中主要包含较多硬件制造的出口值，因此其在一定程度上更多反映的是中国制造业的传统优势。

# B.8

# 中日韩传媒的国际竞争力比较

李本乾　刘 强　罗梦雨

地理距离被学术界认为是影响传媒国际贸易的重要因素之一，中国与日韩同处东北亚经济圈，文化相近，近十年来均快速发展，三国传媒的国际竞争力是否存在差异？各自的竞争优势是什么？通过三国比较，有助于中国发现自身优劣势，借鉴邻国传媒发展的经验。

## 一　中日韩的国际竞争力总体态势比较

### （一）出口规模比较

#### 1. 传媒类产品出口规模

**表 1　中日韩传媒类产品出口规模比较**

单位：百万美元，%

| 年份 | 中国 | | 日本 | | 韩国 | |
|---|---|---|---|---|---|---|
| | 出口总额 | 年增速 | 出口总额 | 年增速 | 出口总额 | 年增速 |
| 2003 | 4042.03 | | 1397.88 | | 595.06 | |
| 2004 | 4616.89 | 14.22 | 1596.69 | 14.22 | 729.95 | 22.67 |
| 2005 | 5918.48 | 28.19 | 1664.70 | 4.26 | 795.74 | 9.01 |
| 2006 | 7613.94 | 28.65 | 1629.11 | -2.14 | 776.15 | -2.46 |
| 2007 | 15329.12 | 101.33 | 7280.42 | 346.90 | 1918.95 | 147.24 |
| 2008 | 19788.43 | 29.09 | 6676.47 | -8.30 | 1980.13 | 3.19 |
| 2009 | 14865.89 | -24.88 | 4884.25 | -26.84 | 1920.17 | -3.03 |
| 2010 | 15196.51 | 2.22 | 4816.17 | -1.39 | 2519.99 | 31.24 |
| 2011 | 15947.86 | 4.94 | 4398.39 | -8.67 | 2648.34 | 5.09 |
| 2012 | 18998.93 | 19.13 | 4682.33 | 6.46 | 1827.20 | -31.01 |

资料来源：UNCTAD 创意经济数据库、UN Comtrade。

从表 1 可以看出，尽管中国传媒类产品国际出口规模高速增长，而日韩同样也保持了较高的增速，在有些年份日韩的增速远远超过中国的增速，如 2007 年日本传媒类产品增速达 346.9%，是中国同期增速的 3 倍多，韩国同期增速也达 147.24%，也超过中国的增速。韩国在 2004 年、2007 年、2009 年、2010 年增速均超过中国同期增速，但总体上中国传媒类产品出口增速超过日韩。日韩的传媒类产品出口规模远远低于中国的规模，2003 年中国传媒类产品出口规模为 40.4 亿美元，日本出口规模为 14 亿美元，韩国为 6 亿美元，2003 年中国传媒类产品出口规模是日本的近 3 倍，韩国的近 7 倍；经过 10 年的发展，中国传媒类产品出口规模 2012 年为 190 亿美元，日本为 46.8 亿美元，韩国为 18.3 亿美元，中国规模为日本的 4 倍，韩国的 10 倍，从出口规模来看，中国传媒类产品出口远远超过日韩。

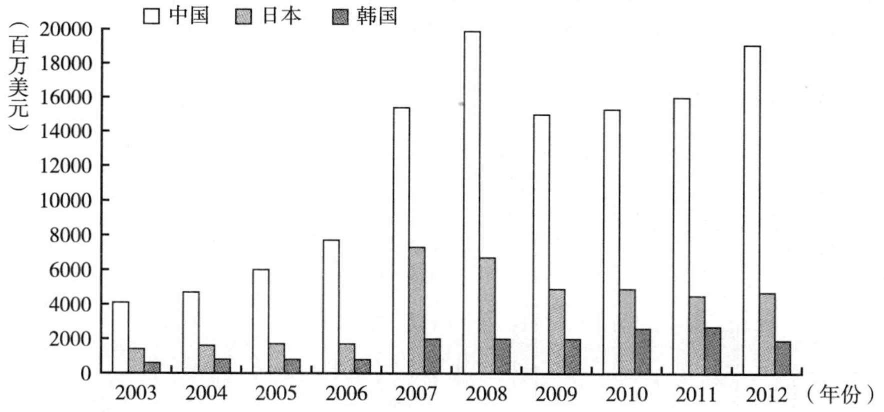


**图 1　中日韩传媒类产品出口规模比较**

资料来源：UNCTAD 创意经济数据库、UN Comtrade。

### 2. 传媒类服务出口规模

与传媒类产品一样，中国传媒类服务同样高速增长，其增长速度远远超过日韩。中国 2003 ~ 2012 年年平均增长速度达 33%，而日本平均增速仅为 11%，韩国 2006 ~ 2012 年年平均增速仅为 12%，中国传媒类服务的增速是日本和韩国的 3 倍。尽管中国传媒类服务出口高速增长，但是其出口规模依然远远低于日本，仅高于韩国。2003 年中国传媒类服务出口规模为 17.3 亿美元，而同期日本

**表 2 中日韩传媒类服务出口规模比较**

单位：百万美元，%

| 年份 | 中国 | | 日本 | | 韩国 | |
|---|---|---|---|---|---|---|
| | 出口总额 | 年增速 | 出口总额 | 年增速 | 出口总额 | 年增速 |
| 2003 | 1728.863 | | 13487.53 | | NA | NA |
| 2004 | 2763.13 | 59.82 | 16804.67 | 24.59 | NA | NA |
| 2005 | 3207.171 | 16.07 | 18841.77 | 12.12 | NA | NA |
| 2006 | 4744.677 | 47.94 | 21210.24 | 12.57 | 3004.00 | NA |
| 2007 | 6915.939 | 45.76 | 24347.37 | 14.79 | 2889.10 | -3.82 |
| 2008 | 9442.859 | 36.54 | 26786.81 | 10.02 | 3552.00 | 22.94 |
| 2009 | 9350.976 | -0.97 | 22696.92 | -15.27 | 4178.00 | 17.62 |
| 2010 | 13094.99 | 40.04 | 27877.93 | 22.83 | 4285.40 | 2.57 |
| 2011 | 17066.08 | 30.33 | 30415.70 | 9.10 | 6034.10 | 40.81 |
| 2012 | 20374.09 | 19.38 | 33382.37 | 9.75 | 5624.20 | -6.79 |

资料来源：UNCTAD 创意经济数据库。

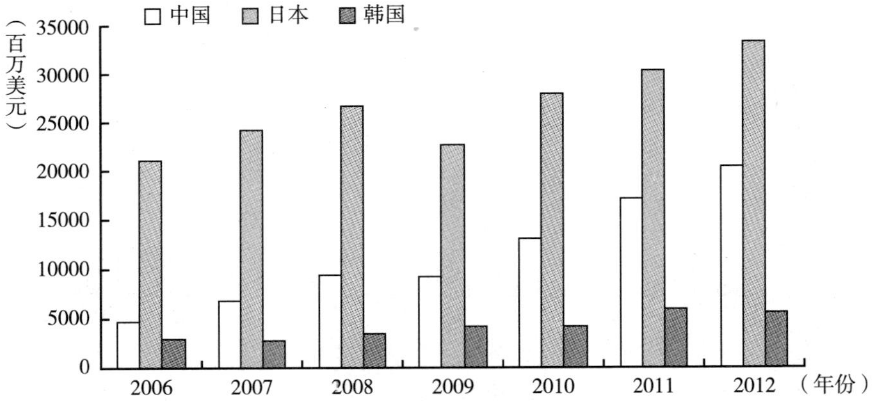


**图 2 中日韩传媒类服务出口规模比较**

资料来源：UNCTAD 创意经济数据库。

为 134.9 亿美元，中国出口规模仅为日本规模的 13%。此后中国传媒类服务出口规模高速增长，2012 年，中国传媒类服务出口额为 203.7 亿美元，而同期日本为 333.8 亿美元，韩国为 56.2 亿美元，中国出口规模依然没有超过日本，为日本规模的 61%，但是超过韩国的出口规模。总之，与日韩的传媒服务类出口规模相比，中国传媒类服务的出口规模超过韩国，但低于日本，尽管中日差距在缩小。

### 3. 总体出口规模

**表 3　中日韩传媒出口规模比较**

单位：百万美元，%

| 年份 | 中国 | | 日本 | | 韩国 | |
|---|---|---|---|---|---|---|
| | 出口总额 | 年增速 | 出口总额 | 年增速 | 出口总额 | 年增速 |
| 2003 | 5770.89 | | 14885.41 | | NA | |
| 2004 | 7380.02 | 27.88 | 18401.36 | 23.62 | NA | |
| 2005 | 9125.65 | 23.65 | 20506.47 | 11.44 | NA | |
| 2006 | 12358.62 | 35.43 | 22839.35 | 11.38 | 3780.15 | |
| 2007 | 22245.06 | 80.00 | 31627.79 | 38.48 | 4808.05 | 27.19 |
| 2008 | 29231.29 | 31.41 | 33463.28 | 5.80 | 5532.13 | 15.06 |
| 2009 | 24216.87 | -17.15 | 27581.18 | -17.58 | 6098.17 | 10.23 |
| 2010 | 28291.50 | 16.83 | 32694.11 | 18.54 | 6805.39 | 11.60 |
| 2011 | 33013.94 | 16.69 | 34814.10 | 6.48 | 8682.44 | 27.58 |
| 2012 | 39373.02 | 19.26 | 38064.70 | 9.34 | 7451.40 | -14.18 |

资料来源：UNCTAD 创意经济数据库、UN Comtrade。

将传媒类产品与传媒类服务汇总，比较中日韩传媒整体出口规模，发现中国经过 10 年的快速发展，与日本传媒出口规模的差距明显缩小，在 2012 年超过日本规模。2003 年中国传媒出口规模为 57.7 亿美元，而日本总体规模为 148.9 亿美元，那时日本传媒的出口规模是中国规模的 2.6 倍。然而中国传媒的增速远远超过日韩，与日本出口规模差距日渐缩小，2012 年中国传媒出口规模为 393.7 亿美元，同期日本为 380.6 亿美元，中国传媒整体出口规模超过日本的出口规模。同期韩国传媒出口规模为 74.5 亿美元，仅为中国出口规模的 18.9%。从总体上看，中国传媒出口规模远远大于韩国，同时已超越日本。

## （二）出口比重

与日韩的传媒出口额占国家出口总额的比重相比，中国传媒出口占总出口的比重远低于日本，略高于韩国。2003 ~ 2012 年中国传媒出口比重大多低于 2%，而日本的比重水平虽然不如英美国家，2003 ~ 2011 年传媒出口比重在 3% ~ 5%，并且其上升的趋势非常明显，2003 年比重为 3.15%，随后 9 年持续

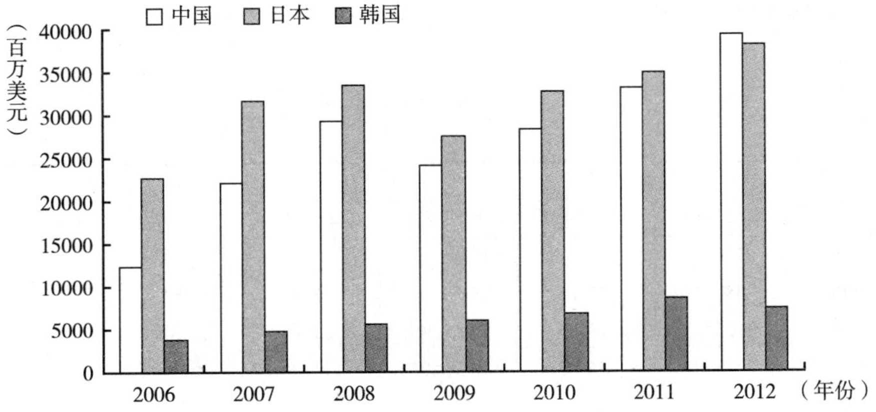


**图3　中日韩传媒出口规模比较**

资料来源：UNCTAD 创意经济数据库。

**表4　中日韩传媒出口比重年度比较**

单位：百万美元，%

| 年份 | 中国 | | 日本 | | 韩国 | |
|---|---|---|---|---|---|---|
| | 国家出口总额 | 比重 | 国家出口总额 | 比重 | 国家出口总额 | 比重 |
| 2003 | 438228.00 | 1.32 | 471817.00 | 3.15 | 193817.00 | NA |
| 2004 | 593326.00 | 1.24 | 565675.00 | 3.25 | 253845.00 | NA |
| 2005 | 761953.00 | 1.20 | 594940.87 | 3.45 | 284419.00 | NA |
| 2006 | 968978.00 | 1.28 | 646725.06 | 3.53 | 325465.00 | 1.16 |
| 2007 | 1220456.00 | 1.82 | 714327.04 | 4.43 | 371489.00 | 1.29 |
| 2008 | 1430693.00 | 2.04 | 781412.16 | 4.28 | 422007.33 | 1.31 |
| 2009 | 1201612.00 | 2.02 | 580718.73 | 4.75 | 363533.56 | 1.68 |
| 2010 | 1577754.00 | 1.79 | 769773.83 | 4.25 | 466384.00 | 1.46 |
| 2011 | 1898381.00 | 1.74 | 823183.76 | 4.23 | 555214.00 | 1.56 |
| 2012 | 2048714.00 | 1.92 | 798567.59 | 4.77 | 547870.00 | 1.36 |

资料来源：UNCTAD 创意经济数据库、UN Comtrade。

提高，2012 年提高为4.77%，远远超过中国 2012 年的比重 1.92%。而韩国传媒出口比重 2006～2012 年一直在 1.1%～1.7% 区间徘徊，略低于中国。数据说明，传媒产业对于日本国际贸易的重要性要远远高于对于中国国际贸易的重要性，也说明日本传媒具有更强的国际竞争力。

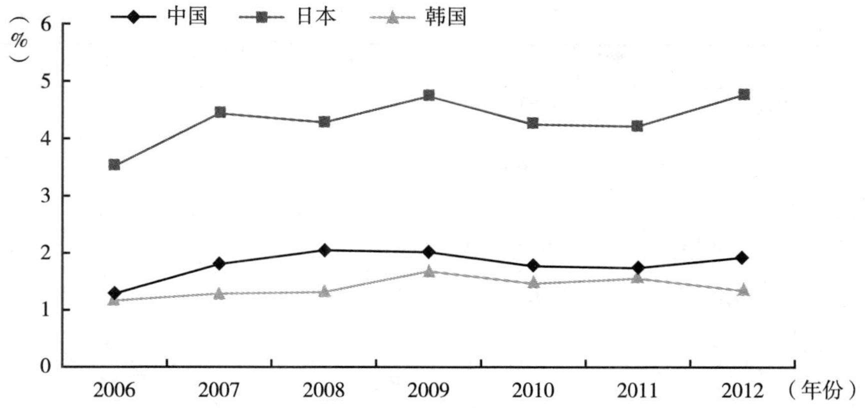


**图 4　中日韩传媒出口比重比较**

资料来源：UNCTAD 创意经济数据库。

## （三）出口市场平均份额

### 1. 中日韩传媒类产品出口国际市场份额比较

从 2003 年到 2012 年 10 年间，中国传媒类产品的国际平均市场占有率远远高于日韩，2003 年中国国际市场份额就达 6.97%，而同期日本仅为 2.41%，韩国为 1.03%。2007 年中国传媒产品国际市场份额达 12.75%，日本为 6.06%，韩国仅有 1.6%。2012 年中国传媒类产品国际市场份额为 16.34%，日本同期为 4.03%，韩国只有 1.57%。从变化趋势来看，中国的国际市场占有率呈现快速上升的趋势，日本国际市场份额同样保持上升的趋势，但增长幅度低于中国，韩国的国际市场份额变化相对较小。

**表 5　中日韩传媒产品出口国际市场份额比较**

单位：%

| 年份 | 中国国际市场份额 | 日本国际市场份额 | 韩国国际市场份额 |
|---|---|---|---|
| 2003 | 6.97 | 2.41 | 1.03 |
| 2004 | 7.13 | 2.46 | 1.13 |
| 2005 | 8.33 | 2.34 | 1.12 |
| 2006 | 9.96 | 2.13 | 1.02 |
| 2007 | 12.75 | 6.06 | 1.60 |
| 2008 | 14.45 | 4.87 | 1.45 |

续表

| 年份 | 中国国际市场份额 | 日本国际市场份额 | 韩国国际市场份额 |
|---|---|---|---|
| 2009 | 12. 53 | 4. 12 | 1. 62 |
| 2010 | 12. 60 | 3. 99 | 2. 09 |
| 2011 | 12. 80 | 3. 53 | 2. 13 |
| 2012 | 16. 34 | 4. 03 | 1. 57 |

资料来源：UNCTAD 创意经济数据库、UN Comtrade。

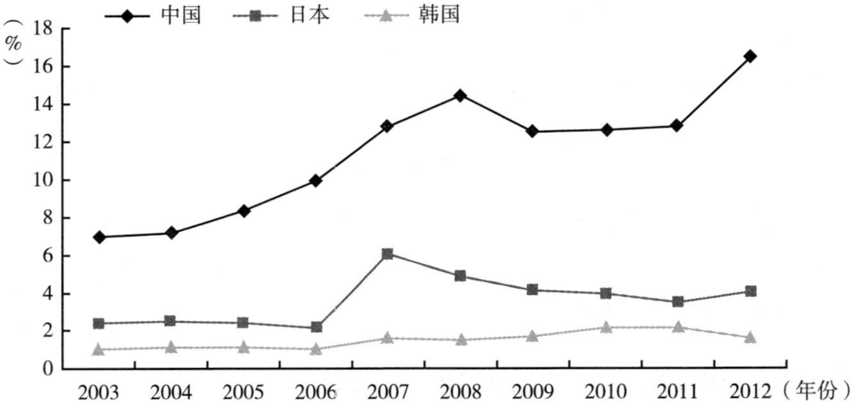


**图 5　中日韩传媒类产品国际市场份额比较**

资料来源：UNCTAD 创意经济数据库。

## 2. 中日韩传媒类服务出口国际市场份额比较

**表 6　中日韩传媒类服务出口国际市场份额比较**

单位：%

| 年份 | 中国国际市场份额 | 日本国际市场份额 | 韩国国际市场份额 |
|---|---|---|---|
| 2003 | 0. 78 | 6. 10 | NA |
| 2004 | 0. 99 | 6. 05 | NA |
| 2005 | 1. 03 | 6. 04 | NA |
| 2006 | 1. 34 | 6. 01 | 0. 85 |
| 2007 | 1. 62 | 5. 72 | 0. 68 |
| 2008 | 1. 90 | 5. 38 | 0. 71 |
| 2009 | 1. 89 | 4. 58 | 0. 84 |
| 2010 | 2. 41 | 5. 13 | 0. 79 |
| 2011 | 2. 78 | 4. 95 | 0. 98 |
| 2012 | 3. 78 | 6. 20 | 1. 04 |

资料来源：UNCTAD 创意经济数据库、UN Comtrade。

与传媒类产品相比，中国传媒类服务的国际市场地位远远落后于日本。从2003年到2012年，中国传媒类服务出口始终远远落后于日本，2003年中国传媒类服务的国际市场占有率为0.78%，而同期日本国际市场份额为6.1%，中国的市场份额仅为日本的12.8%。经过了10年的发展，2012年中国传媒类服务的国际市场份额成长为3.78%，而同期日本国际市场份额为6.2%，韩国国际市场份额为1.04%，虽然中国市场份额有一定的提高，但依然远远落后于日本。从中日韩传媒类服务的国际市场份额变化趋势来看，日本国际市场份额有一定的起伏，但依然高于中国。而韩国传媒类服务国际市场份额总体变化较小，中国国际市场份额远远高于韩国。

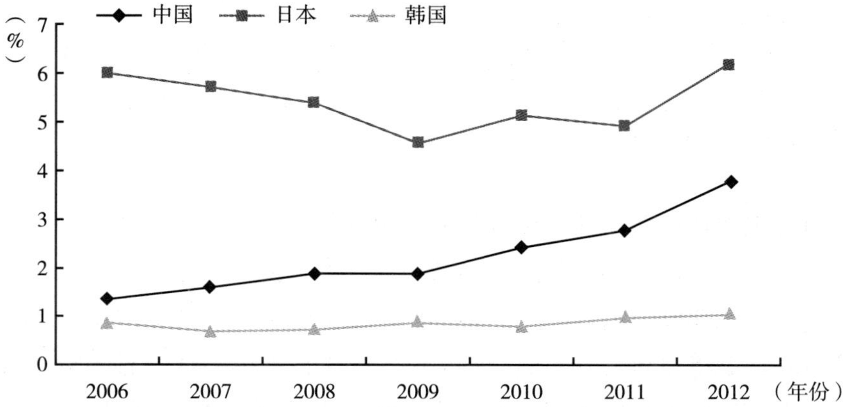


**图6　中日韩传媒类服务国际市场份额比较**

资料来源：UNCTAD创意经济数据库。

### 3. 中日韩传媒整体出口国际市场份额比较

**表7　中日韩传媒整体出口国际市场份额比较**

单位：%

| 年份 | 中国国际市场份额 | 日本国际市场份额 | 韩国国际市场份额 |
| --- | --- | --- | --- |
| 2003 | 2.07 | 5.33 | NA |
| 2004 | 2.15 | 5.37 | NA |
| 2005 | 2.38 | 5.36 | NA |
| 2006 | 2.88 | 5.32 | 0.88 |
| 2007 | 4.07 | 5.79 | 0.88 |

续表

| 年份 | 中国国际市场份额 | 日本国际市场份额 | 韩国国际市场份额 |
|---|---|---|---|
| 2008 | 4.60 | 5.27 | 0.87 |
| 2009 | 3.94 | 4.49 | 0.99 |
| 2010 | 4.26 | 4.93 | 1.03 |
| 2011 | 4.46 | 4.71 | 1.17 |
| 2012 | 6.01 | 5.81 | 1.14 |

资料来源：UNCTAD 创意经济数据库、UN Comtrade。

将传媒类产品和传媒类服务汇总，整体比较中日韩传媒的国际市场份额，发现，中日的市场地位差距不断缩小，中国传媒经过 10 年的发展逐步超过日本。在 2003 年，中国传媒的国际市场份额仅有 2.07%，而日本国际市场份额达 5.33%，中国远远落后，不及日本的一半。经过 9 年的发展，日本国际市场份额有一定的起伏，在 2009 年有一定的下滑，但随后逐步恢复，2012 年为 5.81%，而中国传媒整体市场份额增长较快，最终在 2012 年达到 6.01%，超过日本的国际市场地位。韩国传媒整体市场地位不高，远远低于中国，2012 年其市场份额仅为 1.14%，其整体发展比较平缓，仅有小幅的上升。

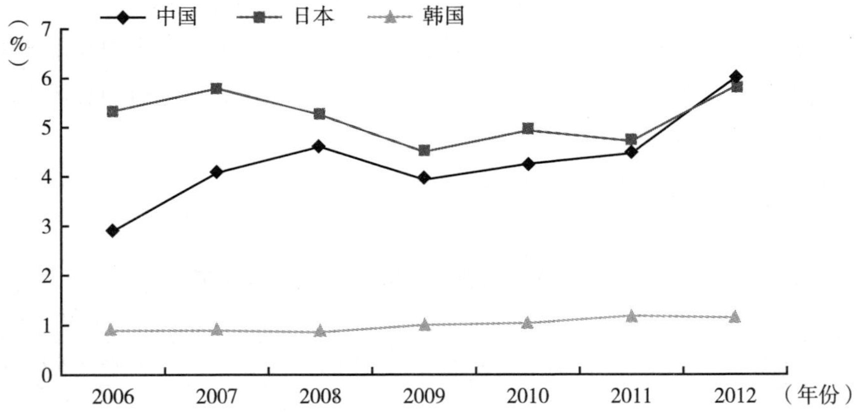


**图 7　中日韩传媒国际市场份额比较**

资料来源：UNCTAD 创意经济数据库。

## （四）贸易差额

### 1. 中日韩传媒类产品贸易差额比较

**表 8　中日韩传媒类产品贸易差额比较**

单位：百万美元

| 年份 | 中国贸易差额 | 日本贸易差额 | 韩国贸易差额 |
| --- | --- | --- | --- |
| 2003 | 2718.36 | -469.50 | -34.90 |
| 2004 | 3126.61 | -336.55 | 159.55 |
| 2005 | 4340.34 | -586.97 | 154.01 |
| 2006 | 5891.08 | -1032.13 | 16.70 |
| 2007 | 8591.07 | 2204.07 | -913.30 |
| 2008 | 13193.73 | 1804.39 | -896.65 |
| 2009 | 8711.63 | 501.83 | -274.96 |
| 2010 | 7806.64 | 115.15 | -376.17 |
| 2011 | 7484.60 | 88.21 | -149.73 |
| 2012 | 10595.03 | -1045.92 | -13.74 |

资料来源：UNCTAD 创意经济数据库、UN Comtrade。

比较中日韩传媒类产品的贸易差额，中国一直保持贸易顺差状态，而日韩传媒类产品贸易差额则起伏较大。2003～2006 年日本传媒类产品一直保持在

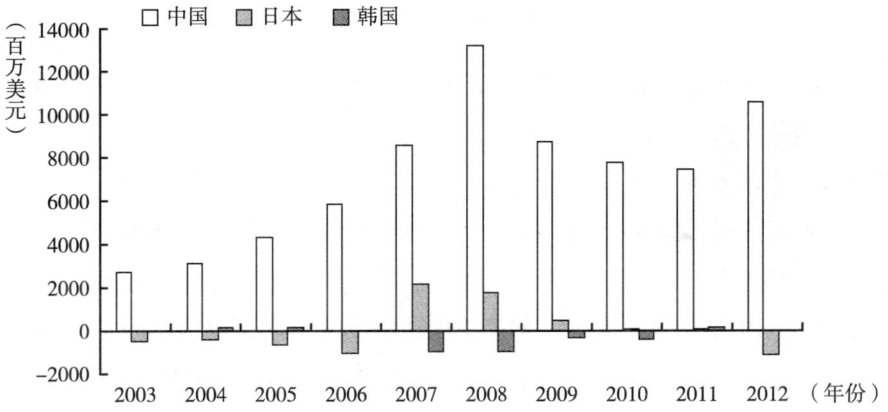


**图 8　中日韩传媒类产品国际贸易差额比较**

资料来源：UNCTAD 创意经济数据库。

贸易逆差状态，并且其贸易逆差额还不断提高。2007 年日本传媒类产品出口有爆发式的增长，年增长了 346%，导致其扭转贸易逆差，顺差额达 22 亿美元，随后几年顺差额持续下降，2012 年重新转为贸易逆差，逆差额达 10 亿美元。韩国仅在 2004 ~ 2006 年实现了贸易顺差，其他年份均处于贸易逆差，2007 年其贸易逆差额达到峰值 9.1 亿美元，随后贸易逆差不断减少，2012 年逆差额降为 1374 万美元。由数据变化可以看出，中国传媒类产品的国际竞争优势远远超过日韩。

### 2. 中日韩传媒类服务贸易差额比较

**表 9　中日韩传媒类服务贸易差额比较**

单位：百万美元

| 年份 | 中国贸易差额 | 日本贸易差额 | 韩国贸易差额 |
|---|---|---|---|
| 2003 | -3382.49 | -542.58 | NA |
| 2004 | -3860.39 | -92.50 | NA |
| 2005 | -4603.18 | 651.07 | NA |
| 2006 | -4704.69 | 1286.98 | -5298.10 |
| 2007 | -4974.84 | 2770.79 | -6378.90 |
| 2008 | -6237.05 | 3316.16 | -7378.30 |
| 2009 | -7178.70 | 1036.80 | -8456.40 |
| 2010 | -5321.01 | 4597.59 | -10693.10 |
| 2011 | -4657.02 | 6062.65 | -6672.10 |
| 2012 | -4555.97 | 7767.14 | -8912.00 |

资料来源：UNCTAD 创意经济数据库。

与传媒类产品巨大的贸易顺差优势相比，中国传媒类服务一直表现为巨大的贸易逆差，而日本传媒类服务从 2005 年开始一直保持贸易顺差，并且其传媒类服务的顺差额一直呈上升趋势，2012 年贸易顺差达到最高值 77.7 亿美元。而韩国传媒类服务与中国相似，一直保持贸易逆差状态，其逆差额远远大于中国，2006 年其逆差额达 53 亿美元，同期中国逆差额为 47 亿美元，2012 年韩国逆差额高达 89 亿美元，同期中国逆差额为 45.6 亿美元。从表 9 可以看出，相对于中国，日本传媒类服务的优势在不断扩大，中国传媒类服务竞争力远远落后于日本，其竞争劣势有一定程度的改善，但幅度不大。中国传媒类服务竞争力超过韩国，韩国传媒类服务的贸易逆差总体呈上升趋势。

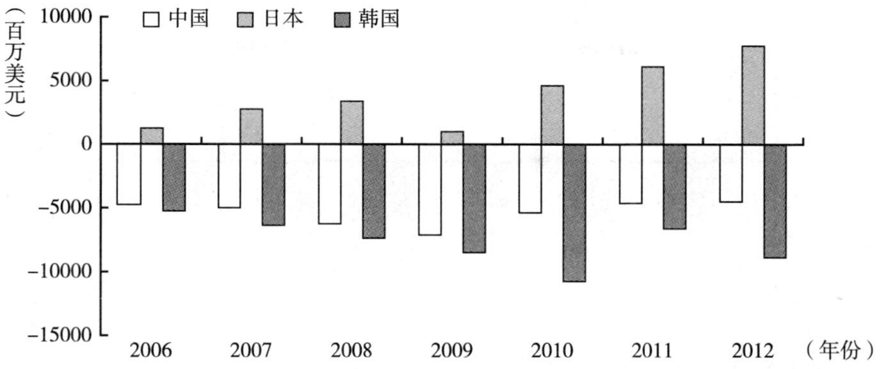


**图 9　中日韩传媒类服务国际贸易差额比较**

资料来源：UNCTAD 创意经济数据库。

### 3. 中日韩传媒贸易差额比较

**表 10　中日韩传媒贸易差额比较**

单位：百万美元

| 年份 | 中国贸易差额 | 日本贸易差额 | 韩国贸易差额 |
|---|---|---|---|
| 2003 | -664.14 | -1012.09 | NA |
| 2004 | -733.77 | -429.05 | NA |
| 2005 | -262.84 | 64.11 | NA |
| 2006 | 1186.39 | 254.85 | -5281.40 |
| 2007 | 3616.23 | 4974.85 | -7292.20 |
| 2008 | 6956.67 | 5120.54 | -8274.95 |
| 2009 | 1532.93 | 1538.63 | -8731.36 |
| 2010 | 2485.63 | 4712.74 | -11069.27 |
| 2011 | 2827.59 | 6150.87 | -6821.83 |
| 2012 | 6039.06 | 6721.22 | -8925.74 |

资料来源：UNCTAD 创意经济数据库。

整体看中日韩传媒的国际贸易差额，中国传媒扭转了整体贸易逆差的状态，并且贸易顺差不断扩大，其顺差水平已逐步接近日本。2003 年中国贸易差额为 -6.6 亿美元，同期日本贸易逆差额 10.1 亿美元，日本传媒贸易逆差甚至高于中国。2012 年中国传媒贸易顺差额为 60 亿美元，而同期日本贸易顺差额为 67 亿美元，稍高于中国。韩国传媒贸易持续表现为逆差状态，整体逆差额呈上升趋势，说明韩国传媒整体的国际竞争力较弱，更多地依赖于进口。

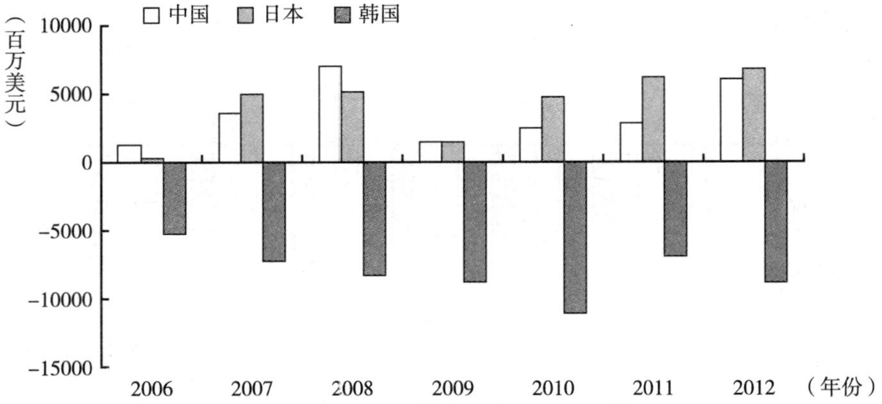


**图 10　中日韩传媒国际贸易差额比较**

资料来源：UNCTAD 创意经济数据库。

# 二　中日韩传媒贸易结构比较

## 中日韩传媒贸易产品类别结构比较

### 1. 中日韩传媒类服务的贸易比重比较

**表 11　中日韩传媒类服务出口比重比较**

单位：%

| 年份 | 中国传媒类服务比重 | 日本传媒类服务比重 | 韩国传媒类服务比重 |
|---|---|---|---|
| 2003 | 29.96 | 90.61 | NA |
| 2004 | 37.44 | 91.32 | NA |
| 2005 | 35.14 | 91.88 | NA |
| 2006 | 38.39 | 92.87 | 79.47 |
| 2007 | 31.09 | 76.98 | 60.09 |
| 2008 | 32.30 | 80.05 | 64.21 |
| 2009 | 38.61 | 82.29 | 68.51 |
| 2010 | 46.29 | 85.27 | 62.97 |
| 2011 | 51.69 | 87.37 | 69.50 |
| 2012 | 51.75 | 87.70 | 75.48 |

资料来源：UNCTAD 创意经济数据库、UN Comtrade。

从上文中美英的比较发现，发达国家传媒产业的服务比重更高，传媒服务化的趋势非常明显。从中日韩比较也可以看出，日本传媒出口同样主要依赖于传媒类服务，2003 年其服务比重就高达 90.61%，虽然其后有一定的下滑，但

2012 年其服务比重依然高达 87.7%，与英国的服务比重相当。而韩国传媒虽然在规模、份额方面较低，但其服务比重也远远超过中国的服务比重，2006 年其服务比重达 79.47%，2012 年其服务比重达 75.48%。

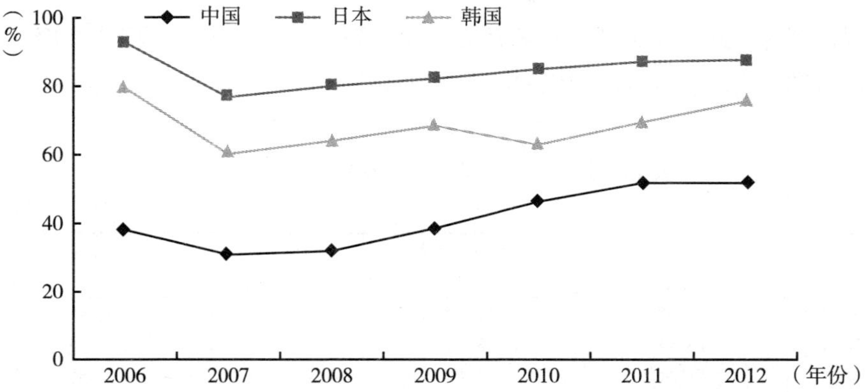


**图 11　中日韩传媒类服务出口值占传媒总出口值比重比较**

资料来源：UNCTAD 创意经济数据库。

## 2. 中日韩传媒类产品的贸易结构比较

**表 12　日本传媒类产品出口结构年度变化情况**

单位：%

| 年份 | 视听产品 | 新媒体产品 | 音乐产品 | 出版物产品 |
|---|---|---|---|---|
| | 比重 | 比重 | 比重 | 比重 |
| 2003 | 14.19 | 16.10 | 38.23 | 31.49 |
| 2004 | 14.61 | 17.47 | 36.08 | 31.84 |
| 2005 | 17.88 | 15.84 | 33.15 | 33.13 |
| 2006 | 15.27 | 19.07 | 31.92 | 33.74 |
| 2007 | 47.49 | 35.96 | 7.62 | 8.93 |
| 2008 | 51.88 | 25.96 | 10.16 | 11.99 |
| 2009 | 47.61 | 26.76 | 10.41 | 15.22 |
| 2010 | 53.25 | 19.61 | 11.95 | 15.18 |
| 2011 | 54.25 | 17.61 | 13.94 | 14.19 |
| 2012 | 48.27 | 29.83 | 11.49 | 10.41 |

资料来源：UNCTAD 创意经济数据库。

10 年间韩国传媒类产品出口结构发生了较大的变化，2007 年以前其以出版物产品出口为主，自 2007 年开始逐步转型为以新媒体产品为主，比重最高达到62.22%（2011年），这反映了韩国在视频游戏类产品上的优势。韩国的传媒类产品出口结构与中国传媒类产品出口结构相近。而日本传媒类产品结构10年间也发生了较大的变化，2007年以前主要集中于音乐产品和出版物产品的出口，两者的比重合计超过65%，而从2007年开始主要集中于视听产品和新媒体产品，其中视听产品比重接近一半，新媒体产品也在20%～30%。产品出口结构反映了技术的变化和国家竞争优势的变化。

**表13　韩国传媒类产品出口结构年度变化情况**

单位：%

| 年份 | 视听产品 | 新媒体产品 | 音乐产品 | 出版物产品 |
|---|---|---|---|---|
| | 比重 | 比重 | 比重 | 比重 |
| 2003 | 7.68 | 17.49 | 25.37 | 49.46 |
| 2004 | 10.44 | 13.91 | 21.67 | 53.98 |
| 2005 | 11.31 | 12.79 | 17.65 | 58.25 |
| 2006 | 8.27 | 11.70 | 15.68 | 64.35 |
| 2007 | 16.14 | 52.54 | 5.40 | 25.92 |
| 2008 | 13.88 | 50.93 | 4.64 | 30.54 |
| 2009 | 12.36 | 58.61 | 3.21 | 25.82 |
| 2010 | 10.48 | 58.88 | 2.97 | 27.67 |
| 2011 | 9.63 | 62.22 | 2.86 | 25.29 |
| 2012 | 13.46 | 46.99 | 4.65 | 34.91 |

资料来源：UNCTAD创意经济数据库。

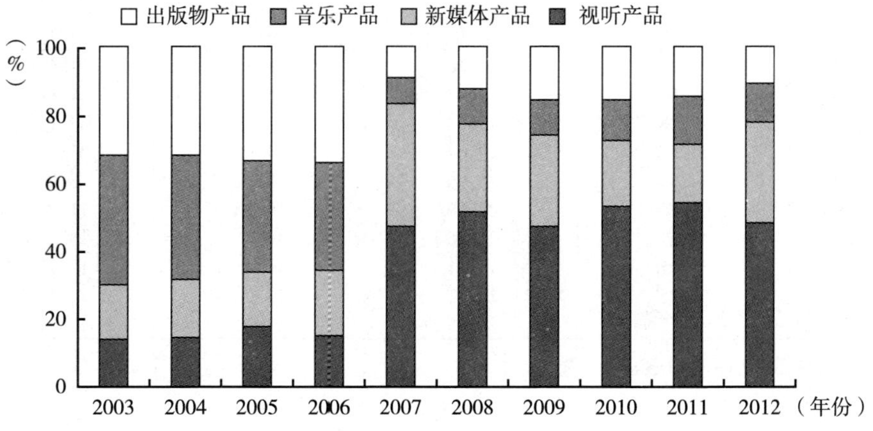


**图12　日本传媒类产品出口结构变化情况**

资料来源：UNCTAD创意经济数据库。

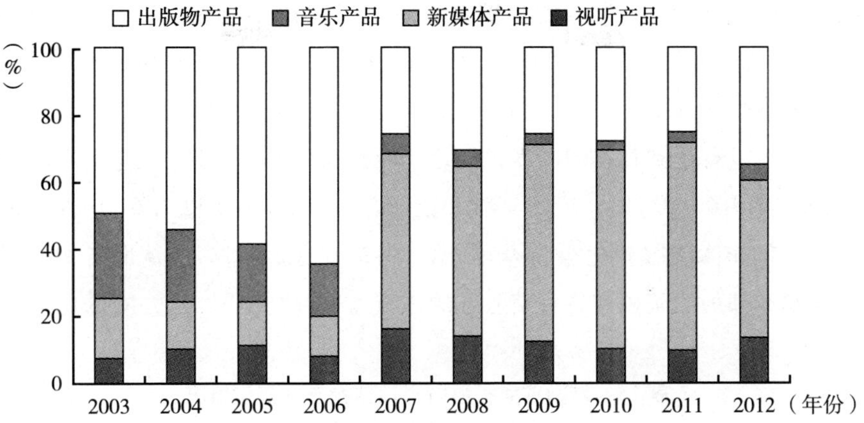


**图 13　韩国传媒类产品出口结构变化情况**

资料来源：UNCTAD 创意经济数据库。

## 3. 中日韩传媒类服务的出口结构比较

**表 14　日本传媒类服务出口结构年度变化情况**

单位：%

| 年份 | 广告、市场调研与民意测验服务 | 个人文化和休闲服务 | 版税和许可费服务 | 计算机与信息服务 |
|---|---|---|---|---|
| | 比重 | 比重 | 比重 | 比重 |
| 2003 | NA | 1.05 | 91.00 | 7.95 |
| 2004 | NA | 0.43 | 93.37 | 6.20 |
| 2005 | NA | 0.51 | 93.51 | 5.98 |
| 2006 | NA | 0.66 | 94.78 | 4.56 |
| 2007 | NA | 0.64 | 95.39 | 3.97 |
| 2008 | NA | 0.57 | 95.90 | 3.53 |
| 2009 | NA | 0.71 | 95.47 | 3.82 |
| 2010 | NA | 0.54 | 95.71 | 3.75 |
| 2011 | NA | 0.52 | 95.54 | 3.94 |
| 2012 | NA | 0.54 | 95.40 | 4.06 |

资料来源：UNCTAD 创意经济数据库。

与中英美比较类似，中日韩三国传媒类服务的出口结构差异也主要体现在核心传媒类服务上，总体上可以发现发达国家核心传媒类服务的出口比重更高。日本传媒类服务出口结构与美国类似，总体相对稳定，2003～2012 年 10

年间，以版税和许可费服务出口贸易为主，版税和许可费服务出口比重高达95%左右，甚至超过美国的85%，10年间变化较小，2003年版税和许可费服务比重就高达91%，之后逐年提升，2012年达95.4%。韩国版税和许可费服务的比重远没有达到日本的高度，但是其版税和许可费服务的比重远远高于中国，2006年占到68.1%，近年有微小的下滑，2012年比重为61.08%，其次是个人文化和休闲服务比重持续增长，2012年达22.27%。从服务出口结构看，日本和韩国的版税和许可费服务的比重远远超过中国5%左右的比重。

**表15　韩国传媒类服务出口结构年度变化情况**

单位：%

| 年份 | 广告、市场调研与民意测验服务 | 个人文化和休闲服务 | 版税和许可费服务 | 计算机与信息服务 |
|---|---|---|---|---|
| | 比重 | 比重 | 比重 | 比重 |
| 2003 | NA | NA | NA | NA |
| 2004 | NA | NA | NA | NA |
| 2005 | NA | NA | NA | NA |
| 2006 | 11.37 | 12.27 | 68.10 | 8.26 |
| 2007 | 12.67 | 15.50 | 60.06 | 11.78 |
| 2008 | 9.55 | 14.85 | 67.05 | 8.55 |
| 2009 | 5.70 | 12.52 | 76.57 | 5.21 |
| 2010 | 6.31 | 14.86 | 73.38 | 5.45 |
| 2011 | 5.69 | 15.40 | 71.85 | 7.06 |
| 2012 | 8.43 | 22.27 | 61.08 | 8.21 |

资料来源：UNCTAD创意经济数据库。

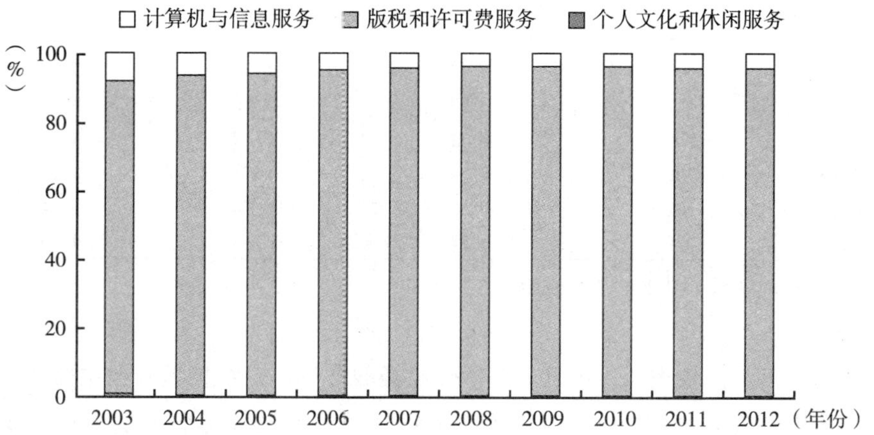


**图14　日本传媒类服务出口结构变化情况**

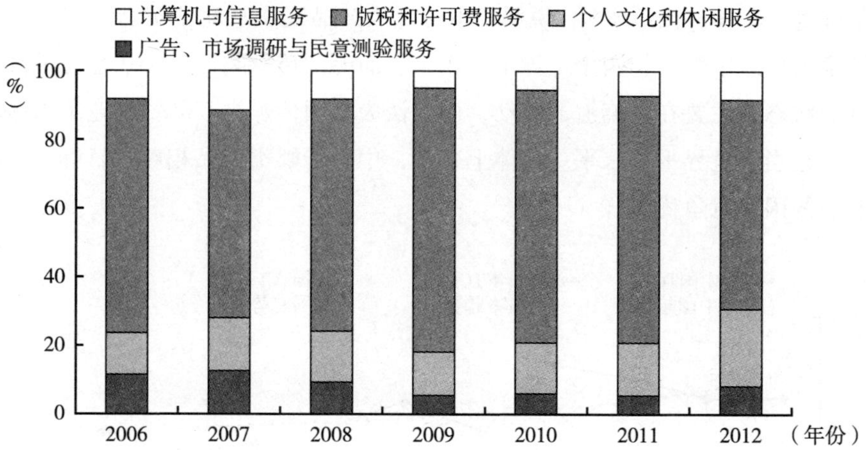


**图 15　韩国传媒类服务出口结构变化情况**

资料来源：UNCTAD 创意经济数据库。

## 三　中日韩传媒国际竞争力的多指标总体比较

### （一）中日韩传媒的贸易竞争力指数比较

#### 1. 中日韩传媒类产品的贸易竞争力指数

**表 16　中日韩传媒类产品 TCI 比较**

| 年份 / 国家 | 2003 | 2004 | 2005 | 2006 | 2007 | 2008 | 2009 | 2010 | 2011 | 2012 |
|---|---|---|---|---|---|---|---|---|---|---|
| 中 | 0.51 | 0.51 | 0.58 | 0.63 | 0.39 | 0.50 | 0.41 | 0.35 | 0.31 | 0.39 |
| 日 | -0.14 | -0.10 | -0.15 | -0.24 | 0.18 | 0.16 | 0.05 | 0.01 | 0.01 | -0.10 |
| 韩 | -0.03 | 0.12 | 0.11 | 0.01 | -0.19 | -0.18 | -0.07 | -0.07 | -0.03 | -0.004 |

资料来源：根据 UNCTAD 创意经济数据库的相关数据计算获得。

对中日韩 TCI 绝对值进行比较，日本传媒类产品 TCI 在 2007 年以前一直为负值，在 -0.24 ~ -0.10 区间波动，从 2007 年开始提高为正值，从 0.18 逐

步下降为 -0.10，接近于0，说明日本传媒类产品逐步从竞争劣势中走出，国际竞争力接近中性，相当于世界平均水平。而韩国传媒类产品 TCI 呈先下降后上升的状态，主要在0值上下波动，可以认为韩国传媒类产品贸易竞争力接近中性，相当于世界平均水平。总体上来看，中国传媒类产品相对于日韩，具有不明显的国际竞争优势。

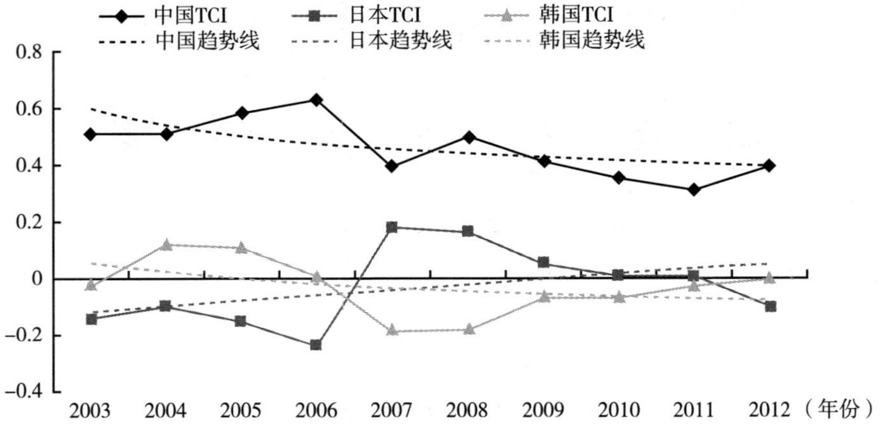


**图 16　中日韩传媒类产品 TCI 比较**

资料来源：根据 UNCTAD 创意经济数据库数据计算获得。

## 2. 中日韩传媒类服务的贸易竞争力指数比较

**表 17　中日韩传媒类服务 TCI 比较**

| 国家\年份 | 2003 | 2004 | 2005 | 2006 | 2007 | 2008 | 2009 | 2010 | 2011 | 2012 |
|---|---|---|---|---|---|---|---|---|---|---|
| 中 | -0.49 | -0.41 | -0.42 | -0.33 | -0.26 | -0.25 | -0.28 | -0.17 | -0.12 | -0.10 |
| 日 | -0.02 | 0.00 | 0.02 | 0.03 | 0.06 | 0.07 | 0.02 | 0.09 | 0.11 | 0.13 |
| 韩 | NA | NA | NA | -0.47 | -0.52 | -0.51 | -0.50 | -0.56 | -0.36 | -0.44 |

资料来源：根据 UNCTAD 创意经济数据库的相关数据计算获得。

从中日韩传媒类服务的 TCI 比较中可以看出，日本传媒类服务 TCI 呈上升趋势，2003 年 TCI 为 -0.02，逐年缓慢提升，2012 年 TCI 达 0.13，说明其具有不明显的国际竞争优势。韩国传媒类服务 TCI 主要在 -0.56 ~ -0.36 区间波动，表明其具有较明显的国际竞争劣势，低于中国传媒类服务 TCI 值。总体上三国 TCI 均呈缓慢上升的趋势。

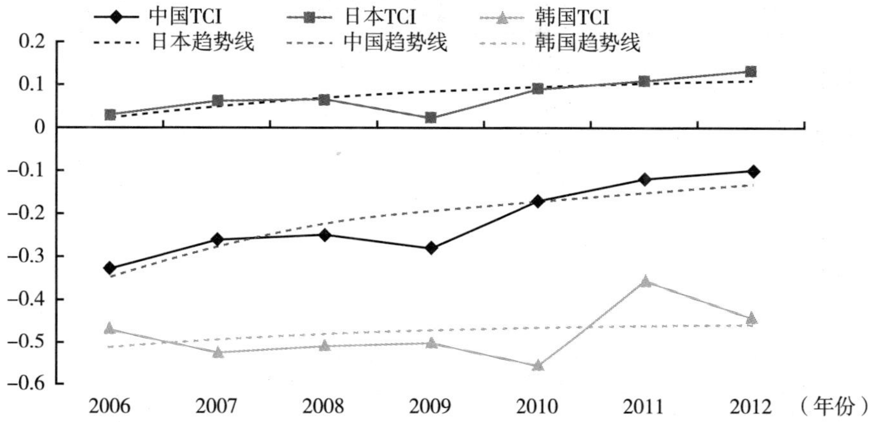


**图 17　中日韩传媒类服务 TCI 比较**

资料来源：根据 UNCTAD 创意经济数据库数据计算获得。

### 3. 中日韩传媒整体贸易竞争力指数

**表 18　中日韩传媒整体 TCI 比较**

| 国家＼年份 | 2003 | 2004 | 2005 | 2006 | 2007 | 2008 | 2009 | 2010 | 2011 | 2012 |
|---|---|---|---|---|---|---|---|---|---|---|
| 中 | -0.05 | -0.05 | -0.01 | 0.05 | 0.09 | 0.14 | 0.03 | 0.05 | 0.04 | 0.08 |
| 日 | -0.03 | -0.01 | 0.00 | 0.01 | 0.09 | 0.08 | 0.03 | 0.08 | 0.10 | 0.10 |
| 韩 | NA | NA | NA | -0.41 | -0.43 | -0.43 | -0.42 | -0.45 | -0.28 | -0.37 |

资料来源：根据 UNCTAD 创意经济数据库的相关数据计算获得。

将传媒类产品与传媒类服务汇总，整体比较中日韩传媒的贸易竞争力，发现中国传媒整体 TCI 略低于日本，其与日本 TCI 水平非常接近，可以认为中日传媒的贸易竞争力水平相当。而韩国传媒 TCI 一直保持为负值，说明其处于竞争劣势状态，其主要在 -0.45 ~ -0.28 区间波动，说明其具有不明显的国际竞争劣势。总体上可以认为中日传媒的贸易竞争力水平相当，而韩国传媒竞争力相对偏弱。

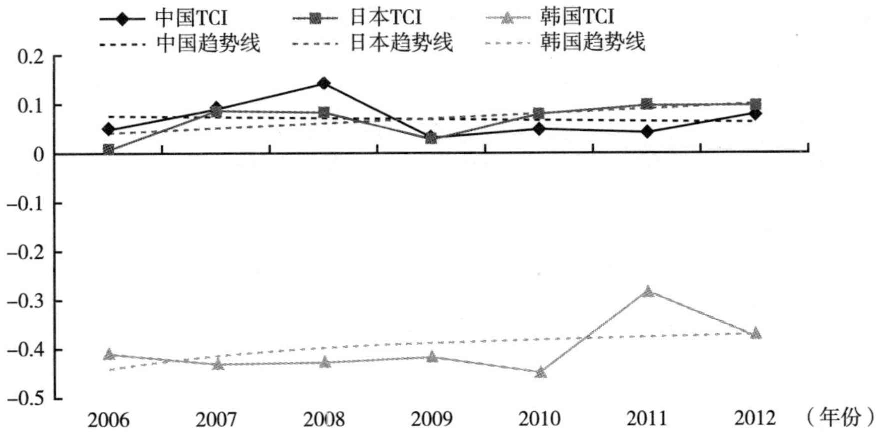


**图 18　中日韩传媒整体 TCI 比较**

资料来源：根据 UNCTAD 创意经济数据库数据计算获得。

## （二）中日韩传媒的显示性比较优势指数比较

### 1. 中日韩传媒类产品的显示性比较优势指数比较

**表 19　中日韩传媒类产品 RCA 指数比较**

| 年份<br>国家 | 2003 | 2004 | 2005 | 2006 | 2007 | 2008 | 2009 | 2010 | 2011 | 2012 |
|---|---|---|---|---|---|---|---|---|---|---|
| 中 | 1. 21 | 1. 11 | 1. 15 | 1. 25 | 1. 46 | 1. 63 | 1. 31 | 1. 22 | 1. 24 | 1. 47 |
| 日 | 0. 39 | 0. 40 | 0. 41 | 0. 40 | 1. 19 | 1. 01 | 0. 89 | 0. 79 | 0. 79 | 0. 93 |
| 韩 | 0. 40 | 0. 41 | 0. 41 | 0. 38 | 0. 60 | 0. 55 | 0. 56 | 0. 69 | 0. 70 | 0. 53 |

资料来源：根据 UNCTAD 创意经济数据库的相关数据计算获得。

对中日韩 RCA 指数绝对值进行比较可看出，中国 RCA 指数相对高于日韩传媒类产品 RCA，而日本 RCA 指数略高于韩国。日本 RCA 指数在 2003 ~ 2012 年 10 年间，主要在 0. 39 ~ 1. 19 区间上下浮动，总体上说明日本传媒类产品国际竞争优势较弱。韩国 RCA 指数在 2003 ~ 2012 年 10 年间，主要在 0. 4 ~ 0. 7 区间上下浮动，总体上同样说明韩国传媒类产品国际竞争力也较弱。总体上看，中国传媒类产品的显示性比较优势超过日韩。

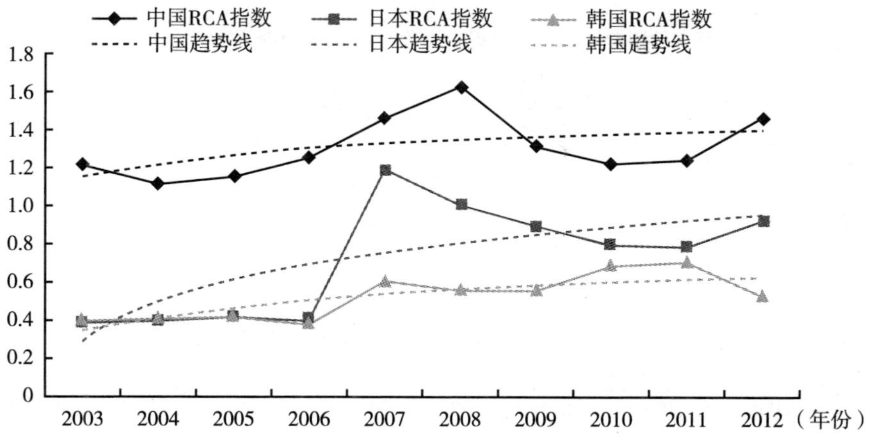


**图 19　中日韩传媒类产品 RCA 指数比较**

资料来源：根据 UNCTAD 创意经济数据库数据计算获得。

## 2. 中日韩传媒类服务的显示性比较优势指数比较

**表 20　中日韩传媒类服务 RCA 指数比较**

| 国家＼年份 | 2003 | 2004 | 2005 | 2006 | 2007 | 2008 | 2009 | 2010 | 2011 | 2012 |
|---|---|---|---|---|---|---|---|---|---|---|
| 中 | 0.14 | 0.15 | 0.14 | 0.17 | 0.19 | 0.21 | 0.20 | 0.23 | 0.27 | 0.34 |
| 日 | 0.98 | 0.99 | 1.07 | 1.13 | 1.12 | 1.11 | 0.99 | 1.02 | 1.10 | 1.43 |
| 韩 | NA | NA | NA | 0.32 | 0.26 | 0.27 | 0.29 | 0.26 | 0.32 | 0.35 |

资料来源：根据 UNCTAD 创意经济数据库的相关数据计算获得。

对中日韩传媒类服务的 RCA 指数绝对值进行比较发现，日本 RCA 指数相对高于中国和韩国传媒类服务 RCA 指数，而中国 RCA 指数与韩国相当。日本 RCA 指数在 2003～2012 年 10 年间，主要在 0.98～1.43 区间上下浮动，总体上说明日本传媒类服务国际竞争优势具有不太明显的竞争优势。韩国 RCA 指数在 2006～2012 年间，主要在 0.26～0.35 区间上下浮动，总体上同样说明韩国传媒类服务国际竞争力也较弱。总体上看，日本传媒类服务的显示性比较优势超过中国和韩国，中国与韩国传媒类服务的竞争力水平相当。

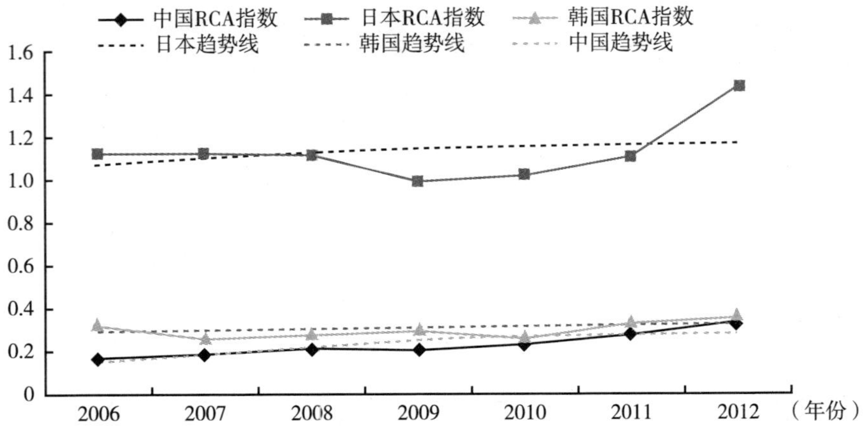


**图 20　中日韩传媒类服务 RCA 指数比较**

资料来源：根据 UNCTAD 创意经济数据库数据计算获得。

### 3. 中日韩传媒整体显示性比较优势指数比较

**表 21　中日韩传媒整体 RCA 指数比较**

| 国家\年份 | 2003 | 2004 | 2005 | 2006 | 2007 | 2008 | 2009 | 2010 | 2011 | 2012 |
|---|---|---|---|---|---|---|---|---|---|---|
| 中 | 0.36 | 0.33 | 0.33 | 0.36 | 0.47 | 0.52 | 0.41 | 0.41 | 0.43 | 0.54 |
| 日 | 0.86 | 0.88 | 0.95 | 1.00 | 1.14 | 1.09 | 0.97 | 0.98 | 1.05 | 1.34 |
| 韩 | NA | NA | NA | 0.33 | 0.33 | 0.33 | 0.34 | 0.34 | 0.39 | 0.38 |

资料来源：根据 UNCTAD 创意经济数据库的相关数据计算获得。

将传媒类产品与传媒类服务汇总，整体比较中日韩传媒的显示性比较优势，发现中国传媒整体的国际竞争力低于日本，其 RCA 指数只是略高于韩国。日本传媒 RCA 指数主要在 0.86～1.34 区间波动，韩国传媒 RCA 指数主要在 0.33～0.39 区间波动，总体上日本传媒的显示性比较优势超过中国和韩国，中国传媒竞争力稍高于韩国。

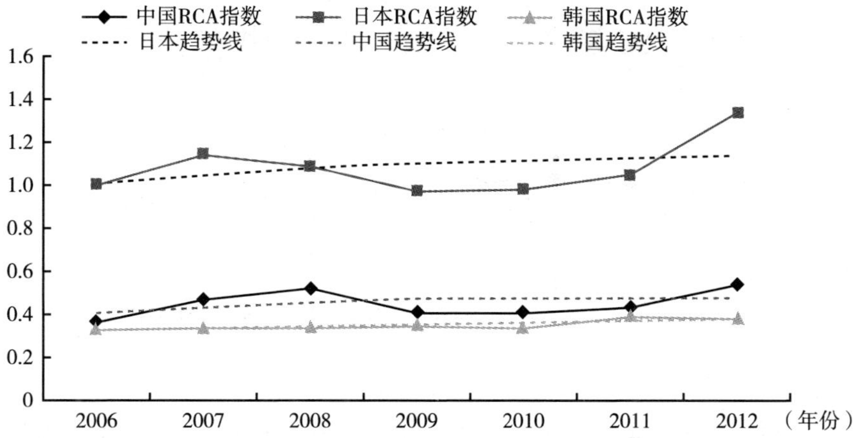


**图 21　中日韩传媒整体 RCA 指数比较**

资料来源：根据 UNCTAD 创意经济数据库数据计算获得。

## （三）中日韩传媒的净出口显示性比较优势指数比较

### 1. 中日韩传媒类产品的净出口显示性比较优势指数比较

**表 22　中日韩传媒类产品 NXRCA 指数比较**

| 年份<br>国家 | 2003 | 2004 | 2005 | 2006 | 2007 | 2008 | 2009 | 2010 | 2011 | 2012 |
|---|---|---|---|---|---|---|---|---|---|---|
| 中 | 0.60 | 0.51 | 0.54 | 0.57 | 0.55 | 0.80 | 0.63 | 0.43 | 0.35 | 0.47 |
| 日 | -0.19 | -0.14 | -0.16 | -0.21 | 0.20 | 0.22 | 0.05 | -0.05 | 0.03 | -0.06 |
| 韩 | -0.05 | 0.03 | 0.03 | -0.01 | -0.28 | -0.19 | -0.15 | -0.14 | -0.06 | -0.02 |

资料来源：根据 UNCTAD 创意经济数据库的相关数据计算获得。

对中日韩 NXRCA 指数绝对值进行比较可以看出，中国 NXRCA 指数相对高于日本和韩国传媒类产品 NXRCA 指数。日本 NXRCA 指数在 2003～2012 年 10 年间，主要在 -0.21～0.22 区间上下浮动，说明日本传媒类产品净出口显示性比较优势较弱。韩国 NXRCA 指数在 10 年间主要在 -0.28～0.03 区间浮动，大多数年份为负值，从总体上看，日本 NXRCA 指数略高于韩国。在净出口显示性比较优势方面中国传媒类产品高于日韩。

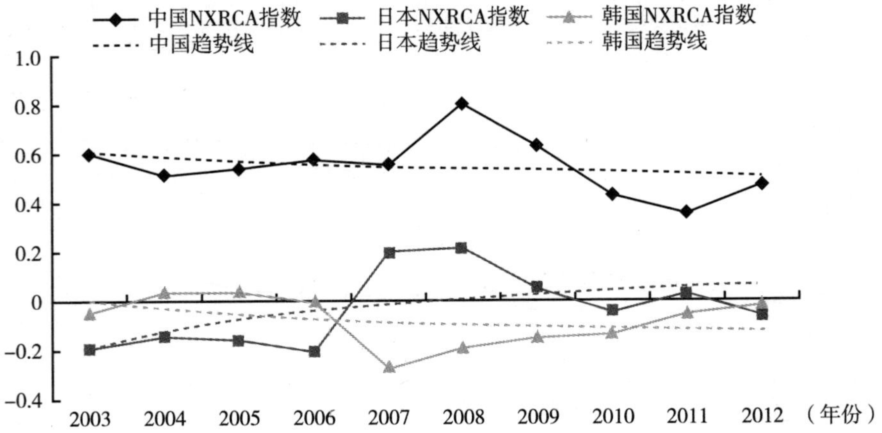


**图 22　中日韩传媒类产品 NXRCA 指数比较**

资料来源：根据 UNCTAD 创意经济数据库数据计算获得。

## 2. 中日韩传媒类服务的净出口显示性比较优势指数比较

**表 23　中日韩传媒类服务 NXRCA 比较**

| 年份<br>国家 | 2003 | 2004 | 2005 | 2006 | 2007 | 2008 | 2009 | 2010 | 2011 | 2012 |
|---|---|---|---|---|---|---|---|---|---|---|
| 中 | -0.84 | -0.71 | -0.76 | -0.70 | -0.68 | -0.72 | -0.87 | -0.49 | -0.35 | -0.38 |
| 日 | -0.81 | -0.75 | -0.36 | -0.16 | -0.06 | 0.35 | -0.02 | 0.27 | 0.85 | 1.29 |
| 韩 | NA | NA | NA | -1.76 | -1.82 | -1.67 | -2.76 | -2.60 | -1.34 | -1.77 |

资料来源：根据 UNCTAD 创意经济数据库的相关数据计算获得。

通过中日韩传媒类服务的 NXRCA 指数比较可以看出，日本传媒类服务 NXRCA 指数主要在 -0.81 ~ 1.29区间波动，近三年来 NXRCA 指数为正值，提升速度较快，说明日本传媒类服务已取得国际竞争优势。韩国传媒类服务 NXRCA 指数主要在 -2.76 ~ -1.34 区间波动，说明韩国传媒类服务处于竞争劣势，其 NXRCA 指数远远低于中国。总体上日本传媒类服务的竞争力水平超过中国和韩国，中国传媒类服务竞争力高于韩国。

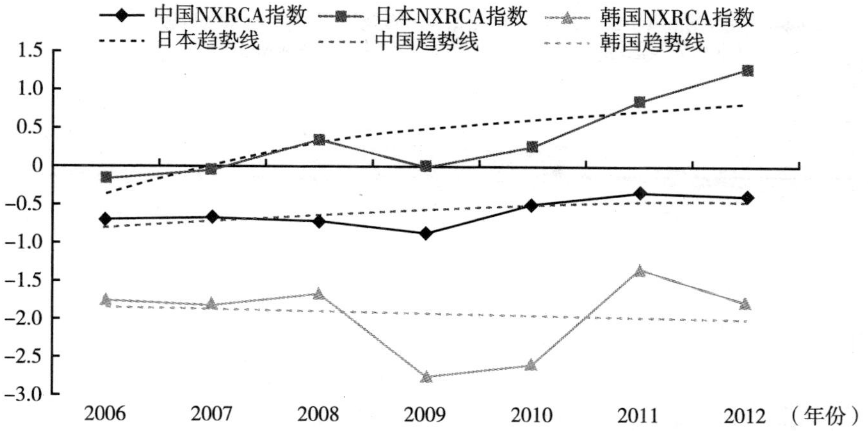


**图 23　中日韩传媒类服务 NXRCA 指数比较**

资料来源：根据 UNCTAD 创意经济数据库数据计算获得。

### 3. 中日韩传媒整体的净出口显示性比较优势指数比较

**表 24　中日韩传媒整体 NXRCA 指数比较**

| 国家＼年份 | 2003 | 2004 | 2005 | 2006 | 2007 | 2008 | 2009 | 2010 | 2011 | 2012 |
|---|---|---|---|---|---|---|---|---|---|---|
| 中 | -0.24 | -0.20 | -0.22 | -0.14 | -0.13 | 0.08 | -0.24 | -0.06 | 0.01 | 0.09 |
| 日 | -1.00 | -0.89 | -0.52 | -0.37 | 0.14 | 0.57 | 0.03 | 0.22 | 0.88 | 1.23 |
| 韩 | NA | NA | NA | -1.77 | -2.10 | -1.86 | -2.91 | -2.74 | -1.39 | -1.79 |

资料来源：根据 UNCTAD 创意经济数据库的相关数据计算获得。

通过对中日韩传媒整体的 NXRCA 指数比较，发现日本净出口显示性比较优势最强，其 NXRCA 指数 2007～2012 年主要在 0.03～1.23 区间波动，一直为正值，呈上升趋势。韩国净出口显示性比较优势最弱，其 NXRCA 指数 2007～2012 年主要在 -2.91～-1.39 区间波动，远低于日本和中国。而中国传媒的净出口显示性比较优势一直处于相对劣势地位，只是在 2011 年和 2012 年转负为正，接近中性状态，达到国际平均竞争水平。这说明日本具有较高的净出口显示性比较优势，远远超过中国传媒，而中国传媒的国际竞争力超过韩国。

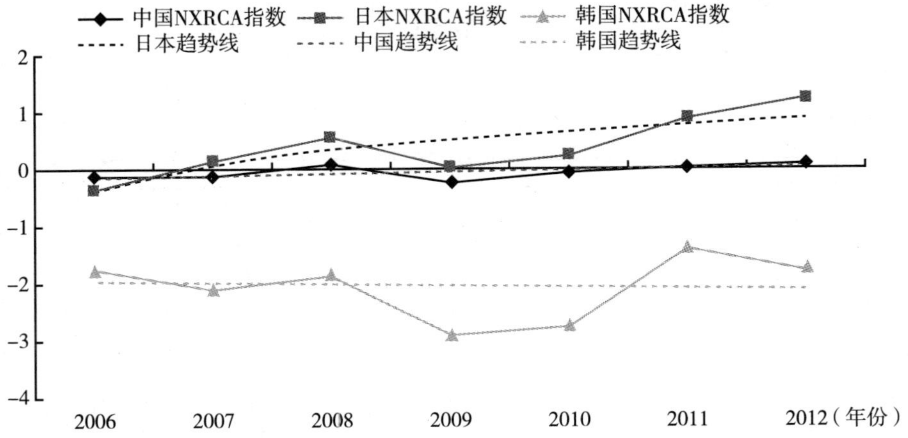


**图 24　中日韩传媒整体 NXRCA 指数比较**

资料来源：根据 UNCTAD 创意经济数据库数据计算获得。

## （四）中日韩传媒竞争力的变化趋势分析

### 1. 日本传媒竞争力的变化趋势

尽管总体上看日本传媒类产品国际竞争力较弱，接近于世界平均水平，但从多指标变动趋势比较来看，日本传媒类产品竞争力 TCI、RCA 指数和

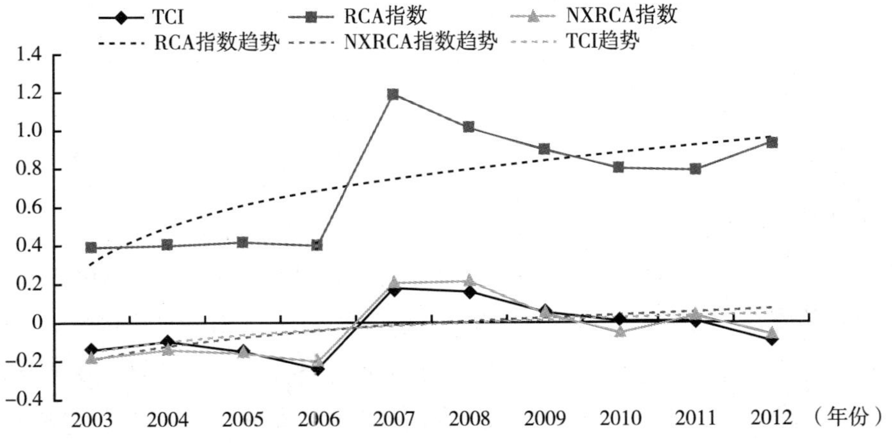


**图 25　日本传媒类产品竞争力的多指标变动趋势**

资料来源：根据 UNCTAD 创意经济数据库数据计算获得。

NXRCA 指数的趋势比较一致，均表现为日本传媒类产品的竞争力呈现缓慢上升的趋势。但各项指标上升的幅度存在区别，TCI 和 NXRCA 指数的增长幅度相近，RCA 指数增长幅度较高，说明日本传媒类产品的进口增长较快，导致未计进口的 RCA 指数增长较快。

日本传媒类服务竞争力的 TCI、RCA 指数和 NXRCA 指数表现的趋势存在微小差异，NXRCA 指数表明其传媒类服务竞争力上升的趋势明显，而 TCI 和 RCA 指数则呈现为相对稳定的趋势。综合考虑进出口数据，可以认为日本传媒类服务国际竞争力在逐步提升。

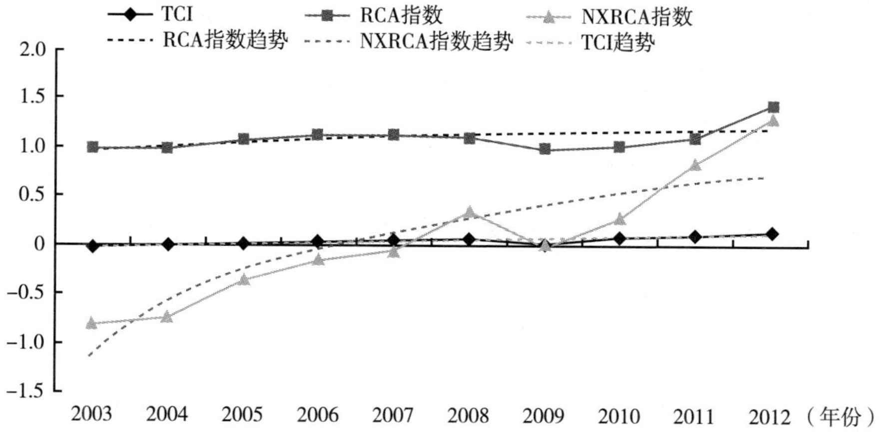


**图 26　日本传媒类服务竞争力的多指标变动趋势**

同样日本传媒整体竞争的 TCI、RCA 指数和 NXRCA 指数表现的趋势存在类似差异，NXRCA 指数表明其传媒竞争力上升的趋势明显，而 TCI 和 RCA 指数则呈现为相对稳定的趋势。综合考虑进出口数据，可以认为日本传媒国际竞争力在逐步提升。

### 2. 韩国传媒竞争力的变化趋势

从多指标变动趋势比较来看，韩国传媒类产品竞争力 TCI、RCA 指数和 NXRCA 指数的趋势表现存在一定差异，RCA 指数表明其传媒类服务竞争力上升的趋势明显，而 TCI 和 RCA 指数则呈现为小幅下降的趋势，主要应因为韩国传媒类产品进口增长较快。可以认为韩国传媒类产品较弱的国际竞争力仍在缓慢下滑。

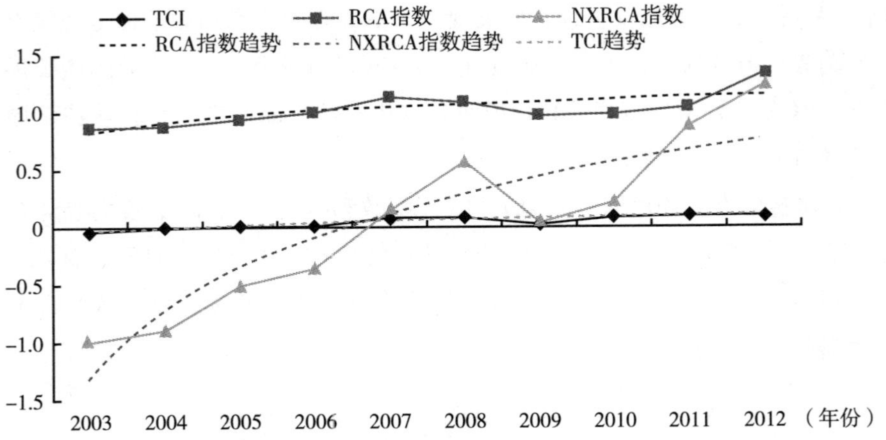


**图 27　日本传媒整体竞争力的多指标变动趋势**

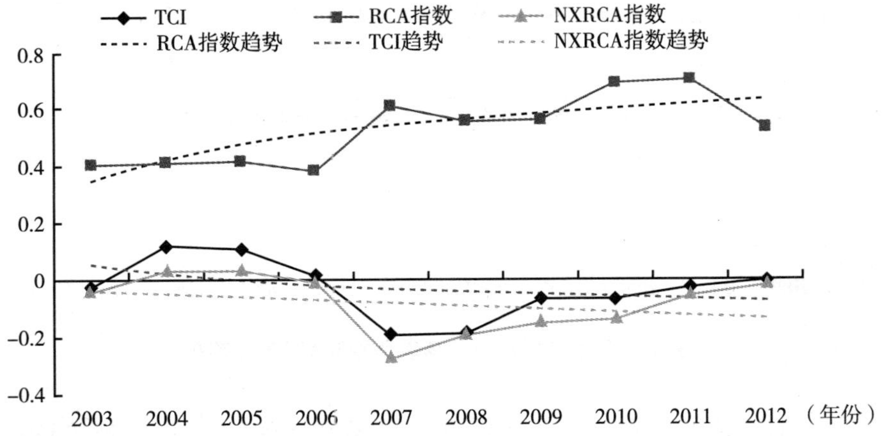


**图 28　韩国传媒类产品竞争力的多指标变动趋势**

资料来源：根据 UNCTAD 创意经济数据库数据计算获得。

韩国传媒类服务竞争力的 TCI、RCA 指数和 NXRCA 指数表现的趋势比较一致，均表现为其传媒类服务的竞争力相对稳定。可以认为韩国传媒类服务国际竞争力较弱，但经过 10 年发展并没有改观。

韩国传媒整体竞争力的 TCI、RCA 指数和 NXRCA 指数表现的趋势比较一致，均表现为其传媒类服务的竞争力相对稳定。可以认为韩国传媒整体国际竞争力较弱，但经过多年发展并没有改观。

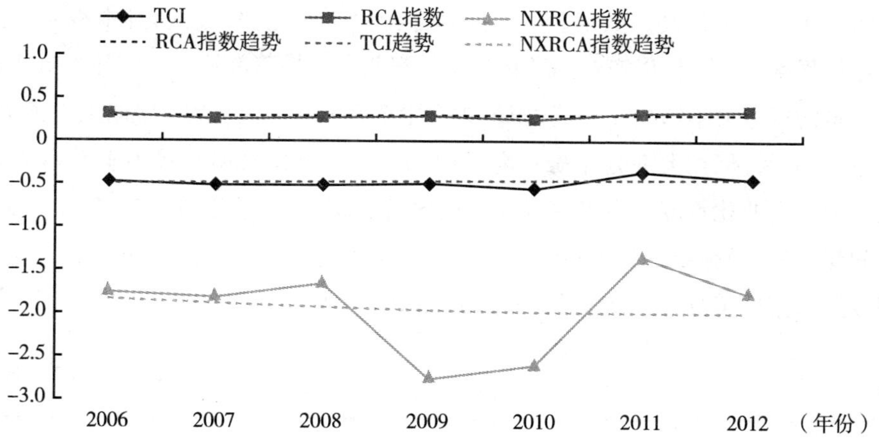


**图 29　韩国传媒类服务竞争力的多指标变动趋势**

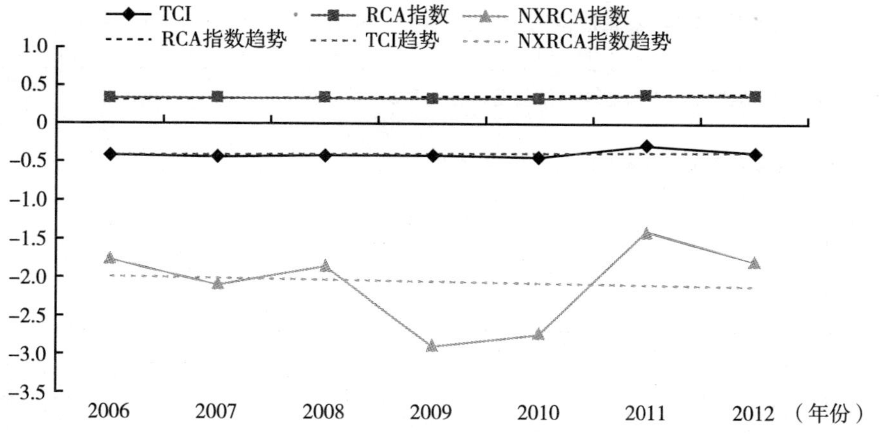


**图 30　韩国传媒整体竞争力的多指标变动趋势**

# 四　中日韩传媒国际竞争力的多指标类别比较

## （一）中日韩不同传媒类产品的国际竞争力比较

### 1. 视听产品竞争力的中日韩比较

从三国 Lafay 的绝对值比较来看，日本视听产品具有绝对优势，日本的 Lafay 指数最高，远远超过中国和韩国，其 Lafay 指数自 2007 年开始主要在

11.8~15.7 区间波动，数值较大，并总体上呈上升趋势，说明日本视听产品专业化程度较高，但以产业间贸易为主，产业内贸易程度较低，国外视听产品在日本的竞争力不够。而韩国 Lafay 指数主要在 -19.8~-8.5 区间上下波动，与中国相近，但在大部分年份均高于中国，说明韩国视听产品专业化程度较低，但其专业化程度稍高于中国（中国视听 Lafay 指数主要在 -20.0~-15.0 区间浮动）。总体上，日本视听产品的专业化程度最高，中国视听产品专业化程度远远落后于日本，韩国专业化程度稍高于中国。

**表 25　中日韩视听产品的 Lafay 指数比较**

| 国家\年份 | 2003 | 2004 | 2005 | 2006 | 2007 | 2008 | 2009 | 2010 | 2011 | 2012 |
|---|---|---|---|---|---|---|---|---|---|---|
| 中 | -16.16 | -20.63 | -21.42 | -17.39 | -15.04 | -14.20 | -15.62 | -17.17 | -17.00 | -16.57 |
| 日 | -4.79 | -5.74 | -2.21 | -1.31 | 11.84 | 14.18 | 12.88 | 15.70 | 14.95 | 14.95 |
| 韩 | -19.83 | -18.27 | -17.00 | -17.58 | -15.28 | -13.98 | -14.17 | -11.28 | -8.49 | -11.49 |

资料来源：根据 UNCTAD 创意经济数据库的相关数据计算获得。

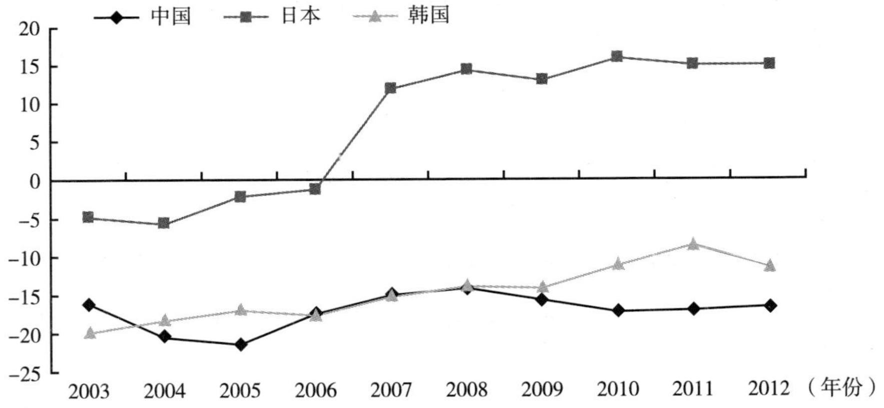


**图 31　中日韩视听产品的 Lafay 指数比较**

资料来源：根据 UNCTAD 创意经济数据库数据计算获得。

### 2. 新媒体产品竞争力的中日韩比较

从三国新媒体产品 Lafay 指数的绝对值比较来看，中国新媒体产品的 Lafay 指数最高，远远超过日韩，日本新媒体产品的 Lafay 指数自 2005 年以后均为负数，并且绝对值较大，说明日本新媒体产品的专业化程度较低。韩国新媒体产品的 LFI 主要在 2.7～9.0 区间波动，总体上其具有专业化优势，但专业化程度远低于中国。

**表 26　中日韩新媒体的 Lafay 指数比较**

| 国家＼年份 | 2003 | 2004 | 2005 | 2006 | 2007 | 2008 | 2009 | 2010 | 2011 | 2012 |
|---|---|---|---|---|---|---|---|---|---|---|
| 中 | 16.69 | 17.60 | 20.87 | 16.53 | 9.89 | 10.62 | 12.54 | 12.92 | 11.50 | 12.84 |
| 日 | 1.65 | 3.05 | -5.15 | -9.99 | -9.49 | -14.01 | -14.47 | -18.59 | -16.81 | -16.70 |
| 韩 | 7.16 | 5.44 | 4.67 | 2.94 | 8.14 | 4.86 | 8.94 | 3.45 | 2.73 | 3.65 |

资料来源：根据 UNCTAD 创意经济数据库的相关数据计算获得。

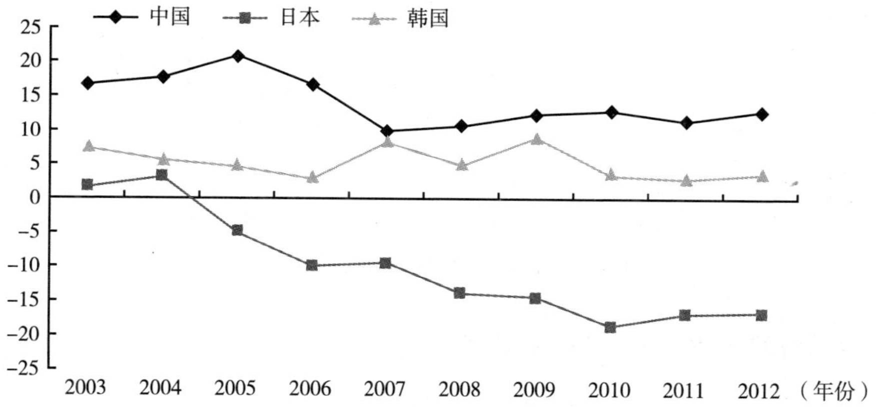


**图 32　中日韩新媒体产品 Lafay 指数比较**

### 3. 音乐产品竞争力的中日韩比较

**表 27　中日韩音乐产品的 Lafay 指数比较**

| 国家＼年份 | 2003 | 2004 | 2005 | 2006 | 2007 | 2008 | 2009 | 2010 | 2011 | 2012 |
|---|---|---|---|---|---|---|---|---|---|---|
| 中 | 4.25 | 4.64 | 3.54 | 2.67 | 2.61 | 2.04 | 2.42 | 3.09 | 3.32 | 2.60 |
| 日 | 11.78 | 10.26 | 9.15 | 8.67 | 0.17 | 1.24 | 1.31 | 2.26 | 2.49 | 1.93 |
| 韩 | 7.45 | 4.68 | 2.14 | 0.73 | 0.35 | -0.07 | -0.93 | -0.78 | -1.49 | -2.24 |

资料来源：根据 UNCTAD 创意经济数据库的相关数据计算获得。

2007 年以前日本音乐产品占据绝对优势，其 Lafay 指数最高，2003 年达 11.78，2006 年为 8.67，远远超过中国和韩国。但是从 2007 年开始，日本音乐产品的专业化优势地位被中国取代，2007～2012 年，中国音乐产品 LFI 均高于日本和韩国，显示传统音乐产品制造业向中国转移的趋势。其中日本的专业化程度依然高于韩国，韩国音乐产品从 2008 年开始一直为负数，说明其专业程度较低，但其 LFI 接近于 0，说明其音乐产品以产业内贸易为主，通过国际贸易分享市场，满足国内多元化的需求。

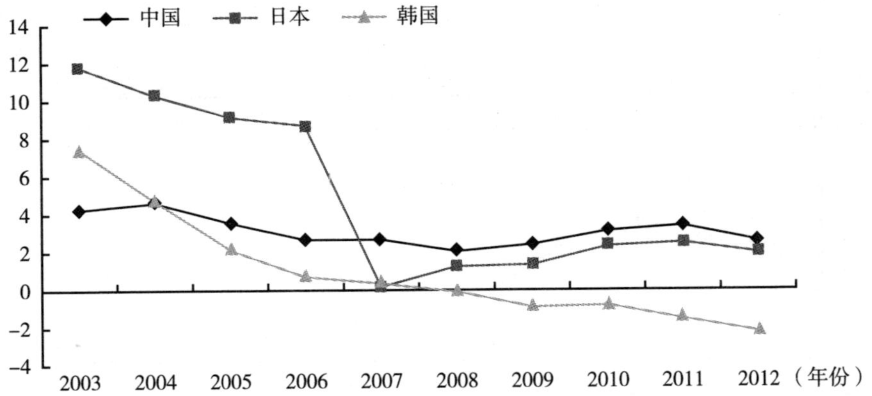


**图 33　中日韩音乐产品 Lafay 指数比较**

## 4. 出版物产品竞争力的中日韩比较

**表 28　中日韩出版物产品的 Lafay 指数比较**

| 国家\年份 | 2003 | 2004 | 2005 | 2006 | 2007 | 2008 | 2009 | 2010 | 2011 | 2012 |
|---|---|---|---|---|---|---|---|---|---|---|
| 中 | -4.77 | -1.61 | -2.99 | -1.81 | 2.55 | 1.54 | 0.66 | 1.16 | 2.17 | 1.13 |
| 日 | -8.65 | -7.57 | -1.79 | 2.63 | -2.53 | -1.41 | 0.27 | 0.62 | -0.63 | -0.18 |
| 韩 | 5.21 | 8.15 | 10.19 | 13.92 | 6.78 | 9.18 | 6.16 | 8.61 | 7.25 | 10.08 |

资料来源：根据 UNCTAD 创意经济数据库的相关数据计算获得。

从中日韩三国出版物产品 Lafay 的绝对值比较来看，韩国出版物产品的 Lafay 指数最高，具有绝对优势，远远超过日本和中国，自 2003 年以来一直保持为正数，数值较高，在 5.2～13.9 区间波动，说明相对于日本和中国，韩国出版物产品具有较高的专业化比较优势，专业化程度较高，这与韩国长期大力扶持出版物产品出口有很大关系，使韩国出版物产品长期保持较高的贸易顺差。而日本出版物产品的 Lafay 指数在 2008 年以后接近于 0，说明其专业化程度不高，但产业内贸易程度较高，通过国际贸易分享市场达到市场规模化和满足国内多元化需求，这与日本长期是出版物进出口贸易的逆差大国有关。中国出版物产品 Lafay 指数远远低于韩国，但高于日本。

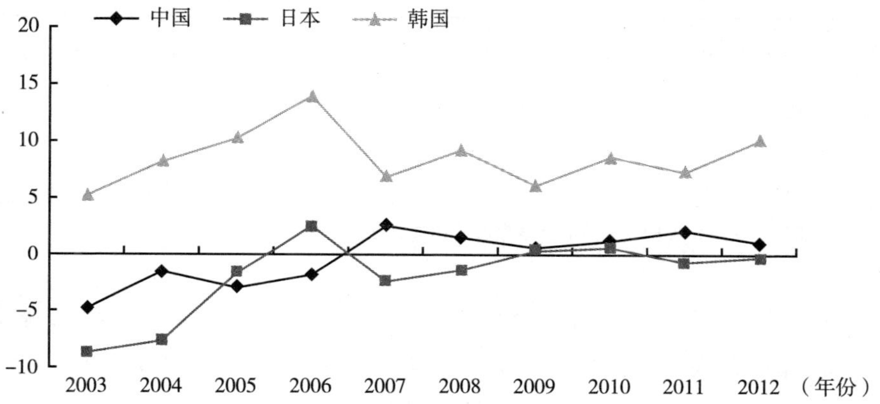


**图 34　中日韩出版物产品 Lafay 指数比较**

## （二）中日韩不同传媒类服务的国际竞争力比较

### 1. 广告、市场调研与民意测验服务竞争力的中日韩比较

**表 29　中日韩广告、市场调研与民意测验服务的 Lafay 指数比较**

| 年份 / 国家 | 2003 | 2004 | 2005 | 2006 | 2007 | 2008 | 2009 | 2010 | 2011 | 2012 |
|---|---|---|---|---|---|---|---|---|---|---|
| 中 | 7.24 | 8.38 | 10.06 | 9.06 | 7.63 | 5.14 | 5.96 | 5.32 | 5.31 | 6.04 |
| 日 | NA | NA | NA | NA | NA | NA | NA | NA | NA | NA |
| 韩 | NA | NA | NA | -6.76 | -5.81 | -9.38 | -10.29 | -8.05 | -10.68 | -9.07 |

资料来源：根据 UNCTAD 创意经济数据库的相关数据计算获得。

由于日本广告、市场调研与民意测验服务数据缺失，故此处主要比较中韩两国的 Lafay 指数。从绝对值比较来看，中国的 Lafay 指数远高于韩国，其 Lafay 指数 10 年间主要在 5.0～8.0 区间波动，并总体呈下降趋势，说明中国广告、市场调研与民意测验服务专业化程度较高，但以产业间贸易为主，产业内贸易程度较低。而韩国 Lafay 指数主要在 -11.0 ~ -5.8 区间上下波动，总体说明韩国广告、市场调研与民意测验服务专业化程度较低。

2. 个人文化和休闲服务竞争力的中日韩比较

**表 30　中日韩个人文化和休闲服务的 Lafay 指数比较**

| 国家＼年份 | 2003 | 2004 | 2005 | 2006 | 2007 | 2008 | 2009 | 2010 | 2011 | 2012 |
|---|---|---|---|---|---|---|---|---|---|---|
| 中 | 0.22 | -0.49 | 0.91 | 0.72 | 1.53 | 1.31 | -0.30 | -0.52 | -0.55 | -0.82 |
| 日 | -2.84 | -2.98 | -2.81 | -2.93 | -2.72 | -2.30 | -2.07 | -1.73 | -1.72 | -2.04 |
| 韩 | NA | NA | NA | 1.64 | 1.98 | 2.48 | 2.17 | 2.78 | 3.21 | 5.73 |

资料来源：根据 UNCTAD 创意经济数据库的相关数据计算获得。

从中日韩三国个人文化和休闲服务 Lafay 指数的绝对值比较来看，韩国的 Lafay 指数最高，高于日本和中国，其 Lafay 指数 7 年中主要在 1.6 ~ 5.7 区间波动，并总体呈上升趋势，说明韩国此项服务专业化程度较高。而日本个人文化和休闲服务 Lafay 指数主要在 -3.0 ~ -1.7 区间上下波动，日本此项服务专业化程度较低，从数据看，其低于中国 LFI。中国个人文化和休闲服务 LFI 接近于 0，达到国际平均水平，其产业内贸易程度最高，说明中国此项服务倾向于提供多样、差异化的同类服务满足不同国别市场的需求。

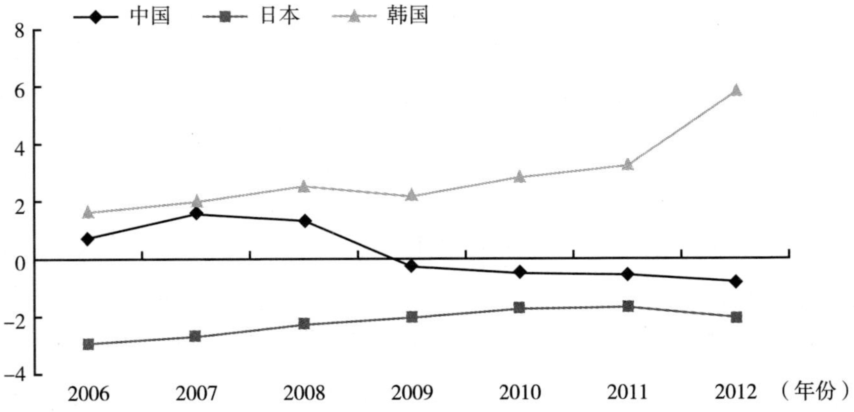


**图 35　中日韩个人文化和休闲服务 Lafay 指数比较**

### 3. 版税和许可费服务竞争力的中日韩比较

**表 31　中日韩版税和许可费服务的 Lafay 指数比较**

| 国家＼年份 | 2003 | 2004 | 2005 | 2006 | 2007 | 2008 | 2009 | 2010 | 2011 | 2012 |
|---|---|---|---|---|---|---|---|---|---|---|
| 中 | -23.88 | -24.65 | -26.09 | -29.33 | -29.73 | -28.04 | -28.78 | -31.31 | -31.21 | -32.70 |
| 日 | 6.34 | 6.36 | 6.53 | 8.49 | 9.05 | 8.94 | 8.88 | 7.47 | 8.33 | 8.66 |
| 韩 | NA | NA | NA | 4.71 | 1.69 | 5.67 | 7.35 | 4.53 | 6.31 | 1.36 |

资料来源：根据 UNCTAD 创意经济数据库的相关数据计算获得。

就传媒类服务中最核心的服务类别版税和许可费服务而言，三国 Lafay 指数的绝对值差距较大，日本的 Lafay 指数最高，远远超过中国，其 Lafay 指数 10 年间主要在 6.0～9.0 区间波动，并总体上非常稳定，说明日本版税和许可费服务专业化程度非常高。而韩国 Lafay 指数 7 年中主要在 1.3～7.3 区间上下波动，波动幅度较大，总体上韩国版税和许可费服务专业化程度起伏较大，其专业化程度低于日本。中国版税和许可费服务 Lafay 指数最低为 -32.7，最高也仅为 -23.88，远离 0，与日韩相比专业化程度非常低。

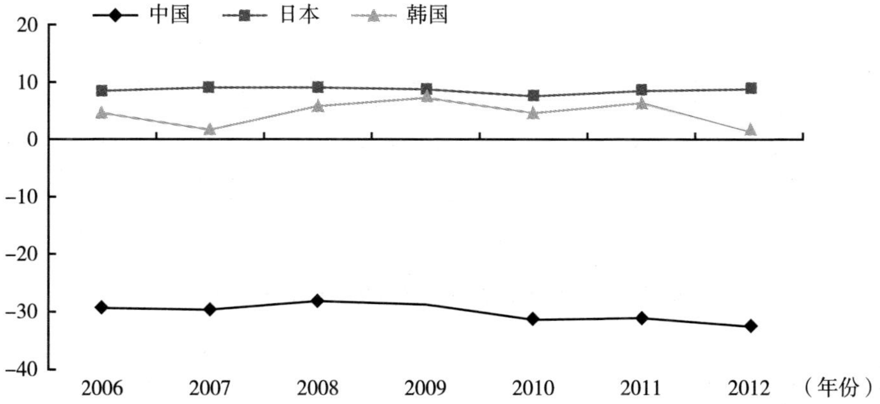


**图 36　中日韩版税和许可费服务 Lafay 指数比较**

### 4. 计算机与信息服务竞争力的中日韩比较

**表 32　中日韩计算机与信息服务的 Lafay 指数比较**

| 国家＼年份 | 2003 | 2004 | 2005 | 2006 | 2007 | 2008 | 2009 | 2010 | 2011 | 2012 |
|---|---|---|---|---|---|---|---|---|---|---|
| 中 | 16.43 | 16.76 | 15.12 | 19.55 | 20.58 | 21.59 | 23.11 | 26.51 | 26.46 | 27.48 |
| 日 | -7.01 | -6.75 | -7.44 | -11.12 | -12.66 | -13.29 | -13.62 | -11.50 | -13.22 | -13.26 |
| 韩 | NA | NA | NA | 0.41 | 2.14 | 1.23 | 0.76 | 0.74 | 1.16 | 1.97 |

资料来源：根据 UNCTAD 创意经济数据库的相关数据计算获得。

从中日韩三国计算机与信息服务 Lafay 的绝对值比较来看，中国的 Lafay 指数最高，专业化程度远远超过日本和韩国，但是其贸易主要以产业间贸易为主。而日本 Lafay 指数最低，主要在 -13.6 ~ -6.0 区间波动，说明随着日本制造业的外迁，其计算机与信息服务专业化程度最低。而韩国 LFI 相对接近于 0，说明产业内贸易程度较高，其通过容纳他国计算机品牌来满足国内多元化需求。

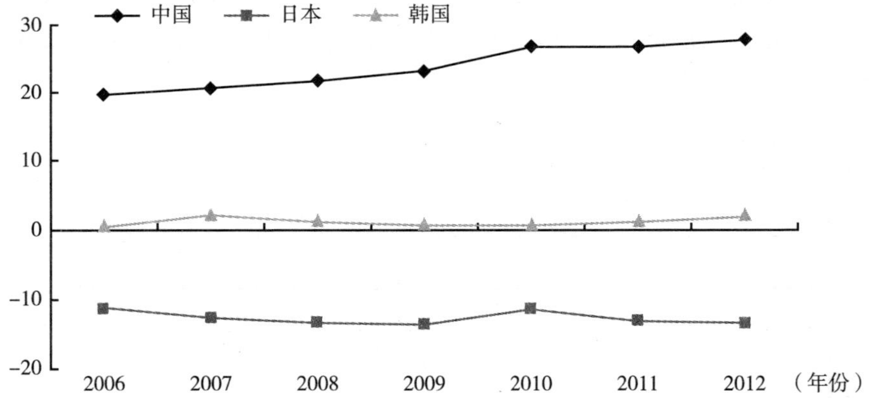


**图 37　中日韩计算机与信息服务 Lafay 指数比较**

## 五　中日韩传媒国际竞争力比较的研究总结

根据以上对中日韩三国传媒从规模、结构、竞争力指标等多方面的比较测量，可以得到以下结论。

1. 中国传媒类产品的综合竞争力远远超越日韩

从前面的数据分析可以看出，中国传媒类产品的国际竞争力已远远超越日韩。无论传媒类产品出口规模、国际市场占有率、贸易差额，还是TCI、RCA指数等竞争力评价指标，中国已远远超过日韩。2012年中国传媒类产品出口规模为日本的4倍，韩国的10倍；2012年中国传媒类产品国际市场份额为16.34%，日本同期仅为4.03%，韩国只有1.57%。日韩传媒类产品长期处于贸易逆差状态，而中国传媒类产品则一直保持为巨大贸易顺差；从TCI、RCA指数、NXRCA指数等看，中国传媒类产品竞争力指标也均远远超过日韩。因此可以认为中国传媒类产品的国际竞争力已超越日韩，并且优势仍在不断扩大。

2. 中国传媒类服务的国际竞争力落后于日本

尽管中国传媒类服务高速增长，但是2012年中国传媒类服务出口规模依然没有超过日本，仅为日本规模的61%；2012年中国传媒类服务的国际市场份额成长为3.78%，而同期日本国际市场份额为6.2%；中国传媒类服务一直表现为巨大的贸易逆差，而日本传媒类服务从2005年开始一直保持贸易顺差，并且其传媒类服务的进出口差额一直呈上升趋势，2012年贸易顺差额达到最高值77.7亿美元；从TCI、RCA指数、NXRCA指数等看，中国传媒类服务竞争力指标也均远远低于日本。因此可以认为中国传媒类服务的国际竞争力远远落后于日本。

3. 日本核心传媒类服务优势突出

日本传媒类服务出口结构与美国类似，以版税和许可费服务出口贸易为主，版税和许可费服务出口比重高达95%左右，甚至超过美国的85%。日本的Lafay指数最高，远远超过中国，其Lafay指数10年间主要在6.0~9.0区间波动，并总体上非常稳定，说明日本版税和许可费服务专业化程度非常高，远远超过中国和韩国，其在版税和许可费服务方面的优势在亚洲国家中十分突出。

4. 中日韩在传媒类产品类别中优势各异

日本视听产品具有绝对优势，日本的Lafay指数最高，远远超过中国和韩国，在2007年以后主要在11.8~15.7区间波动，数值较大，并总体呈上升趋势，这反映日本在视听产品方面的专业化优势。美国视听产品的Lafay指数最高，远远超过英国和中国，其Lafay指数10年间主要在3.0~8.0区间波动，并总体呈上升趋势。而韩国由于国家长期扶持，在出版物产品方面长期保持较高的贸易顺差，具有绝对优势，Lafay 指数自 2003 年以来一直保持为正数，数值较高，在 5.2～13.9 区间波动，远远超过日本和中国，说明相对于日本和中国，韩国出版物产品具有较高的专业化比较优势，专业化程度较高。而中国优势依然主要体现在新媒体产品、音乐产品和计算机与信息服务等涉及较多制造业的产品类别中，具有较大的优势，而在其他内容类传媒产品方面劣势明显。

# B.9 金砖四国传媒的国际竞争力比较

李本乾　刘　强　罗梦雨

作为世界新兴经济体代表和发展中国家领头羊的金砖四国①，已成为推动世界经济发展的重要力量。通过比较金砖四国传媒的国际竞争力，有利于发现各国传媒发展的模式差异，借鉴彼此的经验。

## 一　金砖四国的国际竞争力总体态势比较

### （一）出口规模比较

#### 1. 传媒类产品出口规模

**表 1　金砖四国传媒类产品出口规模年度比较**

单位：百万美元，%

| 年份 | 中国 | | 巴西 | | 印度 | | 俄罗斯 | |
|---|---|---|---|---|---|---|---|---|
| | 总额 | 年增速 | 总额 | 年增速 | 总额 | 年增速 | 总额 | 年增速 |
| 2003 | 4042 | | 52 | | 259 | | 686 | |
| 2004 | 4617 | 14.22 | 64 | 23.81 | 290 | 11.61 | 850 | 23.89 |
| 2005 | 5918 | 28.19 | 72 | 12.47 | 371 | 28.15 | 926 | 8.94 |
| 2006 | 7614 | 28.65 | 80 | 10.55 | 379 | 2.20 | 1029 | 11.16 |
| 2007 | 15329 | 101.33 | NA | NA | NA | NA | 1126 | 9.41 |
| 2008 | 19788 | 29.09 | 122 | NA | NA | NA | 1440 | 27.89 |
| 2009 | 14866 | -24.88 | 124 | 1.39 | 895 | NA | 1105 | -23.26 |
| 2010 | 15197 | 2.22 | 125 | 0.70 | 689 | -23.00 | 1051 | -4.92 |
| 2011 | 15948 | 4.94 | 144 | 15.21 | 939 | 36.22 | 1206 | 14.83 |
| 2012 | 18999 | 19.13 | 158 | 10.21 | 1134 | 20.80 | 1086 | -10.01 |

资料来源：UNCTAD 创意经济数据库、UN Comtrade。

① 金砖四国（BRIC）包括巴西（Brazil）、俄罗斯（Russia）、印度（India）和中国（China）。南非（South Africa）加入后改称为金砖五国（BRICS）。此部分比较巴西、俄罗斯、印度、中国四国，不包括南非。

从表1可以看出，从出口规模看，中国出口规模远远超过巴西等三国。2003年中国传媒类产品出口规模为40.4亿美元，巴西出口规模为0.52亿美元，印度为2.6亿美元，俄罗斯为6.86亿美元，2003年中国传媒类产品出口规模是巴西的近78倍，印度的近16倍，俄罗斯的近6倍；经过10年的发展，中国传媒类产品出口规模成长为190亿美元，巴西规模增长为1.58亿美元，印度也成长为11.3亿美元，俄罗斯为10.86亿美元，中国规模为巴西的120倍，印度的17倍，俄罗斯的17倍。从增速来看，中国传媒类产品出口规模的增长速度也远远高于金砖三国，中国传媒类产品的出口规模优势仍在不断扩大。

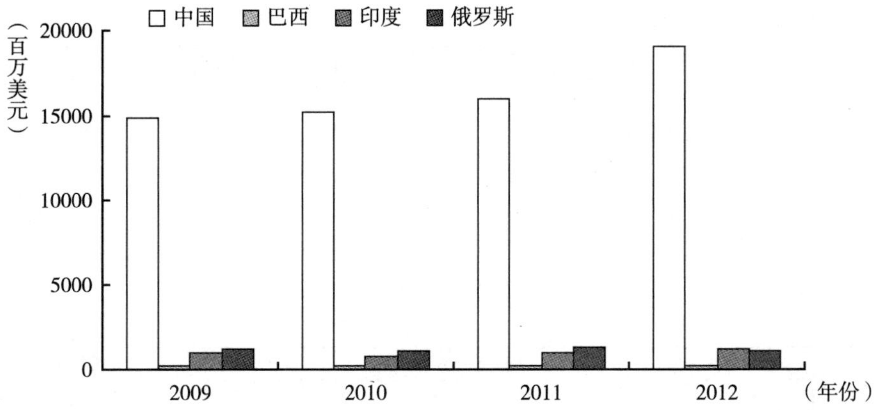


**图1　金砖四国传媒类产品出口规模比较**

资料来源：UNCTAD创意经济数据库、UN Comtrade。

### 2. 传媒类服务出口规模

从表2可以看出，中国传媒类服务出口规模高于巴西和俄罗斯，但是与传媒类产品不一样的是，中国传媒类服务出口规模优势并没有传媒类产品那么大。其增长速度也只是稍高于巴西和俄罗斯。中国2003～2012年年平均增长速度达33%，而巴西平均增速也达到24%，俄罗斯平均增速为22%，印度在2005～2008年间平均增速也达32%，可以看出金砖四国的共同特点——高速增长。截至2012年，中国传媒类服务出口增长为203.7亿美元，而同期巴西为18.5亿美元，俄罗斯为72.72亿美元，尽管依然差距较大，但远远小于传

**表 2　金砖四国传媒类服务出口规模比较表**

单位：百万美元，%

| 年份 | 中国 | | 巴西 | | 印度 | | 俄罗斯 | |
|---|---|---|---|---|---|---|---|---|
| | 总额 | 年增速 | 总额 | 年增速 | 总额 | 年增速 | 总额 | 年增速 |
| 2003 | 1729 | | 292 | | NA | | 1329 | |
| 2004 | 2763 | 59.82 | 326 | 11.38 | 12334 | NA | 1867 | 40.46 |
| 2005 | 3207 | 16.07 | 373 | 14.48 | 16675 | 35.19 | 2437 | 30.51 |
| 2006 | 4745 | 47.94 | 493 | 32.32 | 22275 | 33.58 | 2958 | 21.42 |
| 2007 | 6916 | 45.76 | 748 | 51.63 | 28907 | 29.77 | 4120 | 39.25 |
| 2008 | 9443 | 36.54 | 1075 | 43.72 | 37296 | 29.02 | 5333 | 29.44 |
| 2009 | 9351 | -0.97 | 1072 | -0.27 | NA | NA | 4289 | -19.57 |
| 2010 | 13095 | 40.04 | 1096 | 2.27 | NA | NA | 4834 | 12.70 |
| 2011 | 17066 | 30.33 | 1474 | 34.48 | NA | NA | 6476 | 33.98 |
| 2012 | 20374 | 19.38 | 1851 | 25.58 | NA | NA | 7268 | 12.22 |

资料来源：UNCTAD 创意经济数据库。

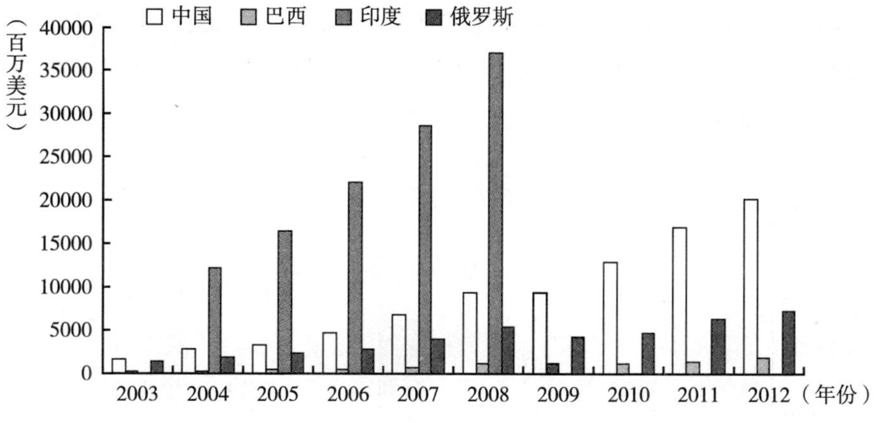


**图 2　金砖四国传媒类服务出口规模比较**

资料来源：UNCTAD 创意经济数据库。

媒类产品的出口差距。值得注意的是，印度在 2005～2008 年间，其传媒类服务出口规模远远超过中国，2008 年印度传媒类服务出口规模达 373 亿美元，远远高于中国同期的 94 亿美元，是中国规模的近 4 倍，但是由于印度很多年份数据缺失，故无法进行更多比较。

### 3. 总体出口规模

表 3　金砖四国传媒整体出口规模比较

单位：百万美元，%

| 年份 | 中国 | | 巴西 | | 印度 | | 俄罗斯 | |
|---|---|---|---|---|---|---|---|---|
| | 总额 | 年增速 | 总额 | 年增速 | 总额 | 年增速 | 总额 | 年增速 |
| 2003 | 5771 | | 344 | | NA | | 2015 | |
| 2004 | 7380 | 27.88 | 390 | 13.25 | 12624 | NA | 2717 | 34.82 |
| 2005 | 9126 | 23.65 | 445 | 14.15 | 17047 | 35.03 | 3362 | 23.76 |
| 2006 | 12359 | 35.43 | 573 | 28.79 | 22654 | 32.90 | 3987 | 18.59 |
| 2007 | 22245 | 80.00 | NA | NA | NA | NA | 5245 | 31.55 |
| 2008 | 29231 | 31.41 | 1197 | NA | NA | NA | 6772 | 29.11 |
| 2009 | 24217 | -17.15 | 1196 | -0.10 | NA | NA | 5394 | -20.35 |
| 2010 | 28291 | 16.83 | 1221 | 2.11 | NA | NA | 5884 | 9.09 |
| 2011 | 33014 | 16.69 | 1618 | 32.51 | NA | NA | 7683 | 30.56 |
| 2012 | 39373 | 19.26 | 2010 | 24.21 | NA | NA | 8353 | 8.73 |

资料来源：UNCTAD 创意经济数据库、UN Comtrade。

将传媒类产品与传媒类服务汇总，比较金砖四国传媒整体出口规模，发现中国经过 10 年的快速发展，其传媒出口规模远远超过巴西与俄罗斯。2003 年中国传媒出口规模为 57.7 亿美元，而巴西总体规模为 3.4 亿美元，俄罗斯传

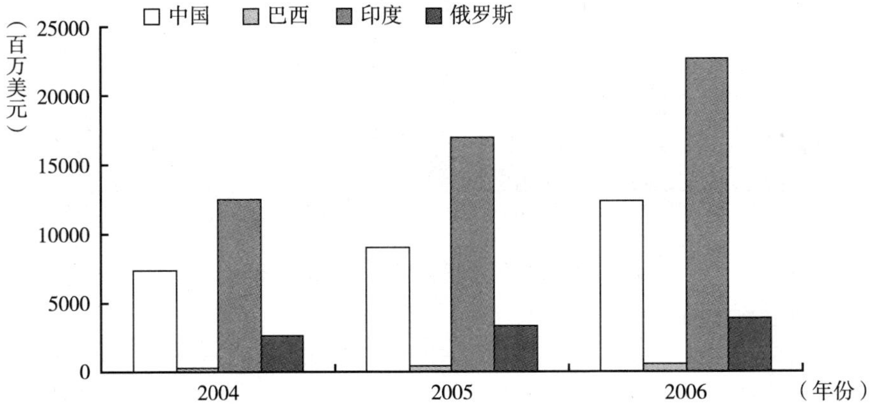


图 3　金砖四国传媒出口规模比较

资料来源：UNCTAD 创意经济数据库。

媒的出口规模为20.2亿美元，中国是巴西的近17倍，俄罗斯的近3倍，而2012年中国传媒出口规模增长为393.7亿美元，同期巴西达20.1亿美元，俄罗斯为83.53亿美元，中国出口规模是巴西的近20倍，俄罗斯的近5倍。需要注意的是在2004～2006年间，印度传媒出口规模超过中国，并且3年间差距在扩大。

## （二）出口比重

**表4　金砖四国传媒出口比重年度比较**

单位：百万美元，%

| 年份 | 中国 | | 巴西 | | 印度 | | 俄罗斯 | |
|---|---|---|---|---|---|---|---|---|
| | 总额 | 比重 | 总额 | 比重 | 总额 | 比重 | 总额 | 比重 |
| 2003 | 438228 | 1.32 | 73203 | 3.96 | 58963 | NA | 135929 | 1.48 |
| 2004 | 593326 | 1.24 | 96678 | 3.34 | 76649 | 16.47 | 183207 | 1.48 |
| 2005 | 761953 | 1.20 | 118529 | 3.38 | 99616 | 17.11 | 243798 | 1.38 |
| 2006 | 968978 | 1.28 | 137807 | 3.46 | 121808 | 18.60 | 303551 | 1.31 |
| 2007 | 1220456 | 1.82 | 160649 | NA | 150159 | NA | 354403 | 1.48 |
| 2008 | 1430693 | 2.04 | 197942 | 3.87 | 194828 | NA | 471606 | 1.44 |
| 2009 | 1201612 | 2.02 | 152995 | 4.84 | 164909 | NA | 303388 | 1.78 |
| 2010 | 1577754 | 1.79 | 201915 | 4.57 | 226351 | NA | 400630 | 1.47 |
| 2011 | 1898381 | 1.74 | 256040 | 4.11 | 302905 | NA | 522011 | 1.47 |
| 2012 | 2048714 | 1.92 | 242578 | 4.64 | 296828 | NA | 529255 | 1.58 |

资料来源：UNCTAD创意经济数据库、UN Comtrade。

与金砖四国的传媒出口比重相比，发现中国传媒出口占总出口的比重与俄罗斯接近，远远低于巴西的比重。2003～2012年，中国传媒出口比重大多低于2%，而俄罗斯的比重水平大多在1.4%～1.8%，与中国水平接近。而巴西从2009年起传媒出口比重大多在4%～5%，2012年巴西传媒出口比重达4.64%，远远超过中国2012年的比重1.92%。值得注意的是印度传媒出口的重要程度非常高，2006年比重高达18.6%，甚至高于英美的传媒出口比重。由于数据缺失，仅有3年数据，故不做太多比较。

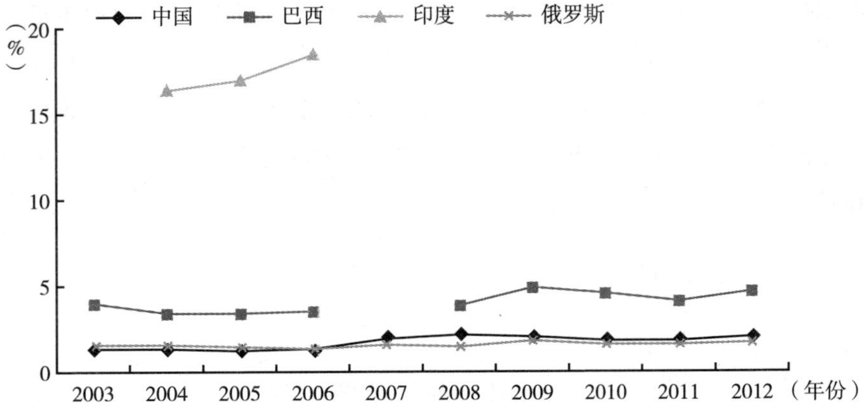


**图 4　金砖四国传媒出口比重比较**

资料来源：UNCTAD 创意经济数据库。

## （三）出口市场份额

### 1. 金砖四国传媒类产品出口国际市场份额比较

**表 5　金砖四国传媒类产品出口国际市场份额比较**

单位：%

| 年份 | 中国国际市场份额 | 巴西国际市场份额 | 印度国际市场份额 | 俄罗斯国际市场份额 |
|---|---|---|---|---|
| 2003 | 6. 97 | 0. 09 | 0. 45 | 1. 18 |
| 2004 | 7. 13 | 0. 10 | 0. 45 | 1. 31 |
| 2005 | 8. 33 | 0. 10 | 0. 52 | 1. 30 |
| 2006 | 9. 96 | 0. 10 | 0. 50 | 1. 35 |
| 2007 | 12. 75 | NA | NA | 0. 94 |
| 2008 | 14. 45 | 0. 09 | NA | 1. 05 |
| 2009 | 12. 53 | 0. 10 | 0. 75 | 0. 93 |
| 2010 | 12. 60 | 0. 10 | 0. 57 | 0. 87 |
| 2011 | 12. 80 | 0. 12 | 0. 75 | 0. 97 |
| 2012 | 16. 34 | 0. 14 | 0. 98 | 0. 93 |

资料来源：UNCTAD 创意经济数据库、UN Comtrade。

2003～2012年10年间，中国传媒类产品的国际市场占有率远远高于其他三国，2003年中国国际市场份额就达6.97%，而同期巴西仅为0.09%，印度为0.45%，俄罗斯为1.18%。2012年中国传媒类产品国际市场份额成长为16.34%，巴西同期为0.14%，印度只有0.98%，俄罗斯为0.93%。从变化趋势来看，中国传媒类产品的国际市场占有率保持快速上升的趋势，而其他三国的市场增长相对较慢。

### 2. 金砖四国传媒类服务出口国际市场份额比较

**表6 金砖四国传媒类服务出口国际市场份额比较**

单位：%

| 年份 | 中国国际市场份额 | 巴西国际市场份额 | 印度国际市场份额 | 俄罗斯国际市场份额 |
|---|---|---|---|---|
| 2003 | 0.78 | 0.13 | NA | 0.60 |
| 2004 | 0.99 | 0.12 | 4.44 | 0.67 |
| 2005 | 1.03 | 0.12 | 5.35 | 0.78 |
| 2006 | 1.34 | 0.14 | 6.31 | 0.84 |
| 2007 | 1.62 | 0.18 | 6.79 | 0.97 |
| 2008 | 1.90 | 0.22 | 7.49 | 1.07 |
| 2009 | 1.89 | 0.22 | NA | 0.87 |
| 2010 | 2.41 | 0.20 | NA | 0.89 |
| 2011 | 2.78 | 0.24 | NA | 1.05 |
| 2012 | 3.78 | 0.34 | NA | 1.35 |

资料来源：UNCTAD创意经济数据库、UN Comtrade。

与传媒类产品相比，中国传媒类服务的国际市场份额相对较低，但依然高于巴西和俄罗斯。2003年中国传媒类服务的国际市场占有率为0.78%，而同期巴西国际市场份额为0.13%，俄罗斯为0.6%；2012年中国传媒类服务的国际市场份额成长为3.78%，而同期巴西国际市场份额为0.34%，俄罗斯国际市场份额为1.35%，虽然中国市场份额高于巴西与俄罗斯，但印度在2004～2008年间传媒类服务国际市场份额较高，2008年其国际市场份额达7.49%，接近英国市场地位，远远超过中国。

### 3. 金砖四国传媒整体出口国际市场份额比较

表 7　金砖四国传媒整体出口国际市场份额比较

单位：%

| 年份 | 中国国际市场份额 | 巴西国际市场份额 | 印度国际市场份额 | 俄罗斯国际市场份额 |
|---|---|---|---|---|
| 2003 | 2. 07 | 0. 12 | NA | 0. 72 |
| 2004 | 2. 15 | 0. 11 | 3. 68 | 0. 79 |
| 2005 | 2. 38 | 0. 12 | 4. 45 | 0. 88 |
| 2006 | 2. 88 | 0. 13 | 5. 27 | 0. 93 |
| 2007 | 4. 07 | NA | NA | 0. 96 |
| 2008 | 4. 60 | 0. 19 | NA | 1. 07 |
| 2009 | 3. 94 | 0. 19 | NA | 0. 88 |
| 2010 | 4. 26 | 0. 18 | NA | 0. 89 |
| 2011 | 4. 46 | 0. 22 | NA | 1. 04 |
| 2012 | 6. 01 | 0. 31 | NA | 1. 28 |

资料来源：UNCTAD 创意经济数据库、UN Comtrade。

将传媒类产品和传媒类服务汇总，比较金砖四国传媒整体的国际市场份额，发现中国的市场地位依然远远超过巴西和俄罗斯。在 2003 年，中国传媒的国际市场份额仅有 2. 07%，而巴西国际市场份额仅有 0. 12%，俄罗斯为 0. 72%。中国传媒整体市场份额增长较快，2012 年达到 6. 01%，巴西仅有 0. 31%，俄罗斯为 1. 28%。印度在 2004 ~ 2006 年间市场份额远远高于中国。

## （四）贸易差额

### 1. 金砖四国传媒类产品贸易差额比较

表 8　金砖四国传媒类产品贸易差额比较

单位：百万美元

| 年份 | 中国贸易差额 | 巴西贸易差额 | 印度贸易差额 | 俄罗斯贸易差额 |
|---|---|---|---|---|
| 2003 | 2718. 36 | -155. 99 | -465. 72 | 149. 88 |
| 2004 | 3126. 61 | -195. 02 | -336. 54 | 192. 99 |
| 2005 | 4340. 34 | -264. 65 | -295. 53 | 303. 64 |

续表

| 年份 | 中国贸易差额 | 巴西贸易差额 | 印度贸易差额 | 俄罗斯贸易差额 |
|---|---|---|---|---|
| 2006 | 5891.08 | -345.16 | -372.35 | 281.96 |
| 2007 | 8591.07 | NA | NA | -100.62 |
| 2008 | 13193.73 | -886.31 | NA | -254.19 |
| 2009 | 8711.63 | -725.06 | -2019.71 | -166.81 |
| 2010 | 7806.64 | -952.44 | -1864.17 | -244.39 |
| 2011 | 7484.60 | -1172.47 | -2634.81 | -386.86 |
| 2012 | 10595.03 | -1023.44 | -1338.16 | -621.06 |

资料来源：UNCTAD 创意经济数据库、UN Comtrade。

比较金砖四国传媒类产品的贸易差额，巴西、印度和俄罗斯传媒类产品大多保持在贸易逆差状态，中国则一直保持为贸易顺差状态。总体上巴西、印度和俄罗斯的贸易逆差额呈不断提高的趋势。巴西在2003年传媒类产品贸易逆差额为1.6亿美元，2012年上升为10亿美元；印度在2003年传媒类产品贸易逆差额为4.7亿美元，2012年上升为13.4亿美元；俄罗斯在2003～2006年间传媒类产品处于贸易顺差状态，2007年进入贸易逆差，逆差额1亿美元，2012年逆差额增长为6.2亿美元。由数据变化可以看出，中国传媒类产品的国际竞争优势远远超过巴西、印度和俄罗斯。

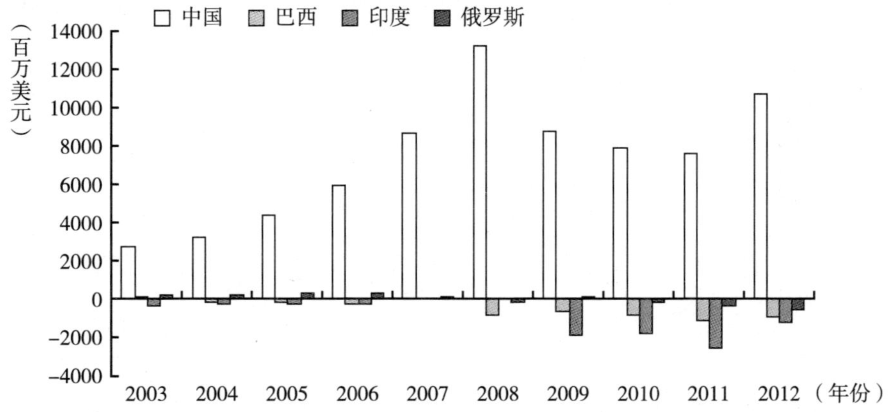


**图5　金砖四国传媒类产品国际贸易差额比较**

资料来源：UNCTAD 创意经济数据库。

### 2. 金砖四国传媒类服务贸易差额比较

**表 9　金砖四国传媒类服务贸易差额比较**

单位：百万美元

| 年份 | 中国贸易差额 | 巴西贸易差额 | 印度贸易差额 | 俄罗斯贸易差额 |
|---|---|---|---|---|
| 2003 | -3382.49 | -2397.27 | NA | -618.64 |
| 2004 | -3860.39 | -2648.69 | 10395.63 | -508.88 |
| 2005 | -4603.18 | -3299.72 | 14159.66 | -874.98 |
| 2006 | -4704.69 | -3849.72 | 18559.06 | -1207.13 |
| 2007 | -4974.84 | -4609.20 | 22034.10 | -1644.82 |
| 2008 | -6237.05 | -5570.15 | 30477.64 | -3178.63 |
| 2009 | -7178.70 | -5477.82 | NA | -3275.31 |
| 2010 | -5321.01 | -7051.64 | NA | -4142.23 |
| 2011 | -4657.02 | -7738.82 | NA | -4369.19 |
| 2012 | -4555.97 | -8216.49 | NA | -5865.17 |

资料来源：UNCTAD 创意经济数据库。

数据显示，除了印度在 2004～2008 年间传媒类服务表现为巨大的贸易顺差外，巴西、俄罗斯和中国一样，一直表现为巨大的贸易逆差。巴西传媒类服务 2003 年贸易逆差为 24 亿美元，之后其传媒类服务的贸易逆差一直呈上升趋势，2012 年贸易逆差达到最高值 82 亿美元，远远高于中国同期的传媒类服务逆差。俄罗斯传媒类服务贸易逆差增长速度超过中国，2003 年其逆差额达 6.2

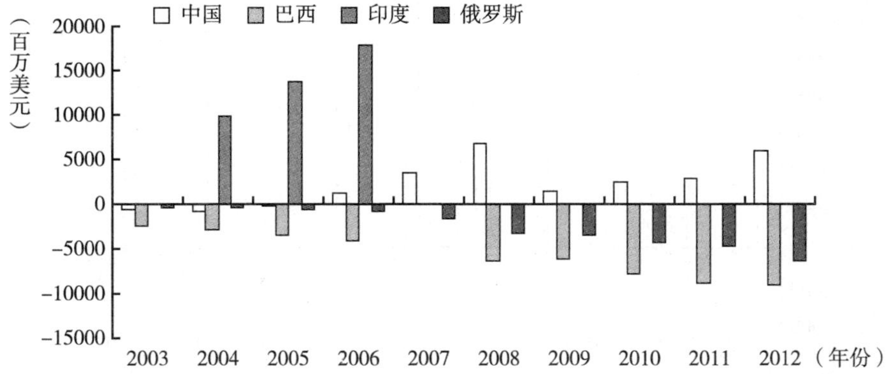


**图 6　金砖四国传媒类服务国际贸易差额比较**

资料来源：UNCTAD 创意经济数据库。

亿美元，同期中国逆差额为33.8亿美元，2012年俄罗斯逆差额高达58.7亿美元，同期中国逆差额为45.6亿美元，俄罗斯贸易逆差额超过中国。从表9可以看出，相对于中国，巴西和俄罗斯传媒类服务竞争劣势在10年间不但没有改善，反而恶化。印度巨大的传媒类服务顺差应引起关注。

### 3. 金砖四国传媒贸易差额比较

**表10　金砖四国传媒贸易差额比较**

单位：百万美元

| 年份 | 中国贸易差额 | 巴西贸易差额 | 印度贸易差额 | 俄罗斯贸易差额 |
|---|---|---|---|---|
| 2003 | -664.14 | -2553.26 | NA | -468.76 |
| 2004 | -733.77 | -2843.71 | 10059.09 | -315.89 |
| 2005 | -262.84 | -3564.36 | 13864.13 | -571.34 |
| 2006 | 1186.39 | -4194.88 | 18186.70 | -925.17 |
| 2007 | 3616.23 | NA | NA | -1745.44 |
| 2008 | 6956.67 | -6456.46 | NA | -3432.82 |
| 2009 | 1532.93 | -6202.88 | NA | -3442.12 |
| 2010 | 2485.63 | -8004.08 | NA | -4386.61 |
| 2011 | 2827.59 | -8911.29 | NA | -4756.05 |
| 2012 | 6039.06 | -9239.93 | NA | -6486.23 |

资料来源：UNCTAD创意经济数据库。

整体看传媒的国际贸易差额，中国传媒扭转了整体贸易逆差的状态，并且贸易顺差不断扩大，而巴西和俄罗斯深陷贸易逆差泥潭，不但巨大的贸易逆差

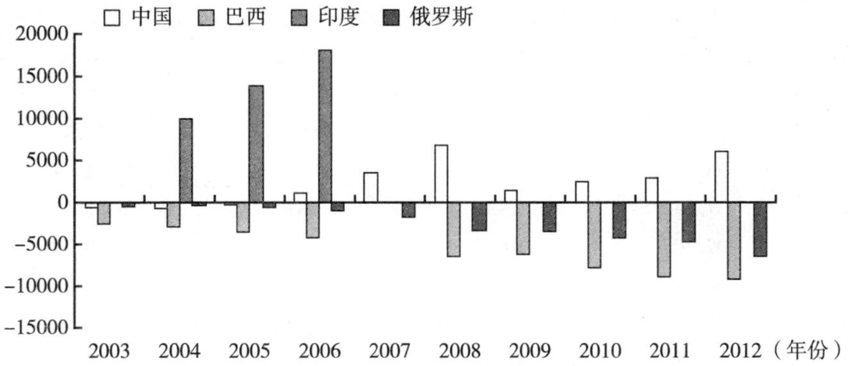


**图7　金砖四国传媒国际贸易差额比较**

资料来源：UNCTAD创意经济数据库。

没有改善，反而不断扩大。2003 年中国贸易差额为 -6.6 亿美元，同期巴西贸易逆差额为 25.5 亿美元，巴西传媒贸易逆差高于中国。2012 年中国传媒贸易顺差额增长为 60 亿美元，而同期巴西贸易逆差额增长为 92 亿美元，高于中国。俄罗斯传媒贸易逆差也迅速从 2003 年的 4.7 亿美元提升为 2012 年的 65 亿美元。

## 二　金砖四国传媒贸易结构比较

### 金砖四国传媒贸易产品类别结构比较

#### 1. 金砖四国传媒类服务的贸易比重比较

从金砖四国的比较发现，巴西、印度和俄罗斯的传媒类服务出口比重均远远超过中国。从表 11 可以看出，巴西传媒出口主要依赖于传媒类服务，并且比重持续上升，2003 年其比重就高达 84.92%，2012 年其比重增长到 92.12%，与美国的比重相当。俄罗斯传媒类服务比重也远远超过中国的比重，2003 年其比重达 65.96%，2012 年其比重达 87%，与英国和日本的比重相当。印度在 2004~2006 年间其传媒类服务比重最高，超过其他三国，三年比重依次为 97.71%、97.82% 和 98.33%。

**表 11　金砖四国传媒类服务出口比重比较**

单位：%

| 年份 | 中国传媒类服务比重 | 巴西传媒类服务比重 | 印度传媒类服务比重 | 俄罗斯传媒类服务比重 |
|---|---|---|---|---|
| 2003 | 29.96 | 84.92 | NA | 65.96 |
| 2004 | 37.44 | 83.52 | 97.71 | 68.72 |
| 2005 | 35.14 | 83.76 | 97.82 | 72.47 |
| 2006 | 38.39 | 86.06 | 98.33 | 74.19 |
| 2007 | 31.09 | NA | NA | 78.54 |
| 2008 | 32.30 | 89.79 | NA | 78.74 |
| 2009 | 38.61 | 89.64 | NA | 79.52 |
| 2010 | 46.29 | 89.78 | NA | 82.15 |
| 2011 | 51.69 | 91.12 | NA | 84.30 |
| 2012 | 51.75 | 92.12 | NA | 87.00 |

资料来源：UNCTAD 创意经济数据库、UN Comtrade。

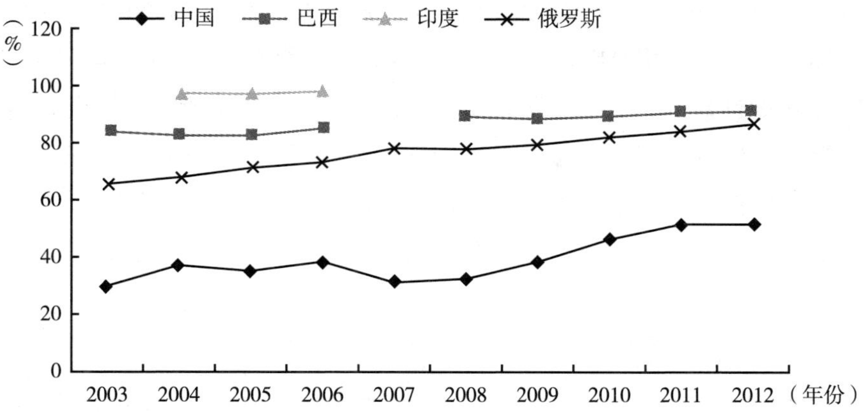


**图 8　金砖四国传媒类服务出口值占传媒总出口值比重比较**

资料来源：UNCTAD 创意经济数据库。

## 2. 金砖四国传媒类产品的贸易结构比较

**表 12　巴西传媒类产品出口结构年度变化情况**

单位：%

| 年份 | 视听产品 | 新媒体产品 | 音乐产品 | 出版物产品 |
|---|---|---|---|---|
| | 比重 | 比重 | 比重 | 比重 |
| 2003 | 21.92 | 2.02 | 6.85 | 69.21 |
| 2004 | 20.83 | 2.24 | 7.10 | 69.82 |
| 2005 | 20.74 | 3.20 | 7.75 | 68.32 |
| 2006 | 20.61 | 2.33 | 7.65 | 69.42 |
| 2007 | NA | NA | NA | NA |
| 2008 | 16.22 | 40.31 | 4.57 | 38.90 |
| 2009 | 11.35 | 59.42 | 3.10 | 26.13 |
| 2010 | 5.02 | 70.48 | 1.66 | 22.84 |
| 2011 | 6.91 | 66.56 | 1.53 | 25.00 |
| 2012 | 6.44 | 69.84 | 1.32 | 22.40 |

资料来源：UNCTAD 创意经济数据库。

巴西传媒类产品出口结构变化与韩国的变化非常相似，2006 年以前其以出版物产品出口为主，2007 年以后逐步转型为以新媒体产品为主，比重最高达到 69.84%（2012 年）；而印度更多地集中于传统优势产品——视听产品，视听产品的比重持续增加，2009 年达到最高值 70.51%，2012 年依然有 54.55%的比重。其次其出版物产品比重尽管有所下滑，但依然占据一席之地，2012 年比重为 27.23%。俄罗斯传媒类产品出口主要集中于出版物产品出口，出版物产品出口比重 2003 年就高达 94.87%，随后有一定的下滑，但比重在 2012 年依然有 82.56%，说明其在俄文世界的巨大影响力。金砖四国传媒类产品出口结构变化更多地反映了各国传媒的传统优势。

**表 13　印度传媒类产品出口结构年度变化情况**

单位：%

| 年份 | 视听产品 | 新媒体产品 | 音乐产品 | 出版物产品 |
|---|---|---|---|---|
| | 比重 | 比重 | 比重 | 比重 |
| 2003 | 42.60 | 24.66 | 1.17 | 31.57 |
| 2004 | 43.61 | 19.46 | 1.38 | 35.56 |
| 2005 | 49.83 | 15.20 | 0.94 | 34.03 |
| 2006 | 50.21 | 6.90 | 0.87 | 42.02 |
| 2007 | NA | NA | NA | NA |
| 2008 | NA | NA | NA | NA |
| 2009 | 70.51 | 6.94 | 1.09 | 21.46 |
| 2010 | 59.34 | 10.04 | 1.38 | 29.25 |
| 2011 | 48.92 | 20.60 | 1.54 | 28.95 |
| 2012 | 54.55 | 16.42 | 1.81 | 27.23 |

资料来源：UNCTAD 创意经济数据库。

**表 14　俄罗斯传媒类产品出口结构年度变化情况**

单位：%

| 年份 | 视听产品 | 新媒体产品 | 音乐产品 | 出版物产品 |
|---|---|---|---|---|
| | 比重 | 比重 | 比重 | 比重 |
| 2003 | 4.62 | 0.34 | 0.17 | 94.87 |
| 2004 | 6.72 | 2.15 | 0.13 | 91.00 |
| 2005 | 3.61 | 2.65 | 0.16 | 93.58 |
| 2006 | 4.66 | 3.74 | 0.18 | 91.43 |
| 2007 | 9.62 | 4.74 | 0.27 | 85.37 |
| 2008 | 16.88 | 5.92 | 0.14 | 77.06 |
| 2009 | 7.37 | 5.38 | 0.13 | 87.12 |
| 2010 | 7.94 | 6.35 | 0.07 | 85.64 |
| 2011 | 9.24 | 6.67 | 0.19 | 83.90 |
| 2012 | 12.32 | 4.89 | 0.23 | 82.56 |

资料来源：UNCTAD 创意经济数据库。

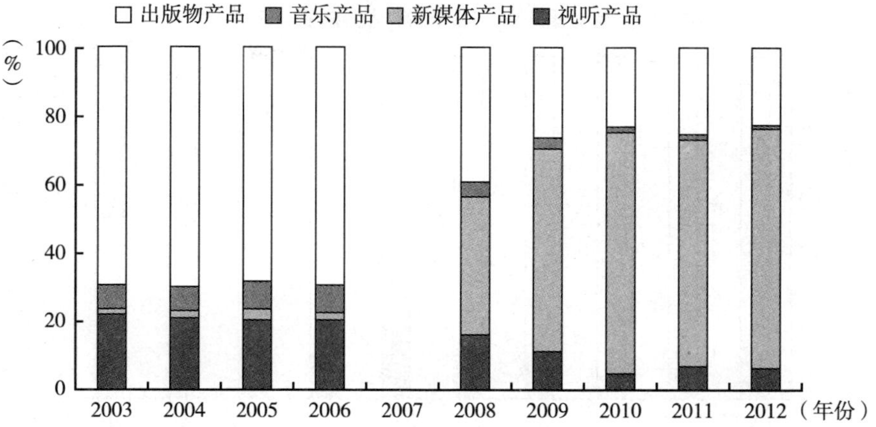


**图 9　巴西传媒类产品出口结构变化情况**

资料来源：UNCTAD 创意经济数据库。

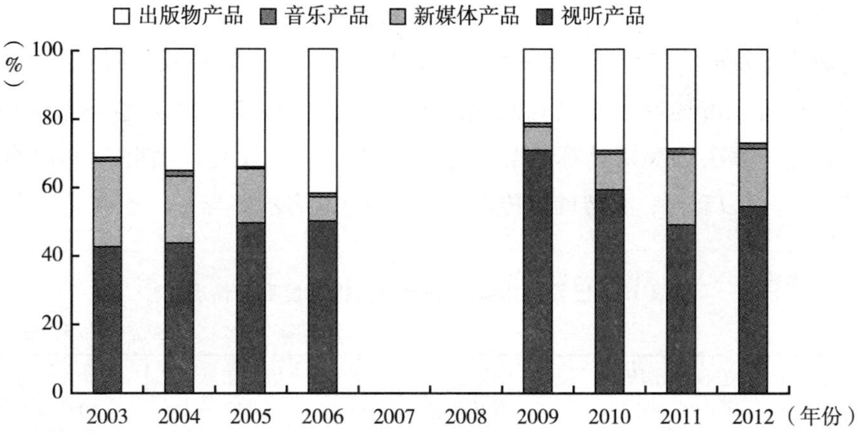


**图 10　印度传媒类产品出口结构变化情况**

资料来源：UNCTAD 创意经济数据库。

### 3. 金砖四国传媒类服务的贸易结构比较

金砖四国传媒类服务的出口结构在版税和许可费服务方面的差异程度，远不及中国与英美日的差异。巴西传媒类服务出口结构相对均衡，2012 年广告、市场调研与民意测验服务比重为 37.88%，计算机与信息服务比重 32.21%，版税和许可费服务比重 27.59%，与美国类似，总体相对稳定。印度传媒类服务 2004～2008 年出口主要集中于计算机与信息服务，其比重高达 95% 左右，

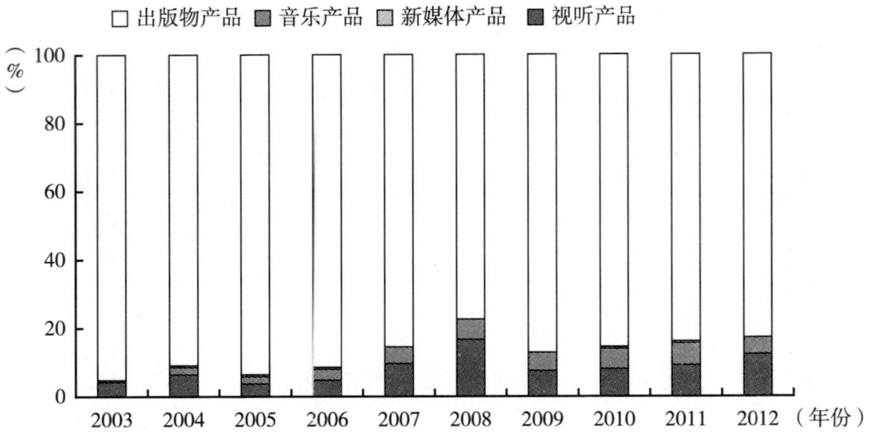


**图 11　俄罗斯传媒类产品出口结构变化情况**

资料来源：UNCTAD 创意经济数据库。

一定程度上说明了印度高度发达的软件信息产业。俄罗斯传媒类服务出口主要集中于广告、市场调研与民意测验服务，其比重 2003～2012 年一直保持在 50% 以上，其次俄罗斯计算机与信息服务的比重也较高，比重在 2012 年达 28.73%。可以看出，金砖四国传媒类服务的结构各有差异。

**表 15　巴西传媒类服务出口结构年度变化情况**

单位：%

| 年份 | 广告、市场调研与民意测验服务 | 个人文化和休闲服务 | 版税和许可费服务 | 计算机与信息服务 |
|---|---|---|---|---|
| | 比重 | 比重 | 比重 | 比重 |
| 2003 | 34.74 | 18.34 | 36.98 | 9.94 |
| 2004 | 34.16 | 14.29 | 35.16 | 16.39 |
| 2005 | 34.22 | 14.97 | 27.27 | 23.54 |
| 2006 | 32.47 | 16.47 | 30.47 | 20.59 |
| 2007 | 25.94 | 9.80 | 42.71 | 21.55 |
| 2008 | 31.08 | 8.04 | 43.30 | 17.57 |
| 2009 | 32.50 | 7.50 | 40.47 | 19.52 |
| 2010 | 34.75 | 9.88 | 36.23 | 19.14 |
| 2011 | 40.27 | 3.64 | 40.07 | 16.01 |
| 2012 | 37.88 | 2.32 | 27.59 | 32.21 |

资料来源：UNCTAD 创意经济数据库。

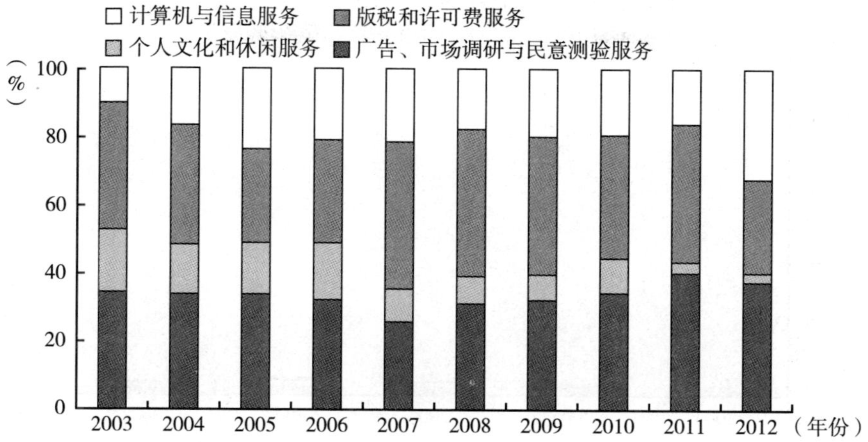


图 12　巴西传媒类服务出口结构变化情况

表 16　印度传媒类服务出口结构年度变化情况

单位：%

| 年份 | 广告、市场调研与民意测验服务 | 个人文化和休闲服务 | 版税和许可费服务 | 计算机与信息服务 |
|---|---|---|---|---|
| | 比重 | 比重 | 比重 | 比重 |
| 2003 | NA | NA | NA | NA |
| 2004 | 0. 84 | 0. 37 | 0. 43 | 98. 36 |
| 2005 | 1. 67 | 0. 67 | 1. 24 | 96. 43 |
| 2006 | 2. 45 | 1. 38 | 0. 27 | 95. 90 |
| 2007 | 2. 63 | 1. 76 | 0. 56 | 95. 05 |
| 2008 | 1. 54 | 1. 90 | 0. 40 | 96. 17 |
| 2009 | NA | NA | NA | NA |
| 2010 | NA | NA | NA | NA |
| 2011 | NA | NA | NA | NA |
| 2012 | NA | NA | NA | NA |

资料来源：UNCTAD 创意经济数据库。

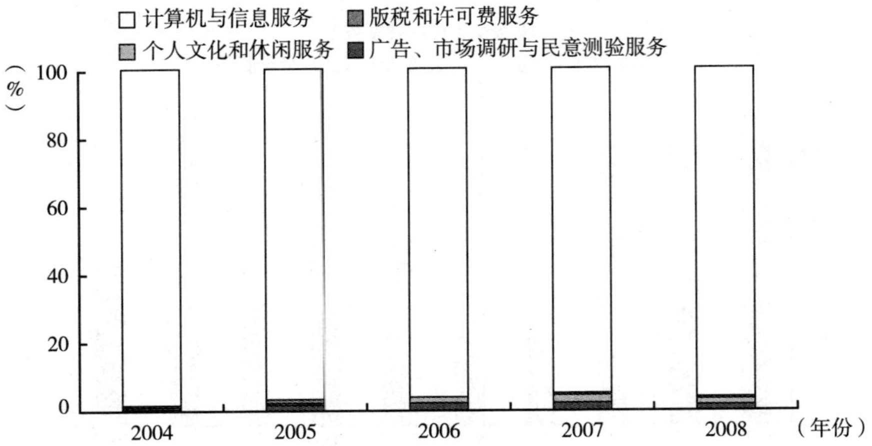


**图 13　印度传媒类服务出口结构变化情况**

资料来源：UNCTAD 创意经济数据库。

**表 17　俄罗斯传媒类服务出口结构年度变化情况**

单位：%

| 年份 | 广告、市场调研与民意测验服务 | 个人文化和休闲服务 | 版税和许可费服务 | 计算机与信息服务 |
|---|---|---|---|---|
| | 比重 | 比重 | 比重 | 比重 |
| 2003 | 64.38 | 9.38 | 13.07 | 13.16 |
| 2004 | 65.34 | 8.77 | 12.18 | 13.70 |
| 2005 | 64.32 | 7.69 | 10.68 | 17.30 |
| 2006 | 60.67 | 7.85 | 10.12 | 21.37 |
| 2007 | 56.70 | 7.05 | 9.62 | 26.63 |
| 2008 | 53.38 | 7.30 | 8.50 | 30.82 |
| 2009 | 52.93 | 8.10 | 8.88 | 30.09 |
| 2010 | 54.10 | 9.80 | 7.99 | 28.11 |
| 2011 | 56.75 | 7.61 | 8.58 | 27.06 |
| 2012 | 54.49 | 7.65 | 9.14 | 28.73 |

资料来源：UNCTAD 创意经济数据库。

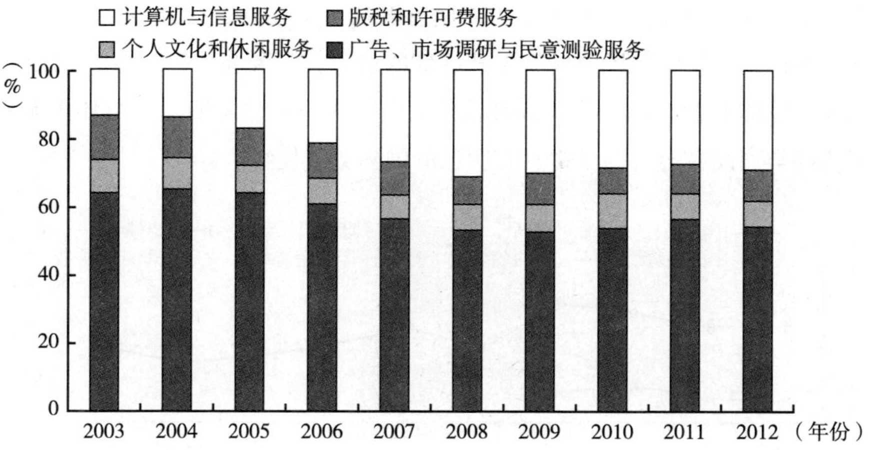


**图 14　俄罗斯传媒类服务出口结构变化情况**

资料来源：UNCTAD 创意经济数据库。

## 三　金砖四国传媒国际竞争力的多指标总体比较

### （一）金砖四国传媒的贸易竞争力指数比较

#### 1. 金砖四国传媒类产品的贸易竞争力指数

**表 18　金砖四国传媒类产品 TCI 比较**

| 国家＼年份 | 2003 | 2004 | 2005 | 2006 | 2007 | 2008 | 2009 | 2010 | 2011 | 2012 |
|---|---|---|---|---|---|---|---|---|---|---|
| 中 | 0. 51 | 0. 51 | 0. 58 | 0. 63 | 0. 39 | 0. 50 | 0. 41 | 0. 35 | 0. 31 | 0. 39 |
| 巴 | -0. 60 | -0. 60 | -0. 65 | -0. 68 | NA | -0. 78 | -0. 75 | -0. 79 | -0. 80 | -0. 76 |
| 印 | -0. 47 | -0. 37 | -0. 28 | -0. 33 | NA | NA | -0. 53 | -0. 57 | -0. 58 | -0. 37 |
| 俄 | 0. 12 | 0. 13 | 0. 20 | 0. 16 | -0. 04 | -0. 08 | -0. 07 | -0. 10 | -0. 14 | -0. 22 |

资料来源：根据 UNCTAD 创意经济数据库的相关数据计算获得。

就传媒类产品贸易竞争力而言，中国在金砖四国中具有绝对优势。对四国 TCI 进行比较，巴西传媒类产品 TCI 一直为负值，在 -0. 8 ~ -0. 6 区间波动，并且呈逐步下降的趋势，说明巴西传媒类产品国际竞争力较弱，并且其竞争力仍在持续下降。印度传媒类产品 TCI 比巴西高，主要在 -0.58 ~ -0.28 区间波动，总体相对稳定。俄罗斯呈先升后降的状态，主要在 -0.22 ~ 0.2 区间上下波动，总体上看其传媒类产品国际竞争力下降趋势非常明显。总体上来看，中国传媒类产品在金砖四国中具有明显的国际竞争优势。

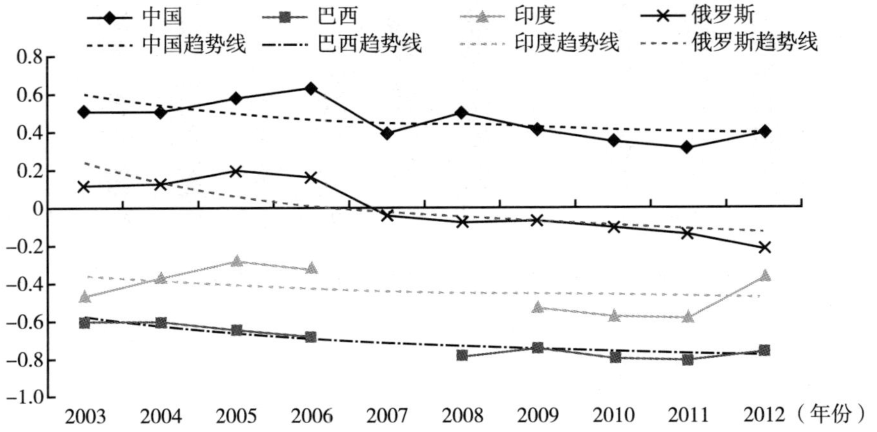


**图 15　金砖四国传媒类产品 TCI 比较**

资料来源：根据 UNCTAD 创意经济数据库数据计算获得。

## 2. 金砖四国传媒服务的贸易竞争力指数比较

**表 19　金砖四国传媒类服务 TCI 比较**

| 国家＼年份 | 2003 | 2004 | 2005 | 2006 | 2007 | 2008 | 2009 | 2010 | 2011 | 2012 |
|---|---|---|---|---|---|---|---|---|---|---|
| 中 | -0.49 | -0.41 | -0.42 | -0.33 | -0.26 | -0.25 | -0.28 | -0.17 | -0.12 | -0.10 |
| 巴 | -0.80 | -0.80 | -0.82 | -0.80 | -0.75 | -0.72 | -0.72 | -0.76 | -0.72 | -0.69 |
| 印 | NA | 0.73 | 0.74 | 0.71 | 0.62 | 0.69 | NA | NA | NA | NA |
| 俄 | -0.19 | -0.12 | -0.15 | -0.17 | -0.17 | -0.23 | -0.28 | -0.30 | -0.25 | -0.29 |

资料来源：根据 UNCTAD 创意经济数据库的相关数据计算获得。

中国、巴西、俄罗斯三国传媒类服务的 TCI 均一直保持为负值，说明三国均处于国际竞争劣势。金砖四国中仅有印度 TCI 指数较高，2008 年 TCI 达 0.69，具有较明显的国际竞争优势。巴西传媒类服务 TCI 呈缓慢上升趋势，2003 年 TCI 为 -0.8，逐年缓慢提升，2012 年 TCI 达 -0.69，说明其国际竞争劣势得到改善，但是在金砖四国中其传媒类服务竞争力最弱。俄罗斯传媒类服务 TCI 主要在 -0.30 ~ -0.12 区间波动，同期大多低于中国，高于巴西，但其 TCI 呈缓慢下降的趋势，表明俄罗斯竞争劣势未得到改善。总体上，印度传媒类服务竞争力最强，中国、巴西、俄罗斯三国均处于竞争劣势，其中巴西竞争力最弱。

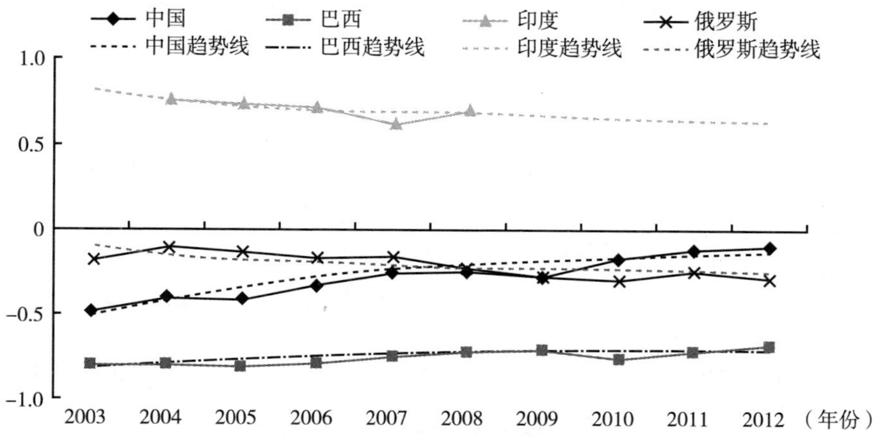


**图 16　金砖四国传媒类服务 TCI 比较**

资料来源：根据 UNCTAD 创意经济数据库数据计算获得。

### 3. 金砖四国传媒整体贸易竞争力指数

**表 20　金砖四国传媒整体 TCI 比较**

| 国家＼年份 | 2003 | 2004 | 2005 | 2006 | 2007 | 2008 | 2009 | 2010 | 2011 | 2012 |
|---|---|---|---|---|---|---|---|---|---|---|
| 中 | -0.05 | -0.05 | -0.01 | 0.05 | 0.09 | 0.14 | 0.03 | 0.05 | 0.04 | 0.08 |
| 巴 | -0.79 | -0.78 | -0.80 | -0.79 | NA | -0.73 | -0.72 | -0.77 | -0.73 | -0.70 |
| 印 | NA | 0.66 | 0.69 | 0.67 | NA | NA | NA | NA | NA | NA |
| 俄 | -0.10 | -0.05 | -0.08 | -0.10 | -0.14 | -0.20 | -0.24 | -0.27 | -0.24 | -0.28 |

资料来源：根据 UNCTAD 创意经济数据库的相关数据计算获得。

将传媒类产品与传媒类服务汇总，整体比较四国传媒的贸易竞争力，由于印度数据缺失，无法观察其 10 年发展，但是其在 2004 ~ 2006 年间 TCI 指数远远高于其他国家，说明其传媒竞争力较强。中国传媒国际竞争力接近中性，高于巴西和俄罗斯。巴西传媒 TCI 一直保持为负值，说明其处于竞争劣势状态，其主要在 -0.8 ~ -0.7 区间波动，说明其具有较明显的国际竞争劣势，在金砖四国中最弱。俄罗斯 TCI 也一直为负值，主要在 -0.28 ~ -0.05 区间浮动，高于巴西，低于中国，其具有不明显的国际竞争劣势。

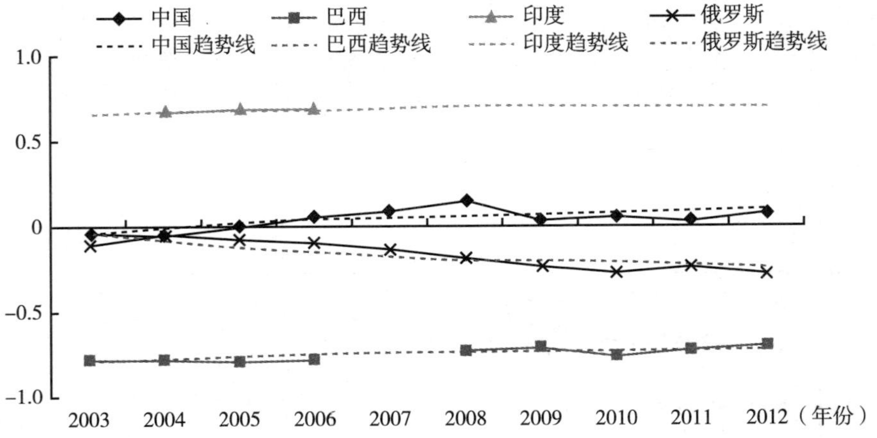


**图 17　金砖四国传媒整体 TCI 比较**

资料来源：根据 UNCTAD 创意经济数据库数据计算获得。

## （二）金砖四国传媒的显示性比较优势指数比较

### 1. 金砖四国传媒类产品的显示性比较优势指数比较

**表 21　金砖四国传媒类产品 RCA 指数比较**

| 国家＼年份 | 2003 | 2004 | 2005 | 2006 | 2007 | 2008 | 2009 | 2010 | 2011 | 2012 |
|---|---|---|---|---|---|---|---|---|---|---|
| 中 | 1.21 | 1.11 | 1.15 | 1.25 | 1.46 | 1.63 | 1.31 | 1.22 | 1.24 | 1.47 |
| 巴 | 0.09 | 0.09 | 0.09 | 0.09 | NA | 0.07 | 0.09 | 0.08 | 0.08 | 0.10 |
| 印 | 0.58 | 0.54 | 0.55 | 0.49 | NA | NA | 0.57 | 0.39 | 0.46 | 0.60 |
| 俄 | 0.66 | 0.66 | 0.56 | 0.54 | 0.37 | 0.36 | 0.39 | 0.33 | 0.34 | 0.32 |

资料来源：根据 UNCTAD 创意经济数据库的相关数据计算获得。

对金砖四国 RCA 指数绝对值进行比较，中国 RCA 指数明显高于其他三国。巴西 RCA 指数在 2003 ~ 2012 年 10 年间，主要在 0.07 ~ 0.09 区间上下浮动，说明巴西传媒类产品竞争力非常弱。印度与俄罗斯竞争力在10年间相对接近，但在2007年前，俄罗斯RCA指数稍高于印度，2008年以后，印度RCA指数高于俄罗斯，并且两者差距有扩大的趋势。总体上看，金砖四国传媒类产品的显示性比较优势排名依次为中国、印度、俄罗斯、巴西。

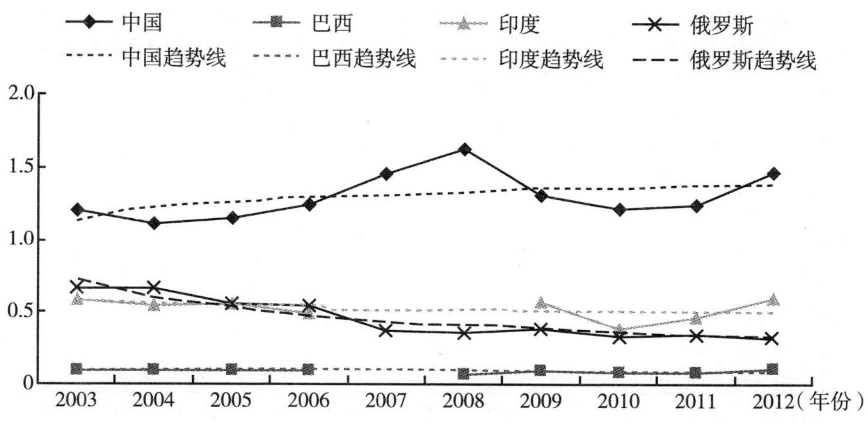


**图18 金砖四国传媒类产品RCA指数比较**

资料来源：根据UNCTAD创意经济数据库数据计算获得。

## 2. 金砖四国传媒类服务的显示性比较优势指数比较

**表22 金砖四国传媒类服务RCA指数比较**

| 国家＼年份 | 2003 | 2004 | 2005 | 2006 | 2007 | 2008 | 2009 | 2010 | 2011 | 2012 |
|---|---|---|---|---|---|---|---|---|---|---|
| 中 | 0.14 | 0.15 | 0.14 | 0.17 | 0.19 | 0.21 | 0.20 | 0.23 | 0.27 | 0.34 |
| 巴 | 0.14 | 0.11 | 0.11 | 0.12 | 0.15 | 0.18 | 0.18 | 0.15 | 0.17 | 0.26 |
| 印 | NA | 5.34 | 5.64 | 6.28 | 6.34 | 6.20 | NA | NA | NA | NA |
| 俄 | 0.34 | 0.34 | 0.34 | 0.33 | 0.38 | 0.37 | 0.36 | 0.34 | 0.37 | 0.47 |

资料来源：根据UNCTAD创意经济数据库的相关数据计算获得。

对金砖四国传媒类服务的RCA指数进行比较发现，印度RCA指数在2004～2008年间非常高，2008年RCA指数为6.2，这几年印度传媒类服务竞争呈上升趋势，这在金砖四国中“一枝独秀”。巴西RCA指数在2003～2012年10年间，主要在0.11～0.26区间上下浮动，总体上说明巴西传媒类服务处于明显的国际竞争劣势。俄罗斯RCA指数在2003～2012年10年间，主要在0.33～0.47区间上下浮动，总体上同样说明俄罗斯传媒类服务国际竞争力也较弱，但高于中国和巴西。可以看出，金砖四国传媒类服务的显示性比较优势排名依次为印度、俄罗斯、中国、巴西。

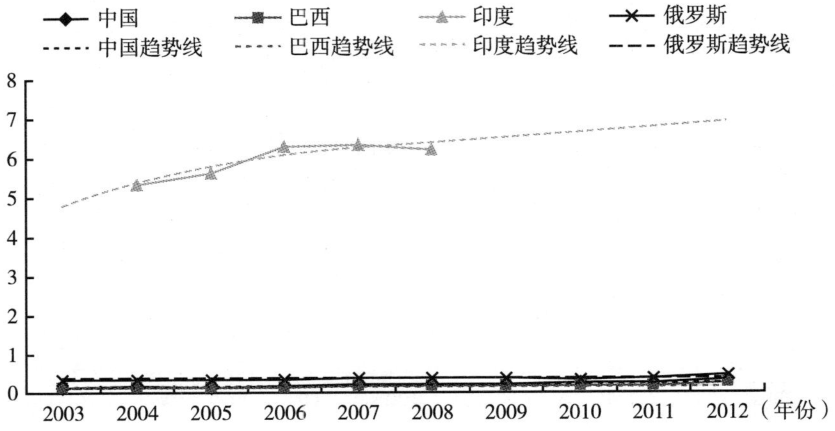


**图19　金砖四国传媒类服务RCA指数比较**

资料来源：根据UNCTAD创意经济数据库数据计算获得。

## 3. 金砖四国传媒整体显示性比较优势指数比较

**表23　金砖四国传媒整体RCA指数比较**

| 国家＼年份 | 2003 | 2004 | 2005 | 2006 | 2007 | 2008 | 2009 | 2010 | 2011 | 2012 |
|---|---|---|---|---|---|---|---|---|---|---|
| 中 | 0.36 | 0.33 | 0.33 | 0.36 | 0.47 | 0.52 | 0.41 | 0.41 | 0.43 | 0.54 |
| 巴 | 0.13 | 0.11 | 0.10 | 0.12 | NA | 0.15 | 0.16 | 0.14 | 0.16 | 0.23 |
| 印 | NA | 4.43 | 4.70 | 5.25 | NA | NA | NA | NA | NA | NA |
| 俄 | 0.40 | 0.40 | 0.38 | 0.37 | 0.38 | 0.37 | 0.36 | 0.34 | 0.36 | 0.44 |

资料来源：根据UNCTAD创意经济数据库的相关数据计算获得。

将传媒类产品与传媒类服务汇总，整体比较金砖四国传媒的显示性比较优势，同样发现印度传媒整体的较强竞争优势。巴西传媒RCA指数主要在0.10～0.23区间波动，俄罗斯传媒RCA指数主要在0.34～0.44区间波动。金砖四国传媒的显示性比较优势排名依次为印度、中国、俄罗斯、巴西。

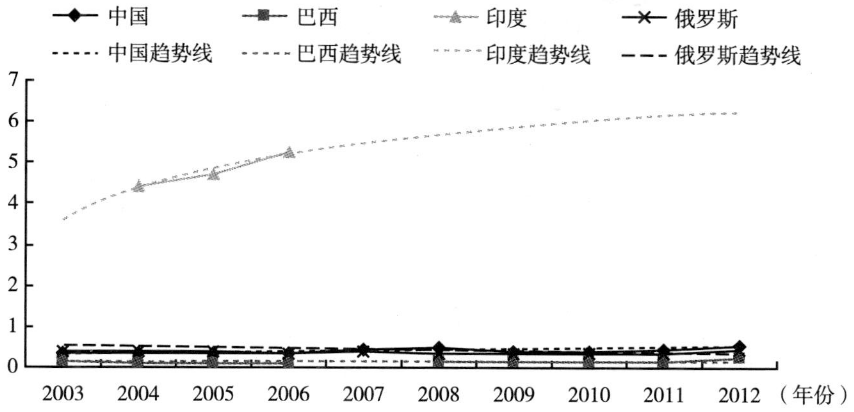


**图 20　金砖四国传媒整体 RCA 指数比较**

资料来源：根据 UNCTAD 创意经济数据库数据计算获得。

## （三）金砖四国传媒的净出口显示性比较优势指数比较

### 1. 金砖四国传媒类产品的净出口显示性比较优势指数比较

对金砖四国 NXRCA 指数绝对值进行比较，中国 NXRCA 指数一直为正数，明显相对高于其他三国的传媒类产品 NXRCA 指数。巴西、印度和俄罗斯 NXRCA 指数在 2003 ~2012 年 10 年间一直为负数，说明三国传媒产品均处于国际竞争劣势。其中巴西主要在 -0.55 ~ -0.32 区间上下浮动，说明巴西传媒类产品净出口显示性比较优势最低。印度 NXRCA 指数在 10 年间主要在 -0.59 ~ -0.09 区间浮动，俄罗斯 NXRCA 指数主要在 -0.3 ~ -0.12 区间浮动。从总体上看，金砖四国传媒类产品的净出口显示性比较优势排名依次为中国、俄罗斯、印度、巴西。

**表 24　金砖四国传媒产品 NXRCA 指数比较**

| 国家＼年份 | 2003 | 2004 | 2005 | 2006 | 2007 | 2008 | 2009 | 2010 | 2011 | 2012 |
|---|---|---|---|---|---|---|---|---|---|---|
| 中 | 0.60 | 0.51 | 0.54 | 0.57 | 0.55 | 0.80 | 0.63 | 0.43 | 0.35 | 0.47 |
| 巴 | -0.34 | -0.32 | -0.37 | -0.39 | NA | -0.49 | -0.55 | -0.50 | -0.50 | -0.44 |
| 印 | -0.56 | -0.25 | -0.09 | -0.11 | NA | NA | -0.59 | -0.42 | -0.46 | -0.12 |
| 俄 | -0.20 | -0.21 | -0.12 | -0.12 | -0.23 | -0.28 | -0.30 | -0.26 | -0.26 | -0.30 |

资料来源：根据 UNCTAD 创意经济数据库的相关数据计算获得。

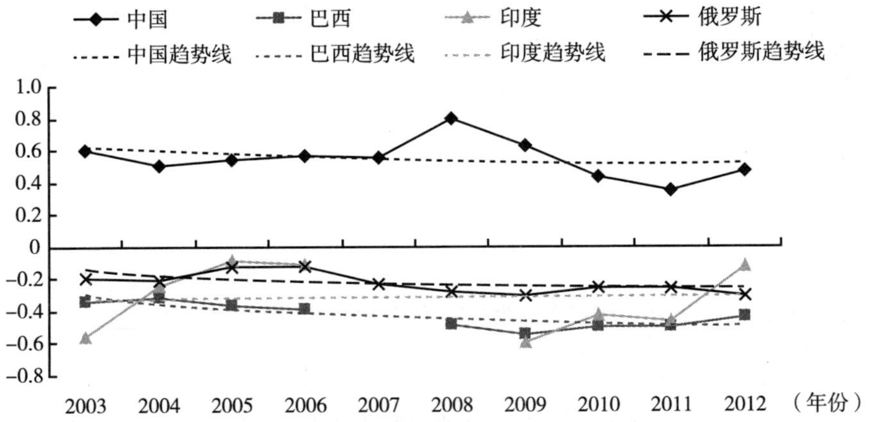


**图 21　金砖四国传媒类产品 NXRCA 指数比较**

资料来源：根据 UNCTAD 创意经济数据库数据计算获得。

## 2. 金砖四国传媒类服务的净出口显示性比较优势指数比较

**表 25　金砖四国传媒类服务 NXRCA 指数比较**

| 国家＼年份 | 2003 | 2004 | 2005 | 2006 | 2007 | 2008 | 2009 | 2010 | 2011 | 2012 |
|---|---|---|---|---|---|---|---|---|---|---|
| 中 | -0.84 | -0.71 | -0.76 | -0.70 | -0.68 | -0.72 | -0.87 | -0.49 | -0.35 | -0.38 |
| 巴 | -4.89 | -4.14 | -4.42 | -4.17 | -3.76 | -3.10 | -4.20 | -3.71 | -3.31 | -3.55 |
| 印 | NA | 14.15 | 14.98 | 16.20 | 16.25 | 17.02 | NA | NA | NA | NA |
| 俄 | -1.58 | -1.42 | -1.64 | -1.56 | -1.42 | -1.79 | -2.53 | -2.40 | -2.11 | -2.54 |

资料来源：根据 UNCTAD 创意经济数据库的相关数据计算获得。

对金砖四国传媒类服务的 NXRCA 指数进行比较可以看出，印度传媒类服务 NXRCA 指数数值非常高，远远超过其他三国。巴西传媒类服务 NXRCA 指数主要在 -4.89 ~ -3.10 区间波动，10 年来 NXRCA 指数为负值，说明巴西传媒类服务竞争劣势非常明显。俄罗斯传媒类服务 NXRCA 指数主要在 -2.54 ~ -1.42 区间波动，这说明俄罗斯传媒类服务同样处于竞争劣势，其 NXRCA 指数远远低于中国。总体上金砖四国传媒类服务的净出口显示性比较优势排名依次为印度、中国、俄罗斯、巴西。

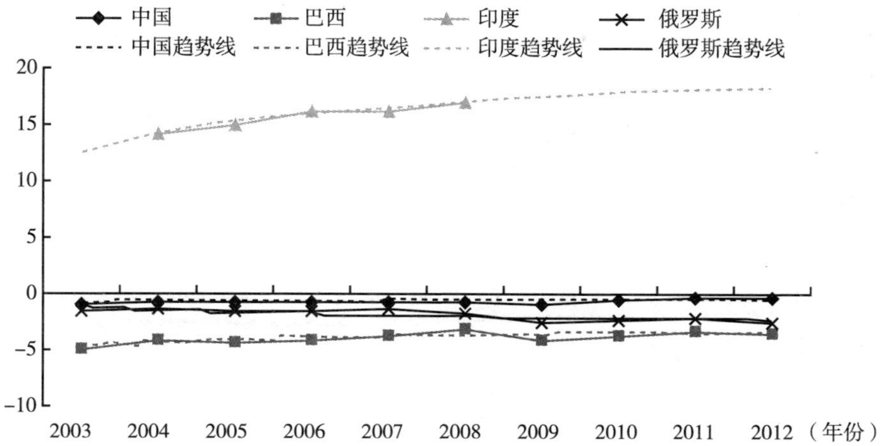


**图 22　金砖四国传媒类服务 NXRCA 指数比较**

资料来源：根据 UNCTAD 创意经济数据库数据计算获得。

### 3. 金砖四国传媒整体的净出口显示性比较优势指数比较

**表 26　金砖四国传媒整体 NXRCA 指数比较**

| 国家＼年份 | 2003 | 2004 | 2005 | 2006 | 2007 | 2008 | 2009 | 2010 | 2011 | 2012 |
|---|---|---|---|---|---|---|---|---|---|---|
| 中 | -0.24 | -0.20 | -0.22 | -0.14 | -0.13 | 0.08 | -0.24 | -0.06 | 0.01 | 0.09 |
| 巴 | -5.22 | -4.46 | -4.79 | -4.56 | NA | -3.59 | -4.75 | -4.21 | -3.81 | -3.99 |
| 印 | NA | 13.90 | 14.88 | 16.09 | NA | NA | NA | NA | NA | NA |
| 俄 | -1.78 | -1.63 | -1.76 | -1.68 | -1.65 | -2.06 | -2.83 | -2.66 | -2.37 | -2.85 |

资料来源：根据 UNCTAD 创意经济数据库的相关数据计算获得。

对金砖四国传媒整体的 NXRCA 指数进行比较，发现印度传媒整体 NXRCA 指数依然较高。巴西净出口显示性比较优势依然最弱，其 NXRCA 指数近 10 年主要在 -5.22 ~ -3.59 区间波动，一直为负值，呈上升趋势。俄罗斯净出口显示性比较优势低于中国，其 NXRCA 指数主要在 -2.85 ~ -1.63 区间波动，但高于巴西。可以认为金砖四国传媒的净出口显示性比较优势排名依次为印度、中国、俄罗斯、巴西。

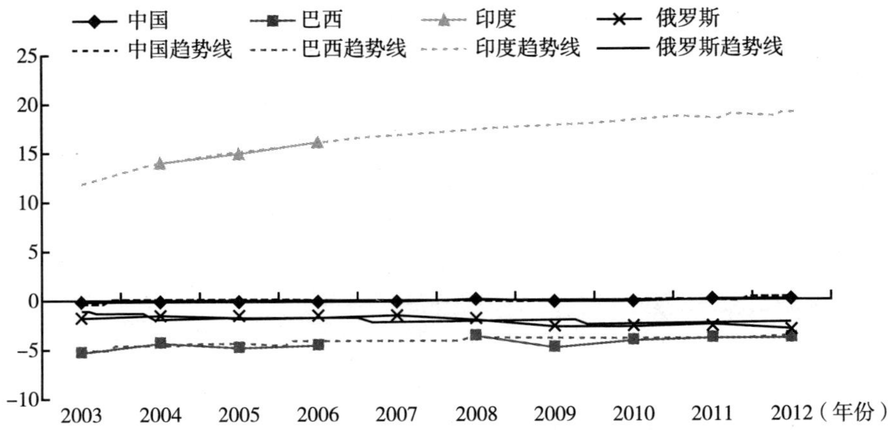


**图 23　金砖四国传媒整体 NXRCA 指数比较**

资料来源：根据 UNCTAD 创意经济数据库数据计算获得。

## （四）金砖四国传媒竞争力的变化趋势分析

### 1. 巴西传媒竞争力的变化趋势

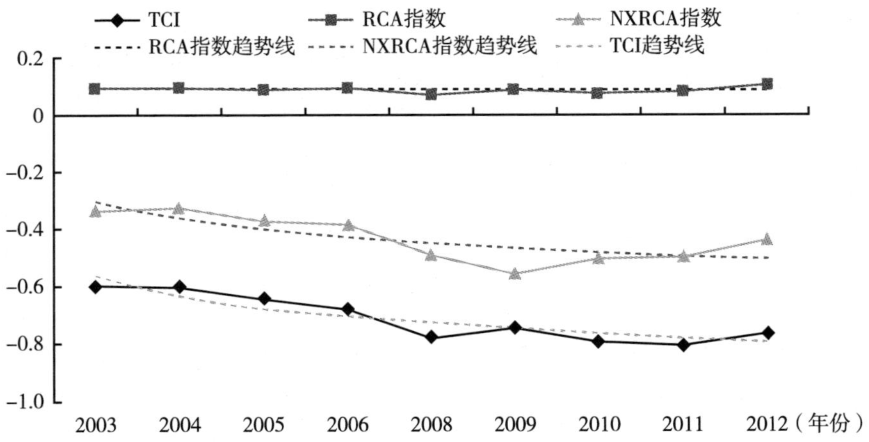


**图 24　巴西传媒类产品竞争力的多指标变动趋势**

资料来源：根据 UNCTAD 创意经济数据库数据计算获得。

在金砖四国中，数据表明总体上巴西传媒类产品国际竞争力较弱。从多指标变动趋势比较来看，巴西传媒产类品竞争力 TCI、RCA 指数和 NXRCA 指数的趋势有一定差异。NXRCA 指数和 TCI 表明其传媒类产品竞争力呈小幅下降的趋势，而 RCA 指数则呈现为相对稳定的趋势，这应与巴西传媒类产品进口规模的增长速度较快有关。综合考虑进出口数据，可以认为巴西传媒类产品国际竞争力在缓慢下降。

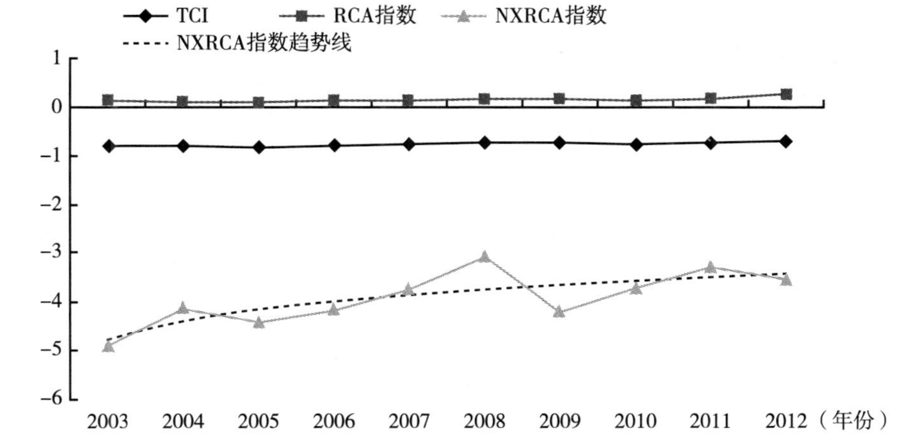


**图 25　巴西传媒类服务竞争力的多指标变动趋势**

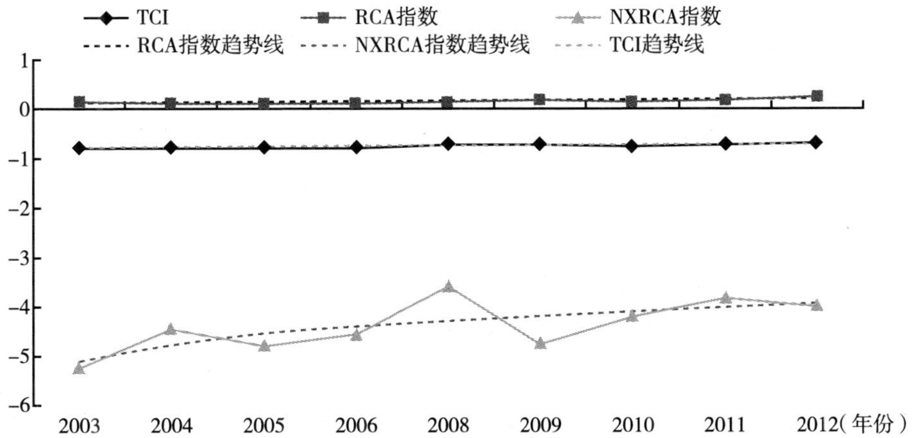


**图 26　巴西传媒整体竞争力的多指标变动趋势**

巴西传媒类服务竞争力的 TCI、RCA 指数和 NXRCA 指数表现的趋势存在微小差异，NXRCA 指数表明其传媒类服务竞争力上升的趋势明显，而 TCI 和

RCA 指数则呈现为相对稳定的趋势。综合考虑进出口数据，可以认为巴西传媒类服务国际竞争力在逐步提升。

同样巴西传媒整体竞争的 TCI、RCA 指数和 NXRCA 指数表现的趋势存在类似差异，NXRCA 指数表明其传媒竞争力上升的趋势明显，而 TCI 和 RCA 指数则呈现为相对稳定的趋势。综合考虑进出口数据，可以认为巴西传媒国际竞争力在逐步提升。

### 2. 印度传媒竞争力的变化趋势

从多指标变动趋势比较来看，印度传媒类产品竞争力 TCI、RCA 指数和 NXRCA 指数的趋势表现存在一定差异，NXRCA 指数表明其传媒类产品竞争力轻微上升的趋势，而 TCI 和 RCA 指数则呈现为小幅下降的趋势，主要应因为印度传媒类产品出口增长超过进口增长有关。可以认为印度传媒类产品较弱的国际竞争力在缓慢上升。

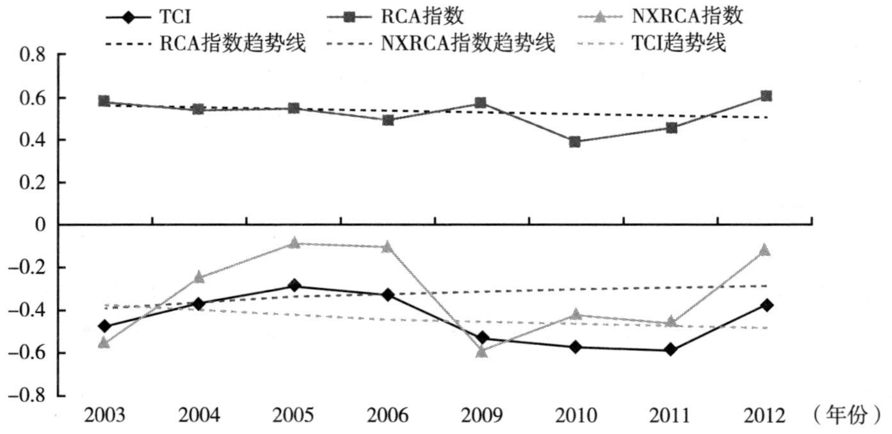


**图 27　印度传媒类产品竞争力的多指标变动趋势**

资料来源：根据 UNCTAD 创意经济数据库数据计算获得。

印度传媒类服务数据大量缺失，只能分析其 2004 ~ 2008 年的数据。TCI、RCA 指数和 NXRCA 指数表现的趋势比较一致，均表现为其传媒类服务的竞争力呈相对稳定的趋势，但 NXRCA 指数上升幅度更大，这可能与印度传媒类服务出口增长速度高于进口增长速度有关。可以认为印度传媒类服务国际竞争力较强，并在缓慢提升。

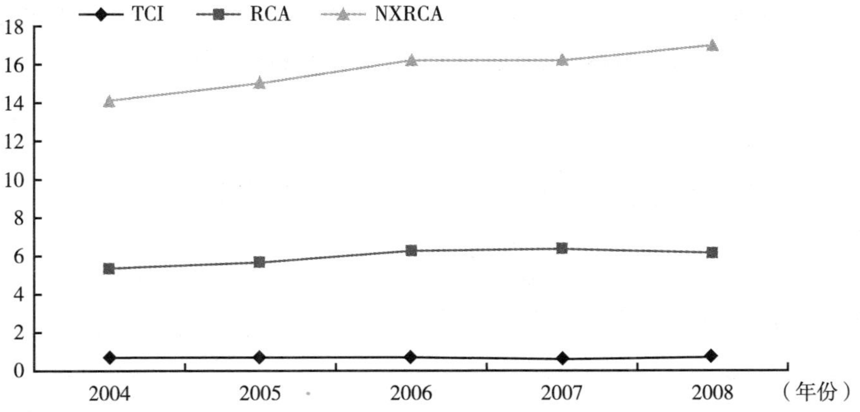


**图 28　印度传媒类服务竞争力的多指标变动趋势**

### 3. 俄罗斯传媒竞争力的变化趋势

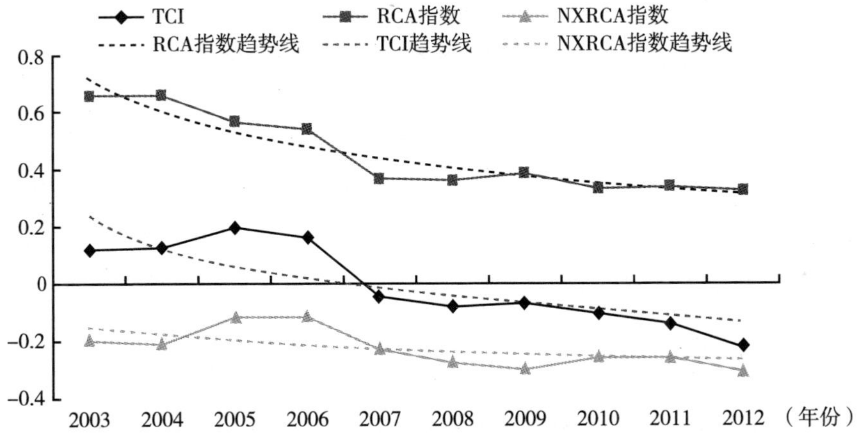


**图 29　俄罗斯传媒类产品竞争力的多指标变动趋势**

资料来源：根据 UNCTAD 创意经济数据库数据计算获得。

从多指标变动趋势比较来看，俄罗斯传媒类产品竞争力 TCI、RCA 指数和 NXRCA 指数的趋势表现一致，均表现为下降的趋势，其中 RCA 指数下降的幅度最大，应与俄罗斯传媒类产品出口下降速度较快有关。综合考虑进出口数据，可以认为俄罗斯传媒类产品国际竞争力在逐步下降。

俄罗斯传媒类服务竞争力的 TCI、RCA 指数和 NXRCA 指数表现的趋势存在微小差异，NXRCA 表明其传媒类服务竞争力下降的趋势明显，而 TCI 和 RCA 指数则呈现相对稳定的趋势。综合考虑进出口数据，可以认为俄罗斯传媒类服务国际竞争力在逐步下降。

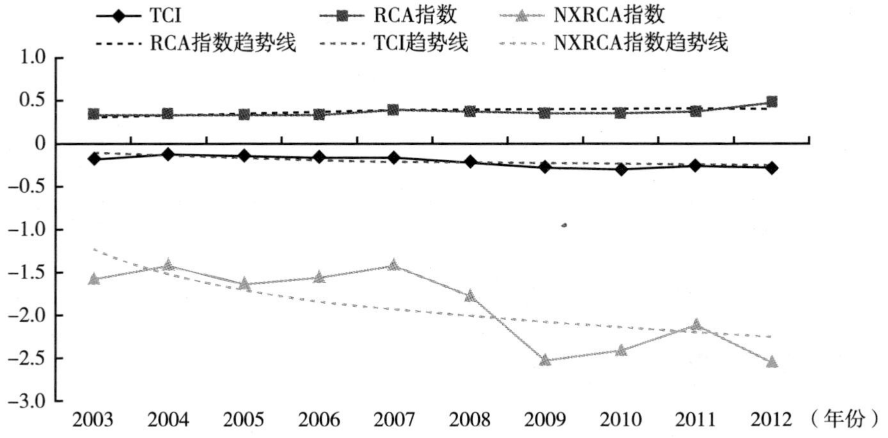


**图 30　俄罗斯传媒类服务竞争力的多指标变动趋势**

俄罗斯传媒整体竞争力的 TCI、RCA 指数和 NXRCA 指数表现的趋势存在微小差异，NXRCA 指数表明其传媒竞争力下降的趋势明显，而 TCI 和 RCA 指数则呈现为相对稳定的趋势。综合考虑进出口数据，可以认为俄罗斯传媒整体国际竞争力在逐步下降。

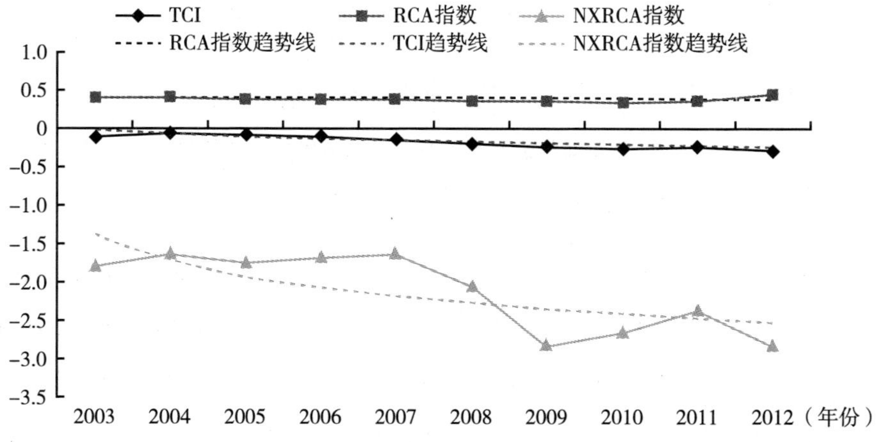


**图 31　俄罗斯传媒整体竞争力的多指标变动趋势**

# 四　金砖四国传媒国际竞争力的多指标类别比较

## （一）金砖四国不同传媒类产品的国际竞争力比较

### 1. 视听产品竞争力的金砖四国比较

**表 27　金砖四国视听产品的 Lafay 指数比较**

| 国家＼年份 | 2003 | 2004 | 2005 | 2006 | 2007 | 2008 | 2009 | 2010 | 2011 | 2012 |
|---|---|---|---|---|---|---|---|---|---|---|
| 中 | -16.16 | -20.63 | -21.42 | -17.39 | -15.04 | -14.20 | -15.62 | -17.17 | -17.00 | -16.57 |
| 巴 | 5.37 | 5.24 | 5.16 | 4.64 | NA | -0.43 | -2.14 | -2.33 | -2.06 | -2.19 |
| 印 | 6.29 | 16.81 | 21.55 | 21.65 | NA | NA | 0.55 | 4.29 | -0.94 | 7.48 |
| 俄 | -1.24 | -1.09 | -1.27 | -1.01 | -2.04 | -0.36 | -3.34 | -4.63 | -3.79 | -0.38 |

资料来源：根据 UNCTAD 创意经济数据库的相关数据计算获得。

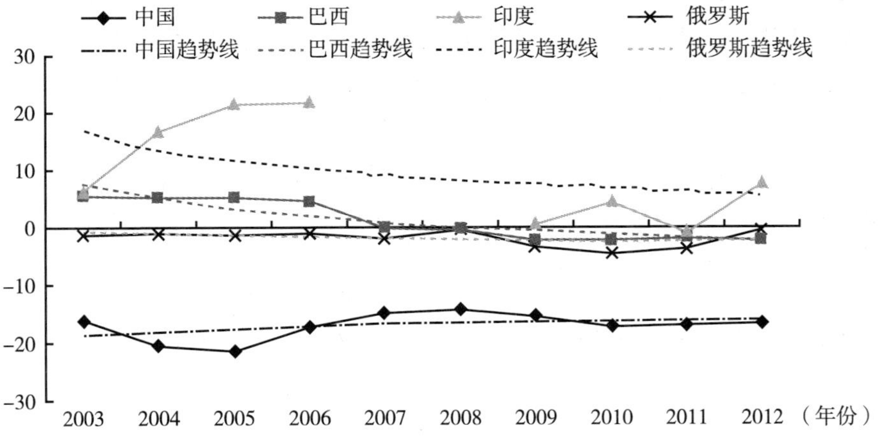


**图 32　金砖四国视听产品的 Lafay 指数比较**

资料来源：根据 UNCTAD 创意经济数据库数据计算获得。

从金砖四国 Lafay 指数比较来看，印度视听产品具有绝对优势，印度的 Lafay 指数最高，远远超过中国，其 Lafay 指数在 2007 年以前主要在 6.29 ~ 21.65 区间波动，2008 年以后在 -0.94 ~ 7.48 区间波动，说明印度视听产品专业程度在下降，但其产业内贸易程度在提升，其通过市场分享获得多样化的国际产品。巴西次之，其 Lafay 指数在 2007 年以前主要在 4. 64 ~5. 37 区间波动，从 2008 年开始在 -0. 43 ~ -2. 19 区间波动。俄罗斯稍低于巴西，其 LFI 在 -4. 6 ~ -0. 3 区间波动，但高于中国，中国视听产品专业化程度在金砖四国中最弱。

2. 新媒体产品竞争力的金砖四国比较

**表 28　金砖四国新媒体产品的 Lafay 指数比较**

| 国家＼年份 | 2003 | 2004 | 2005 | 2006 | 2007 | 2008 | 2009 | 2010 | 2011 | 2012 |
|---|---|---|---|---|---|---|---|---|---|---|
| 中 | 16. 69 | 17. 60 | 20. 87 | 16. 53 | 9. 89 | 10. 62 | 12. 54 | 12. 92 | 11. 50 | 12. 84 |
| 巴 | -0. 05 | 0. 34 | 0. 26 | 0. 16 | NA | 2. 96 | 7. 02 | 6. 96 | 5. 79 | 7. 94 |
| 印 | 2. 22 | 1. 77 | 1. 18 | 0. 56 | NA | NA | -1. 30 | -2. 04 | 2. 28 | -1. 56 |
| 俄 | -11. 22 | -8. 85 | -5. 61 | -5. 12 | -5. 48 | -4. 47 | -7. 06 | -7. 93 | -11. 91 | -16. 50 |

资料来源：根据 UNCTAD 创意经济数据库的相关数据计算获得。

从金砖四国新媒体产品 Lafay 指数比较来看，中国新媒体产品的 Lafay 指数最高，远远超过其他三国。巴西新媒体产品的 Lafay 指数自 2004 年开始均为正数，并且逐年提升，2012 年达 7. 94，说明巴西新媒体产品的专业化程度逐步提高。印度新媒体产品的 LFI 低于巴西，主要在 -2. 0 ~2. 0 区间波动，比较

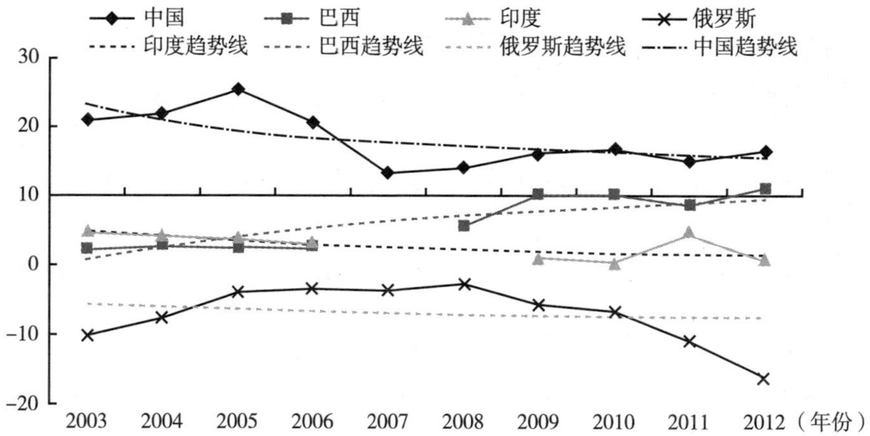


**图 33　金砖四国新媒体产品的 Lafay 指数比较**

资料来源：根据 UNCTAD 创意经济数据库数据计算获得。

接近于0，说明其专业化程度相对较低，但产业内贸易程度较高。俄罗斯新媒体产品LFI最低，主要在－16.5～－5.0区间波动，说明其不具有专业化优势，产业内贸易程度也很低。

### 3. 音乐产品竞争力的金砖四国比较

**表29　金砖四国音乐产品的Lafay指数比较**

| 国家＼年份 | 2003 | 2004 | 2005 | 2006 | 2007 | 2008 | 2009 | 2010 | 2011 | 2012 |
|---|---|---|---|---|---|---|---|---|---|---|
| 中 | 4.25 | 4.64 | 3.54 | 2.67 | 2.61 | 2.04 | 2.42 | 3.09 | 3.32 | 2.60 |
| 巴 | 0.07 | －0.09 | －0.17 | －0.30 | NA | －0.50 | －1.15 | －1.51 | －1.56 | －1.97 |
| 印 | 0.30 | 0.24 | －0.21 | －0.13 | NA | NA | 0.19 | 0.16 | 0.26 | 0.20 |
| 俄 | －0.89 | －0.92 | －1.07 | －2.05 | －1.98 | －2.36 | －2.05 | －2.76 | －2.62 | －2.61 |

资料来源：根据UNCTAD创意经济数据库的相关数据计算获得。

从金砖四国音乐产品Lafay指数比较来看，中国的Lafay指数最高，远远高于其他三国。印度音乐产品的Lafay指数大多为正数，主要在－0.2～0.3区间浮动，说明印度音乐产品专业程度较低，但产业内贸易程度较高，其通过分享市场获得国际多元化的产品。巴西音乐产品的LFI低于印度，主要在－2.0～0.07区间波动，大多为负值，比较接近于0，说明其专业化程度相对较低，

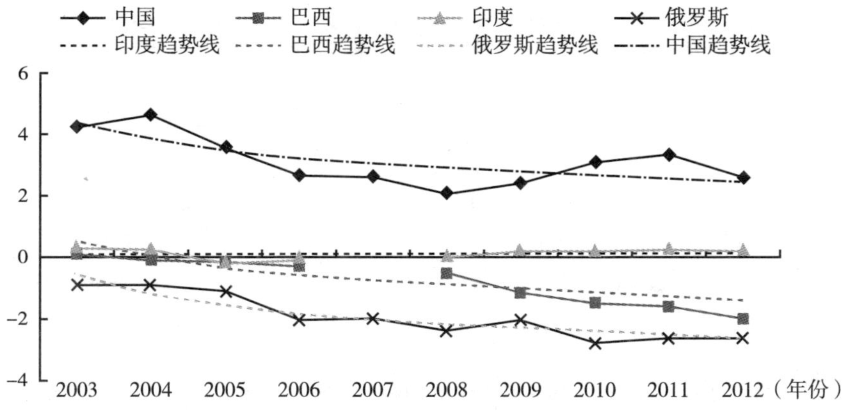


**图34　金砖四国音乐产品的Lafay指数比较**

资料来源：根据UNCTAD创意经济数据库数据计算获得。

但产业内贸易程度较高。俄罗斯音乐产品 LFI 最低，主要在 -2.8 ~ -0.8 区间波动，说明其不具有专业化优势。

### 4. 出版物产品竞争力的金砖四国比较

**表 30　金砖四国出版物产品的 Lafay 指数比较**

| 国家＼年份 | 2003 | 2004 | 2005 | 2006 | 2007 | 2008 | 2009 | 2010 | 2011 | 2012 |
|---|---|---|---|---|---|---|---|---|---|---|
| 中 | -4.77 | -1.61 | -2.99 | -1.81 | 2.55 | 1.54 | 0.66 | 1.16 | 2.17 | 1.13 |
| 巴 | -5.38 | -5.49 | -5.25 | -4.49 | NA | -2.04 | -3.73 | -3.11 | -2.17 | -3.78 |
| 印 | -8.80 | -18.82 | -22.51 | -22.08 | NA | NA | 0.56 | -2.42 | -1.60 | -6.12 |
| 俄 | 13.34 | 10.86 | 7.95 | 8.18 | 9.50 | 7.19 | 12.46 | 15.32 | 18.32 | 19.49 |

资料来源：根据 UNCTAD 创意经济数据库的相关数据计算获得。

从金砖四国 Lafay 指数比较来看，俄罗斯出版物产品具有绝对优势，其 Lafay 指数最高，远远超过其他三国，其 Lafay 指数在 10 年间主要在 7.19 ~ 19.49 区间波动，说明俄罗斯出版物产品专业化程度非常高，但其产业内贸易程度较低，体现其在俄文世界中的统治地位。中国次之，巴西低于中国，巴西 Lafay 指数主要在 -5.5 ~ -2.0 区间波动。印度稍低于巴西，其 LFI 指数提升较快，2008 年后主要在 -6.12 ~0.56 区间波动。

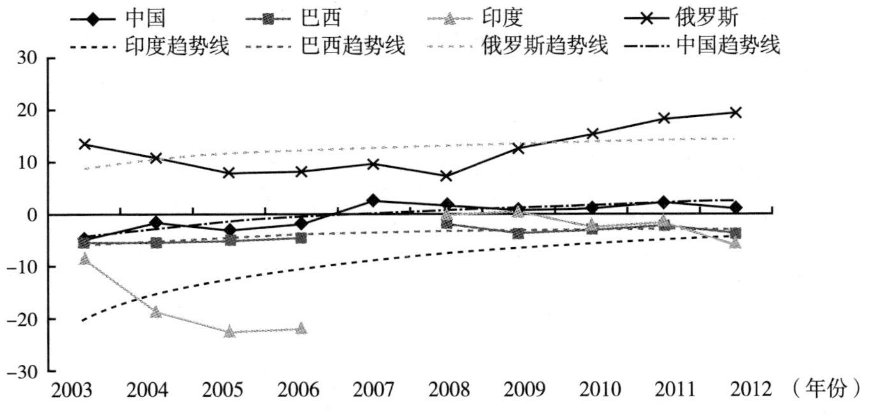


**图 35　金砖四国出版物产品的 Lafay 指数比较**

资料来源：根据 UNCTAD 创意经济数据库数据计算获得。

## （二）金砖四国不同传媒服务的国际竞争力比较

### 1. 广告、市场调研与民意测验服务竞争力的金砖四国比较

**表 31　金砖四国广告、市场调研与民意测验服务的 Lafay 指数比较**

| 国家＼年份 | 2003 | 2004 | 2005 | 2006 | 2007 | 2008 | 2009 | 2010 | 2011 | 2012 |
|---|---|---|---|---|---|---|---|---|---|---|
| 中 | 7.24 | 8.38 | 10.06 | 9.06 | 7.63 | 5.14 | 5.96 | 5.32 | 5.31 | 6.04 |
| 巴 | 5.73 | 5.55 | 5.25 | 5.35 | 4.88 | 6.40 | 6.81 | 5.93 | 7.63 | 7.54 |
| 印 | NA | -3.85 | -3.90 | -4.74 | -8.04 | -4.11 | NA | NA | NA | NA |
| 俄 | 16.40 | 18.65 | 19.67 | 17.71 | 17.03 | 16.07 | 16.29 | 18.30 | 19.99 | 18.93 |

资料来源：根据 UNCTAD 创意经济数据库的相关数据计算获得。

从金砖四国 Lafay 指数比较来看，俄罗斯广告、市场调研与民意测验服务优势明显，其 Lafay 指数最高，远远超过其他三国，其 Lafay 指数在 10 年间主要在 16～20 区间波动，相对比较稳定，说明俄罗斯此项服务专业化程度非常高，但其产业内贸易程度较低，体现俄罗斯此项服务在独联体国家中的独特优势。巴西次之，稍高于中国，巴西 Lafay 指数主要在 4.8～7.6 区间波动，说明巴西广告、市场调研与民意测验服务具有专业化优势，体现其在拉丁美洲国家的地域优势。印度最低，2004～2008 年主要在 -8.0～ -3.8 区间波动。

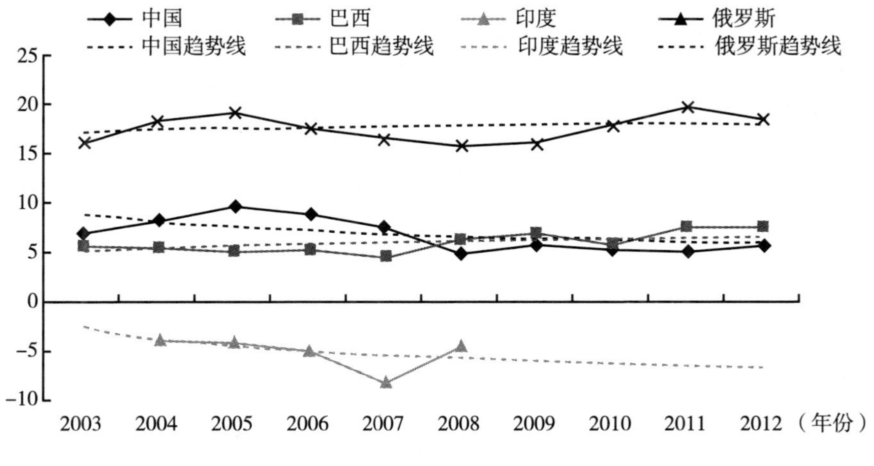


**图 36　金砖四国广告、市场调研与民意测验服务的 Lafay 指数比较**

资料来源：根据 UNCTAD 创意经济数据库数据计算获得。

## 2. 个人文化和休闲服务竞争力的金砖四国比较

**表 32　金砖四国个人文化和休闲服务的 Lafay 指数比较**

| 国家＼年份 | 2003 | 2004 | 2005 | 2006 | 2007 | 2008 | 2009 | 2010 | 2011 | 2012 |
|---|---|---|---|---|---|---|---|---|---|---|
| 中 | 0.22 | -0.49 | 0.91 | 0.72 | 1.53 | 1.31 | -0.30 | -0.52 | -0.55 | -0.82 |
| 巴 | 1.03 | 0.10 | 0.45 | 0.77 | -0.51 | -1.21 | -1.72 | -1.20 | -2.03 | -2.09 |
| 印 | NA | -0.65 | -0.80 | -0.35 | -0.22 | -0.75 | NA | NA | NA | NA |
| 俄 | -0.13 | -2.08 | -2.73 | -2.51 | -2.92 | -1.21 | -1.18 | -0.60 | -1.01 | -0.39 |

资料来源：根据 UNCTAD 创意经济数据库的相关数据计算获得。

就个人文化和休闲服务而言，金砖四国的专业化程度都不高。在四国中，中国的 Lafay 指数最高，其 Lafay 指数 10 年间主要在 -0.3～1.5 区间波动，巴西个人文化和休闲服务 Lafay 指数主要在 -2.0～1.0 区间上下波动，印度 LFI 2004～2008 年主要在 -0.8～ -0.2 区间波动，俄罗斯 LFI 2003～2012 年在 -2.9～ -0.1 区间波动。总体上，金砖四国的产业内贸易程度较高，各国倾向于分享市场，提供多样、差异化的同类服务以满足多元化的需求。

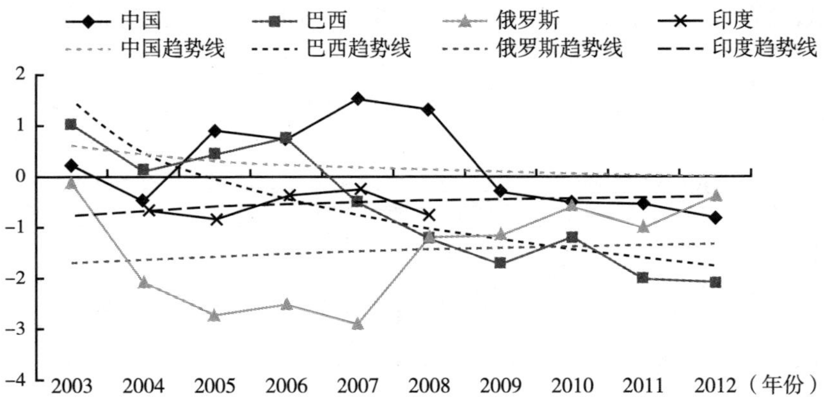


**图 37　金砖四国个人文化和休闲服务的 Lafay 指数比较**

资料来源：根据 UNCTAD 创意经济数据库数据计算获得。

### 3. 版税和许可费服务竞争力的金砖四国比较

**表 33　金砖四国版税和许可服务的 Lafay 指数比较**

| 国家＼年份 | 2003 | 2004 | 2005 | 2006 | 2007 | 2008 | 2009 | 2010 | 2011 | 2012 |
|---|---|---|---|---|---|---|---|---|---|---|
| 中 | -23.88 | -24.65 | -26.09 | -29.33 | -29.73 | -28.04 | -28.78 | -31.31 | -31.21 | -32.70 |
| 巴 | -1.53 | -0.90 | -1.84 | -1.43 | 0.11 | 0.65 | 0.51 | 0.26 | 1.01 | -2.32 |
| 印 | NA | -7.30 | -5.80 | -5.51 | -5.06 | -5.76 | NA | NA | NA | NA |
| 俄 | -11.29 | -16.70 | -18.28 | -18.43 | -18.99 | -21.54 | -20.24 | -20.91 | -21.15 | -22.45 |

资料来源：根据 UNCTAD 创意经济数据库的相关数据计算获得。

就传媒服务中最核心的服务类别版税和许可费服务而言，金砖四国均不具有专业化优势。巴西 Lafay 指数最高，其 Lafay 指数 10 年间主要在 -2.3 ~ 1.0 区间波动，比较接近 0，说明其产业内贸易程度较高。而印度次之，Lafay 指数主要在 -7.3 ~ -5.0 区间上下波动。俄罗斯与中国的专业化程度接近，专业化非常低。

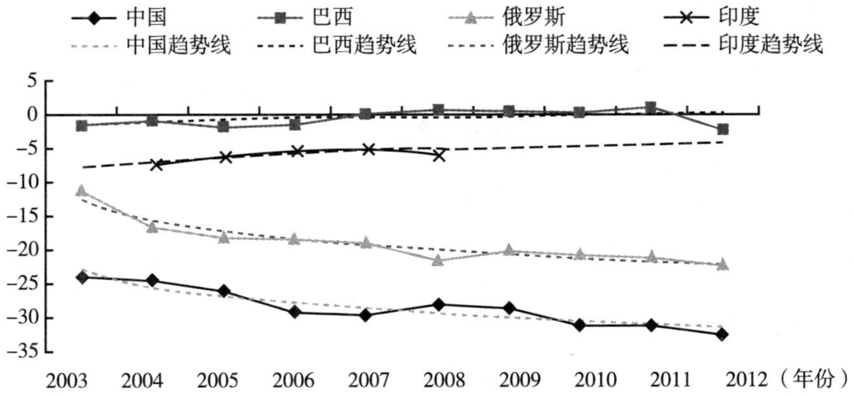


**图 38　金砖四国版税和许可费服务的 Lafay 指数比较**

资料来源：根据 UNCTAD 创意经济数据库数据计算获得。

### 4. 计算机与信息服务竞争力的金砖四国比较

**表 34　金砖四国计算机与信息服务的 Lafay 指数比较**

| 国家 \ 年份 | 2003 | 2004 | 2005 | 2006 | 2007 | 2008 | 2009 | 2010 | 2011 | 2012 |
|---|---|---|---|---|---|---|---|---|---|---|
| 中 | 16.43 | 16.76 | 15.12 | 19.55 | 20.58 | 21.59 | 23.11 | 26.51 | 26.46 | 27.48 |
| 巴 | -5.23 | -4.75 | -3.87 | -4.69 | -4.49 | -5.84 | -5.60 | -4.99 | -6.61 | -3.14 |
| 印 | NA | 11.81 | 10.50 | 10.60 | 13.32 | 10.62 | NA | NA | NA | NA |
| 俄 | -4.99 | 0.12 | 1.34 | 3.23 | 4.88 | 6.67 | 5.13 | 3.21 | 2.17 | 3.92 |

资料来源：根据 UNCTAD 创意经济数据库的相关数据计算获得。

从金砖四国计算机与信息服务 Lafay 指数比较来看，中国优势明显，其 Lafay 指数最高，远远超过其他三国，说明中国此项服务专业化程度非常高。其次为印度，其计算机与信息服务非常发达，其 Lafay 指数也较高，2004～2008 年在 10.5～13.3 区间波动。巴西最低，巴西 Lafay 指数主要在 -6.6～-3.1 区间波动，说明巴西计算机与信息服务专业化程度非常低，俄罗斯计算机与信息服务专业化程度高于巴西。

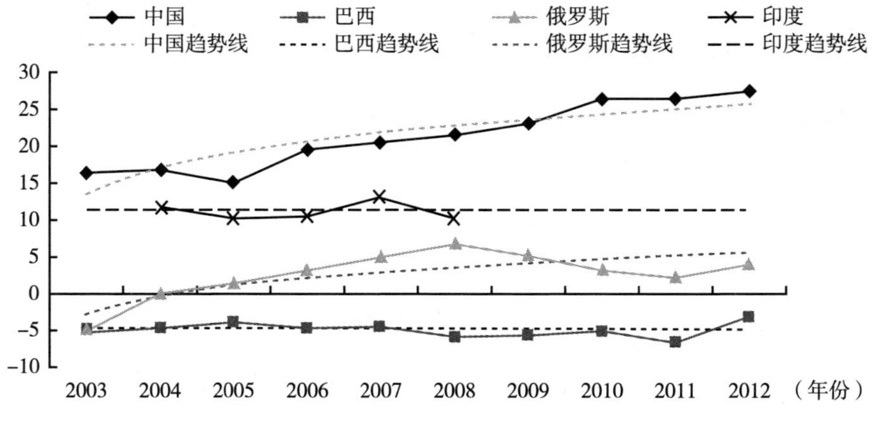


**图 39　金砖四国计算机与信息服务的 Lafay 指数比较**

资料来源：根据 UNCTAD 创意经济数据库数据计算获得。

## 五　金砖四国传媒国际竞争力比较的研究总结

根据以上对金砖四国传媒从规模、结构、竞争力指标等多方面的比较测量，可以得到以下结论。

### 1. 中国传媒类产品的综合竞争力远远超越巴印俄

从前面的数据分析可以看出，中国传媒类产品的国际竞争力已远远超越其他金砖三国。无论传媒类产品出口规模、国际市场占有率、贸易差额，还是TCI、RCA指数等竞争力评价指标，中国已远远高于巴印俄。2012年中国传媒类产品出口规模为巴西的120倍，印度的17倍，俄罗斯的17倍；2012年中国传媒类产品国际市场份额成长为16.34%，巴西同期为0.14%，印度只有0.98%，俄罗斯为0.93%；巴西、印度和俄罗斯传媒类产品大多保持在贸易逆差状态，而中国则一直保持为巨大贸易顺差；从TCI、RCA指数、NXRCA指数等看，中国传媒类产品竞争力指标也均远远超过巴印俄。因此可以认为中国传媒类产品的国际竞争力已超越其他金砖三国，并且优势仍在不断扩大。

### 2. 中国传媒类服务的国际竞争力高于巴俄但落后于印度

中国传媒类服务出口规模高于巴西和俄罗斯，但是其出口规模优势并没有传媒类产品那么大。金砖四国传媒类服务均表现出共同特点——高速增长，尽管中国传媒类服务高速增长，但是2012年，中国传媒类服务出口增长为203.7亿美元，而同期巴西为18.5亿美元，俄罗斯为72.72亿美元；2012年中国传媒类服务的国际市场份额成长为3.78%，而同期巴西国际市场份额为0.34%，俄罗斯国际市场份额为1.35%；巴西、俄罗斯和中国传媒类服务一样表现为巨大的贸易逆差，但中国逆差在缩小，而巴西和俄罗斯传媒类服务逆差不断增长并超过中国。从TCI、RCA指数、NXRCA指数等看，中国传媒类服务竞争力指标也均远远超过了巴西和俄罗斯。

但是中国传媒类服务在规模、市场份额等指标上均落后于印度。由于印度很多年份数据缺失，故无法进行更多比较，只能分析其5年的数据。印度在2004～2008年间，其传媒类服务出口规模远远超过中国，2008年印度传媒类服务出口规模是中国规模的近4倍；印度在2004～2008年间传媒类服务国际市场份额较高，2008年其国际市场份额达7.49%，接近英国市场地位，远远超过中国；印度在2004～2008年间传媒类服务表现为巨大的贸易顺差；从同期的TCI、RCA指数、NXRCA指数等看，印度传媒类服务竞争力指标也均远远超过了中国，这应该引起中国传媒业的高度重视。

### 3. 金砖四国传媒贸易服务化趋势同样明显

从金砖四国的比较发现，巴西、印度和俄罗斯的传媒类服务出口比重均远远超过中国。印度在2004～2006年间其传媒类服务比重最高，三年比重依次为97.71%、97.82%和98.33%。巴西传媒类服务比重达92.12%，与美国的比重相当。俄罗斯传媒类服务比重也远远超过中国，2012年其比重达87%，与英国和日本的比重相当。多国的数据均表明传媒产业的服务化已成为国际趋势。

### 4. 金砖四国在核心传媒服务方面均缺乏竞争优势

就传媒服务中最核心的服务类别版税和许可费服务而言，金砖四国均不具有专业化优势。巴西Lafay指数最高，其Lafay指数10年间主要在－2.3～1.0区间波动，印度次之，Lafay指数主要在－7.3～－5.0区间上下波动。俄罗斯与中国的专业化程度接近，专业化非常低，远远落后于美国和日本等发达国家。

### 5. 金砖四国传媒出口结构模式各异

印度传媒出口优势主要集中于视听产品、计算机与信息服务。其中视听产品具有绝对优势，印度的Lafay指数最高，远远超过中国，在金砖四国中具有较高的专业化优势。俄罗斯依赖其地缘文化（俄文世界）的优势，其出版物产品具有绝对优势，其Lafay指数最高，远远超过其他三国，其Lafay指数在10年间主要在7.19～19.49区间波动，说明俄罗斯出版物产品专业程度非常高。其次俄罗斯在广告、市场调研与民意测验服务方面优势明显，其Lafay指数最高，远远超过其他三国。巴西广告、市场调研与民意测验服务具有一定专业化优势，体现其在拉丁美洲国家的地域优势。中国优势依然主要体现在新媒体产品、音乐产品和计算机与信息服务等涉及较多制造业的产品类别中，具有较大的优势，而在其他内容类传媒产品方面劣势明显。

# 探索与建议篇

Exploration and Recommendations Chapter

## B.10 提升我国出版产品国际竞争力的策略和途径研究

范军 王扬 许婧 邓杨 尚烨 息慧娇*

摘 要： 随着我国出版产业的逐步壮大，我国出版产品进出口版权贸易逆差逐步缩小，国际竞争力逐步提升。然而我国出版产品依然难以进入境外主流渠道，与欧美发达国家相比差距较大。本文通过分析我国出版产品参与国际竞争的成就与差距，提出了以内容建设为核心，进行国际消费习惯研究以及

* 范军，男，理学硕士，研究员，全国新闻出版领军人才。1984～1989 年北京市环保局工作；1989～1996 年国家环保局任副处长；1996～2002 年北京市社会科学院任处长；2002～2009 年新闻出版总署任处长；2009 年 7 月起任中国出版科学研究所副所长、中国新闻出版研究院副院长。范军多次参加中央文件、中央领导同志讲话和新闻出版总署领导讲话的起草工作，主持完成了中宣部和新闻出版总署多项重大调研报告和重大课题，在《人民日报》《光明日报》等报纸和学术刊物上发表过几十篇理论文章，多次接受中央电视台、中央人民广播电台、人民网、央视网的采访。王扬、许婧、邓杨、尚烨、息慧娇均为中国新闻出版研究院《提升我国出版产品国际竞争力的策略和途径研究》课题组成员。

实施数字化、旗舰化等可操作化建议。

关键词： 出版产品 国际竞争力 走出去

党的十八大以来，中央十分重视包括出版业在内的文化走出去工作。习近平同志多次做出重要批示、提出明确要求。十八届三中全会对提高文化对外开放、提升我国文化产品国际竞争力做出一系列重要部署。出版产品作为文化走出去的重要载体，承担着讲好中国故事、传播中国声音、阐释中国特色的重要使命和任务，要求我国出版业必须不断提升出版产品国际竞争力，为文化走出去做出应有的贡献。

## 一 改革开放以来，我国把提升出版产品国际竞争力作为“文化走出去”的重要目标，不断加大政策支持力度，取得一系列成绩

经过十年的努力，我国出版产品进出口版权贸易逆差逐步缩小，从2003年的15:1缩小到2013年的1.7:1。其中图书版权输出由2003年的811种增长至2013年的7305种，十年间，增长8倍多。[①] 2008年以来，尽管受到国际金融危机的影响，出版产品出口仍保持了平稳增长，产品的竞争力也不断提高。2012年，出版产品出口金额超过1亿美元。[②]

一批反映中国梦、承载社会主义核心价值观及阐述中国道路、中国模式、中国经验的主题图书相继走向国际出版市场，提升了我国出版业的国际地位，如《习近平谈治国理政》《少年读马克思》《百年潮·中国梦》和“理解中国”丛书、“中国经验”丛书、“解读中国共产党”丛书等。同时，一批反映

① 吴尚之：《以五个“优化”为基础，大力推动文化走出去——在第十三届输出引进版优秀图书推介活动颁奖典礼上的讲话》，《出版参考》2014年第25期。

② 范军：《我国新闻出版“走出去”的理论与实践（上）》，《出版发行研究》2011年第11期。

当代中国人民精神风貌的文学作品也热销全球，如《狼图腾》《于丹〈论语〉心得》等。其中，《狼图腾》已被翻译成37种语言，《于丹〈论语〉心得》已在海外出版21个语种、31个版本。[①] 随着“中国热”在国际市场上的兴起，对外汉语教材需求量迅猛增长。2006年至今，我国约有3000多种对外汉语教材通过版权输出或实物出口等方式进入海外市场。[②] 我国少儿图书在国际市场上也表现出强劲势头。二十一世纪出版社出版的儿童文学作品《腰门》版权输出到法国、韩国和日本。在期刊方面，一大批集中体现中国改革发展、反映中国学术水平的杂志进入西方主流市场。如国内品牌杂志《知音》发行足迹已延伸到全球五大洲，主要集中于欧洲、北美、东南亚等海外华人集中的国家和地区，每期发行约20000余份。从2007年11月开始，《知音》与加拿大《环球华报》在当地合作出版《知音新女性》杂志，已出版近40期，每期发行3000余份。科学出版社有17种期刊与国际知名出版集团施普林格达成合作协议，7种与爱斯唯尔达成协议，其中《中国科学》《科学通报》两刊2010年海外销售收入100多万美元。

为进一步提升我国出版产品的国际竞争力，新闻出版总署印发了《新闻出版业“十二五”时期走出去发展规划》和《关于加快我国新闻出版业走出去的若干意见》。国家相关部门还实施八大出版工程来进一步提升出版产品国际竞争力。经典中国国际出版工程所有项目以版权输出和合作为主要方式，鼓励向发达国家输出。截至2013年12月底，累计资助571个项目、2149种图书，累计资助金额超过1亿元。中国图书对外推广计划于2006年正式启动。中外图书互译计划每年计划支持20~50种图书，3~5年完成。中国出版物国际营销渠道拓展工程开展顺利。此外，版权输出奖励计划、丝路书香工程等都大力支持出版产品走出去，极大地提升了出版产品的国际竞争力。

一批具有实力的出版骨干企业走出去，对提升我国出版产品国际竞争力发挥了重要作用。目前，我国出版企业在境外通过新设、收购、合资开办图书出

① 范军：《关注出版走出去进程中的评介工作》，《中国翻译》2014年第4期。

② 冯文礼：《创新增活力　阔步走世界——我国新闻出版业走出去成绩显著》，《中国新闻出版报》2013年11月5日。

版公司有 21 家，期刊出版公司有 10 家，报纸出版公司有 3 家。[①] 江苏凤凰出版传媒集团有限公司收购美国出版国际公司；海豚传媒公司与 50 多家国际著名出版社保持良好的合作关系和贸易往来关系，如法国的巴亚德，比利时的喀斯特曼，美国的国际出版有限公司，德国的德斯洛夫，英国的派拉根、麦克米兰、培生，韩国的熊津、汉松，日本的福音馆、学研社等；浙江出版联合集团与法国《欧洲时报》合作成立了法国东方书局出版社；浙江省新华书店集团公司分别与我国台湾地区天龙国际图书股份有限公司和美国百盛公司合作成立了博库书城网中国台湾站点和美国站点；杭州出版社在美国纽约注册成立了美国华文出版社，在马来西亚成立《汽车世界》杂志马来西亚有限公司；等等。

国际书展对于大力推出我国出版产品走出去，提升国际竞争力也发挥了巨大作用。自 2005 年我国第一次参加德国法兰克福国际书展以来，参展质量不断提高，版权输出数量也逐年增加。特别是刚刚闭幕的 2015 年美国书展，中国作为主宾国举办一系列活动，展示了中华文化的独特魅力和我国出版业的崭新风貌。这包括中国主题系列图书英文版首发；我国众多出版单位开展国际化项目合作；“美国中国”图片展等。北京国际图书博览会经过多年培育已经成为世界四大书展之一。目前，我国分别在莫斯科、首尔、法兰克福、萨洛尼卡、开罗、伦敦、伊斯坦布尔等重要国际书展上担纲主宾国，开展国际交流、版权贸易、文化展览等丰富的文化交流活动。所有这些都为提升我国出版产品国际竞争力拓展了渠道。

## 二　我国出版产品国际竞争力仍不强，特别是与欧美出版业发达国家相比，存在不少的差距

我国出版产品出口数量虽然较大，但所输出的大多图书出版物缺乏国际竞争力，还难以进入境外主流渠道。所输出的图书由于语言、文化的差异，一般外籍读者不好阅读，只能被图书馆、研究机构和华人书店等收藏或选购，基本

---

① 范军：《我国新闻出版“走出去”的理论与实践（上）》，《出版发行研究》2011 年第 11 期。

上游离于主流渠道，在大型书店中难以看到。

根据中国新闻出版统计资料显示，我国近年来对欧美的版权输出有较大增长，但中国港澳台与东亚、东南亚等国家和地区仍然是版权输出的最大市场。版权输出中反映我国当代改革开放和社会主义现代化建设的作品少之又少，大多还是中医、武术、烹调、体育等传统文化方面的书籍。

造成我国出版产品国际竞争力不强的原因众多，情况复杂。

对国外的投资环境、投资政策、消费市场状况等缺少深入的了解，致使不少出版产品在海外难以立足。不少出版企业没有深刻地理解和认识境外受众与我国政治文化差异，出版产品缺乏吸引力和感染力，必然也缺乏国际竞争力。

对出版产品国际竞争力的科学评估也显欠缺，在选择输出出版产品时，需要对引进国出版市场进行充分的调研，做到有的放矢、因地制宜。如《于丹〈论语〉心得》之所以能够在西方社会引起关注，主要是其哲学思想对于西方人的生活与工作同样具有参考价值。而据了解，目前不管是管理部门、企业还是研究机构都还未建立起对出版产品国际竞争力专业评估的信息反馈系统，对境外读者的接受能力缺少准确的研判。

目前，我国大型骨干企业还难以与国际传媒巨头抗衡。当今，任何企业如若在国际上具有影响力，享有话语权，必须融合多种业态，形成业务多元、实力雄厚的“航空母舰”。而我国出版企业无论是独资或合资或合作到境外办企业的，还是通过上市、参股、控股境外投资的，都乏善可陈，与国际出版传媒大鳄相比，所生产的产品竞争力差距十分明显。

同时，我国高水平翻译人才十分欠缺，特别是既深谙本国文化，又喜欢中国文化，同时具有较强的语言表达能力的外籍译者更是凤毛麟角。莫言获诺贝尔文学奖背后的功臣，瑞典译者陈安娜以及英语译者葛浩文都是国际人才本土化、本土人才国际化的代表，他们的译作往往获得国外主流受众的认可。

## 三　针对我国出版产品国际竞争力仍然不强，与欧美出版业发达国家相比存在的差距以及产生原因，亟待提升我国出版产品国际竞争力

（一）切实增强提升我国出版产品国际竞争力的紧迫感、责任感和使命

感。当今世界，综合国力竞争中，出版物作为文化产品的重要组成部分，其地位和作用日益凸显，越来越多的国家把提升出版产品国际竞争力作为提升文化软实力的重要途径。目前，我国日报总发行量居世界第一位，在世界日报发行量百强中中国大陆占了25席；图书出版品种和总印数居世界第一位；电子出版物总量居世界第二位。[①] 由美国《出版商周刊》、英国《书商》杂志、法国《图书周刊》、德国《图书报道》和巴西《出版新闻》5家国际出版媒体共同发布“2014全球出版业50强排行榜”显示，中国出版集团名列第14位，中国教育出版传媒集团位居第21位。但与世界上发达的出版强国相比，我国出版业无论在发展规模、发展格局、发展方式还是发展质量方面，都存在较大差距。这就迫切需要增强紧迫感、责任感和使命感来提升我国出版业国际竞争力，把更优秀的出版物输入国际市场，使中华文化在世界范围内得到更广泛的传播。

（二）打造中国自己的国际出版传媒旗舰。国际出版传媒市场的大量事实表明，左右国际舆论的似乎都是具有强大实力和竞争力的大型传媒集团。因此，提升我国出版产品国际竞争力，必须集中各种优质资源，打造数个具有世界影响力的跨国传媒集团。

（三）实施本土化发展战略。积极推进本土化传播，根据境外不同读者的价值取向和接受心理，要将出版物的选题组稿、编辑加工、印刷制作、推广营销等过程全方位地融入所在国的经济、政治、文化之中。本土化还要通过新设、并购、合作等方式培育境外实体，通过上市、参股、控股等形式扩大境外投资以及在境外收购知名品牌、营销网络和研发机构。

（四）加快发展数字化读物的生产和传播。移动互联网时代中，新兴媒体在全球性传播和国际话语权竞争中具有特有的优势。可以预测，未来数字化的出版物将是我国出版产品进入境外市场的主渠道，出版数字化意义重大。因此，要高度重视数字出版产品版权输出，以多种形式对出版内容进行全方位和深层次的开发，实现由传统出版向现代出版转变。

（五）加大财政经济政策扶持力度。当前，国家已出台一系列支持文化企

① 范军：《我国新闻出版“走出去”的理论与实践（下）》，《出版发行研究》2011年第12期。

业发展的财政、金融、税收政策，同时还推出了一系列国家文化产业发展基金、国家出版基金、国家文化出口重点企业和项目扶持资金、民族文字出版专项资金等项目。出版企业要积极争取，将上述经费用好用足。特别要注意与银行合作，争取更多金融支持。国家有关部门也应注意加强解读经典中国国际出版工程、中国图书对外推广计划、中国出版物国际营销渠道拓展工程、重点新闻出版企业海外发展工程、两岸出版交流合作工程、中国国际图书销售中心建设项目的有关政策，充分优化出版资源配置。

（六）大力打造“外向型”的人才队伍。提升我国出版产品国际竞争力的关键是人才。一是应构建“外向型”人才培养系统；二是应完善引进选拔使用的工作机制；三是要加强对外向型的经营管理人才、版权贸易人才、专业技术人才、翻译人才的培养。有意识地开展多层次、多领域的专业人才互用、互培，有计划地培养一批具有国际视野、通晓东西方文化、熟知国外读者思维方式、阅读习惯和语言特点的国际翻译人才。

（七）为提升出版产品国际竞争力，营造良好的环境。目前，有关部门已建立了翻译人才库、版权交易信息库、重点项目库、中外作家库，搭建了多语种的国家级信息服务平台。这还远远不够，还应充分发挥这些平台的作用。同时要加强对国际文化市场、文化政策和国际重点出版企业的研究，为出版企业提供各种信息服务。

B.11

# 基于 AHP 的广电媒体竞争力评价模式研究

施宇婷*

摘　要：本文结合竞争优势理论、核心竞争力理论、媒介功能理论等相关文献综述，通过层次分析法、数据分析等方法，在已有文献研究的基础上，根据当今媒体环境，通过发放问卷、专家访谈等，建立起衡量广电媒体竞争力的评价模式、指标体系并赋予权重。以上海、湖南、浙江三家广电媒体集团为例，研究其竞争力对比差异。本研究结论主要有以下两方面。1. 构建起衡量广电媒体竞争力的评价模式及指标体系，并以 AHP 为主要研究方法赋予权重。2. 对以 SMG 为代表的以传统广电媒体为基础的综合性文化传媒如何进一步发展提出建议：一是深化体制机制改革，建立现代企业管理制度；二是加强全方位合作，应对激烈行业竞争；三是全面提升传播力，加强核心竞争力；四是推进媒介融合，全面拥抱互联网。

关键词：层次分析法　广电媒体　竞争力　理论模型　指标体系

## 一　引言

近年来，在深化文化体制改革、推动社会主义文化大发展大繁荣的政策指

* 施宇婷，现任上海广播电视台党群工作部主任助理，上海交通大学媒体与设计学院传播学硕士。于《新闻世界》杂志发表论文《东方卫视品牌影响力研究》《法律维度下的新闻自由》多篇。

引下，新闻传媒业的变革迅速又激烈。国家对传媒业的持续重视和强力推动，促使传媒进入飞速发展阶段。3G、4G、三网融合、移动互联网、云计算等技术纷至沓来，传媒业在产业、市场、管理、应用等诸多领域发展势头迅猛。

现在的广电媒体越来越凸显“大众传播媒介”的作用：传播信息、指导经济、服务受众、舆论监督。经营活动更加重要，不同传媒个体间的关系趋向紧张、对抗、利益攸关，更多地、鲜明地体现出“企业”而不是“事业”的特性。传统传媒业从文化事业中脱离出来，作为文化产业的一部分走上了产业化、市场化之路。2011 年以来，传统广电媒体一方面受到经济衰退、主管部门政策调控等因素影响，收听收视率、营收、影响力等出现不同程度的下滑；另一方面，受到事业企业双重体制性因素的困扰，优秀人才流失率高，生存处境一落千丈。传媒业业内竞争激烈，在信息来源和受众、广告市场方面展开白热化竞争。新技术、新媒介产品日新月异、不断普及，快速抢占了传统媒体原本的市场份额，互联网、微信等新媒体分散了消费者的注意力。新媒介技术发展引发传播方式和媒体终端革命，新媒体迅速崛起，对传统媒体逐渐形成全面围剿之势，同时已经成为经济发展的重要引擎，成为推进社会发展、社会治理的重要力量。

2014 年 3 月 31 日，上海大小文广集团合并，正式挂牌成立了上海文化广播影视集团有限公司（以下称 SMG）。原上海文化广播影视集团的事业单位建制撤销，改制设立国有独资上海文化广播影视集团有限公司。同时，上海东方传媒集团有限公司与上海文广集团实施整合，SMG 体制、机制全面深入改革。改革目标是建设中国最具创新活力和国际影响力的文化传媒集团之一。

SMG 改革是上海落实中央精神的重大举措，是加强新时期上海意识形态工作、做大做强文化传媒产业的重大决策，也是上海宣传思想文化领域的一次重大改革。随着传媒事业发展，“大小文广”的架构存在不适应之处，上海广播电视台也面临着巨大的挑战和机遇，迫切需要通过整合更多的资源、再造组织架构、深化体制机制改革，来增强广播电视主流媒体的传播力影响力，来提高文化传媒产业的创新能力和运行效率。这次改革也是全面深化上海市文化体制改革的有机组成部分，得到了中央和主管部门的大力支持。这次文广改革既要解决存在的问题，更要面向未来，着力打造具有相当实力和影响力、在全媒体和文化产业链上有独特地位的文化传媒集团。

在如此强势的政策背景下，在全国广电媒体竞争激烈、新媒体异军突起的大形势下，以 SMG 为代表的广电媒体如何结合形势要求和内在要求，保持、培育核心竞争力，既更好地发挥作为宣传主阵地的作用，着力提升宣传思想文化工作的影响力、竞争力、说服力和感召力，同时又通过深化改革，创新探索全新运作机制，更好地激发企业的内在活力，抓好内容导向，做大规模壮大产业，不断破解发展难题，继续保持在中国文化传媒发展中的领先地位，显著提升在国际上的品牌影响力，是需要深入研究、不断修正的课题。

本文使用定性与定量研究相结合的方法，主要通过文献资料收集法、文本分析法、调查问卷法、层次分析法进行研究。通过研究，建立起衡量广电媒体竞争力的评价模式和指标体系，并给予每项指标赋权。通过实证分析，比较三家媒体集团核心竞争力。在分析对比基础上，提出改进建立和增强以 SMG 为代表的广电媒体集团竞争力的建议。在定性研究方面，主要采用文献资料收集法研究广电媒体竞争力以及评价体系。

在研究广电媒体竞争力的时候采用典型个案的文本分析法，以 SMG 为例，结合对媒体内部资深人士、中层领导、高层领导、宣传部门、主管部门领导等进行深度访谈、调研和分析。在定量研究方面，通过调查问卷法进行媒体发展水平和自身资源能力等方面的分析，结合指标体系的评价结果，对最终的研究目标内容定位给出建议。本研究调查问卷以媒体从业人员为主要研究范围和对象。

## 二　研究对象的现状及特点

### （一）SMG 简介

上海广播电视台（含上海文化广播影视集团有限公司，统称 SMG），前身是上海文广新闻传媒集团，由原上海电视台、上海东方电视台、上海有线电视台、上海人民广播电台、上海东方广播电台等“五台”整合而成。2009 年 10 月，经国家广电总局批准，上海文广新闻传媒集团在全国率先实施“制播分离”改革，形成事业性质的上海广播电视台和企业性质的上海东方传媒集团有限公司“一体两翼”的运营格局。

截至 2013 年底，SMG 旗下拥有 11 个广播频率、15 个电视频道、15 个数字电视付费频道、9 种报纸杂志，以及 IPTV、手机电视、网络视频、互联网电视等新媒体平台；同时积极进行跨媒体、跨地域拓展，构建完整产业链。

自 2009 年以来，SMG 的产业经营持续高速增长。2013 年经营总创收 185 亿元，比 2012 年增长 6%，产业规模居全国省级广电集团前列。

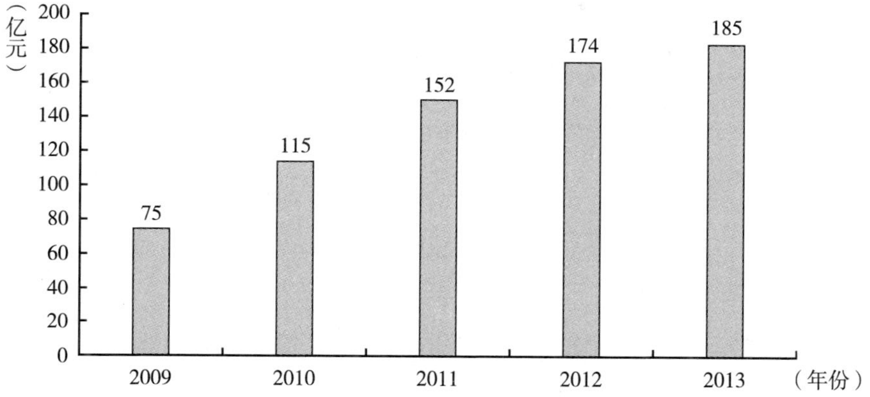


**图 1　SMG 2009～2013 年度经营总创收情况**

在做大做强现有业务板块的同时，SMG 积极培育壮大新兴业务，推动营收结构持续优化。2013 年，SMG 广告经营收入（含新媒体广告收入）达 63.8 亿元，广告创收占总收入的比重进一步下降。

2013 年，SMG 旗下的 11 套广播频率占有上海广播市场份额的 92%，自 2003 年至今，其市场份额一直保持在 90% 以上。2013 年，SMG 旗下的 13 个电视频道，在上海市场黄金时段（18：00－24：00）的整体市场份额达到 68%，巩固了在上海市场的垄断地位。

同时，SMG 还积极打造世界级的媒体平台，推动品牌形象和美誉度从上海扩展至全国乃至全球市场。2013 年，SMG 卫视组合优势得到进一步巩固。

作为 SMG 电视媒体的旗舰频道，东方卫视正成长为国内最具投资价值的省级卫视频道。2013 年，东方卫视全国入网率达到 99.53%，居全国省级卫视前列；覆盖全国可收视人口 9.83 亿，创历史新高。东方卫视以其新鲜、新锐、国际、都市的媒体风格，凭借在新闻、娱乐、影视节目等各方面的综合性结构优势，在激烈竞争的态势下突破重围，保持华东核心城市群这一黄金区域全国收视第一宝座（见图 3）。此外，东方卫视的观众结构也呈现出年轻和高学历的趋势，25～34 岁及大学学历以上人群比例不断上升。在全球市场，东方卫

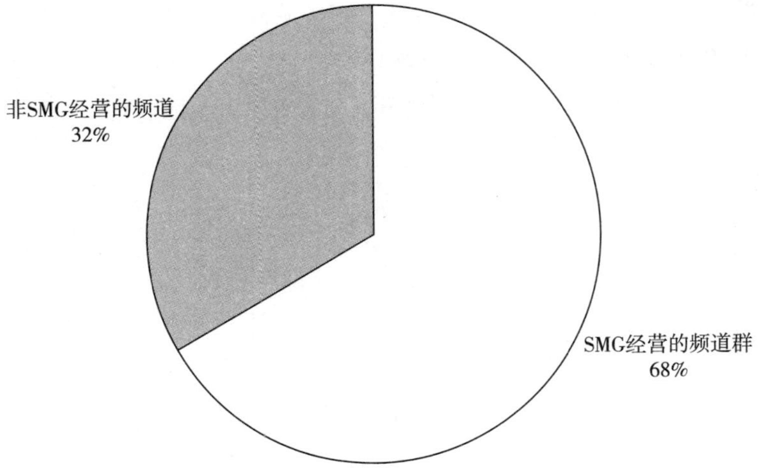


图 2　2013 年 SMG 经营的频道群在上海黄金时段的收视份额

视国际频道的海外影响力不断增强，据最新收视数据统计，在长城平台所有成员台中，目前，东方卫视在北美地区的收视率及收视份额，均位居省级卫视首位（含凤凰卫视），仅次于央视四套和央视娱乐。

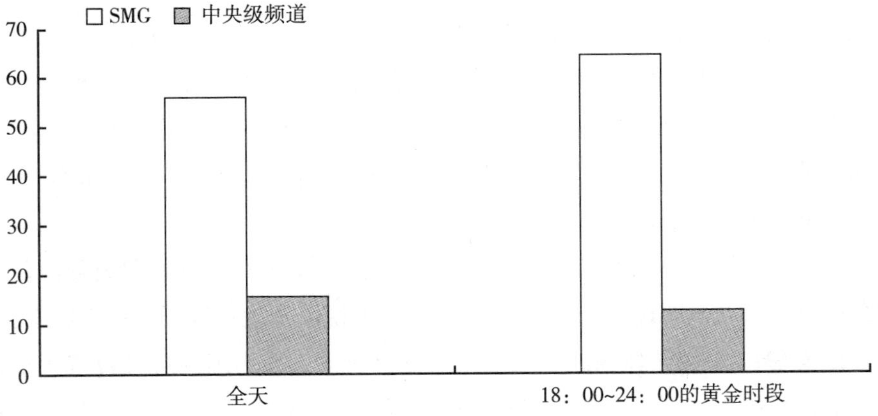


图 3　SMG 经营的频道群在上海的收视份额优势

SMG 现有 11 套广播频率。本着“内容是王道”的经营理念，2013 年广播板块先后进行了不同程度的版面调整，通过多形式声音媒体落地，呈现更具接触感的广播，全年推出超过 300 场形式多样的品牌活动，吸引近 30 万人次参

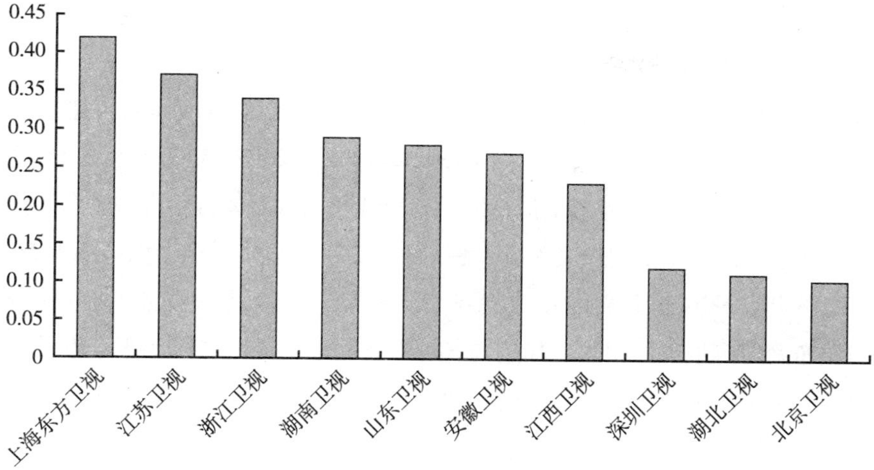


**图4　2013年东方卫视收视率在最富裕的华东地区折桂**

资料来源：CSM/4+/33城市组8城市（上海、杭州、南京、济南、青岛、福州、南昌、合肥）/2013.01.01－2013.12.31/全天。

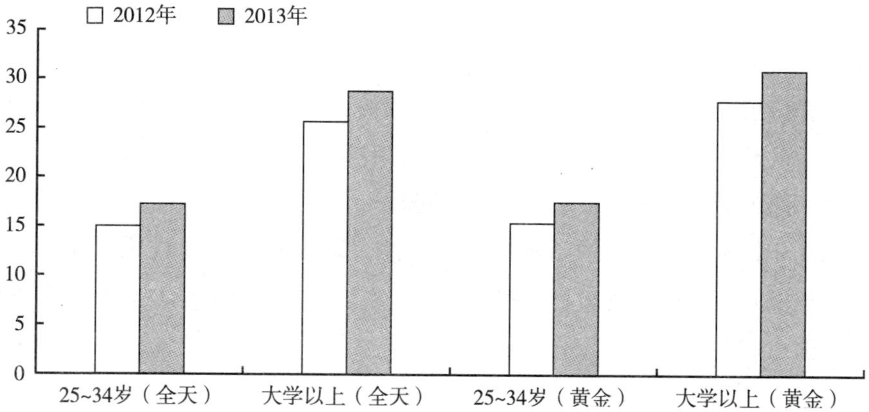


**图5　2013年东方卫视全天、黄金时段年轻高学历观众比例上升**

资料来源：CSM/4+/32城市组/2013.1.1～2013.12.31/全天和18：00～24：00。

与，实现了品牌项目的强化。同时，积极介入演艺产业链部分环节，发展少儿培训业务，推进版权节目销售，有效拓展非广告赢利点，在经营业绩和市场拓展上均取得不俗成绩。

继2011年底成功上市后，百视通新媒体积极拓展与产业链各方的合作，率先完成视频新媒体全产业链布局，领跑国内新媒体行业。2013年，百视通围绕“一云多屏”的战略规划，继续整合IPTV、智能电视一体机、OTT、手机、Pad等分散平台为一个云平台，聚合海量的互联网内容，创新“端”到“端”服务的可持续的商业模式，在用户规模、产品创新、版权内容建设等方面均有显著提升。2013年，公司实现营业收入26.3735亿元，同比增长30.06%。百视通继2012年投资风行网后，2013年再次对风行网进行增资，持有的股权从参股35%增加到控股54%，标志着SMG“台网融合”战略全面启动。

2013年，SMG旗下文广互动围绕“互动”和“高清”业务的整体战略，进一步加大内容生产与积累，加速与各地有线网络交流、高清业务合作。文广互动进一步深化与国家电网的资本合作，在自贸试验区组建合资公司“广视通”，发展智能用电、智能宽带、智能电视“三电”增值业务。2013年，文广互动付费频道（标清+高清）已覆盖全国30个省、自治区、直辖市，用户达1.6亿，有效用户达5000万，市场占有率超过30%。同时，高清节目产量较2012年同期提升两倍，极大地丰富了观众的选择。

SMG最核心的资源是内容品牌。近年来，SMG致力于与优秀市场资源的深度合作，努力将优秀内容重新开发，打通传媒与演出两大市场，嫁接优质内容与强势传播渠道，探索中国演艺产业发展的新路径，积极试水包括音乐剧、舞台剧、话剧、相声表演、杂技旅游秀、演唱会等多种艺术形式在内的现场演出项目，在为受众带来丰富娱乐体验的同时，努力拓展SMG的演艺产业版图。

依托于技术运营业务的高水准与专业性，2013年，SMG鼓励下属相关业务单位积极开拓广电系统工程、视觉创意、多媒体技术开发、展览展示等方面的市场项目。①

## （二）湖南广播电视台简介

湖南广播电视台成立于2010年，前身系湖南广播影视集团，直属电视频道12个，广播频率8个。旗下拥有潇湘电影集团有限公司、芒果传媒有限公司、湖南电广传媒股份有限公司、上海天娱传媒有限公司等40多家台属二级企业，各类从业人员12000余人。②

---

① SMG2013年报。

② 《湖南广播电视台社会责任发展报告》（2012~2013）。

湖南广播电视台卫星频道，简称湖南卫视，是湖南广播电视台第一频道，于1997年1月1日正式通过亚洲2号卫星传送，并更名为湖南电视台卫星频道。湖南卫视收视率连续多年居大陆省级卫视第一，在央视索福瑞2009年全国卫星电视整体收视率排名中名列第二。

频道影响方面，湖南卫视收视率曾连续4年位居省级卫视第一（全国所有卫视第六，仅次于CCTV1、3、6、8、5台）。连续两年被评为“中国最具投资价值的媒体”，连续两年进入“中国品牌500强”。

截至2013年，湖南卫视在中国大陆的覆盖人口达到10.16亿，根据相关机构的调查，喜爱湖南卫视的观众多达3.58亿，每日观看湖南卫视的观众则多达2.1亿，位居省级卫视第一名。而在互联网方面，湖南卫视授予视频网站版权的节目，点击量高达73亿，在社交网站中提及的电视频道，也由湖南卫视领衔。2013年湖南卫视盈利创收63.5元人民币。①

世界品牌实验室在2013年9月28日发布了2013年度“亚洲品牌500强”。湖南广播电视台（HBS）列“亚洲品牌500强”第146位，较2012年上升11位，居中国省级电视网第一。

## （三）浙江广播电视集团简介

浙江广电集团成立于2001年11月8日，是一家以广播电视为主业，兼营相关产业的综合型媒体集团，是国内最具影响力的省级媒体之一。2013年，集团连续三年荣获“中国500最具价值品牌”，排名全国媒体第八，位居浙江媒体第一。②

浙江广电集团共拥有19个广播电视频道，其中电视频道12个、广播频道7个。集团实施节目、栏目、活动、频道和主持人“五大品牌战略”，浙江卫视“中国蓝”品牌异军突起，《创业创新在基层》《寻找可游泳的河》等大型新闻行动声势浩大，《中国好声音》《中国梦想秀》等标杆综艺节目反响强烈，浙江卫视跻身省级卫视“前三强”。合力开办浙江广电门户网站“新蓝网”，成立浙江网络广播电视台和手机台，努力打造舆论宣传的新阵地和产业经营的

① 维基百科，http：//zh.wikipedia.org/wiki/%E6%B9%96%E5%8D%97%E5%8D%AB%E8%A7%86。

② 浙江广播电视集团官网，http：//www.zrtg.com/。

新平台。集团与10多家国外媒体机构建立友好合作关系，在欧洲、美洲、亚洲、澳洲等地开辟了外宣窗口。

浙江广电集团拥有13家全资企业单位，近年来，集团重点培育“家庭购物”“影视生产”和“新媒体”等新兴产业；以浙江影视（集团）公司为生产主体，投资拍摄电影《集结号》和电视剧《温州一家人》等，打响“浙派影视”品牌；组建浙江广电新媒体有限公司，85天建成浙江IPTV集成播控平台，为赢得“三网融合”主动权打下了坚实基础。集团还有华数数字电视有限公司等控股和参股公司8家，参与开发数字电视、手机电视等业务。①

浙江广电集团技术设备不断升级，先后投入20多亿元，引进配置国际一流、国内领先的16讯道高清电视卫星转播车和各类卫星转播车12辆，建成规模不一、功能各异的数字化广播电视演播厅21个，浙江卫视列入全国首批高标清同播电视频道，广播电视数字化、网络化水平明显提升，技术装备实力走在全国省级广电的前列。②

## 三　媒体竞争力评价模式及指标体系建构

### （一）媒体竞争力评价模式建构

在收集研究各类关于媒体竞争力评价指标体系后，笔者赞同张艳观点，认为媒体竞争力指的是媒体企业获取、利用自身独特的资源和能力，同时结合环境因素，为自己不断赢得经济、社会效益、竞争优势的综合素质。笔者认为，媒体竞争力具体是指媒体充分利用外部环境金和内部资源、能力，不断赢得经济效益和社会效益的综合能力、竞争优势。

田丽在国内外学者的研究成果基础上，深入分析媒体竞争力的形成机制，她所构建的“媒体竞争力评价指标体系”是经过两轮筛选确定的，其指标凸显了媒体竞争力中较为核心的方面，可以较为科学地测量媒体的核心竞争力。但是，她对领导的个人素质与能力、政策资源、社会关系资源等要素过于看重，而采用反映宏观环境的具体指标较少。

---

① 浙江广播电视集团官网，http：//www. zrtg. com/。

② 浙江广播电视集团官网，http：//www. zrtg. com/。

综合张艳和田丽的观点，笔者认为，评价体系应该既包括企业外在的环境因素、媒体发展水平与社会效益形成的显在竞争优势，也包括企业内部资源、能力等所形成的潜在竞争优势。因此，在张艳的理论模型基础上，将环境因素作为显在竞争优势的源泉之一；在田丽的指标体系基础上，增删、调整了大部分指标。

媒体核心竞争力的理论模型如下：

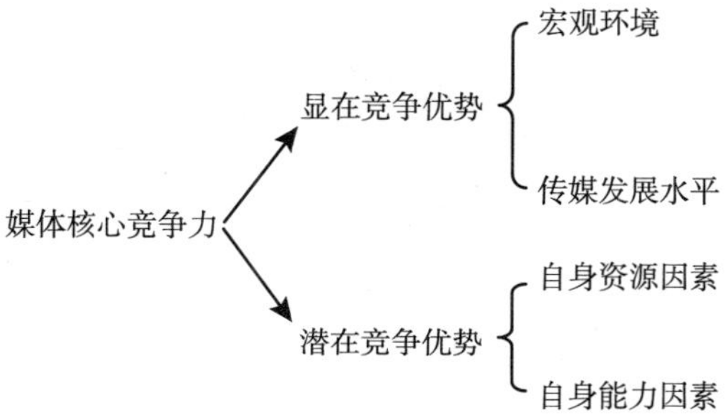


## （二）媒体竞争力评价指标体系建构

**表 1　媒体竞争力评价指标体系**

| 一级指标 | 二级指标 | 三级指标 | 四级指标 | 指标解释<br>数据来源 |
|---|---|---|---|---|
| 显在竞争优势 | 宏观环境 | 经济环境 | 地区生产总值（GDP） | 《中国统计年鉴 2013》 |
| | | | 地区生产总值指数 | |
| | | | 地区第三产业生产总值 | |
| | | 人口环境 | 各地区年末人口数 | |
| | | | 各地区少年儿童抚养比 | |
| | | | 各地区老年人口抚养比 | |
| | | 教育环境 | 各地区大专及以上人口 | |
| | | | 各地区教育经费情况 | |
| | | 就业环境 | 各地区城镇登记失业人员 | |
| | | | 各地区失业率 | |
| | | 消费环境 | 各地区居民消费支出 | |
| | | | 各地区居民文化娱乐消费价格指数 | |
| | | | 各地区城镇居民家庭平均每人全年现金消费支出（文教娱乐） | |
| | | 基础设施 | 各地区有限广播电视传输干线网络总长 | |
| | | | 各地区移动电话普及率 | |
| | | | 互联网普及率 | |

续表

| 一级指标 | 二级指标 | 三级指标 | 四级指标 | 指标解释<br>数据来源 |
|---|---|---|---|---|
| 显在竞争优势 | 传媒发展水平 | 制作能力 | 全年制作广播节目时间 | 《中国广播电视年鉴》2013 |
| | | | 全年制作电视节目时间 | |
| | | 播出时长 | 公共广播节目播出时间 | |
| | | | 公共电视节目播出时间 | |
| | | 覆盖率 | 电视综合人口覆盖率 | |
| | | | 广播综合人口覆盖率 | |
| | | | 全国卫视频道覆盖率 | |
| | | 市场规模 | 全国电视收视市场份额 | |
| | | | 有线广播电视用户情况 | |
| | | | 数字电视用户数 | |
| | | | 全国电视节目交易情况 | |
| | | | 各地区有线广播电视用户数占家庭总户数的比重 | |
| | | 营收能力 | 广播电视收入情况 | |
| | | | 有线网络收入 | |
| | | | 广播电视节目销售收入 | |
| | | | 广告收入总额 | |
| | | | 广告收入增长率 | |
| | | 社会效益 | 影响力 | 受众 |
| | | | 公信力 | |
| | | | 美誉度 | |
| 潜在竞争优势 | 自身资源因素 | 领导力 | 战略思维 | 企业调查量表 |
| | | | 宏观决策 | |
| | | | 管理行为 | |
| | | | 个人品质 | |
| | | 人力资源 | 规划 | |
| | | | 招聘与配置 | |
| | | | 培训与开发 | |
| | | | 绩效管理 | |
| | | | 薪资福利管理 | |
| | | | 劳动关系 | |
| | 自身能力因素 | 生产经营 | 内容生产能力 | |
| | | | 技术能力 | |
| | | | 产业链拓展能力 | |
| | | | 投融资能力 | |

续表

| 一级指标 | 二级指标 | 三级指标 | 四级指标 | 指标解释<br>数据来源 |
|---|---|---|---|---|
| 潜在竞争优势 | 自身能力因素 | 组织管理 | 分工明确 | 企业调查量表 |
| | | | 责任明确 | |
| | | | 目标明确 | |
| | | | 管理体制 | |
| | | | 制度执行力 | |
| | | | 组织机构效率 | |
| | | | 企业文化认同 | |
| | | 媒介融合 | 技术层面融合 | |
| | | | 控制层面融合 | |
| | | 学习创新 | 节目创新 | |
| | | | 机制创新 | |
| | | | 研发投入 | |
| | | | 研发成果 | |

## （三）指标体系赋权分析研究

前文构建的关于媒体核心竞争力评价的模型，包括显在竞争优势和潜在竞争优势两个一级指标。其中显在竞争优势包括宏观环境、传媒发展水平两个二级指标，潜在竞争优势包括自身资源因素、自身能力因素两个二级指标。

通过回归分析法分析确定宏观环境指标。通过设计《媒体核心竞争力评价指标权重调查问卷》并回收统计，用层次分析法分析传媒发展水平指数、媒体自身资源、自身能力因素指标。通过对数据的回归分析，对整个指标体系进行赋权。

根据上述的指标体系，选取 SMG、湖南广播电视、浙江广播电视 2012 年的数据作为研究对象，进行实证对比研究。

### 1. 宏观环境指数

不同地区的传媒发展程度不同，很大原因在于环境因素发挥了很大作用。笔者认为，环境因素也是核心竞争力的重要来源之一。借助于宏观环境分析中的 PEST 分析框架（在这里，宏观环境泛指影响行业和企业的一切宏观因素），分析宏观环境因素。不同行业、不同企业由于其自身特点、经营需要的不同，具体内容有很大差异，但是一般对政治（Political）、经济（Economic）、社会

（Social）和技术（Technological）这四大类主要因素进行分析，我们把这个称为 PEST 分析法。

因为在我国基本国情范围内，媒体所处的政治环境以及遵循的媒介产业政策对所有媒体大同小异；技术发展给媒体带来的机遇和挑战也差异无几，那么对媒体竞争力造成较大影响的就是经济和社会因素。这两大因素和媒介市场的地域性特征有较为密切的联系，所以把三者结合起来分析，通过实证研究探索影响媒体竞争力的外部环境。

在以往的种种研究中可以看出，对媒体生存环境来说，基础设施、经济发展水平、人口因素等相关性较高，所以假设影响媒体竞争力的宏观环境要素中关键的有经济环境、人口环境、教育环境、就业环境和消费环境，具体替代变量见表 2。

**表 2　媒体“宏观环境”指标体系**

<table>
<tr><th>二级指标</th><th>三级指标</th><th>四级指标</th><th>数据来源</th></tr>
<tr><td rowspan="13">宏观环境</td><td rowspan="3">经济环境</td><td>地区生产总值(GDP)</td><td rowspan="13">《中国统计年鉴 2013》</td></tr>
<tr><td>地区生产总值指数</td></tr>
<tr><td>地区第三产业生产总值</td></tr>
<tr><td rowspan="3">人口环境</td><td>各地区年末人口数</td></tr>
<tr><td>各地区少年儿童抚养比</td></tr>
<tr><td>各地区老年人口抚养比</td></tr>
<tr><td rowspan="2">教育环境</td><td>各地区大专及以上人口</td></tr>
<tr><td>各地区教育经费情况</td></tr>
<tr><td rowspan="2">就业环境</td><td>各地区城镇登记失业人员</td></tr>
<tr><td>各地区失业率</td></tr>
<tr><td rowspan="3">消费环境</td><td>各地区居民消费支出</td></tr>
<tr><td>各地区居民文化娱乐消费价格指数</td></tr>
<tr><td>各地区城镇居民家庭平均每人全年现金消费支出(文教娱乐)</td></tr>
</table>

### 2. 传媒发展水平指数

根据上述指标体系，传媒发展水平的指标建立在生产能力、传播能力和收益能力三个维度上。具体指标如表 3 所示。

**表 3　媒体“传媒发展水平”指标体系**

| 二级指标 | 三级指标 | 四级指标 | 数据来源 |
|---|---|---|---|
| 传媒发展水平 | 制作能力 | 全年制作广播节目时间 | 《中国广播电视年鉴 2013》 |
| | | 全年制作电视节目时间 | |
| | 播出时长 | 公共广播节目播出时间 | |
| | | 公共电视节目播出时间 | |
| | 覆盖率 | 电视综合人口覆盖率 | |
| | | 广播综合人口覆盖率 | |
| | | 全国卫视频道覆盖率 | |
| | 市场规模 | 全国电视收视市场份额 | |
| | | 有线广播电视用户情况 | |
| | | 数字电视用户数 | |
| | | 全国电视节目交易情况 | |
| | | 各地区有线广播电视用户数占家庭总户数的比重 | |
| | 营收能力 | 广播电视总收入 | |
| | | 网络收入 | |
| | | 全国电视节目国内销售额 | |
| | | 广告收入总额 | |
| | | 广告收入增长率 | |

### 3. 社会效益竞争力指数

在上述的指标体系中，社会效益指标的数据较难量化。根据对相关专家的访谈以及参阅文献，将媒体社会效益大致从影响力、公信力、美誉度三个维度来体现。设计了《传媒社会效益调查问卷》，由不同地域的受众填写，对SMG、湖南广播电视集团、浙江广播电视集团三个不同地区的媒体集团进行评价，最后进行加权平均，作为社会效益竞争力指数。

**表 4　媒体“社会效益”指标体系**

| 二级指标 | 三级指标 | 四级指标 | |
|---|---|---|---|
| 传媒发展水平 | 社会效益 | 影响力 | 受众 |
| | | 公信力 | |
| | | 美誉度 | |

### 4. 媒体内部资源与能力指标

不同媒体的内部资源与内部能力取决于媒体鲜明的个性特征。为了获取相关信息，设计出了反映内部资源与能力的媒体《内部资源与能力调查表》。媒体内部资源与能力的问卷，分别请几大集团的员工填写，测量不易数据化的“软性”指标。问卷内容及设计一部分来源于前面诸位学者的研究成果，另一部分来自于在访谈中获知的相关信息，笔者自行设计修改。

**表 5　媒体“潜在竞争优势”指标体系**

| | | | | |
|---|---|---|---|---|
| 潜在竞争优势 | 自身资源因素 | 领导力 | 战略思维 | 企业调查量表 |
| | | | 宏观决策 | |
| | | | 管理行为 | |
| | | | 个人品质 | |
| | | 人力资源 | 规划 | |
| | | | 招聘与配置 | |
| | | | 培训与开发 | |
| | | | 绩效管理 | |
| | | | 薪资福利管理 | |
| | | | 劳动关系 | |
| | 自身能力因素 | 生产经营 | 内容生产能力 | |
| | | | 技术能力 | |
| | | | 产业链拓展能力 | |
| | | | 投融资能力 | |
| | | 组织管理 | 分工明确 | |
| | | | 责任明确 | |
| | | | 目标明确 | |
| | | | 管理体制 | |
| | | | 制度执行力 | |
| | | | 组织机构效率 | |
| | | | 企业文化认同 | |
| | | 媒介融合 | 技术层面融合 | |
| | | | 控制层面融合 | |
| | | 学习创新 | 节目创新 | |
| | | | 机制创新 | |
| | | | 研发投入 | |
| | | | 研发成果 | |

## （四）运用层次分析法计算指标权重

在上文中建立起本研究的指标体系之后，运用层次分析法来计算各个指标的权重。

### 1. 层次分析法的步骤

层次分析法有以下基本步骤：为了比较不同元素对同一目标的影响，从而确定它们在目标中所占的权重，每次选取两元素对比，对比时适用尺度相同，尽量减少性质不同的因素之间相互比较时的困难系数。

**表 6　判断矩阵的标度及其含义**

| 重要性标度 | 含义 |
|---|---|
| 1 | 表示两个元素相比，具有同等重要性 |
| 3 | 表示两个元素相比，前者比后者稍重要 |
| 5 | 表示两个元素相比，前者比后者明显重要 |
| 7 | 表示两个元素相比，前者比后者强烈重要 |
| 9 | 表示两个元素相比，前者比后者极端重要 |
| 2,4,6,8 | 表示上述判断的中间值 |
| 倒数 | 若元素 I 与元素 j 的重要性之比为 aij，则元素 j 与元素 I 的重要性之比为 aji = 1/aij |

接下来，通过建立递阶层次结构、构造判断矩阵并赋值、层次单排序（计算权向量）与检验、层次总排序等层次分析法的规定步骤，根据以上得出的各判断矩阵的特征向量，分别计算备选方案各元素对最高层的权重。

### 2. 计算权重

在上文已经建立起本文的指标体系，也就是建立起层次结构问题评价体系。

**表 7　本研究的指标体系**

| 一级指标 | 二级指标 | 三级指标 | 四级指标 |
|---|---|---|---|
| 显在竞争优势 B1 | 宏观环境 C1 | 经济环境 D1 | 地区生产总值（GDP）E1 |
| | | | 地区生产总值指数 E2 |
| | | | 地区第三产业生产总值 E3 |
| | | 人口环境 D2 | 各地区年末人口数 E4 |
| | | | 各地区少年儿童抚养比 E5 |
| | | | 各地区老年人口抚养比 E6 |

续表

| 一级指标 | 二级指标 | 三级指标 | 四级指标 |
|---|---|---|---|
| 显在竞争优势 B1 | 宏观环境 C1 | 教育环境 D3 | 各地区大专及以上人口 E7 |
| | | | 各地区教育经费情况 E8 |
| | | 就业环境 D4 | 各地区城镇登记失业人员 E9 |
| | | | 各地区失业率 E10 |
| | | 消费环境 D5 | 各地区居民消费支出 E11 |
| | | | 各地区居民文化娱乐消费价格指数 E12 |
| | | | 各地区城镇居民家庭平均每人全年现金消费支出(文教娱乐)E13 |
| | | 基础设施 D6 | 各地区有限广播电视传输干线网络总长 E14 |
| | | | 各地区移动电话普及率 E15 |
| | | | 互联网普及率 E16 |
| | 传媒发展水平 C2 | 制作能力 D7 | 全年制作广播节目时间 E17 |
| | | | 全年制作电视节目时间 E18 |
| | | 播出时长 D8 | 公共广播节目播出时间 E19 |
| | | | 公共电视节目播出时间 E20 |
| | | 覆盖率 D9 | 电视综合人口覆盖率 E21 |
| | | | 广播综合人口覆盖率 E22 |
| | | | 全国卫视频道覆盖率 E23 |
| | | 市场规模 D10 | 全国电视收视市场份额 E24 |
| | | | 有线广播电视用户情况 E25 |
| | | | 数字电视用户数 E26 |
| | | | 全国电视节目交易情况 E27 |
| | | | 各地区有线广播电视用户数占家庭总户数的比重 E28 |
| | | 营收能力 D11 | 广播电视收入情况 E29 |
| | | | 有线网络收入 E30 |
| | | | 广播电视节目销售收入 E31 |
| | | | 广告收入总额 E32 |
| | | | 广告收入增长率 E33 |
| | | 社会效益 D12 | 影响力 E34 |
| | | | 公信力 E35 |
| | | | 美誉度 E36 |

续表

| 一级指标 | 二级指标 | 三级指标 | 四级指标 |
|---|---|---|---|
| 潜在竞争优势 B2 | 自身资源因素 C3 | 领导力 D13 | 战略思维 E37 |
| | | | 宏观决策 E38 |
| | | | 管理行为 E39 |
| | | | 个人品质 E40 |
| | | 人力资源 D14 | 规划 E41 |
| | | | 招聘与配置 E42 |
| | | | 培训与开发 E43 |
| | | | 绩效管理 E44 |
| | | | 薪资福利管理 E45 |
| | | | 劳动关系 E46 |
| | 自身能力因素 C4 | 生产经营 D15 | 内容生产能力 E47 |
| | | | 技术能力 E48 |
| | | | 产业链拓展能力 E49 |
| | | | 投融资能力 E50 |
| | | 组织管理 D16 | 分工明确 E51 |
| | | | 责任明确 E52 |
| | | | 目标明确 E53 |
| | | | 管理体制 E54 |
| | | | 制度执行力 E55 |
| | | | 组织机构效率 E56 |
| | | | 企业文化认同 E57 |
| | | 媒介融合 D17 | 技术层面融合 E58 |
| | | | 控制层面融合 E59 |
| | | 学习创新 D18 | 节目创新 E60 |
| | | | 机制创新 E61 |
| | | | 研发投入 E62 |
| | | | 研发成果 E63 |

根据以上的递阶层次结构可以很容易写出判断矩阵，本文采用 1 ~ 9 标度来判断两个指标之间的相对重要程度。标度 1 ~ 9 的具体含义见表 6。

在本文中是采用向有关专家、SMG 高层、中层领导和部分资深员工等发放问卷、反复打分的方法最终确定判断矩阵，打分问卷见附录。

利用 yaahp 6.0 进行计算，得出各个指标的权重。具体结果如下。

**表 8　指标体系准则层的权重分配**

| A | 权重 | $\lambda_{max}$ | CR |
|---|---|---|---|
| B1 | 0. 6667 | 2. 0000 | 0. 0000 |
| B2 | 0. 3333 | | |

**表 9　B1 的权重分配**

| B1 | 权重 | $\lambda_{max}$ | CR |
|---|---|---|---|
| C1 | 0. 7500 | 2. 0000 | 0. 0000 |
| C2 | 0. 2500 | | |

**表 10　B2 的权重分配**

| B2 | 权重 | $\lambda_{max}$ | CR |
|---|---|---|---|
| C3 | 0. 2500 | 2. 0000 | 0. 0000 |
| C4 | 0. 7500 | | |

**表 11　C1 各个指标的权重分配**

| C1 | 权重 | $\lambda_{max}$ | CR |
|---|---|---|---|
| D1 | 0. 0961 | 6. 2454 | 0. 0390 |
| D2 | 0. 1413 | | |
| D3 | 0. 1664 | | |
| D4 | 0. 0679 | | |
| D5 | 0. 2882 | | |
| D6 | 0. 2400 | | |

**表 12　C2 各个指标的权重分配**

| C2 | 权重 | $\lambda_{max}$ | CR |
|---|---|---|---|
| D7 | 0. 0937 | 6. 3673 | 0. 0583 |
| D8 | 0. 0589 | | |
| D9 | 0. 1854 | | |
| D10 | 0. 1854 | | |
| D11 | 0. 4358 | | |
| D12 | 0. 0409 | | |

**表 13　C3 各个指标的权重分配**

| C3 | 权重 | $\lambda_{max}$ | CR |
|---|---|---|---|
| D13 | 0. 8333 | 2. 0000 | 0. 0000 |
| D14 | 0. 1677 | | |

**表 14　C4 各个指标的权重分配**

| C4 | 权重 | $\lambda_{max}$ | CR |
|---|---|---|---|
| D15 | 0. 0797 | 4. 1308 | 0. 0490 |
| D16 | 0. 1920 | | |
| D17 | 0. 2454 | | |
| D18 | 0. 4829 | | |

**表 15　D1 各个指标的权重分配**

| D1 | 权重 | $\lambda_{max}$ | CR |
|---|---|---|---|
| E1 | 0. 3333 | 3. 0000 | 0. 0000 |
| E2 | 0. 3333 | | |
| E3 | 0. 3333 | | |

**表 16　D2 各个指标的权重分配**

| D2 | 权重 | $\lambda_{max}$ | CR |
|---|---|---|---|
| E4 | 0. 3275 | 3. 0536 | 0. 0516 |
| E5 | 0. 2599 | | |
| E6 | 0. 4126 | | |

**表 17　D3 各个指标的权重分配**

| D3 | 权重 | $\lambda_{max}$ | CR |
|---|---|---|---|
| E7 | 0. 6667 | 2. 0000 | 0. 0000 |
| E8 | 0. 3333 | | |

**表 18　D4 各个指标的权重分配**

| D4 | 权重 | $\lambda_{max}$ | CR |
|---|---|---|---|
| E9 | 0. 2500 | 2. 0000 | 0. 0000 |
| E10 | 0. 7500 | | |

**表 19 D5 各个指标的权重分配**

| D5 | 权重 | $\lambda_{max}$ | CR |
|---|---|---|---|
| E11 | 0. 3275 | 3. 0536 | 0. 0516 |
| E12 | 0. 2599 | | |
| E13 | 0. 4126 | | |

**表 20 D6 各个指标的权重分配**

| D6 | 权重 | $\lambda_{max}$ | CR |
|---|---|---|---|
| E14 | 0. 4000 | 3. 0000 | 0. 0000 |
| E15 | 0. 2000 | | |
| E16 | 0. 4000 | | |

**表 21 D7 各个指标的权重分配**

| D7 | 权重 | $\lambda_{max}$ | CR |
|---|---|---|---|
| E17 | 0. 1667 | 2. 0000 | 0. 0000 |
| E18 | 0. 8333 | | |

**表 22 D8 各个指标的权重分配**

| D8 | 权重 | $\lambda_{max}$ | CR |
|---|---|---|---|
| E19 | 0. 1667 | 2. 0000 | 0. 0000 |
| E20 | 0. 8333 | | |

**表 23 D9 各个指标的权重分配**

| D9 | 权重 | $\lambda_{max}$ | CR |
|---|---|---|---|
| E21 | 0. 3196 | 3. 0183 | 0. 0176 |
| E22 | 0. 1220 | | |
| E23 | 0. 5584 | | |

**表 24 D10 各个指标的权重分配**

| D10 | 权重 | $\lambda_{max}$ | CR |
|---|---|---|---|
| E24 | 0. 3949 | 5. 2417 | 0. 0539 |
| E25 | 0. 1640 | | |
| E26 | 0. 0942 | | |
| E27 | 0. 1427 | | |
| E28 | 0. 2043 | | |

表 25　D11 各个指标的权重分配

| D11 | 权重 | $\lambda_{max}$ | CR |
|---|---|---|---|
| E29 | 0. 1853 | 5. 1927 | 0. 0430 |
| E30 | 0. 3500 | | |
| E31 | 0. 1295 | | |
| E32 | 0. 2129 | | |
| E33 | 0. 1223 | | |

表 26　D12 各个指标的权重分配

| D12 | 权重 | $\lambda_{max}$ | CR |
|---|---|---|---|
| E34 | 0. 2583 | 3. 0385 | 0. 0370 |
| E35 | 0. 6370 | | |
| E36 | 0. 1047 | | |

表 27　D13 各个指标的权重分配

| D13 | 权重 | $\lambda_{max}$ | CR |
|---|---|---|---|
| E37 | 0. 2010 | 4. 0434 | 0. 0162 |
| E38 | 0. 5205 | | |
| E39 | 0. 2010 | | |
| E40 | 0. 0776 | | |

表 28　D14 各个指标的权重分配

| D14 | 权重 | $\lambda_{max}$ | CR |
|---|---|---|---|
| E41 | 0. 3341 | 6. 1755 | 0. 0279 |
| E42 | 0. 0958 | | |
| E43 | 0. 1291 | | |
| E44 | 0. 3219 | | |
| E45 | 0. 0673 | | |
| E46 | 0. 0518 | | |

表 29　D15 各个指标的权重分配

| D15 | 权重 | $\lambda_{max}$ | CR |
|---|---|---|---|
| E47 | 0. 1578 | 4. 0487 | 0. 0182 |
| E48 | 0. 1876 | | |
| E49 | 0. 5378 | | |
| E50 | 0. 1168 | | |

表 30　D16 各个指标的权重分配

| D16 | 权重 | $\lambda_{max}$ | CR |
|---|---|---|---|
| E51 | 0.0277 | 7.4514 | 0.0553 |
| E52 | 0.1126 | | |
| E53 | 0.2380 | | |
| E54 | 0.3504 | | |
| E55 | 0.1541 | | |
| E56 | 0.0607 | | |
| E57 | 0.0565 | | |

表 31　D17 各个指标的权重分配

| D17 | 权重 | $\lambda_{max}$ | CR |
|---|---|---|---|
| E58 | 0.1667 | 2.0000 | 0.0000 |
| E59 | 0.8333 | | |

表 32　D18 各个指标的权重分配

| D18 | 权重 | $\lambda_{max}$ | CR |
|---|---|---|---|
| E60 | 0.0277 | 4.0434 | 0.0162 |
| E61 | 0.1126 | | |
| E62 | 0.2380 | | |
| E63 | 0.3504 | | |

以上的计算结果中 $CR<0.1$，即表明判断矩阵具有良好的一致性，确定的权重具有可行性。

## 四　媒体竞争力评价模式实证检验

结合上文构建的指标体系，对 SMG、湖南广播电视台、浙江广播电视集团三家媒体集团进行实证分析对比。

## （一）各个指标的原始数据

表 33 指标原始数据

| 三级指标 | 四级指标 | 上海 | 湖南 | 浙江 |
|---|---|---|---|---|
| 经济环境 | 地区生产总值(GDP)E1(亿元) | 19195.69 | 19669.56 | 32318.85 |
| | 地区生产总值指数 E2(亿元) | 108.2 | 112.8 | 109.0 |
| | 地区第三产业生产总值 E3(亿元) | 11142.86 | 7539.54 | 14180.23 |
| 人口环境 | 各地区年末人口数 E4(万人) | 2347 | 6596 | 5463 |
| | 各地区少年儿童抚养比 E5(%) | 9.88 | 24.99 | 16.00 |
| | 各地区老年人口抚养比 E6(%) | 9.39 | 14.63 | 10.87 |
| 教育环境 | 各地区大专及以上人口 E7(万人) | 4063 | 4114 | 5547 |
| | 各地区教育经费情况 E8(万元) | 5582736 | 6497608 | 10625688 |
| 就业环境 | 各地区城镇登记失业人员 E9(万人) | 27 | 43.1 | 31.7 |
| | 各地区失业率 E10(%) | 3.5 | 4.2 | 3.1 |
| 消费环境 | 各地区居民消费支出 E11(元) | 10821.2 | 9088.7 | 15042.0 |
| | 各地区居民文化娱乐消费价格指数 E12(上年=100) | 99.2 | 101.5 | 100.1 |
| | 各地区城镇居民家庭平均每人全年现金消费支出(文教娱乐)E13(元) | 3746.38 | 1526.10 | 2816.12 |
| 基础设施 | 各地区有限广播电视传输干线网络总长 E14(万公里) | 3.75 | 10.72 | 22.99 |
| | 各地区移动电话普及率(部、百人)E15(%) | 113.79 | 57.06 | 105.67 |
| | 互联网普及率 E16(%) | 66.2 | 29.5 | 56.1 |
| 制作能力 | 全年制作广播节目时间 E17(小时) | 83309 | 171862 | 464716 |
| | 全年制作电视节目时间 E18(小时) | 53274 | 135677 | 165056 |
| 播出时长 | 公共广播节目播出时间 E19(小时) | 138385 | 370308 | 714622 |
| | 公共电视节目播出时间 E20(小时) | 180644 | 734411 | 733784 |
| 覆盖率 | 电视综合人口覆盖率 E21(%) | 100 | 97.17 | 99.60 |
| | 广播综合人口覆盖率 E22(%) | 100 | 99.47 | 99.54 |
| | 全国卫视频道覆盖率 E23(%) | 77.4 | 82.8 | 81.5 |
| 市场规模 | 全国电视收视市场份额 E24(%) | 1.6 | 3.4 | 2.1 |
| | 有线广播电视用户情况 E25(户) | 6479881 | 7458816 | 13573437 |
| | 数字电视用户数 E26(百万户) | 3.01 | 3.95 | 6.31 |
| | 全国电视节目交易情况 E27(亿元) | 4090344 | 5943336 | 11797870 |
| | 各地区有线广播电视用户数占家庭总户数的比重 E28(%) | 128358 | 18118 | 343122 |
| 营收能力 | 广播电视收入情况 E29(亿元) | 281.10 | 158.89 | 240.35 |
| | 有线网络收入 E30(亿元) | 26.84 | 25.76 | 54.16 |

续表

| 三级指标 | 四级指标 | 上海 | 湖南 | 浙江 |
|---|---|---|---|---|
| 营收能力 | 广播电视节目销售收入 E31(亿元) | 71.83 | 74.29 | 72.44 |
| | 广告收入增长率 E32(%) | -0.08 | 0.04 | 0.06 |
| | 广告收入总额 E33(万元) | 128358 | 18118 | 343122 |
| 社会效益（平均分值） | 影响力 E34 | 3.8 | 4.3 | 3.3 |
| | 公信力 E35 | 4.2 | 3.5 | 3.4 |
| | 美誉度 E36 | 4.0 | 3.9 | 3.7 |
| 领导力（平均分值） | 战略思维 E37 | 4.4 | 4.2 | 3.9 |
| | 宏观决策 E38 | 3.7 | 3.5 | 3.6 |
| | 管理行为 E39 | 3.2 | 3.0 | 3.4 |
| | 个人品质 E40 | 4.0 | 4.1 | 3.6 |
| 人力资源（平均分值） | 规划 E41 | 3.0 | 2.8 | 3.2 |
| | 招聘与配置 E42 | 2.7 | 3.4 | 3.5 |
| | 培训与开发 E43 | 3.0 | 3.2 | 3.1 |
| | 绩效管理 E44 | 3.1 | 3.8 | 3.2 |
| | 薪资福利管理 E45 | 3.1 | 3.9 | 3.5 |
| | 劳动关系 E46 | 3.5 | 3.2 | 3.4 |
| 生产经营（平均分值） | 内容生产能力 E47 | 3.2 | 4.1 | 4.1 |
| | 技术能力 E48 | 3.5 | 3.2 | 3.6 |
| | 产业链拓展能力 E49 | 3.3 | 3.6 | 3.4 |
| | 投融资能力 E50 | 2.6 | 3.6 | 3.2 |
| 组织管理（平均分值） | 分工明确 E51 | 3.5 | 2.9 | 3.1 |
| | 责任明确 E52 | 3.2 | 3.2 | 4.0 |
| | 目标明确 E53 | 3.2 | 3.5 | 3.6 |
| | 管理体制 E54 | 2.8 | 3.1 | 2.9 |
| | 制度执行力 E55 | 3.6 | 3.7 | 3.1 |
| | 组织机构效率 E56 | 3.2 | 3.5 | 3.8 |
| | 企业文化认同 E57 | 2.9 | 3.0 | 3.6 |
| 媒介融合（平均分值） | 技术层面融合 E58 | 3.4 | 3.1 | 3.5 |
| | 控制层面融合 E59 | 3.1 | 3.5 | 3.1 |
| 学习创新（平均分值） | 节目创新 E60 | 3.0 | 3.8 | 3.6 |
| | 机制创新 E61 | 3.1 | 4.0 | 3.8 |
| | 研发投入 E62 | 3.7 | 3.4 | 3.9 |
| | 研发成果 E63 | 2.8 | 3.1 | 3.4 |

## （二）数值标准化处理

表 33 的数据量纲不一样，这样如果不进行处理，势必会影响核心竞争力评价结果的科学性和合理性。指标数值的标准化处理过程如下。

标准化数值 $C.I. = \frac{\lambda \max - n}{n - 1}$，处理过后的数据如表 34 所示。

**表 34　标准化数据**

| 三级指标 | 四级指标 | 上海 | 湖南 | 浙江 |
|---|---|---|---|---|
| 经济环境 | 地区生产总值(GDP)E1 | 0.0000 | 0.0361 | 1.0000 |
| | 地区生产总值指数 E2 | 0.0000 | 1.0000 | 0.1739 |
| | 地区第三产业生产总值 E3 | 0.5426 | 0.0000 | 1.0000 |
| 人口环境 | 各地区年末人口数 E4 | 0.0000 | 1.0000 | 0.7333 |
| | 各地区少年儿童抚养比 E5 | 0.0000 | 1.0000 | 0.4050 |
| | 各地区老年人口抚养比 E6 | 0.0000 | 1.0000 | 0.2824 |
| 教育环境 | 各地区大专及以上人口 E7 | 0.0000 | 0.0344 | 1.0000 |
| | 各地区教育经费情况 E8 | 0.0000 | 0.1814 | 1.0000 |
| 就业环境 | 各地区城镇登记失业人员 E9 | 0.0000 | 1.0000 | 0.2919 |
| | 各地区失业率 E10 | 0.3636 | 1.0000 | 0.0000 |
| 消费环境 | 各地区居民消费支出 E11 | 0.2910 | 0.0000 | 1.0000 |
| | 各地区居民文化娱乐消费价格指数 E12 | 0.0000 | 1.0000 | 0.3913 |
| | 各地区城镇居民家庭平均每人全年现金消费支出(文教娱乐)E13 | 1.0000 | 0.0000 | 0.5810 |
| 基础设施 | 各地区有限广播电视传输干线网络总长 E14 | 0.0000 | 0.3623 | 1.0000 |
| | 各地区移动电话普及率 E15 | 1.0000 | 0.0000 | 0.8569 |
| | 互联网普及率 E16 | 1.0000 | 0.0000 | 0.7248 |
| 制作能力 | 全年制作广播节目时间 E17 | 0.0000 | 0.2322 | 1.0000 |
| | 全年制作电视节目时间 E18 | 0.0000 | 0.7372 | 1.0000 |
| 播出时长 | 公共广播节目播出时间 E19 | 0.0000 | 0.4025 | 1.0000 |
| | 公共电视节目播出时间 E20 | 0.0000 | 1.0000 | 0.9989 |
| 覆盖率 | 电视综合人口覆盖率 E21 | 1.0000 | 0.0000 | 0.8587 |
| | 广播综合人口覆盖率 E22 | 1.0000 | 0.0000 | 0.1321 |
| | 全国卫视频道覆盖率 E23 | 0.0000 | 1.0000 | 0.7593 |

续表

| 三级指标 | 四级指标 | 上海 | 湖南 | 浙江 |
|---|---|---|---|---|
| 市场规模 | 全国电视收视市场份额 E24 | 0. 0000 | 1. 0000 | 0. 2778 |
| | 有线广播电视用户情况 E25 | 0. 0000 | 0. 1380 | 1. 0000 |
| | 数字电视用户数 E26 | 0. 0000 | 0. 2848 | 1. 0000 |
| | 全国电视节目交易情况 E27 | 0. 0000 | 0. 2404 | 1. 0000 |
| | 各地区有线广播电视用户数占家庭总户数的比重 E28 | 0. 3392 | 0. 0000 | 1. 0000 |
| 营收能力 | 广播电视收入情况 E29 | 1. 0000 | 0. 0000 | 0. 6666 |
| | 有线网络收入 E30 | 0. 0380 | 0. 0000 | 1. 0000 |
| | 广播电视节目销售收入 E31 | 0. 0000 | 1. 0000 | 0. 2480 |
| | 广告收入总额 E32 | 0. 0000 | 0. 8571 | 1. 0000 |
| | 广告收入增长率 E33 | 0. 3392 | 0. 0000 | 1. 0000 |
| 社会效益 | 影响力 E34 | 0. 5000 | 1. 0000 | 0. 0000 |
| | 公信力 E35 | 1. 0000 | 0. 1250 | 0. 0000 |
| | 美誉度 E36 | 1. 0000 | 0. 6667 | 0. 0000 |
| 领导力 | 战略思维 E37 | 1. 0000 | 0. 6000 | 0. 0000 |
| | 宏观决策 E38 | 1. 0000 | 0. 0000 | 0. 5000 |
| | 管理行为 E39 | 0. 5000 | 0. 0000 | 1. 0000 |
| | 个人品质 E40 | 0. 8000 | 1. 0000 | 0. 0000 |
| 人力资源 | 规划 E41 | 0. 5000 | 0. 0000 | 1. 0000 |
| | 招聘与配置 E42 | 0. 0000 | 0. 8750 | 1. 0000 |
| | 培训与开发 E43 | 0. 0000 | 1. 0000 | 0. 5000 |
| | 绩效管理 E44 | 0. 0000 | 1. 0000 | 0. 1429 |
| | 薪资福利管理 E45 | 0. 0000 | 1. 0000 | 0. 5000 |
| | 劳动关系 E46 | 1. 0000 | 0. 0000 | 0. 6667 |
| 生产经营 | 内容生产能力 E47 | 0. 0000 | 1. 0000 | 1. 0000 |
| | 技术能力 E48 | 0. 7500 | 0. 0000 | 1. 0000 |
| | 产业链拓展能力 E49 | 0. 0000 | 1. 0000 | 0. 3333 |
| | 投融资能力 E50 | 0. 0000 | 1. 0000 | 0. 6000 |
| 组织管理 | 分工明确 E51 | 1. 0000 | 0. 0000 | 0. 3333 |
| | 责任明确 E52 | 0. 0000 | 0. 0000 | 1. 0000 |
| | 目标明确 E53 | 0. 0000 | 0. 7500 | 1. 0000 |
| | 管理体制 E54 | 0. 0000 | 1. 0000 | 0. 3333 |
| | 制度执行力 E55 | 0. 8333 | 1. 0000 | 0. 0000 |
| | 组织机构效率 E56 | 0. 0000 | 0. 5000 | 1. 0000 |
| | 企业文化认同 E57 | 0. 0000 | 0. 1429 | 1. 0000 |

续表

| 三级指标 | 四级指标 | 上海 | 湖南 | 浙江 |
|---|---|---|---|---|
| 媒介融合 | 技术层面融合 E58 | 0.7500 | 0.0000 | 1.0000 |
| | 控制层面融合 E59 | 0.0000 | 1.0000 | 0.0000 |
| 学习创新 | 节目创新 E60 | 0.0000 | 1.0000 | 0.7500 |
| | 机制创新 E61 | 0.0000 | 1.0000 | 0.7778 |
| | 研发投入 E62 | 0.6000 | 0.0000 | 1.0000 |
| | 研发成果 E63 | 0.0000 | 0.5000 | 1.0000 |

## （三）三大集团各级指标数值

### 1. 三级指标数值

根据上文中计算的权重，可以计算出三级指标的数值。

**表 35　三级指标数值**

| 指标 | 上海 | 湖南 | 浙江 |
|---|---|---|---|
| D1 | 0.180853 | 0.345335 | 0.724565 |
| D2 | 0 | 1 | 0.461975 |
| D3 | 0 | 0.083378 | 1 |
| D4 | 0.272727 | 1 | 0.072981 |
| D5 | 0.507907 | 0.2599 | 0.668928 |
| D6 | 0.6 | 0.144906 | 0.861291 |
| D7 | 0 | 0.652992 | 1 |
| D8 | 0 | 0.900393 | 0.999057 |
| D9 | 0.4416 | 0.5584 | 0.71451 |
| D10 | 0.069298 | 0.478672 | 0.714894 |
| D11 | 0.240094 | 0.311986 | 0.840825 |
| D12 | 0.87085 | 0.407725 | 0 |
| D13 | 0.88408 | 0.1982 | 0.46125 |
| D14 | 0.21885 | 0.602125 | 0.608619 |
| D15 | 0.1407 | 0.8124 | 0.594747 |
| D16 | 0.156117 | 0.721421 | 0.593833 |
| D17 | 0.125025 | 0.8333 | 0.1667 |
| D18 | 0.1428 | 0.3155 | 0.696753 |

### 2. 二级指标数值

表 36　二级指标数值

| 指标 | 上海 | 湖南 | 浙江 |
|---|---|---|---|
| C1 | 0. 326277 | 0. 365941 | 0. 705758 |
| C2 | 0. 234971 | 0. 459131 | 0. 783987 |
| C3 | 0. 773405 | 0. 266136 | 0. 486425 |
| C4 | 0. 140828 | 0. 560108 | 0. 538787 |

### 3. 一级指标数值

表 37　一级指标数值

| 指标 | 上海 | 湖南 | 浙江 |
|---|---|---|---|
| B1 | 0. 303451 | 0. 389239 | 0. 725315 |
| B2 | 0. 298972 | 0. 486615 | 0. 525697 |

### 4. 最终竞争力数值

表 38　最终竞争力数值

| | 上海 | 湖南 | 浙江 |
|---|---|---|---|
| 核心竞争力 | 0. 301958 | 0. 421694 | 0. 658782 |

## 五　三家媒体集团竞争力对比分析

从上文评价结果来看，浙江广播电视集团的竞争力最强，其次是湖南广播电视台，SMG 相对较弱。SMG 与浙江广播电视集团、湖南广播电视台相比，在自身资源方面远远胜出，而在宏观环境、传媒发展水平、自身能力方面均不及。以下做详细分析。

根据上文指标体系分析，竞争力强弱在于宏观环境、媒体发展水平、自身资源与能力因素各方面。因宏观环境客观存在，与地理位置、经济环境、受众情况等因素相关，短期之内改变可能不大；而媒体发展水平其实是其外在表现，其实质在于宏观环境和自身资源、能力的综合结果，所以媒体竞争力主要取决于其自身资源与能力。在上文构建的指标体系的“自身资源与能力”中，三级指标有领导力、人力资源、生产经营、组织管理、媒介融合、学习创新，其中“领导力”与管理层的构成密切相关，由于体制机制的原因，SMG 的高层领导一般均由上级任命，在短期之内没有人事变动的可能和路径，所以关于“领导力”本文不做讨论。下面就各级指标归一化后的数值及反映内容，以 SMG 为标杆，作详细分析。

## （一）一级指标分析对比

表 39　显在竞争优势和潜在竞争优势指标对比

| 指标 | 上海 | 湖南 | 浙江 |
|---|---|---|---|
| B1 显在竞争优势 | 0. 303451 | 0. 389239 | 0. 725315 |
| B2 潜在竞争优势 | 0. 298972 | 0. 486615 | 0. 525697 |

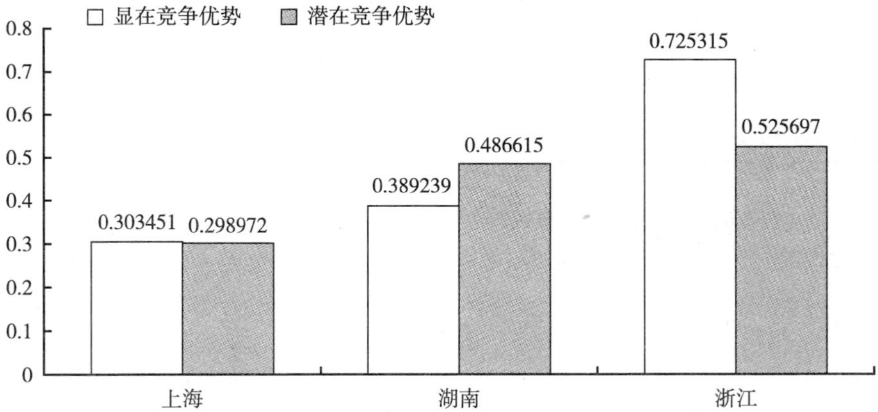


图 6　显在竞争优势和潜在竞争优势指标对比

从图 6 可以看出，三地相比，显在竞争优势、潜在竞争优势由低到高的排序均为上海—湖南—浙江。这也就是最终核心竞争力指数排序的由来。从图 6 看，浙江的显在竞争优势远远超越其他两地，这与二级指标的构成有很大关系。

第一，浙江省经济十分发达，人口受教育程度高，消费能力、市场规模等都占据独特优势；湖南也是一个人口密集、经济较为发达的大省。而上海以一个直辖市之力，与这两个经济、教育大省作对比，无论是产业环境、人口规模还是经济消费总量、节目制作播出总量等，都要小得多。因此，上海在原始指标的采集上就有较大差距，这是导致显在竞争优势偏低的主要原因。第二，其实广电媒体的竞争力还有一个重要方面即品牌的影响力，这方面主观性很强，本研究未涉及。第三，在潜在竞争优势方面，虽然上海与其他两地的差距并没有显在的那么大，但仍处于三者最低位，说明存在不少问题，需要提升和发展的空间十分大。

具体情况见以下对二级、三级指标的对比分析。

## （二）二级指标分析对比

### 1. 隶属于一级指标“显在竞争优势”的指标集对比

**表 40　宏观环境和传媒发展水平指标对比**

| 指标 | 上海 | 湖南 | 浙江 |
|---|---|---|---|
| C1 宏观环境 | 0. 326277 | 0. 365941 | 0. 705758 |
| C2 传媒发展水平 | 0. 234971 | 0. 459131 | 0. 783987 |

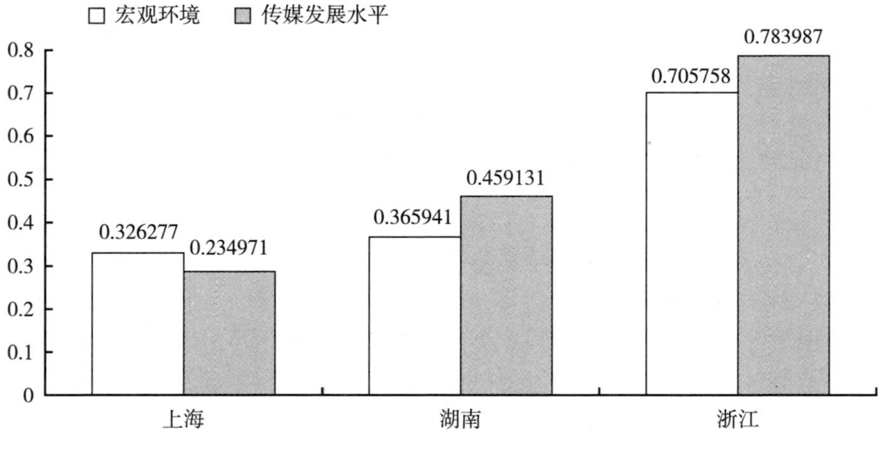


**图 7　宏观环境和传媒发展水平指标对比**

从图 7 可以看出，三地相比，宏观环境、传媒发展水平由低到高的排序均为上海—湖南—浙江，其中“传媒发展水平”的差距比“宏观环境”的差距更加显著。两个指标并没有完全呈正相关关系。这两个指标都是较多指标的集中反映，虽然上海的经济、人口、教育等发展水平较高，但在反映总量的数值方面仍然与两地有较大差距。

## 2. 隶属于一级指标“潜在竞争优势”的指标集对比

**表 41　自身资源因素和自身能力因素指标对比**

| 指标 | 上海 | 湖南 | 浙江 |
|---|---|---|---|
| C3 自身资源因素 | 0. 773405 | 0. 266136 | 0. 486425 |
| C4 自身能力因素 | 0. 140828 | 0. 560108 | 0. 538787 |

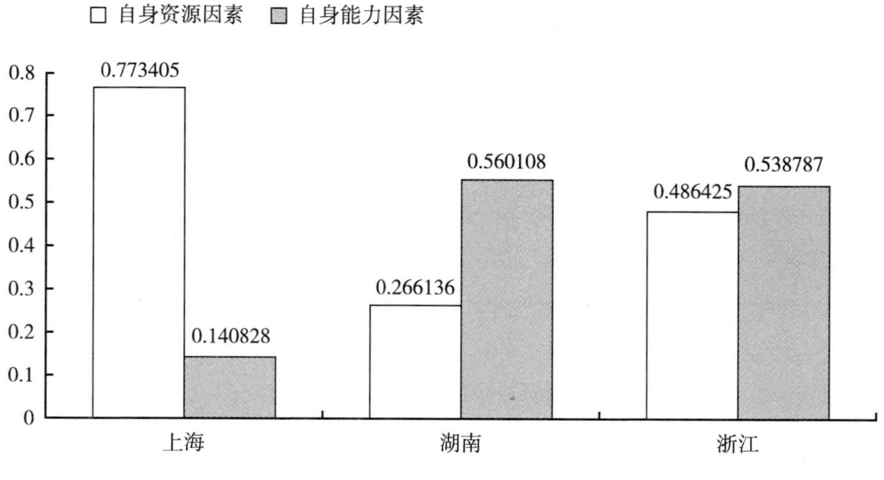


**图 8　自身资源因素和自身能力因素指标对比**

从图 8 可以看出，三地相比，“自身资源因素”由低到高的排序为湖南—浙江—上海，说明 SMG 在自身资源因素方面拔得头筹，远远高于其他两者，具有较好基础。“自身能力因素”由低到高的排序为上海—浙江—湖南，在这方面 SMG 落后太多，亟须发展。

## （三）三级指标分析对比

### 1. 隶属于二级指标“宏观环境”的指标集对比

（1）经济环境—人口环境

**表 42　经济环境和人口环境指标对比**

| 指标 | 上海 | 湖南 | 浙江 |
|---|---|---|---|
| D1 经济环境 | 0. 180853 | 0. 345335 | 0. 724565 |
| D2 人口环境 | 0 | 1 | 0. 461975 |

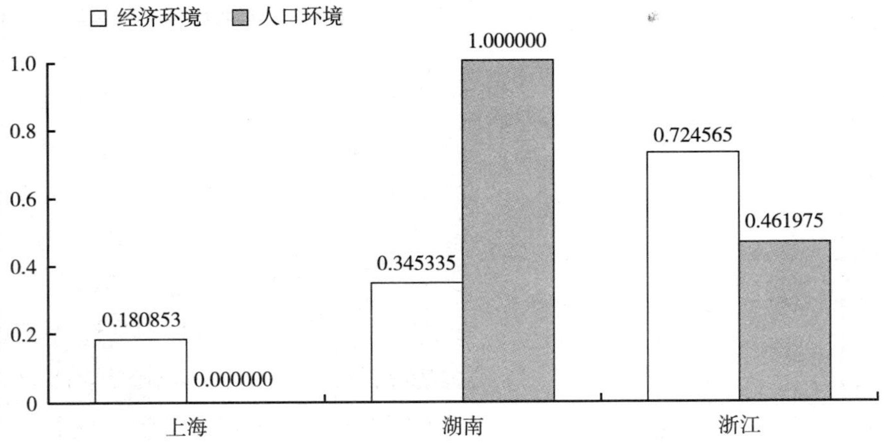


**图 9　经济环境和人口环境指标对比**

从图 9 可见，三地经济环境与人口环境值对比，两者并未呈现正相关或者负相关关系。在经济环境对比中，由低到高依次是上海—湖南—浙江。这个结果与我们平时印象中上海经济基础较好有较大差异。原因还是在于反映经济环境的指标用“生产总值”来衡量，上海作为一个直辖市是难以与两个大省匹敌的。而在人口环境对比中，由低到高是上海—浙江—湖南，原因与前相仿。湖南作为一个人口大省，在这个指标中占尽优势。这两个指标上海均偏低，在一定程度上影响到三地显在竞争优势的对比。

（2）经济环境—教育环境

**表 43　经济环境和教育环境指标对比**

| 指标 | 上海 | 湖南 | 浙江 |
|---|---|---|---|
| D1 经济环境 | 0. 180853 | 0. 345335 | 0. 724565 |
| D3 教育环境 | 0 | 0. 083378 | 1 |

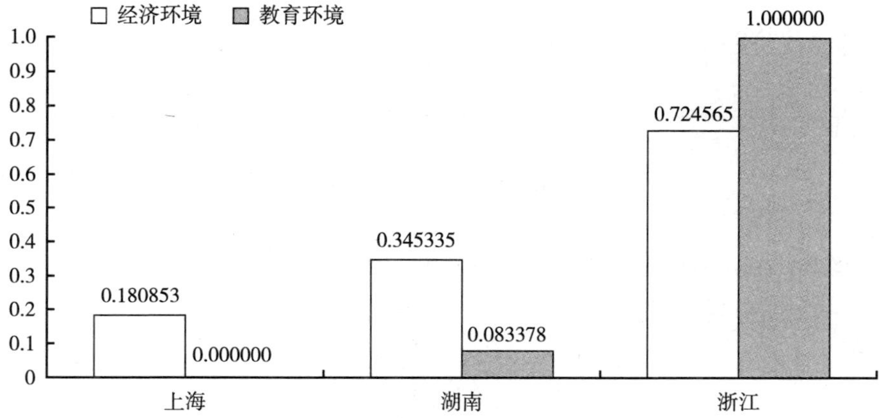


**图 10　经济环境和教育环境指标对比**

由图 10 可见，三地经济环境与教育环境之对比，两者呈现正相关关系。经济、教育环境从低到高都是上海—湖南—浙江。浙江作为一个经济大省、教育大省，在这两方面都取得了无可争辩的第一位置。

（3）经济环境—就业环境

**表 44　经济环境和就业环境因素指标对比表**

| 指标 | 上海 | 湖南 | 浙江 |
|---|---|---|---|
| D1 经济环境 | 0. 180853 | 0. 345335 | 0. 724565 |
| D4 就业环境 | 0. 272727 | 1 | 0. 072981 |

从图 11 可见，三地经济环境与就业环境之对比，两者并没有呈现正相关关系。就业环境由低到高依次是浙江—上海—湖南。在经济环境不占优势的情况下，上海的就业环境还是处于第二位置，这从另一个方面反映上海经济情况

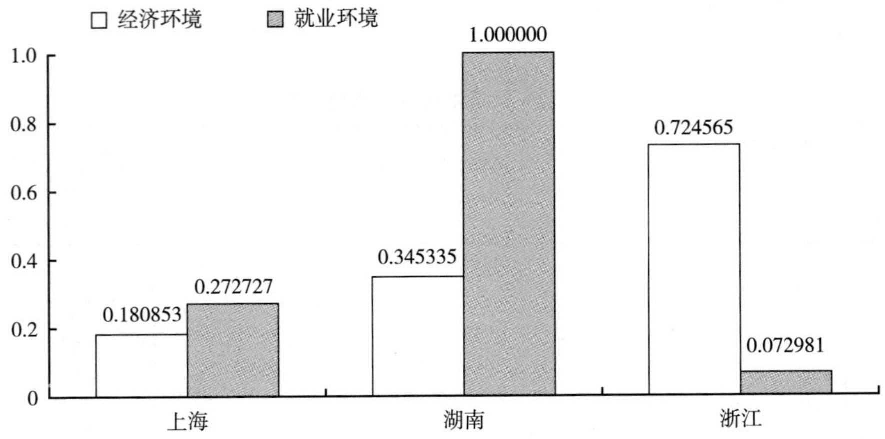


**图 11　经济环境和就业环境指标对比**

较为良好，可以为传媒业的发展提供较好基础。

（4）经济环境—消费环境

**表 45　经济环境和消费环境指标对比**

| 指标 | 上海 | 湖南 | 浙江 |
|---|---|---|---|
| D1 经济环境 | 0. 180853 | 0. 345335 | 0. 724565 |
| D5 消费环境 | 0. 507907 | 0. 2599 | 0. 668928 |

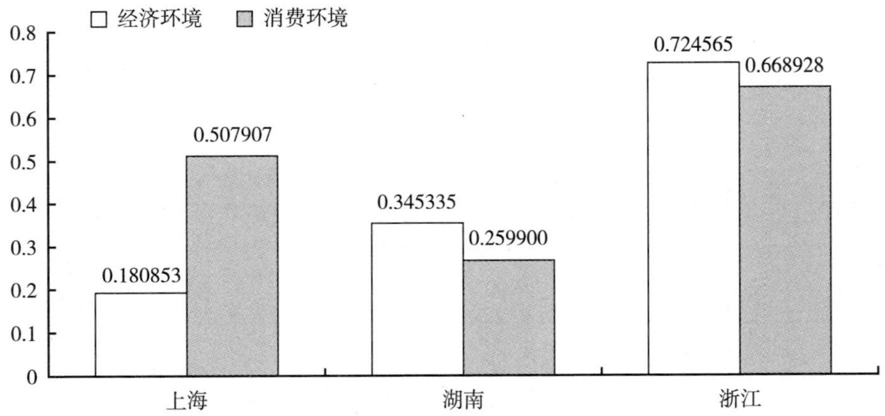


**图 12　经济环境和消费环境指标对比**

从图 12 可以看出，三地经济环境与消费环境之对比，两者没有呈现正相关或负相关关系。消费环境由低到高依次是湖南——上海——浙江。上海在经济总量不占优势的情况下，以一直辖市之力，仍在这个指标体系中取得第二位置，而且远远高于湖南、与浙江相差不大，说明上海地区居民消费水平较高，传媒业在此发展的市场潜力较大。

（5）经济环境—基础设施

**表 46　经济环境和基础设施指标对比**

| 指标 | 上海 | 湖南 | 浙江 |
|---|---|---|---|
| D1 经济环境 | 0. 180853 | 0. 345335 | 0. 724565 |
| D6 基础设施 | 0. 6 | 0. 144906 | 0. 861291 |

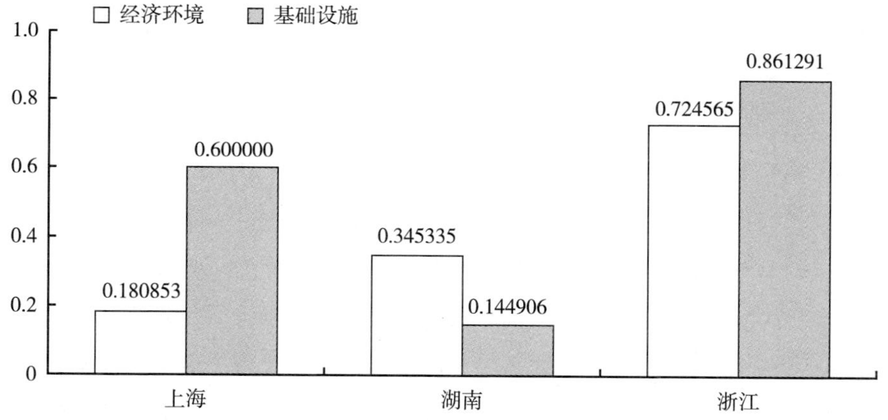


**图 13　经济环境和基础设施指标对比**

由图 13 可以看出，三地经济环境与基础设施之对比，两者没有呈现正相关或负相关关系。基础设施指标由低到高依次是湖南——上海——浙江。基础设施指标的数据来自“各地区有线广播电视传输干线网络总长”“各地区移动电话普及率”以及“互联网普及率”三项，数据越高，代表基础设施越好。与图 12 类似，上海在经济环境不占优势的情况下，虽然上海的基础设施指标与浙江相比要低些，但是远远高于湖南，说明上海的硬件基础条件很好，就两个指标对比传递的信息而言，上海投入比例和拥有资源甚至要高于浙江。

（6）人口环境—教育环境

表 47 人口环境和教育环境指标对比

| 指标 | 上海 | 湖南 | 浙江 |
| --- | --- | --- | --- |
| D2 人口环境 | 0 | 1 | 0. 461975 |
| D3 教育环境 | 0 | 0. 083378 | 1 |

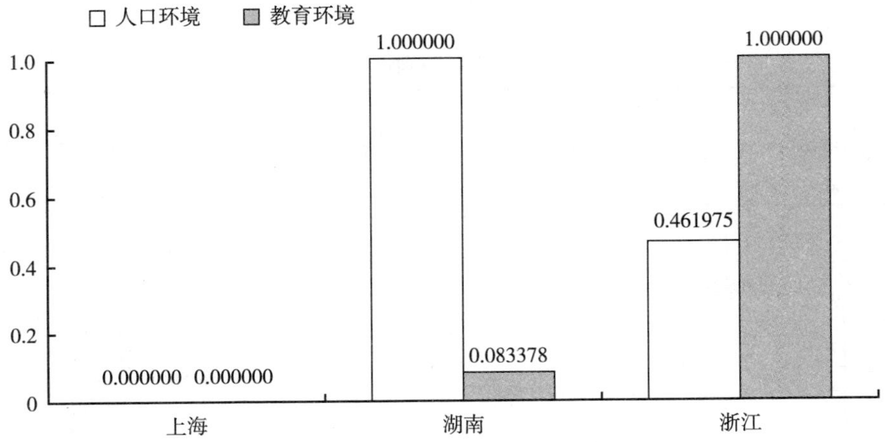


图 14 人口环境和教育环境指标对比

由图 14 可以看出，三地人口环境与教育环境之对比，两者没有呈现正相关或负相关关系。人口环境由低到高排序为上海——浙江——湖南；教育环境由低到高为上海——湖南——浙江。这两个指标中，上海处于劣势，而且与其他二地相差较远，这与前原因类似，直辖市的体量不能与两大省相比。

（7）人口环境—就业环境

表 48 人口环境和就业环境指标对比

| 指标 | 上海 | 湖南 | 浙江 |
| --- | --- | --- | --- |
| D2 人口环境 | 0 | 1 | 0. 461975 |
| D4 就业环境 | 0. 272727 | 1 | 0. 072981 |

由图 15 可以看出，三地人口环境与就业环境之对比，两者没有呈现正相关或负相关关系。就业环境由低到高排序为浙江——上海——湖南。在指标体系中，反映就业环境的指标为“各地区城镇登记失业人员”及“各地区失业

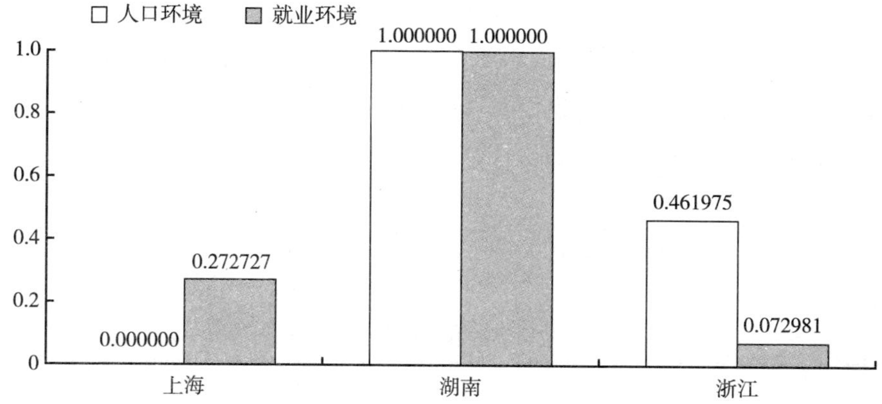


**图 15　人口环境和就业环境指标对比**

率”，所以指标值越高，代表失业越严重，就业情况越不好。所以如图 15 所示，就业情况由好到差排序应该为浙江——上海——湖南。浙江的就业情况远远好于其他两地，为传媒业的发展奠定较好基础。

（8）人口环境—消费环境

**表 49　人口环境和消费环境指标对比**

| 指标 | 上海 | 湖南 | 浙江 |
|---|---|---|---|
| D2 人口环境 | 0 | 1 | 0. 461975 |
| D5 消费环境 | 0. 507907 | 0. 2599 | 0. 668928 |

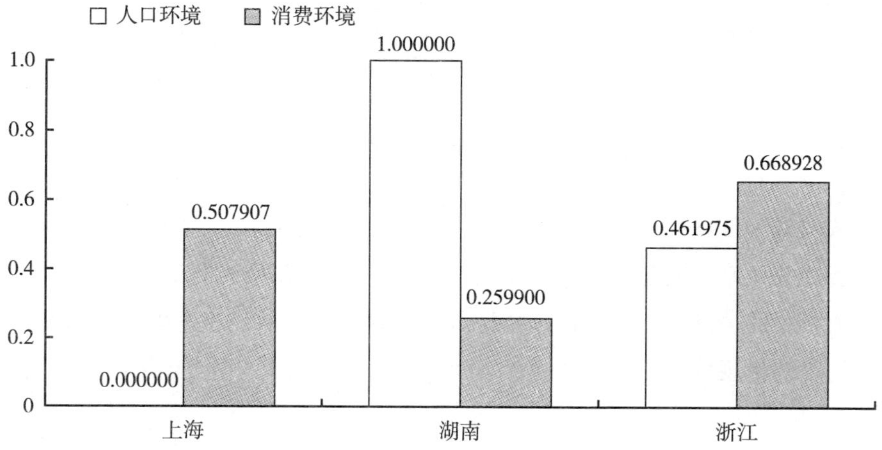


**图 16　人口环境和消费环境指标对比**

由图 16 可以看出，三地人口环境与消费环境之对比，两者没有呈现正相关或负相关关系。消费环境由低到高为湖南——上海——浙江。在人口环境指标非常低的情况下，上海消费环境指数远远高于湖南，与浙江也相差不多，说明上海市场受众的消费能力可观，潜力巨大，为传媒业的继续发展奠定良好基础。

（9）人口环境—基础设施

表 50　人口环境和基础设施指标对比

| 指标 | 上海 | 湖南 | 浙江 |
|---|---|---|---|
| D2 人口环境 | 0 | 1 | 0. 461975 |
| D6 基础设施 | 0. 6 | 0. 144906 | 0. 861291 |

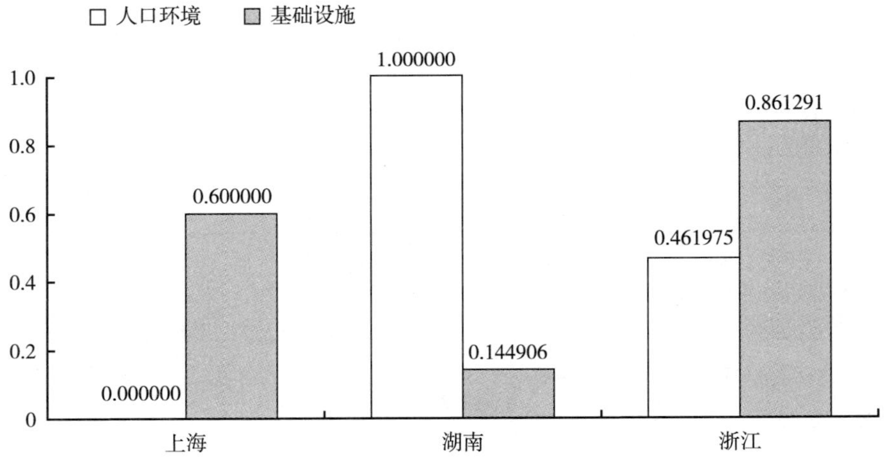


图 17　人口环境和基础设施指标对比

从图 17 可以看出，三地人口环境与基础设施之对比，两者没有呈现正相关或负相关关系。基础设施由低到高为湖南——上海——浙江。上海在人口环境指数很小的情况下，基础设施指标远高于湖南且与浙江相差无几，如果分摊到人均的话呈现的将是绝对优势。

（10）教育环境—就业环境

**表 51　教育环境和就业环境指标对比**

| 指标 | 上海 | 湖南 | 浙江 |
|---|---|---|---|
| D3 教育环境 | 0 | 0. 083378 | 1 |
| D4 就业环境 | 0. 272727 | 1 | 0. 072981 |

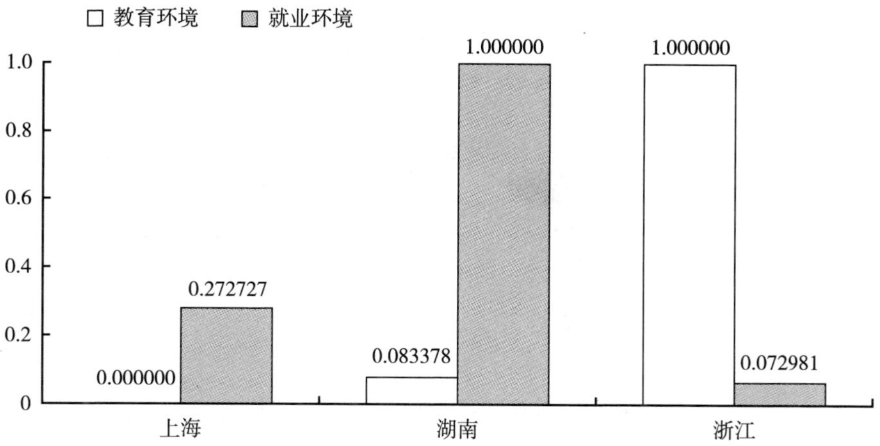


**图 18　教育环境和就业环境指标对比**

从图 18 可以看出，三地教育环境与就业环境之对比，两者没有呈现正相关或负相关关系。教育环境由低到高为上海——湖南——浙江，就业环境由低到高为浙江——上海——湖南。教育环境指标体现在“各地区大专及以上人口”和“各地区教育经费情况”两项数据上，上海作为一个直辖市与大省相比总量偏低是情理之中的，并不能代表教育水平低。

（11）教育环境—消费环境

**表 52　教育环境和消费环境指标对比**

| 指标 | 上海 | 湖南 | 浙江 |
|---|---|---|---|
| D3 教育环境 | 0 | 0. 083378 | 1 |
| D5 消费环境 | 0. 507907 | 0. 2599 | 0. 668928 |

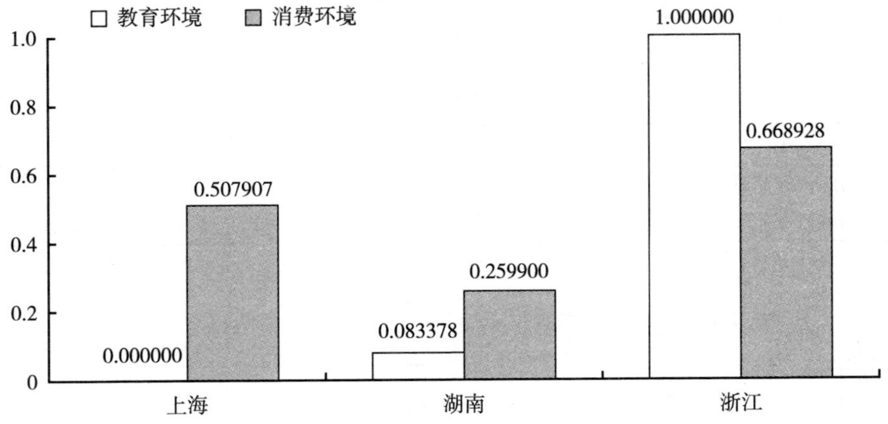


**图 19　教育环境和消费环境指标对比**

由图 19 可见，三地教育环境和消费环境之比，两者并不呈现正相关关系。上海在教育环境方面不占据优势，在消费环境方面较有优势。

（12）教育环境—基础设施

**表 53　教育环境和基础设施指标对比**

| 指标 | 上海 | 湖南 | 浙江 |
|---|---|---|---|
| D3 教育环境 | 0 | 0. 083378 | 1 |
| D6 基础设施 | 0. 6 | 0. 144906 | 0. 861291 |

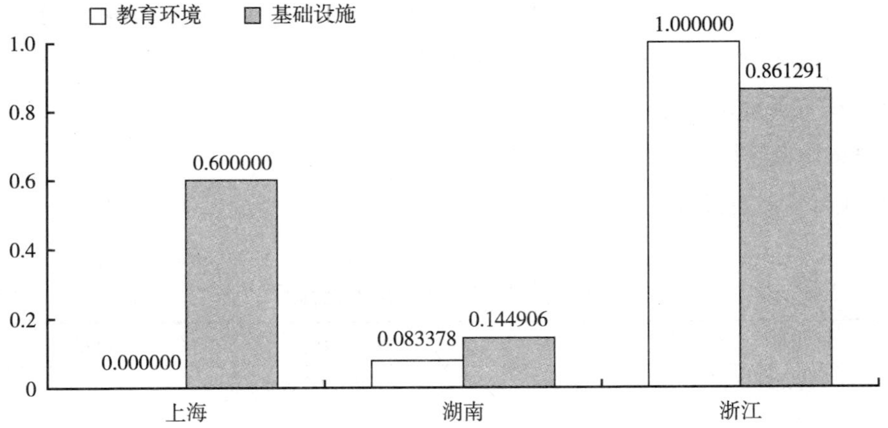


**图 20　教育环境和基础设施指标对比**

由图 20 可见，三地教育环境与基础设施之比，两者也不呈现正相关或负相关关系。

（13）就业环境—消费环境

**表 54　就业环境和消费环境指标对比**

| 指标 | 上海 | 湖南 | 浙江 |
|---|---|---|---|
| D4 就业环境 | 0. 272727 | 1 | 0. 072981 |
| D5 消费环境 | 0. 507907 | 0. 2599 | 0. 668928 |

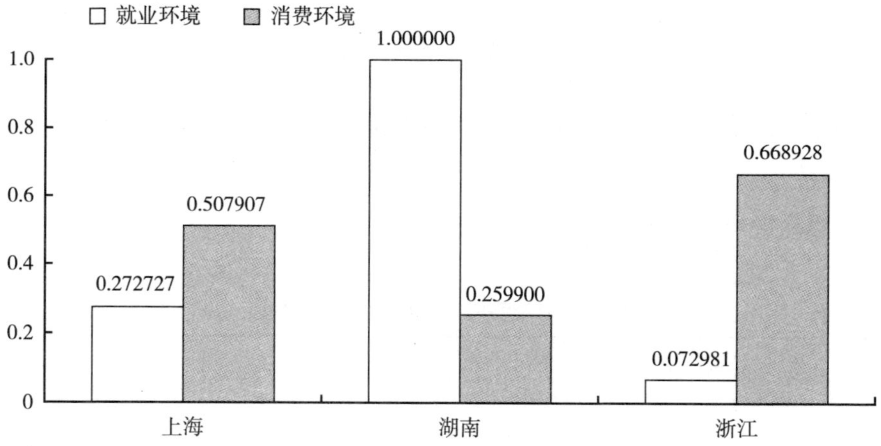


**图 21　就业环境和消费环境指标对比**

由图 21 可见，三地就业环境与消费环境之比，两者也不呈现正相关或负相关关系。上海的就业环境、消费环境指标均处于中间位置。

（14）就业环境—基础设施

**表 55　就业环境和基础设施指标对比**

| 指标 | 上海 | 湖南 | 浙江 |
|---|---|---|---|
| D4 就业环境 | 0. 272727 | 1 | 0. 072981 |
| D6 基础设施 | 0. 6 | 0. 144906 | 0. 861291 |

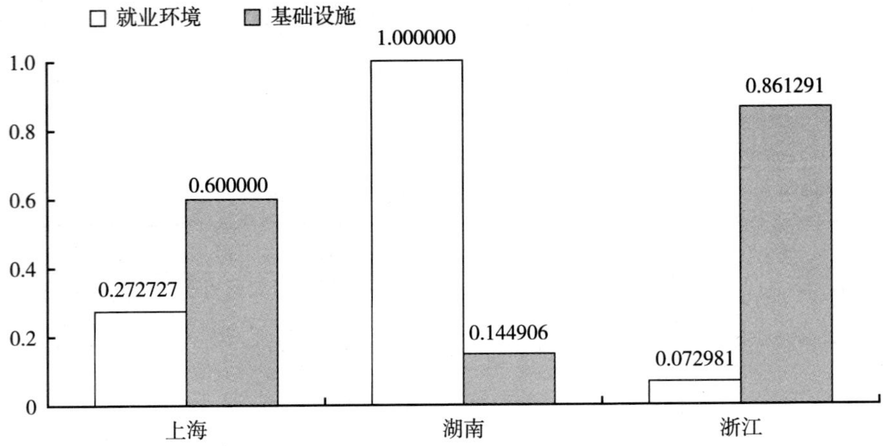


**图 22　就业环境和基础设施指标对比**

由图 22 可见，三地就业环境与基础设施之比，两者也不呈现正相关或负相关关系。上海在这两个指标对比中均处于中间位置。

（15）消费环境—基础设施

**表 56　消费环境和基础设施指标对比**

| 指标 | 上海 | 湖南 | 浙江 |
|---|---|---|---|
| D5 消费环境 | 0. 507907 | 0. 2599 | 0. 668928 |
| D6 基础设施 | 0. 6 | 0. 144906 | 0. 861291 |

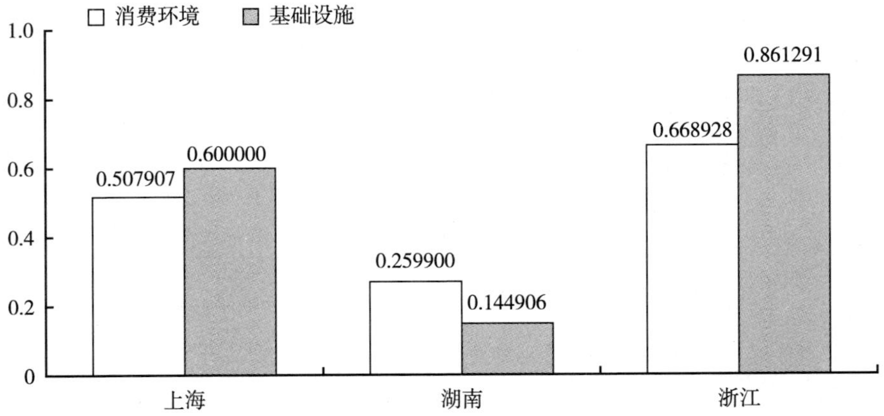


**图 23　消费环境和基础设施指标对比**

由图 23 可见，三地消费环境与基础设施之比，这两个指标由低到高排序均为湖南——上海——浙江，两个指标呈现正相关关系。

### 2. 隶属于二级指标“传媒发展水平”的指标集对比

（1）制作能力—播出时长

**表 57　制作能力和播出时长指标对比**

| 指标 | 上海 | 湖南 | 浙江 |
| --- | --- | --- | --- |
| D7 制作能力 | 0 | 0. 652992 | 1 |
| D8 播出时长 | 0 | 0. 900393 | 0. 999057 |

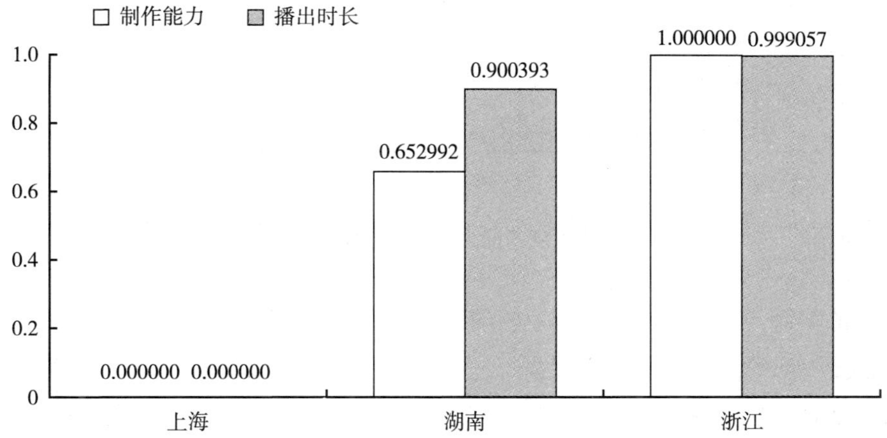


**图 24　制作能力和播出时长指标对比**

由图 24 可见，三地制作能力与播出时长之比，两个指标由低到高排序依次为上海—湖南—浙江，两个指标呈现正相关关系。根据上文指标体系，制作能力由“全年制作广播节目时间”和“全年制作电视节目时间”两个数据体现，“播出时长”由“公共广播节目播出时间”和“公共电视节目播出时间”两个数据体现，所以两者有正相关关系。上海在数据方面并不占优势，也是由于直辖市与省体量对比存在差距。

（2）制作能力—覆盖率

**表 58　制作能力和覆盖率指标对比**

| 指标 | 上海 | 湖南 | 浙江 |
| --- | --- | --- | --- |
| D7 制作能力 | 0 | 0. 652992 | 1 |
| D9 覆盖率 | 0. 4416 | 0. 5584 | 0. 71451 |

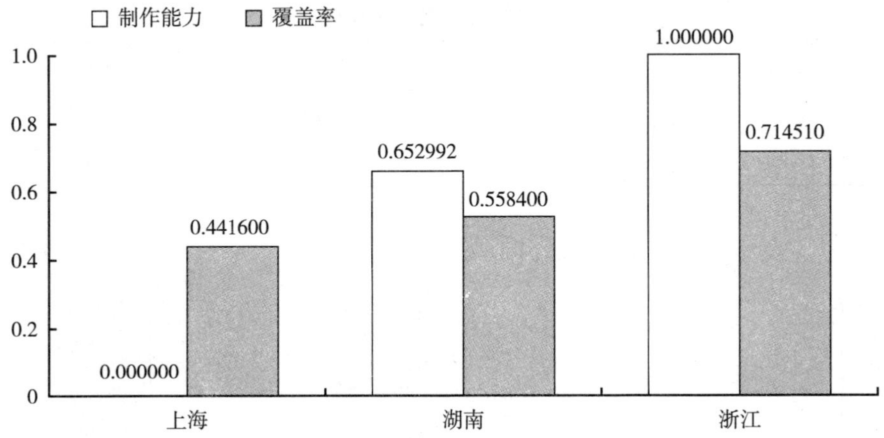


**图 25　制作能力和覆盖率指标对比**

由图 25 可见，三地制作能力与覆盖率之比，两者也呈现正相关关系。两个指标由低到高排序依次为上海——湖南——浙江。覆盖率包括“电视综合人口覆盖率”“广播综合人口覆盖率”“全国卫视频道覆盖率”三项指标，上海在这方面虽然数据依然偏低，但是与其他两地相差不远，以一个直辖市而言，已经是具有较好基础。

（3）制作能力—市场规模

**表 59　制作能力和市场规模指标对比**

| 指标 | 上海 | 湖南 | 浙江 |
| --- | --- | --- | --- |
| D7 制作能力 | 0 | 0. 652992 | 1 |
| D10 市场规模 | 0. 069298 | 0. 478672 | 0. 714894 |

由图 26 可见，三地制作能力与市场规模之比，两者也呈现正相关关系。两个指标由低到高排序依次为上海—湖南—浙江。在人口规模、收视市场等方

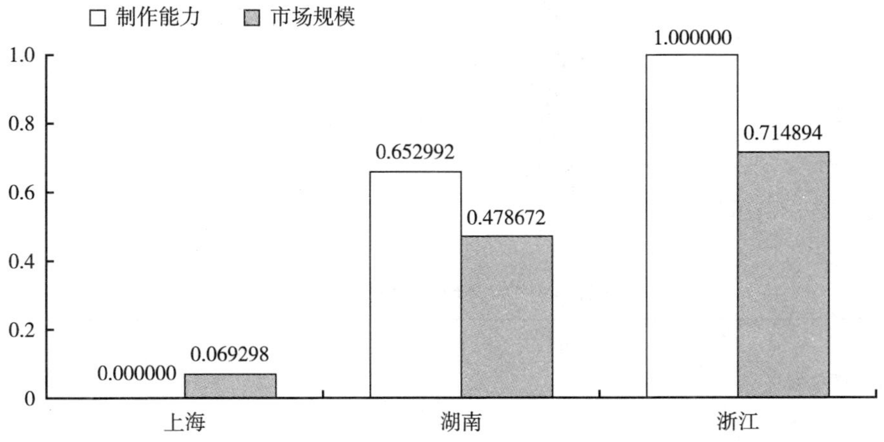


**图 26　制作能力和市场规模指标对比**

面，上海与两个省的总体数据相比有差距，这是在情理之中的。

（4）制作能力—营收能力

**表 60　制作能力和营收能力指标对比**

| 指标 | 上海 | 湖南 | 浙江 |
|---|---|---|---|
| D7 制作能力 | 0 | 0. 652992 | 1 |
| D11 营收能力 | 0. 240094 | 0. 311986 | 0. 840825 |

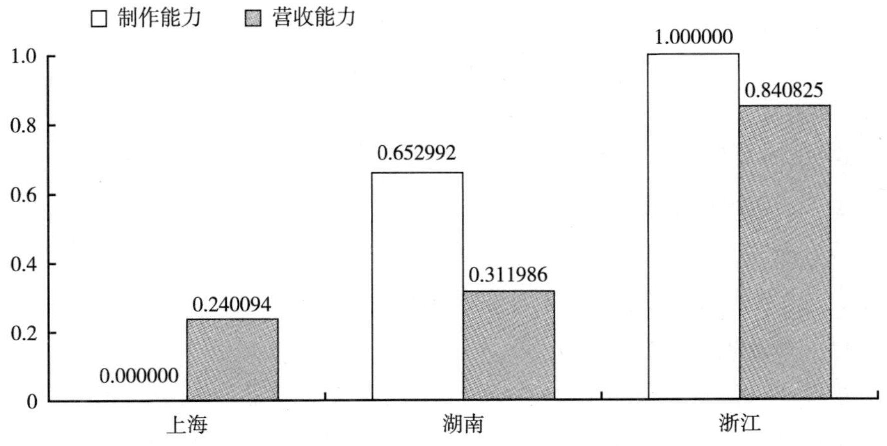


**图 27　制作能力和营收能力指标对比**

由图 27 可见，三地制作能力与营收能力之比，两者也呈现正相关关系。两个指标由低到高排序依次为上海—湖南—浙江。以市场为主体的营收能力比较，上海虽以直辖市的体量计算，居于低位，但是总量居然与湖南相差不远，依然体现其具有较好基础。

（5）制作能力—社会效益

**表 61　制作能力和社会效益指标对比**

| 指标 | 上海 | 湖南 | 浙江 |
|---|---|---|---|
| D7 制作能力 | 0 | 0. 652992 | 1 |
| D12 社会效益 | 0. 87085 | 0. 407725 | 0 |

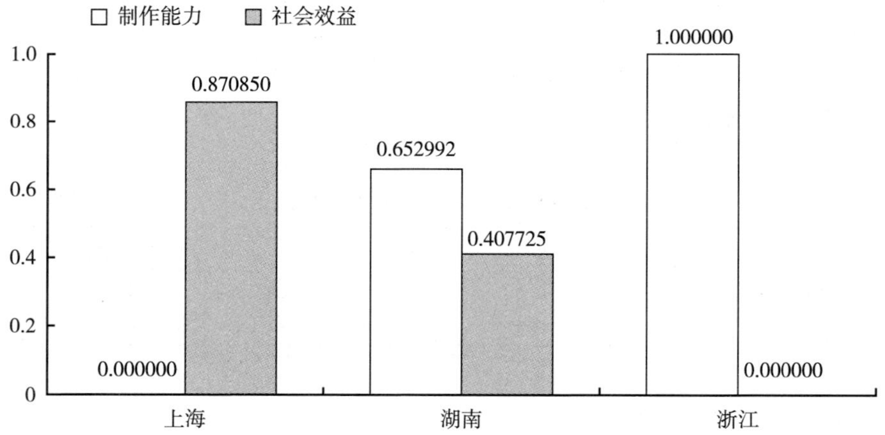


**图 28　制作能力和社会效益指标对比**

由图 28 可见，三地制作能力与社会效益之比。社会效益由高到低排序依次为上海—湖南—浙江。社会效益指标由“影响力”“公信力”“美誉度”三者构成，虽然上海在制作能力数据方面不够强大，但是社会效益远远高于其他两地，说明上海传媒在受众心目中的形象较为正面。

（6）播出时长—覆盖率

由图 29 可见，三地播出时长与覆盖率之比，两者也呈现正相关关系。两个指标由低到高排序依次为上海—湖南—浙江。在这两个指标中，上海都不占优势。

**表 62　播出时长和覆盖率指标对比**

| 指标 | 上海 | 湖南 | 浙江 |
|---|---|---|---|
| D8 播出时长 | 0 | 0. 900393 | 0. 999057 |
| D9 覆盖率 | 0. 4416 | 0. 5584 | 0. 71451 |

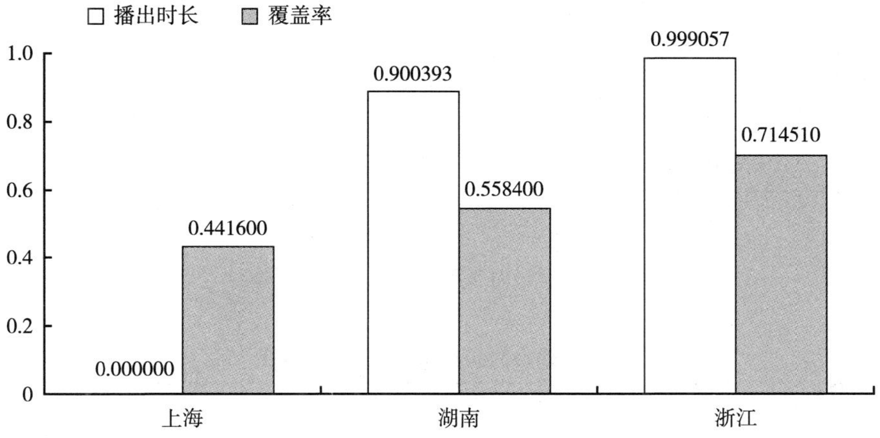


**图 29　播出时长和覆盖率指标对比**

（7）播出时长—市场规模

**表 63　播出时长和市场规模指标对比**

| 指标 | 上海 | 湖南 | 浙江 |
|---|---|---|---|
| D8 播出时长 | 0 | 0. 900393 | 0. 999057 |
| D10 市场规模 | 0. 069298 | 0. 478672 | 0. 714894 |

由图 30 可见，三地播出时长与市场规模之比，两者也呈现正相关关系。两个指标由低到高排序依次为上海—湖南—浙江。这两个指标有着内在联系。在这两个指标中，上海均不占据优势。

（8）播出时长—营收能力

由图 31 可见，三地播出时长与营收能力之比，两者也呈现正相关关系。两个指标由低到高排序均依次为上海—湖南—浙江。在这两个指标中，上海均不占据优势。

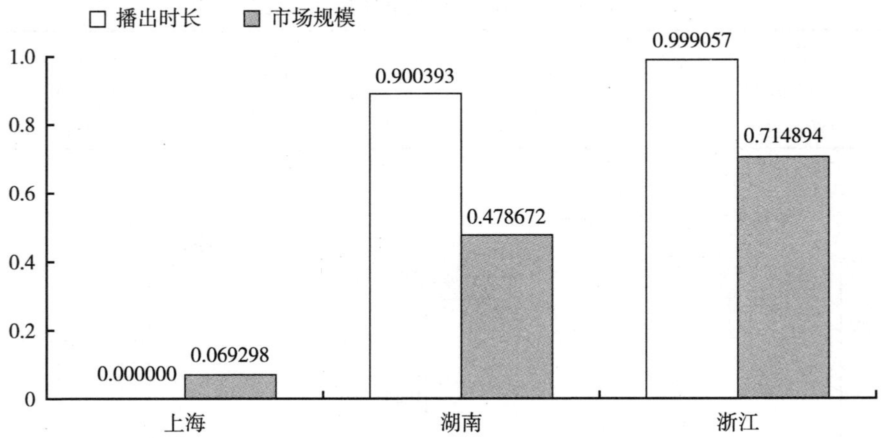


**图 30　播出时长和市场规模指标对比**

**表 64　播出时长和营收能力指标对比**

| 指标 | 上海 | 湖南 | 浙江 |
|---|---|---|---|
| D8 播出时长 | 0 | 0. 900393 | 0. 999057 |
| D11 营收能力 | 0. 240094 | 0. 311986 | 0. 840825 |

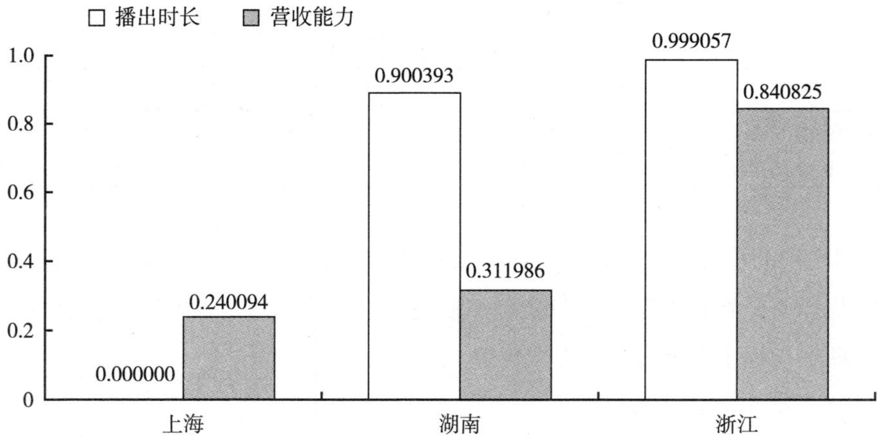


**图 31　播出时长和营收能力指标对比**

（9）播出时长—社会效益

**表 65　播出时长和社会效益指标对比**

| 指标 | 上海 | 湖南 | 浙江 |
|---|---|---|---|
| D8 播出时长 | 0 | 0. 900393 | 0. 999057 |
| D12 社会效益 | 0. 87085 | 0. 407725 | 0 |

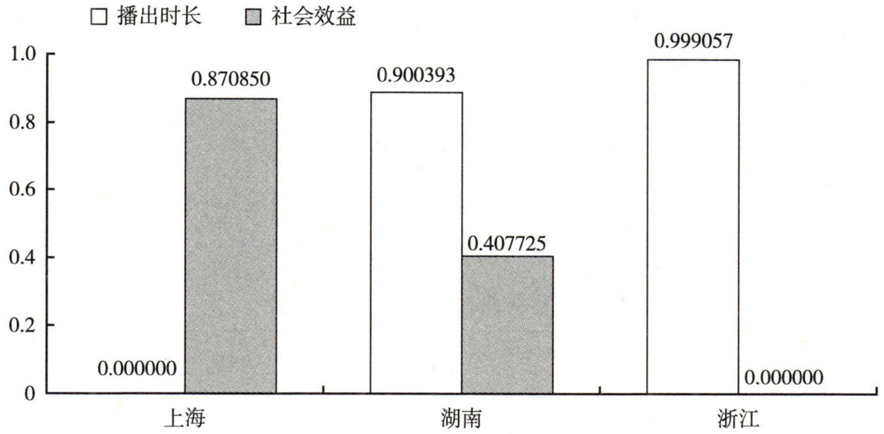


**图 32　播出时长和社会效益指标对比**

由图 32 可见，三地播出时长与营收能力之比，两者呈现负相关关系。上海虽然在播出时长方面居于最低位，但是社会效益最高，可见媒体社会形象的树立，不是由节目量的多少决定的。

（10）覆盖率—市场规模

**表 66　覆盖率和市场规模指标对比**

| 指标 | 上海 | 湖南 | 浙江 |
|---|---|---|---|
| D9 覆盖率 | 0. 4416 | 0. 5584 | 0. 71451 |
| D10 市场规模 | 0. 069298 | 0. 478672 | 0. 714894 |

由图 33 可见，三地覆盖率与市场规模之比，两者也呈现正相关关系。两个指标由低到高排序依次为上海—湖南—浙江。在这两个指标中，上海均不占据优势。上海在覆盖率方面与另外两地的差距要远小于市场规模差距。

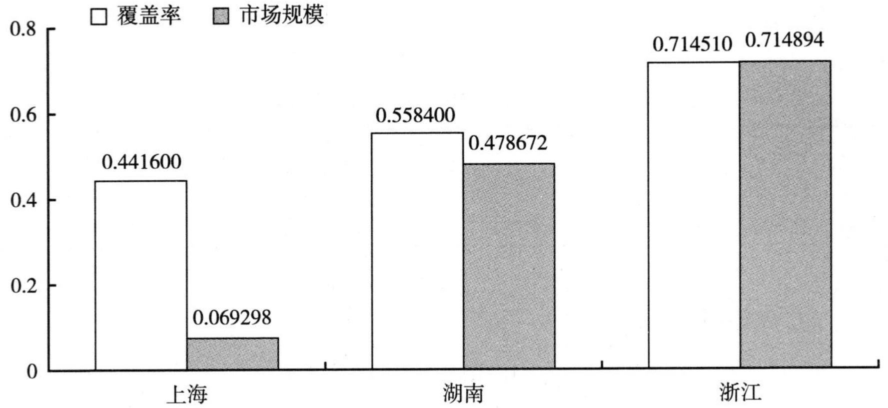


**图 33　覆盖率和市场规模指标对比**

（11）覆盖率—营收能力

**表 67　覆盖率和营收能力指标对比**

| 指标 | 上海 | 湖南 | 浙江 |
| --- | --- | --- | --- |
| D9 覆盖率 | 0. 4416 | 0. 5584 | 0. 71451 |
| D11 营收能力 | 0. 240094 | 0. 311986 | 0. 840825 |

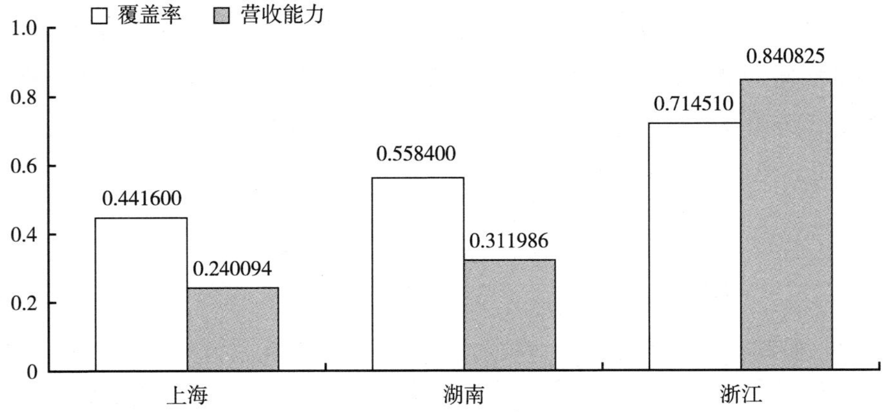


**图 34　覆盖率和营收能力指标对比**

由图 34 可见，三地覆盖率与营收能力之比两者也呈现正相关关系。两个指标由低到高排序依次为上海—湖南—浙江。在这两个指标中，上海均不占据优势。

（12）覆盖率—社会效益

**表 68　覆盖率和社会效益指标对比**

| 指标 | 上海 | 湖南 | 浙江 |
|---|---|---|---|
| D9 覆盖率 | 0. 4416 | 0. 5584 | 0. 71451 |
| D12 社会效益 | 0. 87085 | 0. 407725 | 0 |

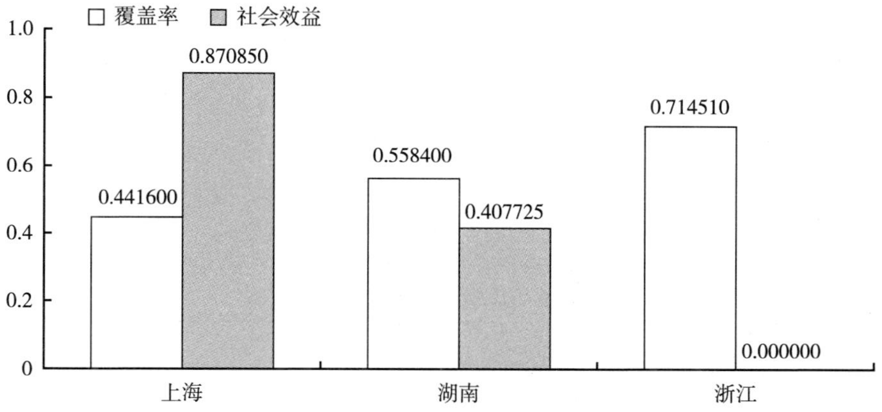


**图 35　覆盖率和社会效益指标对比**

由图 35 可见，三地覆盖率与社会效益之比，两者也呈现负相关关系。上海在覆盖率方面不占优势，可是社会效益远远高于其他两地，可以看出媒体形象的塑造并不与传播范围的大小成正比。

（13）市场规模—营收能力

**表 69　市场规模和营收能力指标对比**

| 指标 | 上海 | 湖南 | 浙江 |
|---|---|---|---|
| D10 市场规模 | 0. 069298 | 0. 478672 | 0. 714894 |
| D11 营收能力 | 0. 240094 | 0. 311986 | 0. 840825 |

由图 36 可见，三地市场规模与营收能力之比，两者也呈现正相关关系。两个指标由低到高排序依次为上海—湖南—浙江。在这两个指标中，上海均不占据优势。这两者有内在联系，互相影响。

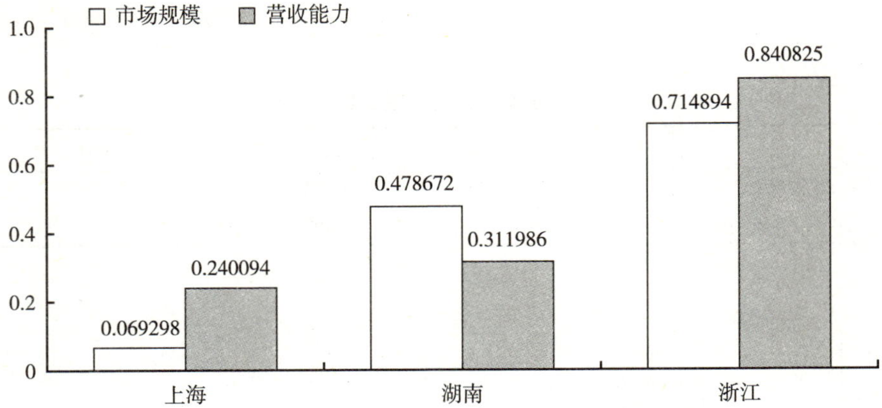


**图 36　市场规模和营收能力指标对比**

（14）市场规模—社会效益

**表 70　市场规模和社会效益指标对比**

| 指标 | 上海 | 湖南 | 浙江 |
| --- | --- | --- | --- |
| D10 市场规模 | 0. 069298 | 0. 478672 | 0. 714894 |
| D12 社会效益 | 0. 870850 | 0. 407725 | 0 |

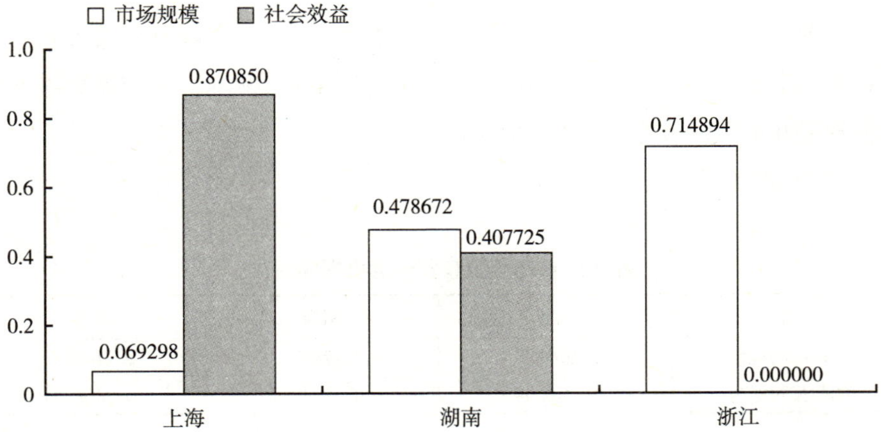


**图 37　市场规模和社会效益指标对比**

由图 37 可见，三地市场规模与社会效益之比，呈负相关关系，上海市场规模较小，但社会效益却最高。

（15）营收能力—社会效益

表 71　营收能力和社会效益指标对比

| 指标 | 上海 | 湖南 | 浙江 |
|---|---|---|---|
| D11 营收能力 | 0. 240094 | 0. 311986 | 0. 840825 |
| D12 社会效益 | 0. 87085 | 0. 407725 | 0 |

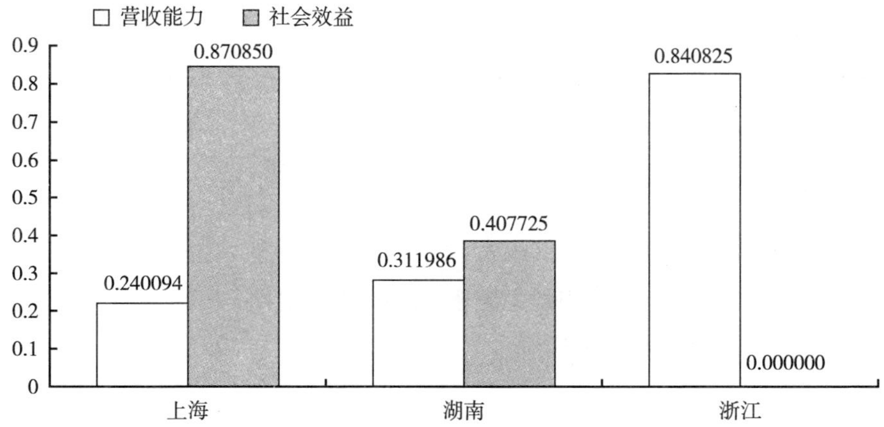


图 38　营收能力和社会效益指标对比

由图 38 可见，三地营收能力与社会效益之比，两者也呈现负相关关系。上海在营收能力方面较弱，但是社会效益却高高在上，可见媒体形象的塑造和社会作用的发挥与营收能力并无直接联系。

### 3. 隶属于二级指标“自身资源因素”的指标集对比

表 72　领导力和人力资源指标对比

| 指标 | 上海 | 湖南 | 浙江 |
|---|---|---|---|
| D13 领导力 | 0. 88408 | 0. 1982 | 0. 46125 |
| D14 人力资源 | 0. 21885 | 0. 602125 | 0. 608619 |

由图 39 可见，三地媒体领导力与人力资源之比。领导力由低到高排序依次为湖南—浙江—上海。人力资源由低到高排序依次为上海—湖南—浙江，其中湖南与浙江相差无几。SMG 在领导力方面占据绝对优势，在人力资源方面

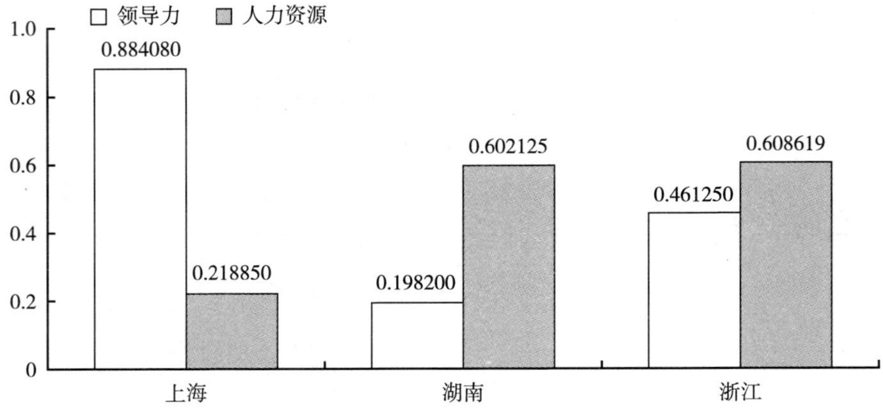


**图 39　领导力和人力资源指标对比**

居于绝对弱势，需要提升的空间很大。

4. 隶属于二级指标“自身能力因素”的指标集对比

（1）生产经营—组织管理

**表 73　生产经营和组织管理指标对比**

| 指标 | 上海 | 湖南 | 浙江 |
| --- | --- | --- | --- |
| D15 生产经营 | 0. 1407 | 0. 8124 | 0. 594747 |
| D16 组织管理 | 0. 156117 | 0. 721421 | 0. 593833 |

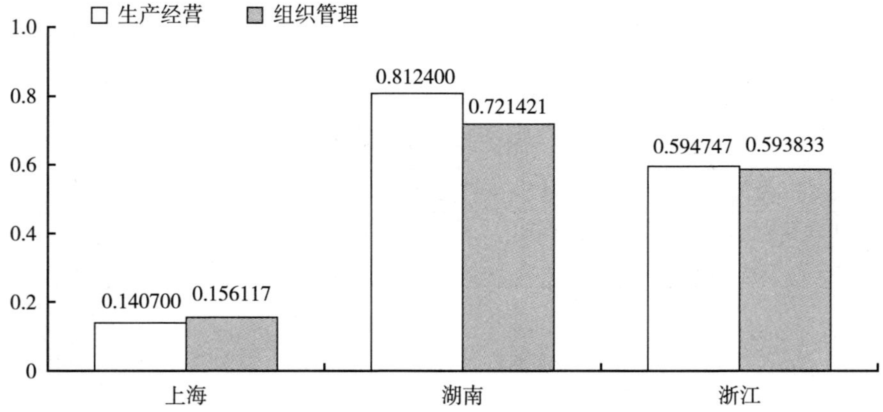


**图 40　生产经营和组织管理指标对比**

由图 40 可见，三地媒体生产经营与组织管理之比，两者也呈现正相关关系，两个指标由低到高排序依次为上海—浙江—湖南。在这两个指标中，上海均不占据优势，都有较大提升空间。

（2）生产经营—媒介融合

**表 74　生产经营和媒介融合指标对比**

| 指标 | 上海 | 湖南 | 浙江 |
|---|---|---|---|
| D15 生产经营 | 0. 1407 | 0. 8124 | 0. 594747 |
| D17 媒介融合 | 0. 125025 | 0. 8333 | 0. 1667 |

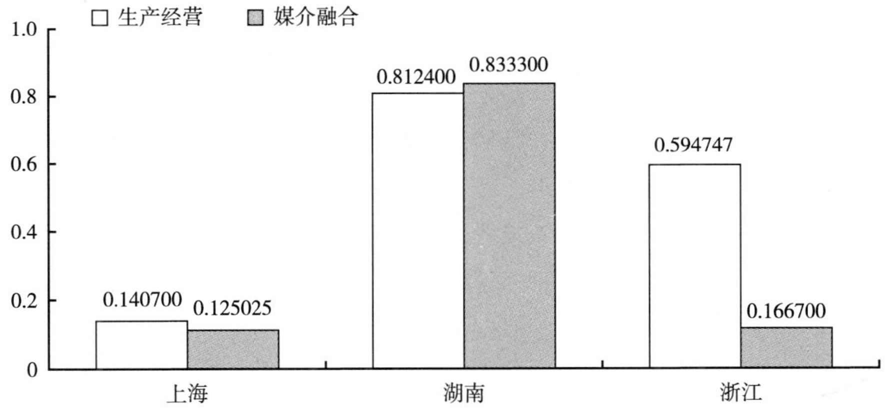


**图 41　生产经营和媒介融合指标对比**

由图 41 可见，三地媒体生产经营与媒介融合之比，两者也呈现正相关关系，两个指标由低到高排序依次为上海—浙江—湖南。在这两个指标中，上海均不占据优势，而湖南一枝独秀，远远超越其他两地。SMG 在这两个方面均有较大提升空间。

（3）生产经营—学习创新

**表 75　生产经营和学习创新指标对比**

| 指标 | 上海 | 湖南 | 浙江 |
|---|---|---|---|
| D15 生产经营 | 0. 1407 | 0. 8124 | 0. 594747 |
| D18 学习创新 | 0. 1428 | 0. 3155 | 0. 696753 |

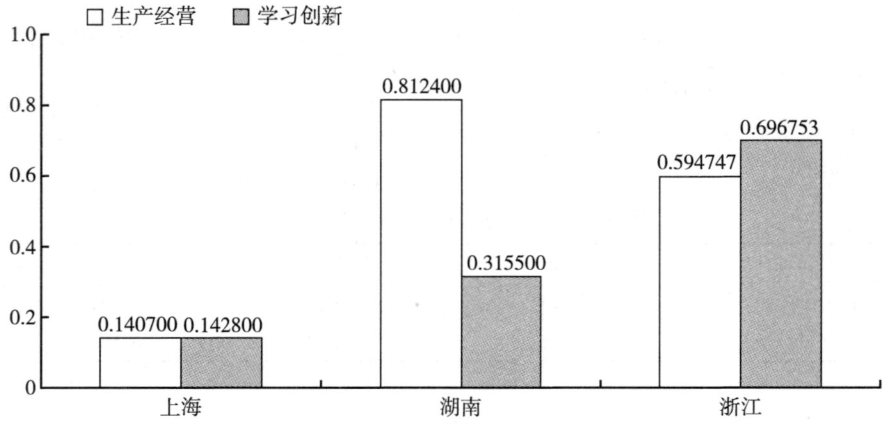


**图 42　生产经营和学习创新指标对比**

由图 42 可见，三地媒体生产经营与学习创新之比。生产经营指标由低到高排序依次为上海—浙江—湖南，而学习创新指标由低到高排序依次为上海—湖南—浙江。这两者虽无正相关关系，但是内容生产、节目创新与生产经营效益的关系不言而喻，SMG 想要改变目前劣势，必须在这两方面同时发力，迎头赶上。

（4）组织管理—媒介融合

**表 76　组织管理和媒介融合指标对比**

| 指标 | 上海 | 湖南 | 浙江 |
|---|---|---|---|
| D16 组织管理 | 0. 156117 | 0. 721421 | 0. 593833 |
| D17 媒介融合 | 0. 125025 | 0. 8333 | 0. 1667 |

由图 43 可见，三地组织管理与媒介融合之比，两者也呈现正相关关系，两个指标由低到高排序依次为上海—浙江—湖南。在这两个指标中，上海均不占据优势，而湖南一枝独秀，超越其他两地。组织管理能力的优劣将决定很多层面举措的实行及推进，其中包括媒介融合。在当今这个全媒体时代，这两方面的能力尤为重要，SMG 在这两方面均有较大提升空间。

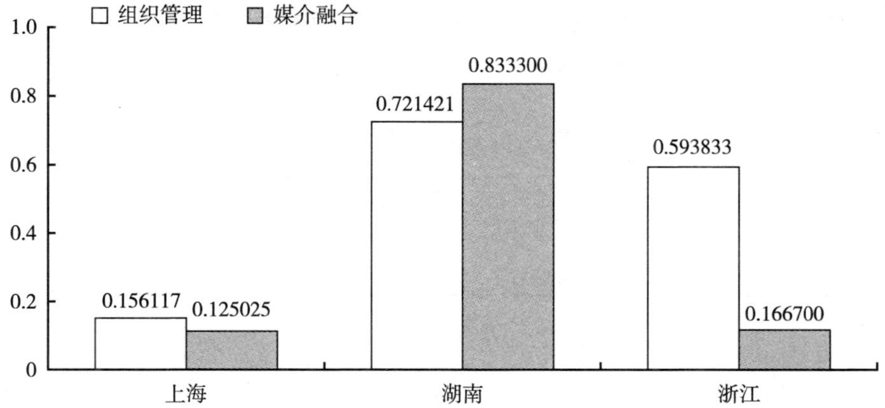


**图 43　组织管理和媒介融合指标对比**

（5）组织管理—学习创新

**表 77　组织管理和学习创新指标对比**

| 指标 | 上海 | 湖南 | 浙江 |
|---|---|---|---|
| D16 组织管理 | 0. 156117 | 0. 721421 | 0. 593833 |
| D18 学习创新 | 0. 1428 | 0. 3155 | 0. 696753 |

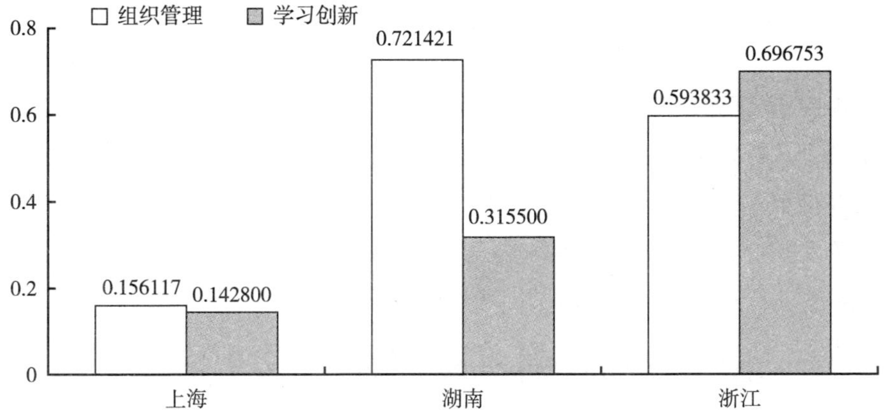


**图 44　组织管理和学习创新指标对比**

由图 44 可见，三地媒体组织管理与学习创新之比。虽然从数据上看，两者并不呈现正、负相关关系，但是组织管理水平与学习创新力有深刻内在联系，有了高效协同的体制机制，才可能有学习创新成果不断涌现。

（6）媒介融合—学习创新

**表 78　媒介融合和学习创新指标对比**

| 指标 | 上海 | 湖南 | 浙江 |
|---|---|---|---|
| D17 媒介融合 | 0. 125025 | 0. 8333 | 0. 1667 |
| D18 学习创新 | 0. 1428 | 0. 3155 | 0. 696753 |

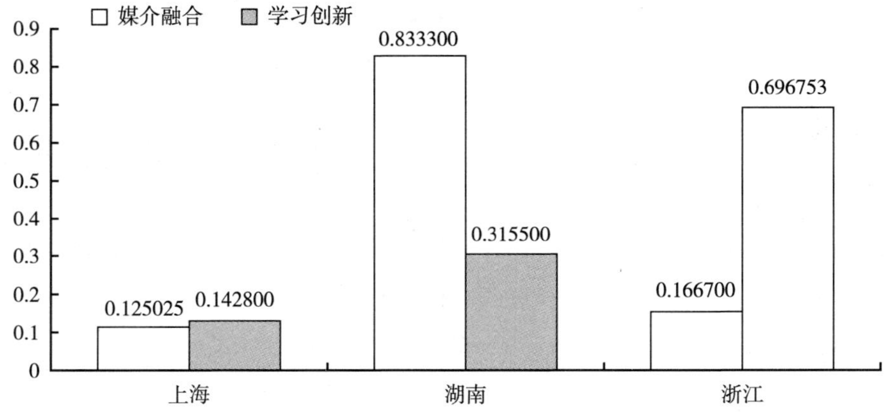


**图 45　媒介融合和学习创新指标对比**

由图 45 可见，三地媒体媒介融合与学习创新之比，从数据上看，两者并不呈现正、负相关关系。湖南在媒介融合方面取得最高分，而浙江在学习创新方面夺得第一，各有各的优势。SMG 拥有上海这样的地理优势，又是制播分离改革的先行者，理应取得更好成绩，恰恰没有，而且在这两方面与其他两地相差较多，可见有很多深层次的问题，亟须改进。

## （四）SMG 提高核心竞争力举措分析

根据上文分析，SMG 的核心竞争力在行业对比中并不占明显优势，甚至一些传统地位和优势正在丢失，在上文的指标体系测评中，自身能力方面得分较低，亟待发展。面临如今媒体行业竞争白热化的形势，SMG 立足上海背景和实际发展情况，借助体制改革、资源整合的东风，在多方面做了有益尝试，正在努力转型、谋求发展。在未来的发展中，更应认清自己所处的优劣势，抓住机遇，增强实力，飞跃发展。但是面对如今媒体行业竞争不断加剧、体制机制制约改革创新、传统广电媒体打造的产品缺乏竞争力、企业文化没有活力等现状，要突破自身局限再创新高，面临很大挑战。下面着重分析 SMG 在提升自身资源与能力方面采取的举措。

1. 人力资源

（1）人才招聘与配置。

近几年，SMG 在干部选拔、专业人才队伍建设、主持人队伍建设、人才培训中不断创新人才工作机制，努力培养和吸纳优秀人才，优化人才发展环境。比如坚持考察和储备相结合，建立全面考察制度和后备干部数据库；参与全市的干部公开选拔招聘，探索建立竞争择优、充满活力的用人机制；构建干部教育培训、能力开发的科学体系等。与此同时，围绕项目出人才，坚持培养和使用相结合，建立新任干部上岗培训制度。有计划地安排干部交流和挂职，紧密围绕重大宣传任务，通过实际工作发现人才，锻炼人才，为优秀管理人才的脱颖而出搭建平台，为后备干部的成长和潜能开发创造有利条件。

播音员、主持人是广播电视台特有的人才资源。拥有一支具有较高政治素质、专业技能的播音员主持人队伍是建立和维护新时期 SMG 品牌形象的需要，也是媒介融合时代保持影响力和竞争力的需要。为探索适应当前广播电视事业发展的播音员、主持人培养和管理的体制、机制，SMG 启动“提升播音员主持人的品质和影响力”专项工作，正式成立播音主持业务指导委员会和荧屏视觉形象工作指导委员会，以“内在素养”和“外在形象”为工作抓手，着力提升播音员主持人的业务能力、综合修养及荧屏形象。播音主持业务指导委员会重在定向咨询指导和播音主持业务系列培训，荧屏视觉形象工作指导委员会建立了顾问专家和指导老师两大专家成员库，为各频道提供咨询服务、一线技术指导。通过举办“名、优、新播音员主持人”的评选以及后续的公益形象宣传，使这支广播电视台独有的人才队伍在培养、开发、激励上获得了新的活力，也在社会公众面前树立了崭新的形象。

SMG 在不断创新管理岗位晋升通道的同时，也创新建立了人才发展“双通道”机制。在专业人才岗位系列中，划分了 6 个职级的晋级层次，首席岗位处于专业通道的最高级（第 6 职级），目前，台、集团下属各业务团队的首席员工共约50人。

（2）培训与开发。

SMG培训工作以东方传媒学院为依托，建立了以传媒人核心胜任能力为基础的培训体系，将培训和业务发展紧密联系，形成了富有传媒特点的培训运行机制，包括建立了内部企业大学（东方传媒学院）、确定了专项培训投入（年度预算）、开发了有效培训项目（高管领导力培训、新员工入职培训、海外国际化人才培训、专业技能培训）等。

在专业岗位技能提升培训方面，自正式启动东方传媒学院“SMG公开课”品牌培训之后，授课内容涵盖传媒行业发展趋势、栏目创作与整合营销、品牌包装与营销、客户开发与管理、电视新闻编辑与制作等内容，全台、集团员工，每年参加人次超过3000人。除了台、集团层面组织开展的岗位技能培训，各单位还根据自身业务发展情况及员工培训需求，自行开展各类更有针对性的岗位技能提升培训。培训项目的开发和组织实施实现了分层管理，岗位技能类、媒体技术类和专项知识类等培训由一线部门或公司主导实施，台、集团层面指导并评估实施效果。

人才队伍建设对正在快速发展中的SMG来说至关重要。从2001年集团成立时的2000多人发展到2013年9000多人的规模，至今大小文广整合后达17000左右，SMG员工队伍结构也伴随着事业产业的发展发生了很大变化。围绕主业，甄选、开发、提升优秀员工，让人力资源成为持续的竞争优势，是保持和提升核心竞争力的重要环节。

（3）薪资福利管理。

SMG在薪酬福利制度设计上基本遵循岗位决定基本薪酬、业绩决定绩效薪酬、经营效益决定整体薪酬福利水平的薪酬管理原则，行政职级和工龄对薪酬福利的影响程度较小。一是强化激励性薪酬激励，控制保障性刚性福利。各项福利重点强调内部公平性，在岗位上不实行区别对待。二是强化人力成本增长与经营情况紧密挂钩。SMG近几年通过预算管控及关键业绩指标考核，总部、下属单位及员工基本建立了薪酬和人力成本增长与经营业绩挂钩的理念。个别业绩不理想的单位，对员工薪酬和人力成本都采取了严格的压缩和控制。

SMG薪酬管理发展的基本逻辑是：用人机制改革—岗位体系建设（职业

双通道机制）—同工同酬、事业单位工资档案化—薪酬体系、绩效体系建设—管控体系、信息化建设。一是用人机制改革，暂停事业编制人员招录，启用企业化用工模式，为企业化运营提供了灵活的用人机制。二是岗位体系建设（职业双通道机制），建立市场化岗位体系和岗位系列，提供专业、管理职业双通道发展路径。岗位体系的建立是薪酬体系和绩效体系建设的基础。三是同工同酬、事业单位工资档案化，为建立市场化薪酬体系提供保障。四是薪酬体系建设，推行全面薪酬体系，建立企业化薪酬制度，包括年薪制、岗位绩效工资制、业务提成制和协议工资制四类薪酬模式。借鉴市场薪酬管理成熟做法，调整薪酬结构，简化薪酬福利科目。五是绩效体系建设，SMG 绩效考核主要基于关键业绩指标（KPI），按照财务类、业务类、综合管理类三个维度设置绩效考核指标，并选取关键的指标进行考核，关键业绩指标考核结果运用于高管及团队的年终绩效兑现及年度薪酬预算调整。六是管控体系建设，SMG 对各单位实施“高管管理、政策管理、总量管理”的薪酬管控模式。七是信息化建设，依托 SMG 人力资源信息管理平台，SMG 进一步统一了 SMG 及下属公司薪酬管理平台，显著提升了薪酬工作的信息化水平。

在 2014 年 SMG 整合后，将根据新的发展形式，在完善薪酬和人力成本管控体系、根据不同组织架构和业务发展阶段优化薪酬管理和激励模式、推进多元化的激励手段和长期激励机制等方面进行探索及尝试。比如将根据 SMG 全面预算管理要求，进一步完善人力成本管控举措，由原先的薪酬预算管控模式向全人力成本管控模式转变。再如薪酬管理应该呈现为动态，与组织架构和业务发展重点相契合。同时，SMG 支持下属单位探索、建立与市场接轨的薪酬管理模式及激励机制，2014 年配合东方卫视中心、东方广播中心改革，完善薪酬激励模式，制定独立制片人/制作人的利润分享机制。对于市场化程度较高，已实现股权多元化的业务单元，SMG 将支持其探索实施中长期激励举措。

### 2. 生产经营

（1）内容生产能力。

在新媒体与传统媒体竞争中，内容创新依旧是各平台扩大自身影响力、构建媒体品牌力的法宝。我们分析 SMG 的内容生产能力，还是着眼于传统广电媒体。在本文中，以各电视频道的收视率以及新上档节目为例。2014 年，SMG 旗下各电视频道新上档节目共计 28 档。

2014 年 SMG 1 ~9 月全天和黄金收视份额分别为 51.13% 和 57.35%，较去年同期分别上涨 1.15% 和 0.21%，同时亦高于 2013 年全年平均值（51.06%，57%）。从上海地区各频道收视来看，星尚、第一财经、五星体育和纪实频道的全天、黄金收视份额均较 2013 年同期有不同程度的上涨，其余频道全天和黄金收视份额均有不同程度的下滑。新节目收视率高于原时段（前 12 个月同时段）收视的节目共 12 档，占比 43%。另外 16 档新节目低于过去 12 个月同时段收视水平。

2014 年前三季度 SMG 各频道的 28 档上新节目中，36% 来自东方卫视，共计 10 档上新节目。但高于过去 12 个月同时段收视的节目仅 3 档，70% 上新节目收视均低于前 12 个月同时段收视。纪实频道和电视剧频道 2014 年来分别各上新一档节目，且节目收视均较前 12 个月收视有提升；哈哈少儿上新的三档节目中，有两档节目较原时段收视有所提升；娱乐频道、第一财经和外语频道新上档节目中均有一半的节目超过前 12 个月同期收视。

总体来看，2014 年 1 ~9 月份 SMG 新节目收视表现较为稳定，将近一半节目收视较原时段提升。但其更新的速度较去年同期略有放缓，且收视提升的节目数量和百分比同比有小幅回落，节目市场表现亦较 2013 年略逊一筹（2013 年前三季度 SMG 共上新节目 31 档，52% 的节目收视高于 2012 年同期）。

综艺节目在内容和模式上较易于推陈出新，在收视和品牌影响力上也具有无可比拟的优势。在 2014 年前三季度新上档节目中，综艺节目占据新节目总量的 39%，居各类型节目之首，成为创新节目类型的主流，是各频道节目创新热点之一。通过引进海外模式类节目的版权打造频道品牌节目，是近年来强势卫视内容资源创新的一个重要方式。如大型户外旅游真人秀节目《花样爷爷》较韩国原版模式在内容上有很多本土化的改变，基于中国文化、视觉升级等的本土化改造意识有所增强。节目在周日晚间后黄金时段播出，与各大卫视王牌节目同台竞技，竞争更为惨烈，十二期节目平均收视 0.98%，省级卫视同时段排名第三位。

在模式类节目带来一定收视的市场繁荣的同时，独家原创的节目模式在一众海外模式节目中也显得格外抢眼。原创力量的崛起也逐渐成为电视节目创新，尤其是综艺节目创新之主要领域。东方卫视陆续推出三档原创综艺节目，其中《狗狗冲冲冲》和《女神的新衣》节目收视较原时段收视分别上涨 33%

和 78%。与卫视平台创新节目相比，2014 年 SMG 各地面频道节目创新以贴近本土为主要原则。如娱乐频道推出的《我要演话剧》通过融入本地名嘴主持登上选秀舞台为看点，获得观众的不少关注，节目播出收视较原时段收视上涨 11%。贴近百姓生活是生活服务类节目的发力点。内容的真实性、情感的贴近性以及满满的正能量，成为此类节目的最大亮点，在收视表现上，也呈现一定的竞争力。

在以往的创新节目中，财经类节目较为缺乏，今年则有一定的突破，且收视表现稳中有升。如财经频道开播两档财经类节目《谈股论金之英语开讲》和《创客星球》。其中《谈股论金之英语开讲》更是较原时段收视上涨 550%，在同时段节目竞争中表现出一定的优势。可见，基于自身资源、受众、市场地位等因素的权衡和考量，不同频道节目创新的侧重点也存在差异。卫视频道更侧重于依托自身资源、覆盖优势打造专业节目，提升频道影响力和公信力；地面频道则继续在贴近性和实用性上下功夫，力图融入百姓的生活中。

总体而言，2014 年新节目虽然在创新数量上较往年有所下降，但在节目创新理念、节目创新领域、节目元素开发和传播空间扩展等方面，都表现出了较为鲜明的特点。节目的创新与发展在一定程度上对于市场整体收视起到良性推动的作用。

（2）SMG 整合后总体经营目标。

目前，整合后 SMG 拥有 11 套广播频率、15 个电视频道、15 个全国数字付费电视频道、9 种报纸杂志、5 个互动媒体平台和 2 个互联网平台；业务涵盖媒体运营（包括广播、电视、报纸、杂志及互联网新媒体等）、网络传输（包括百视通 IPTV、东方明珠旗下的东方有线等）、现场演艺（包括文广演艺的文艺院团和剧场管理等）、文化旅游（包括东方明珠、东方绿舟等）以及其他业务（包括电视购物、版权销售、文化投资等），其中媒体广告经营、东方明珠、百视通、电视购物等为主要的创收及盈利来源。

2014 年以来，SMG 在内容生产、平台拓展、产业链拓展、投融资方面都进行了进一步探索和尝试。源于对整合的高期望值和对自身实力的自信，财务方面的年度目标是：在新的管理架构下，合并营业收入目标力争增长 14%；主要业务中，广告经营拟较去年增长 10%，百视通新媒体力争增长 25%，东方购物力争达到 9% 的增长，东方明珠拟实现 14% 的增长。归属于母公司所有者净利润拟增长36%。

按照整合后的SMG单位规模来看，2013年整体营业收入完成209.84亿元，归属于母公司所有者的净利润实现8.07亿元。2014年，在国内外经济形势尚未明朗、行业政策和媒体格局变化等对传统媒体运营发展较为不利的情况下，SMG拟通过重新梳理资产关系、产权关系和业务关系，突出广播电视主业定位，全力支撑优秀内容产品创新，并加快推进新媒体等战略转型，通过内生增长和收购兼并等外延式扩张，推动整体业绩取得增长，并促进整体产业结构的调整和产业集群的布局。

从合并营业收入上来看，通过多年来的产业布局和多业经营，广告经营、新媒体业务、电视购物销售业务、东方明珠运营等成为主要的创收支柱，除媒体广告经营业务受市场不利因素影响近年来徘徊不前外，其他创收支柱逐年增长，整体营收结构不断优化。但不可否认的是，作为传统主流媒体机构，在新的业务增长点没有发生质的飞跃之前，仍旧需要依靠广告收入来维持平台的生存与发展，承担主流媒体的责任与使命，包括支持多种类型的公益事业，盈利压力仍旧较大。

2014年SMG营业总收入的预期结构如图46所示。

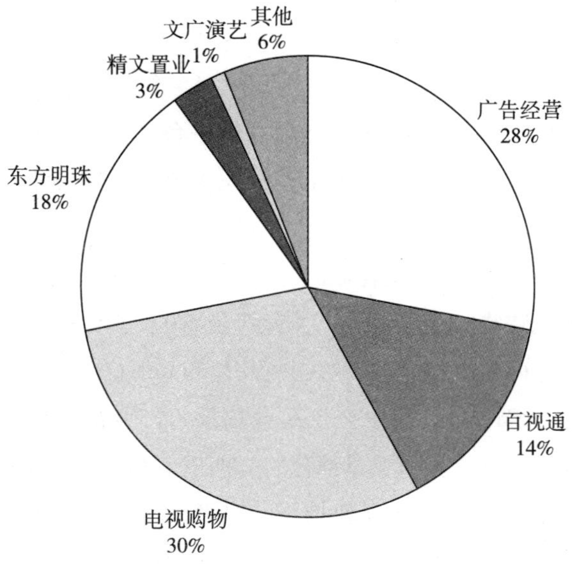


**图46　2014年SMG营业总收入的预期结构**

（3）SMG 整合后生产经营状况

2014 上半年，SMG 整体实现营业收入 106.64 亿元，较 2013 年同期增长 8.61 亿元，增幅 9%，增量营业收入主要源于媒体业务（包括传统媒体、新媒体、电视购物）和东方明珠，增量贡献分别占到全部增量的 60% 和 30%；利润方面，台、集团合并利润总额同比增长 40%，归属于母公司所有者的净利润同比增长 15%，均达到全年时间过半完成任务过半的目标。从主要板块来看，传统媒体广告经营方面，1～6 月营业收入基本与 2013 年同期持平，其中东方卫视单根频道广告同比增长 17%，广播广告同比上升 15%，平面媒体广告同比下降 39%；电视购物方面，上半年实现营业收入同比增长 6%；新媒体业务中，百视通上半年营业收入较 2013 年同期增长 27%；东方明珠方面，营业收入同比增长 16%。

对于媒体广告经营来说，在经历了 2009～2011 年的跨越式增长之后，步入了平稳期，2012 年台、集团整体广告收入仅较 2011 年略增 1%，2013 年较 2012 年下降 9%，由此亦造成了传统媒体运营整体利润的下降，使 2013 年 SMG 经营工作承受了重压。

传统媒体广告在整个广告市场上份额的下降已是一个不争的趋势，对于 SMG 来说，守住上海本地市场份额、深挖全国市场潜力、发掘与培养新媒体平台价值成为广告经营策略转型的重点。此外，近年来传统媒体资源价格的不断上涨也成为广告经营在突破瓶颈过程中的负担，更需要通过提升品牌推广能力、创新整合营销手段等方面来突破瓶颈。广告经营在市场份额争夺上进入平稳期的同时，也进入了结构和模式的调整期。

当前媒体运营的整体环境趋于严峻，"限广令""限娱令"等政策对广告播放的限制仍旧存在，同时，随着信息技术的迅猛发展，新媒体业务市场份额持续提升，媒体格局正在发生深刻变化，对于 SMG 这样以传统媒体广告收入为创收支柱的集团公司来说，面临着创收遇到瓶颈但内容生产投入难以缩水的难题。传统媒体平台亟须重组生产流程和管理架构，集中优势人才和资源，在 2014 年、2015 年两年内致力于打造全国影响的大型综艺娱乐节目、影视作品、纪录片等，赢回口碑、人气和地位。对于文广来说，强力推进内容产品创新，夺回失去的阵地，所提出的成本需求持续增长主要体现在以下几方面。

鉴于经济、政策等诸多外部环境因素的影响，全国省级卫视竞争日趋激烈，竞争格局开始重构，SMG 拟集全集团之力，突显“聚焦卫视”战略，力争推动东方卫视进入全国省级卫视第一阵营，实现从以地面频道增长为核心到以东方卫视增长为突破口的战略转移。除了为卫视内容生产的直接投入提供保障之外，还进一步探索独立制作人团队激励制度，保证独立制作人团队可以参与节目项目的超额利润分享。此外，探索对节目创作人员实行浮动薪酬制度，增强节目生产一线的战斗力，从人力资源改革方面支持节目生产增强活力。同样，在卫视广告经营方面，也面临着整合渠道、吸引客户、对外拓展等的成本压力，因广告市场激烈竞争而导致的广告经营成本亦在逐年提升。

在新闻内容方面，SMG 拟坚守“新闻立台”，并在 2014 年内启动全媒体新闻流程再造，以继续确保电视新闻播出总量位居全国地方台第一，新媒体渠道影响力全国领先。首先，精办东方卫视《直播上海》《东方新闻》《子午线》《看东方》及上海新闻综合频道《新闻报道》《新闻坊》等节目；其次，面向互联网和移动终端，重新构造新闻采制流程，兼顾传统电视播出频道和多样化新媒体平台，在全国第一家实现全媒体新闻生产运营，努力成为具有全国乃至国际影响力的专业视频新闻内容提供商。

在版权投入方面，近三年国内国际市场版权价格大幅提高，一方面，上海文广面临着专业频道如真实频道、体育频道等要保障收视率和收视份额并要在此基础上提高创收，需要有更多的版权投入增量来做支持，尤其是真实频道上星，需要储备更多全国版权的纪录片备播；另一方面，影视剧版权整体市场环境在变化：其一，视频业的蓬勃发展抬升了影视剧版权价格；其二，有关政策限制也客观导致各台电视剧需求增加，影视剧的采购成本急剧上升；其三，卫视黄金档普遍加入三集连播的竞争局面。为了突破困境，布局未来，SMG 拟加强对两方面举措的推动：一是构建影视剧生产全产业链，从上游的文学剧本策划、艺人经纪、编剧工作室，中游的影视投资、制作、发行，到下游的整合营销、授权等；二是以纪录片频道上星为契机，覆盖全国，集合社会人才、资金、渠道资源，推动国际合作，打造纪录片品牌频道，以及一批影响广泛的纪录片精品力作。

对于传统广电媒体来说，一方面广告商对节目的形式与质量、对频道的影响力与覆盖面等要求不断提高；另一方面“限娱令”等政策对节目内容的制作与编排也有新的要求，近两年来，SMG 不仅旗下各频道均加大了对新节目的研发和节目制作的投入，母公司还设立了总额为 1 亿元的节目创新创优基金，用于新节目研发资助、节目模式信息购买以及定期组织评选创新创优节目奖、举办优秀创意人和制作人业务研讨会等活动，鼓励和扶持创新。

2014 年，百视通新媒体继续以新媒体战略为核心，开展行业合作、行业整合新模式，同时继续拓展 IPTV 基础业务以外的新业务，形成多元增长模式。考虑到 2014 年 IPTV 基础包收入分成模式将发生重大变化（部分 IPTV 基础收入将直接分地方广电、央视、百视通三方，不再是百视通收到后再分给央视、地方广电），2014 年大力拓展 IPTV 高清、IPTV OTT 业务、付费点播、新媒体广告业务，拓展新媒体多元业务。

近年来，随着电视购物业绩的良好增长，其所创造的营业收入已占到整体营收的三成之多。2014 年电视购物发展的主要课题为在顾客导向基础上加大力度发展新媒体业务，同时提高配送效率。经商务部批准，东方希杰获准增加通过电视、电话进行零售的经营范围，成为首家获得无店铺零售许可的外资电视购物企业。电视购物主要是通过频道、新媒体、目录三大渠道进行商品销售，其中，电视渠道实现的销售占到近七成，新媒体销售占比超过两成。新媒体渠道为家庭购物 2014 年度业务的拓展重点，在销售品类方面，将以食品、家具、美妆作为网络重点品类，集中销售；在新业务模式上，将引入海外直购板块，拟从韩国起步，扩大到日本、欧美；在媒体融合上，节目将由单个商品销售，升级为多个商品的关联销售，即“TV + INT or APP”模式。

### 3. 组织管理

（1）职能部门整合。

从当前趋势来看，传统媒体创收步伐放缓，内容创新、平台建设等投入加速，盈利处于下滑的境遇。因此，SMG 全面整合后，为了进一步减少管理层级，提升管理效率，首先启动了对总部的改革：职能部门数量从原有“大小文广”时候的 26 个合并缩减为 13 个；在层级上，将原来文广集团和原广播电视台两级管理层级进行合并，干部人数缩减幅度达 24%。职能部门的设置以优化整合管理职能、减少管理层级为出发点。数量上常设职能部门不增加，层级上建立层次精简、架构合理、职能健全的扁平化总部职能组织，强化新媒体统筹发展、投资与资产运营、资金集中管理、企业文化建设等现代企业集团总部核心职能，为实现专业化、市场化和国际化发展奠定坚实基础。这些都充分体现了精简职能部门、服务支持一线的思路。在干部安排上，距退休时间不到3年的不再担任管理岗位。调整后干部也更为年轻化，职能部门干部的平均年龄从调整前的50岁下降为45岁，使得原先干部队伍相对老化的职能部门更加具有活力。

此次职能部门调整，借鉴了先进企业集团管控实践经验，实行战略性决策和经营性决策分离。职能部门设置参考了现代企业集团的做法，既给予下属单位充分的自主权，同时又在宣传管理、战略管理、投资管理、财务管理、人力资源管理、资源与服务共享等方面强调了总部职能管控，充分体现了授权和管控的关系。

（2）明确管控模式。

SMG将采取“战略管控+运营管控”的混合型集团管控模式，对不同的业务单元进行分类管理。调整后SMG进一步完善在党委会和董事会领导并授权下的、跨部门的议事决策机构，明确常设日常管理部门，进一步加强总部管理职能建设。SMG的最高决策机构是SMG党委会，重大战略和发展方向交集团董事会议定，专门议事决策机构包括宣传管理委员会、经营管理委员会、审计委员会。根据整合后的管理要求，各职能部门将全面梳理、审查和完善现有各项规章制度，按照新的职能定位和管控流程进行梳理和修订，并履行相应的审批程序，确保管理制度全面覆盖、内容严谨、措施严密、符合实际，为总部管理的科学化、规范化、程序化和高效、有序打下良好基础。各职能部门也将提高管理能力，完善管控机制，优化资源配置，加强队伍建设，为SMG下一步深化体制机制改革、促进文化产业发展做好服务保障。

（3）成立审计委员会。

SMG改革将继续向纵深推进，当前SMG的财务管理，特别是在内部风险防范方面，迫切需要自我“革命”，这一切入点理所当然落在了内部审计转型上。审计管理委员会的建立，将着力推进审计工作揭示和关注内部风险，并起到警示作用，从而促使财务管理向扎实迈进，逐步形成规范有序、科学有效的运行机制。

成立审计管理委员会，是SMG加强内控、防范风险的重要决策。大小文广整合后，SMG拥有下属子公司200余家，对外投资层级达8级，而一般企业组织的有效管理层级仅为5级。资产规模的快速升级让内部审计转型迫在眉睫。与此同时，下属公司审计机构设置不健全、经营管理不善致使亏损、风险防范意识不强等现象已成为 SMG 发展的“绊脚石”。在此背景下，审计管理委员会应运而生。审计管理委员会的主要职能是围绕广播电视行业特点，进一步防范经济运行过程中的风险，强化风险导向的内部管理，促进内部控制系统的完善，即“纵向要减少管理层级，横向要收缩经营跨度，点上要缩小国资比重”。

经济责任审计、大型活动审计、工程审计，是审计管理委员发现问题、促进改革的重要突破口。特别是对集团重点任务、重大项目或者容易产生风险和漏洞的地方，审计管理委员会将组织审计和相关部门成立调研组开展巡视和飞行检查。毋庸置疑，健全完善审计管理委员会制度将成为 SMG 加强审计监督、促进事业健康发展的一大抓手，解决长久以来屡审屡查、审计报告“万金油”等问题，把提高内部风险防控真正落到实处。

伴随着审计管理委员会工作的推进，大型活动审计成为新的突破口和落脚点。近年来，各大卫视的竞争已经演变为一场大型季播节目的比拼，多数节目呈现出大制作、高成本的“大片”水准。然而，随之而来的是大型活动审计的一系列管理难题：大型活动成本的真实性、合理性难以把控，制作部门对全成本控制意识不强，缺少投入产出结果与前期预估的分析和评估，大量节目外包规避了内部监管也造成集团资源闲置与浪费……这些情况屡禁不止，成为当前体制机制下新的难题。审计管理委员会对大型节目等重要项目的立项、投入产出预估、项目实施、后期评估等情况进行充分调研，力图将潜在风险“扼杀在摇篮中”。

如何通过点上突破、面上推广来发现问题、完善制度，是审计管理委员会工作的要义。审计管理委员会与宣管会、经管会形成联动，让审计建议转化为具体措施，为 SMG 经营风险防控设置一道安全“保护伞”。

4. 推进媒介融合

推进媒介融合，必须全集团思维转型，才能推动新媒体战略突围。一是百视通新媒体股份有限公司利用资本市场优势，在现有 IPTV 服务的基础上，加强与中科院国产 TVOS 操作系统的协作，继续在互联网视频、OTT 等领域寻求突破。二是整合电视新闻中心和看看新闻网，打造全媒体新闻集成分发平台，向全媒体渠道新闻内容提供商和分发商转型。三是基于成熟广播频率和节目，开发全媒体互动产品，探索广播的新媒体转型。四是第一财经在现有广电及平面媒体的基础上，拟在移动互联网内容产品开发方面有突破性进展。五是ICS外语频道努力成为源自中国、面向全球的双语新媒体视频内容提供商，在推进对外宣传和国际传播能力提升方面探索新路。

在广电总局大力推进高清化的要求下，SMG制定了详细的高清发展规划，已集中对卫视、娱乐频道、真实频道、体育频道等进行了高清化改造，改造经费已较前几年的技术改造投入水平增长了1个多亿。2014年计划完成对新闻频道、财经频道等的高清化改造，以及启动全媒体新闻流程再造，来进一步完善高清电视节目制作、管理和分发体系，提升播出的综合能力。在高清化改造的同时，还将积极探索全媒体方式，挖掘和跟踪3D等新技术，同时为了支撑集团公司的快速发展和全面管控的需要，信息化基础建设也将全面展开，而这些工作计划对于设备更新、系统改造、技术革新、节目研发等的投入需求较大。

### 5. 学习创新

（1）娱乐板块改革。

2014年以来，SMG东方卫视中心、娱乐板块的改革可概括为三句话：以东方卫视为依托；以独立制作人为突破；进一步整合资源。首先，重新调整成立的娱乐板块以“东方卫视中心”命名，就足以证明聚焦卫视的战略意图。过去在卫视战略上曾有过摇摆和探索，现在非常明确这一点，也同时处理好东方卫视和地面频道的关系。其次，对市场和观众来说，最直接和最广泛认可的，还是媒体品牌，东方卫视显然是SMG最有市场价值和最具传播影响力的品牌。最后，是为了打造SMG核心内容的生产制作能力。将名称定为“东方卫视中心”，是为了凸显重点打造核心内容的生产制作能力，并进一步明确东方卫视和旗下相关频道品牌的市场定位。

东方卫视中心以独立制作人为突破，实际上归根结底也是体现以人为核心、以节目团队为核心。改革的目标是要出更优秀的内容产品，出更优秀的节目团队。这次改革采取了闭环式的生产系统，环的中心是人和团队。研发按照市场的需求、产品的需求、客户的需求；研发团队根据调研、根据需求生产，生产出来的东西是为市场和播出而制作的；播出要招标，看准哪个节目是真正播出效果好就走定制、采购流程，对播出平台负责。体制机制随着组织架构的变化也进行流程再造，更多地强调对产品负责、对观众负责、对自己负责。现有生产团队也是流动的，初设20位独立制作人，没有招满就空缺。独立制作人一年一聘，上岗后没有拿出满意的产品，将会失去此岗位。独立制作人拥有六大权力，而且全成本核算，若有超额，还要给予团队更多激励。SMG希望通过这样一种体制机制，增加出产品、出成果，在节目生产上会有所突破。

整合资源是东方卫视中心要解决的问题。通过整合，做到资源集约化、效益最大化、投入产出性价比最优化，让频道的定位更加清晰。整合资源的第二方面体现在干部配备，原先有不少台党委层面任命的干部，在各自频道岗位上担任要职，整合后都进行调整和改变。另外，距退休时间不满三年的干部，就不再参加新一任聘期的干部岗位竞聘。为了将来事业产业的发展，干部队伍更加年轻化的需要，SMG学习了兄弟媒体的做法，开始推行这一政策。由卫视中心发端，在全SMG都实行这一政策。

（2）广播板块改革。

SMG广播业务的新一轮改革首先进行以促进广播节目生产能力提升为目标的板块重组和机构调整，将旗下广播新闻中心、东方广播公司、第一财经广播、五星体育广播合并成立“东方广播中心”。其中，广播新闻中心将整建制保留在新的东方广播中心内，主要负责广播新闻节目的内容制作和播出，同时设立第一财经节目中心、综合节目中心、音乐节目中心、广告经营中心，进行专业化广播节目生产和统一的广播广告经营。设立专门的新媒体部，统筹规划、统一实施SMG广播的新媒体业务和新媒体产品设计运营。在SMG总体发展战略、愿景和企业文化的引领下，通过体制的整合，上海广播将努力创造全媒体互动产品，实现广播的跨越式发展。

SMG在充分尊重广播规律的基础上，推进SMG广播业务的机构重组、业务整合、流程再造。这些年来，上海广播在经历了两台竞争、频率专业化、制播分离等多轮改革后，采编播能力进一步提升，正面宣传影响力持续扩大，初步探索了市场化运营方式，培养了较强的市场意识；开展了初步的新媒体转型尝试，推出了一批APP、微信、微博等新媒体产品。从全国广播范围来看，SMG广播在业务规模、广告创收、社会影响力等方面均处在前列。

不过，随着社会经济的发展、移动互联网的兴起，上海广播的发展环境发生了重大变化。人均收听时长逐年下滑，移动互联网等新兴媒体日益占据用户大量的时间，听众接收终端发生了变化，这是广播行业普遍面临的重大挑战。同时，上海的移动人群数量巨大，而广播的移动性、伴随性等特点，和移动人群有着天然的结合优势，广播媒体在移动终端、网络电台、车载应用等市场均有着极大的机会，是广播改革的重要转型期。①

SMG 广播未来三年发展的目标是：在 SMG 总体发展战略、愿景和企业文化的引领下，尊重广播发展规律，完成广播体制整合；面向移动互联网创造的新的传播环境，以成熟的广播频率和节目为基础，整合开发全媒体互动产品，实现传统广播的新媒体转型，努力构造具有创新活力和影响力的广播媒体及广播生活服务运营商；到 2017 年，SMG 广播的总收入要力争接近或达到 10 亿元。

在组织架构重组完成之后，新的东方广播中心将推进以促进广播整体转型为目标的若干重大项目，主要有：

①整合现有资源，确立向移动互联网进军的战略，建设以音频内容为主的移动互联网产品。

②适应广播向移动互联网进军战略，也为了适应广播的整体转型，启动建设广播全媒体制作中心。同时，通过流程再造，不断增强广播的新闻策划、资源整合、数据分析及多平台分发能力。

③建立一个深度跟踪用户行为的听众数据库。通过广播互动中的各种途径，建立用户信息等大数据，同时整合现有数据资源，建设海量听众数据库。将以大数据平台为依托，为听众提供更广泛的延伸新闻信息、娱乐和生活服务。

④推动东广新闻台的运营方式转型创新。东广新闻台要探索更为灵活的运营机制，办出自身特色。在节目生产研发和人才激励上，着力探索新的机制，加速向互联网广播转型。

⑤以 990 为重点，强化新闻立台，彰显影响。990 要进一步提升新闻质量和影响力，打造成支撑全天收听的“收听高地”；同时研发重点品牌新闻栏目，不断提高新闻评论的深度水平。

---

① 覃继红、宁黎黎：《新传播　新广播——专访上海广播电视台、上海文化广播影视集团有限公司（SMG）党委副书记、副台长、常务副总裁王建军，副总编辑王治平》［J］，《中国广播》2014 年 8 月，第 6 页。

⑥筹备开播欧美流行音乐英语广播。通过现有频率调整，新创办一套中英双语主持的欧美流行音乐广播，它将和已有的两套流行音乐广播，共同为10岁以上全年龄流行音乐听众提供音乐娱乐服务，形成音乐服务产业闭环。

⑦打造一个公共文化广播平台。计划以经典947和戏曲广播为载体，结合星期广播音乐会等品牌活动，打造广播公共文化大平台，为营造城市高雅文化氛围助力。

⑧围绕“广播生活服务运营商”的定位，孵化发展产业项目。拟推出“听友福利会”等广播团购活动品牌，开展数据库营销，孵化延伸产业，不断提升广播的竞争力。

⑨探索试行“制作人制”和“主持人工作室”机制。结合东广新闻台的互联网广播转型，探索“制作人制”；结合欧美流行音乐广播的制播分离试点，探索“主持人工作室”机制。试点团队将获得独立的专项财务预算，其研发、创意和制作的节目将参加频率竞标并接受考核；其自身品牌的市场推广与拓展，将获得最大化的价值分享。同时，要总结推广《直通990》项目制团队的运营管理经验，扩大项目制运行模式试点。

（3）财经板块转型。

作为SMG改革的重要一环，SMG财经板块改革迈出了实质性的一步。财经版块的此次转型，是为了紧紧围绕内容生产优势，加快推进传统媒体与新媒体融合，打造一个具有国内外广泛影响的财经媒体。

第一财经将继续巩固现有财经媒体的行业领先地位，同时发力移动互联网和垂直服务领域，重点打造具备可持续商业模式的数字化核心产品，力争提升非广告收入占总收入的比重，使收入结构得到优化。在架构调整方面，第一财经传媒公司与第一财经报业公司将实施一体化运作，同时将重构业务流程、打通各个业务平台，形成四大系统和数字产品中心。在机制创新方面，将通过各部门之间的协同机制、科学有效的考核激励机制来助推转型发展取得实效。2013年以来，第一财经努力寻求突破困境的办法，取得了一定的成效。2014年第一财经广告自营收入超过了2013年同期水平，2014年6月改版以来频道收视率出现了稳步上升的态势，品牌活动也取得了良好反响。

第一财经下一步改革发展工作，具体内容有：一是优化管理机制，实现扁平化管理，压缩管理深度，提高管理效率；创新队伍建设机制，完善选人用人、培训教育、考核评价、纪律约束等各方面的制度，真正通过机制创新来实现产品创新、业务模式创新、产业平台创新。二是追求极致，坚持内容为王，把财经新闻做得更加生动、深入、全面，提供中国最好的财经信息服务。第一财经要在经济领域乃至全行业、全社会中发出权威的声音，使第一财经的品牌更有影响力。三是融合发展。要贯彻落实习近平总书记提出的关于推动传统媒体和新兴媒体融合发展的讲话精神，以打造新型数字化财经媒体为目标，真正实现物理空间融合、组织架构融合、产品和技术融合、传统媒体和新媒体融合、思想认识和文化融合。在中国经济总量快速增长的背景下，中国媒体可能有机会做出国内外都有影响的内容输出平台和品牌。SMG 的计划是抓住中国市场发展的机遇，把第一财经的旗帜树立起来，抢占中国财经媒体市场，打造具有国内外广泛影响的财经媒体。

第一财经的优势在于有一支国内领先的原创内容生产团队，每天产生这么大的资讯量，一定要通过改革强化这种内容优势，提振士气，坚定信念，生产更多高品质、有价值、权威性的原创财经内容产品，在海内外打响第一财经的品牌。要在国际推广上做出努力，让“一财出品”出现在不同终端。要打造有影响的大型纪录片和项目，加强国际合作，突出一财品牌的强势地位。

要加快推进新媒体转型，结合移动互联网，针对大规模用户群，打造提供财经数据业务的新媒体产品。在我国越来越关注数据安全问题的背景下，要抓住机遇在机构用户领域寻找突破口。同时 SMG 正在积极推动战略合作，使第一财经真正转型为财经数据的供应商和服务商。作为中国最专业的财经类媒体，第一财经打算把旗下的报纸业务和电视业务的采编部门合并，着手打造全媒体记者。

（4）百视通、东方明珠合并。

百视通以吸收合并东方明珠的方式，实现两家上市公司合并。这次整合彰显 SMG 战略转型的心路历程和致力于打造新型互联网媒体企业的坚定决心，成为重塑整个 SMG 的起点，打造具有国际影响力媒体集团。

本次重组涉及换股吸收合并、资产注入和募集配套资金三大步骤。首先，百视通拟以新增股份换股方式吸收合并东方明珠。其次，百视通拟非公开发行股份购买尚世影业 100% 股权、五岸传播 100% 股权、文广互动 68.0672% 股权、东方希杰 45.2118% 股权，拟以部分配套募集资金购买东方希杰

38.9442%股权。最后，定向募集，募集到的资金中有近一半投向互联网电视业务领域。

在中央大力推进传统媒体和新兴媒体融合发展和“沪港通”等多重内外利好因素的叠加作用下，停牌半年后两上市公司重装上阵、震撼复牌，预计市场表现将有望超越预期。随着中国首家千亿级新型互联网媒体集团的诞生，当庞大的资源被创新精神点燃，当传统优势遵循新的市场法则，必将引爆持续、强劲的发展动力。

## 六　提高广电媒体核心竞争力对策建议

在深化文化体制改革、推动社会文化大发展大繁荣等政策指引推动下，在3G、移动互联网、三网融合、云计算等技术支持下，广电传媒在政策、管理、产业、市场、应用等诸多领域强劲发展。新媒体已经成为经济产业发展的重要引擎，新媒体传播成为推进社会治理、促进社会建构发展的重要力量。2012年以来，系列重大国策确立了我国未来的发展方向，尤其是深化文化体制改革、推动社会主义文化大发展大繁荣的国家战略部署，对政治文化格局产生重大影响。广电传媒作为文化产业的重要部分，出现了持续发展快速增长的局面。国家对传媒业的持续重视和强力推动，促使传媒进入快速发展阶段。作为文化产业核心的传媒发展上升为国家战略为其提供了政策保障，信息技术的快速发展为其提供了技术保障，金融市场的支持为其提供了资本保障，文化消费能力的上升为其发展提供了广阔的市场空间。在多重利好因素推动下，传媒业发展快速。2013 年，党和政府发布系列重大国策，指明在新的历史起点上，全面深化改革，继续推进文化体制改革、推动文化事业全面繁荣和文化产业快速发展、建设社会主义文化强国，强力推动文化大发展。传媒业作为社会主义文化的重要组成部分，继续呈现持续快速增长趋势。①

在如此有利的政策背景下，传统广电媒体如何保留、激发新的竞争优势，取得更有利的竞争地位，是值得深入探讨的课题。

---

① 强荧、焦雨虹：《上海传媒发展报告（2012）——全媒体传播推动城市创新与发展》，北京：社会科学文献出版社，2012，第 5 页。

## （一）深化体制机制改革，建立现代企业管理制度

几十年来，传统广电媒体的主流媒体地位几乎难以撼动，无论是广告营收，还是传播影响力均居传统媒体之首。但是新媒介技术发展引发传播模式和媒体终端革命，新媒体迅速崛起，传统广电正面临新媒体的全面包围。2011年以来，传统广播电视一方面受到全球经济衰退以及主管部门政策调控等多方面因素的影响，营业收入出现不同程度的下滑；另一方面受到事业和企业双重体制性因素的困扰，难以吸引留住优秀人才，生存处境日渐艰难。

传统广电媒体是摆脱困境继续繁荣发展，还是从此由盛而衰，一蹶不振，是决定其未来地位和媒介影响力的分水岭，也是学界和业界共同关心的话题。2011年10月中国共产党第十七届六中全会通过《中共中央关于深化文化体制改革推动社会主义文化大发展大繁荣若干重大问题的决定》，对深化文化体制改革、推动社会主义文化大发展大繁荣做出全面部署。就SMG而言，一直试图借文化体制的东风，加快产业布局，创新经营模式，全力进行产业化的改革和探索，通过体制改革、业态创新、跨媒体合作等举措进行全新产业布局，力求不断发展壮大。①

广电传媒宏观体制最大特征就是“事业单位，企业化管理”以及按区域、行业运行，该体制曾经促进了我国广电的宣传、经营工作。但在市场深化的背景下，体制保护了垄断、限制了激励、阻碍了资源整合，也局限了广电公益功能的实现。宏观传媒体制矛盾突出，市场体系不健全，国有垄断制度效率低下。媒体存在事业、企业双重性质的矛盾，媒体分配制度上缺乏规范，考核激励机制欠缺。②

SMG自推行“制播分离”模式以来，不断深化改革，努力挣脱体制的钳制，但是“制播分离”在中国面临五大不足：认识欠统一；资本欠雄厚；政策欠明晰；行业欠规范；市场欠有序。形式上“制播分离”、实质性创新并不理想的原因是，传统治理结构仍留存影响，尚未搭建起完整的公司治理结构，事、企并未完全分离，制衡机制缺失，市场治理机制羸弱。

① 杨明品、李岚：《中国广播电影电视发展报告（2011）》，北京：社会科学文献出版社。

② 童兵：《中国新闻传播学研究最新报告（2013）》，上海：复旦大学出版社，2013，第401页。

SMG 作为历次改革的先行者，应该着力通过体制创新，建立现代企业制度，调动传媒人的积极性，激活乃至做强传媒业，使其成为真正的市场主体。机构治理结构改革的创新应当从完善国有资产管理体制，完善经营管理者选任、激励与约束机制，健全市场治理机制入手。

通过机制设计吸引人、留住人和激励人，最终实现媒体集团的发展和壮大，是完善媒体集团的治理结构的重要议题。事业性媒体的重点在于搞活内部机制，人事、劳动、分配制度可以尝试用市场化的办法提高效率；经营性媒体要企业转制、产权改革，有条件的可以实行股份制、上市融资，可以借鉴国有企业的思路，引入管理层持股。长期激励可以采取股份激励和年薪制的方式，建立起规范的激励约束制度。制播分离团队也可以实行管理层持股或虚拟期股等现代企业激励机制。大胆改革，实行差异化战略转型，实施跨媒体、跨地区、跨行业合作，特别要创新激励机制，建立一种有利于人才竞争、人才成长、优秀人才脱颖而出的机制。

理论推理有时难以解释传媒复杂的利益格局，所以在实践过程中先行先试，不惧试错，“摸着石头过河”，才能在竞争的红海中闯出一条新路。

## （二）加强全方位合作，应对激烈行业竞争

新媒体在技术、用户数量、内容生产、产业发展、社会建构等领域快速发展，成为推动传媒增长的主要力量，也是推进社会治理的重要力量。在信息技术发展推动下，网络、手机、IP 电视、移动电视等新媒体平台进一步整合，逐步形成全媒体、多终端的新媒体网络，全新新媒体传播格局正在形成。从内容生产的角度看，新媒体自行生产的内容已经远远超过购买的内容。新媒体内容主要有四大来源：UGC 用户写成、采写、技术生成、转播，除时政信息大多转载外，自制内容超过 70%。从舆论生成角度分析，新媒体已经成为热点事件萌芽、发酵的最主要场所。强大的影响力来自新媒体巨大的用户数量，近日发布的《2014 年全球社交、数字和移动报告》显示，中国有 13.5 亿人口，城市人口比例为 51%，其中互联网网民比例为 44%，达 5.9 亿人；QQ 空间活跃用户达 6.23 亿，中国手机设备持有量超 12 亿台。中国社交媒体用户占总人口比例的 42%，用户平均每天花费时长为 1 小时 30 分钟，有 51% 的用户通过手机访问社交媒体，还有 25% 的用户会使用地理位置信息。在智能手机用户

方面，中国智能手机用户比例达47%，98%的智能机用户会通过手机查找商品，69%的用户曾使用手机购物。① 从多个层面看，新媒体是如今传媒发展的最大亮点，新媒体与社会发展、公共政策、产业进步、国家形象、网络治理等已成为重点话题。

为了顺应新媒体时代的到来，“跨界”逐渐成为传媒业关心的中心议题，即跨地域、跨行业、跨媒体整合。对于综合性的广电传媒集团来说，要不断增强自身核心竞争力，跨媒介、地域乃至传媒业与其他产业的跨界整合必将成为未来的发展方向。

以上这一切，都突破了传统广电媒体原来所熟悉、所擅长的竞争方式和区域，但其全新合作模式，牢固建立在传统媒体所掌握的优势和资源基础上。在传统广电媒体竞争日趋激烈，受到新媒体乃至新新媒体巨大冲击，其传统发展空间日趋狭窄的今天，与各行业打通合作新通道、谋求自身核心竞争力的内涵提升、外延拓展，是不得不走的必由之路。

### （三）全面提升传播力，加强核心竞争力

全国宣传思想工作会议召开，强调要坚持“巩固壮大主流思想舆论，弘扬主旋律，传播正能量”；党的十八届三中全会召开，审议通过《中共中央关于全面深化改革若干重大问题的决定》，传媒业要通过“整合新闻媒体资源，推动传统媒体和新兴媒体融合发展”。面对多元传播格局，决定指出要“重视新型媒介运用和管理，规范传播秩序”。国家政策出台为文化大繁荣大发展提供了强有力的政策支持，系列部署规划为文化大繁荣指明了发展方向、任务和路径，传媒行业呈现出多元发展、全面繁荣景象。

传统广电媒体扩大影响力的关键在于全面提升传播力，打破媒介形式的限制，加快新媒体、数字化转型，积极探索一切可能的传播渠道。在各类商业门户、自媒体与主流媒体争夺受众的时代，受众在新闻资讯方面的核心需求还是由主流媒体提供。媒体公信力是在社会和公众长期赋予媒体的话语权中形成的，它的根基就是权威性和真实性，权威发布的真实信息才会赢得受众的信任。

① 《2014中国互联网网民占人口总数44%》［EB/OL］，中商情报网，http：//www.askci.com/news/201404/16/1613372233780.shtml。

从新闻内容看，商业门户网站没有新闻采访权，其新闻信息大多来自主流报纸、广播、电视及其主流媒体门户网站，主流媒体已经部分掌握内容生产优势。虽然国家互联网信息办公室和国家新闻出版广电总局联合下发了《关于在新闻网站核发新闻记者证的通知》，在全国新闻网站正式推行新闻记者证制度，也就是说今后网络媒体也会向着拥有采访权的方向发展，但网络媒体和传统媒体间的竞争关系是否会发生变化，并不决定于此，而是由媒体发展的态势所决定的。从受众评价看，目前还是普遍认为广播电视新闻比网络新闻更加真实。

在此形势下，对主流媒体而言，提升传播力要解决三个相互关联的问题：一是在自媒体信息的挑战下保持权威性，不断提升公信力；二是制作出适合新媒体环境传播的内容产品；三是打破媒介形式的束缚，拓展多种媒体传播渠道。要牢牢把握主流媒体的信息资源，守住主流媒体的主要阵地，完善版权保护规则，确保主流媒体信息的权威性。打造“大媒体”格局，打通广播、电视、互联网、APP 之间的界限，实现内容产品的创新。

传统媒体要想树立、保持高度的公信力，就要以负责、真实、全面、专业的原则做好日常报道、深度报道，把镜头对准基层和民生，始终坚持用责任造就媒体公信力。广播应保持其民生、贴地本色，打造更多细致入微的为民服务节目，在服务中提升影响力。电视应发挥直观性优势，强化精良制作和立体报道，将主流价值观贯穿在优秀节目中。如 SMG 新闻综合频道的新闻报道一贯秉承真实客观、以公众利益为重的原则，做出了“福喜事件”这样重磅级的深度报道；“观众中来”“1/7”等诸多栏目，因为关注民生、贴近民意，已经成长为标志性节目，其公信力、影响力和美誉度不断提升。这些都在一定程度上带动了 SMG 公信力、影响力的全面提升。

### （四）推进媒介融合，全面拥抱互联网

在政策、技术、市场的推动下，传媒形态交替明显，新老媒体的分化、融合进一步加深，形成了多重、多元、多向的传播特征，全媒体传播格局基本形成。相关调查显示，不仅报纸读者数量下降，电视观众数量也明显减少。传统媒体与新媒体之间的关系开始发生转变，二者既是竞争者，也可以成为合作者。传统媒体与新媒体必须对接融合，通过产业、结构、平台、技术、人才等

多领域融合协调，形成社会效益、媒体技术、媒介内容的多维度、深层次融合的全媒体传播形态，是传媒发展的趋势和必经之路。①

传统广电媒体展望未来、延续和拓展核心竞争力的最后一条，亦是最重要的一条，是及时实现媒介融合，真正顺应互联网时代，全面释放传媒生产力。移动网络越来越成为人们获取信息的主要媒介之一，也意味着传统媒体与移动互联网媒体融合的特征也渐趋明显，主要表现为：技术化与全能化，集约生产与全民写作，内容融合与渠道融合。

广播媒体在实现与互联网新媒体融合的路径上已经有所突破。微电台、网络广播、手机广播应运而生。而SMG旗下的东方广播中心根据个人的收听喜好专门为受众个体组合一套定制化节目，推出新媒体融合平台——“阿基米德APP”，它颠覆传统广播的大门，颠覆传统广播的制作，让阿基米德成为广播节目制作的源头；颠覆广播广告的分布，让阿基米德超越传统广播广告的收入，取得非常好的市场效果。

电视媒体起步较晚，但是在自身定位上能扬长避短，不断借鉴新媒体技术优势，积极开展全媒体平台的产业布局，取得不错发展。比如SMG旗下新闻综合频道推出的原创节目《少年爱迪生》，首次采用全媒体推广模式运作。一是节目模式适合新媒体传播。地面频道的节目不能局限于本地，必须走向市场走向世界，在设计节目创意时就要采取这个思路。二是宣传推广节目，在节目制作环节就要让网络同步跟上，必须用互联网思维去工作，去设计相关新媒体产品。此次，负责《少年爱迪生》全媒体宣传推广的看看新闻网，不仅仅满足于是“电视的搬运工”，它已经成为比较独立、较为重要的节目组成部分，并独立地设计了众多产品，内容丰富，涵盖微信、微博和线下活动，让节目信息快速普及到更广泛的人群。从观众的反馈来看，很多人是先看到新媒体上推送的信息，再收看节目。《少年爱迪生》虽然只是上海本地频道推出的一档节目，却通过互联网被全国甚至海外所熟知，栏目组陆续接到日本、美国等国媒体的合作邀请，大大提升了节目品牌的价值。

对于传统广播电视媒体来说，一直以来都强调“内容为王”，其实最关键

---

① 强荧、焦雨虹：《上海传媒发展报告（2013）——公共传播与社会建构》，北京：社会科学文献出版社，2013。

的在于受众能够接受，继而才能广泛传播。而新媒体的特点就在于开放性、互动性，它的存在能够无限放大信息传播效应，更好地促进传统媒体与新媒体融合，能够让节目信息更加迅速地触及受众，并以“群体传播”等方式相互分享。因此，所谓“媒介融合”，一定要在核心的内容生产以及核心用户的开发方面有所突破，并拥有新的增值服务和商业运营模式。传统媒体应充分利用受众的主动性、互动性，实现内容定制与分众传播，并努力实现传媒内容的更广覆盖面。

## 参考文献


1. 〔美〕迈克尔·波特：《竞争优势》，陈小悦译，北京：华夏出版社，2005。
2. 张咏华：《大众传播学理论》，上海：上海外语教育出版社，1992。
3. 〔美〕迈克尔·波特：《竞争论》，刘宁、高等第、李明轩译，北京：中信出版社，2009。
4. 田丽：《媒体竞争力评价研究》，北京：北京大学出版社，2012。
5. 冷莉宏：《核心竞争力：国企发展的战略选择》，《江苏统计》2001 年第 5 期。
6. 吴为民、陈德棉：《媒介企业核心竞争力及其培育》，《同济大学学报（社会科学版）》2005 年第 5 期。
7. 陶雪飞：《知识经济下的企业核心竞争力动态管理研究》重庆：重庆大学出版社，2006。
8. 管益忻：《论企业核心竞争力——开创战略管理新纪元的第一选择》，北京：中国经济出版社，2000。
9. 费明胜、水家耀：《核心能力——现代企业持续竞争的奥秘》，广州：华南理工大学出版社，2001。
10. 巢立明：《中国广播电视产业核心竞争力研究》，上海：复旦大学出版社，2004。
11. 徐浩然：《中国省级卫视竞争力评价研究》，南京：南京航空航天大学出版社，2007。
12. 郑保卫、唐远清：《试论新闻传媒核心竞争力的开发》，《新闻战线》2003 年第 1 期。
13. 生奇志：《加快传媒集团整合提升媒体核心竞争力》，《辽宁经济》2004 年第 10 期。
14. 王军：《媒体竞争的不可复制性与市场竞争》，《传媒观察》2008 年第 5（2）期。
15. 沈正斌：《传媒核心竞争力及其影响要素解读》，《当代传播》2004 年第 6 期。

16. 吴飞：《传媒竞争力》，北京：中国传媒大学出版社，2005。
17. 刘晓琳：《论地方电视媒体的核心竞争力》，济南：山东大学出版社，2004。
18. 曹冬梅：《电视媒体核心竞争力研究》，长沙：湖南师范大学出版社，2004。
19. 陈艳：《媒介组织文化——构筑都市报核心竞争力的关键》，西安：西北大学出版社，2006。
20. 程小萍：《媒体知识资本管理与核心竞争力》，《当代传播》2007 年第 1 期。
21. 张正武：《电视业核心竞争力研究》，湘潭：湘潭大学出版社，2007。
22. 彭珺：《金融危机与媒体竞争力的研究》，《企业导报》2009 年第 5 期。
23. 李文所：《安阳电视台核心竞争力研究》，北京：华北电力大学出版社，2008。
24. 张艳：《21 世纪大众媒体竞争力评价指标体系》，《现代企业》2005 年第 7 期。
25. 丁和根：《传媒竞争力评价指标体系研究》，《新闻界》2005 年第 2 期。
26. 徐浩然：《中国省级卫视竞争力评价研究》，南京：航空航天大学出版社，2007。
27. 王彬人：《简析媒体竞争能力的评价姿态》，《新闻天地（下半月刊）》2010 年第 8 期。
28. 田丽：《媒体竞争力评价研究》，北京：北京大学出版社，2012。
29. SMG2013 年报。
30. 《湖南广播电视台社会责任发展报告》（2012 ~ 2013）。
31. 维基百科，http：//zh. wikipedia. org/wiki/% E6% B9% 96% E5% 8D% 97% E5% 8D% AB% E8% A7% 86。
32. 浙江广播电视集团官网，http：//www. zrtg. com/。
33. 覃继红、宁黎黎：《新传播新广播——专访上海广播电视台、上海文化广播影视集团有限公司（SMG）党委副书记、副台长、常务副总裁王建军，副总编辑王治平》，《中国广播》2014 年第 8 期。
34. 强荧、焦雨虹：《上海传媒发展报告（2012）——全媒体传播推动城市创新与发展》，北京：社会科学文献出版社，2012。
35. 杨明品、李岚：《中国广播电影电视发展报告（2011）》，北京：社会科学文献出版社。
36. 童兵：《中国新闻传播学研究最新报告（2013）》，上海：复旦大学出版社，2013。
37. 苏玉光：《制播分离的潮落潮起》，《新闻战线》2012 年第 2 期。
38. http：//www. askci. com/news/201404/16/1613372233780. shtml.
39. 强荧、焦雨虹：《上海传媒发展报告（2013）——公共传播与社会建构》，北京：社会科学文献出版社，2013。

B.12

# 台湾文化创意产业进入大陆市场的瓶颈与两岸未来合作策略之研究

许碧芳　戴育芳*

摘　要：中国文化创意产业市场已趋近成熟，而台湾因多元文化环境，创意的能量丰沛，且具有同语言文化兼容之优势，两岸文创产业合作势必成为趋势。因为体制上差异，大陆在推动文化创意由政府单位强势主导，目前也无太多台湾文创进军中国大陆市场的成功案例，此研究主要探讨台湾文创业者进入中国大陆市场的经验和碰到的困难。本研究发现台湾文化创意企业对于大陆市场的政府政策和大陆法令的知识与了解相当缺乏，非常需要仰赖政府从政策面的协助业者前进中国大陆市场，甚至应该有一套进入中国大陆市场的“教育训练”，包含最新信息、法令，从而让想要进入中国市场的台湾文创业者有迹可循。

关键词：文化创意产业、台湾文化创业者　大陆市场

## 一　绪论

自从1996年英国提出创意经济，成为各国仿效的典范至今，文化创意已经成为各国发展的重要战略。但也因为文化即是生活，生活无所不在，使得文化产业千变万化难以捉摸。而文化创意产业已被“行政院”列为六大新兴产业之一，作为未来扩大内需、产业升级转型的旗舰产业，政府极力推动台湾文创产业迈向华语世界，本研究将焦点放在台湾文创产业进入大陆市场之困难及解决方案。

---

* 许碧芳，台湾世新大学传播管理学系教授兼系主任；戴育芳，台湾世新大学传播管理系硕专班研究生。

### （一）研究背景

目前台湾文化创意产业政策的讨论大致都集中在“文化补助和产业扶持”“申请案的竞争性原则”“产业营运辅导机制”“经费运用机制”“文创的市场区隔”等，较少文献探讨台湾文创进入大陆市场的现况、障碍瓶颈、解决方案。

据台湾媒体报导，2013 年两岸城市文创竞争力调查显示，北京排名第一、上海第二、台北第三、杭州第四、南京第五，总共公布 42 个城市的文化创意竞争力排行榜，台北在这 42 个城市之中，土地面积、人口数等都是最小的，但却跻身在第三名，可见台湾的文化创意是相当具有竞争力的，然而文创在台湾推动时仍有许多先天的不足，包含台湾内需市场小、国际化能力受影响，在格局、影响力无法扩大的限制下，不易吸引创意、营销等高人力投入，整体长期的恶性循环下，营收自然不易成长，国际化能见度也相对较低，这也是为什么台湾文创产业需要积极前往大陆市场的原因，大陆有广大的市场、丰沛的资源与人才，正是台湾现行所欠缺的，藉由二方的互补让台湾文创业者可以在大陆发光发热。

我们都知道大陆的无限商机，但也有许多成功及失败的例子，例如：霹雳布袋戏 2000 年在大陆市场即有惨痛的经验，当时霹雳受欢迎的剧集之一《霹雳狂力》由四川代理商代理该剧到四川的电视台播映，当地以普通话配音获得超大回响，但因大陆法令的不成熟使得霹雳无法约束代理商拿出完整的版权金，更被盗版复制，肖像权随意被使用，最后以片换片，让四川代理商也将片子拿到霹雳播放，草草结束。当然也不能忽视成功的例子：台湾所创立的视频产业 PPS. tv，一度是大陆最热门的网络电视服务，每天收看 PPS 的人数，几乎等于台湾的总人口数，网络视频渗透率超过 80%，已经成为大陆覆盖使用者第三高的应用服务，网络视频的快速发展已开始侵蚀传统电视市场。

也因此本研究希望可以将台湾文化创意产业业者进入大陆市场的相关问题及研究做一整理，提供给台湾文创业者作为参考，让大陆成为台湾文创业者的跳板，跃向国际。

### （二）研究目的及方法

本研究主题为“台湾文创前进大陆市场的瓶颈与未来合作之道”，研究目的为以下五点：

（1）两岸的文创现况。

（2）两岸文创之优、劣势分析。

（3）两岸文创产业目前所面临的困难点。

（4）两岸文创产业可能合作的渠道。

（5）两岸可以采取哪些措施促进共同的发展。

研究采半结构式专家访谈法，先对3位具业界代表性之专家进行深度访谈，根据其回复之内容关键词再向其他12位业界专家做精简式的问答，取得中肯的第一手资料，并汇整其见地，以了解文创业者实际运作中所面临的问题，冀望此研究忠实反映产业现况，供业界及相关单位参考，采集第一手资料分析汇整，对学术有所贡献。

## 二　文献探讨

### （一）两岸文创的定义与类别

文化即是生活，是无形也是有形，也因此“文创”二字常被使用却无法明确说明何谓文化创意，依据联合国教科文组织对文化创意产业（Cultural and Creative Industries）的定义为自创意或文化积累，透过智慧财产的形成运用，具有创造财富与就业机会的潜力，并能促进整体生活环境提升的行业。其范畴为结合创造、生产与商品等方式，运用本质是无形的文化内容，在内容上受著作权保障，形式上包含物质的商品或非物质的服务。

文化创意产业的思维源自“文化产业”（Culture Industry）这个1947年由欧洲法兰克福学派提出的经济术语，虽然当时是以批判的角度定义解释，却预见了文化元素一旦与现代科技结合形成工业体系，就会产生巨大的影响社会的力量，也因此创造了一个新的产业概念。

事实上各国对文化创意产业的定义与内涵均不完全一致，但从成果来看，一般会涵盖商业化的传播媒体、传统的艺术商品部门与计算机化的新经济产业，如工业设计与软件设计。

台湾自2009年2月文化创意产业发展法（文创法）公布后为文化创意定下定义：“源自创意或文化积累，透过智慧财产的形成与运用，具有创造财富与就业机会潜力，并促进整体生活环境提升的行业”。其产业范畴更涵盖十六类四大区块（见表 1）。

**表 1　台湾文化创意产业之类别**

| 文化创意产业类别（第十六项为:其他经主管机关指定之产业） | | | |
|---|---|---|---|
| 艺文产业 | 媒体产业 | 设计产业 | 数字内容产业 |
| 视觉艺术产业<br>音乐及表演艺术产业<br>文化资产应用及展演设施产业<br>工艺产业 | 电影产业<br>广播、电视产业<br>出版产业<br>广告产业<br>流行音乐及文化内容产业 | 产品设计产业<br>视觉传达设计产业<br>设计品牌时尚产业<br>建筑设计产业<br>创意生活产业 | 数字内容产业 |

资料来源：李秀玲：《谈文创产业之鉴价制度和未来投融资发展趋势》，2012。

然文化创意产业的种类可因各个国家和地区的风情民俗而产生不同的分类。

大陆整体而言将文化创意产业的范围定为：新闻、出版发行和版权、广播电视电影、文化艺术、网络文化、文化休闲娱乐及其他文化等七大类，后另以文化相关产业包括之文化用品、设备及相关文化产品的“生产”及文化用品、设备及相关文化产品的“销售”二大类，合计九大类。但也会依地方文化产业特色与需求，分别规范文化产业之类别与发展策略，如香港的文创产业则分为十三类；北京市文创产业共分为九个大类、27 个中类、88 个小类；上海则分为五大类 38 种类，这也是大陆重视地方文化产业的需求和发展，更尊重其对产业类别与地方性的规范。

## （二）两岸发展文化创意产业的重要性

（1）以经济效益面向而言。

文化创意产业正是一项快速的文化经济，“文化部”2013 年 4 月出版的《2012 年台湾文化创意产业年报》数据显示：台湾 2011 年文创产业年产值为新台币 6655 亿元①，占 GDP 约 4%，预计逐年成长；然而台湾内需小，要创造

① 统计数据乃根据财税中心数据，依据《文化创意发展法》第三条所定义的文化创意产业，包含：视觉艺术产业、音乐及表演艺术产业、文化资产应用及展演设施产业、工艺产业、电影产业、广播电视产业、出版产业、广告产业、产品设计产业、视觉传达设计产业、设计品牌时尚产业、建筑设计产业、数字内容产业、流行音乐及文化内容产业等十四项，比对《税务行业标准分类代码》共计获取 118 项次产业的营业额。其中“创意生活产业”因无法比对适当的行业代码而未计入文创产业的总体产值。

更大的商机必须前进更大市场；而大陆已是全球第二大经济体，文创产值预计到 2015 年至少占 GDP 的 5%，其文化创意产业带来的经济效益已不容忽视，这也是台湾文创业者进入大陆市场以取得最佳的商机。

（2）以文化传承面向而言。

文化需要被传承及发扬，若与创意结合，便产生更多冲突及融合，更加深文化的推广力及渲染力。

## （三）两岸文化创意产业的合作现况

文创产业现今在全球为极具重视之产业，除可带动经济转型，同时在绿色产业圈中具有指标意义，以致两岸在因应全球经济的变局中，均希望透过扶植文创产业加速整体经济的转型，创造就业机会。

（1）两岸协商方面。

由表 2 可以看出两岸对于文创产业一直有所投入。台湾文创经济起步较早，自 2002 年起“经济部”便已编列 4600 万新台币之预算开始投入文创业务；大陆则自国务院于 2006 年发布《国家十一五时期文化发展规划纲要》开始，提出以建设文化创意产业中心城市为核心，加快文化创意产业园区之建设。

两岸在近年来的具体协商成果见表 2、图 1。

**表 2　两岸协商纲要**

| 年份 | 两岸协商主题 | 内容 |
|---|---|---|
| 2010 | 两岸智慧财产权保护合作协议 | 签署 ECFA 两岸经济架构协议时，同时签署两岸智能财产权保护合作协议，也对文创产业的创意权益发挥初步的保护效果 |
| 2012 | 两岸投资保障和促进协议 | 两岸又签署投资保障和促进协议，一方面有助于两岸双向投资的保护，一方面也为两岸文创产业交流营造更宽广的空间 |

资料来源：本研究整理。

（2）民间及学术合作方面。

自两岸开放交流以来，双方合作沟通频繁，近年在文创产业上的交流也非常多元，具体见图 2、表 3。

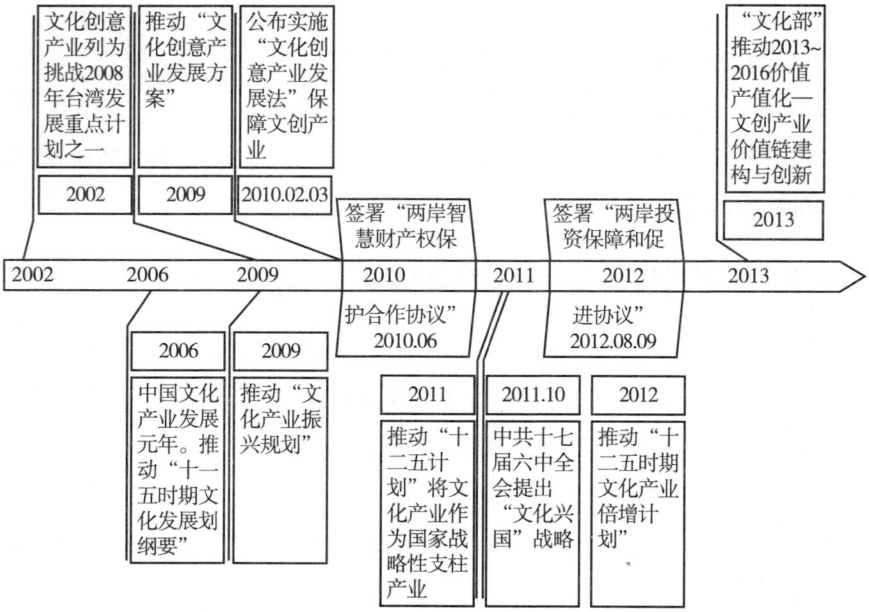


**图 1　历年两岸协商纲要**

资料来源：本研究整理。

**图 2　历年民间及学术两岸之合作列举**

资料来源：本研究整理。

**表3　历年民间及学术两岸之合作列举**

| 日期 | 两岸合作主题 | 内容 |
| --- | --- | --- |
| 2014. 10. 13 | 两岸城市文化创意经济发展合作论坛 | 由两岸经营者俱乐部、中华两岸连锁经营协会等主办举办 |
| 2014. 10. 18 | 第十届海峡两岸文化创意产业高校研究联盟会议 | 来自两岸百余所高校、科研机构、行业协会及文化创意企业等近300位代表与会，共同探讨中华文化的创意实践。海峡两岸文化创意产业高校研究联盟，是于2009年11月由两岸的中国传媒大学、厦门大学、同济大学、台湾师范大学、台湾艺术大学、台湾成功大学等六所高校共同发起成立 |
| 2014. 06 | 昆山东大街文创园区合作签约仪式 | 两岸在昆山东大街文创园区的合作签约仪式正式启动，由中华两岸连锁经营协会与大陆永恒盛集团所缔结的合作计划，获得了昆山当地政府的支持与文创基金补助，将结合台湾的文创创意技术来共同打造两岸的文创产业园区 |
| 2013. 12. 11 | 两岸文创论坛暨健康与品牌产业投资合作洽谈会 | 台湾中华两岸连锁经营协会举办，聚焦文创、品牌、健康三大产业，讨论商机对接机会 |
| 2012. 12. 20 | 两岸文创产业合作论坛 | 首届“两岸文创产业合作论坛”，首度建立起常态性的文创产业交流机制，规划设立两岸文创产业合作理事会，同时在会中达成共识，将建立两岸文创产业发展的资本平台，也于两岸尝试设立文创产业合作试验区 |
| 2012. 06 | 两岸晋台文创产业合作协议 | 台湾文创平台发展基金会、中华文教创意发展协会与山西太行山海经文化公司签署《两岸晋台文创产业合作协议》。根据协议，共享三方在晋台文创方面的资源 |
| 2011 | 推动两岸文化创意产业发展备忘录 | 中华文化促进会与中华两岸文化创意产业发展协会在北京签署《推动两岸文化创意产业发展备忘录》，更创造了多元合作领域的契机；根据备忘录内容，于大陆地区—天津市规划以“创意台湾”为首期目标的文化产业园区，而此也创造了一个两岸在文化产业、创意产业方面展示和交流的最具指标性的平台 |

资料来源：本研究整理。

## （四）两岸文化创意产业的SWOT分析及互补后之综效

两岸因政治、人文环境等不同，在发展文创上各有不同的优劣势以及不同的机会和威胁，以下将各期刊、论文论述之内容整理如表4。

**表 4　两岸文化创意产业的 SWOT 分析**

| | 台湾 | | 大陆 |
|---|---|---|---|
| 优势 | • 文化多元、融合东西方<br>• 中小企业充满热忱、专业、创意丰富<br>• 华文“内容”创造具创意力<br>• 起步较早有完备的文创理念<br>• 文化创意园区聚落成型 | 互补 | • 政府编列大量预算支持<br>• 地方到中央均积极投入<br>• 拥有广大的市场 |
| 劣势 | • 资源分散<br>• 中小企业规模小，资金运转不易<br>• 市场规模小 | | • 产业空心化，以文化为号召却未有实质文化内涵<br>• 文化创意园区并未成型<br>• 对外来文化管制大于推动<br>• 对于文化内涵的应用较为传统 |
| 机会 | • 华人市场具有优势<br>• 电子商务市场具有成长性<br>• 美学品味及商品质量优良 | | • 培育及挖角优秀人才，人才多 |
| 威胁 | • 邻近国家创意发展快速<br>• 国际买主与资金对台湾文创不了解<br>• 国际拓展与国际营销接轨弱 | | • 模仿及抄袭快速<br>• 法令的执行面不彰 |

资料来源：本研究整理。

SWOT 分析可以发现两岸发展文创各具特点，其优劣势呈现相对之互补性，总观而言，由于两岸体制的差异，大陆在推动文化创意的过程中，政府单位为强势主导，无论是政策扶持或资金补助等都有很大的空间，因此在执行效率上有明显优势，市场大资源多，兴建许多文创产业园区，拥有充沛资金、庞大市场与高消费能力，均有利于人才与相关厂商的招揽。反观台湾则有开放的社会、多元文化环境、起步早拥有完备文创产业理念，较多文创经营的经验，同时具有语言及文化兼容优势，能迅速掌握大陆市场动态（中评社专题研析《两岸文创产业合作展望与问题刍议》，2012 年第 1630 期）。若以台湾文创业者进入大陆市场，可充分善用彼此互补优势，对于台湾文创业者而言不仅成功概率较高、进入门槛较低，更是进入国际市场的第一个跳板；对于大陆文创产业则因为台湾的加入而使市场更为成熟，尤其大陆推动

“十二五”规划中，文创产业将列为未来经济发展重点，使得两岸文创产业合作势必成为趋势。

## （五）台湾文创业者进入大陆市场的困难点

大陆虽然致力于文化的推动，但仍然对文化有许多管制，尤其是外资进入大陆市场有许多限制，主要原因为：

（1）过多的外来文化易影响社会主义之精神。

（2）为扶植大陆本土文化相关产业发展，因此对外来产品及企业自然有较多政策限制（陈子昂：《两岸文化创意产业交流现况与展望》，2012）。

再加上两岸文化本质、环境上已存在基本差异，也因此，台湾文创业者在大陆市场发展仍有许多问题需要克服。

（1）审批问题。

大陆对于台湾文学作品授权涉入极深，出版品的审批往往因为政治因素改变，甚至在审核过程中被修改，这一类涉及意识形态的内容产业，包括动漫、游戏、出版、影视、表演等，如此严格之审批及修改原著的内容，使得台湾文创业者往往裹足不前。

（2）智慧财产权保护问题。

大陆影音、书籍等盗版猖獗的问题仍然严重，虽然在2010年6月已签署了海峡两岸智慧财产权保护协议，但到目前为止由于大陆地幅广大，执法力度不彰，保护有限，对于台湾的文创业权益影响甚为严重，也直接伤害了文创产业的健全发展。特别是台湾影音文创产业欲进入大陆市场，必须先透过香港进行著作权认证，再向大陆有关单位申请审查，才能发行，除了延后发行时间外，也很容易遭受盗拷。

（3）资金问题。

多半的文创业者均为中小企业，通常在创业后都会遭遇资金问题，若要前进大陆更是会遇到一大困难。

（4）人才问题。

大陆发展快速，以重金挖角台湾人才，给予优渥的待遇，使得台湾人才快速流失。

# 三　研究方法

## （一）研究方法

（1）专家访谈法。

专家访谈法的访谈对象是在某一个领域中具备较佳专业知识的人员。例如市场专家、管理专家、技术专家等，在此定义为文创业者和文创相关学者，他们凭借自己的专业知识和从业的经验，不仅能找出和分析该领域之中的问题，而且提出更多建设性的意见。采用专家访谈法的原因在于从数十位专家所提供之想法和意见，可获取更深入的相关讯息，可能比抽样数百位调查对象所来的调查结果还要丰富及精确。

（2）专家访谈法之特点。

专家访谈法的特点有下列几点：

a. 充分利用资源

由于研究对象皆为文创业者和文创相关学者，其实务经验中不同的专家所提供之信息，且被挑选出的专家在他们所属领域中是受到肯定的，具有意见的代表性，因此藉由此种方法得以充分利用其经验和认知，获得最完整且中肯的意见数据。

b. 结论的可靠性

由于此种调查法是采用匿名的方式，各个专家之间并无交流，因此能使每位受访者独立做出自己的判断，达到一个比较客观的共识，不会受到其他外在因素的影响。

c. 结论的群体性

因为调查对象并非针对某个菁英的个体，而是包含了一群同领域不同区块的专家接受访谈，因此调查结果对其区是考虑的深度、广度以及周延性皆高于个人，其信度与效度相对高于其他研究方法。

（3）专家访谈时之注意事项。

Adler & Ziglo（1996）及 Keil. Etal（2002）指出专家访谈法是用于研究资料少、未知因素多、主要靠主观判断和粗略估计来确定的问题，是较多用于长期预测和动态预测的一种重要的预测方法。而欲实施专家调查法，尚有几项需注意的部分，以防调查失败。

a. 由于专家组成成员之间在身份和地位的差别以及其他社会因素，有可能使部分的人因不愿批评政府政策而放弃自己的主张。

b. 挑选专家应根据其对于该领域的了解程度。

c. 为专家提供充分的信息。

d. 访谈中所提问之问题应当符合专家的领域，使其在能力范围中回答。

e. 简化问题内容，不问与预测无关的问题。

f. 向专家阐明此份调查对于该主题未来发展之意义，以争取他们对于此项调查的支持。

g. 注意专家是否存在严重的个人行为偏好及习惯性思维等问题

h. 过于冗长的提问使得主题不明确，或访谈时间过长使得专家失去耐性。

要防止以上问题发生，本研究进行专家访谈方式的改进，并更精简设计问题。

### （二）研究流程

本研究拟订研究主题之后，进行相关文献搜集，建立研究假设，搜集所需资料，进行深度访谈，包含学者、业者、顾问 3 位具有文化创意相关研究与从业人员。根据其回复之内容关键词再向其他 12 位业界专家做精简式的问答。了解台湾文化创意产业前进大陆市场的瓶颈与两岸未来合作可能之策略，分析问题并撰写研究结论。

### （三）问题设计及进行方式

为使本次专家访谈之数据具完整可靠性，并且避免以上之调查失败，进行方式为：先对 3 位具业界代表性之专家进行深度访谈，根据其回复之内容关键词再向其他 12 位业界专家做精简式的问答。并注意以下几点：

①保密且不揭露个人资料，以让受访者畅其所言。

②挑选曾申请“文化部文创发展司”之相关补助计划之业者作为专家人选。

③考虑其过程认知与经验得以分享其见解，在访谈前先行去函说明其缘由，并事先提供访谈问题给予参考。使用以上的方式进行专家访谈较易聚集共

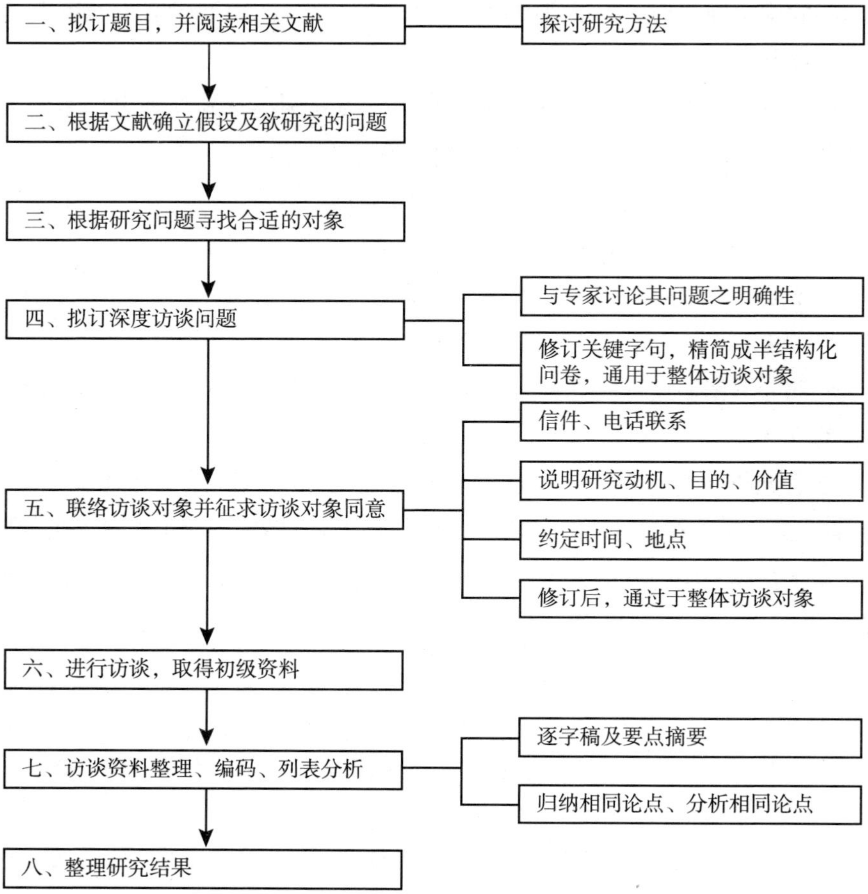


**图 3　研究流程**

识，减少专家因个人心理因素偏离主题，避免意见发散，同时经过精简避免因时间因素而无法完整回答，但仍保留专家们可自由表达意见的空间。

例如，深度访谈 3 位专家有关台湾文创业者之重要核心优势时，3 位的回复分别精简为：a 有人味、重质量；b. 言论思想自由、有文创理念；c. 独创性、专业。本研究将其三项核心优势快速询问其他 12 位专家之意见，专家们可表示认同或表达其他想法，本研究再将其汇整归类。

## （四）资料分析

编码（coding）将访谈数据，依照类别与项目加以分类，为进一步分析的根据，列表（tabulation）记录每一类别中的反映数目，并列成表格，分析（analysis）采用适当的统计方法分析上述资料。

**表 5 受访对象之编码**

单位：新台币元

| 编号 | 商品内容 | 营业额 | 性别 | 年龄 | 是否考虑导入大陆市场 | 自评产品大陆市场的接受度 | 已知进入大陆相关通路渠道 |
|---|---|---|---|---|---|---|---|
| C1 | 金工设计 | 50 万 | 女 | 20～30 岁 | 是 | 普通 | 不知道 |
| C2 | 数字语言学习 | 50 万 | 男 | 30～40 岁 | 否 | 普通 | 知道 |
| C3 | 服装/服饰品 | 100～500 万 | 女 | 20～30 岁 | 是 | 很高 | 知道 |
| C4 | 表演艺术 | 50 万 | 男 | 30～40 岁 | 是 | 普通 | 不知道 |
| C5 | 原住民服饰 | 500～1000 万 | 男 | 30～40 岁 | 否 | 普通 | 知道 |
| C6 | 木作工艺 | 50 万 | 男 | 40～50 岁 | 是 | 极高 | 不知道 |
| C7 | 传统产业商品 | 500～1000 万 | 男 | 30～40 岁 | 是 | 很高 | 知道 |
| C8 | 自行车设计、自我品牌、相关配件 | 100～500 万 | 男 | 30～40 岁 | 是 | 极高 | 不知道 |
| C9 | 文创绘本 | | 男 | 40～50 岁 | 否 | 普通 | 不知道 |
| C10 | 时尚鞋品牌 | 100～500 万 | 女 | 30～40 岁 | 是 | 很高 | 知道 |
| C11 | 手工眼镜 | 100～500 万 | 男 | 30～40 岁 | 否 | 极高 | 不知道 |
| C12 | 客制化文创商品 | 50 万 | 男 | 20～30 岁 | 是 | 很高 | 知道 |

## 四 研究结果

### （一）专家访谈内容整理

专家访谈内容，包含学者、业者、顾问 3 位具有文化创意相关研究与从业人员。将被访人概况与资料整理如下：

| 编号 | 公司 | 被访人 |
|---|---|---|
| A1 | 世新大学传播管理系 | 林富美教授 |
| A2 | 独立工作者：文创设计业 | 高璟屏图文插画家 |
| A3 | 中国生产力中心 | 林诗芳顾问 |

（1）对于两岸文创产业合作发展之问题。

深度访谈 3 位专家对于两岸文创合作发展之问题，谈到大陆市场对于台湾文创的接受程度普遍认为很高，而台湾文创必须前进大陆的原因，主要在于台湾内需市场小，有质无量，必须透过文化输出及贸易来提高文创产值，而大陆与台湾历史文化、文字语言、地域渊源也较容易获得认同，虽然台湾文创工作者具有研发创作实力及创业热情，创作的作品常让人惊艳，但他们却是名不见经传、资金缺乏，再如此情况下前进大陆，容易失败收场。

（2）对于台湾未来在两岸文创发展的看法。

文创业者在前进大陆时首先会碰到交易协商的问题，其次是人脉疏通以及对于大陆相关法规和政令的不了解，尤其大陆市场山寨泛滥，对于仰赖智慧财产权保护文创业者，这是多数觉得和大陆业者合作相当没有保障的主因。在实务经验上，台湾缺乏领头羊在大陆建立开拓市场的案例，专家提出，如果有专业的文创经纪人，协助对接可提高合作的成功机会。而台湾文创的优势在于所提供产品是具有独特性、有温度和独特的文创理念的高质量的产品，但这几年，大陆发展快速，不乏复制台湾成功的商业模式如新天地、制作节日办理庆典，举办活动后续开发文创商品，增加效益之外，积极延揽台湾艺术家、文创业者，以优渥的待遇进驻大陆各地艺术村，人才外流反而造成危机。

## （二）本研究12位文创业者提问问题

（1）对于两岸文创产业合作发展之问题。

a. 您认为大陆市场对于台湾文创商品的接受度为何？

b. 台湾文创业者为何要前进大陆市场？

c. 台湾文创业者比其他地区业者更容易接近大陆市场的原因？

（2）对于台湾未来在两岸文创发展的看法。

a. 台湾文创业者拥有最重要的核心优势为何？

b. 台湾文创业者在大陆地区发展最困难的部分？

c. 台湾文创业者较容易在大陆市场成功的方法？

d. 身为台湾文创业者前进大陆地区，最希望政府协助的部分？

**表 6　受访对象选项之回答**

| 一、对于两岸文创产业合作发展之问题 | | 选项 | C1 | C2 | C3 | C4 | C5 | C6 | C7 | C8 | C9 | C10 | C11 | C12 | 统计 |
|---|---|---|---|---|---|---|---|---|---|---|---|---|---|---|---|
| 1. 你认为大陆市场对于台湾文创商品的接受度为何 | a | 极高 | | | | | | | | | | V | V | V | 3 |
| | b | 很高 | V | V | V | | V | | V | V | V | | | | 7 |
| | c | 普通 | | | | | | V | | | | | | | 1 |
| | d | 不高 | | | | V | | | | | | | | | 1 |
| | e | 不被接受 | | | | | | | | | | | | | 0 |
| 2. 台湾文创业者为何要前进大陆市场 | a | 成为进入国际之跳板 | | | | | | | | | | V | V | | 2 |
| | b | 市场规模较大 | V | V | V | V | V | V | V | V | V | | | V | 10 |
| | c | 认同度高进入门槛较低 | | | | | | | | | | | | | 0 |
| | d | 其他 | | | | | | | | | | | | | 0 |
| 3. 台湾文创业者比其他地区业者更容易接近大陆市场的原因 | a | 文化同源、易于了解 | V | | | V | | | | | | | | | 2 |
| | b | 语言、文字相通 | | V | V | | V | | V | | | | V | | 5 |
| | c | 两岸文创发展具互补性 | | | | | | V | | | V | V | | | 3 |
| | d | 其他(设计/品质好) | | | | | | | | V | | | | V | 2 |
| **二、对于台湾未来在两岸文创发展的看法** | | **选项** | **C1** | **C2** | **C3** | **C4** | **C5** | **C6** | **C7** | **C8** | **C9** | **C10** | **C11** | **C12** | **统计** |
| 1. 台湾文创业者拥有最重要的核心优势为何 | a | 重视品质追求细微度 | V | | | | V | | | V | | V | V | V | 6 |
| | b | 拥有专业能力 | | V | | | | V | | | V | | | | 3 |
| | c | 完备的文创理念 | | | V | V | | | V | | | | | | 3 |
| | d | 其他 | | | | | | | | | | | | | 0 |
| 2. 台湾文创业者在大陆地区发展最困难的部分 | a | 法令的不同 | | | | | V | | | V | | V | | V | 4 |
| | b | 市场开拓经验不足 | V | V | V | | | V | V | | V | | | | 6 |
| | c | 资金的运转还用 | | | | V | | | | | | | | | 1 |
| | d | 难以遇到互相认同 | | | | | | | | | | | V | | 1 |
| | e | 其他 | | | | | | | | | | | | | 0 |
| 3. 台湾文创业者较容易在大陆市场成功之方法 | a | 异业结合 | | V | | | | V | | | V | | | | 3 |
| | b | 政府政策 | V | | | | V | | | | | | V | V | 4 |
| | c | 独立作业 | | | | | | | V | | | | | | 1 |
| | d | 寻找代理 | | | V | V | | | | V | | V | | | 4 |
| | e | 其他 | | | | | | | | | | | | | 0 |
| 4. 身为台湾文创业者前进大陆地区最希望政府协助的部分 | a | 资金的提供 | | | | | | | V | | | | | | 1 |
| | b | 顾问的帮助 | | | | V | | | | | | | V | | 2 |
| | c | 大陆法令的了解 | V | V | | | V | | | | V | | | V | 5 |
| | d | 智慧财产权的维护 | | | | | | | | V | | | | | 1 |
| | e | 通路的开发 | | | V | | | V | | | | V | | | 3 |
| | f | 其他 | | | | | | | | | | | | | 0 |

## （三）研究结果分析

本研究使用专家访谈法，主要是因为这种方法简便易行，并具有一定程度的科学性及实用性，可以避免会议讨论时因害怕权威随声附和，或固执己见，或因顾虑情面不愿与他人意见冲突等弊病。同时本研究更将其精简，以避免专家访谈时可能造成主题发散，使其具有一定程度综合意见的客观性。

本研究的议题为“台湾文创前进大陆市场的瓶颈与未来合作之道”，探讨两岸的文创现况，两岸文创之优、劣势分析，两岸文创产业合作有哪些渠道，目前所面临的障碍、两岸可以采取哪些措施促进共同的发展，采用专家访谈法以获得深度且有效信息。

研究结果发现：

12 位文创业者，有 8 位业者（近七成）有考虑将产品导入大陆市场，而其他 4 位业者，虽然未考虑将产品导入大陆市场，但全数有 11 位（九成）普遍认为自己的商品在大陆市场的接受度会很高，本次研究的商品范围包括金工设计、数字语言学习、服装/服饰品、原住民服饰、木作工艺、传统产业商品、自行车设计、自我品牌、相关配件、文创绘本、时尚鞋品牌、手工眼镜、客制化文创商品，专家均认为导入大陆市场后其产品的接受度都很高，仅有表演艺术类的商品，虽然有意愿进入大陆市场却认为接受度会不如预期，主要是考虑表演艺术是一项深入生活的文化，需要长时间接触、感受，同时大陆本身已蕴含许多艺术色彩，台湾表演艺术自然在接受度上较低。

整体而言，不论是否考虑进入大陆市场，均有一半的人（50%）不知道进入的方式，而知道的人，其表述的通路大多为商展、策展、各地台商所设之台湾商品馆及电子商务通路如淘宝、购物网、各种安卓市场与 App Store 等，可见这一个部分是政府在扶植文创业者进入大陆市场时需要更重视及加强的部分。

（1）对于两岸文创产业合作发展之问题。

文创业者们对于台湾文创商品进入大陆市场，基本上具有信心，特别是在设计巧思、提供高质量商品，故有八成以上的业者认为台湾的文创商品在大陆市场的接受度是很高的，甚至也比其他地区进入大陆市场容易，主要在于语言、文字相通，文创业者们表示中国字义并非容易学习和复制，这方面台湾具有相当的优势，同时在沟通上也不易出现落差，此数据结果与之前文献中所提之文创发展环境具互补性，略为不同，两岸文创互补性及商品创意质量较好的选项中各占 2 位。而台湾文创业者为何要前进大陆市场的问题中，10 位文创业者皆选择大陆市场经济规模较大，仅 2 位则选择成为进入国际市场之跳板。整体而言，多数的文创业者认为大陆经济规模大而且在两岸文化、文字、语言等共通性的历史渊源下，比较容易形成共识。

（2）对于台湾未来在两岸文创发展的看法。

有半数（50%）的业者认为重视质量追求细致度是台湾文创业者拥有最重要的核心优势，其次为拥有专业能力和完备的文创理念。而台湾文创业者在大陆发展最困难的地方，有 6 位业者选择市场开拓经验不足，也表示并无类似的成功案例可追寻，4 位选择碍于政策法令的不同，1 位选择经济规模扩大的同时资金周转应用的能力，1 位选择政治立场造成难以互相认同。在许多文献中均认为台湾文创业者在进入大陆时因为法令不同而使得台湾业者有高度的成功障碍，然而在本次研究中半数（50%）的文创业者反而认为大陆市场开拓经验不足也是相当重要的因素之一，其次为深入了解法令。在这些认为进入大陆的障碍为法令差异的业者们，也同时在台湾文创业者前进大陆最希望政府协助的提问中，选择大陆法令的了解有 5 位，这也表示了台湾在此方面的落实不够详尽，其余业者们选择通路的开发有 3 位、顾问帮助 2 位、资金提供 1 位、智慧财产权的维护 1 位。

在台湾文创业者较容易在大陆市场成功的方法提问中，业者们的回复较为分散，每一个选项皆有业者选择，4 位选择政策的松绑和 4 位寻找代理、3 位选择异业结合，仅 1 位选择独立作业。整体而言台湾文创业者认为台湾的文创商品要在大陆市场成功并不困难，不论任何方法包含异业结合或寻找代理等都可以尝试，也可因为商品种类的不同而有不同的方式，但前提是在两岸策略中，能尽快做出政策、法令的松绑，如此一来就可以有更多的空间来发挥。

## 五　结论与建议

### （一）研究结论

由研究结果可知，台湾文创业者们对于自己的商品或是整体台湾文创的商品进入大陆的市场都相当有信心，也认为大陆市场对于台湾商品的接受度颇高；台湾追求质量及产品的细腻度是主要竞争优势，大陆难以模仿，再加上有语言、文化相通，在沟通及表达上是比其他地区的业者更易触动共鸣。但许多台湾文创业者们拥有这些其他地区业者没有的优势，面对大陆庞大的市场商机却仍为之却步？主要的原因应可以归纳为：

（1）缺少市场开拓模式及领头羊。

面对庞大而陌生的大陆市场，市场拓展经验不足，也无前例可循的情况下，要成功几乎只能靠机会与运气。

（2）对于大陆市场的政策和大陆法令的知识与了解相当缺乏。

在大陆地区无相关法制的依据下，资本规模差距甚大，就算成功进入也难逃被并购的结果。

以上二点，都非常需要仰赖政府从政策面协助业者前进大陆市场，甚至应该有一套进入大陆市场的“教育训练”，包含最新信息、法令，让想要进入大陆市场的台湾文创业者有迹可循。

另外台湾业者仍有隐忧，大陆近年发展迅速的情况下，不乏复制台湾成功的商业模式及积极挖角台湾人才。大陆业者复制如新天地或制作节日办理庆典，举办活动后续开发文创商品的模式，来增加利润，最明显的例子是2014年的光棍节，制作“单身”节日，创造活动，开发商品，如此一来，台湾业者们更显竞争。

人才方面也是一大隐忧，大陆积极挖角台湾人才进入艺术村或给予优渥的待遇，将台湾设计融入大陆制造，也藉此提升产品的细致度，同时部分设计学院大量投入资金，拥有令人称羡的硬件设备，持续增强软实力的发展。

然而要解决两岸文创产业目前的问题，并非易事，但台湾文创业者更不可能等待万事俱备时才前进大陆布局，因此应透过二方面逐步前进：

（1）仰赖政府。

a. 推动两岸相关展演，以经费支持好的实体或网络平台前进中国大陆。

b. 建立两岸优质厂商数据库。

c. 两岸完整提供法律、财务及会计咨询服务。

d. 两岸的政策松绑：朝两岸政策、法令努力；给予台湾更多弹性甚至特殊性，创造更多的交流。

（2）台湾文创业者进入大陆布局谨慎思考，透过先期的了解以减少未来遭遇之困境与冲击。

a. 了解当地行政命令或政策宣示等法律规范，向主管机管沟通请示。

大陆当地的法令与法令间不见得互相一致，大陆文创产业也尚未成熟，若仅以法律条文为据，却没有和地方政府作具体沟通，并且了解当地行政命令，常常会和预期结果出入即大，只有谨慎沟通、确认、请示主管机关才可以减少法律问题。

b. 以参加两岸展会、竞赛、尝试文化创意的接受度，避免贸然投资。

c. 两岸虽然文化同源、语言相仿，但是整体环境、人文、气候等仍有所出入，若贸然进入大陆市场会屡受障碍，应以两岸展会、竞赛等活动尝试水温，再进行投资，以减少失败概率。

d. 可能跨界互搭以增加曝光能力，例如：服饰 + 金工同时能在服装秀与金工展上交互曝光，增加相对曝光，不仅可以分担展秀的费用，也可以吸引更多人了解品牌。

## （二）台湾文创业者进入大陆市场可能的合作方式

以目前台湾的现况，虽然面临许多困难，但仍可能从几个面向展开两岸可能的合作方式，故本研究建议：

（1）创造台湾文创产业的领头羊，他们运用自身的专业研发能量创作文创商品及服务，透过独特的品牌形象建立及市场营销拓展，建立属于自己的一块市场并带领其他台湾文创品牌业者进入国际市场发展，让各界了解台湾文创的特色及发展未来的可能性，进阶投入更多的关注及资源。与大陆的外商公司合作。如广告业，透过国际跨国公司，将业务做全球化布局，降低直接和大陆对接的风险。

(2) 可透过较安全的虚拟电子商务平台/实体通路（商展/台湾馆）接触大陆买家。

(3) 利用国际奖项的加持与知名度，较容易和大陆建立合作关系。

(4) 异业结合，将大陆商品或台湾品牌到大陆发展的商品进行联结，加速品牌被认识的可能。

## （三）未来的展望及期许

台湾的优势不能抹灭，但其劣势也不能忽略，只有不断前进才有希望。本研究期许台湾文创业者能够不仅在大陆甚至在全球有一片天空，并期望：

(1) 台湾文化企业成为华人文创经济领先者。

台湾的文化及生活美学已随着生活质量的提升而建立，创意更是源源不绝，例如：诚品书店、85 度 C、台湾偶像剧等都在大陆有很好的成绩，期藉由政府的力量，创造体质优良的环境和产业，让文创产业能更步向高峰。

(2) 使文创成为产业升级转型的新引擎，带动台湾美学经济。

文创的兴起表示台湾正面临制造转型的思维，走向以文化及美学为核心主轴的体验经济世代，台湾要努力促成各产业均能融入文创元素来营销、制造、经营，以带动台湾发展（“文化部”：《价值产值化——文创产业价值链构与创新计划》，2013）。

然而回归基本，最重要的是文化厚度要增强，社会对文化的价值观要培养，从作者、生产者、销售者到消费者，皆需要文化品味的养成和文化资本的累积，当文创业者努力在此竞争的环境中寻求一席之地，此时更不能一味只追求立即的成效，应该在市场中确认定位后再出击，才能增加成功的概率。

## 参考文献

1. 财团法人台湾文创发展基金会：《台湾微型文创发展现况初探》，“文化部”文化创意推动服务网—产业趋势，2013。
2. 潘锡堂：《两岸文创产业合作的意涵与前景》，“文化部”文化创意推动服务网—专题文章，2013。
3. 林嘉慧：《从十二五规划看两岸文创契机》，《台湾财经评论》电子报，2013。

4. 范荣靖:《十二五驱动两岸文化产业发展》,《远见杂志》,2011。
5. 陈子昂:《两岸文化创意产业交流现况与展望》,《资策会产业情报》,2012。
6. “文化部”2013 年度重要社会发展计划书,文化部文化创意推动服务网,2013。
7. 欣茹:《两岸文创产业合作利基解析》,《大陆台商简讯》。
8. 林建甫:《提升两岸文创产业的竞争力》,“国家政策研究基金会”,2010。
9. 谢明明:《迎接文创盛世》,工业总会服务网—产业杂志,2012 年 8 月号。
10. “经济部”:《两岸城市文创竞争力调查》,2013。
11. 柏翰:《2013 年大陆文创产业市场现状及前景分析》,陆资来台服务网,2013 年 3 月号。
12. 王健全:《以崭新思维推动文化创意产业》,全球台商服务网—电子报,2010。
13. 林怡伶:《台中市文化创意产业地方发展之研究》,东海大学行政管理暨政策学系,2012。
14. 陈介人:《台湾文化创意产业政策专家意见调查研究(2002~2011)》,世新大学图文传播暨数位出版学系硕士学位论文,2011。
15. 李秀玲:《谈文创产业之鉴价制度和未来投融资发展趋势》,荔宝创意生活营销公司,2012。

# B.13 中国游戏进入泰国市场的路径和策略研究

〔泰〕Jettanar Chanmano *

摘　要：本论文着力研究中国网络游戏进入泰国市场的路径和策略，研究包括国际市场的本土化，并基于整合营销传播理论的视角来分析泰国游戏市场，研究泰国玩家（目标消费者）对中国游戏的态度及想法，并据此指出当前所遇到的问题，以期对泰国网络游戏市场情况有更深入了解，并通过本土化和整合传播营销的策略，提升中国网络产业在泰国市场的份额。

研究方法方面，本文采取定量研究，并根据目标消费者，设计了泰语版的调查问卷。调查样本总量为 300 人，其中男性 166 人，女性 134 人。年龄段在 18 ~25 岁的所占比例最大，高中、中专或者本科学位占比最大，学生或者员工为最多，每个月的平均收入 3000 元人民币以下的占大多数。使用描述性统计分析：频率，百分比，中位数（$x$）和标准偏差来进行调查分析。

调查结果显示：泰国玩家对 5 个开发网络游戏国家的满意度或感兴趣的程度排序依次是：中国、韩国、日本、美国、和泰国。游戏平台的排名方面，中国网络游戏的满意度或感兴趣程度排名第四。游戏的类型的排名方面，中国网络游戏的满意度或感兴趣程度排名第四。按照选择中国网络游戏的因素，样

* 〔泰〕Jettanar Chanmano，SANOOK ONLINE（腾讯泰国分公司）业务拓展经理，上海交通大学媒体与设计学院传播学硕士。

本对其他国家的漫画或者幻想小说的内容，不断更新与游戏的发展，泰语翻译的准确度和各种各样游戏里的产品对泰国玩家最有影响进行研究调查。按照市场营销传播工具，游戏新闻网站或包括网络游戏社交网的广告，公司社交网络媒体的公关新闻或者游戏更新信息，聊天程序里的漫画帖子和手机平台的应用网络游戏展对泰国玩家最有影响进行研究调查。目前，泰国玩家在中国网络游戏中遇到的最大问题是泰文翻译版本质量差，但游戏质量水平不高的问题影响较小。

关键词： 中国网络游戏　市场营销传播策略　本土化　泰国市场研究　国际竞争力

## 一　引言

网络游戏产业是目前世界上最具规模的娱乐产业之一，不但涵盖众多艺术种类，如文学、绘画、雕塑、建筑、音乐、戏剧、影视等，而且还与互联网技术融合，已成为游戏娱乐与网络技术相结合的新型创意产品。该产业伴随硬件、软件、互联网和新媒体技术的进步而发展，也与各个技术相融合，从而设计各种各样游戏，吸引了不同诉求和不同年龄的玩家，衍生很多相关的行业，具有很大的影响。

英国《创意产业路径文件》在1998年给“创意产业”（Creative Industries）定义：“那些起源于个人创意、技巧及才华，以及那些通过创造和利用知识产权从而创造财富和就业岗位的产业。”英国文化、媒体与体育部（UK Department of Culture, Media and Sport, DCMS）确定了创意产业是构成英国经济的一个庞大且不断增长的部分，从业人员140万人，并每年产生经济价值大约600亿英镑。①

DCMS确定的创意产业13个门类为：①广告；②建筑；③艺术和古董市

① Terry Flew, *The Creative Industries Culture and Policy*, SAGE Publication, UK. 2012.

场；④工艺品；⑤设计；⑥设计和时装；⑦电影和视频；⑧互动休闲软件（电子游戏）；⑨音乐；⑩表演艺术；⑪发布；⑫软件和电脑服务；⑬电视和广播。这定义显示了电子游戏的重要性。

经过10余年的发展，中国的网络游戏产业已经进入成熟期，成为中国互联网的支柱产业之一。据《2013年中国游戏产业报告》，在2013年，中国游戏市场用户数量达4.9亿人，销售收入831.7亿元，整体用户规模同比增长20.6%，全国游戏市场销售收入与2012年相比，大幅增长38%。

随着近几年智能手机和平板电脑的发展和热销，中国大多数游戏企业都已经看重移动互联网化，上场了不少移动游戏。根据新华网报道，中国移动游戏市场在2013年规模达到了112.4亿元，比2012年增长246.9%，这一规模也占到了2013年全国游戏出版市场总规模的近1/8。

中国网络游戏产业不仅在国内迅速发展，同时走出去的速度非常快，尤其近几年，中国网络游戏出口规模已经翻了6倍，达到5.7亿美元。仅2012年，就有40家中国企业自主研发的177款网络游戏进入海外市场，比如美国、俄罗斯、日本、德国、东南亚等。[①] 中国网络游戏产业已经成为近年来的一种主要中国文化出口，越来越多地承载起中国文化内涵，让全世界越来越了解中国文化。

党的十八大报告提出："促进文化和科技融合，发展新型文化业态。扩大文化领域对外开放，积极吸收借鉴国外优秀文化成果。"2012年，中国网络游戏产业通过整合全球网游资源，利用互联网与先进科技等，将中国优秀文化与海外文化相融合，创造了文化与科技的新创意产品，进入全球市场。

在各个海外市场当中，东南亚市场是中国游戏出口的一个重点区域。著名调研公司IDC估计在东南亚国家（包括印度尼西亚、越南、泰国、马来西亚、新加坡、菲律宾6个国家）网络游戏市场价值122.13亿泰铢（24.23亿元）。IDC估计2014年将增长到149.25亿泰铢（29.85亿元）。

2012年，中国原创网络游戏在东南亚地区强劲发展。有62款产品出口到越南，61款出口至马来西亚，51款出口至泰国，50款出口至新加坡。这4个国家成为中国网络游戏出口东南亚的核心区域。

依据Niko Partners（一家著名亚洲游戏市场情报公司）2013年的报告，东

① 中国版协游戏工委（GPC）：《2012年中国游戏产业海外市场报告（摘要版）》，2012。

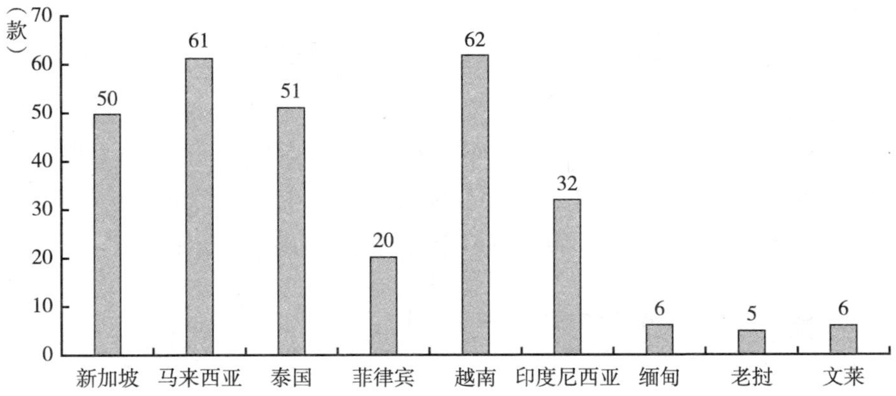


**图1　2012年出口东南亚地区的中国原创网络游戏数量及市场分析**

资料来源：GPC，IDC和CNG，2012。

南亚地区拥有8500万玩家，收入达到40.98亿元，估计在2017年即将翻一番至74.40亿元，达到132万玩家。[①]

Lisa Cosmas Hanson说："东南亚的移动游戏跟全球市场情况一样，继续红火发展，同时电脑客户端网络游戏仍然充满活力，并将在5年预测期内继续面对积极的收入增长。"

泰国游戏市场是从2001年开始的，完全操作的第一网络游戏标题是*King of Kings*（《万王之王》），一家中国台湾网络游戏开发公司"雷爵网络科技"（Lager Network Technologies）给泰国游戏发行商公司"Just Sunday"产品授权，在泰国市场代理运营上线游戏，让泰国玩家感受新游戏种类的体验。2003年Asiasoft公司（目前是Asiasoft Corporation）上线了一个韩国网络游戏*Ragnarok Online*（《仙境传说》），很受泰国玩家的欢迎，变成流行的趋势，让泰国网络游戏市场飞速发展，许多商人看见这机会，开始创建发行公司，代理运营各个类型的网络游戏在泰国市场上线。网络游戏对泰国网络的服务产生大的影响，之前泰国的互联网速度比较慢，但是按照玩家与网吧的要求，网络运营商改善并提供高速互联网的服务，形成新时代的泰国网络的标准，促使网络游戏的用户增多。一些发行商公司在这段时间发展速度很快，但是也有不少发行公司，

① Niko Partners, 2013 *Southeast Asian Game Market Regional Report*, SAN JOSE, 2013.

尤其是从其他行业转来的公司，无法在这个游戏的竞争状态下存活下来。

目前，泰国网络游戏大致进入成熟的阶段，除了泰国发行商公司，还有跨国公司进入市场，在2013年，估计市场价值超过40亿泰铢（约8亿元人民币），市场竞争力很大。2012年，有41家发行商，2013年，增加至47家公司。同时从165个网络游戏标题（2012）增加到196个（2013），游戏数量当中75个是新来的。① 玩家账号数量超过6000万（一个玩家能申请超过一个账号）。

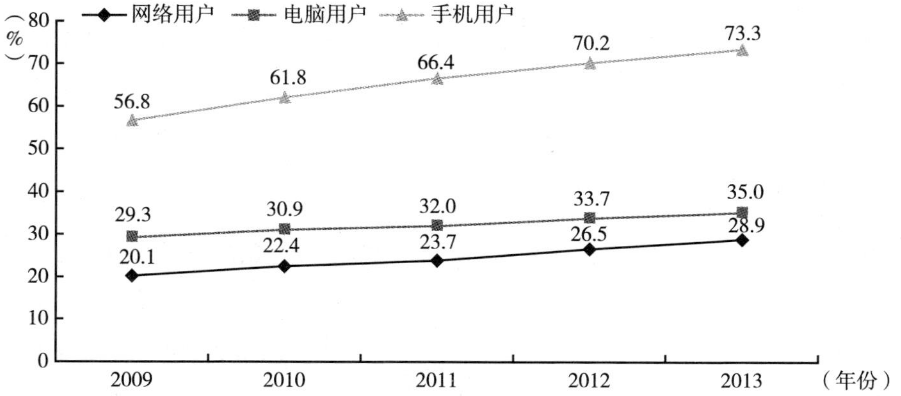


**图2　2009～2013年在泰国使用电脑、互联网与手机的人口**

近几年，社交网的发展趋势、移动网络的发展和高速网络运营竞争力都是让泰国网络游戏不断地发展的重要的因素。通过苹果APP Store和谷歌Play Store渠道，在全球移动游戏的收入中，泰国为增长率最快的国家之一。原因是游戏开发公司和游戏发行公司将许多游戏上线泰国市场。2013年，移动游戏的玩家大约是800万人，其中付费的玩家大约40万人，每个付费玩家平均每个月付费800泰铢（160元）。

据泰国信息与通信技术部发布的《2013年在家庭使用信息技术和通讯的调查》，泰国人口（6岁以上）约6330万人，其中有电脑用户2220万人（35%），网络用户1830万人（28.9%），手机用户4640万人（73.3%）。在5年之内，手机用户和网络用户的增长很明显，目前泰国移动电话运营商推广3G与4G移动

① Asiasoft Corporation PLC, *Company annual report 2013*, Bangkok, 2013.

互联网，通过各种设备，比如智能手机、平板电脑等，扩大移动互联网的用户。游戏产业专家认为泰国市场还有许多发展的空间，尤其是移动游戏的平台。

作为一种创意产业，中国游戏产业有潜力成为中国经济的庞大力量之一，而且不断地发展，创造国家收入，与此同时也能做成一种新的文化产品，扩大中国文化传播到全球市场。

从泰国整体游戏市场的情况看，目前大部分是把国外的游戏代理运营上线，做本土化，从选择游戏与分析开始，然后是翻译，准备游戏服务器，安排整合营销传播，市场营销计划等，然后才能上线。事实上，很多国外游戏开发公司和或者国外发行商公司还不了解泰国市场。不少中国游戏公司也看重泰国市场，准备在泰国扩大业务，可是因为对本地情况不够了解，两国玩家的需求不同，文化差别的问题等，产生很多问题。虽然投入了大成本，但是许多中国游戏在泰国市场没有成功。希望通过本文，可以让读者更了解泰国游戏市场的竞争情况、本土化的策略，以整合营销传播工具，适应泰国玩家的需求。

## 二　研究方法

本研究选择定量研究，通过调查问卷方法收集受访者的资料来进行分析。详细的研究方法内容如下。

### （一）主要研究变量与假设

按照相关理论的主要因素、泰国网络游戏市场情况、玩家信息与他们的需求，本文选择的研究变量与假设如下。

#### 1. 研究变量

**表1　研究变量**

| 自变量 | 因变量 | 自变量 | 因变量 |
|---|---|---|---|
| 中国游戏的内容<br>游戏种类<br>游戏平台<br>整合营销传播的工具<br>游戏本土化 | 泰国玩家的满意度<br>玩家选择测试游戏 | 游戏开发商（研发商）<br>游戏发行商（代理商）<br>游戏里的物品定价<br>游戏之前的成就 | |

### 2. 研究的假设

根据本文的研究变量，笔者提出了 8 个相关假设，把它们设计做成调查问卷。

$H_1$：开发游戏的国家与泰国玩家的满意度有相关性

$H_2$：中国网络游戏的内容与泰国玩家选择游戏有相关性

$H_3$：游戏之前的成功对泰国玩家选择游戏有影响

$H_4$：游戏开发商对泰国玩家选择游戏有影响

$H_5$：游戏发行商对泰国玩家选择游戏有影响

$H_6$：游戏本土化的方式对泰国玩家选择游戏有影响

$H_7$：游戏里的物品定价对泰国玩家选择游戏有影响

$H_8$：整合营销传播的工具对泰国玩家选择游戏有影响

**图 3　假设框架 1**

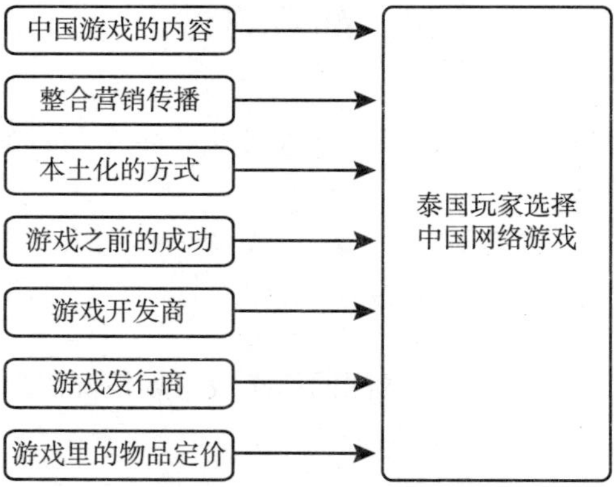


**图 4　假设框架 2**

## （二）研究工具

本研究选择调查问卷方法（Questionnaire），问题包括封闭式问题（Close-ended Question）和开放式问题（Open-ended question），受访者需要自己回复信息，调查问卷的内容可以分成三个部分。

第一部分：受访者的基本信息和网络游戏的玩法行为，使用多项选择题（Multiple choices）。每个问题只能选一个答案，一共14个问题：1）性别，2）年龄，3）学历，4）职位，5）每个月的平均收入，6）电脑或笔记本的操作系统（可以选择超过1项），7）手机或平板电脑的操作系统（可以选择超过1项），8）目前使用的聊天程序或者社交媒体应用（可以选择超过1项），9）玩网络游戏的经历，10）一天内玩网络游戏多久，11）玩网络游戏的设备（可以选择超过1项），12）玩网络游戏的目的（可以选择超过1项），13）一个月平均付费多少，14）付费游戏方式（可以选择超过1项）。

第二部分：玩家对开发网络游戏国家相关产品的满意度或感兴趣程度进行排序，排序从1到5：1相当于非常满意或非常感兴趣，5相当于非常不满意或非常不感兴趣，分成2个大题目的问题如下：

15）网络游戏的平台，分为3个问题：15.1）客户端游戏，15.2）网页游戏或者Facebook游戏，15.3）移动游戏（手游）。

16）游戏的类型，分为5个问题：16.1）动作/冒险/街机/赛车/体育/FPS，16.2）休闲/益智/音乐/棋类游戏/卡牌/赌场，16.3）角色扮演（RolePlaying）/MMORPG，16.4）模拟（Simulation），16.5）策略/即时战略。

这部分，调查设定分数如下：

1　设定为排名第1（非常满意或非常感兴趣）；

2　设定为排名第2（比较满意或比较感兴趣）；

3　设定为排名第3（一般）；

4　设定为排名第4（不太满意或不太感兴趣）；

5　设定为排名第5（非常不满意或非常不感兴趣）。

第三部分：选择网络游戏的因素、市场营销传播工具对选择中国游戏的影响、泰国玩家在中国网络游戏中遇到的问题，使用评定量表方法（Rating Scale），受访者给出网络游戏因素程度的分数，从影响最大（5分）到影响最小（1分），分为10个大题目的问题如下：

17）你对中国网络游戏的内容分类有无兴趣（9个问题）：17.1）武侠小说，例如射雕英雄传、神雕侠侣、天龙八部等，17.2）中国历史，17.3）中国传统文化，例如象棋、围棋、斗地主牌等，17.4）中国传统小说，例如三国演义、水浒传、西游记等，17.5）中国神话，例如八仙过海、化蝶、济公、后羿射日等，17.6）中国现代小说，例如藏地密码、盗墓笔记等，17.7）中国漫画或者幻想小说，17.8）其他国家的历史或者神话，17.9）其他国家的漫画或者幻想小说。

18）中国网络游戏开发商，分为4个问题：18.1）中国或者海外市场开发商公司的信誉，18.2）以前的上线游戏成功或者失败，18.3）游戏在中国或者海外市场的成就，18.4）不断更新与游戏的发展。

19）发行商公司，分为6个问题：19.1）发行商公司的信誉，19.2）上线游戏的数量，19.3）以前与目前上线游戏的成就，19.4）安装游戏渠道的方便，19.5）不断更新游戏，经常有游戏内的活动，19.6）顾客服务。

20）游戏的语言翻译，分为2个问题：20.1）泰语版的重要性，20.2）泰语翻译的准确度。

21）游戏里的物品，分为2个问题：21.1）价格合适，21.2）各种各样的物品。

从第17~21的问题：调查设定分数如下：

5　设定为5分（对泰国玩家选择网络游戏有最大影响）；

4　设定为4分（对泰国玩家选择网络游戏有较大影响）；

3　设定为3分（对泰国玩家选择网络游戏的影响一般）；

2　设定为2分（对泰国玩家选择网络游戏的影响较小）；

1　设定为1分（对泰国玩家选择网络游戏的很少影响或没有影响）。

22）广告媒体，分为9个问题：22.1）电视广告，22.2）广播广告，22.3）日报广告/杂志广告（无游戏内容），22.4）网络游戏杂志广告，22.5）广告牌/地铁/汽车或者其他户外广告，22.6）游戏新闻网站或包括网络游戏社交网的广告，22.7）无游戏内容网站或者社交网，22.8）Adwords或者搜索引擎广告，22.9）AdMob或者推广应用广告。

23）公共关系，分为4个问题：23.1）通过媒体的游戏新闻，评价等，23.2）通过媒体的公关新闻，23.3）网络游戏发布会，23.4）通过公司社交网媒体的公关新闻，游戏更新信息等。

24）网络与互动媒体/病毒式营销，分为8个问题：24.1）手机平台的应用（APP），24.2）聊天程序里的漫画帖子，例如Line、微信、BeeTalk等，24.3）通过聊天程序APP的邀请信息，24.4）社交网媒体的在线视频、网络电视台等，24.5）在线的活动，24.6）网络的口碑趋势，24.7）朋友给您介绍，24.8）通过电子密码（Items code）接收免费游戏产品。

25）市场营销活动，分为3个问题：25.1）介绍游戏的户外活动，25.2）网络游戏展，25.3）电子竞技运动比赛。

从第22~25的问题，调查设定分数如下：

5 设定为5分（对测试玩中国游戏的影响最大）；

4 设定为4分（对测试玩中国游戏的影响比较大）；

3 设定为3分（对测试玩中国游戏的影响一般）；

2 设定为2分（对测试玩中国游戏的影响比较小）；

1 设定为1分（对测试玩中国游戏的影响最小或者没有影响）。

26）中国网络游戏的问题，分为8个问题：26.1）游戏的内容没有吸引力，不适合泰国玩家的风格，26.2）内容重复，缺乏创意，26.3）缺乏游戏美术设计的质量，26.4）游戏质量水平不高，26.5）游戏的BUG（错误）太多，26.6）游戏文件太大，26.7）泰文翻译版本质量差，26.8）游戏里的物品价格太贵。

第26的问题，调查设定分数如下：

5 设定为5分（问题的影响最大）；

4 设定为4分（问题的影响比较大）；

3 设定为3分（问题的影响一般）；

2 设定为2分（问题的影响比较小）；

1 设定为1分（问题的影响最小或者没有影响）。

## （三）调查方式与分析

### 1. 收集信息方式

本文选择定量研究法，准备设计泰文版的调查问卷，样本总量为300人，调查周期1个月（2014年9月20日~10月21日）使用两种发布调查问卷方法。

方法一：通过“调查派”上线调查问卷网站的工具开始设计在线泰文版的调查问卷，同时，通过Facebook、LINE和微信（Wechat）的社交网APP和社交网平台。首先邀请笔者的朋友或者认识的人，然后，请他们帮助邀请他们的朋友参与做在线调查问卷。这种方式得到了大概 150 份（50%）。在调查的时候发现了小问题，有一些受访者只来浏览一下，但是还没做好就关闭了调查问卷的网页。

方法二：打印调查问卷出来，让笔者的助手去了曼谷的 4 所大学和 1 所中学：泰国公立大学朱拉隆功大学、泰国国立法政大学、泰国公立大学农业大学、博仁大学和易三仓女子中学。助手邀请大学生或者中学生参与做调查问卷，然后把做好的调查问卷拿来自己在线投入信息。这种方式得到了大概 150 份（50%）。

### 2. 调查分析

笔者使用描述性统计分析（Descriptive Statistics），比如频率（Frequency）、百分比（Percentage）、中位数（$x^{-}$）和标准偏差（Standard Deviation：S. D.）来分析样本的基本信息、网络游戏的玩法行为、玩家对开发网络游戏国家相关产品的满意度和影响程度。

笔者设定影响程度分为五等级的成绩，每个等级按照李克特（Likert Scale）的方法分为（最高的成绩—最低的成绩）/等级 = （5 - 1）/5 = 0. 8 分

在每个等级上的平均分（第三部分）意味着调查结果如下：

1. 00 ~ 1. 80　影响程度最小或者没有影响（拒绝假设）；

1. 81 ~ 2. 60　影响程度比较小；

2. 61 ~ 3. 40　影响程度一般；

3. 41 ~ 4. 20　影响程度比较大；

4. 21 ~ 5. 00　影响程度最大。

## 三　数据统计与分析

本文通过数据统计与分析，提供研究结果，分成三部分如下。

第一部分：受访者的基本信息和网络游戏的玩法行为。

第二部分：玩家对开发网络游戏国家相关产品的满意度或感兴趣程度进行排序。

第三部分：选择网络游戏的因素、市场营销传播工具对测试玩中国游戏的影响和泰国玩家在中国网络游戏中遇到的问题。

## （一）受访者的基本信息和网络游戏的玩法行为

第一部分：受访者的基本信息、网络游戏的玩法行为（涵盖电脑或笔记本的操作系统）。介绍受访者的基本信息：性别、年龄、学历、职位和每个月的平均收入、手机或平板电脑的操作系统、目前使用的聊天程序或者社交媒体应用、玩网络游戏的经历、一天内玩网络游戏多久、玩网络游戏的设备、玩网络游戏的目标、一个月平均付费多少和付费方式。

**表 2 受访者的性别**

| 性别 | 数量 | 百分比(%) |
|---|---|---|
| 男 | 166 | 55.33 |
| 女 | 134 | 44.67 |
| 回答人数 | 300 | 100.00 |

大多样本是男性，有 166 人，为 55.33%；女性有 134 人，为 44.67%。

**表 3 受访者的年龄**

| 年龄 | 数量 | 百分比(%) | 年龄 | 数量 | 百分比(%) |
|---|---|---|---|---|---|
| 18 岁以下 | 34 | 11.33 | 36～45 岁 | 22 | 7.33 |
| 18～25 岁 | 174 | 58.00 | 45 岁以上 | 2 | 0.67 |
| 26～35 岁 | 68 | 22.67 | 回答人数 | 300 | 100.00 |

大多样本的年龄是 18～25 岁，有 174 人，为 58%；排名第二是 26～35 岁，有 68 人，为 22.67%；排名第三是 18 岁以下，有 34 人，为 11.33%；排名第四是 36～45 岁，有 22 人，为 7.33%；45 岁以上是最少，只有 2 人，为 0.67%。

**表 4 受访者的学历**

| 学历 | 数量 | 百分比(%) | 学历 | 数量 | 百分比(%) |
|---|---|---|---|---|---|
| 初中及以下 | 13 | 4.33 | 本科 | 85 | 28.33 |
| 高中或中专 | 155 | 51.67 | 硕士及以上 | 36 | 12.00 |
| 大专 | 11 | 3.67 | 回答人数 | 300 | 100.00 |

样本的学历，大多是高中或中专毕业，有155人，为51.67%；排名第二是本科毕业，有85人，为28.33%；排名第三是硕士及以上，有36人，为12%；排名第四是初中及以下，有13人，为4.33%；最少的是大专，只有11人，为3.67%。

**表5 受访者的职位**

| 职位 | 数量 | 百分比(%) | 职位 | 数量 | 百分比(%) |
|---|---|---|---|---|---|
| 学生 | 203 | 67.67 | 私人业务 | 11 | 3.67 |
| 政府工作人员 | 6 | 2.00 | 其他(请注明) | 2 | 0.67 |
| 员工 | 67 | 22.33 | 回答人数 | 300 | 100.00 |
| 自由职业者 | 11 | 3.67 | | | |

样本的职位，大多是学生（包括中学生，大学生和研究生），有203人，为67.67%；排名第二是员工，有67人，为22.33%；排名第三是自由职业者和私人业务，数量一样，11人，为3.67%；排名第五是政府工作人员，有6人，为2.00%；其他的职位只有2人，为0.67%。

**表6 受访者每个月的平均收入**

| 每个月的平均收入 | 数量 | 百分比(%) | 每个月的平均收入 | 数量 | 百分比(%) |
|---|---|---|---|---|---|
| 3000元人民币及以下 | 186 | 62.00 | 8001~12000元人民币 | 13 | 4.33 |
| 3001~5000元人民币 | 56 | 18.67 | 12001元人民币及以上 | 8 | 2.67 |
| 5001~8000元人民币 | 37 | 12.33 | 回答人数 | 300 | 100.00 |

样本的每个月平均收入，大多是3000元人民币及以上，有186人，为62.00%；排名第二是3001~5000元人民币，有56人，为18.67%；排名第三是5001~8000元人民币，有37人，为12.33%；排名第四是8001~12000元人民币，有13人，为4.33%；数量最少是12001元人民币及以上，有8人，为2.67%。

**表7 受访者使用的电脑或笔记本的操作系统（多选）**

| 电脑或笔记本的操作系 | 数量 | 百分比(%) | 电脑或笔记本的操作系 | 数量 | 百分比(%) |
|---|---|---|---|---|---|
| Windows OS | 278 | 92.67 | Google Chrome OS | 31 | 10.33 |
| MAC OS | 33 | 11.00 | 其他(请注明) | 0 | 0.00 |
| Linux OS | 4 | 1.33 | 回答人数 | 300 | 100.00 |

大多样本将 Windows OS 作为电脑或笔记本的操作系统，有 278 人（92.67%）；排名第二是 MAC OS，有 33 人（11.00%）；排名第三是 Google Chrome OS，有 31 人（10.33%）；最后是 Linux OS，只有 4 人（1.33%）。

笔者认为有些受访者对 Google Chrome OS 误以为是 Google Chrome 的浏览器，因为按实际情况来说，在泰国市场上的电脑或者笔记本电脑安装 Google Chrome OS 系统的非常少。

**表 8　受访者使用的手机或平板电脑的操作系统（多选）**

| 手机或平板电脑的操作系统 | 数量 | 百分比(%) | 手机或平板电脑的操作系统 | 数量 | 百分比(%) |
|---|---|---|---|---|---|
| 苹果(iOS) | 157 | 52.33 | Symbian | 5 | 1.67 |
| 安卓(Android OS) | 178 | 59.33 | 其他(请注明) | 0 | 0.00 |
| 微软手机(Windows Phone) | 15 | 5.00 | 回答人数 | 300 | 100.00 |

大多样本使用安卓（Android OS）的手机或者平板电脑，有 178 人（59.33%）；使用苹果（iOS）手机或者平板电脑，有 157 人（52.33%）；微软手机（Windows Phone）有 15 人（5.00%）；最少的是 Symbian，只有 5 人（1.67%）。

**表 9　受访者使用的聊天程序或者社交媒体应用（多选）**

| 聊天程序或者社交媒体应用 | 数量 | 百分比(%) | 聊天程序或者社交媒体应用 | 数量 | 百分比(%) |
|---|---|---|---|---|---|
| LINE | 276 | 92.00 | Kakao Talk | 13 | 4.33 |
| Facebook 和 FB Messenger | 272 | 90.67 | Skype | 74 | 24.67 |
| Google Plus + | 36 | 12.00 | QQ | 18 | 6.00 |
| 微信 | 48 | 16.00 | 其他(请注明) | 6 | 2.00 |
| BeeTalk | 29 | 9.67 | 回答人数 | 300 | 100.00 |

大多样本使用 LINE 应用，有 276 人（92.00%）；排名第二是 Facebook 和 FB Messenger，有 272 人（90.67%）；Skype 有 74 人（24.67%）；微信有 48 人（16.00%）；Google Plus + 有 36 人（12.00%）；BeeTalk 有 29 人（9.67%）；QQ 有 18 人（6.00%）；Kakao Talk 有 13 人（4.33%）；其他是 Instagram，有 6 人（2.00%）。

**表 10 受访者玩网络游戏的经历**

| 玩网络游戏的经历 | 数量 | 百分比(%) | 玩网络游戏的经历 | 数量 | 百分比(%) |
|---|---|---|---|---|---|
| 没玩过 | 45 | 15.00 | 3～4 年 | 39 | 13.00 |
| 1 年以下 | 55 | 18.33 | 5 年及以上 | 119 | 39.67 |
| 1～2 年 | 42 | 14.00 | 回答人数 | 300 | 100.00 |

大多样本玩网络游戏的经历是 5 年及以上，有 119 人（39.67%）；排名第二是 1 年以下，有 55 人（18.33%）；排名第三是没玩过游戏，有 45 人（15.00%）；排名第四是 1～2 年，有 42 人（14.00%）；最少的是 3～4 年，有 39 人（13.00%）。

本调查有一个甄选问题，如果受访者在“玩网络游戏的经历”选择“没玩过”可以跳答问卷第三部分。

**表 11 受访者在一天内玩网络游戏多久**

| 一天内玩网络游戏多久 | 数量 | 百分比(%) | 一天内玩网络游戏多久 | 数量 | 百分比(%) |
|---|---|---|---|---|---|
| 1 小时以下 | 40 | 15.69 | 超过 6 小时 | 33 | 12.94 |
| 1～2 小时 | 81 | 31.76 | 回答人数 | 255 | 85.00 |
| 3～4 小时 | 75 | 29.41 | 跳过人数 | 45 | 15.00 |
| 5～6 小时 | 26 | 10.20 | | | |

大多样本一天内玩网络游戏 1～2 小时，有 81 人（31.76%）；排名第二的是玩 3～4 小时，有 75 人（29.41%）；玩 1 小时以下有 40 人（15.69%）；超过 6 小时有 33 个（12.94%）；最少的是玩 5～6 小时，有 26 人（10.20%）；跳过本问题 45 人（15.00%）。

**表 12 受访者玩网络游戏的设备（多选）**

| 玩网络游戏的设备 | 数量 | 百分比(%) | 玩网络游戏的设备 | 数量 | 百分比(%) |
|---|---|---|---|---|---|
| 电脑 | 147 | 57.87 | 其他(请注明) | 2 | 0.79 |
| 笔记本电脑 | 126 | 49.61 | 回答人数 | 254 | 84.67 |
| 平板电脑 | 43 | 16.93 | 跳过人数 | 46 | 15.33 |
| 手机 | 141 | 55.51 | | | |

大多样本将电脑作为玩网络游戏的设备，有 147 人（57.87%）；排名第二是使用手机，有 141 人（55.51%）；使用笔记本电脑，有 126 人（49.61%）；

使用平板电脑，有 43 人（16.93%）；其他的是游戏机，有 2 人（0.79%）；跳过本问题 46 人（15.33%）。

**表 13　受访者玩网络游戏的目的（多选）**

| 网络游戏的目的 | 数量 | 百分比(%) | 网络游戏的目的 | 数量 | 百分比(%) |
|---|---|---|---|---|---|
| 娱乐 | 189 | 74.12 | 跟朋友聊天 | 56 | 21.96 |
| 休闲 | 201 | 78.82 | 赚钱 | 21 | 8.24 |
| 比赛 | 52 | 20.39 | 其他(请注明) | 2 | 0.78 |
| 挑战 | 85 | 33.33 | 回答人数 | 255 | 85.00 |
| 寻找新朋友 | 37 | 14.51 | 跳过人数 | 45 | 15.00 |

大多样本玩网络游戏的目的是休闲，有 201 个人选择（78.82%）；排名第二是娱乐，有 189 人（74.12%）；为了挑战的，有 85 人（33.33%）；排名第四是跟朋友聊天，有 56 人（21.96%）；为了比赛，有 52 人（20.39%）；为了寻找新朋友，有 37 人（14.51%）；选择赚钱只有 21 人（8.24%）。

**表 14　受访者一个月平均付费多少**

| 一个月平均付费多少 | 数量 | 百分比(%) | 一个月平均付费多少 | 数量 | 百分比(%) |
|---|---|---|---|---|---|
| 没付费过 | 124 | 48.63 | 601 元人民币及以上 | 11 | 4.31 |
| 100 元人民币及以下 | 82 | 32.16 | 回答人数 | 255 | 85.00 |
| 101 ~ 200 元人民币 | 26 | 10.20 | 跳过人数 | 45 | 15.00 |
| 201 ~ 600 元人民币 | 12 | 4.71 | | | |

大多样本，有 124 人（48.63%）没有在游戏内付费过；排名第二是一个月平均付费 100 元人民币及以下，有 82 人（32.16%）；26 人（10.20%）付费 101 ~ 200 元人民币；12 人（4.71%）付费 201 ~ 600 元人民币；付费 601 元人民币及以上只有 11 人（4.31%）。

**表 15　受访者的付费游戏方式（多选）**

| 付费游戏方式 | 数量 | 百分比(%) | 付费游戏方式 | 数量 | 百分比(%) |
|---|---|---|---|---|---|
| True Money | 101 | 61.96 | 网络银行 | 20 | 12.27 |
| MOL | 16 | 9.82 | 手机充值 | 9 | 5.52 |
| @ Cash | 47 | 28.83 | 信用卡或虚拟信用卡 | 39 | 23.93 |
| 1 ~ 2 Call | 48 | 29.45 | 电子钱包 | 9 | 5.52 |

续表

| 付费游戏方式 | 数量 | 百分比(%) | 付费游戏方式 | 数量 | 百分比(%) |
|---|---|---|---|---|---|
| Line Prepaid Card 预付卡 | 5 | 3.07 | 其他(请注明) | 11 | 6.75 |
| Facebook 游戏卡 | 4 | 2.45 | 回答人数 | 163 | 54.33 |
| 其他的预付卡 | 18 | 11.04 | 跳过人数 | 137 | 45.67 |

大多样本使用 True Money 作为主要的付费游戏方式，有 101 人（61.96%）；排名第二，有 48 人（29.45%）使用 1～2 Call 付费卡；47 人（28.83%）使用@ Cash 付费卡；选择信用卡或虚拟信用卡 39 人（23.93%）；使用网络银行 20 人（12.27%）；使用其他的预付卡 18 人（11.04%）；MOL16 人（9.82%）；使用手机充值和电子钱包的数量一样，有 9 人（5.52%）；使用 Line Prepaid Card 预付卡 5 人（3.07%）；Facebook 游戏卡只有 4 人（2.45%）；还有其他的付费方式 11 人（6.75%）。

## （二）玩家对5个开发网络游戏国家相关产品的满意度

玩家对 5 个开发网络游戏国家（中国、韩国、日本、美国和泰国）相关产品的满意度或感兴趣程度进行排序，分成 2 个大题目：网络游戏的平台和网络游戏的类型。

**表 16　客户端游戏**

| 国家 | 1 | 2 | 3 | 4 | 5 | 平均分 |
|---|---|---|---|---|---|---|
| 中国 | 34(11.33%) | 49(16.33%) | 68(22.67%) | 99(33%) | 50(16.67%) | 163.6 |
| 韩国 | 95(31.67%) | 83(27.67%) | 57(19%) | 37(12.33%) | 28(9.33%) | 216.0 |
| 日本 | 57(19%) | 89(29.67%) | 77(25.67%) | 67(22.33%) | 10(3.33%) | 203.2 |
| 美国 | 88(29.33%) | 56(18.67%) | 78(26%) | 58(19.33%) | 20(6.67%) | 206.8 |
| 泰国 | 26(8.67%) | 23(7.67%) | 20(6.67%) | 39(13%) | 192(64%) | 110.4 |

韩国在客户端游戏上排名第一（31.67%），也得平均分最高（216.0 分）；美国得到平均分排名第二（206.8 分）；日本虽然被样本排名为第二最多（29.67%），但是得平均分排名第三；中国得平均分排名第四（163.6 分）；得最低平均分的是泰国（110.4 分），也被样本排名为第五最多（64%）。

**表 17　网页游戏或者 Facebook 游戏**

| 国家 | 1 | 2 | 3 | 4 | 5 | 平均分 |
|---|---|---|---|---|---|---|
| 中国 | 49(16.33%) | 48(16%) | 62(20.67%) | 99(33%) | 42(14%) | 172.6 |
| 韩国 | 41(13.67%) | 103(34.33%) | 81(27%) | 44(14.67%) | 31(10.33%) | 195.8 |
| 日本 | 41(13.67%) | 87(29%) | 88(29.33%) | 72(24%) | 12(4%) | 194.6 |
| 美国 | 127(42.33%) | 40(13.33%) | 54(18%) | 54(18%) | 25(8.33%) | 218.0 |
| 泰国 | 42(14%) | 22(7.33%) | 15(5%) | 31(10.33%) | 190(63.33%) | 119.0 |

美国在网页游戏或者 Facebook 游戏上排名第一（42.33%），得平均分最高（218.0 分）；平均分排名第二的是韩国（195.8 分）；日本的平均分排名为第三（194.6 分）；中国得平均分排名为第四（172.6 分）；最后的是泰国，只得 119.0 分，也被样本排名为第五最多（63.33%）。

**表 18　移动游戏（手游）**

| 国家 | 1 | 2 | 3 | 4 | 5 | 平均分 |
|---|---|---|---|---|---|---|
| 中国 | 41(13.67%) | 47(15.67%) | 56(18.67%) | 115(38.33%) | 41(13.67%) | 166.4 |
| 韩国 | 58(19.33%) | 92(30.67%) | 79(26.33%) | 45(15%) | 26(8.67%) | 202.2 |
| 日本 | 69(23%) | 84(28%) | 68(22.67%) | 62(20.67%) | 17(5.67%) | 205.2 |
| 美国 | 105(35%) | 57(19%) | 74(24.67%) | 40(13.33%) | 24(8%) | 215.8 |
| 泰国 | 27(9%) | 20(6.67%) | 23(7.67%) | 38(12.67%) | 192(64%) | 110.4 |

美国在移动游戏（手游）上排名第一（35%），得平均分最高（215.8 分）；日本得平均分排名为第二（205.2 分）；韩国被样本选择为第二（30.67%）和第三（26.33%）最多，但是得平均分排名为第三；中国得平均分排名为第四（166.4 分）；最后的排名是泰国，只得 110.4 分，也被样本排名为第五最多（64%）。

**表 19　动作/冒险/街机/赛车/体育/FPS**

| 国家 | 1 | 2 | 3 | 4 | 5 | 平均分 |
|---|---|---|---|---|---|---|
| 中国 | 40(13.33%) | 38(12.67%) | 64(21.33%) | 122(40.67%) | 36(12%) | 164.8 |
| 韩国 | 75(25%) | 86(28.67%) | 78(26%) | 42(14%) | 19(6.33%) | 211.2 |

续表

| 国家 | 1 | 2 | 3 | 4 | 5 | 平均分 |
|---|---|---|---|---|---|---|
| 日本 | 52(17.33%) | 93(31%) | 82(27.33%) | 54(18%) | 19(6.33%) | 201.0 |
| 美国 | 116(38.67%) | 65(21.67%) | 57(19%) | 46(15.33%) | 16(5.33%) | 223.8 |
| 泰国 | 17(5.67%) | 18(6%) | 19(6.33%) | 36(12%) | 210(70%) | 99.2 |

按照网络游戏的类型，美国在动作/冒险/街机/赛车/体育/FPS 的类型上排名第一最多（38.67%），平均分也最高（223.8 分）；韩国得平均分排名第二（211.2 分）；日本得平均分排名第三（201.0 分）；中国得平均分排名第四（164.8 分）；泰国得平均分排名最后，只得 99.2 分，也被样本排名为第五最多（70%）。

**表 20　休闲/益智/音乐/棋类游戏/卡牌/赌场**

| 国家 | 1 | 2 | 3 | 4 | 5 | 平均分 |
|---|---|---|---|---|---|---|
| 中国 | 36(12%) | 57(19%) | 53(17.67%) | 117(39%) | 37(12.33%) | 167.6 |
| 韩国 | 68(22.67%) | 99(33%) | 71(23.67%) | 42(14%) | 20(6.67%) | 210.6 |
| 日本 | 77(25.67%) | 66(22%) | 84(28%) | 57(19%) | 16(5.33%) | 206.2 |
| 美国 | 96(32%) | 59(19.67%) | 70(23.33%) | 53(17.67%) | 22(7.33%) | 210.8 |
| 泰国 | 23(7.67%) | 19(6.33%) | 22(7.33%) | 31(10.33%) | 205(68.33%) | 104.8 |

在休闲/益智/音乐/棋类游戏/卡牌/赌场的类型上，美国排名第一是最多（32%），也得平均分最高（210.8 分）；韩国得平均分排名第二（210.6 分）；日本得平均分排名第三（206.2 分）；中国得平均分排名第四（167.6 分）；泰国得平均分排名到最后，只得 104.8 分，也被样本排名为第五最多（68.33%）。

**表 21　角色扮演（Role Playing）/MMORPG**

| 国家 | 1 | 2 | 3 | 4 | 5 | 平均分 |
|---|---|---|---|---|---|---|
| 中国 | 53(17.67%) | 57(19%) | 67(22.33%) | 91(30.33%) | 32(10.67%) | 181.6 |
| 韩国 | 85(28.33%) | 86(28.67%) | 76(25.33%) | 33(11%) | 20(6.67%) | 216.6 |
| 日本 | 59(19.67%) | 74(24.67%) | 87(29%) | 68(22.67%) | 12(4%) | 200.0 |
| 美国 | 82(27.33%) | 67(22.33%) | 56(18.67%) | 78(26%) | 17(5.67%) | 203.8 |
| 泰国 | 21(7%) | 16(5.33%) | 14(4.67%) | 30(10%) | 219(73%) | 98.0 |

在角色扮演（Role Playing）/MMORPG 的类型上，韩国排名第一是最多（28.33%），也得平均分最高（216.6 分）；美国得平均分排名第二（203.8 分）；日本得平均分排名第三（200.0 分）；中国的平均分排名第四（181.6 分）；泰国得平均分排名到最后，只得 98.0 分，也被样本排名为第五最多（73%）。

**表 22　模拟（Simulation）**

| 国家 | 1 | 2 | 3 | 4 | 5 | 平均分 |
|---|---|---|---|---|---|---|
| 中国 | 38(12.67%) | 37(12.33%) | 59(19.67%) | 128(42.67%) | 38(12.67%) | 161.8 |
| 韩国 | 47(15.67%) | 109(36.33%) | 81(27%) | 42(14%) | 21(7%) | 203.8 |
| 日本 | 47(15.67%) | 95(31.67%) | 91(30.33%) | 56(18.67%) | 11(3.67%) | 202.2 |
| 美国 | 149(49.67%) | 40(13.33%) | 50(16.67%) | 49(16.33%) | 12(4%) | 233.0 |
| 泰国 | 19(6.33%) | 19(6.33%) | 19(6.33%) | 25(8.33%) | 218(72.67%) | 99.2 |

在模拟（Simulation）的类型上，美国排名第一是最多（49.67%），也得平均分最高（233.0 分）；韩国得平均分排名第二（203.8 分）；日本得平均分排名第三（202.2 分）；中国得平均分排名第四（161.8 分）；泰国得平均分排名还是最后，只得 99.2 分，也被样本排名为第五最多（72.67%）。

**表 23　策略/即时战略**

| 国家 | 1 | 2 | 3 | 4 | 5 | 平均分 |
|---|---|---|---|---|---|---|
| 中国 | 47(15.67%) | 51(17%) | 58(19.33%) | 115(38.33%) | 29(9.67%) | 174.4 |
| 韩国 | 40(13.33%) | 111(37%) | 91(30.33%) | 39(13%) | 19(6.33%) | 202.8 |
| 日本 | 47(15.67%) | 75(25%) | 102(34%) | 63(21%) | 13(4.33%) | 196.0 |
| 美国 | 145(48.33%) | 51(17%) | 35(11.67%) | 55(18.33%) | 14(4.67%) | 231.6 |
| 泰国 | 21(7%) | 12(4%) | 14(4.67%) | 28(9.33%) | 225(75%) | 95.2 |

在策略/即时战略（包括 MOBA 游戏）的类型上，美国排名第一是最多（48.33%），也得平均分最高（231.6 分）；韩国得平均分排名第二（202.8 分）；日本得平均分排名第三（196.0 分）；中国得平均分排名第四（174.4 分）；泰国得平均分排名还是最后，只得 95.2 分，也被样本排名为第五最多（75%）。

假设 $H_1$：开发游戏的国家与泰国玩家的满意度有相关性，游戏平台方面：

泰国玩家对韩国开发客户端游戏最满意，泰国玩家对美国开发网页游戏或者Facebook游戏和移动游戏（手游）最满意。游戏类型方面：泰国玩家对美国开发的（1）动作/冒险/街机/赛车/体育/FPS，（2）休闲/益智/音乐/棋类游戏/卡牌/赌场，（3）模拟（Simulation），（4）策略/即时战略最满意，泰国玩家对韩国开发（5）角色扮演（Role Playing）/MMORPG最满意，满意度最低的都是泰国。

## （三）选择中国网络游戏的因素、市场营销传播工具和问题影响

第三部分：泰国玩家选择网络游戏的因素、市场营销传播工具对选择中国游戏的影响、泰国玩家在中国网络游戏中遇到的问题，分为10个大题目的问题如下。

**表24　受访者对中国网络游戏的内容分类有无兴趣**

| 中国网络游戏的内容分类 | Mean | S. D. | 影响程度 |
|---|---|---|---|
| 17.1 武侠小说，例如射雕英雄传、神雕侠侣、天龙八部等 | 3.42 | 1.37 | 较大 |
| 17.2 中国历史 | 3.23 | 1.25 | 一般 |
| 17.3 中国传统文化例如象棋、围棋、斗地主牌等 | 2.92 | 1.33 | 一般 |
| 17.4 中国传统小说，例如三国演义、水浒传、西游记等 | 3.28 | 1.21 | 一般 |
| 17.5 中国神话，例如八仙过海、化蝶、济公、后羿射日等 | 3.11 | 1.22 | 一般 |
| 17.6 中国现代小说，例如藏地密码、盗墓笔记等 | 3.08 | 1.20 | 一般 |
| 17.7 中国漫画或者幻想小说 | 3.26 | 1.26 | 一般 |
| 17.8 其他国家的历史或者神话 | 3.56 | 1.19 | 较大 |
| 17.9 其他国家的漫画或者幻想小说 | 3.66 | 1.12 | 较大 |
| N = 300 | 3.28 | 0.90 | 一般 |

调查发现受访者对中国网络游戏内容的兴趣一般，影响程度得平均分3.28分。得最高的平均分的是其他国家的漫画或者幻想小说（3.66分），影响程度较大，同时，中国传统文化例如象棋、围棋、斗地主牌等得平均分最低（2.92分），影响程度一般。

假设$H_2$：中国网络游戏的内容与泰国玩家选择游戏有相关性，调查发现泰国玩家对其他国家的漫画或者幻想小说的游戏内容最感兴趣，感兴趣最少的是中国传统文化例如象棋、围棋、斗地主牌等。

**表 25　中国网络游戏开发商**

| 中国网络游戏开发商 | Mean | S. D. | 影响程度 |
|---|---|---|---|
| 18. 1 中国或者海外市场开发商公司的信誉 | 3. 30 | 1. 07 | 一般 |
| 18. 2 以前的上线游戏成功或者失败 | 3. 24 | 1. 04 | 一般 |
| 18. 3 游戏在中国或者海外市场的成就 | 3. 30 | 1. 04 | 一般 |
| 18. 4 不断更新与游戏的发展 | 3. 49 | 1. 10 | 较大 |
| N = 300 | 3. 33 | 0. 88 | 一般 |

调查发现中国网络游戏开发商对受访者的影响程度一般，得平均分 3. 33 分。得平均分最高的是不断更新与游戏的发展（3. 49 分），影响程较大，以前的上线游戏成功或者失败得到平均分最低（3. 24 分），影响程度一般。

假设 $H_3$：游戏之前的成功对泰国玩家选择游戏有影响，调查发现游戏在中国或者海外市场的成就对泰国玩家的影响一般。

假设 $H_4$：游戏开发商对泰国玩家选择游戏有影响，调查发现中国网络游戏开发商对泰国玩家的影响一般。

**表 26　游戏发行商公司**

| 游戏发行商公司 | Mean | S. D. | 影响程度 |
|---|---|---|---|
| 19. 1 发行商公司的信誉 | 3. 60 | 1. 09 | 较大 |
| 19. 2 上线游戏的数量 | 3. 35 | 1. 09 | 一般 |
| 19. 3 以前与目前上线游戏的成就 | 3. 40 | 1. 04 | 较大 |
| 19. 4 安装游戏渠道的方便 | 3. 72 | 1. 10 | 较大 |
| 19. 5 不断更新游戏，经常有游戏内的活动 | 3. 70 | 1. 15 | 较大 |
| 19. 6 顾客服务 | 3. 63 | 1. 13 | 较大 |
| N = 300 | 3. 57 | 0. 86 | 较大 |

调查发现游戏发行商公司对受访者的影响程度较大，得平均分 3. 57 分。在本题目上，安装游戏渠道的方便得平均分最高（3. 72 分），影响程度较大，得平均分最低的是上线游戏的数量，得 3. 35 分，影响程度一般。

假设 $H_5$：游戏发行商对泰国玩家选择游戏有影响，调查发现游戏发行商公司对泰国玩家的影响最大。

**表 27　游戏的语言翻译**

| 游戏的语言翻译 | Mean | S. D. | 影响程度 |
| --- | --- | --- | --- |
| 20.1 泰语版的重要性 | 4.04 | 1.11 | 较大 |
| 20.2 泰语翻译的准确度 | 4.07 | 1.07 | 较大 |
| N = 300 | 4.06 | 1.01 | 较大 |

调查发现在游戏的语言翻译上影响程度最大，得平均分 4.06 分。最高的平均分是泰语翻译的准确度，得到平均分为 4.07 分，影响程度比较大，最低的是泰语版的重要性，得到平均分 4.04 分，影响程度较大。

$H_6$：游戏本土化的方式对泰国玩家选择游戏有影响，调查结果是游戏的语言翻译对泰国玩家的影响最大。

**表 28　游戏里的产品**

| 游戏里的产品 | Mean | S. D. | 影响程度 |
| --- | --- | --- | --- |
| 21.1 价格合适 | 3.64 | 1.18 | 较大 |
| 21.2 各种各样的物品 | 3.77 | 1.13 | 较大 |
| N = 300 | 3.70 | 1.05 | 较大 |

调查发现在本题目上，游戏里的产品对受访者的影响程度最大，得平均分为 3.70 分。各种各样的物品得最高的平均分为（3.77 分），影响程度较大，平均分最低的是价格合适（3.64 分），影响程度较大。

假设 $H_7$：游戏里的物品定价对泰国玩家选择游戏有影响，调查发现游戏里的物品定价对泰国玩家选择游戏的影响较大。

**表 29　广告媒体的类型**

| 广告媒体的类型 | Mean | S. D. | 影响程度 |
| --- | --- | --- | --- |
| 22.1 电视广告 | 3.47 | 1.24 | 较大 |
| 22.2 广播广告 | 2.89 | 1.25 | 一般 |
| 22.3 日报广告/杂志广告(无游戏内容) | 3.16 | 1.16 | 一般 |
| 22.4 网络游戏杂志广告 | 3.72 | 1.13 | 较大 |
| 22.5 广告牌/地铁/汽车或者其他户外广告 | 3.41 | 1.10 | 较大 |
| 22.6 游戏新闻网站或包括网络游戏社交网的广告 | 3.94 | 1.06 | 较大 |

续表

| 广告媒体的类型 | Mean | S. D. | 影响程度 |
|---|---|---|---|
| 22.7 无游戏内容网站或者社交网 | 3.74 | 1.03 | 较大 |
| 22.8 Adwords 或者搜索引擎广告 | 3.38 | 1.15 | 一般 |
| 22.9 AdMob 或者推广应用广告 | 3.42 | 1.18 | 较大 |
| N = 300 | 3.46 | 0.75 | 较大 |

调查发现广告媒体对受访者测试中国游戏的影响程度较大，得平均分为3.46分。在广告媒体的类型上，游戏新闻网站或包括网络游戏社交网的广告得平均分最高（3.94分），影响程度较大，同时，广播广告得到最低的平均分（2.89分），影响程度一般。

**表30　公共关系**

| 公共关系 | Mean | S. D. | 影响程度 |
|---|---|---|---|
| 23.1 通过媒体的游戏新闻、评价等 | 3.88 | 1.00 | 较大 |
| 23.2 通过媒体的公关新闻 | 3.64 | 0.98 | 较大 |
| 23.3 网络游戏发布会 | 3.49 | 1.07 | 较大 |
| 23.4 通过公司社交网媒体的公关新闻，游戏更新信息等 | 3.72 | 1.00 | 较大 |
| N = 300 | 3.68 | 0.80 | 较大 |

调查发现公共关系对受访者测试玩中国游戏的影响程度较大，得平均分3.68分。在公共关系媒体的类型上，通过媒体的游戏新闻、评价等得最高的平均分（3.88分），影响程度较大，网络游戏发布会得平均分最低（3.49分），影响程度较大。

**表31　网络与互动媒体**

| 网络与互动媒体 | Mean | S. D. | 影响程度 |
|---|---|---|---|
| 24.1 手机平台的应用（APP） | 3.80 | 1.13 | 较大 |
| 24.2 聊天程序里的漫画帖子，例如 Line、微信、BeeTalk 等 | 3.80 | 1.12 | 较大 |
| 24.3 通过聊天程序 APP 的邀请信息 | 3.49 | 1.22 | 较大 |

续表

| 网络与互动媒体 | Mean | S. D. | 影响程度 |
|---|---|---|---|
| 24.4 社交网媒体的在线视频，网络电视台等 | 3.58 | 1.01 | 较大 |
| 24.5 在线的活动 | 3.72 | 1.00 | 较大 |
| 24.6 网络的口碑趋势 | 3.75 | 1.01 | 较大 |
| 24.7 朋友给您介绍 | 3.79 | 1.06 | 较大 |
| 24.8 通过电子密码(Items code)接收免费游戏产品 | 3.69 | 1.05 | 较大 |
| N = 300 | 3.70 | 0.79 | 较大 |

调查发现网络与互动媒体对受访者测试玩中国游戏的影响程度较大，得平均分3.70分。在网络与互动媒体的类型上，聊天程序里的漫画帖子，例如Line、微信、BeeTalk等，和手机平台的应用（APP）都得平均分最高（3.80分），影响程度较大，同时，通过聊天程序APP的邀请信息得平均分最低（3.49分），影响程度较大。

**表32　市场营销活动的类型**

| 市场营销活动的类型 | Mean | S. D. | 影响程度 |
|---|---|---|---|
| 25.1 介绍游戏的户外活动 | 3.63 | 1.10 | 较大 |
| 25.2 网络游戏展 | 3.72 | 1.01 | 较大 |
| 25.3 电子竞技运动比赛 | 3.53 | 1.12 | 较大 |
| N = 300 | 3.63 | 0.92 | 较大 |

调查发现市场营销活动对受访者测试玩中国游戏的影响程度较大，得平均分3.63分。在市场营销活动的类型上，网络游戏展得平均分最高（3.72分），影响程度较大，同时，电子竞技运动比赛（E-Sport）得平均分最低（3.53分），影响程度较大。

假设$H_8$：整合营销传播的工具对泰国玩家选择游戏有影响，按照表4.22～4.25调查结果发现整合营销传播的工具对泰国玩家选择游戏的影响较大。

表 33　中国网络游戏的问题

| 中国网络游戏的问题 | Mean | S. D. | 影响程度 |
|---|---|---|---|
| 26. 1 游戏的内容没有吸引力,不适合泰国玩家的风格 | 3. 80 | 1. 04 | 较大 |
| 26. 2 内容重复,缺乏创意 | 3. 77 | 1. 04 | 较大 |
| 26. 3 缺乏游戏美术设计的质量 | 3. 53 | 1. 13 | 较大 |
| 26. 4 游戏质量水平不高 | 3. 43 | 1. 05 | 较大 |
| 26. 5 游戏的 BUG(错误)太多 | 3. 70 | 1. 07 | 较大 |
| 26. 6 游戏文件太大 | 3. 60 | 1. 05 | 较大 |
| 26. 7 泰文翻译版本质量差 | 3. 83 | 1. 07 | 较大 |
| 26. 8 游戏里的物品价格太贵 | 3. 77 | 1. 07 | 较大 |
| N = 300 | 3. 68 | 0. 79 | 较大 |

调查发现受访者在中国网络游戏中遇到的问题影响程度最大，得平均分 3. 68 分。在问题的类型上，泰文翻译版本质量差得平均分最高（3. 83 分），影响程度较大，最低平均分是游戏质量水平不高（3. 43 分），影响程度较大。

## 四　讨论与结论

本文研究中国游戏进入泰国市场的路径和策略，最后为研究结论、研究结果的讨论和提升建议。

本次调查被调查的人数为 300 人，调查时间共 1 个月（2014 年 9 月 20 日 ~10 月 21 日），调查问卷的内容分成三部分。

第一部分：受访者的基本信息和网络游戏的玩法行为。

第二部分：玩家对开发网络游戏国家相关产品的满意度或感兴趣程度进行排序。

第三部分：选择网络游戏的因素、市场营销传播工具对选择玩中国游戏的影响、泰国玩家在中国网络游戏中遇到的问题。

### （一）受访者的信息和网络游戏的玩法行为

按照受访者的信息来分析，有男性受访者 166 人，女性受访者 134 人。年龄大多是 18 ~25 岁，大多样本的学位是高中或中专或者本科毕业。大多样本的职位是学生或者员工，每个月的平均收入大多是3000元人民币及以下。大多使用的电脑或笔记本的操作系统是Windows OS，使用的手机或平板电脑的操作系统是安卓（Android OS）或者苹果（iOS），大多使用LINE或者Facebook和FB Messenger作为他们的主要聊天程序或者社交媒体应用软件。大多受访者玩网络游戏的经历是5年及以上或者1年以下，在一天内玩网络游戏1～2小时或者3～4小时。大多样本使用电脑或者手机玩网络游戏，娱乐是他们玩网络游戏的主要目的，大多受访者为了玩网络游戏没付过费或者一个月平均付费100元人民币及以下，付费方式大多使用True Money。

## （二）玩家对5个开发网络游戏国家相关产品的满意度或兴趣

本研究选择5个开发网络游戏国家（中国、韩国、日本、美国和泰国）让受访者排名。对他们对网络游戏国家相关产品的满意度或感兴趣的程度进行分析：依据游戏的平台，受访者对韩国的客户端游戏最满意；同时，他们对美国网页游戏或者Facebook游戏和移动游戏最满意。

依据游戏的类型，受访者对美国开发的（1）动作/冒险/街机/赛车/体育/FPS，（2）休闲/益智/音乐/棋类游戏/卡牌/赌场，（3）模拟（Simulation）和（4）策略/即时战略类型最满意。同时，他们还对韩国的角色扮演（Role Playing）/MMORPG游戏类型最满意。

## （三）选择网络游戏的因素、市场营销传播工具和遇到的问题的影响

按照选择网络游戏的因素：依据中国网络游戏内容类型，受访者对其他国家的漫画或者幻想小说的内容最感兴趣。依据中国网络游戏开发商的因素，不断更新与游戏的发展对泰国玩家最有影响。依据游戏发行商公司的因素，安装游戏渠道的方便对泰国玩家最有影响。依据游戏的语言翻译，泰语翻译的准确度对泰国玩家最有影响。游戏里的产品的因素，各种各样的物品对泰国玩家最有影响。

按照市场营销传播工具：依据广告媒体，游戏新闻网站或包括网络游戏社交网的广告对泰国玩家最有影响。依据公共关系媒体，通过公司社交网络媒体

的公关新闻、游戏更新信息等对泰国玩家最有影响。依据网络与互动媒体，聊天程序里的漫画帖子，例如 Line、微信、BeeTalk 等，手机平台的应用（APP）对泰国玩家最有影响。依据市场营销活动，网络游戏展对泰国玩家最有影响。

从本文提出泰国玩家在中国网络游戏中遇到的问题，发现泰文翻译版本质量差对泰国玩家最有影响。同时，跟所有的问题比较，游戏质量水平不高对泰国玩家的影响最少。

## （四）研究结果的讨论

### 1. 泰国电脑和智能手机的发展趋势

按照本研究结果，大多样本（92.67%）在电脑或者笔记本上将 Windows OS 作为自己的操作系统，样本中使用苹果电脑的 MAC OS 还是较少的（11.00%），表明 Windows OS 对泰国市场的电脑或者笔记本的用户是很重要。如果中国网络游戏研发商考虑要在泰国市场上线客户端游戏的平台，游戏必须支持 Windows OS。

本研究发现样本使用较多的是台式电脑（57.87%）、笔记本电脑（49.61%）和智能手机（55.51%），显示 3 种玩网络游戏的效率比较接近。考虑到电脑市场的情况（包括台式电脑和笔记本电脑），目前泰国与区域市场有同样的问题，即销售数量下降。主要的原因是用户延长购买新电脑的时间，或是有更多的选择，比如智能手机或者平板电脑的功能可以代替电脑。另外一个情况是使用智能手机越多，使用电脑的时间就越少。

考虑到玩游戏的设备，虽然移动游戏（手游）的发展很快，但是通过电脑的客户端游戏的技术和设计是最高的，所以有的硬核玩家（Hard core Player）还是更喜欢玩客户端游戏，认为这样才能满足他们的要求。按照付费游戏里的物品来分析，发现玩家通过客户端游戏付费的比移动游戏更高。

本研究也发现安卓（Android）手机和苹果（iPhone）的用户数量差不多（59.33%，52.33%），但排名第三的微软手机（Windows Phone）的数量差距太大，这次研究也发现所有的样本目前都使用智能手机，并且支持上网或者玩游戏。

在调查使用聊天程序或者社交媒体应用的部分，样本使用最多的是 LINE

软件，为92.00%，使用Facebook社交网和Facebook Messenger为90.67%，显示泰国用户使用LINE和Facebook数量差不多，大概都有2600万用户，它们都是在泰国排名第一的聊天程序应用和社交网媒体。它们俩的平台都有推荐网络游戏的功能。

2. 聊天程序应用与游戏门户

根据当前使用智能手机的趋势，Line Corporation的LINE APP聊天程序与社交网应用的业务模式有一个优势功能，就是LINE游戏平台（LINE GAME），用户可以通过此功能选择各种各样的游戏，直接下载玩游。它们的模式在泰国非常成功，据《新闻日报》（*Daily News*）2014年11月15日报道，仅在2年内LINE游戏下载数量高达4.7亿次。之前泰国市场Facebook游戏的业务模式也是非常成功，但是还是被智能手机趋势所影响，玩家数量越来越下降，有的游戏研发商还须改善自己的产品成为跨平台游戏，同时支持网页、Facebook和移动游戏平台。

当前的移动游戏可以简单通过两种简单的上线方式：第一，游戏研发商或者发行商通过官方Apple App Store或者Google Play Store独立上线自己的游戏。第二，游戏研发商或者发行商和聊天程序应用软件合作，例如LINE、BeeTalk等，或者游戏门户应用，这种方式可以通过它们的各个市场营销传播工具，帮助游戏得到更多的目标玩家。按照《2014年11月22日泰国苹果iOS应用排名》显示：前10个排名有3个是通过LINE软件上线的游戏，分别为（第1）LINE Let's Get Rich、（第7）LINE Rangers和（第9）LINE COOKIE RUN。

3. 中国研发网络游戏的排名

本研究发现在5个研发网络游戏的国家当中，泰国玩家虽然对中国网络游戏的满意度或兴趣比较低，按照游戏平台与内容的类型都是排名第四，但是发现有趣的结果如下。

（1）按照网络游戏的平台，中国网页游戏或者Facebook游戏平台的平均分得到172.6分，在网络游戏的平台中最高。2011～2012年，中国网页游戏或者Facebook游戏很受泰国玩家欢迎。2012年4月Appdata.com国际应用调查公司的数据显示，好玩家股份有限公司（SNSplus Inc.）的《开心猪仔》（*Happy Pigs*），模拟养猪农民生活的网络游戏在泰国市场非常成功，月平均用户得到200万人。另外一个案例是博雅互动（香港）有限公司的《德州扑克》游戏。2013 年，也在网页游戏与 Facebook 游戏平台非常成功，月平均用户得到 170 万人。到目前为止，一些中国网络游戏研发商跟着移动游戏的趋势研发跨平台游戏，可以支持通过浏览器或者移动应用（APP）来继续玩游戏。

（2）按照网络游戏的内容类型，中国网络游戏的角色扮演（Role Playing）/MMORPG 平均分得到 181.6 分，在网络游戏的内容类型中最高。这表明：泰国玩家在这种游戏的类型上，对中国网络游戏的满意度或兴趣比较高。从网络游戏在泰国市场开始上线，有许多中国网络游戏的角色扮演类型很受欢迎，例如，中华网龙股份有限公司的《吞食天地 Online》、完美世界（北京）网络技术有限公司的《完美世界》、北京畅游时代数码技术有限公司的《桃园》、宇峻奥汀科技股份有限公司的《三国群英传》、北京昆仑万维科技股份有限公司的《武侠 Q 传》，等等。原因是除了游戏丰富的内容可以满足玩家的要求，泰国发行商还认为中国游戏里的产品还是另外一个强点，按照不同的功能与活动，让玩家对游戏很满意而且对购买游戏里的物品也很感兴趣，并且愿意为了购买游戏里的产品而充值付费。

4. 中国网络游戏的内容

本研究结果让笔者感到有点惊喜的是，因为按照中国网络游戏内容的形象来分析，大多数泰国玩家选择中国网络游戏的原因应该是与中国文化的内容有关。但是实际情况相反，其他国家的漫画或者幻想小说和其他国家的历史或者神话却得到平均分最高（3.66 分，3.56 分），超出了中国文化的得分。同时，在中国文化内容上，只有武侠小说的内容能得到平均分最高（3.42 分）。样本对中国传统小说、中国漫画或者幻想小说和中国历史的内容的兴趣只是一般程度。

对泰国市场一些中国网络游戏成功案例进行分析，开始的阶段，游戏的内容大多是从有名的武侠小说或者《三国演义》来取材，原因是泰国人对《三国演义》比较熟悉，而且有许人多喜欢武侠小说、电影或者电视剧等。所以泰国网络游戏发行商公司抓住机会，代理中国网络游戏上线。虽然不少中国游戏受到泰国玩家的欢迎，但是一些游戏的内容与技术没有创新，而且跟其他国家的网络游戏进行比较，就会显现出与其他国家游戏的区别。但是近几年，许多中国网络游戏研发商公司不断发展和创新自己的产品，提升游戏内容设计和技术，已接近世界级的网络游戏公司。不管是使用中国文化为内容，还是以其他国家的漫画或者幻想小说为内容，必须创造国际化产品。

完美世界互动娱乐有限公司是一个好案例。这家公司是中国领先的网络游戏开发商和运营商之一，以研发优质网络游戏精品为主，推广中国文化走向国际化发展的方向，在泰国提出了几个角色扮演（MMORPG）网络游戏，例如《完美世界》《武林外传》《诛仙》等。完美世界互动娱乐有限公司的一个特点是，游戏有新颖的创新，融合东方文化与西方文化作为创新点来作为游戏发展方向。这个发展方向符合党的十八大报告提出的“促进文化和科技融合，发展新型文化业态。扩大文化领域对外开放，积极吸收借鉴国外优秀文化成果”。这一新颖的策略吸引了不少玩家的关注。目前，完美世界互动娱乐有限公司是美国最大的发行商公司。

### 5. 整合市场营销传播策略

为了正常运营游戏与控制市场营销的成本，使用市场营销传播工具是重要的手段之一，本研究发现在广告媒体当中，样本最感兴趣并且试玩游戏的是在游戏新闻网站包括网络游戏社交网的广告，促使玩家对游戏感兴趣并且试玩该游戏。同时，在传统媒体当中，网络游戏杂志广告是最好的选择。这表明，网络游戏信息或者游戏社交网媒体比较适合泰国玩家。另外，本研究也发现泰国玩家对广播广告的兴趣最低（2.89 分）。泰国玩家虽然对电视广告的兴趣较大（3.47 分），但是因为电视广告费用是在所有的广告媒体当中最高的，所以笔者建议游戏发行商公司需要考虑自己的市场营销传播的成本合算与否。

在网络与互动媒体的部分，研究结果显示，所有网络与互动媒体的工具对泰国玩家测试中国网络游戏的影响较大，尤其是使用手机平台的应用（聊天程序里的漫画帖子或者朋友给玩家介绍游戏）。具体来说，通过聊天程序里的漫画帖子可以让用户认识游戏，可是成本比较高。手机平台的应用比较适合推荐移动网络游戏，链接下载和直接上线玩游戏。通过朋友推荐游戏的方式是成本最低方式，但是游戏发行商还是必须看重广告与公共关系媒体，让玩家的朋友对游戏感兴趣，让他们通过互联网和社交网来推荐游戏，这样的方法对玩家的影响比通过游戏新闻的影响更大。

市场营销活动的部分，研究发现网络游戏展让玩家测试中国网络游戏得分最高。目前的趋势是，许多网络游戏创造电子竞技运动比赛，邀请玩家或者寻找朋友来参与比赛，如果得到冠军就有机会参与国际比赛。但电子竞技运动比赛不适合所有网络游戏的类型，因为市场营销成本比较高。许多游戏发行商首先会创造在线活动，到决赛才会策划大的市场营销活动，来吸引更多的玩家。

6. 泰文翻译的重要性

本研究发现泰文翻译对泰国玩家的重要性比较高，按照上线中国网络游戏进入泰国市场，简单地分类是：（1）通过泰国游戏发行商代理游戏。一般的情况是上线游戏之前要把所有的游戏内容完整翻译成泰文。（2）网络研发商公司决定自己运营，通过应用商店中心直接发布游戏。这种方式要看公司的运营策略，有的把原版（中文版）直接翻译成泰文版，但是有一些版本只支持英文版。如果有网络游戏研发商考虑推广进入泰国市场，至少要有英文版。从这次研究调查的结果来看，笔者建议，要是中国游戏考虑在泰国市场上线，必须要有泰文版，这样才能抓住更多玩家。

泰文翻译的准确度是另外一个问题。虽然大多中国网络游戏上线之前都有泰文版，但是可能因为日期计划比较急或者市场竞争的原因，泰国玩家碰到不少游戏里的内容翻译质量比较差。玩家认为游戏发行商没有用心翻译好，导致玩家无法理解游戏内容或规则。例如，游戏任务、人物信息、游戏里的产品，等等。上文说过，中国网络游戏内容丰富是一个强点，但也像一把双刃剑，翻译不好的内容会让玩家越玩越无法玩下去，最终只好离开游戏。再说，也可能影响到未来上线的产品与中国游戏质量。所以笔者希望网络游戏发行商或者自己运营的网络游戏研发商应更多看重泰文翻译的准确。

7. 泰国市场的中国网络游戏的问题

本研究结果显示，游戏的内容没有吸引力、内容重复和缺乏创意对样本的影响程度是最大的。通过泰国社交网信息发现，虽然中国网络游戏不断发展，许多中国网络游戏在泰国上线非常成功，有的游戏设计与技术质量很接近全球级的产品，也受到泰国玩家的欢迎，但是还有不少产品可能没有考虑本土化策略，只翻译语言，没有修改内容或功能来适应于泰国市场，游戏内容重复，设计或技术也缺乏创意，被泰国玩家认为是“垃圾游戏”，浪费时间下载测试，这些影响中国网络游戏在泰国玩家中的形象。

中国网络游戏里的物品价格是一个问题。到目前为止，泰国市场上的中国网络游戏都是免费模式，不需要提前付费。游戏研发商和发行商的收入分成都靠玩家购买游戏里的物品。上线游戏是否成功除了看玩家数量，还要考虑到游戏物品的销量。中国网络游戏的优点是有各种各样的物品，玩家可以选择购买需要的物品，例如，替用户玩游戏的功能、特殊的人物、升级武器或者衣甲等。这样就让许多泰国玩家愿意购买游戏里的物品，但是还有不少玩家认为中国网络游戏里的物品太多，影响游戏平衡。购买物品的玩家和没有付费的玩家的距离太大，影响部分玩家对游戏的满意度。

游戏质量水平的问题跟其他的问题来比较，对样本的影响是最低的，显示当前大部分泰国玩家都接受中国网络游戏的质量。有一个好案例是“武侠Q转”（泰文版称“Kung Fu House”），是用武侠小说内容角色来扮演游戏和运用策略来游戏的移动游戏，在2013~2014年很受泰国玩家的欢迎，在苹果iOS App Store和谷歌Play Store都得到收入最高的排名，网络游戏媒体与玩家的评价非常好，认为玩法简单，游戏内容、设计与功能很丰富，满足玩家的需求。

### （五）中国游戏进入泰国市场的对策与建议

#### 1. 中国游戏进入泰国市场的路径

本文结合分析中国网络产品出口的流程和泰国市场的事实情况后得出中国游戏进入泰国市场的路径如下。

（1）研发游戏：中国网络游戏研发商公司可以通过任一游戏平台（客户端游戏、网页游戏或者移动游戏）和任一游戏的类型来研发一款网络游戏。

（2）选择运营模式：中国网络游戏研发商公司需要选择任一运营模式（产品授权代理运营、自建公司独立运营、合作研发联合运营、海外研发全球运营，或者自主运营全球发行模式）。

（3）产品本土化：为了适合泰国市场，游戏研发商或者游戏发行商必须对产品实施本土化策略。例如：翻译泰文版、测试游戏、改善游戏内容和增加或改变游戏的支付方式等。

（4）市场营销传播策略：游戏研发商或者游戏发行商通过营销的成本来

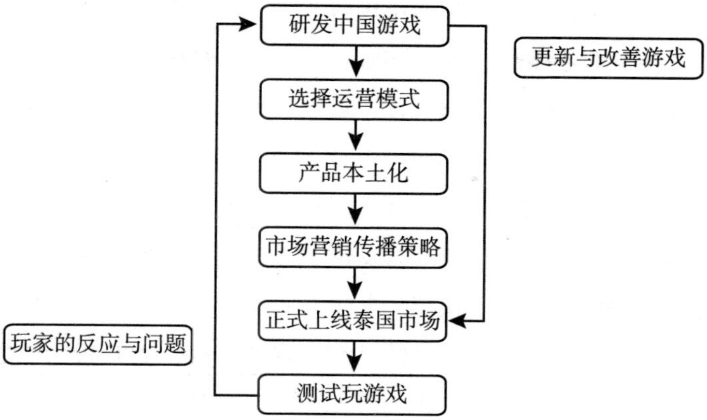


**图 5　中国游戏进入泰国市场的路径**

选择任一市场营销传播的工具来推广游戏，目的是得到目标顾客。

（5）测试玩游戏：泰国玩家最终决定测试玩游戏，游戏研发商或者游戏发行商必须通过多种的方式来收集玩家玩后的反应和游戏中出现的问题。

（6）更新与改善游戏：游戏研发商应尽快解决游戏中出现的问题，并且改善游戏和增加新内容，甚至需要更新游戏版本，来满足泰国玩家的要求。

### 2. 中国游戏进入泰国市场的建议

基于本研究结果和结果讨论的部分，笔者提出一些中国游戏进入泰国市场的对策与建议如下。

（1）考虑到网络游戏的平台和游戏类型，首先，网页游戏或者移动网络游戏是泰国玩家最感兴趣，移动网络游戏也是目前玩游戏的趋势。中国客户端游戏的强点是付费用户的比例比较高，但研发游戏的成本也最高。按照游戏的类型，泰国玩家最喜欢中国网络游戏的角色扮演（MMORPG）和策略的类型。

（2）按照中国网络游戏的内容分类，其他国家的漫画或者幻想小说、其他国家的历史或者神话和武侠小说这 3 种内容是泰国玩家最满意的游戏内容。这表明中国网络游戏不但需要考虑到“中国文化”的内容因素，而且必须拥有“全球化”才能满足泰国玩家。

（3）泰国玩家希望中国网络研发商公司或者发行商公司在泰国市场上线产品之后，要不断更新与改善游戏，因为有一些游戏上线之后就没有或者很少更新内容，让玩家不满意，最终停止玩游戏。也要准备各种各样的安装游戏渠道，让玩家方便下载游戏，包括顾客服务。

（4）如果考虑认真地进入泰国市场，必须要准备泰文版，也要看重泰文翻译的准确度，要是游戏的内容翻译太差，会影响到玩家的满意度和形象。

（5）考虑使用整合营销传播的媒体推广网络游戏，按照广告媒体，笔者建议考虑游戏新闻网站、网络游戏社交网、无游戏内容网站或者社交网。传统广告媒体建议网络游戏杂志。按照公共关系，必须尽量发自己的信息到游戏新闻媒体，同时，也要看重公司自己的社交网媒体，可以发布公关新闻或者重要信息。网络互联网对泰国玩家的影响都比较大，尤其通过手机平台的应用、聊天程序里的漫画帖子和朋友推荐玩游戏。其次是市场营销活动的工具，参加网络游戏展是最好的选择。

（6）泰国玩家认为游戏的内容没有吸引力、内容重复和缺乏创意是中国网络游戏目前最重要的问题，网络游戏研发商需要改善与增加游戏的创新性，虽然如此，泰国玩家已经接受了中国网络游戏的设计和技术。

## （六）中国游戏拓展泰国市场的提升建议

近几年，依照全球智能手机的发展趋势，泰国网络游戏市场变化巨大，玩家的使用行为与诉求也有改变，笔者认为本文的研究结果还是有限，建议未来的研究要考虑到如下一些因素。

（1）对任一网络游戏的平台或者内容分类进行分析，这一方式可以让研究者更清楚地找出平台或是内容对泰国玩家的影响程度，从而可以得到更明确的研究结论和结果。

（2）集中研究任一样本，或者是划分明确的区域进行调查（例如分为曼谷或是清迈区域的样本）。明了样本划分，可以更好地进行对比。

（3）选择年龄或是职业的样本进行研究调查，不同年龄段和不同的职业对于网络游戏会有不同的反响。

（4）对玩家的消费行为进行研究分析，从本文的研究结果看，有一半的玩家没有付费的行为。因此，应该对玩家的消费行为进行研究分析。

（5）由中国东盟技术转移中心（CATTC）与泰国国家科学技术开发署联合主办的“首届中泰移动游戏与移动应用对接洽谈会”在曼谷举行，由此可见，中泰移动游戏与应用已经开始接洽，基于此，探讨中国网络游戏进一步与泰国市场的融合与合作。

本文的研究调查显示中国网络游戏在泰国市场尚有巨大的市场空间，因为泰国玩家对中国文化比较熟悉，另外中国游戏的形象也在不断改革和发展完善，吸引了更多的玩家。许多中国研发商公司和发行商公司的领导者准备在泰国市场扩大业务，给中国游戏带来更多的市场机会。中国游戏秉着创新、创意的发展路线、“促进文化和科技融合，发展新型文化业态，扩大文化领域对外开放”的政策，一定会得到更大的发展。

# Abstract

Under the background of the global knowledge economy and industrial convergence, media industry has exceeded its original industry boundary, and increasingly becomes an important factor in far-reaching effects of industrial reform and the national core competitiveness. By studying the international competitiveness of Chinese media, we can find strengths and weaknesses of our country media in the international competition, which is of great significance to improve our international political position. In the past, data source used in researching the competitiveness of Chinese media is not identical, and evaluation index is also not the same. It lacks a more comprehensive, thorough and systematic research. This research report combines with UNCTAD industry classification standard to unify caliber, uses the analytical method of import and export data, and apply gap between imports and exports, the proportion of product structure, and some indexes, such as TCI, RCA, LFI, etc. By using these, the report evaluates the international competitiveness of Chinese media in all directions. It not just analyzes and compares the evolution of the competitiveness of media products and service in our country, including Hong Kong, Macao and Taiwan regions, in almost 10 years from portrait. Meanwhile, it compares competitiveness with British and American, Japan and South Korea, BRIC from landscape. It reveals the evolution of the international competitiveness of our country media and the future development trend. At the same time, research report explores international competitiveness of our country in publishing, broadcast, gaming and other media products, and puts forward policy suggestions to enhance the competitiveness. The study consists of five parts: thematic research; research on Chinese media product; research on Chinese media service; research on the media in Hongkong, Macao and Taiwan; comparative research on international media; exploration and recommendations chapter.

General report find that, through the statistical analysis from the scale, structure, competitiveness and other indexes of Chinese media, the international competitiveness of Chinese media shows the following features: export scale rapidly grows; international competitiveness of the media as a whole has continued to improve but only reached the international average; export share of Chinese media core products and service is low; the international competitiveness of Chinese media products has declined year by year; trade deficit of media service has been improved, etc.

Media products chapter includes four sub-reports, and studies the four types of media products of the international competitiveness, which are audio-visual media, new media, publishing media, performing arts media. We find that Chinese audio-visual media products in 10 years from 2003 to 2012 in international competitiveness have been at a disadvantage position. Chinese new media products have obvious advantages in the international competition, their specialization degree is higher, and their contribution to the Chinese media products in international trade business is large, but their competitiveness declines significantly. Chinese performing arts products have obvious advantages in the international competition, their specialization degree is higher, but their competitive advantages are not better than new media products. Publishing media products show some international competitive advantages, but the advantages are not obvious, meanwhile publishing international market coverage has expanded.

Media service chapter includes four sub-reports, and studies the four types of media service of the international competitiveness, which are Advertising, market research and public opinion polling service, Personal, cultural and recreational service, computer and information service, Royalties and licence fees which associated with creative industries. Although Chinese advertisement, market research and opinion polling service are not at a competitive disadvantage, their advantages are relatively weak. Chinese personal culture and recreational service are at a competitive disadvantage at most of the time in ten years, their competitive disadvantages are not obvious, and the international competitiveness is still on the decline. Core Media Service-Royalties and licence fees, has been lack of competitive advantages in the past 10 years, and the international competitiveness is very weak. Chinese computer and information service have gradually made some international competitive advantages, the speed of enhancing its international competitiveness in 10 years is very fast, and we can expect that it will continue to grow at a higher speed.

Hongkong, Macao and Taiwan chapter include three sub-reports which research the international competitiveness of the media products and service in Hongkong, Taiwan, Macao respectively. The international competitiveness of three cross-strait media respectively shows the following characteristics: the weakness export growth of China Hongkong products, the overall competitiveness stands a neutral level even has a slight decline. The media service has been at a disadvantage in international competition, lack of core service-Royalties and licence fees of the international competitiveness; The media products of Taiwan has changed from the lack of competitive advantage to a competitive advantage, the enormous progress of media service although lack of international competitive advantage, and disadvantage of 10 years has not been significantly improved, the core competitiveness of the media service, the proportion of exports distribution close to the developed countries ; Macao media has disadvantage in the international competition, its international influence is very small.

International Comparison includes three sub-reports, which compares about China with the developed countries, neighboring countries and developing countries. United States and Britain are on behalf of developed countries. Japan and South Korea are on behalf of Neighboring Asian countries. Russia and Brazil which belong to Bric are behalf of the developing countries. Through the comparison of the data, we can find the main characteristics as following: the international competitiveness of Chinese media products has gone beyond America , Britain, Japan, South Korea and Bric Countries, but the competitive advantage is shrinking; the international competitiveness of Chinese media service has big gap between the British, America, Japan and India; the data shows that media industry has become an international trend; service level of specialization of royalties and licensing fees in developed countries is very high and has a monopoly advantage in the world .

The section of "Report on the Policy and Suggest" involves four reports. The first one "Research on how to boost international competitiveness of the Chinese publishing" put forward to the following suggests for Chinese publishing, such as the content development as the core, the research of international consumer habits, digitization. The second one," Based on AHP evaluation model of radio and television media competitiveness" , by the method of AHP, through questionnaires, interviews with experts, etc. establish a measure of competitive electronic media evaluation model, and given the weight of the index system. In Shanghai, Hunan,

Zhejiang three broadcast media group, for example, studies comparing differences in competitiveness. The third report, "Research on the difficulties of entering the Chinese cultural and creative industries as to entrepreneur in Taiwan and the ways of industrial cooperation between Mainland China and Taiwan" is mainly focusing on the difficulties and experiences in the advancing road. It suggest a whole set of educational training and drills including the latest information and articles of law is an urgent need for the cultural and creative enterprises in Taiwan getting into Mainland China. The last one, "The strategy research on Chinese game's path in Thailand market" was to research about Chinese online games situation in Thailand market and localization strategy between game developers and publishers' relationship, integrated marketing communication strategy for Thai gamers, analyzed their lifestyle and problems occurred.

# Contents

## Ⅰ Thematic Research on Chinese Media



**Abstract**: General report find that, through the statistical analysis from the scale, structure, competitiveness and other indexes of Chinese media, the international competitiveness of Chinese media shows the following features: export scale rapidly grows; international competitiveness of the media as a whole has continued to improve but only reached the international average; export share of Chinese media core products and service is low; the international competitiveness of Chinese media products has declined year by year; trade deficit of media service has been improved, etc.

**Keyword**: Chinese Media; International Competitiveness; Trade Deficit; Export Share

## Ⅱ Research on Chinese Media Product



**Abstract**: Media products chapter includes four sub-reports, and studies the four types of media products of the international competitiveness, which are audio-visual media, new media, publishing media, and music media. We find that Chinese audio-visual media products in 10 years from 2003 to 2012 in international competitiveness have been at a disadvantage position. Chinese new media products have obvious advantages in the international competition, their specialization degree is higher, and their contribution to the Chinese media products in international trade business is large, but their competitiveness declines significantly. Chinese music media products have obvious advantages in the international competition, their specialization degree is higher, but their competitive advantages are not better than new media products. Publishing products show some international competitive advantages, but the advantages are not obvious, meanwhile publishing international market coverage has expanded.

**Keywords**: Media Products; International Competitive Advantages; Specialization

# B III Research on Chinese Media Service

## B. 3 Research on Chinese Media Service



**Abstract**: "Media service chapter" includes four sub – reports, and studies the four types of media service of the international competitiveness, which are advertisement, market research and public opinion polls service, personal culture and entertainment service, computer and information service, royalties and license fees associated with creative industries. Although Chinese advertisement, market research and opinion polls service are not at a competitive disadvantage, their advantages are relatively weak. Chinese personal culture and entertainment service are at a competitive disadvantage at most of the time in ten years, their competitive disadvantages are not obvious, and the international competitiveness is still on the decline. Core Media Service – royalties and licensing service, has been lack of competitive advantages in the past 10 years, and the international competitiveness is very weak. Chinese computer and information service have gradually made some international competitive advantages, the speed of enhancing its international competitiveness in 10 years is very fast, and we can expect that it will continue to grow at a higher speed.

**Keywords**: Media Service; Royalties and Licence Fees Service; Competitive Disadvantages

# ⅣB Ⅳ Research on the Media in Hongkong, Macao and Taiwan

**Abstract**: "Research on the Media in Hongkong, Macao and Taiwan" chapter include three sub – reports which research the international competitiveness of the media products and service in Hongkong, Taiwan, Macao respectively. The international competitiveness of three cross – strait media respectively shows the following characteristics: the weakness export growth of China Hongkong products, the overall competitiveness stands a neutral level even has a slight decline. The media service has been at a disadvantage in international competition, lack of core service—Royalties and licence fees of the international competitiveness; The media products of Taiwan has changed from the lack of competitive advantage to a competitive advantage, the enormous progress of media service although lack of international competitive advantage, and disadvantage of 10 years has not been significantly improved, the core competitiveness of the media service, the proportion of exports distribution close to the developed countries ; Macao media has disadvantage in the international competition, its international influence is very small.

**Keywords**: Hongkong, Macao and Taiwan, media international competitiveness

## B V Comparative Research on International Media

**Abstract**: International Comparison includes three sub - reports, which compares about China with the developed countries, neighboring countries and developing countries. United States and Britain are on behalf of developed countries. Japan and South Korea are on behalf of Neighboring Asian countries. Russia and Brazil which belong to Bric are behalf of the developing countries. Through the comparison of the data, we can find the main characteristics as following: the international competitiveness of Chinese media products has gone beyond America , Britain, Japan, South Korea and Bric Countries, but the competitive advantage is shrinking; the international competitiveness of Chinese media service has big gap between the British, America, Japan and India; the data shows that media industry has become an international trend; service level of specialization of royalties and licensing fees in developed countries is very high and has a monopoly advantage in the world .

**Keywords**: international comparison, media, International competitiveness index

## B Ⅵ Exploration and Recommendations Chapter



**Abstract**: With the development of China's publishing industry, the trade deficit gradually reduced, and the international competitiveness has improved. However it is still difficult to enter the international mainstream distribution channels as to China's publishing. And china's publishing is in the lower position than Europe and America. Based on the analysis of the achievements and gaps, this paper put forward to the following suggests, such as the content development as the core, the research of international consumer habits, digitization.

**Keywords**: Publishing; International Competitiveness; Going Global



**Abstract**: Combining theory of competitive advantage, the relevant literature review the core competence theory, media function theory, by the method of AHP, data analysis, based on the existing literature, according to today's media environment, through questionnaires, interviews with experts, etc. establish a measure of competitive electronic media evaluation model, and given the weight of the index system. In Shanghai, Hunan, Zhejiang three broadcast media group, for example, studies comparing differences in competitiveness.

In this paper, a detailed case study of SMG, after a detailed analysis of its basic and advance reform initiatives, advantages and disadvantages of the status quo and explore its traditional radio and television media as the basis for the development of comprehensive cultural media group representatives to adapt to the situation and continue to seek greater development . The main conclusions of this study are the following two aspects: 1, build evaluation model and index system to measure the competitiveness of the broadcasting media, and as the main research method gives AHP weights. 2, with SMG represented traditional broadcasting media-based comprehensive cultural media on how to further develop recommendations: First, deepen the reform of institutional mechanisms, establishing a modern enterprise management system; second is to strengthen all-round cooperation to cope with the fierce competition in the industry; The third is to enhance the spread of power, strengthen the core competitiveness; Fourth, to promote the integration of media, to embrace the Internet.

**Keywords**: Analytic Hierarchy Process Broadcasting Media Competence Theory Model Index System



**Abstract**: The market of the cultural and creative industries has been matured in mainland China nowadays. As a near part to the mainland, Taiwan shares the common mother tongue with China. The vigorous creativity in Taiwan also benefits a lot from its multicultural environment. With the developing of economy and culture, it will be the tendency for the industrial cooperation between Mainland China and Taiwan. Owing to the political system, Chinese government has played an important and leading role in advancing the cultural and creative industry. Few successful cases could be found in the cultural and creative industrial merging process.

The paper is mainly focusing on the difficulties and experiences in the advancing road. Several conclusions could be drawn from the research: (1) The cultural and creative industries in Taiwan are scarce of the knowledge in the industrial policy and legal provisions in Mainland China. (2) The cultural and creative industries in Taiwan are deeply depended on the support of the government of China, especially on policy level. (3) A whole set of educational training and drills including the latest information and articles of law is an urgent need for the cultural and creative enterprises in Taiwan getting into Mainland China.

**Keywords**: Cultural and Creative Industries; Entrepreneur From Cultural and Creative Industries in Taiwan; Mainland China Market

## B. 13 The Strategy Research of Chinese Games' Path in Thailand Market

*Jettanar Chanmano* / 442

**Abstract**: The purpose of this study was to research about Chinese online games situation in Thailand market and localization strategy between game developers and publishers' relationship, integrated marketing communication strategy for Thai gamers, analyzed their lifestyle and problems occurred. The research expected to know Chinese online games' situation in Thailand and improve localization and effective integrated marketing communication strategy.

This research was a quantity research, samples were invited from social networks platform and finding students from 4 universities, included a middle school in Bangkok which totally 300 people; 166 male and 134 female. Most average ages between 18 – 25 years, high school or undergraduate level. Most careers were students or staffs in companies. Most average monthly income was 3000 RMB and lower. Research tool for collecting data was questionnaires. Data analyses for statistics were frequency, percentage, median ( $x^{-}$ ) and standard deviation.

The result of research revealed among 5 online game developer's countries (China, South Korea, Japan, United States and Thailand) ranked by Thai gamers from their satisfaction and levels of interest. Divide into online games platform, Chinese online game got Thai gamers' satisfaction and level of interest in No. 4. By game genre, Chinese online game also got Thai gamers' satisfaction and level of interest in No. 4.

The research also revealed the most affect for choosing Chinese online game factors for Thai gamers were other countries' comics or fantasy novel contents, game update continuously, Thai language translation accuracy and wide varieties of in-game items selling. About marketing communication tools, game websites or online games' social networks advertisement, game publishers' social networks or game update news, chat application's stickers and chat applications, including online games show have the most influence for Thai gamers. The most problems occurred was Thai language translation lacks of quality. Otherwise, the least affect was Chinese online games quality.

**Keywords**: Chinese Online Game; Marketing Communication Strategy; Localization Strategy; Thailand Market; Lnternational Competitiveness